Die Seepiraterie im Völkerrecht

Beiträge zum nationalen und internationalen öffentlichen Recht

Herausgegeben von Prof. Dr. Burkhard Schöbener

Band 29

Zur Qualitätssicherung und Peer Review der vorliegenden Publikation

Die Qualität der in dieser Reihe erscheinenden Arbeiten wird vor der Publikation durch den Herausgeber der Reihe geprüft.

Notes on the quality assurance and peer review of this publication

Prior to publication, the quality of the work published in this series is reviewed by the editors of the series.

Sebastian Lubosch

Die Seepiraterie im Völkerrecht

Völkerrechtliche Grundlagen sowie Möglichkeiten des Schutzes vor Angriffen im Kontext der völkerrechtlichen und deutschen Rechtslage

PETER LANG

Bibliografische Information der Deutschen Nationalbibliothek
Die Deutsche Nationalbibliothek verzeichnet diese Publikation in der Deutschen Nationalbibliografie; detaillierte bibliografische Daten sind im Internet über http://dnb.d-nb.de abrufbar.

Zugl.: Köln, Univ., Diss., 2019.

D 38
ISBN 978-3-631-81827-5 (Print)
E-ISBN 978-3-631-84235-5 (E-PDF)
E-ISBN 978-3-631-84236-2 (EPUB)
E-ISBN 978-3-631-84237-9 (MOBI)
DOI 10.3726/b17859

PL Academic Research ist ein Imprint der Peter Lang GmbH.

Peter Lang – Berlin · Bern · Bruxelles · New York · Oxford · Warszawa · Wien

Diese Publikation wurde begutachtet.

www.peterlang.com

Meinen Eltern

Vorwort

Die vorliegende Arbeit wurde im Wintersemester 2019/2020 von der Rechtswissenschaftlichen Fakultät der Universität zu Köln als Dissertation angenommen. Abgeschlossen wurde die Arbeit im März 2019. Aktualisierungen sind bis März 2020 berücksichtigt.

Danken möchte ich zunächst meinem Doktorvater Herrn Professor Dr. Burkhard Schöbener. Von der Themenwahl bis zur Abgabe der Arbeit stand er mir stets zur Seite. Er hatte nicht nur immer ein offenes Ohr bei Fragen oder Unklarheiten, sondern gab mir auch wertvolle Anregungen und Hinweise. Besonders danke ich ihm für die Freiräume, die er mir als wissenschaftlichem Mitarbeiter an seinem Lehrstuhl zugestanden hat. All dies hat wesentlich zum Gelingen dieser Arbeit beigetragen. Herrn Professor Dr. Dr. h.c. Stephan Hobe, LL.M. (McGill) danke ich für die zügige Erstellung des Zweitgutachtens.

Weiterhin danken möchte ich den Kolleginnen und Kollegen des Lehrstuhls für Öffentliches Recht, Völker- und Europarecht für die schöne Zeit, die ich dort als wissenschaftlicher Mitarbeiter verbringen durfte sowie meiner Familie und meinen Freunden, die mir während der unvermeidlichen schwierigen Phasen jederzeit motivierend zur Seite standen.

Schließlich danke ich meinen Eltern für die stetige Unterstützung und Förderung während des gesamten Studiums. Ihnen sei diese Arbeit gewidmet.

Kiel, im Juni 2020

Inhaltsverzeichnis

Abkürzungsverzeichnis

A. F. L. Rev.	Air Force Law Review
a.E.	am Ende
Abb.	Abbildung
ABl.	Amtsblatt der Europäischen Union
Abs.	Absatz
Abschn.	Abschnitt
Adel. L. Rev.	Adelaide Law Review
Adelphi Pap.	Adelphi Papers
AEMR	Allgemeine Erklärung der Menschenrechte
Afr. Spectrum	Africa Spectrum
Alt.	Alternative
Am. Bar Ass. J.	American Bar Association Journal
Am. J. Int'l L.	American Journal of International Law
Am. J. Int'l L. Spec. Sup.	American Journal of International Law Special Supplement
Am. J. Int'l L. Sup.	American Journal of International Law Supplement
Am. J. Juris.	American Journal of Jurisprudence
Am. U. L. Rev.	American University Law Review
AMISOM	African Union Mission in Somalia
Amsterdam L. F.	Amsterdam Law Forum
AöR	Archiv des öffentlichen Rechts
ApuZ	Aus Politik und Zeitgeschichte
Army Law.	Army Lawyer
Art.	Artikel
Aufl.	Auflage
Austl. & N.Z. Mar. L. J.	Australian and New Zealand Maritime Law Journal
Austl. Int'l L. J.	Australian International Law Journal
Austl. J. Mar. & Ocean Aff.	Australian Journal of Maritime and Ocean Affairs
Austl. Y.B. Int'l L.	Australian Yearbook of International Law
AVPD	Autonomous Vessel Protection Detachment
AVR	Archiv des Völkerrechts

AWZ Nordsee-ROV	Verordnung über die Raumordnung in der deutschen ausschließlichen Wirtschaftszone in der Nordsee
Baltic Sec. & Def. Rev.	Baltic Security and Defense Review
BAnz.	Bundesanzeiger
Bd.	Band
bearb.	bearbeitet
BeckOK GewO	Beck'scher Online-Kommentar Gewerberecht
Begr.	Begründer
Ber. Dt. Gesell. VR	Berichte der Deutschen Gesellschaft für Völkerrecht
Berkeley J. Int'l L.	Berkeley Journal of International Law
BewachV	Bewachungsverordnung
Bft	Beaufortskala
BGB	Bürgerliches Gesetzbuch
BGBl.	Bundesgesetzblatt
BIMCO	Baltic and International Maritime Council
Brit. Y.B. Int'l L.	British Yearbook of International Law
BT-Drs.	Bundestagsdrucksache
BVerwGE	Entscheidungen des Bundesverwaltungsgerichts
BYU J. Pub. L.	BYU Journal of Public Law
Byzantinische Zs.	Byzantinische Zeitschrift
bzw.	beziehungsweise
Cal. L. Rev.	California Law Review
Cal. W. Int'l L. J.	California Western International Law Journal
Case West. Res. J. Int'l L.	Case Western Reserve Journal of International Law
Chi. J. Int'l L.	Chicago Journal of International Law
Cir.	Circuit
Colum. J. Transnat'l L.	Columbia Journal of Transnational Law
Comp. & Int'l L. J. So. Afr.	Comparative and International Law Journal of Southern Africa
Comp. Mar. L.	Comparative Maritime Law
Conn. J. Int'l L.	Connecticut Journal of International Law
Cornell Int'l L. J.	Cornell International Law Journal
Crim. L. J. (Syd.)	Criminal Law Journal (Sydney)
Currents Int'l Trade L. J.	Currents: International Trade Law Journal
DADP	Draft Articles on Diplomatic Protection
Dartmouth L. J.	Dartmouth Law Journal

DePaul L. Rev.	DePaul Law Review
Dick. J. Int'l L.	Dickinson Journal of International Law
DÖV	Die Öffentliche Verwaltung
Drs.	Drucksache
Duke J. Comp. & Int'l L.	Duke Journal of Comparative and International Law
Earth Island J.	Earth Island Journal
EG	Europäische Gemeinschaften
Emory Int'l L. Rev.	Emory International Law Review
Emory L. J.	Emory Law Journal
EMRK	Europäische Menschenrechtskonvention
engl.	englisch
Entsch.	Entscheidung
Envtl. Pol'y & L.	Environmental Policy and Law
EPIL	Encyclopedia of International Law
EU	Europäische Union
Europ. J. Int'l L.	European Journal of International Law
Europ. J. Pol. Econ.	European Journal of Political Economy
f.	folgende
ff.	folgende
Fordham Int'l L. J.	Fordham International Law Journal
Foreign Aff.	Foreign Affairs
frz.	französisch
FS	Festschrift
GAM	Gerakan Aceh Merdeka / Bewegung Freies Aceh
GASP	Gemeinsame Außen- und Sicherheitspolitik
Geo. Int'l Envtl. L. Rev.	Georgetown International Environmental Law Review
Geo. J. Int'l L.	Georgetown Journal of International Law
Geographische Rdsch.	Geographische Rundschau
German Y.B. Int'l L.	German Yearbook of International Law
GewArch	Gewerbearchiv
GGVSee	Gefahrgutverordnung See
Harv. Nat'l Sec. J.	Harvard National Security Journal
HGbll.	Hansische Geschichtsblätter
HKMRCC	Hong Kong Maritime Rescue Coordination Centre
Hofstra L. Rev.	Hofstra Law Review
Homeland Sec. Rev.	Homeland Security Review
Hong Kong L. J.	Hong Kong Law Journal
Houston J. Int'l L.	Houston Journal of International Law

HRA	High Risk Area
Hrsg.	Herausgeber
hrsg.	herausgegeben
HSÜ	Übereinkommen über die Hohe See
HuV-I	Humanitäres Völkerrecht – Informationsschriften
HVDC	High Voltage Direct Current
i.d.F.	in der Fassung
i.V.m.	in Verbindung mit
IAMSP	International Association of Maritime Security Professionals
ICC	International Chamber of Commerce
ICoC	International Code of Conduct for Private Security Service Providers / Internationaler Verhaltenskodex für private Sicherheitsdienstleister
ICS	International Chamber of Shipping
IFSH	Institut für Friedensforschung und Sicherheitspolitik an der Universität Hamburg
IG P&I Clubs	International Group of Protection and Indemnity Clubs
IGH	Internationaler Gerichtshof
IGH-Statut	Statut des Internationalen Gerichtshofs
ILC	International Law Commission
ILSA J. Int'l & Comp. L.	ILSA Journal of International and Comparative Law
ILSA Quart.	ILSA Quarterly
IMB	International Maritime Bureau
IMDG-Code	International Maritime Code for Dangerous Goods
IMO	International Maritime Organization
insbes.	insbesondere
Int'l & Comp. L. Q.	International and Comparative Law Quarterly
Int'l Comm. L. Rev.	International Community Law Review
Int'l J. Disaster Risk Reduction	International Journal of Disaster Risk Reduction

Int'l J. Estuarine & Coastal L.	International Journal of Estuarine and Coastal Law
Int'l J. Marine & Coastal L.	International Journal of Marine and Coastal Law
Int'l L. R.	International Law Reports
Int'l L. Stud. Ser. US Naval War Col.	International Law Studies Series. US Naval War College
Int'l Legal Mat.	International Legal Materials
INTERCARGO	International Association of Dry Cargo Shipowners
INTERTANKO	International Association of Independent Tanker Owners
IP	Internationale Politik (Zeitschrift)
IPbpR	Internationaler Pakt über bürgerliche und politische Rechte
IRTC	Internationally Recommended Transit Corridor
ISGH	Internationaler Seegerichtshof
ISM-Code	International Safety Management Code
ISPS-Code	International Ship and Port Facility Security Code Internationaler Code für die Gefahrenabwehr auf Schiffen und in Hafenanlagen
J. Air L. & Com.	Journal of Air Law and Commerce
J. Confl. & Sec. L.	Journal of Conflict and Security Law
J. Contemp. Afr. Stud.	Journal of Contemporary African Studies
J. Curr. Southeast Asian Aff.	Journal of Current Southeast Asian Affairs
J. East. Afr. Stud.	Journal of Eastern African Studies
J. Hist. Int'l L.	Journal of the History of International Law
J. Int'l Bus. & L.	Journal of International Business and Law
J. Int'l Crim. Just.	Journal of International Criminal Justice
J. Int'l Mar. L.	Journal of International Maritime Law
J. Int'l Peace Operations	Journal of International Peace Operations

J. L. Econ. & Pol'y	Journal of Law, Economics and Policy
J. L. Inf. & Sci.	Journal of Law, Information and Science
J. Mar. L. & Com.	Journal of Maritime Law and Commerce
J. Sust. Dev.	Journal of Sustainable Development
J. Sust. Dev. Afr.	Journal of Sustainable Development in Africa
J. Water L.	Journal of Water Law
JA	Juristische Arbeitsblätter
Japanese Y.B. Int'l L.	Japanese Yearbook of International Law
Jg.	Jahrgang
KrWaffKontrG	Kriegswaffenkontrollgesetz
Lat. Am. J. Aquat. Res.	Latin American Journal of Aquatic Research
lit.	litera
LLAR	Low-Level Armed Robbery
LRAD	Long Range Acoustic Device
m.w.N.	mit weiteren Nachweisen
Marine Pol'y	Marine Policy
MARPOL-Übereinkommen 73/78	Internationales Übereinkommen von 1973 zur Verhütung der Meeresverschmutzung durch Schiffe / Protokoll von 1978 zu dem Internationalen Übereinkommen von 1973 zur Verhütung der Meeresverschmutzung durch Schiffe
Maryland J. Int'l L. & Trade	Maryland Journal of International Law and Trade
McGill L. J.	McGill Law Journal
MCHJ	Major Criminal Hijack
Melb. J. Int'l L.	Melbourne Journal of International Law
MEND	Movement for the Emancipation of the Niger Delta
Mil. L. & L. War Rev.	Military Law and the Law of War Review
Mil. L. Rev.	Military Law Review
MILF	Moro Islamic Liberation Front
Minn. J. Int'l L.	Minnesota Journal of International Law
Mio.	Million
MLAAR	Medium-Level Armed Assault and Robbery

MPEPIL	Max Planck Encyclopedia of Public International Law
MPYUNL	Max Planck Yearbook of United Nations Law
Mq. L. J.	Macquarie Law Journal
Mrd.	Millarde
MRK	Menschenrechtskonvention
MSCHOA	Maritime Security Centre – Horn of Africa
MSPA	Maritime Security Patrol Area
MST	Military Security Team
MüKo BGB	Münchener Kommentar zum Bürgerlichen Gesetzbuch
MüKo StGB	Münchener Kommentar zum Strafgesetzbuch
n. Chr.	nach Christus
N.C. J. Int'l L. & Com. Reg.	North Carolina Journal of International Law and Commercial Regulation
N.Y. U. L. Q. Rev.	New York University Law Quarterly Review
N.Z. U. L. Rev.	New Zealand Universities Law Review
Naval L. Rev.	Naval Law Review
Naval War Col. Rev.	Naval War College Review
New Eng. J. Int'l & Comp. L.	New England Journal of International and Comparative Law
NI	Non-inscrits
NJW	Neue Juristische Wochenschrift
NK VerwR	Nomoskommentar Verwaltungsrecht
Nordic J. Int'l L.	Nordic Journal of International Law
NordÖR	Zeitschrift für öffentliches Recht in Norddeutschland
Notre Dame J. Int'l Comp. & Hum. Rts. L.	Notre Dame Journal of International, Comparative, and Human Rights Law
Nr.	Nummer

NVwZ	Neue Zeitschrift für Verwaltungsrecht
NZWehrr	Neue Zeitschrift für Wehrrecht
o. N.	ohne Namensangabe
Ocean Dev. & Int'l L.	Ocean Development and International Law
Ocean Y.B.	Ocean Yearbook
OCIMF	Oil Companies International Marine Forum
Ohio St. L. J.	Ohio State Law Journal
OPEC En. Rev.	OPEC Energy Review
Or. Rev. Int'l L.	Oregon Review of International Law
Pac. Rim L. & Pol'y J.	Pacific Rim Law and Policy Journal
Pace Int'l L. Rev.	Pace International Law Review
para.	paragraph (engl.) / paragraphe (frz.)
Para.	Paragraph
PM	Pressemitteilung
Portuguese J. Soc. Sci.	Portuguese Journal of Social Science
Proc. Am. Branch Int'l L. Ass.	Proceedings of the American Branch of the International Law Association
PStG	Personenstandsgesetz
Pt.	Part
Pub. Cont. L. J.	Public Contract Law Journal
RAF	Rote Armee Fraktion
RdTW	Recht der Transportwirtschaft
ReCAAP	Regional Cooperation Agreement on Combating Piracy and Armed Robbery against Ships in Asia
Rep. Int'l Arb. Awards	Reports of International Arbitral Awards
Rev. Afr. Pol. Econ.	Review of African Political Economy
Rev. Belge Dr. Int.	Revue Belge de Droit International
RGBl.	Reichsgesetzblatt
RIW	Recht der Internationalen Wirtschaft
Roger Wms. U. L. Rev.	Roger Williams University Law Review
S.	Seite
S+F	Sicherheit und Frieden
Safety Sci.	Safety Science
San Diego L. Rev.	San Diego Law Review
Sch.	Schedule
SchBesV	Schiffsbesetzungsverordnung
Sec. Int'l & Comp. L. Bull.	Section of International and Comparative Law Bulletin

SeeAnlG	Seeanlagengesetz
SeeAnlV	Seeanlagenverordnung
SeeArbG	Seearbeitsgesetz
SeeBewachDV	Seeschiffbewachungsdurchführungsverordnung
SeeBewachGebV	Seeschiffbewachungsgebührenverordnung
SeeBewachV	Seeschiffbewachungsverordnung
SeeEigensichV	See-Eigensicherungsverordnung
SIGTTO	Society of International Gas Tanker and Terminal Operators
Sing. J. Int'l & Comp. L.	Singapore Journal of International and Comparative Law
So. Afr. Rev. Soc.	South African Review of Sociology
So. Cal. Interdisc. L. J.	Southern California Interdisciplinary Law Journal
Soc. Sci. China	Social Sciences in China
sog.	sogenannt
SOLAS-Konvention	Internationales Übereinkommen von 1974 zum Schutz des menschlichen Lebens auf See
Sp.	Spalte
SRÜ	Seerechtsübereinkommen der Vereinten Nationen
StGB	Strafgesetzbuch
StIGH	Ständiger Internationaler Gerichtshof
SUA-Konvention	Übereinkommen zur Bekämpfung widerrechtlicher Handlungen gegen die Sicherheit der Seeschiffahrt
SUA-Protokoll 2005	Protokoll von 2005 zu dem Übereinkommen zur Bekämpfung widerrechtlicher Handlungen gegen die Sicherheit der Seeschiffahrt
sublit.	sublitera
Suffolk Transnat'l L. Rev.	Suffolk Transnational Law Review
SWP	Stiftung für Wissenschaft und Politik
Tenn. L. Rev.	Tennessee Law Review
TEU	Twenty-foot Equivalent Unit
TFG	Transitional Federal Government
TNG	Transitional National Government
Transp. J.	Transportation Journal
Transp. Research Pt. E: Logist. & Transp. Rev.	Transportation Research Part E: Logistics and Transportation Review
Tul. L. Rev.	Tulane Law Review
Tul. Mar. L. J.	Tulane Maritime Law Journal

U. Miami Int'l & Comp. L. Rev.	University of Miami International and Comparative Law Review
UIC	Union of Islamic Courts
UK	United Kingdom
UKMTO	United Kingdom Maritime Trade Operations
UKTS	United Kingdom Treaty Series
UN	United Nations
UN-Charta	Charta der Vereinten Nationen
UNCLOS	United Nations Convention on the Law of the Sea
UNHRC	United Nations Human Rights Council
Urt.	Urteil
v.	versus / von / vom
v. Chr.	vor Christus
Vand. J. Transnat'l L.	Vanderbilt Journal of Transnational Law
Vereinte Nationen Zs.	Vereinte Nationen: Zeitschrift für die Vereinten Nationen und ihre Sonderorganisationen
Verf. u. R. Übersee	Verfassung und Recht in Übersee
vgl.	vergleiche
VGT	Verkehrsgerichtstag
Virg. J. Int'l L.	Virginia Journal of International Law
VO	Verordnung
Vol.	Volume
VPD	Vessel Protection Detachment
VRA	Voluntary Reporting Area
VSeeStrO	Verordnung zu den Internationalen Regeln von 1972 zur Verhütung von Zusammenstößen auf See
VVDStRL	Veröffentlichungen der Vereinigung der Deutschen Staatsrechtslehrer
WaffG	Waffengesetz
Wash. & Lee L. Rev.	Washington and Lee Law Review
Wash. U. Global Stud. L. Rev.	Washington University Global Studies Law Review
WD	Wissenschaftliche Dienste des Deutschen Bundestages
WFP	World Food Programme

Willamette J. Int'l L. & Dis. Res.	Willamette Journal of International Law and Dispute Resolution
WMU J. Mar. Aff.	World Maritime University Journal of Maritime Affairs
Y.B. ILC	Yearbook of the International Law Commission
Yale L. J.	Yale Law Journal
Z.	Zeile
z.B.	zum Beispiel
ZaöRV	Zeitschrift für ausländisches öffentliches Recht und Völkerrecht
ZFAS	Zeitschrift für Außen- und Sicherheitspolitik

Einleitung

„Die Branchengeschichte beginnt etwa zehn Sekunden nach Erfindung von Tausch und Handel."[1] Was *Tamm* in seiner Einführungsansprache zu den *Vorträgen des 2. Hamburger Symposiums zur Schiffahrts- und Marinegeschichte* im Jahr 2000 über die Seeräuberei berichtete, findet sich in ähnlicher Weise auch schon in *Goethes* Faust II: „Ich müßte keine Schiffahrt kennen: / Krieg, Handel und Piraterie, / Dreyeinig sind sie, nicht zu trennen."[2] Zwar geriet die Seeräuberei vor allem Ende des ersten Jahrzehnts des 21. Jahrhunderts durch die Überfälle auf Handelsschiffe vor der Küste Somalias wieder in das Blickfeld der Öffentlichkeit – neu ist das Phänomen allerdings keinesfalls. Schon in der Antike trieben Piraten im Mittelmeer ihr Unwesen und beeinträchtigten den Seehandel, so dass die damaligen Herrscher mit diversen Maßnahmen versuchten, der Seeräuberei Herr zu werden. Doch auch im Mittelalter und zu Beginn der Neuzeit war die Piraterie immer wieder gegenwärtig und beeinflusste nicht nur den Handel, sondern stellte auch eine Bedrohung für das Leben an Land dar.

Die Arbeit setzt sich mit der Piraterie in völkerrechtlicher Sicht auseinander. Dafür wird der völkerrechtliche Tatbestand der Seeräuberei untersucht sowie die sich aus den völkerrechtlichen Vorschriften ergebenden Maßnahmen dargestellt, die gegen die Piraterie unternommen werden können bzw. unter Umständen auch müssen. Einen weiteren Schwerpunkt bildet die Analyse von Abwehrmaßnahmen, die zum Schutz von privaten Handelsschiffen zulässig sind. Dies betrifft auf der einen Seite Maßnahmen, die von privater und damit nichtstaatlicher Seite ausgehen, auf der anderen Seite aber auch militärischen Schutz. Die rechtliche Beurteilung solcher Schutzmaßnahmen erfolgt auf den Grundlagen des Völkerrechts. Bei dem Einsatz von privatem Bewachungspersonal wird zusätzlich auch auf die deutsche Rechtslage eingegangen, um die Möglichkeiten, aber auch Schwierigkeiten einzelstaatlicher Rahmenbedingungen aufzuzeigen.

Ein Augenmerk wird bei diesen Überlegungen auch auf die praktischen Konsequenzen gelegt. So erfolgt zum einen eine Darstellung, welche Methoden die Piraten bei ihren Überfällen anwenden und welche Verteidigungsmaßnahmen

---

1 *Tamm* in: Klüver (Hrsg.), Piraterie - einst und jetzt, S. 3, 3.

2 *v. Goethe*, Faust, Der Tragödie zweiter Teil, 5. Akt, Verse 11186 bis 11188. Diese Zeilen auch von anderen Autorinnen und Autoren als für die Piraterie charakterisierend angesehen: Vgl. *Lagoni* in: FS Rauschning, S. 501, 505; *Schmahl*, AöR 136 (2011), 44, 45; vgl. auch *Kempe*, Fluch der Weltmeere, S. 13.

in praktischer Hinsicht ergriffen werden. Zum anderen werden bei der rechtlichen Beurteilung der Zulässigkeit von bewaffneten Sicherheitskräften die küsten- und hafenstaatlichen Maßgaben hinsichtlich des Mitführens von Waffen beurteilt. Diesen Überlegungen wird unabhängig davon nachgegangen, ob der völkerrechtliche Tatbestand der Seeräuberei in Territorialgewässern zum Eingreifen berechtigt. Auch für den Fall, dass bewaffneten Sicherheitskräften in Küstengewässern keine Handlungsmöglichkeiten offenstehen, ist aus praktischen Erwägungen bedeutsam, ob sie ihre Ausrüstung, also vor allem Waffen, in diesen Gewässern zumindest mit sich führen dürfen. Wäre es bewaffneten Sicherheitskräften nicht möglich, ihre Waffen auf dem Weg dorthin durch Territorialgewässer zu transportieren bzw. bei Aufenthalten in Häfen an Bord zu behalten, würden die Verteidigungsmöglichkeiten erheblich erschwert, da das Ein- und Ausschiffen von Ausrüstungsgegenständen sowie möglicherweise auch des Sicherheitspersonals selbst mit erheblichem Aufwand verbunden wäre. Nicht Gegenstand der Arbeit sind rechtliche Vorgaben einzelner Staaten, die im Zusammenhang mit dem Umgang der Piraterie bestehen. Demnach bleiben einzelstaatliche Einschränkungen oder Maßgaben hinsichtlich des Einsatzes der Streitkräfte bei der allgemeinen Bekämpfung der Seeräuberei unberücksichtigt.

Im ersten Kapitel wird die geschichtliche Entwicklung der Seeräuberei dargestellt, um das Phänomen der Seeräuberei in einen historischen Kontext einzuordnen. Betrachtet werden die während der einzelnen Epochen relevanten Geschehnisse, um einen Überblick über die Piraterie und die damit in Zusammenhang stehenden Entwicklungen zu erhalten.

Gegenstand des zweiten Kapitels sind die völkerrechtlichen Grundlagen der Seeräuberei. Von zentraler Bedeutung dafür ist das SRÜ, welches in Art. 101 SRÜ die universelle Pirateriedefinition statuiert und damit gleichsam den Untersuchungsgegenstand dieser Arbeit festlegt. Daneben gibt es noch andere Kodifikationen ähnlichen Inhalts, die zumindest aus historischer Sicht für das Verständnis der heutigen, die Piraterie betreffenden Vorschriften relevant sind und dementsprechend Erwähnung finden. Im Rahmen des SRÜ ist einer der wesentlichen Punkte die Beschränkung des Tatorts auf die Hohe See bzw. die ausschließliche Wirtschaftszone. Dadurch werden Überfälle auf Schiffe in Küstengewässern nicht von der völkerrechtlichen Pirateriedefinition erfasst und demnach auch nicht weiter betrachtet. Daneben wird untersucht, inwieweit der Tatbestand in speziellen Bereichen wie Sicherheitszonen anwendbar ist. Ein weiterer Punkt ist die im Rahmen des völkerrechtlichen Tatbestandes zu berücksichtigende *Two-ship-Rule*, in deren Rahmen bestimmt wird, welche Kriterien an das Seeräuberschiff zu stellen sind. Dies betrifft vor allem die Kriterien, die erfüllt sein müssen, um ein Schiff als „Seeräuberschiff" anzusehen bzw. die festlegen, wie lange diese Eigenschaft fortbesteht mit allen damit zusammenhängenden Konsequenzen, was insbesondere das Recht zum Aufbringen betrifft. Im Unterschied zum SRÜ existiert mit der SUA-Konvention ein Übereinkommen neueren Datums, welches ebenfalls im Hinblick auf jene Tathandlungen zu überprüfen ist, die den Tatbestand der Seeräuberei des SRÜ erfassen. Dabei werden vor allem die Unterschiede zwischen den Tatbeständen des SRÜ einerseits und der SUA-Konvention andererseits aufgezeigt. Schließlich wird untersucht, wie sich die Unterschiede zwischen Piraterie und Terrorismus darstellen. Diese Begutachtung wird anhand des Merkmals der „privaten Zwecke" aus Art. 101 SRÜ vorgenommen. Zum einen ist dabei auf das Verständnis dieses Merkmals einzugehen. Zum anderen sind aber auch strukturelle Unterschiede zwischen Piraterie und Terrorismus aufzuzeigen. Schließlich werden die so gewonnenen Erkenntnisse auf die Anwendbarkeit des SRÜ und der SUA-Konvention auf terroristische Akte übertragen.

Das dritte Kapitel gibt eine Übersicht über die aktuellen Entwicklungen der Piraterie, um diese in einen praktischen Kontext einordnen zu können. Hierfür werden zunächst die Zahlen der an die verschiedenen Organisationen gemeldeten Überfälle betrachtet und auch auf die (Un-)Genauigkeit solcher Statistiken eingegangen. Außerdem ist das Vorgehen der Piraten bei den Überfällen Gegenstand dieses Kapitels. Neben dem konkreten Ablauf eines Überfalls wird dargestellt, welche verschiedenen Ziele Piraten mit den Überfällen verfolgen. Weiterhin wird ein Überblick über die verschiedenen Möglichkeiten gegeben, ein Schiff gegen Angriffe von Seeräubern zu schützen, ohne dass an dieser Stelle schon eine rechtliche Bewertung über die Zulässigkeit solcher Schutzmaßnahmen vorgenommen wird. Zuletzt erfolgt eine Betrachtung der Auswirkungen dieser Überfälle auf die globale Wirtschaft und die damit verbundenen – primär finanziellen – Folgen.

Kapitel vier hat die Eingriffsrechte der Staaten zum Gegenstand. Bevor allerdings eine Auseinandersetzung mit diesen Rechten erfolgen kann, sind zunächst die in grundsätzlicher Beziehung bestehenden rechtlichen Rahmenbedingungen darzustellen. Namentlich ist dies die Freiheit der Schifffahrt auf Hoher See und das Flaggenstaatsprinzip. In einem zweiten Schritt wird sodann auf die diese Rechte einschränkenden Befugnisse im Rahmen der Bekämpfung der Seeräuberei eingegangen. Dies betrifft zunächst das Recht zum Untersuchen verdächtiger Schiffe, Art. 110 SRÜ. Relevant in diesem Zusammenhang sind neben den Anforderungen an den Verdacht und die Ermittlung desgleichen die Ermächtigung zur Anwendung von Gewalt zur Durchsetzung dieses Untersuchungsrechts. Erweist sich ein Verdacht als unbegründet, sind mögliche Entschädigungsansprüche zu beachten. Neben dem Recht zum Untersuchen gibt es das Recht zum

Aufbringen von Seeräuberschiffen, Art. 105 SRÜ. Dabei stellt sich die Frage, ob nur Schiffe aufgebracht werden, die als Seeräuberschiffe identifiziert wurden oder ob auch der Seeräuberei verdächtige Schiffe aufgebracht werden dürfen. Daneben ist auch hier – wie schon im Rahmen des Untersuchungsrechts – auf die Berechtigung zur Anwendung von Gewalt einzugehen. Relevant ist im Zusammenhang mit den Rechten zum Untersuchen und Aufbringen das Recht der Nacheile. Wird ein der Seeräuberei zumindest verdächtiges Schiff auf Hoher See angetroffen und versucht sich dieses durch die Flucht in ein Küstenmeer weitergehenden Untersuchungen oder eventuellen Festnahmen zu entziehen, ist zu klären, ob ein Verfolgen in ein fremdes Küstenmeer hinein zulässig ist. In einem weiteren Schritt wird jenen Vorgaben nachgegangen, die im Hinblick auf die Berechtigung zum Untersuchen und Aufbringen bestehen. Dabei geht es vor allem darum, welche Anforderungen an diese Befugnis zu stellen sind und nach welchen Kriterien sich diese bemisst. Ferner wird noch angesprochen, wie die Pflicht zur Zusammenarbeit bei der Bekämpfung der Seeräuberei in Art. 100 SRÜ zu verstehen ist, namentlich ob es sich dabei lediglich um eine Absichtserklärung handelt oder sich eine tatsächliche Pflicht zum Handeln ergibt. Sollte eine tatsächliche Pflicht zum Handeln bestehen, ist in einem weiteren Schritt zu begutachten, welchen Inhalts diese Verpflichtung ist.

Nachdem untersucht wurde, welche Maßnahmen von staatlicher Seite aus bei der Bekämpfung der Seeräuberei vorgenommen werden dürfen, wird im fünften Kapitel analysiert, inwieweit ein Recht auf effektiven Selbstschutz und eine Schutzverpflichtung des Flaggenstaates gegenüber den unter seiner Flagge fahrenden Schiffen im Völkerrecht besteht und in welchem Verhältnis diese beiden Rechte zueinander stehen. Hierfür wird das grundsätzliche Bestehen einer solchen Verpflichtung betrachtet und dann auf die auf Hoher See bestehenden Besonderheiten und die damit verbundenen Konsequenzen für die staatliche Schutzverpflichtung eingegangen. Außerdem wird die Anwendbarkeit der Grundsätze der extraterritorialen Schutzpflichten sowie des diplomatischen Schutzes auf die zugrundeliegende Frage nach der staatlichen Schutzverpflichtung geprüft. In engem Zusammenhang mit den Besonderheiten auf Hoher See steht die Verpflichtung zur Hilfeleistung aus Art. 98 SRÜ, welche ebenfalls im Kontext mit Angriffen durch Piraten betrachtet wird.

Das sechste Kapitel befasst sich mit der rechtlichen Zulässigkeit des individuellen Schutzes von Handelsschiffen, also welche Maßnahmen ohne staatlichen Beistand ergriffen werden dürfen, mithin dem Einsatz von privaten bewaffneten Sicherheitskräften an Bord von Schiffen. In einem ersten Schritt werden dafür die entsprechenden völkerrechtlichen Grundlagen betrachtet. Ebenfalls dargestellt werden die in den vergangenen Jahren von zahlreichen Organisationen und

Interessenverbänden entwickelten Richtlinien und Empfehlungen für den Einsatz von bewaffneten Sicherheitskräften an Bord von Schiffen. Dabei wird auch der Frage nachgegangen, welchen Grad der Verbindlichkeit diese Empfehlungen haben und wie ihr Einfluss auf die nationale Gesetzgebung ist. Als weiteren Punkt werden die den Sicherheitskräften zustehenden Rechte betrachtet. Neben dem Selbstverteidigungsrecht wird dabei untersucht, welche Maßgaben bei dem Festhalten von Angreifern zu beachten sind. Einen weiteren Aspekt stellt die Frage dar, ob privaten Sicherheitskräften über Selbstverteidigungsrechte hinausgehende Befugnisse bei der allgemeinen Bekämpfung der Seeräuberei zukommen können. Dies betrifft vor allem die in Art. 110 und 105 SRÜ vorgesehenen Rechte zum Untersuchen und Aufbringen. Schließlich ist zu berücksichtigen, welche Maßgaben für die Anwendung von Gewalt im Rahmen von Verteidigungshandlungen gelten. In einem zweiten Schritt wird untersucht, welche Einschränkungen sich aus nationaler Gesetzgebung hinsichtlich des Einsatzes von bewaffnetem Sicherheitspersonal ergeben können. Auch wenn möglicherweise die Handlungsbefugnisse von bewaffnetem Sicherheitspersonal in fremden Territorialgewässern eingeschränkt sind, stellt sich aus praktischen Erwägungen die Frage, ob bewaffnetes Sicherheitspersonal bzw. Waffen innerhalb dieser Gebiete mitgeführt werden dürfen.

Ausgangspunkt sind die völkerrechtlichen Vorgaben des SRÜ, durch welche die küsten- und hafenstaatliche Gesetzgebung eingeschränkt wird. Dies betrifft vor allem die küstenstaatliche Regelungsbefugnis hinsichtlich von Vorgaben für das Mitführen von Waffen in Küstengewässern, mithin ob an Bord eingesetztes bewaffnetes Sicherheitspersonal fremde Küstengewässer durchfahren darf. Eine ähnlich gelagerte Fragestellung besteht bei der Regelungsbefugnis des Hafenstaates, inwieweit ein Hafenstaat rechtliche Vorgaben hinsichtlich eventuell sich an Bord befindlicher Waffen in seinen Häfen machen darf. Nachdem auf die völkerrechtlichen Vorgaben für bewaffnetes Sicherheitspersonal an Bord eingegangen wurde, wird anhand der deutschen Rechtslage aufgezeigt, wie nationale Regelungen für den Einsatz an Bord von Schiffen des Flaggenstaates ausgestaltet sein können. Neben den einzelnen Voraussetzungen für die Zulassung sowie den Maßgaben für die Ausrüstung, den Einsatz an Bord etc. wird untersucht, wie weit der deutsche Gesetzgeber internationalen Empfehlungen bei der Schaffung der deutschen Rechtslage gefolgt ist. Auch die praktische Relevanz sowie die Bewertung dieser rechtlichen Vorgaben werden begutachtet.

Außerdem wird der Einsatz von privaten Begleitschiffen betrachtet, welche das zu schützende Schiff bzw. die zu schützenden Schiffe begleiten, um im Falle eines Angriffs eingreifen zu können. Dabei wird versucht, das hinsichtlich des Einsatzes von Bewachungspersonal an Bord gefundene Ergebnis so weit wie möglich auf den Aspekt der rechtlichen Zulässigkeit von privaten Begleitschiffen zu übertragen. Schließlich wird noch auf die grundsätzliche Möglichkeit des Bewaffnens der Besatzung eingegangen. In einem letzten Schritt wird noch einmal zusammenfassend analysiert, welche Rechtsordnungen bei den dargestellten Schutzmaßnahmen gegen Angriffe von Seeräubern relevant werden können.

Im abschließenden siebten Kapitel wird der Schutz von Handelsschiffen durch staatliche Einheiten untersucht. Begonnen wird mit der Betrachtung sog. VPDs, also Teams von Soldaten, die auf Handelsschiffen stationiert werden und diese begleiten. Nach einer Einführung in Struktur und Handlungsweisen eines solchen VPD wird deren rechtliche Zulässigkeit überprüft. Dies betrifft zum einen die Verteidigungsrechte, welche diesen staatlichen Sicherheitsteams zustehen. Zum anderen wird – wie auch schon bei privaten Sicherheitsteams – deren Zulässigkeit in fremden Küstengewässern und Häfen behandelt. Zuletzt wird noch in ähnlicher Weise die Möglichkeit von militärischen Begleitschiffen betrachtet.

1 Die historische Entwicklung der Piraterie seit der Antike

A. Antikes Griechenland, Ägypten und Römisches Reich

Schon im 14. Jahrhundert v. Chr.[3] trieben Piraten im östlichen Mittelmeer ihr Unwesen.[4] Aufzeichnungen aus dieser Zeit dokumentieren mehrere Überfälle vor der ägyptischen Küste.[5] 1186 v. Chr. kämpfte *Ramses III.* gegen Piraten im Nildelta und konnte sie so erheblich schwächen.[6]

Auch einige Jahrhunderte später wurde sich mit Piraterie und deren negativen Folgen beschäftigt. Aufgrund des stetig steigenden Seehandels Athens und dem damit verbundenen Interesse, Seeraub zu bekämpfen,[7] plante im 5. Jahrhundert v. Chr. der griechische Staatsmann *Perikles* in Athen eine Konferenz, zu der Gesandte aus allen Teilen Griechenlands eingeladen wurden. Thema sollte die Sicherheit der Seeschifffahrt und das wirksame Vorgehen gegen Piraten im Mittelmeer sein. Wohl aufgrund der Differenzen zwischen Sparta und Athen fand diese Konferenz jedoch nicht statt.[8] Ebenfalls nur eine Idee blieb die Absicht von *Phillip II. von Mazedonien,* eine panhellenische Seepolizei einzurichten, um die Seepiraterie einzudämmen.[9] 344 v. Chr. wurden von Athen rechtliche Rahmenbedingungen zur Pirateriebekämpfung geschaffen. So wurde in der Volksabstimmung der Beschluss gefasst, dass derjenige, der Seeräuber im Hafen aufnimmt, mit einer hohen Geldstrafe belegt wird.[10] Auch zuvor

---

3 Bei den Jahreszahlen wird die Unterscheidung v. Chr. und n. Chr. bis zum Jahr 500 n. Chr. angegeben. Alle Nennungen von Zahlen ohne einen Zusatz beziehen sich demnach auf den Zeitraum nach Christi Geburt.

4 *S. Schiedermair*, AöR 135 (2010), 185, 185. Vgl. auch *Konstam*, Atlas der Beutezüge zur See, S. 18; *Ziebarth*, Seeraub und Seehandel im alten Griechenland, S. 1 f.

5 Vgl. *Bryce*, J. Near East. Stud. 33 (1974), 395, 396.

6 *S. Schiedermair*, AöR 135 (2010), 185, 185 f.; vgl. auch *Strobel*, Der spätbronzezeitliche Seevölkersturm, S. 7 ff.

7 *Ziebarth*, Seeraub und Seehandel im alten Griechenland, S. 9.

8 *Berber* in: FS Stödter, S. 147, 148.

9 *Berber* in: FS Stödter, S. 147, 149; *Ziebarth*, Seeraub und Seehandel im alten Griechenland, S. 16 f.

10 *Ziebarth*, Seeraub und Seehandel im alten Griechenland, S. 17 f. Zu einem römischen Gesetz ähnlichen Inhalts aus dem 1. Jahrhundert v. Chr., welches der Seeräuberei Einhalt gebieten sollte: *Deininger* in: Klüver (Hrsg.), Piraterie - einst und jetzt, S. 8, 9 f.

schon enthielten Bündnisverträge Klauseln, die eine Unterstützung von Piraten untersagten.[11]

Zu einem Aufleben der Piraterie kam es im 2. Jahrhundert v. Chr. nach den Siegen Roms über Carthago und Mazedonien. In der folgenden Zeit wurde die römische Kriegsflotte erheblich abgebaut und auch die griechischen Staaten reduzierten ihre Flottengröße deutlich.[12] Dadurch waren die Küsten und das Meer unbewacht und die Piraten konnten ungehindert ihrem Treiben nachgehen. In der folgenden Zeit schufen sie sich so eine beachtliche Infrastruktur. An Land errichteten sie eigene Häfen, Wachtürme und Leuchtfeuer und auf See waren sie mit stetig verbesserten Schiffen und gut ausgebildeten Mannschaften unterwegs. Zudem entwickelten sie differenzierte Organisationsstrukturen, die denen einer Armee ähnlich waren.[13] Viele Soldaten, die insbesondere aufgrund des Abbaus der Seeflotten arbeitslos geworden waren, wendeten sich der Piraterie zu. Aber auch Kriminelle und entlaufene Sklaven fanden sich in ihren Reihen.[14] Auf dem Höhepunkt ihrer Macht verfügten die Piraten über mehr als 1.000 Schiffe und kontrollierten über 400 Städte, die regelmäßig Schutzzahlungen an sie leisten mussten. Selbst weit im Landesinneren gingen sie auf Beutezüge. Sogar Tempel wurden geplündert und auch das Entführen von Personen zu Land wie zu Wasser war an der Tagesordnung.[15]

I. Entführung *Caesars*

Ein bekanntes Opfer der Piraterie war der römische Staatsmann *Gaius Iulius Caesar*. Während er im Jahr 75 v. Chr. auf dem Weg nach Rhodos war, wurde er südlich von Milet bei Pharmakussa von kilikischen Seeräubern gefangen genommen.[16] Für die Freilassung des damals 25-jährigen *Caesars* forderten sie ein Lösegeld von 50 Talenten.[17] Schuld an dieser Entführung trugen seiner Meinung nach die kleinasiatischen Küstengemeinden, da deren Küstenpolizei

---

11 *Ziebarth*, Seeraub und Seehandel im alten Griechenland, S. 11.

12 *Berber* in: FS Stödter, S. 147, 149.

13 *Berber* in: FS Stödter, S. 147, 149; *Deininger* in: Klüver (Hrsg.), Piraterie - einst und jetzt, S. 8, 12.

14 *S. Schiedermair*, AöR 135 (2010), 185, 186.

15 *Berber* in: FS Stödter, S. 147, 149; vgl. auch *Meissner* in: Grieb/Todt (Hrsg.), Piraterie von der Antike bis zur Gegenwart, S. 21, 34.

16 *Gelzer*, Caesar, S. 21.

17 Bei dem Talent handelt es sich um eine altgriechische Gewichts- und Münzeinheit; vgl. *Hitzl*, Talent, in: Cancik/Schneider (Hrsg.), Der neue Pauly, Bd. XI, S. 1230 f.

nachlässig bei der Piratenbekämpfung handelte, so dass er von diesen Gemeinden die Lösegeldsumme forderte.[18] Kaum war er nach 38 Tagen Gefangenschaft[19] wieder in Freiheit, machte er sich sogleich mit mehreren bewaffneten Schiffen auf die Jagd nach Piraten. Dabei nahm er zahlreiche Gefangene, welche er anschließend an *Marcus Juncus,* den Statthalter der Provinz Asia, überstellte.[20] Dieser dachte jedoch gar nicht daran, die Gefangenen hinzurichten; vielmehr wollte er sie zur Verbesserung der Finanzsituation verkaufen. Als *Caesar* davon Kenntnis erlangte, kehrte er sofort nach Pergamon zurück und ließ sie eigenmächtig, ohne dazu autorisiert zu sein, kreuzigen.[21]

II. Eines der ersten Antipirateriegesetze

Marcus Tullius Cicero bezeichnete Piraten im 1. Jahrhundert v. Chr. als „Feinde der Menschheit",[22] mit denen es kein verbindliches Versprechen und keinen verbindlichen Eid geben dürfte.[23] 101 v. Chr. erließ der römische Senat ein Antipirateriegesetz. Dadurch wurden in den römischen Provinzen Asia und Lycia et Pamphylia die Häfen für Piraten geschlossen, so dass diese keine Möglichkeit mehr hatten, ihre Beute an Land zu bringen bzw. zu verkaufen.[24] Allerdings halfen diese und auch andere Maßnahmen nur wenig bei der Bekämpfung der Seeräuber. Dies lag nicht zuletzt daran, dass seitens des Staates geschäftliche Beziehungen mit den Piraten gepflegt wurden, besonders beim Sklavenhandel.[25] Daneben wurde die Piraterie auch teilweise als ehrenwerter Beruf angesehen.[26]

---

18 *Gelzer,* Caesar, S. 21.

19 *Ziebarth,* Seeraub und Seehandel im alten Griechenland, S. 40; *Sueton,* De Vita Caesarum, Buch 1, Kap. 4, Para. 1.

20 *Gelzer,* Caesar, S. 21.

21 *S. Schiedermair,* AöR 135 (2010), 185, 186 f.; *Gelzer,* Caesar, S. 21; *Velleius Paterculus,* Historia Romana, Buch 2, Kap. XLII, Para. 3.

22 *Cicero,* De Officiis, Buch 3, Kap. 107: „nam pirata non est ex perduellium numero definitus, sed *communis hostis omnium*" (*Hervorhebung* durch den Verfasser).

23 *Cicero,* De Officiis, Buch 3, Kap. 107.

24 *Konstam,* Atlas der Beutezüge zur See, S. 27; vgl. auch *Deininger* in: Klüver (Hrsg.), Piraterie - einst und jetzt, S. 8, 9 f.

25 Vgl. *Deininger* in: Klüver (Hrsg.), Piraterie - einst und jetzt, S. 8, 9.

26 Vgl. *Wachsmuth,* Seeraub, in: Ziegler/Sontheimer/Gärtner (Hrsg.), Der kleine Pauly, Bd. V, Sp. 64.

III. Operation *bellum piraticum*

Ein nachhaltiger Erfolg bei der Pirateriebekämpfung gelang dem Feldherrn *Gnaeus Pompeius Magnus* mit der Operation *bellum piraticum*.[27] Als 67 v. Chr. kilikische Piraten den für Rom lebenswichtigen Getreidehandel behinderten und so eine Hungersnot drohte, erhielt *Pompeius* durch den Antrag des *Aulus Gabinius* weitreichende Vollmachten.[28] Der Senat autorisierte *Pompeius* mit der *Lex Gabinia* zu einem umfangreichen Vorgehen gegen Piraten auf dem Wasser und an Land.[29] Das gesamte Mittelmeer und sämtliche Küsten bis zu 400 Stadien (entspricht ungefähr 63 bis 84 Kilometern) landeinwärts standen unter seinem Kommando. Er war Befehlshaber über 500 Schiffe, 120.000 Soldaten und 5.000 Reiter, was nahezu das gesamte militärische Aufgebot Roms darstellte.[30] Angelegt war *Pompeius'* Mission auf drei Jahre, doch schon nach drei Monaten waren alle Piraten besiegt bzw. vertrieben.[31] In dieser Zeit erbeutete oder versenkte er angeblich 846 Piratenschiffe.[32] Der Grund des Erfolges war nicht nur die weitreichende Befehlsgewalt, sondern auch sein umsichtiges Vorgehen. Nur gegen Piraten, die gravierende Verbrechen begangen hatten, wurden Strafverfahren eingeleitet. Alle anderen – nach *Plutarch* über 20.000 an der Zahl – wurden lediglich nach Kleinasien umgesiedelt, so dass sie fernab der Küste einem geregelten Leben als Ackerbauern nachgehen konnten und keine Möglichkeit mehr hatten, sich als Piraten zu betätigen.[33] Dieses milde Vorgehen sprach sich schnell herum mit der Folge, dass sich viele Piraten freiwillig ergaben und ihre Anführer verließen.[34] Daneben trug auch die militärische Strategie zum Erfolg

---

27 Vgl. *Deininger* in: Klüver (Hrsg.), Piraterie - einst und jetzt, S. 8, 16.

28 *Ziebarth*, Seeraub und Seehandel im alten Griechenland, S. 41; *Deininger* in: Klüver (Hrsg.), Piraterie - einst und jetzt, S. 8, 12 f.

29 *Lagoni* in: FS Rauschning, S. 501, 502. Diese weitreichenden Vollmachten waren nicht unumstritten; vgl. *Deininger* in: Klüver (Hrsg.), Piraterie - einst und jetzt, S. 8, 13 ff.; *Berber* in: FS Stödter, S. 147, 150.

30 *R. Bohn*, Die Piraten, S. 11; vgl. auch *Ziebarth*, Seeraub und Seehandel im alten Griechenland, S. 41.

31 *Deininger* in: Klüver (Hrsg.), Piraterie - einst und jetzt, S. 8, 15 ff.; *Berber* in: FS Stödter, S. 147, 150.

32 *Wachsmuth*, Seeraub, in: Ziegler/Sontheimer/Gärtner (Hrsg.), Der kleine Pauly, Bd. V, Sp. 65.

33 *Berber* in: FS Stödter, S. 147, 151; *Ziebarth*, Seeraub und Seehandel im alten Griechenland, S. 42; vgl. auch *de Souza* in: Grieb/Todt (Hrsg.), Piraterie von der Antike bis zur Gegenwart, S. 47, 61 f.

34 *Berber* in: FS Stödter, S. 147, 151.

bei. Innerhalb kürzester Zeit befand sich die römische Flotte im gesamten Mittelmeer und riegelte so alle Piratenhäfen gleichzeitig ab.[35] Daneben begannen die Soldaten an Land mit Angriffen auf die Stützpunkte der Piraten. So brachte *Pompeius* binnen 40 bis 60 Tagen sämtliche Piratenstandorte unter seine Kontrolle.[36] Nach diesem koordinierten Vorgehen war die komplexe Infrastruktur der Piraten ausgelöscht und die *Pax Maritima* wiederhergestellt.[37] Zwar gab es auch danach vereinzelte Überfälle durch Piraten, aber die Zeit der regelmäßigen und gefährlichen Angriffe kilikischer Piraten war vorbei.[38]

In der darauf folgenden Zeit war das Mittelmeer praktisch frei von Piraten. Dieser Zustand sollte mehrere Jahrhunderte andauern.[39] Das Römische Reich umfasste Provinzen um das gesamte Mittelmeer herum und aufgrund der hohen wirtschaftlichen Bedeutung der Küstenstädte bestanden vielfältige Handelsbeziehungen zwischen den Städten, welche größtenteils über den Seeweg abgewickelt wurden.[40] Aufgrund der Vergangenheit wussten die Römer um die Wichtigkeit ungestörter Meereswege. Daher wurden im gesamten Mittelmeerraum an strategisch wichtigen Punkten Marinestützpunkte eingerichtet. Von diesen ausgehend kontrollierten Kriegsschiffe ihre Gebiete und verhinderten so effektiv ein erneutes Aufkommen von Piraterie.[41]

IV. Die Vandalen

1. *Zunehmende Macht der Vandalen*

Dieser Zustand hielt mehrere Jahrhunderte an. Erst im 3. Jahrhundert n. Chr. begannen sich die Umstände langsam zu wandeln.[42] Durch die zunehmenden

---

35 *S. Schiedermair*, AöR 135 (2010), 185, 187.

36 *De Souza* in: Grieb/Todt (Hrsg.), Piraterie von der Antike bis zur Gegenwart, S. 47, 61; vgl. auch *Exquemelin*, Das Piratenbuch von 1678, S. 16 f.

37 *S. Schiedermair*, AöR 135 (2010), 185, 187. Vgl. auch *Konstam*, Atlas der Beutezüge zur See, S. 28 f.; *Kammerer-Grothaus* in: Roder (Hrsg.), Piraten, S. 22, 25.

38 *Ziebarth*, Seeraub und Seehandel im alten Griechenland, S. 42.

39 *Berber* in: FS Stödter, S. 147, 151; *Lagoni* in: FS Rauschning, S. 501, 502.

40 Vgl. *Grieb* in: Grieb/Todt (Hrsg.), Piraterie von der Antike bis zur Gegenwart, S. 75, 75.

41 Vgl. *Grieb* in: Grieb/Todt (Hrsg.), Piraterie von der Antike bis zur Gegenwart, S. 75, 75 f.

42 Vgl. *Berber* in: FS Stödter, S. 147, 151; *de Souza*, Piracy in the Graeco-Roman World, S. 218.

kriegerischen Aktivitäten anderer – aus Sicht der Römer unzivilisierter[43] – Völker an den Außengrenzen des Römischen Reiches wurde die Stabilität langsam geschwächt. So gelang es fremden Völkern nach langer Zeit erstmals in den Jahren 253 bis 269 n. Chr. wieder, in das Mittelmeer einzudringen und dort mehrere Küstenstädte zu überfallen.[44] Hinzu kam, dass das Römische Reich im Zuge der Reichsteilung 395 n. Chr. nach dem Tode von *Theodosius I.* in zwei Herrschaftsbereiche aufgeteilt wurde; in einen westlichen und einen östlichen Teil. Diese durch das Mittelmeer verlaufende Teilung schwächte die ehemals stabilen Machtverhältnisse zunehmend und in der Folge lebten die alten und für lange Zeit überwundenen Zustände wieder auf.[45]

2. (Rechtlicher) Schutz vor unbefugtem Technologietransfer

Den Römern war bewusst, wie wichtig die Beherrschung des Mittelmeers für ihren eigenen Machterhalt ist. Ebenfalls war ihnen bewusst, welchen Wert ihre fachlichen Kenntnisse im Schiffsbau darstellten. Als es im 5. Jahrhundert n. Chr. mehreren Völkern und Stämmen gelang, sich dauerhaft innerhalb des Römischen Reiches aufzuhalten und damit auch die Zeit des Friedens und der römischen Dominanz im Mittelmeer zu Ende ging,[46] reagierte der oströmische Kaiser *Theodosius II.* im Jahr 419 n. Chr. mit einem Gesetz, welches die Weitergabe von Schiffsbaukenntnissen unter Androhung der Todesstrafe untersagte.[47] Ebenfalls mit dem Tod bestraft wurde der Verkauf von Waffen an Barbaren.[48] Diese Direktive verhinderte letztendlich aber nicht den stetig sinkenden Einfluss der Römer als Seemacht. In diesem Entwicklungsstadium waren die Vandalen der größte Gegenspieler des Römischen Reiches. Im Zeitraum von 439 bis 476 n. Chr. wurden sie sogar als das bedeutendste Seefahrervolk angesehen.[49] Bemerkenswert ist dabei, dass die Vandalen ursprünglich nichts mit der Seefahrt zu tun hatten

---

43 Vgl. *Grieb* in: Grieb/Todt (Hrsg.), Piraterie von der Antike bis zur Gegenwart, S. 75, 76. Zu dem Begriff der „Barbaren" vgl. auch *Rugullis*, Die Barbaren in den spätrömischen Gesetzen, S. 21 ff.

44 *Grieb* in: Grieb/Todt (Hrsg.), Piraterie von der Antike bis zur Gegenwart, S. 75, 76; vgl. auch *de Souza*, Piracy in the Graeco-Roman World, S. 220 ff.

45 *Grieb* in: Grieb/Todt (Hrsg.), Piraterie von der Antike bis zur Gegenwart, S. 75, 76 f.

46 *Grieb* in: Grieb/Todt (Hrsg.), Piraterie von der Antike bis zur Gegenwart, S. 75, 76.

47 *Rugullis*, Die Barbaren in den spätrömischen Gesetzen, S. 120; vgl. auch *Berndt*, Konflikt und Anpassung, S. 113.

48 *Rugullis*, Die Barbaren in den spätrömischen Gesetzen, S. 120.

49 *Castritius*, Die Vandalen, S. 124; *Grieb* in: Grieb/Todt (Hrsg.), Piraterie von der Antike bis zur Gegenwart, S. 75, 77.

und sich ihre nautischen Kenntnisse innerhalb kurzer Zeit angeeignet hatten. Von großem Vorteil war, dass ihnen bei den Überfällen auf Hafenstädte Schiffe der römischen Flotte in die Hände gefallen waren.[50]

3. *Überfälle der Vandalen*

Die Vandalen überfielen Mitte des 5. Jahrhunderts n. Chr. viele Küstenregionen im Mittelmeer und schwächten das Römische Reich entscheidend. Den Anfang dieser Überfälle bildeten die Plünderungen der Städte Carthago Nova (heute Cartagena) 425 n. Chr. und Hispalis (heute Sevilla) 428 n. Chr., bei denen sie auch römische Kriegsschiffe erbeuteten.[51] Ein weiterer wichtiger Schritt bei dem Ausbau der Seeherrschaft stellt 439 n. Chr. die Eroberung Karthagos dar.[52] Aufgrund der gut ausgebauten maritimen Infrastruktur und den wirtschaftlichen Handelsverbindungen in den gesamten Mittelmeerraum hatten die Vandalen nun einen ausgezeichneten Stützpunkt für weitere militärische Unternehmungen.[53] Dieser Vorteil wurde sogleich ausgenutzt; noch im selben Jahr und auch in den darauf folgenden Jahren gingen die Vandalen auf Raubzüge an der Küste Siziliens, Sardiniens und der italienischen Halbinsel.[54] Begünstigt wurden diese Angriffe dadurch, dass die Küstenstädte seit mehreren Jahrhunderten keinen militärischen Bedrohungen mehr ausgesetzt und daher meist unfähig waren, nennenswerte Gegenwehr zu leisten.[55] Unter dem Eindruck der Angriffe sah sich der weströmische Kaiser *Valentinian III.* dazu veranlasst, den Städten Rom und Neapel militärischen Schutz zukommen zu lassen und mit umfangreichen Verteidigungsanlagen auszustatten.[56] Zudem erging eine Notstandsverfügung, welche die Einwohner dazu aufforderte, sich selbst zu bewaffnen.[57]

---

50 *Grieb* in: Grieb/Todt (Hrsg.), Piraterie von der Antike bis zur Gegenwart, S. 75, 77 f.; vgl. auch *Diesner*, Das Vandalenreich, S. 125.

51 *Schmidt*, Geschichte der Wandalen, S. 27; *Grieb* in: Grieb/Todt (Hrsg.), Piraterie von der Antike bis zur Gegenwart, S. 75, 78.

52 *Schmidt*, Geschichte der Wandalen, S. 67; *Castritius*, Die Vandalen, S. 94. Allgemein zur Eroberung Kathagos: *Berndt*, Konflikt und Anpassung, S. 135 ff.

53 Vgl. *Grieb* in: Grieb/Todt (Hrsg.), Piraterie von der Antike bis zur Gegenwart, S. 75, 78.

54 *Grieb* in: Grieb/Todt (Hrsg.), Piraterie von der Antike bis zur Gegenwart, S. 75, 80; vgl. auch *Schmidt*, Geschichte der Wandalen, S. 69.

55 *Grieb* in: Grieb/Todt (Hrsg.), Piraterie von der Antike bis zur Gegenwart, S. 75, 80; vgl. auch *Schmidt*, Geschichte der Wandalen, S. 67.

56 *Grieb* in: Grieb/Todt (Hrsg.), Piraterie von der Antike bis zur Gegenwart, S. 75, 80.

57 *Berndt*, Konflikt und Anpassung, S. 190; *Grieb* in: Grieb/Todt (Hrsg.), Piraterie von der Antike bis zur Gegenwart, S. 75, 80.

Im Jahr 442 n. Chr. schloss *Valentinian III.* mit dem König der Vandalen *Geiserich* einen Friedensvertrag.[58] Dies war aus römischer Sicht der einzige Ausweg, um das von den Vandalen ausgehende Risiko zu begrenzen, denn ein militärisches Vorgehen lag außerhalb der Möglichkeiten Roms.[59] Den Vandalen wurde in diesem Vertrag die Herrschaft über ehemals römische Provinzen zugesichert.[60] Gleichzeitig verpflichteten sie sich, weitere Angriffe zu unterlassen. Zum einen instituierten die Vandalen sich so als Macht im Mittelmeerraum. Zum anderen hatten sie damit Zeit, ein staatliches Gemeinwesen aufzubauen und in ihre militärische Ausrüstung zu investieren.[61] In den Folgejahren hielten sich die Vandalen an die Abmachung und unternahmen keine weiteren Angriffe im Mittelmeer.[62]

Dies änderte sich 455 n. Chr. als *Valentinian III.* starb. Mit seinem Tod fühlten sich die Vandalen nicht mehr an die Vereinbarung gebunden und begannen sogleich wieder zur See zu fahren und im gesamten Mittelmeer Schiffe und Städte zu überfallen.[63] Auch Rom fiel den Vandalen dabei zum Opfer. Zwei Wochen lang plünderten sie die Stadt ohne wesentliche Gegenwehr und erbeuteten beträchtliche Reichtümer und nahmen viele Geiseln, welche sie nach Karthago brachten.[64] 468 n. Chr. kam es zu dem sog. Vandalenfeldzug. Dieser stellte einen weiteren Versuch Ost- und Westroms dar, die andauernden Raubfahrten der Vandalen zu unterbinden. Ost- und weströmische Flotten verbündeten sich, um gegen die Vandalen in Afrika vorzugehen.[65] Dabei waren ein Aufgebot von ungefähr 1.100 Schiffen, wohl 7.000 Seeleuten und ein Heer von mehr als 100.000 Soldaten im Einsatz.[66] Nach anfänglichen Erfolgen scheiterten sie

---

58 *Schmidt*, Geschichte der Wandalen, S. 71.

59 *Grieb* in: Grieb/Todt (Hrsg.), Piraterie von der Antike bis zur Gegenwart, S. 75, 81 f.; vgl. auch *Berndt*, Konflikt und Anpassung, S. 191.

60 *Schmidt*, Geschichte der Wandalen, S. 71; *Berndt*, Konflikt und Anpassung, S. 191 f.

61 *Grieb* in: Grieb/Todt (Hrsg.), Piraterie von der Antike bis zur Gegenwart, S. 75, 81.

62 *Schmidt*, Geschichte der Wandalen, S. 76 f.; vgl. auch *Berndt*, Konflikt und Anpassung, S. 192.

63 *Castritius*, Die Vandalen, S. 105; *Berndt*, Konflikt und Anpassung, S. 193; *Grieb* in: Grieb/Todt (Hrsg.), Piraterie von der Antike bis zur Gegenwart, S. 75, 82.

64 *Diesner*, Das Vandalenreich, S. 64; *Grieb* in: Grieb/Todt (Hrsg.), Piraterie von der Antike bis zur Gegenwart, S. 75, 82; *Berndt*, Konflikt und Anpassung, S. 194; vgl. auch *Merrills/Miles*, The Vandals, S. 116 f.

65 *Grieb* in: Grieb/Todt (Hrsg.), Piraterie von der Antike bis zur Gegenwart, S. 75, 83. Vgl. auch *Merrills/Miles*, The Vandals, S. 121 f.; *Berndt*, Konflikt und Anpassung, S. 199 f.

66 *Schmidt*, Geschichte der Wandalen, S. 89.

jedoch vor der tunesischen Halbinsel bei Kap Bon, wo ihnen von der vandalischen Flotte eine erhebliche Niederlage beigebracht wurde.[67]

4. *Ende der kriegerischen Aktivitäten der Vandalen*

Nachdem die Vandalen weitere acht Jahre ihre Raubzüge fortsetzten, wurde 476 n. Chr. ein neuer Versuch unternommen, die kriegerischen Unternehmungen auf diplomatischem Wege zu beenden. *Geiserich* vereinbarte mit dem oströmischen Kaiser *Zeno*, der auch für das weströmische Reich mitverhandelte, einen neuen Friedensvertrag.[68] Dieser sah vor, dass die Herrschaft der Vandalen über die von ihnen eingenommenen Landesteile endgültig anerkannt wurde und diese im Gegenzug auf kriegerische Unternehmungen verzichteten. Daneben wurde in diesen Vertrag explizit aufgenommen, dass er für unbestimmte Zeit und unabhängig von den Personen, die den Vertrag unterzeichnet hatten, gelten sollte.[69]

Erst im Jahr 533[70] kam es wieder zu gewalttätigen Auseinandersetzungen zwischen Vandalen und Römern. Unter *Iustinian* fanden mehrere erfolgreiche Schlachten gegen die durch interne Auseinandersetzungen zuvor schon geschwächte Vandalen statt, so dass 534 die von den Vandalen beherrschten Gebiete in Nordafrika wieder vom oströmischen Reich übernommen wurden.[71]

B. Die Araber im Mittelmeerraum

In der folgenden Zeit kehrte wieder Ruhe im Mittelmeer ein. Der byzantinische Kaiser *Iustinian* rüstete die Seeflotte auf, so dass im 6. Jahrhundert nahezu das gesamte Mittelmeer vom Byzantinischen Reich beherrscht wurde und ein ungestörter Seehandel möglich war.[72] Diese oströmische Vorherrschaft konnte sich

---

67 *Grieb* in: Grieb/Todt (Hrsg.), Piraterie von der Antike bis zur Gegenwart, S. 75, 83; *Berndt*, Konflikt und Anpassung, S. 200. Vgl. auch *Courtois*, Les Vandals et l'Afrique, S. 203 f.; *Merrills/Miles*, The Vandals, S. 122.

68 *Grieb* in: Grieb/Todt (Hrsg.), Piraterie von der Antike bis zur Gegenwart, S. 75, 84; vgl. auch *Schmidt*, Geschichte der Wandalen, S. 92.

69 *Grieb* in: Grieb/Todt (Hrsg.), Piraterie von der Antike bis zur Gegenwart, S. 75, 84; vgl. auch *Schmidt*, Geschichte der Wandalen, S. 92 f.

70 Siehe zur Unterscheidung von Jahresangaben v. Chr. und n. Chr.: Fn. 3.

71 *Castritius*, Die Vandalen, S. 159 ff., *Grieb* in: Grieb/Todt (Hrsg.), Piraterie von der Antike bis zur Gegenwart, S. 75, 84.

72 *Grieb* in: Grieb/Todt (Hrsg.), Piraterie von der Antike bis zur Gegenwart, S. 75, 85; vgl. auch *Ahrweiler*, Byzance et la mer, S. 7.

bis in die erste Hälfte des 7. Jahrhunderts halten.[73] Die größte Bedrohung für das Byzantinische Reich ging von den Arabern aus. Nach dem Tod *Mohammeds* im Jahr 632 wurde der Plan der Gründung eines islamischen Großreichs weiter verfolgt. Bis 656 hatten die Araber bereits die Küste Syriens, Zypern und die nordafrikanische Küste bis zur Großen Syrte in Tripolitanien (heutiges Syrien) erobert.[74] Wie schon die Vandalen nutzten auch die Araber den maritimen Erfahrungsschatz der Römer, indem sie ihre Flottenstützpunkte übernahmen und damit auch ihre Schiffe und ihr nautisches Wissen.[75] Nachdem 698 auch Karthago von den Arabern eingenommen wurde, konnten sie ihre Herrschaft bis zur iberischen Halbinsel ausbauen.[76] Dadurch wurden Piraterie und Raubfahrten wieder zum Alltag. Zwar konnte die byzantinische Flotte mit der Erfindung des sog. Griechischen Feuers[77] kurzfristige Erfolge verbuchen und 674 bis 678 die Angriffe auf Konstantinopel abwehren.[78] Dennoch wurden weiterhin viele Küstenstädte überfallen.[79] Die arabische Flotte war auf mehrere Häfen an der Küste Syriens und Nordafrikas verteilt, so dass sie nur schwer kontrollierbar war und nahezu ungestört weiter auf Raubfahrten gehen konnte.[80] In den Jahren 717 bis 718 versuchten die Araber erneut Konstantinopel einzunehmen, wobei sie jedoch eine verheerende Niederlage erlitten.[81] Doch schon wenige Jahre später hatten sie sich von dieser Niederlage erholt und gingen um 720 erneut auf Beutezüge. Insbesondere Sardinien und Sizilien waren immer wieder Ziel der

---

73 *Grieb* in: Grieb/Todt (Hrsg.), Piraterie von der Antike bis zur Gegenwart, S. 75, 85; vgl. auch *Ahrweiler*, Byzance et la mer, S. 10 f.

74 *Grieb* in: Grieb/Todt (Hrsg.), Piraterie von der Antike bis zur Gegenwart, S. 75, 86.

75 *Grieb* in: Grieb/Todt (Hrsg.), Piraterie von der Antike bis zur Gegenwart, S. 75, 86 f.; vgl. auch *Louth* in: Shepard (Hrsg.), The Byzantine Empire, S. 221, 230.

76 *Grieb* in: Grieb/Todt (Hrsg.), Piraterie von der Antike bis zur Gegenwart, S. 75, 86.

77 Bei dem sog. Griechischen Feuer handelte es sich um eine Brandwaffe. Mittels einer entsprechenden Vorrichtung konnte eine brennende Flüssigkeit über die Distanz von einigen Metern gespritzt werden, um so das Ziel in Brand zu setzen. Für eine genauere Beschreibung sowie die Funktionsweise des Griechischen Feuers siehe: *Davidson*, Byzantinische Zs. 66 (1973), 61; *Haldon/Byrne*, Byzantinische Zs. 70 (1977), 91; *Eickhoff*, Seekrieg und Seepolitik, S. 143 f.; *Pryor/Jeffreys*, The Age of Dromōn, S. 607 ff.

78 *Eickhoff*, Seekrieg und Seepolitik, S. 22 f.; *Louth* in: Shepard (Hrsg.), The Byzantine Empire, S. 221, 233.

79 *Grieb* in: Grieb/Todt (Hrsg.), Piraterie von der Antike bis zur Gegenwart, S. 75, 87.

80 *Grieb* in: Grieb/Todt (Hrsg.), Piraterie von der Antike bis zur Gegenwart, S. 75, 87.

81 *Grieb* in: Grieb/Todt (Hrsg.), Piraterie von der Antike bis zur Gegenwart, S. 75, 88; vgl. auch *Eickhoff*, Seekrieg und Seepolitik, S. 33 f.

Angriffe.[82] Mittlerweile konnte sich jedoch die byzantinische Flotte aufgrund der verminderten Bedrohung an den Ostgrenzen des Reiches vermehrt den Raubzügen im Westen zuwenden und so meist erfolgreich gegen die Piraterieunternehmungen der Araber vorgehen.[83] Im Jahr 752 schließlich konnte ein Waffenstillstand ausgehandelt werden. Damit gehörten Piraterieunternehmungen bis zum 9. Jahrhundert wieder der Vergangenheit an.[84]

C. Die Wikinger

I. Über die Wikinger

Das Wort „Wikinger" wurde in der Neuzeit aus der nordischen Sprache entlehnt.[85] Übersetzt wird es teilweise mit „Seeräuber", wobei dies nur einen kleinen Teil der mit diesem Begriff in Verbindung stehenden Bedeutung widerspiegelt.[86] Stützt man sich auf Quellen aus dem 12. bis 15. Jahrhundert, lässt sich „víkingr" mit der insbesondere in den Isländersagas verwendeten Bedeutung verstehen, dass es sich dabei um Gruppen skandinavischer Krieger handelt, welche im 9. und 10. Jahrhundert die britischen Inseln und die Normandie plünderten.[87] Auch unter Zugrundelegung weiterer Quellen lässt sich ein deutlich differenzierteres Bild des Begriffs „víkingr" zeichnen, welches zwar nach wie vor ein bestimmtes Maß an Verwüstung und Räuberei beinhaltet, daneben aber auch Tugenden wie Tapferkeit und Kampfgeist einbezieht.[88]

Wikinger werden meist sofort mit Seeräuberei und Piraterie assoziiert und es entsteht der Eindruck, dass es sich bei ihnen ausschließlich um Helme mit Hörnern tragende und Met trinkende Wilde handelte, die den ganzen Tag mit ihren Drachenbooten umherfuhren und dabei die Meere unsicher machten.[89]

---

82 *Grieb* in: Grieb/Todt (Hrsg.), Piraterie von der Antike bis zur Gegenwart, S. 75, 88 f.; vgl. auch *Eickhoff*, Seekrieg und Seepolitik, S. 36.

83 *Grieb* in: Grieb/Todt (Hrsg.), Piraterie von der Antike bis zur Gegenwart, S. 75, 89. Vgl. allgemein dazu: *Ahrweiler*, Byzance et la mer, S. 35 ff.

84 *Grieb* in: Grieb/Todt (Hrsg.), Piraterie von der Antike bis zur Gegenwart, S. 75, 89.

85 *Krüger*, „Wikinger" im Mittelalter, S. 2.

86 *Simek*, Die Wikinger, S. 7; vgl. auch *Richards*, Die Wikinger, S. 8.

87 *Cleasby/Guðbrandur Vigfússon*, An Icelandic-English Dictionary, „víkingr", S. 716: „[…] in the Icel. Sagas used specially of the bands of Scandinavian warriors, who during the 9th and 10th centuries harried the British Isles and Normandy […]"; *Hødnebø* in: Knirk (Hrsg.), Proceedings of the 10th Viking Congress, S. 43, 43.

88 Vgl. *Hødnebø* in: Knirk (Hrsg.), Proceedings of the 10th Viking Congress, S. 43, 43. Zu dem Begriff „Wikinger" vgl. auch: *Brink* in: Brink (Hrsg.), The Viking World, S. 4, 5 ff.

89 *Simek*, Die Wikinger, S. 7; vgl. auch *Richards*, Die Wikinger, S. 70.

Tatsächlich stellten diese Aktivitäten nur einen Ausschnitt der Kultur dar und sind teilweise auch Mythen.[90] Aufgrund der besonders in den letzten Jahrzehnten ausufernden Glorifizierung ist jedoch das beschriebene Bild der „metsaufenden Raufbolde"[91] in das Blickfeld der Wahrnehmung geraten.[92] Daneben ist zu beachten, dass die Wikinger nur einen kleinen Teil des skandinavischen Volks ausmachten.[93] Ein weiterer Mythos ist die Brutalität, mit der die Wikinger bei ihren Überfällen vorgingen. In Wahrheit waren die Wikinger bei ihren Überfällen nicht gewaltsamer als andere Völker zur selben Zeit.[94] Jedoch handelte es sich bei den Wikingern um Heiden, weshalb es insbesondere bei den von christlichen Wertvorstellungen geprägten Überlieferungen teilweise zu Übertreibungen gekommen sein dürfte.[95] Daneben gab es zwei grundlegende Unterschiede zu Überfällen anderer Völker in dieser Zeit. Zum einen griffen die Wikinger ihre Ziele vom Meer aus an und nutzten so die Überraschung ihrer Opfer aus, die mit derartigen Angriffen nicht rechneten.[96] Zum anderen griffen sie sakrale Einrichtungen wie Kirchen an, welche auf Überfälle überhaupt nicht vorbereitet waren.[97] Auch andere ungeschützte Orte wie Märkte waren Angriffen ausgesetzt.[98] Dabei sei allerdings angemerkt, dass das Überfallen von kirchlichen Institutionen auch schon vor den Wikingern stattgefunden hat, wenn auch in geringerem Umfang.[99] Angegriffen haben die Wikinger meistens in kleineren Gruppen, die „eher Hunderte denn Tausende"[100] zählten. Diese kleine Gruppengröße war auch dadurch bedingt, dass sie auf ihren langen Reisen den gesamten

90 Vgl. *Simek*, Die Wikinger, S. 7 ff.

91 *Simek*, Die Wikinger, S. 12.

92 Vgl. *Simek*, Die Wikinger, S. 7 f. und 12; vgl. auch *Richards*, Die Wikinger, S. 7 f.

93 *Richards*, Die Wikinger, S. 12.

94 *B. Sawyer/P. Sawyer*, Welt der Wikinger, S. 140 f.; *Simek* in: Simek (Hrsg.), Vikings on the Rhine, S. 9, 18 f.; vgl. auch *G. Williams* in: Brink (Hrsg.), The Viking World, S. 193, 199.

95 *Simek*, Die Wikinger, S. 18. Vgl. auch *Hjardar/Vike*, Vikings at War, S. 69; *Plassmann* in: Hofmann/Kamp/Wemhoff (Hrsg.), Die Wikinger und das Fränkische Reich, S. 61, 61 und 64.

96 *B. Sawyer/P. Sawyer*, Welt der Wikinger, S. 141; *Hjardar/Vike*, Vikings at War, S. 79; vgl. auch *G. Williams* in: Brink (Hrsg.), The Viking World, S. 193, 199.

97 *B. Sawyer/P. Sawyer*, Welt der Wikinger, S. 141. Vgl. auch *Richards*, Die Wikinger, S. 31 und 70; *Svanberg*, Vikingatiden i Skåne, S. 20.

98 *B. Sawyer/P. Sawyer*, Welt der Wikinger, S. 141.

99 *Richards*, Die Wikinger, S. 113; *B. Sawyer/P. Sawyer*, Welt der Wikinger, S. 141.

100 *B. Sawyer/P. Sawyer*, Welt der Wikinger, S. 141; vgl. auch *Hjardar/Vike*, Vikings at War, S. 77 f.

Proviant auf dem Schiff mitführen mussten.[101] Bei ihren Angriffen bevorzugten sie Ziele, bei denen wenig Gegenwehr zu erwarten war, die aber gleichzeitig reiche Beute vermuten ließen. Stießen sie auf Gegenwehr, zogen sie sich meist schnell zurück; in direkten Kämpfen verloren sie oft.[102]

II. Überfälle der Wikinger

1. Überfälle auf England

Ab dem späten 8. Jahrhundert entwickelten die Wikinger neue Navigationsmethoden. Diese ermöglichten es ihnen entfernt von der Küste zu segeln, indem sie sich am Wind orientierten.[103] So gelangten sie auch an die Nordostküste Englands und überfielen dort 793 das Kloster Lindisfarne in der Grafschaft Northumberland.[104] Charakteristisch für die Überfälle der Wikinger war, dass diese ohne Vorwarnung auftauchten und sehr schnell wieder verschwanden, so dass die Angegriffenen keine Möglichkeit der Verteidigung hatten.[105] Nur zwei Jahre später, 795, wurden die Insel Lambay sowie die Klosterinseln Inishmurray und Inishbofin geplündert.[106] Im gleichen Jahr traf es auch die schottische Klosterinsel Iona, eine zu den Inneren Hebriden gehörenden Insel an der Westküste

---

101 Vgl. *B. Sawyer/P. Sawyer*, Welt der Wikinger, S. 141.

102 *B. Sawyer/P. Sawyer*, Welt der Wikinger, S. 141; vgl. auch *Coupland*, Viator 35 (2004), 49, 69.

103 *Ellmers* in: Grieb/Todt (Hrsg.), Piraterie von der Antike bis zur Gegenwart, S. 94, 100 f. Ausführlich zu den Kenntnissen der Wikinger hinsichtlich der Nutzung der Windverhältnisse: *Schnall*, Navigation der Wikinger, S. 167 ff. Zu den navigatorischen Fähigkeiten der Wikinger, insbesondere hinsichtlich des Schiffbaus: *Simek* in: Simek (Hrsg.), Vikings on the Rhine, S. 9, 11 ff.; *Eickhoff* in: Simek (Hrsg.), Vikings on the Rhine, S. 51, 58 ff.

104 *B. Sawyer/P. Sawyer*, Welt der Wikinger, S. 133; *Herrmann*, Wikinger und Slawen, S. 61; *Vogel*, Die Normannen und das fränkische Reich, S. 50; vgl. auch *Richards*, Die Wikinger, S. 13. Der Überfall auf das Kloster Lindisfarne wird als Beginn der Wikingerzeit angesehen, möglicherweise gelangten allerdings schon zuvor einige Wikinger nach England; *Simek* in: Simek (Hrsg.), Vikings on the Rhine, S. 9, 9 f.; vgl. auch *Renaud*, Les Vikings et la Normandie, S. 13. Zu früheren Angriffen siehe auch: *Simek*, Die Wikinger, S. 48 ff.

105 *Ellmers* in: Grieb/Todt (Hrsg.), Piraterie von der Antike bis zur Gegenwart, S. 94, 101; vgl. auch *Svanberg*, Vikingatiden i Skåne, S. 20.

106 *Simek*, Die Wikinger, S. 52. Berichtet wird auch von einem Angriff auf Inishmurry im Jahr 807: *Ó Corráin* in: Brink (Hrsg.), The Viking World, S. 428, 428.

Schottlands. Sie war auch danach noch Ziel zweier weiterer Angriffe in den Jahren 802 und 806, bevor die Abtei schließlich verlegt wurde.[107]

Während es zu Beginn des 9. Jahrhunderts in England zunächst nur Beutezüge gab, begannen die Wikinger ab Mitte des 9. Jahrhunderts auch dort zu überwintern, um so das Land zu erobern.[108] Den Anfang markiert die Eroberung Yorks in Northumbria 866. In der darauf folgenden Zeit konzentrierten sich die kriegerischen Handlungen vor allem auf das Königreich Wessex im Süden des Landes. 872 bis 874 eroberten sie Mercia, ein Königreich ungefähr in der Mitte Englands. Danach brachten sie 875 bis 876 das Königreich Northumbria im Norden Englands unter ihre Macht und ein Jahr später, 877, Wessex.[109] 886 wurde dann eine Vereinbarung zwischen *Alfred dem Großen,* König von Wessex, und dem Anführer der Wikinger *Guthrum* geschlossen, der die Aufteilung der Gebiete festlegte. Danach fielen die Gebiete im Südwesten an *Alfred den Großen* und die im Nordosten an die Skandinavier.[110] Nur wenige Jahre später, 892 bis 893, versuchten Wikinger die an *Alfred den Großen* gefallenen Gebiete zu erobern, hatten allerdings aufgrund dessen militärischen Geschicks keinen Erfolg dabei.[111]

Zwar wechselte die Herrschaft Northumbrias in der Zeit nach dem Tod *Alfred des Großen* mehrfach zwischen skandinavischen und englischen Königen, allerdings wurde 954 der norwegische König *Erik I. Blutaxt* durch seinen Bruder *Håkan* endgültig verbannt.[112] Nach seiner Verbannung begannen die Wikinger wieder mit Überfällen, die sich vor allem gegen Wales und die englische Westküste richteten.[113] 992 wurde deutlich, dass die von den Königen Norwegens und Dänemarks ausgeübten Überfälle gezielt gegen England gerichtet waren. Der englische König *Æthelred* bot jedoch 992 die Summe von 22.000 Pfund Silber und zwei Jahre später noch einmal 16.000 Pfund Silber, was den norwegischen

---

107 *Ó Corráin* in: Brink (Hrsg.), The Viking World, S. 428, 428; *Simek*, Die Wikinger, S. 54. Allgemein zu den Angriffen, die zu Beginn der Wikingerzeit im Norden Englands stattfanden: *Barrett*, Antiquity 82 (2008), 671, 678.

108 *B. Sawyer/P. Sawyer*, Welt der Wikinger, S. 138 f.; vgl. auch *G. Williams* in: Brink (Hrsg.), The Viking World, S. 193, 198;

109 *Simek*, Die Wikinger, S. 55.

110 *Simek*, Die Wikinger, S. 55 f.; *Downham* in: Brink (Hrsg.), The Viking World, S. 341, 343.

111 *Simek*, Die Wikinger, S. 56 f.

112 Vgl. *Richards*, Die Wikinger, S. 102 f.; *B. Sawyer/P. Sawyer*, Welt der Wikinger, S. 187; *P. Sawyer*, Northern History 31 (1995), 39, 39.

113 *Simek*, Die Wikinger, S. 57.

König *Olav I. Tryggvason* dazu veranlasste, wieder nach Norwegen zurückzukehren. Der dänische König *Sven I. Gabelbart* setzte seine kriegerischen Aktivitäten jedoch fort, so dass *Æthelred* ihm im Jahr 1001 24.000 Pfund Silber zahlte. Aufgrund des Ungeschicks *Æthelreds* kam es in den folgenden Jahren zu weiteren Zahlungen; 1007 zahlte er 36.000 Pfund Silber und 1012 48.000 Pfund Silber. Schließlich wurde *Sven I. Gabelbart* 1013 dennoch König von England. Diese skandinavische Herrschaft unter ihm und seinen Nachfolgern hielt über 50 Jahre, bis im Oktober 1066 die Normannen die Herrschaft übernahmen.[114]

2. Überfälle auf das Frankenreich

Nicht nur auf dem Meer, sondern auch auf dem europäischen Festland gingen die Wikinger auf Beutezüge. Besonders das Frankenreich war im 9. Jahrhundert vielen Angriffen ausgesetzt. Zunächst blieb es nach dem Tod *Karls des Großen* im Jahr 814 meistens bei Angriffen auf Friesland und das nördliche Frankenreich.[115] Weiterhin waren im 9. Jahrhundert auf fast allen größeren Flüssen Wikingerflotten unterwegs und überfielen nahezu alle Regionen zwischen dem Rhein und den Pyrenäen.[116] Aufgrund der großen Flüsse im Norden und Westen des Landes stellte das Frankenreich für die Wikinger ein sehr geeignetes Ziel dar.[117] 834 wurde die Stadt Nantes an der Loire von einer Gruppe Piraten skandinavischer Herkunft überfallen. Wie schon bei ihren Überfällen zuvor beschränkten sie sich nicht auf private Reichtümer, sondern brachten auch Schätze der Kirchen an sich.[118] Ab 841 waren mindestens zwei unabhängige Wikingerflotten auf den Flüssen des Frankenreichs unterwegs.[119] Eine dieser Flotten befand sich auf der

---

114 *Simek*, Die Wikinger, S. 58; vgl. auch *Brink* in: Brink (Hrsg.), The Viking World, S. 4, 5. Das Jahr 1066 n. Chr. wird regelmäßig auch als das Ende der Wikingerzeit angesehen: *Brink* in: Brink (Hrsg.), The Viking World, S. 4, 5; *Hjardar/Vike*, Vikings at War, S. 18.

115 *Simek*, Die Wikinger, S. 59. Allerdings war Friesland erheblichen Angriffen ausgesetzt, ausführlich dazu: *Vogel*, Die Normannen und das fränkische Reich, S. 68 ff.

116 *Ellmers* in: in: Grieb/Todt (Hrsg.), Piraterie von der Antike bis zur Gegenwart, S. 94, 101 f.

117 *Simek*, Die Wikinger, S. 59.

118 *Simek*, Die Wikinger, S. 49.

119 *Simek*, Die Wikinger, S. 59; vgl. auch *Eickhoff* in: Simek (Hrsg.), Vikings on the Rhine, S. 51, 54. Zu der Flotte auf der Seine: *Vogel*, Die Normannen und das fränkische Reich, S. 84 f.

Seine und überfiel Paris.[120] Gegen eine Zahlung von 7.000 Pfund Silber konnte *Karl der Kahle* den Wikingerführer *Ragnar* dazu bewegen, die Seine zu verlassen.[121] Als weitere Schutzmaßnahme wurden Brücken über die Seine und die Loire errichtet, um so Schiffe an der Durchfahrt zu hindern. Daneben erfolgte die Befestigung von Städten und kirchlichen Bauten, um diese zu schützen.[122] Auch wurde versucht, die Flüsse mittels Schiffen, die in der Mitte der Gewässer verankert waren, für die Flotten der Wikinger unpassierbar zu machen und die Flussufer durch Soldaten schützen zu lassen.[123] Dennoch ließen sich die Wikinger davon nicht abhalten, in anderen Landesteilen weiterhin auf Beutezüge zu gehen. Sie gründeten dabei jedoch keine größeren Siedlungen mit der Ausnahme einiger Basislager auf den vor der Küste des Frankenreichs liegenden Inseln.[124] Als im Jahr 877 *Karl der Kahle* starb, nahmen die Überfälle weiter zu. Sein Nachfolger *Karl der Dicke* versuchte durch die Zahlung großzügiger Danegelder[125] die Angriffe der Wikinger zu beenden.[126] Als 885 und 886 Paris fast ein Jahr lang von Wikingern belagert wurde[127] konnte dieser Zustand nur durch die Zahlung von Danegeld beendet werden.[128] Allerdings wurde die Strategie des Zahlens gegen Ende immer wirkungsloser, so dass *Karl der Dicke* schließlich nach der Belagerung von Paris abgesetzt wurde.[129]

Neben den bereits genannten Schutzmaßnahmen ergriffen die Herrscher weitere Gegenmaßnahmen, um dem Treiben der Wikinger Einhalt zu gebieten. So wurde von *Karl dem Großen* Anfang des 9. Jahrhunderts der Bau von Schiffen in Auftrag gegeben und damit begonnen, Wachen in den Häfen und entlang der

---

120 *Herrmann*, Wikinger und Slawen, S. 64. Zu dem Angriff auf Paris im März 845: *Vogel*, Die Normannen und das fränkische Reich, S. 107 ff.

121 *Vogel*, Die Normannen und das fränkische Reich, S. 110 f.; *Richards*, Die Wikinger, S. 82; *Coupland*, Viator 35 (2004), 49, 63.

122 *Coupland*, J. Mediev. Hist. 17 (1991), 1, 1 ff.; *Halsall*, Warfare and Society, S. 99; *B. Sawyer/P. Sawyer*, Welt der Wikinger, S. 139.

123 *Coupland*, Viator 35 (2004), 49, 63 f.

124 *Simek*, Die Wikinger, S. 59.

125 Der Begriff Danegeld bezeichnet jene Geldzahlungen, die von den damaligen englischen Herrschern geleistet wurden, um die Wikinger von ihren Überfällen abzuhalten; vgl. *Loyn*, Danegeld, § 2 Historisches, in: Hoops (Begr.)/Beck/et al. (Hrsg.), Reallexikon der Germanischen Altertumskunde, Bd. V, S. 226 f.

126 *Simek*, Die Wikinger, S. 59.

127 *Vogel*, Die Normannen und das fränkische Reich, S. 326 ff.

128 *Vogel*, Die Normannen und das fränkische Reich, S. 335 ff.

129 *Simek*, Die Wikinger, S. 59.

Küsten einzurichten.[130] Ob diese Schiffe jedoch auf der Nordsee eingesetzt wurden, ist unklar. Zwar wird berichtet, dass *Karl der Große* im Jahr 811 die auf seinen Auftrag hin gebauten Schiffe besichtigte, über deren Einsatz auf der Nordsee ist jedoch nichts bekannt.[131] Auch *Ludwig der Fromme* befahl 837 den Bau von Schiffen, um sich gegen Wikingerangriffe in Friesland zur Wehr zu setzen, allerdings ist auch hier ungewiss, ob diese tatsächlich bei der Abwehr der Angriffe genutzt wurden.[132] Als sicher gilt hingegen, dass das Frankenreich an den Küsten Wachen eingerichtet hat. Über den genauen Aufbau des Systems ist zwar wenig bekannt, so waren aber um 800 sämtliche Häfen und Flussmündungen an der Nordsee von Truppen bewacht.[133] Im Jahr 820 etwa konnte dadurch ein Angriff dänischer Schiffe auf Flandern und das Befahren der Seine abgewehrt werden.[134] Ende der 830er Jahre jedoch gelang es den Wikingern immer mehr, die Flüsse ins Landesinnere zu befahren, so dass davon auszugehen ist, dass das System der Küstenwache zunehmend wirkungslos wurde.[135]

Ab 900 fehlen Berichte über die Aktivitäten normannischer Heere, so dass unklar ist, ob es tatsächlich weniger Angriffe gab oder lediglich Aufzeichnungen darüber fehlen.[136] Als sicher gilt, dass dem Wikinger *Rollo* im Jahr 911 das Gebiet der späteren Normandie zugesprochen wurde und damit die Hoffnung verbunden war, dass dieser andere Schiffe von der Einfahrt in die Seine abhalten würde.[137] Allerdings kam es auch danach vereinzelt zu Angriffen durch nordische Völker.[138]

---

130 *Coupland*, Viator 35 (2004), 49, 50; *Eickhoff* in: Simek (Hrsg.), Vikings on the Rhine, S. 51, 51.

131 *Coupland*, Viator 35 (2004), 49, 50.

132 *Coupland*, Viator 35 (2004), 49, 50 f. Daneben führte *Karl der Kahle* als weitere Schutzmaßnahme mit dem sog. Lantweri eine Ausweitung der Wehrpflicht ein, wodurch auch Personen, die üblicherweise von einer solchen Pflicht befreit waren, in die Verteidigung mit einbezogen wurden; *Coupland*, Viator 35 (2004), 49, 52 ff. Siehe ebenfalls dazu und auch allgemein zur den Verteidigungsmaßnahmen: *Halsall*, Warfare and Society, S. 99 ff.

133 *Coupland*, Viator 35 (2004), 49, 51.

134 *Coupland*, Viator 35 (2004), 49, 51 f.

135 *Coupland*, Viator 35 (2004), 49, 52. Zu den von den Flüssen ausgeführten Angriffen der Wikinger siehe weiter oben Kapitel 1 – C. II. 2.

136 *Simek*, Die Wikinger, S. 59 f.; *Vogel*, Die Normannen und das fränkische Reich, S. 383.

137 *B. Sawyer/P. Sawyer*, Welt der Wikinger, S. 150; vgl. auch *Vogel*, Die Normannen und das fränkische Reich, S. 400 ff.

138 *B. Sawyer/P. Sawyer*, Welt der Wikinger, S. 150; *Vogel*, Die Normannen und das fränkische Reich, S. 400 f. Siehe zum Ende der Wikingerzeit auch Fn. 114.

3. Angriffe auf Handelsschiffe

Der erste überlieferte Angriff auf ein Handelsschiff erfolgte 829.[139] Es traf ein Schiff, mit dem auch der Hamburger Bischof *Ansgar* auf einer Missionsreise nach Schweden war.[140] Obwohl die Kaufleute um die Gefahr von Überfällen wussten und sich zu mehreren Schiffen zusammengeschlossen hatten, ließ sich der Angriff letztlich nicht abwehren.[141] Über die tatsächliche Anzahl der Überfälle ist wenig bekannt, da in der Regel keine schriftlichen Nachrichten darüber hinterlassen wurden.[142] Bei ihren Überfällen lauerten die Wikinger an wichtigen Handelsrouten ihren Opfern auf und griffen so die meist wehrlosen Handelsschiffe aus dem Hinterhalt an.[143] Nur in sehr wenigen Fällen gingen die Wikinger aktiv auf Beutefahrt wie der König *Olaf Tryggwason* in den Jahren 995 bis 1000.[144]

D. Die Likedeeler und Vitalienbrüder

Im letzten Viertel des 14. Jahrhunderts kam in der Nord- und Ostsee eine weitere Bedrohung für die Seeschifffahrt auf. Die „Likedeeler"[145] oder „Vitalienbrüder"[146] genannten Seeräuber überfielen bis in das erste Drittel des 15. Jahrhunderts Handelsschiffe und auch mehrere Hafenstädte.[147] Während Stockholm durch eine dänische Seeblockade vom Seehandel abgesperrt wurde, versorgten die Vitalienbrüder auf Anweisung des schwedischen Königs die Stadt weiterhin mit Lebensmitteln.[148] Daneben wurden sie auch, mit Kaperbriefen ausgerüstet,

---

139 *B. Sawyer/P. Sawyer*, Welt der Wikinger, S. 116.

140 *Ellmers* in: Grieb/Todt (Hrsg.), Piraterie von der Antike bis zur Gegenwart, S. 94, 105 f.; *B. Sawyer/P. Sawyer*, Welt der Wikinger, S. 116.

141 *Ellmers* in: Grieb/Todt (Hrsg.), Piraterie von der Antike bis zur Gegenwart, S. 94, 105 f.

142 *Ellmers* in: Grieb/Todt (Hrsg.), Piraterie von der Antike bis zur Gegenwart, S. 94, 105.

143 *Ellmers* in: Grieb/Todt (Hrsg.), Piraterie von der Antike bis zur Gegenwart, S. 94, 106.

144 *Ellmers* in: Grieb/Todt (Hrsg.), Piraterie von der Antike bis zur Gegenwart, S. 94, 106.

145 Der Name „Likedeeler" bedeutet so viel wie „Gleichteiler", was sich auf die Aufteilung der Beute bezog; vgl. *R. Bohn*, Die Piraten, S. 11; *Lagoni* in: FS Rauschning, S. 501, 503 Fn. 12.

146 Die Bezeichnung „Vitalienbrüder" lässt sich auf Viktualien, eine veraltete Bezeichnung für Lebensmittel, zurückführen; vgl. *R. Bohn*, Die Piraten, S. 11; *Lagoni* in: FS Rauschning, S. 501, 503 Fn. 12. Für weitere Möglichkeiten des Ursprungs dieses Begriffes: *Rohmann*, HGbll. 125 (2007), 77, 80 f.

147 *Lagoni* in: FS Rauschning, S. 501, 503.

148 *R. Bohn*, Die Piraten, S. 11.

auf die Jagd nach feindlichen Schiffen der Norweger und Dänen geschickt.[149] Doch auch ohne staatliche Beutelizenz überfielen sie immer wieder Schiffe und Städte.[150] So wurde im Jahr 1393 die norwegische Stadt Bergen eingenommen und ein Jahr später die damals dänische Stadt Malmø überfallen.[151] Daneben wurden immer wieder Schiffe der Hanse attackiert. Dies ging so weit, dass selbst mächtige Hansestädte wie Lübeck sich dazu veranlasst sahen, ihre Schiffe nur noch im Konvoi und begleitet von bewaffneten Begleitschiffen auf Reise zu schicken.[152] Als Rückzugsort diente ihnen dabei die Insel Gotland, welche sie 1397 eingenommen hatten.[153] Diese Basis konnten sie allerdings nicht lange halten, da sie 1398 von der Hanse von dort vertrieben wurden.[154] Daraufhin verlagerten sie ihre Aktivitäten in die Nordsee und halfen den friesischen Häuptlingen bei ihren Auseinandersetzungen mit den Holländern.[155] Einen weiteren Rückschlag erlitten sie, als 1401 ihr Anführer *Klaus Störtebeker* hingerichtet wurde.[156] Doch auch danach setzten sie ihre Überfälle fort.[157] Da diese Überfälle auch immer wieder Schiffe der Hanse trafen, führte die Hanse weiterhin Operationen gegen die Vitalienbrüder durch.[158] Erst als diese 1433 ihren wichtigen Stützpunkt Emden verloren, ging die Zeit der Vitalienbrüder zu Ende.[159]

---

149 *Lagoni* in: FS Rauschning, S. 501, 503.

150 Vgl. zu den Überfällen ohne staatliche Autorisierung: *Puhle*, Die Vitalienbrüder, S. 85 ff.

151 *Lagoni* in: FS Rauschning, S. 501, 503; *Puhle*, Die Vitalienbrüder, S. 52 f.

152 *R. Bohn*, Die Piraten, S. 12; vgl. auch *Witt* in: Klüver (Hrsg.), Piraterie - einst und jetzt, S. 28, 32 f.; vgl. auch *Dollinger*, Die Hanse, S. 194.

153 *Witt* in: Klüver (Hrsg.), Piraterie - einst und jetzt, S. 28, 32. Vgl. allgemein zu der Situation Gotlands: *Puhle*, Die Vitalienbrüder, S. 89 ff.

154 *Witt* in: Klüver (Hrsg.), Piraterie - einst und jetzt, S. 28, 32; *Puhle*, Die Vitalienbrüder, S. 101 f.

155 *Lagoni* in: FS Rauschning, S. 501, 503; *Puhle*, Die Vitalienbrüder, S. 103 ff.

156 *S. Schiedermair*, AöR 135 (2010), 185, 188. Allerdings wird mitunter auch bezweifelt, ob *Klaus Störtebeker* in dieser Form überhaupt existiert hat; *Rohmann*, HGbll. 125 (2007), 77, 100 ff.

157 *Selzer* in: Grieb/Todt (Hrsg.), Piraterie von der Antike bis zur Gegenwart, S. 115, 116; *Puhle*, Die Vitalienbrüder, S. 143 f.

158 *Lagoni* in: Recht – Staat – Verwaltung, S. 501, 503.

159 *Lagoni* in: Recht – Staat – Verwaltung, S. 501, 503; *Puhle*, Die Vitalienbrüder, S. 144 f.

E. Die Barbaresken

I. Die Barbareskenstaaten

Eine andere große Gefahr für die Seeschifffahrt im Mittelmeer ging seit dem 15. bis in das 19. Jahrhundert von den Barbareskenstaaten aus.[160] Bei diesen Staaten handelte es sich im Prinzip um Staaten, die von der Piraterie lebten.[161] Maßgeblich an der Entstehung dieser Staaten beteiligt waren die sog. Korsaren. Dabei handelte es sich um Seeräuber, die im Auftrag eines Machthabers diesem feindlich gesinnte Schiffe überfielen und dafür eine Provision erhielten. Diese Form der Überfälle galt zumindest im Herkunftsland des jeweiligen Seefahrers als ehrwürdiges Gewerbe.[162] Vor allem die an der südlichen Mittelmeerküste liegenden und zumindest formell unter der Herrschaft des osmanischen Reichs stehenden Staaten Algier, Tunis und Tripolis unterstützten diese Form der Seeräuberei.[163] Angeführt wurden die Seeräuber von den Beys. Dabei handelte es sich um lokale Machthaber, die der Sultan bestellte.[164] Bis zum 16. Jahrhundert arbeiteten die Beys mit den Korsaren eng zusammen. Sie stellten ihre Häfen als Stützpunkte zur Verfügung und erhielten dafür einen bestimmten Anteil der Beute.[165] Dieser in der Piraterie seinen Ursprung findende Reichtum war den Beys sehr willkommen, weil das an die Städte angrenzende Land größtenteils Wüste und damit unfruchtbar war, so dass sie auf vom Meer kommenden Wohlstand angewiesen waren.[166]

II. Schutz gegen die Barbaresken

Die betroffenen Staaten reagierten zunächst mit Schutzmaßnahmen ihrer eigenen Flotten. So fuhren Schiffe oft im Konvoi und wurden von Kriegsschiffen

---

160 Vgl. *S. Schiedermair*, AöR 135 (2010), 185, 188; *Lagoni* in: FS Rauschning, S. 501, 504 f.

161 Vgl. dazu: *Klüver* in: Klüver (Hrsg.), Piraterie - einst und jetzt, S. 40, 40 ff.

162 *Eickhoff*, Seekrieg und Seepolitik, S. 61. Ein berühmter Vertreter dieser Form der Piraterie war *Réne Duguay-Trouin;* vgl. etwa *de Bona*, Histoire de Duguay-Trouin, S. V f. In Frankreich wurden mehrere Schiffe nach ihm benannt; zuletzt trug eine Fregatte der französischen Marine, die 1999 außer Dienst gestellt wurde, den Namen *Duguay-Trouin;* vgl. auch *Klüver* in: Klüver (Hrsg.), Piraterie - einst und jetzt, S. 40, 45.

163 *Mössner*, Völkerrechtspersönlichkeit und Völkerrechtspraxis der Barbareskenstaaten, S. 1; *Lagoni* in: FS Rauschning, S. 501, 504; vgl. auch *R. Bohn* in: Grieb/Todt (Hrsg.), Piraterie von der Antike bis zur Gegenwart, S. 139, 139 f.

164 *Konstam*, Atlas der Beutezüge zur See, S. 42.

165 *Konstam*, Atlas der Beutezüge zur See, S. 42 f.

166 *Konstam*, Altas der Beutezüge zur See, S. 42.

begleitet.[167] Ab dem 16. Jahrhundert wurden die Städte zunehmend unabhängig vom Osmanischen Reich. Immer mehr europäische Staaten verhandelten direkt mit den Städten und nicht dem Osmanischen Reich über Friedensverträge und andere Abkommen.[168] In diesen Friedensverträgen wurde festgelegt, welche Summen zum Schutz gezahlt werden sollten. Anfangs waren dies bestimmte Geldbeträge, später auch Sachleistungen.[169] Beendet waren diese Überfälle endgültig 1830, als Algerien von Frankreich erobert wurde.[170]

F. Das Goldene Zeitalter der Piraterie

Zu einem erneuten Aufleben der Piraterie kam es ab Mitte des 17. Jahrhunderts.[171] Gekennzeichnet war diese Phase von einer Vernetzung der Piraten über alle Kontinente und Meere und teils massiven Angriffen auf Handelsschiffe sowie Küstenstädte.[172] Aufgrund dieser Allgegenwärtigkeit von Gewalthandlungen auf See wird diese Zeit auch das „Goldene Zeitalter der Piraterie" genannt.[173] Sie umfasst ungefähr die letzten Jahre des 17. Jahrhunderts und das erste Drittel des 18. Jahrhunderts.[174]

I. Entstehung

Ihren Ursprung findet dieses Goldene Zeitalter der Piraterie in der Karibik. Im 17. Jahrhundert siedelten sich dort aus europäischen Emigranten bestehende Seeräubergemeinschaften an.[175] Bezeichnet wurden sie als „Bukanier" oder

---

167 *Klüver* in: Klüver (Hrsg.), Piraterie - einst und jetzt, S. 40, 48.

168 *Kempe*, Fluch der Weltmeere, S. 253; vgl. *Mössner*, Völkerrechtspersönlichkeit und Völkerrechtspraxis der Barbareskenstaaten, S. 114 f.

169 *Klüver* in: Klüver (Hrsg.), Piraterie - einst und jetzt, S. 40, 58; vgl. auch *Mössner*, Völkerrechtspersönlichkeit und Völkerrechtspraxis der Barbareskenstaaten, S. 139. Beispielhafte Listen mit zu leistenden Geldbeträgen und Gegenständen finden sich bei: *Klüver* in: Klüver (Hrsg.), Piraterie - einst und jetzt, S. 40, 59, 61 und 64.

170 *S. Schiedermair*, AöR 135 (2010), 185, 188 f.

171 *R. Bohn*, Die Piraten, S. 69; *Konstam*, Atlas der Beutezüge zur See, S. 94; vgl. auch *Kempe* in: Grieb/Todt (Hrsg.), Piraterie von der Antike bis zur Gegenwart, S. 155, 155.

172 *Kempe* in: Grieb/Todt (Hrsg.), Piraterie von der Antike bis zur Gegenwart, S. 155, 155; *R. Bohn*, Die Piraten, S. 69.

173 *Barnett*, LOGOS J. Undergraduate Research 5 (2012), 19, 19; *Kempe* in: Grieb/Todt (Hrsg.), Piraterie von der Antike bis zur Gegenwart, S. 155, 155; *R. Bohn*, Die Piraten, S. 69; *Kuhn*, Life Under the Jolly Roger, S. 10 ff.

174 Vgl. *Barnett*, LOGOS J. Undergraduate Research 5 (2012), 19, 19. Vgl. auch *Konstam*, Atlas der Beutezüge zur See, S. 96; *Bialuschewski*, Mariner's Mirror 90 (2004), 167, 167.

175 *Kempe* in: Grieb/Todt (Hrsg.), Piraterie von der Antike bis zur Gegenwart, S. 155, 156.

„Flibustier".[176] Noch heute ist diese Zeit wohl jene, die als erstes mit Piraterie in Verbindung gebracht wird. Dies liegt nicht zuletzt daran, dass in Populärliteratur und Hollywoodfilmen sehr oft auf diese Ära Bezug genommen wird.[177] Auch bekannte Namen wie *William Kidd, Henry Every* oder *Bartholomew Roberts* stammen aus dieser Zeit.[178] Die in der Karibik ansässigen Seeräuber hatten anfangs die Aufgabe, gegen Spanien und dessen Kolonien vorzugehen. Dafür wurden sie von England und Frankreich mit Kaperbriefen ausgestattet und konnten so mit staatlicher Autorisierung Schiffe der spanischen Handelsflotte und deren Kolonien überfallen.[179] Als England und Frankreich begannen, selbst Kolonien in Nord- und Südamerika zu errichten, fürchteten sie jedoch um ihre Autorität und entzogen den Piraten ihre Lizenzen.[180] Die englische Regierung versuchte dabei, die von ihnen beauftragten Bukanier von der Piraterie abzubringen, indem sie ihnen vorschlug, ein geregeltes Leben als Siedler auf westindischen oder nordamerikanischen Plantagen zu führen. Diesem Vorschlag folgten nur die wenigsten Piraten.[181] Die große Mehrheit zog es vor, auch ohne staatliche Genehmigung weiterhin auf Beutezüge zu gehen. So griffen 1680 über 300 Bukanier die spanische Kolonie auf Panama von der Westseite aus an.[182] Doch nicht nur vor der Pazifikküste Mittel- und Nordamerikas waren die Bukanier unterwegs. Einige wagten sich immer weiter in Richtung Asien vor. Insbesondere die dort verlaufenden Handelsrouten spanischer Handelsschiffe weckten das Interesse der Seeräuber.[183] Dabei segelte eine Gruppe von der nord- bzw. mittelamerikanischen Pazifikküste aus bis in den Indischen Ozean. Andere Piraten machten

176 *Kempe* in: Grieb/Todt (Hrsg.), Piraterie von der Antike bis zur Gegenwart, S. 155, 156. Vgl. auch *Lagoni* in: FS Rauschning, S. 501, 503 Fn. 16; *Klüver* in: Klüver (Hrsg.), Piraterie - einst und jetzt, S. 40, 44. Trotz gewisser Unterschiede sollen nachfolgend beide Bezeichnungen synonym nebeneinanderstehen.

177 *Kempe* in: Grieb/Todt (Hrsg.), Piraterie von der Antike bis zur Gegenwart, S. 155, 155; *Konstam*, Atlas der Beutezüge zur See, S. 96. Vgl. auch *Kuhn*, Life Under the Jolly Roger, S. 1; *Tamm* in: Klüver (Hrsg.), Piraterie - einst und jetzt, S. 3, 4.

178 Siehe zu diesen Piraten: *Konstam*, Atlas der Beutezüge zur See, S. 128 f., 130 f. und 106 f. Vgl. auch *Kuhn*, Life Under the Jolly Roger, S. 19 ff. Dazu auch noch weiter unten Kapitel 1 – F. III.

179 *R. Bohn*, Die Piraten, S. 70; *Kempe* in: Grieb/Todt (Hrsg.), Piraterie von der Antike bis zur Gegenwart, S. 155, 156.

180 *Kempe* in: Grieb/Todt (Hrsg.), Piraterie von der Antike bis zur Gegenwart, S. 155, 156.

181 *R. Bohn*, Die Piraten, S. 70.

182 *Kempe* in: Grieb/Todt (Hrsg.), Piraterie von der Antike bis zur Gegenwart, S. 155, 156.

183 *Kempe* in: Grieb/Todt (Hrsg.), Piraterie von der Antike bis zur Gegenwart, S. 155, 156 f.

sich von der Küste Westindiens auf den Weg an die westafrikanische Küste. Dort waren hauptsächlich Sklaventransporte oder Schiffe mit wertvollen Waren aus Indien unterwegs.[184]

II. Die Pirateninsel Madagaskar

Dabei entdeckten sie Madagaskar als idealen Stützpunkt für ihre räuberischen Aktivitäten.[185] Die Insel bot ihnen optimale geographische Voraussetzungen und auch die Besiedelungsstruktur kam den Piraten sehr entgegen. Madagaskar war im 17. Jahrhundert noch weitestgehend unerforscht, so dass es aufgrund seiner Größe unzählige Rückzugsmöglichkeiten gab. Außerdem liegen vor der nördlichen Küste viele kleine Inselgruppen, zwischen denen auf durchfahrende Schiffe gelauert werden konnte.[186] Dazu kam die Abwesenheit europäischer Kolonialmächte, die vergeblich versucht hatten, auf der Insel Fuß zu fassen.[187] Bevölkert wurde Madagaskar damals von einer unüberschaubaren Anzahl von Stammesverbänden, die nahezu laufend in gegenseitigem Konflikt standen. Die Herrschaft eines Stammeshäuptlings dauerte unter Umständen nur eine kurze Zeit, so dass auch Friedensverhandlungen mangels längerfristiger Verhandlungspartner in der Regel scheiterten.[188]

Im Gegensatz zu den europäischen Mächten waren die Piraten erfolgreicher bei ihren Versuchen, sich auf der Insel niederzulassen. Sie brachten von ihren Beutezügen begehrte Waren auf die Insel und kauften den Inselbewohnern ihre landwirtschaftlichen Erzeugnisse ab.[189] Teilweise waren die Piraten in die Auseinandersetzungen zwischen den Stämmen involviert und in einzelnen Fällen wurden sogar Piraten Stammesoberhäupter. Im Allgemeinen aber wurden die Piraten von den Einheimischen zumindest geduldet; wenigstens so lange die Piraten nicht zu mächtig wurden. Manchmal entwickelten sich überdies freundschaftliche Beziehungen.[190] So wurde Madagaskar Ende des 17. Jahrhunderts zu

184 *Kempe* in: Grieb/Todt (Hrsg.), Piraterie von der Antike bis zur Gegenwart, S. 155, 157.

185 *Kempe*, Fluch der Weltmeere, S. 201; *Deschamps*, Les Pirates à Madagascar, S. 129; vgl. auch *Sellström*, Africa in the Indian Ocean, S. 65.

186 *R. Bohn*, Die Piraten, S. 74.

187 *R. Bohn*, Die Piraten, S. 70 f.; *Kempe*, Fluch der Weltmeere, S. 201 Fn. 28. Vgl. auch *Deschamps*, Les Pirates à Madagascar, S. 125; *Sellström*, Africa in the Indian Ocean, S. 64 f.

188 *R. Bohn*, Die Piraten, S. 71.

189 *R. Bohn*, Die Piraten, S. 71; vgl. auch *Sellström*, Africa in the Indian Ocean, S. 65.

190 *R. Bohn*, Die Piraten, S. 71 f.

einem bedeutenden Piratenstützpunkt.[191] Dennoch unternahmen weder England noch die Niederlande etwas dagegen. Dies lag vermutlich daran, dass einflussreiche Politiker und Geschäftsleute ihrerseits in Kaperfahrten zur Bekämpfung der Piraterie investiert und daher kein Interesse an einem Eingreifen der Marine hatten.[192] Zwar war die Royal Navy im Indischen Ozean unterwegs, allerdings lediglich zur Bekämpfung einheimischer Seeräubergruppierungen vor der Küste Malabars, die den Handel mit Indien beeinträchtigten.[193] Da die englische Marine mit den indischen Piraten beschäftigt war, konnten die europäischen Piraten ungestört ihren Tätigkeiten nachgehen und vornehmlich arabische und indische Schiffe überfallen, was den Engländern unter dem Gesichtspunkt der wirtschaftlichen Konkurrenz nicht ungelegen kam.[194]

III. Überfälle im Goldenen Zeitalter der Piraterie

Getroffen haben die Überfälle meist Handelsschiffe der Niederländischen Ostindien-Kompanie, der Englischen Ostindien-Kompanie oder indischer Moguln, die mit wertvoller Fracht auf den Handelsrouten im Indischen Ozean unterwegs waren.[195] Aber auch Schiffe arabischer Pilger blieben nicht verschont. Auf diesen Schiffen waren meist ebenfalls kostbare Waren indischer Kaufleute zu finden.[196] Zudem waren unter den Reisenden auch viele Frauen, die von den meist reinen Männermannschaften der Piraten gerne als Beute genommen wurden.[197]

Ende des 17. Jahrhunderts erhielt *Thomas Tew* einen Kaperbrief, der ihn im Namen Englands autorisierte, französische Handelsniederlassungen an der afrikanischen Westküste auszurauben.[198] In Wahrheit aber wollte *Tew* ins Rote Meer und überfiel dort ein Schiff der indischen Pilgerflotte, wobei er reiche Beute machte.[199] Danach segelte er nach Newport, Rhode Island. Dort wurden Piraten

---

191 Vgl. *Sellström*, Africa in the Indian Ocean, S. 66.

192 *R. Bohn*, Die Piraten, S. 73.

193 *R. Bohn*, Die Piraten, S. 73 f.

194 *R. Bohn*, Die Piraten, S. 74.

195 Vgl. *Konstam*, Atlas der Beutezüge zur See, S. 124 f.

196 *Kempe* in: Grieb/Todt (Hrsg.), Piraterie von der Antike bis zur Gegenwart, S. 155, 157.

197 *R. Bohn*, Die Piraten, S. 74 f.; vgl. auch *Bialuschewski*, Piratenleben, S. 49. Zu der Frage, inwieweit es auch *Piratinnen* gab: *R. Bohn*, Die Piraten, S. 103 ff.; *Konstam*, Atlas der Beutezüge zur See, S. 104 f.

198 *Kempe* in: Grieb/Todt (Hrsg.), Piraterie von der Antike bis zur Gegenwart, S. 155, 157.

199 *Kempe* in: Grieb/Todt (Hrsg.), Piraterie von der Antike bis zur Gegenwart, S. 155, 157; vgl. auch *Kuhn*, Life Under the Jolly Roger, S. 19 f.

wohlwollend aufgenommen und konnten ihre erbeuteten Schätze unkompliziert zu Geld machen.[200] Nachdem *Tew* dort von seinen Erlebnissen im Roten Meer berichtet hatte, löste dies eine „regelrechte Goldrauschstimmung“[201] unter jungen Männern aus, so dass sich kurze Zeit später 300 Seeleute auf die Reise in den Indischen Ozean machten.[202] Unter diesen Seeräubern war auch *Henry Every*, der es 1695 fertig brachte, ein Schiff der Herrscherfamilie des Mogulreichs zu überfallen. Dabei erbeutete er nicht nur Schätze im Wert von 180.000 Pfund Sterling, sondern er und seine Mannschaft vergingen sich auch an den mitreisenden Frauen und machte sich so zu einem der meistgesuchten Verbrecher.[203]

Ein weiterer bekannter Vertreter des Goldenen Zeitalters der Piraterie ist *William Kidd*. Dieser war, nachdem bekannt wurde, dass vor allem die amerikanischen Kolonien Englands Piraterie unterstützten und dadurch eine antienglische Stimmung aufkam, von den Engländern 1698 zur Piratenjagd beauftragt worden. *Kidd* dachte jedoch gar nicht daran, die Seeräuber zu bekämpfen, sondern lief selbst auf die Seite der Piraten über und überfiel Handelsschiffe.[204] Als er ein gutes Jahr später nach Boston, welches damals noch eine britische Kolonie war, zurückkam, hatten die Engländer bereits von seinen Taten erfahren und überstellten ihn nach England, wo er schließlich zweifach zum Tode verurteilt wurde.[205] Gleichzeitig beendete England die privatisierte Pirateriebekämpfung und betraute damit wieder die Royal Navy.[206] Außerdem sicherte *Wilhelm III. von Oranien-Nassau* mit Ausnahme von *Every* und *Kidd* allen Seeräubern Amnestie zu, sofern sie sich freiwillig ergaben.[207] Viele Piraten nahmen dieses Angebot an, während einige andere in den Wäldern Madagaskars untertauchten.[208] Dieses Engagement der Engländer bei der Piratenbekämpfung lag auch

---

200 *Kempe* in: Grieb/Todt (Hrsg.), Piraterie von der Antike bis zur Gegenwart, S. 155, 157 f.

201 *Kempe* in: Grieb/Todt (Hrsg.), Piraterie von der Antike bis zur Gegenwart, S. 155, 158.

202 *Kempe* in: Grieb/Todt (Hrsg.), Piraterie von der Antike bis zur Gegenwart, S. 155, 158.

203 *Kempe* in: Grieb/Todt (Hrsg.), Piraterie von der Antike bis zur Gegenwart, S. 155, 158 und 165. Siehe ausführlich zu dem Überfall: *Bialuschewski*, Piratenleben, S. 47 ff.; vgl. auch *Khan* in: Das Gupta (Hrsg.), India in the 17th Century, S. 233, 233 f.

204 *Kempe* in: Grieb/Todt (Hrsg.), Piraterie von der Antike bis zur Gegenwart, S. 155, 167 f.; *Bialuschewski*, Piratenleben, S. 163 f.

205 *Kempe* in: Grieb/Todt (Hrsg.), Piraterie von der Antike bis zur Gegenwart, S. 155, 168. Vgl. auch *R. Bohn*, Die Piraten, S. 61 f.; *Bialuschewski*, Piratenleben, S. 121 f.

206 *Kempe* in: Grieb/Todt (Hrsg.), Piraterie von der Antike bis zur Gegenwart, S. 155, 170; vgl. auch *Bialuschewski*, Piratenleben, S. 163 f.

207 *Bialuschewski*, Piratenleben, S. 138.

208 *Kempe* in: Grieb/Todt (Hrsg.), Piraterie von der Antike bis zur Gegenwart, S. 155, 170.

daran, dass sie von den Portugiesen der Unterstützung der Piraterie beschuldigt wurden. Die Engländer wiederum schoben den Niederländern und den Franzosen die Schuld zu; insbesondere aufgrund der Nähe der französischen Insel La Réunion und der zu dieser Zeit niederländischen Insel Mauritius zu der Piratenhochburg Madagaskar.[209] 1703 segelten erneut zwei englische Kriegsschiffe nach Madagaskar, um nach Piraten zu suchen.[210] Gegen die Abgabe eines Teils ihrer Beute wurde ihnen ebenfalls Amnestie zugesichert. Einige Jahre später wurde jedoch bekannt, dass ein ominöser Schatzsucher aus den Reihen der Bukanier in diese Suche verwickelt war. Daraufhin wurde die Suche nach verbleibenden Piraten eingestellt.[211] Ein weiterer Schritt Englands zur Pirateriebekämpfung stellte die Anpassung des Strafrechts dar. So wurde im April 1700 ein neues Antipirateriegesetz geschaffen.[212] Dieses sah vor, dass fernab Europas aufgegriffene Piraten direkt in den benachbarten britischen Kolonien vor Vizeadmiralitätsgerichten verurteilt werden konnten und nicht mehr nach London überstellt werden mussten. Dies hatte vor allem auch den Vorteil, dass es vor Ort wesentlich einfacher war, die für eine Verurteilung erforderlichen Zeugen zu finden.[213]

IV. Ende der Goldenen Zeit

Der Spanische Erbfolgekrieg von 1701 bis 1714 eröffnete vielen Piraten erneut die Möglichkeit, als Kaperfahrer legal andere Schiffe zu überfallen. Nach Ende des Krieges setzten viele ihre Überfälle ohne staatliche Autorisierung fort. 1717 reagierte England erneut mit dem Angebot der Amnestie bei freiwilliger Aufgabe ihres Handelns.[214] Im Frühjahr 1719 verließen die meisten Piraten die Karibik. Viele machten sich auf den Weg an die westafrikanische Küste, um dort Sklaventransporte zu überfallen. Andere begaben sich bis zur brasilianischen Küste mit dem Ziel, dort die portugiesische Schatzflotte anzugreifen. Die Portugiesen reagierten jedoch schnell mit Küstenschutzmaßnahmen. Wieder andere

---

209 *Kempe* in: Grieb/Todt (Hrsg.), Piraterie von der Antike bis zur Gegenwart, S. 155, 168 f.

210 *Bialuschewski*, Mariner's Mirror 90 (2004), 167, 173.

211 *Kempe* in: Grieb/Todt (Hrsg.), Piraterie von der Antike bis zur Gegenwart, S. 155, 170.

212 *Nutting*, Am. J. Legal Hist. 22 (1978), 202, 209; *Kempe* in: Grieb/Todt (Hrsg.), Piraterie von der Antike bis zur Gegenwart, S. 155, 178 f.

213 Vgl. *Kempe* in: Grieb/Todt (Hrsg.), Piraterie von der Antike bis zur Gegenwart, S. 155, 179. Vgl. auch *o. N.*, Am. J. Legal Hist. 1 (1957), 251, 252; *Bialuschewski*, Piratenleben, S. 165.

214 *Kempe* in: Grieb/Todt (Hrsg.), Piraterie von der Antike bis zur Gegenwart, S. 155, 171; vgl. auch *Bialuschewski*, Mariner's Mirror 90 (2004), 167, 176.

waren im Indischen Ozean unterwegs mit dem Plan, dort an die Erfolge vergangener Beutezüge anknüpfen zu können.[215] 1723 wurde den noch nicht ausgewanderten Piraten auf Madagaskar vom französischen Gouverneur der Insel La Réunion eine Amnestie angeboten. Wenige Piraten nahmen das Angebot an, die übrigen wandten sich meistens dem Schmuggel zu. Dies war zwar auch illegal, aber weitaus weniger gefährlich, zumal Schmuggel meist stillschweigend hingenommen wurde.[216] Insgesamt gesehen ging es mittlerweile eher darum, die bereits existierenden Antipirateriemaßnahmen auszuweiten. Daneben wurde es für die Piraten zunehmend schwieriger, ihre erbeuteten Gegenstände zu verkaufen, so dass das Goldene Zeitalter der Piraterie langsam zu Ende ging.[217]

215 *Bialuschewski*, Mariner's Mirror 90 (2004), 167, 176 f.; *Kempe* in: Grieb/Todt (Hrsg.), Piraterie von der Antike bis zur Gegenwart, S. 155, 171 f.

216 *Kempe* in: Grieb/Todt (Hrsg.), Piraterie von der Antike bis zur Gegenwart, S. 155, 173; vgl. auch *Barendse*, The Arabian Seas, S. 468 ff.

217 *Kempe* in: Grieb/Todt (Hrsg.), Piraterie von der Antike bis zur Gegenwart, S. 155, 173.

2 Der Tatbestand der Seepiraterie im Völkerrecht

A. Begriff der Piraterie

Das Wort *Piraterie* hat seinen Ursprung in den griechischen Wörtern *peira* (πεῖρα) oder *peiran* (πειρᾶν).[218] Ins Deutsche übersetzen lässt sich *peira* mit *listigem Anschlag, Überfall,* während *peiran* mit *versuchen, erproben, wagen* eine positivere Entsprechung hat.[219] Mittlerweile findet der Begriff *Piraterie* bzw. *Pirat* nicht mehr nur Anwendung in seinem ursprünglichen Wortsinn als „gewaltsame Übernahme des Kommandos über ein Schiff, Flugzeug, um eine Kursänderung zu erzwingen, eine bestimmte Forderung durchzusetzen."[220] Vielmehr lassen sich unter anderem Begriffe wie *Marken- oder Produktpiraterie,*[221] *Biopiraterie*[222] oder *Piratensender*[223] finden. In dieser Arbeit wird der Begriff der

218 *Rubin*, Piracy, in: Bernhardt (Hrsg.), EPIL, Bd. III, S. 1036; vgl. auch *Berber* in: FS Stödter, S. 147, 147.

219 *Schmahl*, AöR 136 (2011), 44, 48 Fn. 15. Vgl. auch *Berber* in: FS Stödter, S. 147, 147; *Lagoni* in: FS Rauschning, S. 501, 501 Fn. 4.

220 Piraterie, Duden, Deutsches Universalwörterbuch. Siehe zu den verschiedenen Bedeutungen des Begriffs der *Piraterie* etwa: *Gauci* in: Mukherjee/Mejia, Jr./Gauci (Hrsg.), Maritime violence and other security issues at sea, S. 39, 40 ff. Zu dem Begriff *Luftpiraterie* siehe: *Meyer*, Internationale Luftfahrtabkommen, Bd. VI, S. 1 ff.

221 Vgl. zu diesem Begriff: *Erd/Rebstock*, Produkt- und Markenpiraterie in China, S. 16 f.

222 Der Begriff *Biopiraterie* ist vergleichsweise neu und wird vom *American Heritage dictionary of the English language* wie folgt beschrieben: „The commercial development of biological compounds or genetic sequences by a technologically advanced country or organization without obtaining consent from or providing fair compensation to the peoples or nations in whose territory the materials were discovered"; biopiracy, The American Heritage dictionary of the English language (Stand: 5. Aufl. 2016). Siehe auch *Bundesministerium für Umwelt, Naturschutz, Bau und Reaktorsicherheit*, PM v. 10. Oktober 2014 – „Internationaler Vertrag gegen Biopiraterie tritt in Kraft" (https://www.bmu.de/pressemitteilung/internationaler-vertrag-gegen-biopiraterie-tritt-in-kraft/?tx_ttnews%5BbackPid%5D=1892&cHash=c17178eeb3ace95c46ee523eae56411c [zuletzt abgerufen am 26. März 2020]).

223 Zu diesen Begriff findet sich folgende Definition: „privater Rundfunk- od. Fernsehsender, der ohne Lizenz, meist von hoher See aus, Programme sendet"; Piratensender, Duden, Deutsches Universalwörterbuch. Siehe zu dem Begriff auch: *Haucke*, Piratensender auf See, S. 1 f.

Piraterie in seinem ursprünglichen Sinne verwendet. Daneben kommt als Synonym die Bezeichnung *Seeräuber* bzw. *Seeräuberei* zum Einsatz.

B. Historische Kodifikationen bzw. Versuche der Kodifikation

Erste Gesetze der Neuzeit, welche die Piraterie unter Strafe stellten, finden sich im 16. Jahrhundert in Großbritannien. So bestimmt *The Offences at Sea Act (1536)*, dass

> „[…] all treasons, felonies, robberies, murders, and confederacies hereafter to be committed in or upon the sea, or in any other haven, river, creek, or place where the admiral or admirals have or pretend to have power, authority or jurisdiction, shall be enquired, tried, heard, determined and judged, […]".[224]

Dieses Gesetz besaß über mehrere Jahrhunderte Gültigkeit und wurde erst in den 1960er Jahren ersetzt.[225] Im Gegensatz zu anderen, späteren Gesetzen enthält *The Offences at Sea Act (1536)* noch keine allgemeingültige Definition von Piraterie. Zwar wird in den einleitenden Worten „[w]here traytors, pirates, thieves, robbers, murderers and confederates upon the sea, […]"[226] auch der „Pirat" genannt, allerdings erfolgt später lediglich eine exemplarische Aufzählung von Handlungen, die sich unter den Begriff Piraterie fassen lassen, und keine allgemeine Definition von Piraterie.[227]

C. Erste Kodifikationen bzw. Kodifikationsversuche ab dem 19. Jahrhundert

I. Portugiesisches Strafgesetzbuch von 1886

Eine der ersten Definitionen von Piraterie findet sich in Art. 162 des portugiesischen Strafgesetzbuchs von 1886. Nach dieser Norm ist ein Seeräuber, „wer

---

224 The Offences at Sea Act (1536), I. (3); Am. J. Int'l L. Sup. 26 (1932), 913.

225 Criminal Law Act 1967 (c. 58), Sch. III. Pt. I.

226 The Offences at Sea Act (1536), I. (1).

227 Vgl. *Colombos*, Internationales Seerecht, § 463. Unabhängig von einer Kodifikation ist zu berücksichtigen, dass es sich bei der Piraterie jedenfalls um ein Völkerrechtsverbrechen handelt, welches seit mehreren Jahrhunderten anerkannt ist und von jedem Staat verfolgt werden kann; vgl. *M. Schröder* in: Graf Vitzthum/Proelß (Hrsg.), Völkerrecht, 7. Abschn. Rn. 44; *Dahm/Delbrück/Wolfrum*, Völkerrecht, Bd. I/3, § 195 I. 1.; *Shearer*, Piracy, in: MPEPIL (Stand: Oktober 2010), Rn. 1. Vgl. auch *v. Arnauld*, Völkerrecht, Rn. 1321; *Ambos*, Internationales Strafrecht, § 3 Rn. 95.

als Führer eines bewaffneten Fahrzeugs auf dem Meer umherfährt ohne Auftrag eines Herrschers oder selbständigen Staates, um Raub oder irgendwelche Gewaltakte zu begehen."[228] Damit ist neben dem Ausführen von gewalttätigen Akten auch das Nichtvorhandensein einer staatlichen Autorisation[229] ein wesentliches Merkmal.

II. *Matsuda's Draft Provisions for the Suppression of Piracy* (1926)

Ein erster Entwurf für die Kodifikation von völkerrechtlichen Regeln für die Bekämpfung von Piraterie waren die *Matsuda's Draft Provisions for the Suppression of Piracy* aus dem Jahr 1926.[230] Auf der 5. Vollversammlung des Völkerbundes wurde ein Beschluss gefasst, dass das internationale Recht durch den Abschluss von Konventionen weiterentwickelt werden sollte.[231] Daraufhin wurde ein Expertenkomitee gegründet, welches sich unter anderem mit dem Themenkomplex der Piraterie aus völkerrechtlicher Sicht beschäftigte.[232] Um der Frage nach der völkerrechtlichen Behandlung der Piraterie nachzugehen, wurde ein Untersuchungsausschuss eingerichtet. Maßgeblich an dieser Arbeit beteiligt war der Japaner *M. Matsuda*, so dass der Entwurf seinen Namen trägt.

Nach der hier gegebenen Definition ist Pirat nur derjenige, der „für private Zwecke"[233] auf Hoher See Schiffe überfällt und nicht von staatlicher Seite dazu autorisiert ist.[234] Daneben kann es sich nach dieser Definition nicht um Piraterie handeln, wenn mit der Tat nur politische Ziele verfolgt werden.[235]

---

228 *v. Kirchenheim*, Piraterie, in: Strupp (Hrsg.), Wörterbuch des Völkerrechts und der Diplomatie, Bd. II, S. 270; vgl. auch *Sattler*, Die Piraterie im modernen Seerecht, S. 36. Vgl. den Originalwortlaut des Art. 162 des portugiesischen Strafgesetzbuchs von 1886: „Qualquer pessoa que cometer o crime de pirataria, comandando navio armado, e cursando o mar, sem comissão de algum príncipe ou estado soberano, para cometer roubos ou quaisquer violências [...]."

229 Vgl. den Originalwortlaut des Art. 162 des portugiesischen Strafgesetzbuchs von 1886: „[...] sem comissão de algum príncipe ou estado soberano [...]".

230 Am. J. Int'l L. Sup. 26 (1932), 873; vgl. auch *Lagoni* in: FS Rauschning, S. 501, 512.

231 *Sattler*, Die Piraterie im modernen Seerecht, S. 234 f.

232 *Sattler*, Die Piraterie im modernen Seerecht, S. 235.

233 Im englischen Original „for private ends". Zu diesem Erfordernis später noch Kapitel 2 - G. III.

234 *Sattler*, Die Piraterie im modernen Seerecht, S. 235.

235 *Sattler*, Die Piraterie im modernen Seerecht, S. 236.

III. *Draft Convention on Piracy* der Harvard Law School (1932)

Ein weiterer wichtiger Entwurf ist die *Draft Convention on Piracy* der Harvard Law School.[236] Im Jahr 1932 entstand in einer Arbeitsgruppe unter der Leitung von *Joseph W. Bingham* ein umfassendes Werk zu den zentralen Fragestellungen der Piraterie aus völkerrechtlicher Sicht.[237] Bedeutsam ist vor allem Art. 3 dieses Entwurfes, welcher später in weiten Teilen in Art. 15 HSÜ[238] übernommen wurde. Daneben wird in dem Entwurf – wie auch schon in *Matsuda's Draft Provisions for the Suppression of Piracy* – hervorgehoben, dass Pirat nur sein könne, wer zu privaten Zwecken handelt[239] und damit nicht von staatlicher Seite zu seinem Handeln ermächtigt ist.

IV. Gemeinsamkeiten dieser Definitionen

All diesen Entwürfen ist gemein, dass sie sich zwar auf die Hohe See[240] bzw. Orte, die keiner Gerichtszuständigkeit unterstehen,[241] beziehen, diese aber nicht näher definieren. Dies ist darauf zurückzuführen, dass diese Konzepte – anders als das HSÜ oder das SRÜ – lediglich den eng umgrenzten Bereich der Piraterie zum Gegenstand haben. Daneben ist zu bedenken, dass Anfang des 20. Jahrhunderts zwar die genaue Einteilung des Meeres in seine verschiedenen Zonen umstritten war, aber zumindest hinsichtlich des Grundsatzes der Freiheit der Meere – und damit dessen Okkupationsfeindlichkeit – Einigkeit bestand, so dass dieses Prinzip völkergewohnheitsrechtliche Anerkennung erlangte.[242]

---

236 Am. J. Int'l L. Sup. 26 (1932), 743.

237 Vgl. *Sattler*, Die Piraterie im modernen Seerecht, S. 248 f.; *Trésoret*, Seepiraterie, S. 175.

238 Zum HSÜ sogleich Kapitel 2 – D.

239 Vgl. den Wortlaut von Art. 3 Nr. 1 der *Draft Convention on Piracy*: „Any act of violence or of depredation committed […] *for private ends* without […]" (*Hervorhebung* durch den Verfasser).

240 Art. 1 *Matsuda's Draft Provisions for the Suppression of Piracy*: „Piracy occurs only on the high sea and […]."

241 Art. 3 *Draft Convention on Piracy der Harvard Law School*, 1932: „[…] committed in a place not within the territorial jurisdiction of any state […]".

242 Vgl. *Hafner*, Freiheit der Meere, in: Seidl-Hohenveldern (Hrsg.), Lexikon des Rechts, Völkerrecht, S. 124; *v. Arnauld*, Völkerrecht, Rn. 805; *Tanaka*, International Law of the Sea, S. 187; *Proelß* in: Graf Vitzthum/Proelß (Hrsg.), Völkerrecht, 5. Abschn. Rn. 37. Allerdings ergeben sich insbesondere in dem Bereich zwischen dem Küstenmeer und der Hohen See Fragen hinsichtlich der Anwendbarkeit der Regelungen über Seeräuberei; dazu weiter unten Kapitel 2 – E. I. 3. d), Kapitel 2 – E. I. 3. e), Kapitel 2 – E. I. 3. f) und Kapitel 2 – E. I. 3. i).

D. *Genfer Übereinkommen über die Hohe See* von 1958

Die erste Kodifikation einer allgemeingültigen Pirateriedefinition enthält das *Genfer Übereinkommen über die Hohe See* (HSÜ)[243] aus dem Jahr 1958. Art. 15 dieser Konvention legt fest, dass unter Seeräuberei jede zu privaten Zwecken begangene Gewalttat zu verstehen ist, welche von der Besatzung oder den Fahrgästen eines privaten Schiffes begangen wird und sich gegen ein anderes Schiff, Luftfahrzeug oder gegen Personen und Vermögenswerte an Bord richtet. Hinsichtlich des Ortes werden nur solche Handlungen erfasst, die auf Hoher See oder an Orten stattfinden, die keiner staatlichen Hoheitsgewalt unterstehen.

I. Allgemeiner Inhalt der Konvention

Die Definition der Piraterie stellt nur einen kleinen Teil der in dem Übereinkommen enthaltenen Regelungen dar.[244] Neben den Regelungen zur Bekämpfung der Piraterie werden in der Konvention allgemeine Definitionen sowie Regelungen unter anderem für den Seezugang von Binnenstaaten, das Führen von Flaggen, die Einrichtung eines Seenotrettungsdienstes und das Verlegen von unter dem Meer liegenden Leitungen festgelegt. Die für die Piraterie relevanten Regelungen enthalten die Art. 14 bis 22 HSÜ.

II. Art. 15 HSÜ – Definition der Piraterie

In Art. 15 HSÜ findet sich die erste allgemeingültige Definition von Piraterie. Umstritten war während der Beratungen unter anderem die Einschränkung auf zu privaten Zwecken begangene Taten.[245] Daneben wurden noch Details wie der Tatort,[246] die Frage, ob sich Piraterie unter bestimmten Umständen auch gegen

---

243 Übereinkommen über die Hohe See v. 29. April 1958, BGBl. 1972 II S. 1089, 1091.

244 Die Regelungen über Piraterie waren auch während der Beratungen nur von untergeordnetem Interesse, da zu dieser Zeit andere Fragen wie die nach allgemeinen Regelungen über Fischerei oder die Behandlung von militärischen Tests auf Hoher See mehr Bedeutung zugemessen wurde; vgl. *Sattler*, Die Piraterie im modernen Seerecht, S. 405 und 416. Daneben versuchten einige Staaten die Aufnahme von Pirateriegeln gänzlich zu unterbinden; vgl. *Sattler*, Die Piraterie im modernen Seerecht, S. 411 ff.; *Hoog*, Die Genfer Seerechtskonferenzen von 1958 und 1960, S. 35.

245 *Sattler*, Die Piraterie im modernen Seerecht, S. 407 ff.

246 Vgl. *Sattler*, Die Piraterie im modernen Seerecht, S. 422. Zu der Diskussion, ob der Tatbestand auch Taten in Küstengewässern erfassen soll: *Müller*, Die Piraterie im Völkerrecht, S. 28 ff.

das eigene Schiff wenden kann[247] oder die Definition des „private ship or aircraft“[248] kontrovers diskutiert.

III. Ratifikation und Umsetzung im deutschen Recht

Umgesetzt in das deutsche Recht wurde das HSÜ mit Gesetz vom 21. September 1972.[249] Auch wenn es mit dem SRÜ bereits einen Nachfolger des HSÜ gibt, in welchem ein Großteil der Vorschriften übernommen wurde, ist das HSÜ nicht bedeutungslos geworden. Denn es gibt einige Staaten, die zwar dem HSÜ, nicht aber dem SRÜ beigetreten sind.[250] Für Staaten, die beiden Abkommen beigetreten sind, statuiert Art. 311 Abs. 1 SRÜ allerdings einen Vorrang der Vorschriften des SRÜ gegenüber jenen des HSÜ.[251]

E. *Seerechtsübereinkommen der Vereinten Nationen* von 1982

Einen zweiten Meilenstein stellt das *Seerechtsübereinkommen der Vereinten Nationen* (SRÜ)[252] vom 10. Dezember 1982 dar.[253] Der Anlass für die Schaffung neuer bzw. die Überarbeitung bestehender Regelungen war hauptsächlich wirtschaftlicher Art; vor allem die sich abzeichnenden technischen Neuerungen im Bereich des Tiefseebergbaus sowie die Erforschung und zunehmenden Kenntnisse über die dort lagernden Rohstoffvorkommen machten es aus Sicht der Staaten erforderlich, diesen Bereich rechtlich zu ordnen.[254] Noch einige Jahrzehnte zuvor, bei

---

247 Vgl. *Sattler*, Die Piraterie im modernen Seerecht, S. 422 f.; vgl. auch *Müller*, Die Piraterie im Völkerrecht, S. 9 ff.

248 Vgl. *Sattler*, Die Piraterie im modernen Seerecht, S. 420 f.

249 Gesetz zum Übereinkommen v. 29. April 1958 über die Hohe See v. 21. September 1972, BGBl. 1972 II S. 1089.

250 Beispielsweise haben die Vereinigten Staaten von Amerika zwar das HSÜ ratifiziert, nicht aber das SRÜ. Vgl. dazu auch: *v. Arnauld*, AVR 47 (2009), 454, 455; *Kelly*, Minn. L. Rev. 95 (2011), 2285, 2296; *Treves*, Europ. J. Int'l L. 20 (2009), 399, 401.

251 Vgl. auch *Shaw*, International Law, S. 412.

252 Seerechtsübereinkommen der Vereinten Nationen v. 10. Dezember 1982, BGBl. 1994 II S. 1798, 1799.

253 Vgl. *Tanaka*, International Law of the Sea, S. 17; *Proelß* in: Graf Vitzthum/Proelß (Hrsg.), Völkerrecht, 5. Abschn. Rn. 37; *Hobe*, Einführung in das Völkerrecht, S. 458.

254 *Herber*, RIW 1984, 337, 337. Vgl. auch *Bernaerts*, RIW 1991, 209, 210 f.; *Sir Jennings/Sir Watts*, Oppenheim's International Law, Bd. I, Teil 2–4, S. 724; *Foders*, Naturwissenschaften 73 (1986), 8, 8. Die Regelungen für die Nutzung des Tiefseebodens

Abschluss des HSÜ von 1958, wurde die Nutzung des Tiefseebodens überhaupt nicht in Betracht gezogen, so dass auch keine diese Nutzung betreffenden Regelungen Eingang in das Übereinkommen fanden.[255] Daneben wurde auch dem zunehmenden Bewusstsein für den Umweltschutz Rechnung getragen, indem mit den Art. 192 bis 222 SRÜ Vorschriften zum Schutz und der Bewahrung der Meeresumwelt aufgenommen wurden.[256] Hinsichtlich der Vorschriften, welche die Piraterie betreffen, ergeben sich im SRÜ keine inhaltlichen Änderungen.[257] Sie standen in den Beratungen auch nicht zur Diskussion.[258]

I. Pirateriedefinition nach dem Seerechtsübereinkommen, Art. 101 lit. a) SRÜ

1. Normtext der Definition Art. 101 lit. a) SRÜ

Nach Art. 101 lit. a) SRÜ ist jede rechtswidrige Gewalttat oder Freiheitsberaubung, die von der Besatzung oder den Fahrgästen eines privaten Schiffes oder Luftfahrzeugs zu privaten Zwecken begangen wird, als Seeräuberei zu verstehen. Weiterhin legt Art. 101 lit. a) sublit. i) SRÜ fest, dass die Tat auf Hoher See gegen ein anderes Schiff oder Luftfahrzeug oder gegen Personen oder Vermögenswerte an Bord des Schiffes oder Luftfahrzeugs gerichtet sein muss. Als Alternative zu Art. 101 lit. a) sublit. i) SRÜ statuiert Art. 101 lit. a) sublit. b) SRÜ, dass die Tat

---

hielten letztlich die Vereinigten Staaten von Amerika davon ab, dem SRÜ beizutreten; *Churchill/Lowe*, The law of the sea, S. 19.

255 *Kühne*, Das Völkerrecht und die militärische Nutzung des Meeresbodens, S. 21 ff. Vgl. auch *Rafii*, Seerecht, internationales, in: Schöbener (Hrsg.), Völkerrecht, S. 363; *Pardo*, Foreign Aff. 47 (1968-1969), 123, 123 ff.

256 *Czybulka* in: Proelß, UNCLOS, Art. 192 Rn. 10 ff.; *Birnie/Boyle/Redgwell*, International Law and the Environment, S. 383; *Kateka* in: FS Wolfrum, Bd. I, S. 919, 919.

257 Die augenfälligste Änderung stellt die neue Artikelzählung dar; so ist die Piraterie im HSÜ in den Art. 14 bis 22 HSÜ geregelt, während sie im SRÜ ihre Erwähnung in den Art. 100 bis 110 SRÜ findet. Im Gegensatz dazu wurde die deutsche Übersetzung an einigen Stellen geändert, wobei sich hier keine inhaltlichen Abweichungen ergeben. Im Übrigen ist Deutsch keine der authentischen Sprachen des Übereinkommens, Art. 320 SRÜ. Siehe zu der nahezu wortgleichen Übernahme auch: *Dubner*, J. Mar. L. & Com. 42 (2011), 71, 76; *Buhler*, Currents Int'l Trade L. J. 2/2 (1999), 61, 67; *Neuhold* in: FS Wolfrum, Bd. II, S. 1239, 1246; *Geiß/Petrig*, Piracy and Armed Robbery at Sea, S. 41; *Menefee*, Int'l J. Marine & Coastal L. 14 (1999), 353, 356.

258 *Münchau*, Terrorismus auf See, S. 103 Fn. 45; *Halberstam*, Am. J. Int'l L. 82 (1988), 269, 284; *Guilfoyle*, Shipping Interdiction, S. 31; *Hollick*, U.S. Foreign Policy and the Law of the Sea, S. 9 ff.

auch an einem Ort, der keiner staatlichen Hoheitsgewalt unterliegt, begangen werden kann und sich dort gegen ein Schiff oder Personen oder Vermögenswerte richten muss.

Anders als der Titel *See*rechtsübereinkommen und die gesamte Konzeption der Art. 100 ff. SRÜ vermuten lassen, werden nicht nur Schiffe in den Schutzbereich einbezogen, sondern auch Luftfahrzeuge. In der vorliegenden Arbeit finden solche allerdings keine Berücksichtigung. Ebenfalls keine Berücksichtigung finden Überfälle, die in Küstengewässern oder internen Gewässern wie etwa Flüssen stattfinden. Zwar werden diese ebenfalls meist als „Piraterie" bezeichnet, erfüllen aber nicht die völkerrechtliche Definition der Seeräuberei,[259] welcher in dieser Arbeit gefolgt wird.

2. *Tathandlungen*

a) *Regelbeispiele*

Die in Art. 101 SRÜ aufgezählten Tathandlungen sind nicht abschließend; vielmehr sind sie als Regelbeispiele zu verstehen.[260] Dabei ist zu beachten, dass von der Aufzählung nur schwerwiegende Delikte wie Raub, Entführung oder Mord erfasst werden.[261] Geringfügige Delikte wie einfacher Diebstahl oder Betrug fallen daher nicht unter die Pirateriedefinition des Art. 101 SRÜ.[262] Die zu verwirklichende Handlung setzt zunächst ein Element der Gewalt, der Drohung oder des Zwangs voraus, durch welches die freie Willensentschließung des Opfers beeinträchtigt wird.[263] Zudem muss die Handlung gegen Personen

---

259 Vgl. *Wolfrum* in: Graf Vitzthum (Hrsg.), Handbuch des Seerechts, Kap. 4 Rn. 50; *Lagoni* in: FS Rauschning, S. 501, 514; *Brombacher/Maihold* in: Mair (Hrsg.), Piraterie und maritime Sicherheit, S. 54, 55; *Schmahl*, AöR 136 (2011), 44, 55.

260 *Trésoret*, Seepiraterie, S. 177; *Lagoni* in: FS Rauschning, S. 501, 513; *Fournier*, Der Einsatz der Streitkräfte gegen Piraterie auf See, S. 34.

261 *Kavanagh*, Austl. Int'l L. J. 1999, 127, 137 f.; vgl. auch *Dubner*, J. Mar. L. & Com. 42 (2011), 71, 99.

262 *Schmahl*, AöR 136 (2011), 44, 53; *Lagoni* in: FS Rauschning, S. 501, 513. Im Gegensatz dazu war in der *Draft Convention on Piracy* der Harvard Law School (1932) der einfache Diebstahl noch ausdrücklich erfasst: „In view of the frequent occurrence of thefts from vessels in eastern waters by professionals who escape to their own craft lying near, it is *inexpedient to exclude the case of theft without violence* or the case of violence with intent to commit theft", Am. J. Int'l L. Sup. 26 (1932), 739, Art. 3 – Comment, S. 794 (*Hervorhebung* durch den Verfasser).

263 *Trésoret*, Seepiraterie, S. 177 f.; vgl. auch *Oehler*, Internationales Strafrecht, Rn. 433.

gerichtet sein, also vor allem gegen die Besatzung und Passagiere eines Schiffes. Vom Tatbestand nicht erfasst sind damit Handlungen gegen Sachen oder Tiere.[264]

Im deutschen Strafrecht entsprächen die Tathandlungen den Delikten des Totschlags bzw. Mordes (§ 212 StGB[265] bzw. §§ 212, 211 StGB), der schweren Körperverletzung (§ 226 StGB), der Vergewaltigung (§ 177 StGB), des räuberischen Diebstahls (§ 252 StGB), der Erpressung (§ 253 StGB), des erpresserischen Menschenraubs (§ 239a StGB), der Geiselnahme (§ 239b StGB), der Sachbeschädigung (§ 303 StGB) oder der Nötigung (§ 240 StGB).[266] Nicht der in Art. 101 lit. a) SRÜ festgelegten Definition der Seepiraterie entspricht das Delikt des Angriffs auf den Luft- und Seeverkehr (§ 316c StGB). Zwar wird der Tatbestand des § 316c Abs. 1 S. 1 Nr. 1 StGB teilweise als „Schiffspiraterie"[267] oder „Seepiraterie"[268] bezeichnet, im Hinblick auf die völkerrechtliche Definition des SRÜ ergeben sich jedoch Abweichungen.[269] Zum einen muss bei der Norm des deutschen Strafrechts kein zweites Schiff bei dem Angriff involviert sein,[270] so

---

264 *Trésoret*, Seepiraterie, S. 177.

265 Strafgesetzbuch (StGB) i.d.F. der Bekanntmachung v. 13. November 1998, BGBl. 1998 I S. 3322, 3324, zuletzt geändert durch Art. 1 siebenundfünfzigstes Gesetz zur Änderung des StGB – Versuchsstrafbarkeit des Cybergroomings v. 3. März 2020, BGBl. 2020 I S. 431.

266 Vgl. *Lagoni* in: FS Rauschning, S. 501, 513; *Schmahl*, AöR 136 (2011), 44, 53; *Fournier*, Der Einsatz der Streitkräfte gegen Piraterie auf See, S. 59. Das deutsche Strafrecht kennt dabei keinen eigenen Straftatbestand der Piraterie, so dass entsprechende Handlungen die Tatbestände mehrerer Delikte erfüllen können; *Lagoni* in: FS Rauschning, S. 501, 529; *Schaller* in: Mair (Hrsg.), Piraterie und maritime Sicherheit, S. 91, 93 f.; *Nöll* in: 43. VGT 2005, S. 298, 300.

267 *Sternberg-Lieben/B. Hecker* in: Schönke/Schröder, StGB, § 316c Rn. 2.

268 *B. Hecker*, JA 2009, 673, 674.

269 Die Erweiterung von § 316c StGB im Jahr 1990, so dass nunmehr auch Angriffe auf den Schiffsverkehr erfasst werden, erfolgte auch nicht vor dem Hintergrund der völkerrechtlichen Definition der Seeräuberei im SRÜ, sondern aufgrund des Beitritts Deutschlands zu der SUA-Konvention. Siehe dazu den Gesetzesentwurf der Bundesregierung zu dem Übereinkommen v. 10. März 1988 zur Bekämpfung widerrechtlicher Handlungen gegen die Sicherheit der Seeschiffahrt und zum Protokoll v. 10. März 1988 zur Bekämpfung widerrechtlicher Handlungen gegen die Sicherheit fester Plattformen, die sich auf dem Festlandsockel befinden, BT-Drs. 11/4946, S. 1; *Wieck-Noodt* in: MüKo StGB, Bd. V, § 316c Rn. 9; *Heger* in: Lackner/Kühl, StGB, § 316c Rn. 15; *B. Hecker*, JA 2009, 673, 674. Zur SUA-Konvention siehe noch weiter unten Kapitel 2 – F.

270 Siehe zu dieser sog. *Two-ship-Rule* noch Kapitel 2 – E. I. 4.

dass beispielsweise auch Geiselnahmen an Bord erfasst werden.[271] Zum anderen kann sich nach § 316c Abs. 1 S. 1 Nr. 1 lit. a) StGB die Tat nur gegen Schiffe richten, die im zivilen Seeverkehr eingesetzt werden.[272]

b) *Rechtswidrigkeit der Tathandlung*

Ausweislich des Wortlauts des Art. 101 lit. a) SRÜ muss die Tathandlung rechtswidrig sein. Über den genauen Inhalt dieses Hinweises auf die Rechtswidrigkeit besteht jedoch Unklarheit.[273] Einige Autoren messen diesem Erfordernis keine eigene Bedeutung zu,[274] andere bezeichnen es als unklar,[275] wiederum andere sehen in ihm einen Verweis auf die nationale Rechtsordnung.[276]

Es ist davon auszugehen, dass der Rechtswidrigkeit bei Art. 101 lit. a) SRÜ jedenfalls keine anerkannte völkerrechtliche Bedeutung zuteil werden kann.[277] Ein Verweis in die nationalen Rechtsordnungen würde der Intention des SRÜ zuwiderlaufen, nämlich der Schaffung einer universell geltenden Definition von Piraterie. Dieses Ziel könnte nicht erreicht werden, wenn durch einen Verweis die nationale Rechtsordnung des jeweils gerade bei der Pirateriebekämpfung

271 *Lischka*, Völkerrechtliches und nationales Schifffahrtsrecht, S. 262; *Th. Fischer*, StGB, § 316c Rn. 9.

272 Nicht dem Tatbestand unterfallen daher beispielsweise Kriegs-, Polizei- oder Zollschiffe; *Wieck-Noodt* in: MüKo StGB, Bd. V, § 316c Rn. 19; *B. Hecker*, JA 2009, 673, 675; *Zieschang* in: NK StGB, § 316c Rn. 15. Im Gegensatz dazu gibt es in der völkerrechtlichen Definition der Seeräuberei im SRÜ keine Einschränkung hinsichtlich des angegriffenen Schiffes; dazu noch Kapitel 2 – E. I. 4. b) aa).

273 *Wolfrum* in: Nordquist/et al. (Hrsg.), Legal Challenges in Maritime Security, S. 3, 8; *Trésoret*, Seepiraterie, S. 179. Vgl. auch *Lagoni* in: FS Rauschning, S. 501, 513; *Fournier*, Der Einsatz der Streitkräfte gegen Piraterie auf See, S. 34.

274 *Geiß/Petrig*, Piracy and Armed Robbery at Sea, S. 60; vgl. auch *O'Connell*, The International Law of the Sea, Bd. II, S. 969.

275 *Birnie*, Marine Pol'y 11 (1987), 163, 171; *Wolfrum* in: Nordquist/et al. (Hrsg.), Legal Challenges in Maritime Security, S. 3, 8; *Dahm/Delbrück/Wolfrum*, Völkerrecht, Bd. I/2, § 119 II. 1. So schlägt *Rubin* vor, das Wort „illegal" aufgrund der mehrdeutigen Interpretationsmöglichkeiten zu streichen, was möglicherweise aber zu einigen Lücken in der Pirateriedefinition führen könnte; *Rubin*, Am. J. Int'l L. 70 (1976), 92, 95.

276 *Lagoni* in: FS Rauschning, S. 501, 513 f.; *Geiß/Petrig*, Piracy and Armed Robbery at Sea, S. 60; *Schmahl*, AöR 136 (2011), 44, 59. Auch *Trésoret* geht von einem Verweis aus, allerdings nur insoweit, als eine nationale Rechtsordnung auf den völkerrechtlichen Tatbestand der Piraterie des Art. 101 SRÜ verweist. Ein Verweis vom Völkerrecht in eine nationale Rechtsordnung wird abgelehnt; *Trésoret*, Seepiraterie, S. 180 f.

277 *Fournier*, Der Einsatz der Streitkräfte gegen Piraterie auf See, S. 34.

handelnden Staates unterschiedliche Rechtfertigungsgründe zum Tragen kämen.[278] Zudem stellen die Art. 100 ff. SRÜ nach nahezu ungeteilter Meinung die Kodifizierung geltenden Völkergewohnheitsrechts dar.[279] Völkergewohnheitsrecht kann aber nur dort entstehen, wo eine gleiche Staatenpraxis existiert.[280] Damit muss eine allgemeine Auffassung des Tatbestandes der Piraterie bestehen, die keine Rücksicht auf möglicherweise in nationalen Rechtsordnungen bestehende Rechtfertigungsgründe nimmt. Andernfalls würde der Tatbestand je nach handelndem Staat unterschiedlich umrissen werden.

Ein Verweis auf völkerrechtliche Rechtfertigungsgründe ist ebenfalls nicht denkbar. Zwar existieren auf völkerrechtlicher Ebene Rechtfertigungsgründe.[281] Die Pirateriedefinition des SRÜ bzw. HSÜ erfasst allerdings nur Handlungen, die von Besatzungen oder Fahrgästen *privater Schiffe* begangen werden, Art. 101 lit. a) SRÜ.[282] Staatliches Handeln wird damit explizit aus dem Anwendungsbereich ausgenommen. Dies ergibt sich auch aus Art. 102 SRÜ. Zwar kann auch die Besatzung eines Kriegs- oder Staatsschiffes den Pirarietatbestand erfüllen, allerdings muss die Besatzung dafür nach einer Meuterei die Gewalt über das Schiff erlangt haben, Art. 102 SRÜ. Mit dieser Einschränkung wird deutlich, dass nach einer Meuterei das Schiff nicht als im Staatsdienst bzw. staatliche Funktionen ausübend betrachtet wird.[283]

Möglicherweise ist das Erfordernis der Rechtswidrigkeit aus einem historischen Kontext zu erklären. Die Regeln der Staatenverantwortlichkeit wurden in den Zeiten der Beratungen über das HSÜ als eine der am schwierigsten zu erfassenden Materien des Völkerrechts beschrieben.[284] Damit waren sie alles

---

278 *Trésoret*, Seepiraterie, S. 180. Der Verweis auf die nationale Rechtsordnung ergibt sich aus Art. 105 S. 2 SRÜ. Dazu auch noch Kapitel 4 – F. II. 2. a).

279 Dazu noch Kapitel 2 – E. III.

280 *Kempen*, Völkergewohnheitsrecht, in: Schöbener (Hrsg.), Völkerrecht, S. 505 f.; *Herdegen*, Völkerrecht, § 16 Rn. 3 ff.; *Treves*, Customary International Law, in: MPEPIL (Stand: November 2006), Rn. 7 ff. und 10 ff.; *Dixon*, Textbook on International Law, Kap. 2.3.1.

281 Zu den Rechtfertigungsgründen auf Ebene der Staatenverantwortlichkeit: *Herdegen*, Völkerrecht, § 59 Rn. 1 ff.; *Dörr* in: Epping/Heintschel v. Heinegg (Hrsg.), Ipsen, Völkerrecht, § 30 Rn. 33 ff.; *Crawford/Olleson* in: Evans (Hrsg.), International Law, S. 436 ff.

282 Vgl. Art. 101 lit. a) SRÜ: „committed […] by the crew or the passengers of a *private ship* […]" (*Hervorhebung* durch den Verfasser).

283 *Shearer*, Piracy, in: MPEPIL (Stand: Oktober 2010), Rn. 17; *Trésoret*, Seepiraterie, S. 195 f.

284 Vgl. die Äußerung des Berichterstatters *F. V. García Amador:* „In the first place, as the Commission realizes, the subject of responsibility has always been one of the most vast

andere als eindeutig und das in Art. 101 SRÜ bzw. Art. 15 HSÜ genannte Merkmal der Rechtswidrigkeit erfolgte womöglich mit dem Gedanken, dass sich in Zukunft konkretere Regelungen über die Möglichkeit der Rechtfertigung ergeben könnten.

c) *Kein Erfordernis eines* animus furandi

Unter dem Begriff *animus furandi* wird die Absicht des Täters verstanden, etwas zu stehlen bzw. sich fremde Gegenstände anzueignen.[285] Schon im Laufe der Beratungen zum HSÜ zeichnete sich ab, eine solche Absicht nicht zu fordern.[286] Während in den Entwürfen zum HSÜ aber noch über die erforderlichen Absichten des Täters beim Verwirklichen des Piraterietatbestandes diskutiert wurde,[287] finden sich in Art. 15 HSÜ und Art. 101 SRÜ keinerlei Hinweise mehr auf eine möglicherweise erforderliche Absicht des Täters.[288] Durch diesen Verzicht[289]

---

and complex of international law; […]"; UN, International responsibility: report by F. V. García Amador, Special Rapporteur, The traditional view and the development of international law, Y.B. ILC 1956, Bd. II, S. 174, para. 6. Siehe zur heutigen Situation der Regelungen über die Staatenverantwortlichkeit: *Dörr* in: Epping/Heintschel v. Heinegg (Hrsg.), Ipsen, Völkerrecht, § 29 Rn. 2 und § 30 Rn. 1 ff.

285 *Fournier* spricht im konkreten Zusammenhang von „Plünderungsabsicht"; *Fournier*, Der Einsatz der Streitkräfte gegen Piraterie auf See, S. 34. *Schlikker* nennt es „gewinnsüchtiger Absicht"; *Schlikker*, Die völkerrechtliche Lehre von der Piraterie, S. 35.

286 *Schlikker* begründet dies damit, dass „der praktische Effekt" derselbe sei, unabhängig davon, ob der Täter sich die Sache aneignen oder nur zerstören will; *Schlikker*, Die völkerrechtliche Lehre von der Piraterie, S. 35. Vgl. auch *Sir Jennings/Sir Watts*, Oppenheim's International Law, Bd. I, Teil 2–4, S. 749: „It must be emphasized that the motive and the purpose of such acts of violence do not alter their piratical character, since the intent to plunder (*animus furandi*) is not required" (*Hervorhebung* im Original).

287 Zusammenfassend dazu: *Fournier*, Der Einsatz der Streitkräfte gegen Piraterie auf See, S. 34 ff. Auch in der *Draft Convention on Piracy* der Harvard Law School (1932) wurde in Art. 3 Abs. 1 auf die Motivation des Täters noch differenziert Bezug genommen; als Piraterie anzusehen sind demnach: „Any act of violence or of depredation committed with intent to rob, rape, wound, enslave, imprison or kill a person or with intent to steal or destroy property, for private ends without bona fide purpose of asserting a claim of right, provided that the act is connected with an attack on or from the sea or in or from the air". Vgl. dazu auch: *Fournier*, Der Einsatz der Streitkräfte gegen Piraterie auf See, S. 36; *Müller*, Die Piraterie im Völkerrecht, S. 23 f.

288 *Fournier*, Der Einsatz der Streitkräfte gegen Piraterie auf See, S. 37.

289 Für einen Verzicht sprechen sich unter anderem aus: *Sir Jennings/Sir Watts*, Oppenheim's International Law, Bd. I, Teil 2–4, S 752. *Fournier* bemerkt, dass in der Kommentierung zu Art. 101 SRÜ von *Nandan* und *Rosenne* (*Nordquist*, UNCLOS, Bd. III,

wird ein möglichst umfänglicher Tatbestand der Piraterie geschaffen, der nicht durch mögliche - und im Einzelfall schwer nachweisbare - Motive des Täters eingeschränkt wird.

3. *Tatort*

Nach Art. 101 Abs. 1 lit. a) sublit. i) bzw. ii) SRÜ kann sich der Ort der Handlung nur auf Hoher See oder einem Ort befinden, der keiner staatlichen Hoheitsgewalt untersteht.[290] Unter der Hohen See wird jeder Ort verstanden, der nicht zur ausschließlichen Wirtschaftszone, zum Küstenmeer oder zu den inneren Gewässern eines Staates oder zu den Archipelgewässern eines Archipelstaats gehört, Art. 86 SRÜ.[291] Demzufolge sind Flusspiraterie oder von der See ausgehende Angriffe auf Ziele an Land keine Piraterie im Sinne des SRÜ.[292] Ebenfalls nicht erfasst werden damit Angriffe innerhalb des Küstenmeeres.[293]

a) Entwicklung der Freiheit der Meere

Bis ins 17. Jahrhundert war die Aufteilung des Meeres und seine Nutzung höchst umstritten.[294] Es gab zwei grundlegend verschiedene Konzepte, nämlich das

---

Rn. 101.1. ff.) eine Plünderungsabsicht gar nicht thematisiert wird; *Fournier*, Der Einsatz der Streitkräfte gegen Piraterie auf See, S. 37. Für weitere siehe: *Fournier*, Der Einsatz der Streitkräfte gegen Piraterie auf See, S. 37. Wohl auch für einen Verzicht: *O'Connell*, The International Law of the Sea, Bd. II, S. 969, der sich allerdings insgesamt kritisch zur Pirateriedefinition äußert. Dieser Verzicht bedeutet allerdings nicht, dass die Intention des Täters völlig gleichgültig ist; vgl. *Sir Jennings/Sir Watts*, Oppenheim's International Law, Bd. I, Teil 2–4, S. 752: „There is no requirement of an *animus furandi.* Piracy may be prompted by hatred or revenge as well as for gain" (*Hervorhebung* im Original). *v. Arnauld*, AVR 47 (2009), 454, 462 f.: Die Motivation der Täter muss ökonomischer Natur sein. Dazu auch im Folgenden die Unterschiede zwischen Piraterie und Terrorismus in Kapitel 2 - G. IV. 2.

290 Vgl. *Rafii*, Hohe See, in: Schöbener (Hrsg.), Völkerrecht, S. 147; vgl. auch *Churchill* in: Koutrakos/Skordas (Hrsg.), The Law and Practice of Piracy at Sea, S. 9, 20.

291 Zur Freiheit der Hohen See: *D. König*, Durchsetzung internationaler Bestands- und Umweltschutzvorschriften auf Hoher See, S. 54 ff.; *Wolfrum* in: Graf Vitzthum (Hrsg.), Handbuch des Seerechts, Kap. 4 Rn. 11 ff. Zu den verschiedenen Meereszonen: *v. Arnauld*, Völkerrecht, Rn. 807 ff.; *Herdegen*, Völkerrecht, § 31 Rn. 1 ff.

292 *Wolfrum* in: Graf Vitzthum (Hrsg.), Handbuch des Seerechts, Kap. 4 Rn. 50; *Trésoret*, Seepiraterie, S. 181.

293 *Lagoni* in: FS Rauschning, S. 501, 514; *Sir Jennings/Sir Watts*, Oppenheim's International Law, Bd. I, Teil 2–4, S. 753; *Crawford*, Brownlie's Principles of Public International Law, S. 287.

294 Vgl. dazu: *Boschan*, Der Streit um die Freiheit der Meere, S. 7 ff.

Konzept des geschlossenen Meeres – *Mare Clausum* – und das Konzept des freien Meeres – *Mare Liberum*. In der Konzeption des *Mare Clausum* ist die See okkupationsfähig und kann mithin unter die Souveränität eines Staates oder mehrerer Staaten gestellt werden. Vertreten wurde diese Sichtweise im Wesentlichen von Spanien und zunächst auch von England.[295] Den Gegenpol zu dieser Auffassung stellte die Idee des *Mare Liberum* dar, nach welcher das Meer frei von jeglicher Souveränität sei. Anfangs favorisierte vor allem Holland diese Idee, später auch England.[296] Im Laufe der Zeit gewannen immer mehr Staaten die Erkenntnis, dass die freie Nutzung der Meere unerlässlich für den Handel und die Schifffahrt ist und die Meere daher keiner Hoheitsgewalt unterstehen können.[297]

Spätestens im 19. Jahrhundert war der Grundsatz der Freiheit der Meere allgemein anerkannt.[298] Davon gab es jedoch Ausnahmen. So wurde schon Ende

---

295 *v. Arnauld*, Völkerrecht, Rn. 805; *Wolfrum* in: Graf Vitzthum (Hrsg.), Handbuch des Seerechts, Kap. 4 Rn. 10. Der erste dokumentierte Machtanspruch auf die See war jener Englands im 10. Jahrhundert. Von den kontinentaleuropäischen Mächten beanspruchten im Norden die Staaten Dänemark und Schweden Herrschaftsgewalt über die Ostsee bzw. Dänemark später über das gesamte Seegebiet zwischen Norwegen, Island und Grönland. Im Süden erhoben die italienischen Staaten Venedig, Genua und Pisa Ansprüche auf die Adria und die Ligurische See. Im 15. und 16. Jahrhundert wurden die Machtansprüche Spaniens und Portugals hinsichtlich des Atlantiks und Teilen des Mittelmeers festgelegt. Zu dieser Entwicklung: *Colombos*, Internationales Seerecht, §§ 56 ff.; *Beckert/Breuer*, Öffentliches Seerecht, Rn. 9 ff.

296 *v. Arnauld*, Völkerrecht, Rn. 805; *Rafii*, Seerecht, internationales, in: Schöbener (Hrsg.), Völkerrecht, S. 363. Ein bedeutender Vertreter dieser Ansicht war der Holländer *Grotius*, der in seinem Werk „Mare liberum“ (1609) das Meer als *res communis omnium* bezeichnete. Die gegensätzliche Ansicht vertrat der Engländer *Selden* in seiner Abhandlung „Mare clausum“ (1635), der davon ausging, dass – sofern eine militärische Kontrolle des jeweiligen Seegebietes möglich ist – eine Herrschaft über die See ausgeübt werden kann. Siehe dazu: *Wolfrum* in: Graf Vitzthum (Hrsg.), Handbuch des Seerechts, Kap. 4 Rn. 10; *D. König*, Durchsetzung internationaler Bestands- und Umweltschutzvorschriften auf Hoher See, S. 55; *Graf Vitzthum* in: Graf Vitzthum (Hrsg.), Handbuch des Seerechts, Kap. 1 Rn. 67; *O'Connell*, The International Law of the Sea, Bd. I, S. 5.

297 So ging beispielsweise auch England, welches vorher noch Machtansprüche auf Teile der Nordsee erhob, dazu über, die Freiheit der Meere zu fordern; vgl. *Colombos*, Internationales Seerecht, § 60; *Beckert/Breuer*, Öffentliches Seerecht, Rn. 11 f.

298 *v. Arnauld*, Völkerrecht, Rn. 805; *Proelß* in: Graf Vitzthum/Proelß (Hrsg.), Völkerrecht, 5. Abschn. Rn. 64; *Hobe*, Einführung in das Völkerrecht, S. 456. Der Grundsatz der Freiheit der Meere wird teilweise dem *ius cogens* zugerechnet; vgl. *Proelß* in: Graf Vitzthum/Proelß (Hrsg.), Völkerrecht, 5. Abschn. Rn. 64 Fn. 203. Eher ablehnend: *Martin/et al.*, International Human Rights and Humanitarian Law, S. 35 Fn. 36.

des 17. Jahrhunderts den Küstenstaaten zugebilligt, dass es einen dem späteren Küstenmeer entsprechenden Bereich geben muss, um militärischen und wirtschaftlichen Interessen des Küstenstaates gerecht zu werden.[299] Ungefähr Mitte des 20. Jahrhunderts rückte die wirtschaftliche Nutzung des Meeres in das Blickfeld der Staaten, die einen weiter in das Meer hineinreichenden Bereich allein nutzen wollten. Daraufhin begannen die Staaten mit der Einrichtung ausschließlicher Wirtschaftszonen.[300] Die in den folgenden Jahrzehnten festgelegte Einteilung des Meeres in seine verschiedenen Zonen stellt somit die Kodifizierung teilweise schon jahrhundertealter Traditionen dar.[301]

b) Einteilung der Gewässer in die verschiedenen Zonen

Nach dem SRÜ[302] lassen sich offene Gewässer grundsätzlich in drei Bereiche einteilen.[303] Vom Land ausgehend folgt zunächst das Küstenmeer. An das

---

299 *Beckert/Breuer*, Öffentliches Seerecht, Rn. 13 ff.; *Caminos*, Contiguous Zone, in: MPEPIL (Stand: März 2013), Rn. 2 ff. Dieser Bereich betrug damals üblicherweise drei Seemeilen, es gab aber auch Staaten, die aus historischen Gründen vier oder sechs Meilen in Anspruch nahmen; *Beckert/Breuer*, Öffentliches Seerecht, Rn. 14.

300 *Nelson*, Exclusive Economic Zone, in: MPEPIL (Stand: März 2008), Rn. 2 ff.; *Beckert/Breuer*, Öffentliches Seerecht, Rn. 17 ff.; *Crawford*, Brownlie's Principles of Public International Law, S. 284.

301 Vgl. *Herdegen*, Völkerrecht, § 16 Rn. 12; *Treves*, Law of the Sea, in: MPEPIL (Stand: April 2011), Rn. 58. Insgesamt zur geschichtlichen Entwicklung: *O'Connell*, The International Law of the Sea, Bd. I, S. 1 ff.

302 Im HSÜ ist die Einteilung der Meere noch nicht festgelegt, lediglich Art. 1 HSÜ enthält eine negative Definition der Hohen See, wonach unter Hoher See „alle Teile des Meeres zu verstehen [sind], die nicht zum Küstenmeer oder zu den inneren Gewässern eines Staates gehören." Allerdings wurde mit der *Convention on the Territorial Sea and the Contiguous Zone* v. 29. April 1958 eine Festlegung des Küstenmeeres und der Anschlusszone vorgenommen; UN Treaty Series Bd. DXVI (1964), 205. Daneben waren auch damals schon die einzelnen Zonen und deren Ausbreitung im Wesentlichen völkergewohnheitsrechtlich anerkannt; vgl. *Shaw*, International Law, S. 454; *O. Rojahn* in: Menzel/Ipsen (Hrsg.), Völkerrecht, 2. Aufl. 1979, S. 386. Zur heutigen gewohnheitsrechtlichen Anerkennung: *Harel*, Harv. Nat'l Sec. J. 4 (2012-2013), 131, 132 Fn. 5; *Klein*, Int'l & Comp. L. Q. 55 (2006), 337, 340.

303 Vgl. allgemein zu den verschiedenen Zonen: *Treves* in: MPEPIL, Law of the Sea, Rn. 22 ff.; *Evans* in: Evans (Hrsg.), International Law, S. 642 ff. Im Gegensatz dazu gibt es noch die inneren Gewässer, die grundsätzlich der vollen Souveränität des jeweiligen Staates unterstehen und damit hier nicht weiter Beachtung finden sollen. Zu den inneren Gewässern und der dort bestehenden Souveränität: *Shaw*, International Law, S. 412 f.; *Evans* in: Evans (Hrsg.), International Law, S. 643; *Proelß* in: Graf

Küstenmeer anschließend befinden sich die Anschlusszone bzw. die ausschließliche Wirtschaftszone. Jenseits dieser beiden Zonen erstreckt sich die Hohe See. Neben diesen Bereichen gibt es noch einige speziellere Zonen, die zumindest teilweise vom SRÜ kodifiziert werden.[304]

c) Piraterie im Küstenmeer

aa) Das Küstenmeer

Das Küstenmeer erstreckt sich bis zu 12 Seemeilen ab der Basislinie in die See hinein, wobei der Küstenstaat frei ist bei der Ziehung der Grenze innerhalb dieser 12 Seemeilen, Art. 3 und 4 SRÜ.[305] Bei der Basislinie handelt es sich grundsätzlich um die Niedrigwasserlinie entlang der Küste, Art. 5 SRÜ. Von dieser Regel gibt es allerdings Ausnahmen, unter anderem bei komplizierten Küstenverläufen, sehr veränderlichen Küstenverläufen wie etwa in Deltas oder unmittelbar vor der Küste liegenden Inselketten, Art. 7 Abs. 1 und 2 SRÜ.[306]

bb) Keine Anwendbarkeit der Art. 100 ff. SRÜ

Seepiraterie innerhalb des Küstenmeeres wird nicht von Art. 101 SRÜ erfasst. Das Küstenmeer untersteht nach Art. 2 SRÜ grundsätzlich der vollen Souveränität des Küstenstaates.[307] Somit kann dieser entsprechende Regelungen zur Unterbindung seeräuberischer Aktivitäten treffen. Eingeschränkt wird diese Souveränität nur durch wenige Bestimmungen, die allerdings den Küstenstaat nicht hinsichtlich seiner Regelungskompetenz zur Ahndung illegaler Akte beeinflusst.[308]

Vitzthum/Proelß (Hrsg.), Völkerrecht, 5. Abschn. Rn. 38 ff.; *Lischka*, Völkerrechtliches und nationales Schifffahrtsrecht, S. 2.

304 Zu nennen sind in diesem Zusammenhang etwa noch die weiter unten dargestellten Archipelgewässer (Kapitel 2 – E. I. 3. f)), Sicherheitszonen (Kapitel 2 – E. I. 3. i)), Fischereizonen (Kapitel 2 – E. I. 3. k)) und Umweltschutzzonen (Kapitel 2 – E. I. 3. l)).

305 Vgl. *v. Arnauld*, Völkerrecht, Rn. 809; *Lischka*, Völkerrechtliches und nationales Schifffahrtsrecht, S. 61; *Heintschel v. Heinegg* in: Epping/Heintschel v. Heinegg (Hrsg.), Ipsen, Völkerrecht, § 40 Rn. 3.

306 Weitergehend zur Festlegung der Basislinie bei außergewöhnlichen bzw. komplizierten Küstenverläufen: *v. Arnauld*, Völkerrecht, Rn. 809; *Lischka*, Völkerrechtliches und nationales Schifffahrtsrecht, S. 4 ff. und 11 ff.; *Shaw*, International Law, S. 414 ff.

307 *Proelß* in: Graf Vitzthum/Proelß (Hrsg.), Völkerrecht, 5. Abschn. Rn. 43 ff.; *Wolf*, Territorial Sea, in: MPEPIL (Stand: August 2013), Rn. 21.

308 So gibt es beispielsweise das Recht der friedlichen Durchfahrt, welches in Art. 17 bis 19 SRÜ seinen Niederschlag gefunden hat und es Schiffen ermöglicht, das Küstenmeer

d) Piraterie in der Anschlusszone

aa) Die Anschlusszone

An das Küstenmeer anschließend befindet sich die Anschlusszone bzw. die ausschließliche Wirtschaftszone. Die Anschlusszone hat eine Breite von bis zu 24 Seemeilen, gemessen ab der Basislinie, und findet ihre Regelung in Art. 33 SRÜ.[309] Im Gegensatz zum Küstenmeer unterliegt sie nicht der Souveränität des Küstenstaates, sondern stellt eine Schutzzone in dem Bereich vor dem Küstenmeer dar.[310] Innerhalb dieses Bereichs stehen dem Küstenstaat lediglich Kontrollbefugnisse zur Durchsetzung seiner Zoll-, Finanz-, Einreise- und Gesundheitsgesetze zu, Art. 33 Abs. 1 SRÜ.[311] Der Küstenstaat erhält so die Möglichkeit, die Einhaltung der Gesetze in den von Art. 33 Abs. 1 SRÜ genannten Bereichen sicherzustellen, indem er bei drohenden Verstößen entsprechende Maßnahmen ergreifen kann. Voraussetzung ist, dass sich der stattfindende bzw. drohende Verstoß auf das Hoheitsgebiet und damit Festland oder Küstenmeer auswirkt.[312] Dies betrifft vor allem das Verhindern von illegalem Handel[313] und illegaler

---

eines Staates friedlich zu durchfahren; *Herdegen*, Völkerrecht, § 31 Rn. 5; *Evans* in: Evans (Hrsg.), International Law, S. 645 ff. Vgl. auch *Churchill/Lowe*, The law of the sea, S. 81 ff.; *Crawford*, Brownlie's Principles of Public International Law, S. 300 f.

309 Allgemein zur Anschlusszone: *v. Arnauld*, Völkerrecht, Rn. 812; *Graf Vitzthum* in: Graf Vitzthum (Hrsg.), Handbuch des Seerechts, Kap. 2 Rn. 181 ff.

310 *v. Arnauld*, Völkerrecht, Rn. 812; *Proelß* in: Graf Vitzthum/Proelß (Hrsg.), Völkerrecht, 5. Abschn. Rn. 50. Vgl. *Klein*, Maritime Security and the Law of the Sea, S. 88: „Costal states only have control and not ‚sovereignity', sovereign rights, or jurisdiction in the contiguous zone." Vgl. zusammenfassend zur Anschlusszone: *Shearer*, Int'l & Comp. L. Q. 35 (1986), 320, 329 ff. Zur Zeit haben ungefähr 90 Staaten eine Anschlusszone eingerichtet. Allerdings stehen nicht alle im Einklang mit den im SRÜ festgelegten Vorschriften; *Heintschel v. Heinegg* in: Epping/Heintschel v. Heinegg (Hrsg.), Ipsen, Völkerrecht, § 43 Rn. 2; *Evans* in: Evans (Hrsg.), International Law, S. 644 Fn. 26.

311 Vgl. *Herdegen*, Völkerrecht, § 31 Rn. 6; *v. Arnauld*, Völkerrecht, Rn. 812; vgl. auch *S. Schiedermair*, AöR 135 (2010), 185, 196. Weitere Kontrollbefugnisse bestehen hinsichtlich der Überwachung des Umgangs mit archäologischen und historischen Gegenständen, Art. 303 Abs. 2 SRÜ; *Dörr*, Die deutsche Handelsflotte, S. 117; *Hasselmann*, Die Freiheit der Handelsschiffahrt, S. 234.

312 *Graf Vitzthum* in: Graf Vitzthum (Hrsg.), Handbuch des Seerechts, Kap. 2 Rn. 188 und 192.

313 Vor allem der Handel mit Drogen steht hier im Fokus; UN, Progress made in the implementation of the comprehensive legal regime embodied in the United Nations Convention on the Law of the Sea: Report of the Secretary-General, A/47/512 (5. November 1992), para. 21. In der Vergangenheit sollte im Wesentlichen dem Schmuggel

Einwanderung.[314] Die Anschlusszone besteht im Gegensatz zur ausschließlichen Wirtschaftszone auch ohne explizite Erklärungen des Küstenstaates.[315]

bb) Anwendbarkeit der Art. 100 ff. SRÜ

Im Hinblick auf die Vorschriften der Art. 100 ff. SRÜ ergibt sich, dass diese auch in der Anschlusszone gelten müssen. Sie betreffen nicht die Gesetzgebung des Küstenstaates, so dass dieser hinsichtlich der Festsetzung von eigenen Vorschriften zur Pirateriebekämpfung keine Kompetenz hat.

e) Piraterie in der ausschließlichen Wirtschaftszone

aa) Die ausschließliche Wirtschaftszone

Die ausschließliche Wirtschaftszone reicht ab der Basislinie bis zu 200 Seemeilen[316] in das Meer hinein; ihre Regelungen sind in den Art. 55 bis 75 SRÜ statuiert.[317] Für die Einrichtung einer ausschließlichen Wirtschaftszone ist eine konstitutive Erklärung des Küstenstaates notwendig.[318]

Einhalt geboten werden. Dies betraf beispielsweise den Schwarzhandel mit Alkohol oder teuren Kolonialwaren; *O'Connell*, The International Law of the Sea, Bd. II, S. 1045, 1049 ff.; *Graf Vitzthum* in: Graf Vitzthum (Hrsg.), Handbuch des Seerechts, Kap. 2 Rn. 189 Fn. 529.

314 *Graf Vitzthum* in: Graf Vitzthum (Hrsg.), Handbuch des Seerechts, Kap. 2 Rn. 189 f. Die Anschlusszone und die in ihr bestehenden Befugnisse waren schon vor ihrer Kodifikation im Wesentlichen völkerrechtlich anerkannt, vgl. dazu: *O'Connell*, The International Law of the Sea, Bd. II, S. 1034 ff; *Oda*, Int'l & Comp. L. Q. 11 (1962), 131, 135 ff.; *Caminos*, Contiguous Zone, in: MPEPIL (Stand: März 2013), Rn. 2 ff.

315 *Nordquist*, UNCLOS, Bd. II, Rn. 33.8(c); *Tanaka*, International Law of the Sea, S. 146. Hingegen eine Bekanntgabe für erforderlich erachtend: *Hobe*, Einführung in das Völkerrecht, S. 463.

316 Die Festlegung auf 200 Seemeilen beruht darauf, dass zu der Zeit, als einige südamerikanische Staaten als ersten Staaten Ende der 1940er Jahre begannen, die Einrichtung von Zonen zur ausschließlich eigenen wirtschaftlichen Nutzung zu fordern, Schwärme bestimmter Fische 187 Seemeilen vor der Küste gesichtet wurden; *Tanaka*, International Law of the Sea, S. 149; *Dahm/Delbrück/Wolfrum*, Völkerrecht, Bd. I/1, § 81 I. 1.; vgl. auch *Hollick*, Am. J. Int'l L. 71 (1977), 494, 499.

317 Allgemein zur ausschließlichen Wirtschaftszone: *Klein*, Maritime Security and the Law of the Sea, S. 88 ff.; *Tanaka*, International Law of the Sea, S. 149 ff.; *Shaw*, International Law, S. 431 ff.; *Dahm/Delbrück/Wolfrum*, Völkerrecht, Bd. I/1, § 81.

318 Dieses Erfordernis ergibt sich aus einem Umkehrschluss aus Art. 77 Abs. 3 SRÜ. Dort ist festgelegt, dass für die Rechte des Küstenstaats am Festlandsockel keine Erklärung

bb) Grundsätzliche Anwendbarkeit der Art. 100 ff. SRÜ

Schwieriger zu beurteilen ist, wie Piraterie in der ausschließlichen Wirtschaftszone von den Regelungen im Seerechtsübereinkommen erfasst wird.[319] Die ausschließliche Wirtschaftszone hat ihren Ursprung in der wirtschaftlichen Nutzung des Meeres.[320] Innerhalb dieser Zone kann der Küstenstaat bestimmte Rechte für sich beanspruchen. Diese Rechte umfassen nach Art. 56 Abs. 1 lit. a) SRÜ die Erforschung und Ausbeutung, Erhaltung und Bewirtschaftung der lebenden und nicht lebenden natürlichen Ressourcen der Gewässer über dem Meeresboden, des Meeresbodens und seines Untergrunds sowie andere Tätigkeiten zur wirtschaftlichen Erforschung und Ausbeutung der Zone wie die Energieerzeugung aus Wasser, Strömung und Wind. Der Küstenstaat verfügt damit „über einzelne ‚souveräne Rechte' und ‚Hoheitsbefugnisse' [...], nicht aber über die Gebietshoheit."[321]

Aus Art. 58 Abs. 2 SRÜ ergibt sich, dass in der ausschließlichen Wirtschaftszone grundsätzlich die gleichen Regeln gelten, die auch für die Hohe See in den Art. 88 bis 115 SRÜ vorgesehen sind.[322] Dies gilt nur dann nicht, wenn die Regeln über die Hohe See mit denen in der ausschließlichen Wirtschaftszone nicht vereinbar sind.[323] Demzufolge sind auch die Bestimmungen der Art. 100 ff. SRÜ zur Bekämpfung der Seeräuberei grundsätzlich anwendbar.[324] Ausnahmen von

---

erforderlich ist, so dass davon ausgegangen werden kann, dass mangels einer dem Art. 77 Abs. 3 SRÜ entsprechenden Regelung im Bereich der ausschließlichen Wirtschaftszone eine explizite Erklärung zur Inanspruchnahme der Rechte erforderlich ist; *v. Arnauld*, Völkerrecht, Rn. 814; *Dahm/Delbrück/Wolfrum*, Völkerrecht, Bd. I/1, § 81 III.; vgl. auch *Fleischer*, San Diego L. Rev. 14 (1976-1977), 548, 552.

319 *Wolfrum* in: Graf Vitzthum (Hrsg.), Handbuch des Seerechts, Kap. 4 Rn. 50.

320 *Dahm/Delbrück/Wolfrum*, Völkerrecht, Bd. I/1, § 81 I. 1. bis 4.; vgl. auch *v. Arnauld*, Völkerrecht, Rn. 814 f. Siehe ausführlich zur Entwicklung: *Gündling*, Die 200 Seemeilen-Wirtschaftszone, S. 38 ff.; *O'Connell*, The International Law of the Sea, Bd. I, S. 553 ff.

321 *Proelß* in: Graf Vitzthum (Hrsg.), Handbuch des Seerechts, Kap. 3 Rn. 216.

322 Vgl. *Nelson*, Exclusive Economic Zone, in: MPEPIL (Stand: März 2008), Rn. 15; *Shaw*, International Law, S. 433.

323 Vgl. *v. Arnauld*, Völkerrecht, Rn. 816. Vgl. auch *Daillier/Forteau/Pellet*, Droit international public, para. 685.1°; *Klein*, Maritime Security and the Law of the Sea, S. 88 ff.

324 *Shearer*, Piracy, in: MPEPIL (Stand: Oktober 2010), Rn. 19; *Nelson*, Exclusive Economic Zone, in: MPEPIL (Stand: März 2008), Rn. 15; *Geiß/Petrig*, Piracy and Armed Robbery at Sea, S. 64; *Wolfrum* in: Graf Vitzthum (Hrsg.), Handbuch des Seerechts, Kap. 4 Rn. 50.

diesem Grundsatz bestehen, wenn der zugrunde liegende Sachverhalt die speziellen Rechte des jeweiligen Küstenstaats in der ausschließlichen Wirtschaftszone berührt.[325] In erster Linie handelt es sich dabei vor allem um die Fischerei, die Nutzung der nicht lebenden Ressourcen sowie den Umweltschutz.[326] In diesem Falle kann der Küstenstaat nach Art. 73 Abs. 1 SRÜ die erforderlichen Maßnahmen treffen, um die Ausübung seiner souveränen Rechte sicherzustellen. Dies könnte auch für die Art. 100 ff. SRÜ gelten.

cc) Diskutierte Ausnahme der Anwendung der Art. 100 ff. SRÜ

(1) Auseinandersetzungen zwischen Fischern

Als Konstellation, in der nach Art. 73 Abs. 1 SRÜ die Regelungen des Küstenstaates und nicht die des SRÜ über die Hohe See gelten, werden teilweise Angriffe zwischen Fischereischiffen ins Feld geführt.[327] Denkbar wäre danach etwa, dass ein Fischereischiff ein anderes von einem Fischschwarm wegzudrängen versucht.[328] Nach Art. 61 und 62 SRÜ bestehen hinsichtlich der Fischerei in der ausschließlichen Wirtschaftszone Sonderregelungen, so dass nicht die allgemeinen Regeln über die Hohe See gelten, sondern die Gesetze des Küstenstaates, Art. 73 Abs. 1 SRÜ.[329] Daher seien auch die Bestimmungen des SRÜ über

---

325 *Herdegen*, Völkerrecht, § 31 Rn. 7.

326 Vgl. *Dahm/Delbrück/Wolfrum*, Völkerrecht, Bd. I/1, § 81 II. 1.

327 *Lagoni* in: FS Rauschning, S. 501, 515. Vgl. auch *Fournier*, Der Einsatz der Streitkräfte gegen Piraterie auf See, S. 51 f.; *Trésoret*, Seepiraterie, S. 187.

328 *Lagoni* in: FS Rauschning, S. 501, 515 Fn. 75. Der dieser von *Lagoni* angeführten Konstellation zugrunde liegende Fall stammt aus dem Jahr 1972 und handelt von einem australischen Garnelenfischer, welcher durch Schüsse versuchte, einen anderen Fischer von den Garnelenschwärmen fernzuhalten. Allerdings spielten sich diese Vorkommnisse auf der Hohen See ab, so dass sich in der Ursprungskonstellation die Frage nach der Anwendbarkeit der damals noch in den Art. 14 bis 22 HSÜ geregelten Pirateriervorschriften nicht stellte. Siehe dazu: *O'Connell*, The International Law of the Sea, Bd. II, S. 970. Einen ähnlichen Fall scheint es am 25. Februar 1996 im Mittelmeer gegeben zu haben. Dabei wurde ein italienisches Fischerboot, welches „in internationalen Gewässern" fischte, von einem tunesischen Patrouillenboot angegriffen; Schriftliche Anfrage E-1008/96 von Sebastiano Musumeci (NI) an die Europäische Kommission vom 26. April 1996 (ABl. 2014 C 305, 37 f.). Vgl. auch *Trésoret*, Seepiraterie, S. 187.

329 Der Küstenstaat hat nach Art. 73 Abs. 1 SRÜ die Möglichkeit, erforderliche Maßnahmen zur Einhaltung der von ihm festgelegten Regelungen in der ausschließlichen Wirtschaftszone zu treffen. Diese Maßnahmen umfassen insbesondere das Anhalten, die Überprüfung, das Festhalten sowie gerichtliche Verfahren; vgl. *Gündling*, Die 200

die Piraterie – die als einzige direkte und gewalttätige Auseinandersetzungen zwischen mehreren Schiffen auf Hoher See zum Gegenstand haben – nicht einschlägig. Stattdessen bemäße sich das Vorliegen von illegalen Handlungen bzw. deren Strafbarkeit nach den nationalen Gesetzen des Küstenstaates, in dessen ausschließlicher Wirtschaftszone die Angriffe stattfinden.[330]

(2) Keine Ausnahme von der Geltung der Art. 100 ff. SRÜ

Diese Auffassung ist jedoch abzulehnen. Geraten zwei Fischereifahrzeuge untereinander in Konflikt und sind die Voraussetzungen von Art. 101 lit. a) sublit. i) SRÜ erfüllt, liegt Seeräuberei nach dem SRÜ vor. Es ist nicht ersichtlich, warum ein solches Verhalten nicht vom Piraterietatbestand erfasst werden sollte. Zwar stehen dem Küstenstaat in der ausschließlichen Wirtschaftszone bestimmte Sonderrechte zu, soweit es um die Überwachung der Einhaltung der dort bestehenden Nutzungsrechte geht, Art. 73 Abs. 1 SRÜ. Eine umfassende Gebietshoheit oder Souveränität geht damit aber gerade nicht einher,[331] vielmehr gelten die Regelungen über die Hohe See grundsätzlich auch in der ausschließlichen Wirtschaftszone, Art. 58 Abs. 2 SRÜ. Dafür spricht auch Art. 73 Abs. 1 SRÜ. Dieser betrifft das Verhältnis des Küstenstaates zu den jeweiligen Nutzern der Sonderrechte, also – um bei dem eingangs erwähnten Beispiel zu bleiben – den Fischern. Wenn aber zwei Nutzer der Sonderrechte untereinander in eine Auseinandersetzung geraten, ist der Küstenstaat nicht involviert. Weiterhin bestünde auch eine Gefährdung der Effektivität der Seeräuberbekämpfung, würden die Art. 100 ff. SRÜ in der ausschließlichen Wirtschaftszone in bestimmten Konstellationen keine Anwendung finden. Sobald ein Zusammenhang zu den speziellen Nutzungsrechten des Küstenstaates in der ausschließlichen Wirtschaftszone besteht, wäre nur noch der Küstenstaat zum Eingreifen berechtigt. Andere Staaten könnten nicht mehr ihre Befugnis zum Untersuchen und Aufbringen nach Art. 110 und 105 SRÜ ausüben.[332]

Von der dargestellten Konstellation zu unterscheiden sind Fälle, in denen die Sonderrechte in der ausschließlichen Wirtschaftszone ohne Erlaubnis des

---

Seemeilen-Wirtschaftszone, S. 185 ff. Vgl. dazu auch den *Monte Confurco Case (Seychelles v. France)* aus dem Jahr 2000 bei: *van Dyke*, Marine Pol'y 29 (2005), 107, 108 f.

330 *Lagoni* in: FS Rauschning, S. 501, 515; *Trésoret*, Seepiraterie, S. 187.

331 *Proelß* in: Graf Vitzthum/Proelß (Hrsg.), Völkerrecht, 5. Abschn. Rn. 51; vgl. auch *Heintschel v. Heinegg* in: Epping/Heintschel v. Heinegg (Hrsg.), Ipsen, Völkerrecht, § 44 Rn. 28 ff.

332 Siehe dazu noch ausführlich Kapitel 4 – B. und Kapitel 4 – C.

Küstenstaates ausgenutzt werden.[333] Dann hat der beeinträchtigte Küstenstaat die Eingriffsrechte nach Art. 73 Abs. 1 SRÜ, um die illegalen Handlungen zu unterbinden.

(3) Ergebnis

Folglich finden die Art. 100 ff. SRÜ auch bei Auseinandersetzungen zwischen Schiffen Anwendung, die in Zusammenhang mit den Sondernutzungsrechten in der ausschließlichen Wirtschaftszone stehen.

f) Piraterie in Archipelgewässern

aa) Die Archipelgewässer

Die Regelungen über die Archipelgewässer finden sich in den Art. 46 ff. SRÜ. Im Gegensatz zu den bereits genannten Zonen des Meeres sind die Archipelgewässer jüngeren Datums; erst Ende des 19. Jahrhunderts begann eine Auseinandersetzung mit diesen Meeresgebieten.[334] Nach Art. 47 SRÜ kann ein Archipelstaat[335] die zwischen seinen Inseln liegenden Gewässer als Archipelgewässer ausweisen.[336] Damit einher geht der in Art. 49 SRÜ festgelegte Rechtsstatus dieser Gewässer: Sie unterstehen grundsätzlich der vollen Souveränität des jeweiligen Archipelstaates.[337] Allerdings gibt es hier – wie bei den Küstengewässern – Einschränkungen, insbesondere was das Recht der friedlichen Durchfahrt betrifft, Art. 49 Abs. 4 sowie Art. 52 ff. SRÜ.[338]

---

333 Dies betrifft vor allem illegal betriebene Fischerei, vgl. dazu: *Clare*, Austl. J. Mar. & Ocean Aff. 2 (2010), 69; *Zylich/et al.*, Lat. Am. J. Aquat. Res. 42 (2014), 845; vgl. auch *Hatcher*, Newsweek Global v. 27. Februar 2015, S. 16 ff.: „Bring back the Pirates! NATO stopped attacks off Somalia. Now it's safe for foreigners to fish illegally".

334 *Rajan*, German Y.B. Int'l L. 29 (1986), 137, 137; *Piernas*, Archipelagic Waters, in: MPEPIL (Stand: August 2009), Rn. 1 f.; *Proelß* in: Graf Vitzthum/Proelß (Hrsg.), Völkerrecht, 5. Abschn. Rn. 41.

335 Definitionen der Begriffe „Archipel" und „Archipelstaat" gibt Art. 46 SRÜ.

336 *Piernas*, Archipelagic Waters, in: MPEPIL (Stand: August 2009), Rn. 7 ff.; *Evans* in: Evans (Hrsg.), International Law, S. 641; *Hobe*, Einführung in das Völkerrecht, S. 465.

337 *Piernas*, Archipelagic Waters, in: MPEPIL (Stand: August 2009), Rn. 14 ff.; *Proelß* in: Graf Vitzthum/Proelß (Hrsg.), Völkerrecht, 5. Abschn. Rn. 42.

338 Vgl. *Shaw*, International Law, S. 421; *Rajan*, German Y.B. Int'l L. 29 (1986), 137, 148 f.

bb) Keine Anwendbarkeit der Art. 100 ff. SRÜ

Die Regelungen des SRÜ über die Piraterie finden in den Archipelgewässern keine Anwendung, da diese – wie das Küstenmeer – der Souveränität des Archipelstaates unterstehen.

g) Piraterie auf Hoher See

aa) Die Hohe See

Jenseits der Anschlusszone bzw. der ausschließlichen Wirtschaftszone folgt die Hohe See. Sie umfasst alle Seegebiete, die nicht zum Küstenmeer, zur Anschlusszone oder zur ausschließlichen Wirtschaftszone gehören, Art. 86 SRÜ.

bb) Anwendbarkeit der Art. 100 ff. SRÜ

Wie sich schon aus dem Wortlaut des Art. 101 lit. a) sublit. i) SRÜ ergibt, stellt die Hohe See das originäre Seegebiet dar, in welchem die Regelungen der Art. 100 ff. SRÜ Anwendung finden.[339]

h) Der Festlandsockel

Neben den aufgezählten Zonen gibt es noch den Festlandsockel. Dieser erstreckt sich seewärts des Küstenmeeres bis zum Kontinentalabhang.[340] Da der Festlandsockel allerdings lediglich den Boden und Untergrund des Meeres umfasst, ist er hauptsächlich für die Ausbeutung von Bodenschätzen und die Meeresbodenfischerei relevant. Auf die über dem Meeresgrund liegende Wassersäule hat er keinen Einfluss, Art. 78 Abs. 1 SRÜ.[341]

---

339 Diese räumliche Beschränkung auf die Hohe See wird teilweise kritisch gesehen: „Acts of violence in the coastal waters should have been qualified as acts of piracy [...]"; *Wolfrum* in: FS Eitel, S. 649, 653. Ähnlich: „[...], they [die Pirateriervorschriften des SRÜ] are for the most part irrelevant to the fight against the new (or renewed) form of costal piracy that has emerged since the Convetion opened for signature in 1982"; *Murphy* in: Lehr (Hrsg.), Violence at Sea, S. 155, 172. Kritisch auch: „Albeit the second above-listed element (i.e., the requirement that the crime had necessarily to be committed beyond the territorial jurisdiction of any State) is also of rather questionable authority"; *Goldie* in: FS Rosenne, S. 225, 227.

340 Zur genaueren Berechnung des Festlandsockels: *Herdegen*, Völkerrecht, § 31 Rn. 9; *Proelß* in: Graf Vitzthum/Proelß (Hrsg.), Völkerrecht, 5. Abschn. Rn. 56.

341 Vgl. *v. Arnauld*, Völkerrecht, Rn. 817. Allgemein zum Festlandsockel: *Heintschel v. Heinegg* in: Epping/Heintschel v. Heinegg (Hrsg.), Ipsen, Völkerrecht, § 44 Rn. 1 ff.

i) Piraterie in Sicherheitszonen

aa) Die Sicherheitszone nach Art. 60 Abs. 4 SRÜ

Eine Sonderstellung nehmen die Sicherheitszonen um künstliche Inseln, Anlagen und Bauwerke ein.[342] Nach Art. 60 Abs. 1 SRÜ hat der Küstenstaat innerhalb seiner ausschließlichen Wirtschaftszone und nach Art. 80 SRÜ auf dem Festlandsockel[343] das alleinige Recht, Regeln für den Bau und die Nutzung aufzustellen von künstlichen Inseln (Art. 60 Abs. 1 lit. a) SRÜ), Anlagen und Bauwerken, die den in Art. 56 SRÜ näher bestimmten und anderen wirtschaftlichen Zwecken dienen (Art. 60 Abs. 1 lit. b) SRÜ) sowie Anlagen und Bauwerken, welche die Ausübung der Rechte des Küstenstaates in der ausschließlichen Wirtschaftszone beeinträchtigen können (Art. 60 Abs. 1 lit. c) SRÜ).[344] Zum Schutz dieser Einrichtungen kann der Küstenstaat nach Maßgabe des Art. 60 Abs. 4 SRÜ Sicherheitszonen einrichten, innerhalb derer er geeignete Maßnahmen vornehmen kann. Diese dürfen maximal in einer Breite von 500 Metern um das zu schützende Objekt verlaufen, Art. 60 Abs. 5 SRÜ.[345] Bei ihrer Einrichtung müssen zudem eine Reihe von Kriterien beachtet werden wie der Verlauf von internationalen Schifffahrtswegen und das Verhältnis zwischen dem Schutzbedürfnis des Bauwerks und der Beeinträchtigung des Schiffsverkehrs, Art. 60 Abs. 5 bis 7 SRÜ. Hinsichtlich des anwendbaren Rechts ist zu beachten, dass

---

342 Vgl. *Lagoni* in: FS Rauschning, S. 501, 515; *Fournier*, Der Einsatz der Streitkräfte gegen Piraterie auf See, S. 52. Zur Entwicklung der Sicherheitszone: *Lagoni* in: FS Walther-Schücking-Institut für Internationales Recht, S. 491, 493 ff.

343 Nach Art. 80 SRÜ hat der Küstenstaat auch die Möglichkeit, künstliche Inseln, Anlagen und Bauwerke auf dem Festlandsockel zu errichten. Hinsichtlich der dafür bestehenden Regelungen wird auf Art. 60 SRÜ verwiesen, so dass die Ausführungen zu künstlichen Installationen in der ausschließlichen Wirtschaftszone gleichsam für künstliche Inseln, Anlagen und Bauwerke auf dem Festlandsockel gelten. Vgl. auch *Elferink*, Artificial Islands, Installations and Structures, in: MPEPIL (Stand: September 2013), Rn. 1.

344 Allgemein zu dem Bau, der Errichtung und Nutzung von Anlagen in der ausschließlichen Wirtschaftszone: *Gündling*, Die 200 Seemeilen-Wirtschaftszone, S. 219 ff. Allgemein zur Errichtung von Sicherheitszonen: *Gündling*, Die 200 Seemeilen-Wirtschaftszone, S. 221 ff. Zu künstlichen Inseln, Anlagen und Bauwerke auf dem Festlandsockel allgemein: *Dahm/Delbrück/Wolfrum*, Völkerrecht, Bd. I/1, § 78 I. 6. b).

345 Dazu vertiefend: *Elferink*, Artificial Islands, Installations and Structures, in: MPEPIL (Stand: September 2013), Rn. 15; *Kashubsky/Morrison*, Austl. J. Mar. & Ocean Aff. 5 (2013), 1, 3; *Lagoni* in: FS Walther-Schücking-Institut für Internationales Recht, S. 491, 498. Vgl. kritisch zu der Begrenzung auf 500 Meter: *Papadakis*, The International Legal Regime of Artificial Islands, S. 109 f.

solche künstlichen Bauwerke nicht den Status von Inseln haben, Art. 60 Abs. 8 SRÜ, so dass das um sie herum verlaufende Gebiet auch nicht den Status eines Küstenmeeres hat.[346]

bb) Frage der Anwendbarkeit der Pirateriev orschriften, Art. 100 ff. SRÜ

Fraglich ist, was für die Anwendung der Art. 100 ff. SRÜ in der Sicherheitszone gilt. In Art. 60 Abs. 2 SRÜ ist festgelegt, dass auf den Bauwerken der Küstenstaat die ausschließliche Hoheitsgewalt innehat.[347] Die Sicherheitszone stellt zwar kein Küstenmeer dar, allerdings kann der Küstenstaat in diesem Gebiet geeignete Maßnahmen ergreifen, um die Sicherheit der Schifffahrt sowie der künstlichen Inseln, Anlagen und Bauwerke zu gewährleisten, Art. 60 Abs. 4 SRÜ. Dies spricht dafür, dass das Recht des Küstenstaates anwendbar ist und nicht die allgemeinen Regeln des SRÜ zur Bekämpfung der Seeräuberei. Dafür lassen sich mehrere Argumente anführen.

(1) Sinn und Zweck der Sicherheitszone

Sinn und Zweck der Sicherheitszone sprechen für einen Ausschluss der Art. 100 ff. SRÜ. Durch die Errichtung von Sicherheitszonen soll sichergestellt werden, dass sich dort keine oder zumindest keine fremden bzw. unautorisierten Schiffe befinden. Fänden die allgemeinen Regeln zur Piraterіebekämpfung Anwendung, könnten solche Schiffe im Rahmen ihres Vorgehens gegen Piraten in solche Zonen einfahren.[348]

(2) Souveränität des Küstenstaates

Die Bauwerke in der ausschließlichen Wirtschaftszone unterstehen der Souveränität des Staates, in dessen ausschließlicher Wirtschaftszone sie sich befinden, Art. 60 Abs. 2 SRÜ.[349] Die Sicherheitszone knüpft unmittelbar an den um diese Bauwerke herum verlaufenden räumlichen Bereich an und soll selbigen schützen. Um diesen Schutz effektiv gewährleisten zu können, muss der Küstenstaat in der Sicherheitszone die Möglichkeit haben, durch entsprechende Bestimmungen auf das Verhalten anderer Schiffe einzuwirken. Außerdem zeigt

346 *Elferink*, Artificial Islands, Installations and Structures, in: MPEPIL (Stand: September 2013), Rn. 9; vgl. auch *Shaw*, International Law, S. 439.

347 Vgl. *Klein*, Maritime Security and the Law of the Sea, S. 102; *Tanaka*, International Law of the Sea, S. 155 f.

348 *Lagoni* in: FS Rauschning, S. 501, 515.

349 Vgl. auch *Proelß* in: Graf Vitzthum (Hrsg.), Handbuch des Seerechts, Kap. 3 Rn. 261; *Gündling*, Die 200 Seemeilen-Wirtschaftszone, S. 219 f.

sich durch die Verweise auf die Beachtung der internationalen Normen bei der Festlegung der Breite der Sicherheitszonen (Art. 60 Abs. 5 SRÜ) und deren Einhaltung durch Schiffe, die sich in der Nähe solcher Bauwerke aufhalten (Art. 60 Abs. 6 SRÜ), dass der Küstenstaat in seiner rechtlichen Ausgestaltung der Sicherheitszone unter Beachtung der dort gemachten Vorgaben frei ist. Andernfalls bedürfte es solcher Verweise auf die internationalen Normen nicht, wenn ohnehin die entsprechenden internationalen Regelungen und damit auch solche wie die in Art. 100 ff. SRÜ gelten würden.

Daneben ist zu beachten, dass dem jeweiligen Küstenstaat in der Sicherheitszone ein Maß an Souveränität zusteht, welches über seine Souveränität im Küstenmeer hinausgeht. So können Sicherheitszonen für den Schiffsverkehr vollständig gesperrt werden, wohingegen im Küstenmeer zumindest alle Schiffe ein Recht auf friedliche Durchfahrt haben, Art. 17 SRÜ.[350] Daneben dürfen nach Art. 60 Abs. 7 SRÜ künstliche Inseln, Anlagen und Bauwerke – und folglich auch die diese Einrichtungen umgebenden Sicherheitszonen – nicht im Bereich internationaler Schifffahrtswege errichtet werden. Daran wird deutlich, dass der Umkreis von bis zu 500 Metern um eine solche Einrichtung eine Sperrzone für die Seefahrt darstellt, welche nicht ohne Weiteres befahren werden darf.[351] Außerdem zeigt diese Feststellung, dass die allgemeinen Schifffahrtsregeln gerade nicht in Sicherheitszonen Anwendung finden; andernfalls hätte es der Festlegung des Art. 60 Abs. 7 SRÜ nicht bedurft, wenn ohnehin die allgemeinen Schifffahrtsregeln die Regeln der Sicherheitszone überlagern.

Schließlich ist zu beachten, dass aufgrund von Art. 60 Abs. 6 SRÜ ohne Autorisation des Küstenstaates keine Kriegsschiffe die Sicherheitszone anlaufen dürfen.[352] Nach Art. 107 SRÜ sind allerdings überhaupt nur Kriegs- und

---

350 Zum Recht der friedlichen Durchfahrt: *Wolf*, Territorial Sea, in: MPEPIL (Stand: August 2013), Rn. 22 ff., 40; *Agyebeng*, Cornell Int'l L. J. 39 (2006), 371, 381 f. Für *Lischka* hat das Recht des Küstenstaates zur Errichtung künstlicher Inseln, Anlagen und Bauwerken einen „territorialen Einschlag"; *Lischka*, Völkerrechtliches und nationales Schifffahrtsrecht, S. 195.

351 Vgl. dazu etwa die deutsche Regelung in § 7 VSeeStrO (Verordnung zu den Internationalen Regeln von 1972 zu Verhütung von Zusammenstößen auf See [Verordnung zur Seestraßenordnung – VSeeStrO] v. 13. Juni 1977, BGBl. 1977 I S. 813, zuletzt geändert durch Art. 22 Gesetz zur Einführung von Ausschreibungen für Strom aus erneuerbaren Energien und zu weiteren Änderungen des Rechts der erneuerbaren Energien v. 13. Oktober 2016, BGBl. 2016 I S. 2258). Vgl. zu der Sicherheitszone auch: *Pestke*, Offshore-Windfarmen, S. 94 f.

352 *Trésoret*, Seepiraterie, S. 188; vgl. auch *Lagoni* in: FS Walther-Schücking-Institut für Internationales Recht, S. 491, 513.

Staatsschiffe dazu berechtigt, Piratenschiffe zu betreten (Art. 110 SRÜ) oder aufzubringen (Art. 105 SRÜ).[353] Wenn sich diese Schiffe aber gar nicht erst in das entsprechende Gebiet bewegen dürfen, ist zu überlegen, ob überhaupt ein sinnvoller Anwendungsbereich für die Art. 100 ff. SRÜ bleibt.

(3) Keine Beschränkung auf navigatorische Vorgaben

Nicht zuzustimmen ist der Auffassung, dass sich die Regelungskompetenz des Küstenstaates in der Sicherheitszone lediglich auf navigatorische und seeverkehrsrechtliche Vorgaben erstreckt; die Pirateriervorschriften der Art. 100 ff. SRÜ hingegen würden von dieser Regelungskompetenz nicht erfasst und hätten auch in den Sicherheitszonen Geltung.[354] Zwar gelten nach Art. 58 Abs. 2 SRÜ die Regeln über die Hohe See – und damit unter anderem die Art. 100 ff. SRÜ – auch in der ausschließlichen Wirtschaftszone, jedoch statuiert Art. 58 Abs. 2 a.E. SRÜ ebenfalls, dass diese Geltung nur insoweit besteht, als diese Regeln nicht unvereinbar mit der ausschließlichen Wirtschaftszone sind.[355] Es besteht also kein absoluter Vorrang der Regeln über die Hohe See.

(4) Ergebnis

Damit finden die allgemeinen Regelungen über die Seepiraterie der Art. 100 ff. SRÜ keine Anwendung in den Sicherheitszonen.

cc) Praktische Relevanz

In der Praxis dürfte dieses Problem zumindest im Moment nur eine untergeordnete Rolle spielen. Beachtet werden muss allerdings der Umstand, dass durch das Errichten von Windparks in ausschließlichen Wirtschaftszonen die Problematik zunehmend an Relevanz gewinnen könnte.[356] Im Gegensatz zu Einrichtungen wie Ölbohrplattformen oder Forschungseinrichtungen bestehen Windparks aus einer Vielzahl von einzelnen Bauwerken. Ein Beispiel dafür ist

---

353 Siehe zu den Eingriffsrechten noch detailliert Kapitel 4 – B. und Kapitel 4 – C.

354 So aber wohl *Trésoret,* wobei dazu einschränkend bemerkt wird, dass fremde Kriegsschiffe ohne Zustimmung des Küstenstaates die Sicherheitszone nicht befahren dürfen und somit die nach Art. 100 ff. SRÜ vorgesehenen Zwangsmaßnahmen nicht ausgeübt werden können; *Trésoret*, Seepiraterie, S. 187 f.

355 Vgl. *Tanaka*, International Law of the Sea, S. 153; *Nelson*, Exclusive Economic Zone, in: MPEPIL (Stand: März 2008), Rn. 15; *Dahm/Delbrück/Wolfrum*, Völkerrecht, Bd. I/1, § 81 II. 7.

356 *Lagoni* in: FS Walther-Schücking-Institut für Internationales Recht, S. 491, 512.

Windpark *BARD Offshore 1* in der Nordsee.[357] Er besteht aus 80 Windenergieanlagen sowie einer Plattform, die dem Wohnen dient sowie die Umspannanlage beherbergt, und liegt ungefähr 90 Kilometer vor der Küste der Insel Borkum[358] und damit in der deutschen ausschließlichen Wirtschaftszone.[359] Das Gebiet des Windparks umfasst ungefähr eine Fläche von 59 Quadratkilometern. Um diesen Windpark wird – wie auch bei den anderen Windparks – eine Sicherheitszone von 500 Metern eingerichtet, so dass dieses Gebiet für die Seeschifffahrt unzugänglich ist.[360] Ende 2019 befanden sich alleine im deutschen Küstenmeer und

---

357 *Läsker*, Im Niemandsland, Süddeutsche Zeitung v. 6. August 2011, S. 25. Weitere Informationen zum Windpark: https://www.erneuerbare-energien.de/EE/Redaktion/DE/Standardartikel/Offshore-Windenergie/Projekte/bard-offshore-1.html (zuletzt abgerufen am 26. März 2020). Vgl. auch den Genehmigungsbescheid des *Bundesamtes für Seeschifffahrt und Hydrographie* vom 11. April 2007 (https://www.bsh.de/DE/THEMEN/Offshore/_Anlagen/Downloads/Genehmigungsbescheid/Windparks/Genehmigungsbescheid_BARD_Offshore_1.pdf?__blob=publicationFile&v=2 [zuletzt abgerufen am 26. März 2020]). Allgemein zur Nutzung der Windenergie abseits des Festlandes: *Pestke*, Offshore-Windfarmen, S. 5 ff.

358 https://www.erneuerbare-energien.de/EE/Redaktion/DE/Standardartikel/Offshore-Windenergie/Projekte/bard-offshore-1.html (zuletzt abgerufen am 26. März 2020); vgl. auch https://www.oceanbreeze.de/windpark-bard-offshore-1?jump=plattform (zuletzt abgerufen am 26. März 2020).

359 Siehe zur Einrichtung der ausschließlichen Wirtschaftszone in der Nordsee die AWZ Nordsee-ROV (Verordnung über die Raumordnung in der deutschen ausschließlichen Wirtschaftszone in der Nordsee [AWZ Nordsee-ROV] v. 21. September 2009, BGBl. 2009 I S. 3107, geändert durch Art. 5 WSV-Zuständigkeitsanpassungsverordnung v. 2. Juni 2016, BGBl. 2016 I S. 1257) und die Anlage zur AWZ Nordsee-ROV (Anlage zur Verordnung über die Raumordnung in der deutschen ausschließlichen Wirtschaftszone in der Nordsee [AWZ Nordsee-ROV] v. 21. September 2009, Anlageband zum BGBl. 2009 I S. 3107).

360 Siehe § 10 SeeAnlG (Seeanlagengesetz [SeeAnlG] v. 13. Oktober 2016, BGBl. 2016 I S. 2258, 2348, geändert durch Art. 12 Gesetz zur Änderung des Erneuerbare-Energien-Gesetzes, des Kraft-Wärme-Kopplungs-Gesetzes, des Energiewirtschaftsgesetzes und weiterer energierechtlicher Vorschriften v. 17. Dezember 2018, BGBl. 2018 I S. 2549) bzw. davor § 11 SeeanlV (Verordnung über Anlagen seewärts der Begrenzung des deutschen Küstenmeeres [Seeanlagenverordnung – SeeAnlV] v. 23. Januar 1997, BGBl. 1997 I S. 57, zuletzt geändert durch Art. 25 Abs. 2 Gesetz zur Einführung von Ausschreibungen für Strom aus erneuerbaren Energien und zu weiteren Änderungen des Rechts der erneuerbaren Energien v. 13. Oktober 2016, BGBl. 2016 I S. 2258) und § 7 VSeeStrO. Vgl. auch die Antwort der Bundesregierung auf die Kleine Anfrage der Abgeordneten Uwe Beckmeyer, Franz Thönnes, Garrelt Duin, weiterer Abgeordneter und der Fraktion der SPD – Drs. 17/5265 –, Sicherheit und Arbeitsschutz bei

der deutschen ausschließlichen Wirtschaftszone der Nordsee 21 Windparks in Betrieb.[361] Daneben ist ein Windpark im Bau und weitere vier sind geplant.[362]

Damit könnte sich in der Zukunft ein Konfliktpotential entwickeln, wenn die Bereiche um Windkraftanlagen von Piraten genutzt werden, um von dort aus auf lohnende Ziele zu warten oder nach erfolgten Angriffen sich dorthin zurückzuziehen.[363] Diese Gefahr ist für die Nordsee als gering einzustufen, könnte sich aber in Seegebieten, in denen ein realistisches Angriffsrisiko besteht, zu einer signifikanten Bedrohung für die Schifffahrt entwickeln.[364]

Offshore-Windenergieanlagen, BT-Drs. 17/5441, S. 5. Die Einrichtung solcher Zonen um große Windparks wird im Hinblick auf die dadurch eingeschränkte Schifffahrtsfreiheit auch kritisch gesehen. So schildert *Proelß*, dass bei einem Windpark, der in der ausschließlichen Wirtschaftszone liegt und um dessen 80 Anlagen eine Sicherheitszone von je 500 Metern eingerichtet wird, das „Ausweisen der ‚Sicherheitszone' letztlich zur Schaffung einer ‚Ausschlusszone' führte"; *Proelß* in: Graf Vitzthum (Hrsg.), Handbuch des Seerechts, Kap. 3 Rn. 262. Vgl. dazu auch: *Plant*, J. Water L. 14 (2003), 73, 91. Allgemein wird die Einrichtung solcher Sicherheitszonen jedoch vorgesehen, vgl. den *Bundesfachplan Offshore für die deutsche ausschließliche Wirtschaftszone der Nordsee 2016/2017 und Umweltbericht* des *Bundesamtes für Seeschifffahrt und Hydrographie*, S. 37 (https://www.bsh.de/DE/PUBLIKATIONEN/_Anlagen/Downloads/Offshore/Bundesfachplan-Nordsee/Bundesfachplan-Offshore-Nordsee-2016-2017.pdf?__blob=publicationFile&v=13 [zuletzt abgerufen am 26. März 2020]).

361 *Deutsche Windguard GmbH*, Status des Offshore-Energieausbaus in Deutschland, 2019, S. 9 (https://www.windguard.de/jahr-2019.html?file=files/cto_layout/img/unternehmen/windenergiestatistik/2019/Status%20des%20Offshore-Windenergieausbaus%20–%20Jahr%202019.pdf [zuletzt abgerufen am 26. März 2020]).

362 *Deutsche Windguard GmbH*, Status des Offshore-Energieausbaus in Deutschland, 2019, S. 9 (https://www.windguard.de/jahr-2019.html?file=files/cto_layout/img/unternehmen/windenergiestatistik/2019/Status%20des%20Offshore-Windenergieausbaus%20–%20Jahr%202019.pdf [zuletzt abgerufen am 26. März 2020]).

363 Für die Sportschifffahrt gibt es Ausnahmen, so dass kleinere Schiffe – wie sie auch von Piraten verwendet werden – in die Sicherheitszonen um Windparks einfahren dürften. So beispielsweise im Windpark *Baltic 1* in der Ostsee: Dort dürfen Schiffe unter 24 Metern Länge die Sicherheitszone befahren, sofern dabei eine entsprechende Sorgfalt beachtet wird, die Sichtweite nicht unter 500 Metern liegt, keine Dunkelheit herrscht, die Windstärke nicht 8 Bft oder mehr beträgt und auch keine Fischerei mit Grund-, Schlepp- oder Treibnetzen oder ähnlichem Fanggerät stattfindet; vgl. *Wasser- und Schifffahrtsamt Stralsund*, Bekanntmachung für Seefahrer 63/14 v. 7. Mai 2014.

364 Zur Zahl der Überfälle in verschiedenen Meeresgebieten siehe noch Kapitel 3 – C.

j) *Zusammentreffen von Anschlusszone und ausschließlicher Wirtschaftszone*

Derzeit haben etwa 150 Staaten von ihrer Möglichkeit Gebrauch gemacht, ausschließliche Wirtschaftszonen einzurichten.[365] Zu betrachten ist, was für den Bereich der See gilt, in welchem die Anschlusszone und die ausschließliche Wirtschaftszone zusammentreffen.[366] Teilweise wird hierzu vertreten, dass die ausschließliche Wirtschaftszone die Anschlusszone überlagert und so verdrängt.[367] Dem ist allerdings nicht zuzustimmen. Vielmehr existieren Anschlusszone und ausschließliche Wirtschaftszone nebeneinander und stehen aufgrund ihrer unterschiedlichen Konzeption bzw. Schutzrichtung nicht im Konflikt zueinander. Die ausschließliche Wirtschaftszone dient der wirtschaftlichen Nutzung des Meeres durch den Küstenstaat.[368] Die Anschlusszone hingegen hilft dem Küstenstaat, seine Grenze und die Einhaltung der im Küstenmeer und an Land geltenden Gesetze zu überwachen und im Falle drohender Verletzungen entsprechende Maßnahmen zu ergreifen.[369]

---

365 Sea Around Us Project – Fisheries, Ecosystems & Biodiversity, http://www.seaaroundus.org/data/#/eez (zuletzt abgerufen am 26. März 2020).

366 Wie sich aus den Art. 3, Art. 33 Abs. 2 und Art. 57 SRÜ ergibt, beginnen die entsprechenden Meereszonen (Küstenmeer, Anschlusszone und ausschließliche Wirtschaftszone) jeweils an der Basislinie und erstrecken sich von dort aus bis zu 12, 24 bzw. 200 Seemeilen auf das Meer. Daraus ergibt sich, dass sich die Zonen überlagern. Im Küstenmeer ist dies von geringer Relevanz, da die weitgehenden Rechte des Küstenstaates im Küstenmeer jene Rechte aus den anderen Zonen verdrängen; vgl. die Abbildungen bei *Tanaka*, International Law of the Sea, S. 8. An Relevanz gewinnt die Abgrenzung aber im Bezug auf das geschilderte Aufeinandertreffen von Anschlusszone und ausschließlicher Wirtschaftszone.

367 Vgl. etwa *S. Schiedermair*, AöR 135 (2010), 185, 196: Durch die Errichtung von ausschließlichen Wirtschaftszonen sei „die Anschlusszone in der Praxis weitgehend verdrängt [worden]." Eine ähnliche Aussage findet sich bei *Dörr*, Die deutsche Handelsflotte, S. 116: „Sie [die Anschlusszone] hat allerdings durch die Möglichkeit der Errichtung von Wirtschaftszonen ihre praktische Bedeutung weitgehend verloren […]."

368 *Nelson*, Exclusive Economic Zone, in: MPEPIL (Stand: März 2008), Rn. 1; vgl. auch *O'Connell*, The International Law of the Sea, Bd. I, S. 552 f. Im Übrigen spricht auch der Bezeichnung *Wirtschafts*zone (engl.: *economic* zone) dafür.

369 *Graf Vitzthum* in: Graf Vitzthum (Hrsg.), Handbuch des Seerechts, Kap. 2 Rn. 190; *Tanaka*, International Law of the Sea, S. 146.

Die Art. 100 ff. SRÜ betreffend ergeben sich keine Abweichungen von den bisher festgestellten Aussagen.[370] Sowohl in der Anschlusszone als auch in der ausschließlichen Wirtschaftszone gelten die Vorschriften des SRÜ über Seeräuberei.

k) Ausschließliche Fischereizonen

Bei den Fischereizonen handelt es sich um Seegebiete, innerhalb derer der Küstenstaat ausschließliche Fischereirechte für sich beanspruchen kann.[371] Inzwischen haben die meisten Staaten ausschließliche Wirtschaftszonen eingerichtet,[372] so dass die Fischereizonen an Bedeutung verloren haben.[373] Im Gegensatz zu der Fischereizone gehen die Nutzungsrechte des Küstenstaates in der ausschließlichen Wirtschaftszone deutlich weiter.[374] Zu beachten ist, dass die Fischereizone keinen Eingang in das SRÜ gefunden hat.[375] Damit haben ausschließliche

370 Dazu bereits oben Kapitel 2 – E. I. 3. d) bb) und Kapitel 2 – E. I. 3. e) bb) bzw. Kapitel 2 – E. I. 3. e) cc) (3).

371 *Herdegen*, Völkerrecht, § 31 Rn. 7; *Aust*, Handbook of International Law, S. 297.

372 Zur historischen Entwicklung der Fischereizone: *Rothwell*, Fishery Zones and Limits, in: MPEPIL (Stand: April 2008), Rn. 1 f.; *Dahm/Delbrück/Wolfrum*, Völkerrecht, Bd. I/1, § 79 I. 1. und 2. Ab dem 19. Jahrhundert begannen die Staaten mit der Einrichtung von Fischereizonen, wobei anfangs deren genaue Ausgestaltung noch nicht allgemein feststand; vgl. *Rothwell*, Fishery Zones and Limits, in: MPEPIL (Stand: April 2008), Rn. 3 ff. Eine Übersicht aus dem Jahr 1994 zu den Staaten, die Fischereizonen bzw. Wirtschaftszonen eingerichtet haben, findet sich bei *Kwiatkowska*, Int'l J. Marine & Coastal L. 9 (1994), 199 und *Kwiatkowska*, Int'l J. Marine & Coastal L. 9 (1994), 337.

373 *Heintschel v. Heinegg* in: Epping/Heintschel v. Heinegg (Hrsg.), Ipsen, Völkerrecht, § 44 Rn. 26: „[…] dürfte exklusiven Fischereizonen in naher Zukunft keine nennenswerte Bedeutung mehr zukommen."

374 Während in der Fischereizone dem Küstenstaat lediglich im Bereich der Fischerei Hoheitsrechte zustehen, kann er in der ausschließlichen Wirtschaftszone neben den lebenden Ressourcen auch die nicht lebenden Rohstoffe wie Mineralien nutzen; vgl. Art. 56 Abs. 1 lit. a) SRÜ. Vgl. dazu auch: *Dahm/Delbrück/Wolfrum*, Völkerrecht, Bd. I/1, § 81 II. 4. Daneben wurden bei der Schaffung des rechtlichen Rahmens mit den Art. 62 ff. SRÜ detaillierte Regelungen hinsichtlich der Fischerei in der ausschließlichen Wirtschaftszone getroffen; vgl. *Dahm/Delbrück/Wolfrum*, Völkerrecht, Bd. I/1, § 81 II. 2. und 3.

375 *Beckert/Breuer*, Öffentliches Seerecht, Rn. 48. Wohl aber gab es entsprechende Diskussionen; vgl. *Rothwell*, Fishery Zones and Limits, in: MPEPIL (Stand: April 2008), Rn. 6 ff. Siehe zu den Regelungen des Fischfangs im SRÜ: *Dahm/Delbrück/Wolfrum*, Völkerrecht, Bd. I/2, § 124 I. 4. Daneben gab bzw. gibt es aber bi- und multinationale

Fischereizonen keine Auswirkung auf die die Piraterie betreffenden Vorschriften des SRÜ. Fischereizonen sind nicht im Regelungssystem des SRÜ vorgesehen, jedenfalls aber kann für Fischereizonen nichts anderes gelten als für ausschließlichen Wirtschaftszonen, da diese in ihrer Struktur identisch sind.

l) Umweltschutzzonen

Ebenfalls keinen Weg in das SRÜ gefunden haben die sog. Umweltschutzzonen. Zwar werden dem Umweltschutz im SRÜ ausführliche Regelungen gewidmet,[376] jedoch existiert keine eigene Zone zum Schutz der Umwelt.[377] Allerdings besteht in der ausschließlichen Wirtschaftszone eine Kompetenz des Küstenstaates in der Festlegung von Vorschriften zum Umweltschutz, Art. 56 Abs. 1 lit. b) sublit. iii) SRÜ.[378] Für die Anwendung der Art. 100 ff. SRÜ gilt nichts anderes als in den ausschließlichen Wirtschaftszonen.[379]

m) Gebiete, die keiner staatlichen Hoheitsgewalt unterstehen, Art. 101 lit. a) sublit. ii) SRÜ

Durch Art. 101 lit. a) sublit. i) SRÜ wird der räumliche Anwendungsbereich der Piraterieverschriften maßgeblich auf die Hohe See und mit Einschränkungen die ausschließliche Wirtschaftszone und Anschlusszone festgelegt. Erfasst werden daneben auch Orte, die keiner staatlichen Hoheitsgewalt unterstehen, Art. 101 lit. a) sublit. ii) SRÜ.

aa) Antarktis

Dies betrifft zunächst die Antarktis.[380] Dabei ist jedoch zu beachten, dass deren Freiheit von jeglicher Souveränität nicht unumstritten ist. Nur für den Bereich

---

Abkommen, die Regelungen für die Fischerei aufstellen; vgl. *Bangert*, Fisheries Agreements, in: MPEPIL (Stand: Januar 2018), Rn. 3 ff.

376 Dies sind die Art. 192 bis 237 SRÜ; vgl. auch *Wolf/Bischoff*, Marine Protected Areas, in: MPEPIL (Stand: November 2013), Rn. 7 ff. Zu den Beratungen zum Umweltschutz auf der dritten Seerechtskonferenz der Vereinten Nationen im März 1975: *Wolfrum*, Verf. u. R. Übersee 8 (1975), 201, 201.

377 Auch eine einheitliche Staatenpraxis besteht hinsichtlich der Schaffung einer Umweltschutzzone nicht; vgl. *Dahm/Delbrück/Wolfrum*, Völkerrecht, Bd. I/1, § 80 I. 1.; *Gündling*, Die 200 Seemeilen-Wirtschaftszone, S. 25.

378 Vgl. *Wolf/Bischoff*, Marine Protected Areas, in: MPEPIL (Stand: November 2013), Rn. 10.

379 Dazu bereits Kapitel 2 – E. I. 3. e).

380 Vgl. *Menefee*, Conn. J. Int'l L. 6 (1990-1991), 127, 145.

zwischen dem 90. und dem 150. Längengrad – diese Fläche entspricht ca. 15 % der Antarktis[381] – besteht ein von allen Staaten anerkannter Hoheitsverzicht.[382] Für die übrigen Bereiche werden von einigen Staaten Ansprüche geltend gemacht,[383] während andere Staaten dies ablehnen.[384] Die völkerrechtliche Grundlage für die Antarktis bildet der *Antarktis-Vertrag* vom 1. Dezember 1959.[385]

Zur Zeit sind allerdings keine Fälle denkbar, in denen es zu einer Anwendung der Art. 100 ff. SRÜ kommen könnte. Das teilweise in einer Breite von mehr als 2.000 Kilometer vor dem Festland der Antarktis liegende Meer ist nicht ohne Weiteres schiffbar. So sind die dort eingesetzten Schiffe nicht nur der extremen Witterung ausgesetzt, sondern müssen auch dem im Meer befindlichen Treibeis standhalten.[386] Daneben verlaufen in diesem Gebiet keine Handelsrouten; die einzigen dort verkehrenden Schiffe sind Forschungsschiffe.[387]

---

381 *Vöneky/Addison-Agyei*, Antarctica, in: MPEPIL (Stand: Mai 2011), Rn. 6.

382 *Proelß* in: Graf Vitzthum/Proelß (Hrsg.), Völkerrecht, 5. Abschn. Rn. 83; *Hobe*, Einführung in das Völkerrecht, S. 472 f.; *Aust*, Handbook of International Law, S. 328.

383 Dies sind die Staaten Argentinien, Australien, Chile, Frankreich, Großbritannien, Neuseeland und Norwegen; *Shaw*, International Law, S. 399; *Rafii*, Globale Staatengemeinschaftsräume, in: Schöbener (Hrsg.), Völkerrecht, S. 137.

384 *Proelß* in: Graf Vitzthum/Proelß (Hrsg.), Völkerrecht, 5. Abschn. Rn. 83; *Aust*, Handbook of International Law, S. 328.

385 Antarktis-Vertrag v. 1. Dezember 1959, BGBl. 1978 II S. 1517, 1518. Zu diesem Vertrag: *Aust*, Handbook of International Law, S. 328 ff.; *Crawford*, Brownlie's Principles of Public International Law, S. 329 f.; *Wolfrum*, Die Internationalisierung staatsfreier Räume, S. 58 ff.; *Proelß* in: Graf Vitzthum/Proelß (Hrsg.), Völkerrecht, 5. Abschn. Rn. 83 f.; *Auburn*, Antarctic Law and Politics, S. 84 ff.

386 Neben Temperaturen von bis zu −20 °C auf dem Antarktischen Ozean stellen vor allem die Stürme mit Windgeschwindigkeiten von teilweise weit über 100 Kilometern in der Stunde eine Herausforderung dar. Zu den Gefahren für die Schifffahrt durch Eis: *Kennedy*, Offshore Mag. 75/2 (2015), 62; *Canadian Coast Guard*, Ice Navigation, S. 32 ff.

387 Daneben wird die Antarktis seit den 1990er Jahren zunehmend für den Tourismus entdeckt; vgl. die Veröffentlichung des *Umweltbundesamtes* vom Mai 2017: *Leitfaden für Besucher der Antarktis* (https://www.umweltbundesamt.de/sites/default/files/medien/1968/publikationen/leitfaden_fuer_besucher_der_antarktis_2016.pdf [zuletzt abgerufen am 26. März 2020]) sowie die Informationen der *International Association of Antarctica Tour Operators* (https://iaato.org/home [zuletzt abgerufen am 26. März 2020]).

bb) Sonstige Gebiete

Neben der Antarktis, deren Freiheit von Souveränität sich aus der Übereinkunft der Staaten ergibt, sind noch unbekannte und unbesiedelte Inseln als Orte, die keiner staatlichen Hoheitsgewalt unterstehen, denkbar.[388] Als weitere Möglichkeiten für von staatlicher Hoheitsgewalt freie Orte werden trocknende Riffe genannt, unter Umständen Namibia vor seiner Unabhängigkeit sowie nicht anerkannte Staaten.[389]

n) Ergebnis

Tatort der Piraterie nach Art. 101 lit. a) sublit. i) SRÜ ist zunächst die Hohe See, wie sich aus dem Wortlaut ergibt. Daneben werden auch Taten in der Anschlusszone sowie der ausschließlichen Wirtschaftszone erfasst. Hat allerdings ein Staat innerhalb seiner ausschließlichen Wirtschaftszone Sicherheitszonen eingerichtet, so finden die diesem Bereich die Art. 100 ff. SRÜ keine Anwendung. Ebenfalls ausgenommen als Tatort sind das Küstenmeer und die Archipelgewässer. Ausschließliche Fischereizonen und Umweltschutzzonen sind im SRÜ nicht vorgesehen, so dass diese auch keinen Einfluss auf den räumlichen Anwendungsbereich des Tatbestandes der Seeräuberei nehmen können.

Weiterhin kann der Tatbestand der Piraterie nach Art. 101 lit. a) sublit. b) SRÜ sich an Orten ereignen, die keiner staatlichen Hoheitsgewalt unterstehen. Hierfür kommt grundsätzlich zur Zeit nur die Antarktis in Betracht, wobei davon auszugehen ist, dass aus praktischen Gründen dort keine Überfälle auf Schiffe nach Art. 101 SRÜ stattfinden werden.

4. *Die* Two-ship-Rule

a) Das Seeräuberschiff, Art. 103 SRÜ

Aus dem Erfordernis, dass sich die Gewalthandlungen nach Art. 101 lit. a) sublit. i) SRÜ gegen ein *anderes* Schiff richten müssen, ergibt sich, dass sie ihrerseits ein Schiff als Ausgangspunkt haben müssen. Art. 103 SRÜ enthält die Definition

---

388 Mangels gänzlich unerforschter Meeresgebiete scheint es allerdings ausgeschlossen, dass derartige Inseln noch gefunden werden. Allerdings könnten sich neue Inseln bei Vulkanausbrüchen ergeben. So entstand die etwa 1,4 Quadratkilometer große Insel *Surtsey* vor der Küste Südislands im November 1963. Auch die mittlerweile wieder versunkene Insel *Ferdinandea* im Mittelmeer vor Sizilien entstand aufgrund eines Vulkanausbruchs im Jahr 1831.

389 *Menefee*, Conn. J. Int'l L. 6 (1990-1991), 127, 145; vgl. auch *Trésoret*, Seepiraterie, S. 181.

eines Seeräuberschiffs. Ein Schiff wird danach zum Seeräuberschiff, wenn es von den Personen, unter deren tatsächlicher Gewalt es steht, dazu bestimmt ist, zur Begehung einer den Tatbestand der Piraterie erfüllenden Handlung benutzt zu werden. Wurde eine seeräuberische Handlung ausgeführt, besteht die Eigenschaft eines Schiffes als Piratenschiff solange fort, wie es unter der Gewalt der Personen verbleibt, die sich dieser Handlung schuldig gemacht haben, Art. 103 SRÜ.

aa) Widmung eines Piratenschiffes

In dem Augenblick, in welchem sich die Crew eines Schiffes entschließt, Handlungen gegen andere Schiffe vorzunehmen, wird dieses Schiff zu einem Piratenschiff nach Art. 103 SRÜ. Vergleichen lässt sich dieser Vorgang mit einer Zweckbestimmung oder Widmung.[390] Das Schiff muss dabei zumindest unter der tatsächlichen Gewalt der Piraten stehen, so dass die wesentlichen Teile wie Brücke und Maschinenraum kontrolliert werden,[391] eine vollständige Ausübung der Herrschaft ist nicht zwingend erforderlich.[392] Außerdem ist schon der Entschluss zur Begehung von Gewalttaten ausreichend, zu tatsächlichen Handlungen muss es gar nicht kommen.[393]

bb) Fortbestehen der Eigenschaft des Seeräuberschiffs

Ist ein Schiff zu einem Seeräuberschiff geworden, bleibt diese Eigenschaft für den gesamten Zeitraum bestehen, in dem die Besatzung, welche die Gewalttaten begangen hat, das Kommando über das Schiff ausübt.[394] Dabei ist es unerheblich, ob es tatsächlich zu weiteren Gewalthandlungen kommt. Relevant ist dieses Fortbestehen vor allem in Bezug auf Schiffe bzw. Besatzungen, die nur gelegentlich Seeräuberei betreiben, ansonsten aber üblichen Erwerbs- bzw. Transportzwecken nachgehen. Dies trifft insbesondere auf Fischereiboote und deren Besatzungen zu.[395]

---

390 *Trésoret*, Seepiraterie, S. 193.

391 *Trésoret*, Seepiraterie, S. 194.

392 *Lagoni* in: FS Rauschning, S. 501, 516; *Trésoret*, Seepiraterie, S. 194.

393 *Kavanagh*, Austl. Int'l L. J. 1999, 127, 142. Vergleichbar ist diese Konstellation mit den Vorbereitungshandlungen im deutschen Strafrecht. Diese sind grundsätzlich straffrei, es sei denn, sie sind explizit unter Strafe gestellt; vgl. *Eser/Bosch* in: Schönke/Schröder, StGB, Vorbem. §§ 22 ff. Rn. 13 f.; *Th. Fischer*, StGB, § 22 Rn. 5.

394 *Trésoret*, Seepiraterie, S. 193; *Kavanagh*, Austl. Int'l L. J. 1999, 127, 142.

395 *Trésoret*, Seepiraterie, S. 193; vgl. auch *Scholz* in: Weingärtner/Krieger (Hrsg.), Streitkräfte und nicht-staatliche Akteure, S. 101, 106 f.

cc) Rücknahme der Eigenschaft des Seeräuberschiffs

Möglicherweise kann durch entsprechende Handlungen der Crew ein Seeräuberschiff diese Eigenschaft auch wieder verlieren. Damit ein Schiff zu einem Seeräuberschiff wird, bedarf es zunächst nichts weiter als den Entschluss der Crew, Handlungen vorzunehmen, die den Tatbestand der Piraterie erfüllen. Zwar wird dieser Entschluss in der Praxis schwer nachzuweisen sein, sofern es zu keinen Aktionen bzw. konkreten Vorbereitungshandlungen gekommen ist.[396] Dennoch liegen zumindest *de lege* schon bereits ab diesem frühen Zeitpunkt für den Tatbestand der Seeräuberei relevante Geschehnisse vor.

Bei einem Vergleich von Art. 103 S. 1 und 2 SRÜ fällt auf, dass nur S. 2 – die Alternative, bei der es auf die tatsächliche Begehung von Handlungen ankommt – einen Zeitpunkt definiert, an dem die Eigenschaft des Schiffes als Piratenschiff endet.[397] Einen solchen Zeitpunkt legt S. 1 – die Alternative, bei der die bloße Absicht ausreicht – nicht fest. Dies deutet darauf hin, dass die Besatzung eines Schiffes, die zwar den Plan gefasst hat, ein anderes Schiff zu überfallen, von diesem Plan allerdings wieder Abstand nimmt, auch die Eigenschaft eines Schiffes als Seeräuberschiff wieder beenden kann.[398] Dafür spricht auch, dass im Falle eines tatsächlichen Überfalls wesentlich tiefer in die Rechtsposition des Opfers eingegriffen wird als bei dem bloßen Fassen eines Entschlusses. Wenn aber schon für den Fall des tatsächlichen Überfalls eine Aufhebungsmöglichkeit vorgesehen ist, muss dies auch für die weniger schwerwiegende Handlungsalternative gelten.

dd) Kriegs- und Staatsschiffe

Aus Art. 102 SRÜ ergibt sich, dass Kriegs- und Staatsschiffe grundsätzlich nicht als Seeräuberschiff in Betracht kommen.[399] Eine Ausnahme besteht für den Fall, dass die Besatzung eines Kriegs- oder Staatsschiffs gemeutert und die Herrschaft

---

396 Als Beispiel für eine solche Vorbereitungshandlung könnten das Ausschauhalten nach potentiellen Angriffszielen und das Bereitlegen von Waffen dienen.

397 Vgl. den Wortlaut des Art. 103 S. 2 SRÜ: „[…], so long as it remains under the control of the persons guilty of that act."

398 Vergleichbar ist dies etwa mit dem Rücktritt im deutschen Strafrecht: Nach § 24 StGB kann ein Täter unter bestimmten Voraussetzungen von seiner Tat zurücktreten, indem er von der weiteren Ausführung seiner Tat Abstand nimmt; vgl. *Kühl*, Strafrecht Allgemeiner Teil, § 16 Rn. 1; *Wessels/Beulke/Satzger*, Strafrecht Allgemeiner Teil, Rn. 1002 ff.

399 Neben Kriegs- und Staatsschiffen bezieht sich Art. 102 SRÜ auch auf staatliche Luftfahrzeuge, die jedoch vorliegend nicht weiter betrachtet werden.

über das Schiff übernommen hat. In diesem Fall sind die von diesem Schiff begangenen Taten so zu behandeln, als wären sie von einem privaten Schiff verübt worden.[400]

b) Zielobjekt der Gewaltanwendung

aa) Definition eines Schiffes

Die Gewalttat muss sich gegen ein Schiff richten, wobei weder das SRÜ noch das HSÜ eine Definition des „Schiffes" enthalten.[401] In Anlehnung an andere Schiffsdefinitionen im Völkerrecht ist allerdings davon auszugehen, dass der Begriff des „Schiffes" weit auszulegen ist: Es werden alle Fahrzeuge umfasst, die sich in maritimer Umgebung auf oder unter dem Wasser bewegen.[402] Damit werden auch unkonventionelle Schiffe wie Tragflächenboote, Luftkissenfahrzeuge oder schwimmende Plattformen erfasst. Weiterhin ist es unerheblich, ob das Schiff über einen eigenen Antrieb verfügt[403] oder eine bestimmte Größe hat.[404] Nicht erfasst werden hingegen stationäre Einrichtungen wie Seekabel,[405] unbemannte Forschungsstationen oder nicht mit dem Fischereifahrzeug verbundene Fangeinrichtungen. Ebenfalls nicht vom Schutzbereich umfasst sind künstliche Inseln, Anlagen oder Bauwerke.[406]

---

400 Vgl. weitergehend zu Art. 102 SRÜ und den sich daraus ergebenden Konsequenzen etwa: *Guilfoyle* in: Proelß, UNCLOS, Art. 102 Rn. 4 ff.; *Nordquist*, UNCLOS, Bd. III, Rn. 102.6(a). Zur Bedeutung von Art. 102 SRÜ im Rahmen des Tatbestandes der Piraterie siehe noch Kapitel 2 – G. III. 1.

401 *Lagoni* in: FS Rauschning, S. 501, 515; *Geiß/Petrig*, Piracy and Armed Robbery at Sea, S. 62 f.; *H. Yang*, Jurisdiction of the Coastal State over Foreign Merchant Ships, S. 11.

402 Als Definition wurde vorgeschlagen: „‚Ship' is defined as a vessel of any type whatsoever operating in the marine environment, including hydrofoil boats, air-cushion vehicles, submersibles, floating craft and floating platforms"; *Walker/Noyes*, Cal. W. Int'l L. J. 33 (2002-2003), 191, 218. Vgl. auch *Trésoret*, Seepiraterie, S. 190.

403 *Trésoret*, Seepiraterie, S. 190.

404 *Geiß/Petrig*, Piracy and Armed Robbery at Sea, S. 62; *Lagoni* in: FS Rauschning, S. 501, 515 f.

405 *Lagoni*, Legal Aspects of Submarine HVDC Cables, S. 56 f.; *Lagoni* in: FS Rauschning, S. 501, 516.

406 *Schmahl*, AöR 136 (2011), 44, 53; *Lagoni* in: FS Rauschning, S. 501, 516. Siehe zu den Sicherheitszonen auch oben Kapitel 2 – E. I. 3. i) aa).

bb) *Ein* anderes *Schiff*

Art. 101 lit. a) sublit. i) SRÜ verlangt weiterhin, dass der Angriff gegen ein *anderes* Schiff gerichtet ist.[407] Ausgeschlossen von der Pirateriedefinition sind damit bordinterne Handlungen, die sich innerhalb eines Schiffes abspielen.[408] So stellen Meuterei oder Gewalttaten von Passagieren oder Crew untereinander keine Piraterie im Sinne der Art. 100 ff. SRÜ dar.[409] Ebenfalls nicht erfasst werden Fälle, in denen Piraten zunächst als normale Passagiere getarnt das Schiff betreten und erst danach ihre wahren Absichten zu erkennen geben.[410] Der Ausschluss bordinterner Gewalthandlungen sorgte sowohl bei der Schaffung des HSÜ als auch nach den Entführungen der *Santa Maria* im Jahr 1961 und der *Achille Lauro* im Jahr 1985 für Kontroversen.[411] Allerdings wurde der während der ersten Seerechtskonferenz geäußerte Vorschlag Chinas, durch einen Zusatz zu Art. 15 HSÜ auch das Übernehmen eines Schiffes durch sich bereits an Bord befindliche Personen zu erfassen, abgelehnt.[412] Und auch während der Beratungen zum SRÜ

---

407 Die beiden Erfordernisse, dass es sich zum einen bei dem attackierten Objekt um ein Schiff handelt und zum anderen es sich dabei um ein *anderes* Schiff handelt, die Gewalt also von außen kommt, werden in der Literatur teilweise zusammengefasst; siehe etwa *Fournier*, Der Einsatz der Streitkräfte gegen Piraterie auf See, S. 53 ff.; *Shearer*, Piracy, in: MPEPIL (Stand: Oktober 2010), Rn. 15. Als Begriff des Erfordernisses von zwei involvierten Schiffen dient teilweise der Ausdruck „Two-ship-rule", so *Trésoret*, Seepiraterie, S. 189 ff., oder „Zwei-Schiffe-Erfordernis", so *Schmahl*, AöR 136 (2011), 44, 54 f.

408 *Shearer*, Piracy, in: MPEPIL (Stand: Oktober 2010), Rn. 15; *Schmahl*, AöR 136 (2011), 44, 54; *Gosalbo-Bono/Boelaert* in: Koutrakos/Skordas (Hrsg.), The Law and Practice of Piracy at Sea, S. 81, 98; *Lagoni* in: FS Rauschning, S. 501, 517.

409 *Geiß/Petrig*, Piracy and Armed Robbery at Sea, S. 62; *Wolfrum* in: Graf Vitzthum (Hrsg.), Handbuch des Seerechts, Kap. 4 Rn. 50; *Sir Jennings/Sir Watts*, Oppenheim's International Law, Bd. I, Teil 2–4, S. 751 f.; *Kontorovich*, Am. J. Int'l L. 103 (2009), 734, 737; vgl. auch *Halberstam*, Am. J. Int'l L. 82 (1988), 269, 290.

410 *Rafii*, Hohe See, in: Schöbener (Hrsg.), Völkerrecht, S. 147 f.; *Fournier*, Der Einsatz der Streitkräfte gegen Piraterie auf See, S. 53. Ein solches Vorgehen zeigte sich bei der Entführung der *Achille Lauro;* vgl. *Alexander*, Denv. J. Int'l L. & Pol'y 19 (1990-1991), 529, 540.

411 *Treves*, Europ. J. Int'l L. 20 (2009), 399, 402; *Alexander*, Denv. J. Int'l L. & Pol'y 19 (1990-1991), 529, 563 f.; *Schmahl*, AöR 136 (2011), 44, 54.

412 *O'Connell*, The International Law of the Sea, Bd. II, S. 971; *Trésoret*, Seepiraterie, S. 192.

von 1973 bis 1982 standen andere Bereiche des Seerechts im Fokus,[413] so dass die Definition der Seepiraterie letztlich nicht geändert wurde.[414]

Folglich müssen – um den Tatbestand des Art. 101 lit. a) sublit. i) SRÜ zu erfüllen – zwei Schiffe beteiligt sein. Es ist allerdings davon auszugehen, dass ein Betreten des angegriffenen Schiffes durch Piraten nicht zwangsläufig erforderlich ist.[415] Vielmehr kann der Tatbestand auch erfüllt werden, indem die Besatzung durch die Androhung von Gewalt eingeschüchtert und zu einem bestimmten Handeln wie dem Übergeben von Ladung veranlasst wird.[416] Ein übernommenes Schiff kann indes ohne Weiteres den Tatbestand der Seepiraterie erfüllen, wenn es Handlungen vornimmt, die den Tatbestand des Art. 101 lit. a) sublit. i) SRÜ verwirklichen.[417]

II. Weitere Handlungen nach Art. 101 lit. b) und c) SRÜ

Neben dem eigentlichen Tatbestand der Piraterie in Art. 101 lit. a) SRÜ enthält das Abkommen in Art. 101 lit. b) und c) SRÜ zwei weitere Definitionen der Seeräuberei. Zu untersuchen ist, ob durch diese beiden Definitionen die Pirateriedefinition des Art. 101 lit. a) SRÜ beeinflusst wird.

1. Beteiligung nach Art. 101 lit. b) SRÜ

Nach Art. 101 lit. b) SRÜ erfüllen auch freiwillige Beteiligungshandlungen am Einsatz eines Schiffes den Tatbestand der Seeräuberei, sofern diese in Kenntnis von jenen Tatsachen stattfinden, aus denen sich ergibt, dass es sich um ein Seeräuberschiff handelt. Art. 101 lit. b) SRÜ nimmt damit Bezug auf Art. 103 SRÜ,

---

413 Vgl. *Sir Jennings/Sir Watts*, Oppenheim's International Law, Bd. I, Teil 2–4, S. 724; *Treves*, Law of the Sea, in: MPEPIL (Stand: April 2011), Rn. 19; *Shaw*, International Law, S. 411 f.

414 Kritisch zu dem Erfordernis, dass der Angriff gegen ein anderes Schiff gerichtet sein muss: *Green* in: FS Rosenne, S. 249, 271: „The definition of piracy, however, should be amended so as to remove the requirements of depredation for private ends and an attack from another vessel."

415 *Trésoret*, Seepiraterie, S. 192.

416 *Sir Jennings/Sir Watts*, Oppenheim's International Law, Bd. I, Teil 2–4, S. 752; vgl. auch *Trésoret*, Seepiraterie, S. 192.

417 *Sir Jennings/Sir Watts*, Oppenheim's International Law, Bd. I, Teil 2–4, S. 752; vgl. auch *Fournier*, Der Einsatz der Streitkräfte gegen Piraterie auf See, S. 38.

in dem die Definition eines Seeräuberschiffs festgelegt ist.[418] Folglich muss das Schiff entweder dazu bestimmt sein, zu seeräuberischen Handlungen eingesetzt zu werden oder bereits zu solchen eingesetzt worden sein. Wurde sich freiwillig und in Kenntnis der seeräuberischen Aktivitäten an dem Einsatz eines solchen Schiffes beteiligt, stellt dies nach Art. 101 lit. b) SRÜ ebenfalls Seeräuberei dar.

Weiterhin ist Art. 101 lit. b) SRÜ allerdings kein von Art. 101 lit. a) SRÜ völlig unabhängiges Delikt. Zwar wird teilweise die Frage aufgeworfen, ob Art. 101 lit. b) SRÜ eine Beteiligungsform darstellt und Art. 101 lit. a) SRÜ als Haupttat zu verstehen ist oder ob es sich bei Art. 101 lit. b) SRÜ um ein eigenständiges Delikt handelt.[419] Doch selbst wenn Art. 101 lit. b) SRÜ als eigenständiges Delikt zu verstehen ist, muss zu dessen Erfüllung eine zumindest beabsichtigte Handlung nach Art. 101 lit. a) SRÜ vorliegen. Dies ergibt sich aus der in Art. 103 SRÜ festgeschriebenen Definition eines Seeräuberschiffes, auf welche in Art. 101 lit. b) SRÜ Bezug genommen wird. In dieser Begriffsbestimmung wird festgelegt, dass das Schiff zur Begehung einer Handlung nach Art. 101 SRÜ bestimmt oder bereits benutzt wurde. Damit muss eine Handlung nach Art. 101 lit. a) SRÜ zumindest geplant sein, damit Art. 101 lit. b) SRÜ erfüllt werden kann.

Hinsichtlich der in Art. 101 lit. a) SRÜ aufgezählten Handlungen erfolgt durch Art. 101 lit. b) SRÜ daher keine Beeinflussung. Damit ändert sich nichts an dem eigentlichen Tatbestand der Piraterie des SRÜ, sondern es wird lediglich der Kreis der potentiellen Täter erweitert. Ebenfalls keine Auswirkung auf den Tatbestand der Piraterie hat die Frage, inwieweit das in Art. 101 lit. a) sublit. i) SRÜ enthaltene Erfordernis, dass die Tat auf Hoher See stattfinden muss, auch bei Art. 101 lit. b) SRÜ Anwendung findet, da auch dies lediglich auf die Tat nach

418 *Guilfoyle* in: Proelß, UNCLOS, Art. 101 Rn. 15; *Dutton*, Tul. L. Rev. 86 (2011-2012), 1111, 1122 f. Zur Definition eines Seeräuberschiffs nach Art. 103 SRÜ siehe schon Kapitel 2 – E. I. 4. a).

419 *Shnider*, N.C. J. Int'l L. & Com. Reg. 38 (2012-2013), 473, 504 f. Auswirkungen hätte dies darauf, ob eine Strafbarkeit auch ohne das Begehen einer seeräuberischen Handlung möglich ist und ob das bloße Umherfahren mit dem Ziel einer möglichen Begehung von Straftaten von Art. 101 lit. b) SRÜ erfasst wird. Vgl. zu den Konsequenzen, wenn Art. 101 lit. b) SRÜ als unselbständige Variante zu Art. 101 lit. a) SRÜ bzw. als eigenständige Handlung gesehen wird: „[…] this would include all aiders and abettors who intend the ultimate crime be committed, and accessories who intend to assist, but not those who simply are cruising for potential crimes" bzw. „[…] that encompasses all foreseeable violent offenses that might result. This would make cruising a crime of its own and all accessories to that crime would be equally punishable"; *Shnider*, N.C. J. Int'l L. & Com. Reg. 38 (2012-2013), 473, 504 f.

Art. 101 lit. b) SRÜ Auswirkungen hat, nicht aber auf die Definition der Seeräuberei nach Art. 101 lit. a) SRÜ.[420]

2. *Unterstützung nach Art. 101 lit. c) SRÜ*

Art. 101 lit. c) SRÜ legt fest, dass jede Anstiftung zu einer Handlung nach Art. 101 lit. a) oder b) SRÜ oder dessen absichtliches Erleichtern ebenfalls als Seeräuberei zu verstehen ist. Umstritten ist dabei, ob das in Art. 101 lit. a) sublit. i) und lit. a) sublit. ii) SRÜ enthaltene Erfordernis, dass die Tat auf Hoher See begangen werden muss, ebenfalls auf lit. c) SRÜ anzuwenden ist.[421] Dies bezieht sich allerdings lediglich auf eine Unterstützerhandlung nach Art. 101 lit. c) SRÜ und beeinflusst nicht die Definition der Seeräuberei des Art. 101 lit. a) SRÜ. Weiterhin muss für die Unterstützerhandlung nach Art. 101 lit. c) SRÜ ein die Tatbestände von Art. 101 lit. a) oder b) SRÜ erfüllendes Verhalten vorliegen. Folglich wird – wie auch bei Art. 101 lit. b) SRÜ[422] – der Tatbestand der Piraterie nach Art. 101 lit. a) SRÜ nicht durch Art. 101 lit. c) SRÜ beeinflusst, so dass sich der Tatbestand der Piraterie im SRÜ nicht ändert.

III. Kodifikation von Völkergewohnheitsrecht

Die Vorschriften der Pirateriedefinition des SRÜ kodifizieren im Wesentlichen Völkergewohnheitsrecht.[423] Somit binden sie nicht nur die

---

420 Zur Frage nach dem Erfordernis der Hohen See als Tatort bei Art. 101 lit. b) SRÜ: *Shnider*, N.C. J. Int'l L. & Com. Reg. 38 (2012-2013), 473, 510 f.; *Geiß/Petrig*, Piracy and Armed Robbery at Sea, S. 64 f.

421 Siehe zu diesem Erfordernis: *White*, Emory Int'l L. Rev. 27 (2013), 705, 707 ff.; *Lagoni* in: FS Rauschning, S. 501, 520; *Gottlieb*, Minn. J. Int'l L. 24 (2015), 1, 36 ff. Vgl. auch Fn. 420.

422 Siehe dazu Kapitel 2 – E. II. 1.

423 *Gosalbo-Bono/Boelaert* in: Koutrakos/Skordas (Hrsg.), The Law and Practice of Piracy at Sea, S. 81, 97 f.; *v. Arnauld*, AVR 47 (2009), 454, 455 f.; *Guilfoyle*, Shipping Interdiction, S. 30; *Crawford*, Brownlie's Principles of Public International Law, S. 286; *Tanaka*, International Law of the Sea, S. 453; *Geiß/Petrig*, Piracy and Armed Robbery at Sea, S. 41; *Schmahl*, AöR 136 (2011), 44, 52; *Bahar*, Vand. J. Transnat'l L. 40 (2007), 1, 25; *Shnider*, N.C. J. Int'l L. & Com. Reg. 38 (2012-2013), 473, 496; *Dahm/Delbrück/Wolfrum*, Völkerrecht, Bd. I/2, § 119 II. 1. Einige Autoren äußern allerdings auch – teils erhebliche – Kritik an den Vorschriften: „The piracy provisions of UNCLOS are not working"; *Murphy* in: Lehr (Hrsg.), Violence at Sea, S. 155, 172; „[...] are incomprehensible and codify nothing"; *Rubin*, The Law of Piracy, S. 344. Noch zu Art. 15 HSÜ: „Because of its elliptical nature, Article 15 is one of the least successful essays in codification of the Law of the Sea [...]"; *O'Connell*, The International Law of the

Vertragsstaaten,[424] sondern haben darüber hinaus auch universelle Geltung für alle anderen Staaten.[425] Daneben gibt es auch einige Staaten, die zwar dem HSÜ beigetreten sind, nicht aber dem SRÜ. Für diese Staaten ergibt sich – neben der völkergewohnheitsrechtlichen Geltung – weiterhin eine Bindung an die Piraterievorschriften des HSÜ.[426] Da die Vorschriften des HSÜ nahezu identisch mit jenen des SRÜ sind, resultieren auch hieraus allerdings keine inhaltlichen Abweichungen.[427]

F. *Übereinkommen zur Bekämpfung widerrechtlicher Handlungen gegen die Sicherheit der Seeschiffahrt* von 1988

I. Entstehungsgeschichte

Die Entführung der *Achille Lauro* am 7. Oktober 1985[428] veranlasste die Staaten, sich Gedanken über terroristische Bedrohungen auf dem Meer zu machen.[429]

Sea, Bd. II, S. 970. Zusammenfassend dazu: *Trésoret*, Seepiraterie, S. 213 ff. Weiterhin handelt es sich bei dem Tatbestand der Seepiraterie um das erste völkerrechtliche Delikt, welches das Verhalten von Individuen betrifft; vgl. *Shearer*, Piracy, in: MPEPIL (Stand: Oktober 2010), Rn. 1; *Trésoret*, Seepiraterie, S. 166 f.; vgl. auch *Bahar*, Vand. J. Transnat'l L. 40 (2007), 1, 11.

424 Derzeit hat das SRÜ 168 Vertragsstaaten; https://treaties.un.org/doc/Publication/MTDSG/Volume%20II/Chapter%20XXI/XXI-6.en.pdf (zuletzt abgerufen am 26. März 2020).

425 *Schmahl*, AöR 136 (2011), 44, 52. Nicht dem SRÜ beigetreten sind z.B. die Vereinigten Staaten von Amerika, vgl. dazu auch Fn. 254. Keine Vertragsstaaten sind weiterhin z.B. die Türkei oder Venezuela.

426 Vgl. *v. Arnauld*, AVR 47 (2009), 454, 455; *Shaw*, International Law, S. 412; *Kelly*, Minn. L. Rev. 95 (2011), 2285, 2296.

427 Zu den inhaltlichen Übereinstimmungen hinsichtlich der Piraterievorschriften von HSÜ und SRÜ siehe bereits Kapitel 2 – E., insbes. Fn. 257.

428 Das italienische Kreuzfahrtschiff *Achille Lauro* wurde am 7. Oktober 1985 im Mittelmeer von palästinensischen Terroristen entführt, um die Freilassung von 51 Palästinensern zu erreichen, die in Israel inhaftiert waren; Mehr als 400 Menschen auf der „Achille Lauro" in der Gewalt von Terroristen, Frankfurter Allgemeine Zeitung v. 9. Oktober 1985, S. 1 f. Siehe auch *McGinley*, Tenn. L. Rev. 52 (1985), 691, 691 ff.

429 *Halberstam*, Am. J. Int'l L. 82 (1988), 269, 270; *Alexander*, Denv. J. Int'l L. & Pol'y 19 (1990-1991), 529, 563; *Freestone*, Int'l J. Estuarine & Coastal L. 3 (1988), 305, 306. Allgemein zum Hintergrund der SUA-Konvention: *Jesus*, Int'l J. Marine & Coastal L. 18 (2003), 363, 388 f.; *Tiribelli*, Or. Rev. Int'l L. 8 (2006), 133, 138 ff.; *Treves* in: Ronzitti

Die Generalversammlung der Vereinten Nationen thematisierte den zunehmenden Terrorismus[430] und auch in dem Bericht des Generalsekretärs finden sich entsprechende Erklärungen.[431] Die *International Maritime Organization* (IMO)[432] fasste im November 1985 ebenfalls eine Resolution, die Maßnahmen zur Verhinderung von unrechtmäßigen Akten zum Inhalt hat, welche die Sicherheit von Schiffen und die der Passagiere und der Crew bedrohen.[433]

Auf die Initiative Italiens und unterstützt von Ägypten und Österreich machten diese drei Länder im November 1986 den Vorschlag, unter der Federführung der IMO ein Übereinkommen gegen maritimen Terrorismus zu schaffen.[434] Ein entsprechender Entwurf, der sich maßgeblich an dem bereits bestehenden *Übereinkommen zur Bekämpfung der widerrechtlichen Inbesitznahme von Luftfahrzeugen*,[435] dem *Übereinkommen zur Bekämpfung widerrechtlicher Handlungen*

(Hrsg.), Maritime Terrorism and International Law, S. 69, 69; *Mbiah* in: Mukherjee/Mejia, Jr./Gauci (Hrsg.), Maritime violence and other security issues at sea, S. 193, 193 f.

430 Siehe die entsprechende Resolution der UN-Generalversammlung; UN, Measures to prevent international terrorism which endangers or takes innocent human lives or jeopardizes fundamental freedoms and study of the underlying causes of those forms of terrorism and acts of violence which lie in misery, frustration, grievance and despair and which cause some people to sacrifice human lives, including their own, in an attempt to effect radical changes: Resolution, adopted by the General Assembly, A/RES/40/61 (9. Dezember 1985).

431 Siehe der Bericht des UN-Generalsekretärs vom 5. November 1987; UN, Law of the Sea: Report of the Secretary-General, UN A/42/688 (5. November 1987), para. 30 ff. Vgl. auch *Freestone*, Int'l J. Estuarine & Coastal L. 3 (1988), 305, 306.

432 Bei der IMO handelt es sich um eine Sonderorganisation der Vereinten Nationen, die sich vor allem mit der Sicherheit der Seeschifffahrt und dem maritimen Umweltschutz beschäftigt. Vgl. etwa *Herdegen*, Völkerrecht, § 42 Rn. 1 f.; *Mensah*, International Maritime Organization, in: MPEPIL (Stand: April 2011), Rn. 1, 19 ff. und 23 ff. Allgemein zur Entstehung und dem Aufbau der IMO: *Mankabady* in: Mankabady (Hrsg.), The International Maritime Organisation, S. 2, 2 ff.; *Hinz* in: Ehlers/Erbguth (Hrsg.), Tätigkeit und Wirken der Internationalen Seeschiffahrts-Organisation, S. 15, 15 ff.

433 IMO, Resolution A.584(14) v. 20. November 1985, Measures to Prevent Unlawful Acts which Threaten the Safety of Ships and the Security of their Passengers and Crews, Res. A.584(14). Vgl. auch *Tuerk*, U. Miami Int'l & Comp. L. Rev. 15 (2007-2008), 337, 339; *Mensah*, International Maritime Organization, in: MPEPIL (Stand: April 2011), Rn. 34; *Balkin*, Tul. Mar. L. J. 30 (2006), 1, 5.

434 *Halberstam*, Am. J. Int'l L. 82 (1988), 269, 291; *H. G. Hesse*, Int'l J. Marine & Coastal L. 18 (2003), 327, 328.

435 Übereinkommen zur Bekämpfung der widerrechtlichen Inbesitznahme von Luftfahrzeugen v. 16. Dezember 1970, BGBl. 1972 II S. 1505, 1506.

gegen die Sicherheit der Zivilluftfahrt[436] sowie dem *Internationalen Übereinkommen gegen Geiselnahme* der Vereinten Nationen[437] orientierte, wurde im November 1986 der IMO überreicht.[438] Auf einer Konferenz im November 1986 wurde einstimmig beschlossen, dass aufgrund der Dringlichkeit des Themas ein *Ad Hoc Preparatory Committee* eingerichtet wird, welches allen Mitgliedstaaten offen steht und den Entwurf Italiens, Ägyptens und Österreichs als Grundlage übernimmt.[439] Schon im März 1988 einigten sich die Staaten auf einer Konferenz in Rom.[440] Das Ergebnis dieser Beratungen stellt das *Übereinkommen zur Bekämpfung widerrechtlicher Handlungen gegen die Sicherheit der Seeschiffahrt* (SUA-Konvention)[441] aus dem Jahr 1988 dar.[442]

II. Tatbestand des Art. 3 SUA-Konvention

Im Vergleich zu den die Seeräuberei betreffenden Vorschriften des SRÜ ist der Anwendungsbereich der SUA-Konvention in den meisten Teilen weiter, in wenigen Bereichen aber auch enger.[443] Daneben wird deutlich, dass sich die SUA-Konvention im Gegensatz zum SRÜ an einem konkreten Vorfall, nämlich der

---

436 Übereinkommen zur Bekämpfung widerrechtlicher Handlungen gegen die Sicherheit der Zivilluftfahrt v. 23. September 1971, BGBl. 1977 II S. 1229, 1230.

437 Internationales Übereinkommen gegen Geiselnahme v. 18. Dezember 1979, BGBl. 1980 II S. 1361, 1362.

438 *H. G. Hesse*, Int'l J. Marine & Coastal L. 18 (2003), 327, 328; *Halberstam*, Am. J. Int'l L. 82 (1988), 269, 291; *Tuerk*, U. Miami Int'l & Comp. L. Rev. 15 (2007-2008), 337, 344. Zum Vergleich dieser Konventionen mit der SUA-Konvention siehe auch: *Treves* in: Ronzitti (Hrsg.), Maritime Terrorism and International Law, S. 69, 77 ff.

439 *Treves* in: Ronzitti (Hrsg.), Maritime Terrorism and International Law, S. 69, 69 f.; *Halberstam*, Am. J. Int'l L. 82 (1988), 269, 291 f.

440 *Mensah* in: FS Eitel, S. 627, 629; *Lambert*, Terrorism and Hostages in International Law, S. 52 f.; *Balkin*, Tul. Mar. L. J. 30 (2006), 1, 7 f.

441 Übereinkommen zur Bekämpfung widerrechtlicher Handlungen gegen die Sicherheit der Seeschiffahrt v. 10. März 1988, BGBl. 1990 II S. 494, 496. Teilweise wird in der Literatur dieses Konvention auch als *Rom-Übereinkommen (RomÜ)* oder *Rome Convention* bezeichnet: *Lagoni* in: FS Rauschning, S. 501, 525; *Murphy* in: Lehr (Hrsg.), Violence at Sea, S. 155, 164; *Wolfrum* in: Nordquist/et al. (Hrsg.), Legal Challenges in Maritime Security, S. 3, 5; *Tiribelli*, Or. Rev. Int'l L. 8 (2006), 133, 134 f.

442 *Treves*, Sing. J. Int'l & Comp. L. 2 (1998), 541, 543; *Klein*, Denv. J. Int'l L. & Pol'y 35 (2006-2007), 287, 287. Zusammenfassend zur Entstehung der SUA-Konvention: *Treves* in: Ronzitti (Hrsg.), Maritime Terrorism and International Law, S. 69, 69 f.; *Balkin*, Tul. Mar. L. J. 30 (2006), 1, 6 ff.

443 *Trésoret*, Seepiraterie, S. 308; vgl. auch *Lagoni* in: FS Rauschning, S. 501, 526.

Entführung der *Achille Lauro*, orientiert und damit die entsprechenden Tatbestände genauer beschreibt.[444]

1. Erfasste Handlungen nach Art. 3 Abs. 1 SUA-Konvention

Im Gegensatz zum SRÜ bzw. HSÜ enthält die SUA-Konvention in Art. 3 Abs. 1 eine detaillierte Auflistung von Handlungen, die eine Straftat im Sinne der SUA-Konvention darstellen.[445] Dabei muss mit Ausnahme der in Art. 3 Abs. 1 lit. a) und g) SUA-Konvention aufgezählten Tathandlungen allerdings hinzukommen, dass die Handlung „geeignet ist, die sichere Führung des Schiffes zu gefährden"[446] bzw. „die sichere Führung des Schiffes gefährdet."[447] Daraus ergibt sich, dass bei der Tatausführung eine bestimmte Schwelle der Gewaltanwendung überschritten sein muss, damit einer der Tatbestände des Art. 3 Abs. 1 SUA-Konvention erfüllt wird.[448] Art. 3 Abs. 2 SUA-Konvention beschäftigt sich mit dem Versuch der in Abs. 1 genannten Taten, Art. 3 Abs. 2 lit. a) SUA-Konvention, so wie der Anstiftung zu denselben, Art. 3 Abs. 2 lit. b) SUA-Konvention. Schließlich begründet Art. 3 Abs. 2 lit. c) SUA-Konvention eine Strafbarkeit für jemanden, der droht, bestimmte Handlungen nach Art. 3 Abs. 1 SUA-Konvention zu begehen.

2. *Definition des Begriffes* Schiff

Art. 1 SUA-Konvention gibt eine Definition des „Schiffes":[449] Danach ist unter einem Schiff ein Wasserfahrzeug jeder Art zu verstehen, sofern es nicht dauerhaft am Meeresboden befestigt ist. Erfasst werden auch Fahrzeuge mit dynamischem Auftrieb, Unterwassergeräte und anderes schwimmendes Gerät. Keine Anwendung findet die Konvention auf Kriegsschiffe und andere hoheitliche

---

444 Vgl. *Ragni*, Achille Lauro Affair (1985), in: MPEPIL (Stand: Juni 2009), Rn. 29. Vgl. auch *Treves:* „This provision is directly linked to the most revolting aspect of the *Achille Lauro* case [...]" und „This has happened in the *Achille Lauro* case also [...]"; *Treves* in: Ronzitti (Hrsg.), Maritime Terrorism and International Law, S. 69, 78 und 79.

445 Eine Aufzählung möglicher Handlungen, die einzelne Tatbestände des Art. 3 Abs. 1 SUA erfüllen, findet sich bei: *Trésoret*, Seepiraterie, S. 308.

446 Vgl. Art. 3 Abs. 1 lit. b) bis e) SUA-Konvention.

447 Vgl. Art. 3 Abs. 1 lit. d) und f) SUA-Konvention.

448 Vgl. *Trésoret*, Seepiraterie, S. 308.

449 Vertiefend zu der Schiffsdefinition der SUA-Konvention: *Treves* in: Ronzitti (Hrsg.), Maritime Terrorism and International Law, S. 69, 72 f.

Schiffe, Art. 2 Abs. 1 lit. a) und b) SUA-Konvention. Daneben bleibt auch die Immunität dieser Schiffe unberührt, Art. 2 Abs. 2 SUA-Konvention.[450]

3. *Keine* Two-ship-Rule

Unter den Tatbestand fallen – mangels einer der *Two-ship-Rule* des SRÜ bzw. HSÜ entsprechenden Regelung – auch bordinterne Gewalttaten, bei denen Passagiere bzw. Crewmitglieder Handlungen vornehmen, sofern sie die Voraussetzungen des Art. 3 SUA-Konvention erfüllen.[451] Ausgenommen sind allerdings Handlungen der Besatzung, die „der üblichen Borddisziplin unterliegen."[452]

4. *Merkmale der Widerrechtlichkeit und Vorsätzlichkeit*

Weiterhin muss die Tat „widerrechtlich und vorsätzlich" begangen werden, Art. 3 Abs. 1 SUA-Konvention. Es ist davon auszugehen, dass darin ein Verweis in die nationale Rechtsordnung des den Täter vor Gericht stellenden Staates zu sehen ist, insbesondere hinsichtlich der Rechtfertigungsgründe.[453] Für einen solchen Verweis spricht, dass durch Art. 6 SUA-Konvention jener Staat für eine Verurteilung zuständig ist, zu dem eine Beziehung seitens der Tat besteht.[454] Daneben sind die Vertragsstaaten dazu verpflichtet, in ihren nationalen Rechtsordnungen entsprechende Tatbestände zur Ahndung der in Art. 3

---

450 *Treves*, Sing. J. Int'l & Comp. L. 2 (1998), 541, 547 f.; *Dahm/Delbrück/Wolfrum*, Völkerrecht, Bd. I/2, § 119 III. 1.

451 *Trésoret*, Seepiraterie, S. 309; vgl. auch *Schmahl*, AöR 136 (2011), 44, 54 f.

452 Siehe Erwägungsgrund Nr. 11 der SUA-Konvention; vgl. auch *Lagoni* in: FS Rauschning, S. 501, 526 f.

453 Dieser Verweis findet in der Literatur wenig Beachtung. *Lagoni* führt dazu ohne weitere Begründung aus, dass die „Rechtfertigungsgründe [...] hier im Unterschied zu Art. 101 a) SRÜ [...] nur das innerstaatliche Recht [betreffen]"; *Lagoni* in: FS Rauschning, S. 501, 526 Fn. 129. *Trésoret* ist ebenfalls der Auffassung, dass sich einer wohl überwiegenden Ansicht folgend „die Rechtswidrigkeit der Tat im Rahmen der SUA-Konvention in erster Linie nach innerstaatlichem Recht [richtet]"; *Trésoret*, Seepiraterie, S. 309, eine nähere Begründung erfolgt jedoch ebenfalls nicht. Auch keine Erwähnung findet die Frage bei *Mensah* in: FS Eitel, S. 627, 630 f.; *Treves*, Sing. J. Int'l & Comp. L. 2 (1998), 541, 544; *Lambert*, Terrorism and Hostages in International Law, S. 53.

454 Namentlich genannt werden in Art. 6 SUA-Konvention das Flaggenstaatsprinzip, das Territorialitätsprinzip, das Personalitätsprinzip, das Prinzip des ständigen Aufenthalts, das passive Personalitätsprinzip bzw. das Schutzprinzip; vgl. *Lagoni* in: FS Rauschning, S. 501, 527; *Freestone*, Int'l J. Estuarine & Coastal L. 3 (1988), 305, 310.

SUA-Konvention genannten Straftaten zu schaffen, Art. 5 SUA-Konvention.[455] Da die SUA-Konvention selbst keine Rechtfertigungsgründe und keine Definition der Vorsätzlichkeit enthält, spricht die Erwähnung dieser beiden Merkmale für einen solchen Verweis.

5. *Territorialer Anwendungsbereich*

Daneben erstreckt sich der räumliche Anwendungsbereich der SUA-Konvention auch auf die Küstengewässer, innere Gewässer sowie Archipelgewässer und ist – anders als beim SRÜ und HSÜ – nicht auf die Hohe See, die ausschließliche Wirtschaftszone sowie die Anschlusszone beschränkt.[456] Allerdings besteht dieser umfängliche räumliche Geltungsbereich nicht voraussetzungslos: Art. 4 Abs. 1 SUA-Konvention stellt das Erfordernis auf, dass die Route des Schiffes einen Bezug zu den Gewässern außerhalb des Küstenmeeres hat. Dieses wird erfüllt, wenn das Schiff von außerhalb des Küstenmeeres in das Küstenmeer oder weiter innen liegende Gewässer einfährt, aus dem Küstenmeer oder weiter innen liegenden Gewässern über die seewärtige Grenze des Küstenmeer hinausfährt oder wenn es das Küstenmeer oder weiter innen liegende Gewässer durchfährt. Diesen Voraussetzungen steht es gleich, wenn der Fahrplan des Schiffes ein solch zuvor beschriebenes Ein-, Aus- oder Durchfahren von Gewässern vorsieht.[457] Letztlich nimmt diese komplizierte Formulierung des Art. 4 Abs. 1 SUA-Konvention lediglich den rein innerstaatlichen Schiffsverkehr aus dem Anwendungsbereich.[458]

---

455 Darin ist auch der wesentliche Unterschied zum SRÜ zu sehen, bei dem ein Verweis auf die nationalen Rechtsordnungen hinsichtlich der Rechtfertigungsgründe ausgeschlossen ist; siehe dazu bereits oben Kapitel 2 – E. I. 2. b). Im Gegensatz zum SRÜ besteht in der SUA-Konvention eine eindeutige Pflicht der Vertragsstaaten, entsprechende Tatbestände in ihren nationalen Rechtsordnungen zu schaffen, Art. 5 SUA-Konvention, und die Zuständigkeit ihrer Gerichte zu begründen, Art. 6 SUA-Konvention. Damit ist bei der SUA-Konvention die Bindung an die nationalen Vorschriften der einzelnen Staaten deutlich enger als beim SRÜ. Beim HSÜ – in welchem die später ins SRÜ übernommenen Normen hinsichtlich der Seeräuberei erarbeitet wurden – war es den Staaten vor allem ein Anliegen, einen einheitlichen Tatbestand der Seepiraterie zu schaffen, der möglichst universelle Geltung für sich beanspruchen kann.

456 *Stiles*, Suffolk Transnat'l L. Rev. 27 (2003-2004), 299, 311; *Lagoni* in: FS Rauschning, S. 501, 527; *Murphy* in: Lehr (Hrsg.), Violence at Sea, S. 155, 164 f. Siehe vertiefend: *Treves* in: Ronzitti (Hrsg.), Maritime Terrorism and International Law, S. 69, 73 ff.

457 Die Bestimmung des Fahrplans kann allerdings mitunter schwierig sein; *Treves*, Sing. J. Int'l & Comp. L. 2 (1998), 541, 546.

458 Vgl. *Trésoret*, Seepiraterie, S. 307 f.; *Balkin*, Tul. Mar. L. J. 30 (2006), 1, 9; *Dahm/Delbrück/Wolfrum*, Völkerrecht, Bd. I/2, § 119 III. 1.; *Balkin*, Tul. Mar. L. J. 30 (2006), 1, 9.

6. *Keine Einschränkung bzgl. der Motivation des Täters*

Auch an die Motivation des Täters werden bei der SUA-Konvention weniger Anforderungen gestellt. Im Gegensatz zum SRÜ bzw. HSÜ erfolgt in der SUA-Konvention keine Einschränkung auf zu privaten Zwecken erfolgte Taten. Damit werden auch politisch oder religiös motivierte Taten erfasst.[459] Gleichzeitig ist es aber auch keine Voraussetzung, dass die Tat zwingend einen terroristischen Hintergrund hat.[460] Zwar gaben terroristische Handlungen den Anstoß zur Schaffung der SUA-Konvention, indes enthält aber der Text dieser Konvention keine Erwähnung einer explizit terroristischen Motivation.[461] Außerdem fallen staatliche bzw. staatlich autorisierte Taten nicht unter die SUA-Konvention.[462] Daneben findet die SUA-Konvention keine Anwendung bei Angriffen auf Kriegsschiffe oder Staatsschiffe, Art. 2 Abs. 1 SUA-Konvention.[463]

III. Verhältnis der SUA-Konvention zum *Seerechtsübereinkommen der Vereinten Nationen* bzw. *Genfer Übereinkommen über die Hohe See*

Geschaffen wurde die SUA-Konvention ursprünglich im Hinblick auf die zunehmende terroristische Bedrohung der Seeschifffahrt.[464] Damit ist zu überlegen, ob auch Piraterie von ihr erfasst werden kann oder ob diese von vornherein aus dem Anwendungsbereich der SUA-Konvention fällt.

---

459 *Trésoret*, Seepiraterie, S. 308 f.; *Peppetti*, Naval L. Rev. 55 (2008), 73, 94. Vgl. zum Ausschluss terroristischer Akte im SRÜ und HSÜ: *Burgess*, U. Miami Int'l & Comp. L. Rev. 13 (2005-2006), 293, 320; *Karim*, N.Z. U. L. Rev. 26 (2014), 82, 92 ff.

460 Vgl. *Beckman*, Ocean Dev. & Int'l L. 33 (2002), 317, 330.

461 Vgl. *Beckman*, Ocean Dev. & Int'l L. 33 (2002), 317, 330; vgl. auch *MacDonald*, Int'l J. Marine & Coastal L. 28 (2013), 485, 490.

462 *Trésoret*, Seepiraterie, S. 308. Ausführlich dazu: *Treves* in: Ronzitti (Hrsg.), Maritime Terrorism and International Law, S. 69, 83 ff. Vgl. auch *Tiribelli*, Or. Rev. Int'l L. 8 (2006), 133, 150: „It [die SUA-Konvention] does not deal with offences that might be committed by Governments or State-sponsored terrorism."

463 Vgl. auch *Geiß/Petrig*, Piracy and Armed Robbery at Sea, S. 154 Fn. 631; *Treves* in: Ronzitti (Hrsg.), Maritime Terrorism and International Law, S. 69, 73.

464 Vgl. oben Kapitel 2 – F. I.

1. *Ausrichtung der SUA-Konvention auf die Terrorismusbekämpfung*

Teilweise werden einige Vorschriften als eindeutig „terrorism-tailored“[465] bezeichnet und es wird ihnen keine große Bedeutung im Kontext von Seepiraterie beigemessen.[466] Auch die Erwägungsgründe zur SUA-Konvention sprechen zunächst für ein vor allem den Terrorismus im Blick habendes Übereinkommen: Dort wird mehrfach auf die Resolution 40/61 der Generalversammlung der Vereinten Nationen[467] Bezug genommen, die nach der Entführung der *Achille Lauro* im November 1985 verabschiedet wurde.[468] Diese Resolution hat maßgeblich die Entwicklungen des internationalen Terrorismus zum Inhalt.[469] Und auch das *Internationale Übereinkommen gegen Geiselnahme*, das unter anderem als Vorbild für die SUA-Konvention diente,[470] entstand vor allem im Hinblick auf den zunehmenden Terrorismus in den 1970er Jahren.[471]

---

465 *Geiß/Petrig*, Piracy and Armed Robbery at Sea, S. 153, als Beispiel nennen die Autoren Art. 3 Abs. 1 lit. d), e) und f) SUA-Konvention. Vgl. auch *Evans* in: Evans (Hrsg.), International Law, S. 654.

466 *Geiß/Petrig*, Piracy and Armed Robbery at Sea, S. 153. Im Gegensatz dazu *MacDonald*: „It is interesting that although SUA was created because maritime terrorism could not be treated as piracy, SUA is now being used to combat piracy“; *MacDonald*, Int’l J. Marine & Coastal L. 28 (2013), 485, 490.

467 UN, Measures to prevent international terrorism which endangers or takes innocent human lives or jeopardizes fundamental freedoms and study of the underlying causes of those forms of terrorism and acts of violence which lie in misery, frustration, grievance and despair and which cause some people to sacrifice human lives, including their own, in an attempt to effect radical changes: Resolution, adopted by the General Assembly, A/RES/40/61 (9. Dezember 1985).

468 Vgl. die Erwägungsgründe Nr. 7, 8 und 9 der SUA-Konvention.

469 Vgl. den Titel der Resolution: „Measure to prevent *international terrorism* which […]“ oder den Erwägungsgrund Nr. 11: „[…] that in recent years *terrorism* has taken on forms that have […]“; UN, Measures to prevent international terrorism which endangers or takes innocent human lives or jeopardizes fundamental freedoms and study of the underlying causes of those forms of terrorism and acts of violence which lie in misery, frustration, grievance and despair and which cause some people to sacrifice human lives, including their own, in an attempt to effect radical changes: Resolution, adopted by the General Assembly, A/RES/40/61 (9. Dezember 1985) (*Hervorhebungen* durch den Verfasser). Vgl. auch *Lagoni* in: FS Rauschning, S. 501, 525 Fn. 126.

470 Dazu oben Kapitel 2 – F. I.

471 Vgl. *Blumenau*, The United Nations and Terrorism, S. 122 ff. Nachhaltig beeinflusst wurden die Beratungen auch durch die Entführung der *Landshut* im Oktober 1977; vgl. *Blumenau*, The United Nations and Terrorism, S. 173 f. Vgl. zu dieser Flugzeugentführung auch noch Fn. 512.

2. *Einbeziehung von seeräuberischen Handlungen*

Dennoch stehen die SUA-Konvention und das SRÜ bzw. HSÜ nicht unabhängig nebeneinander. Aus der zugrunde liegenden Resolution der IMO ergibt sich, dass neben anderen illegalen Handlungen gegen die Seeschifffahrt auch explizit die Piraterie während der Beratungen für die SUA-Konvention Beachtung fand.[472] Die Resolution der Vereinten Nationen, die den Einsatz von Seestreitkräften vor der Küste Somalias zur Bekämpfung der Piraterie zum Inhalt hat, geht ebenfalls von einer Anwendung der SUA-Konvention auf Piraterie aus.[473] Die Regierung Deutschlands teilte die Auffassung, dass

> „[d]as Übereinkommen [...] unter anderem als ein Beitrag zur Ausfüllung der in Artikel 14 des Hohe-See-Übereinkommens enthaltenen Verpflichtung zur zwischenstaatlichen Zusammenarbeit bei der Unterdrückung der Seeräuberei angesehen werden [kann]."[474]

Damit kann angenommen werden, dass auch Deutschland von der Anwendbarkeit der SUA-Konvention auf Piraterie ausgeht.

---

472 Siehe den Wortlaut der Resolution der IMO: „[...] the danger to passengers and crews resulting from the increasing numbers of incidents *involving piracy*, armed robbery [...]"; IMO, Resolution A.584(14) v. 20. November 1985, Measures to Prevent Unlawful Acts which Threaten the Safety of Ships and the Security of their Passengers and Crews, Res. A.584(14) (*Hervorhebung* durch den Verfasser). Vgl. auch *Balkin*, Tul. Mar. L. J. 30 (2006), 1, 5.

473 „*Noting* with concern that the lack of capacity, domestic legislation, and clarity about how to dispose of pirates after their capture, [...] and *reiterating* that the 1988 Convention for the Suppression of Unlawful Acts Against the Safety of Maritime Navigation (‚SUA Convention') provides for parties to create criminal offences, establish jurisdiction, and [...]"; UN, Security Council Resolution 1851 (2008) [on Fight against Piracy and Armed Robbery at Sea off the Coast of Somalia], S/RES/1851 (16. Dezember 2008) (*Hervorhebungen* im Original).

474 Gesetzesentwurf der Bundesregierung zu dem Übereinkommen vom 10. März 1988 zur Bekämpfung widerrechtlicher Handlungen gegen die Sicherheit der Seeschiffahrt und zum Protokoll vom 10. März 1988 zur Bekämpfung widerrechtlicher Handlungen gegen die Sicherheit fester Plattformen, die sich auf dem Festlandsockel befinden, BT-Drs. 11/4946, S. 25; vgl. auch *Trésoret*, Seepiraterie, S. 305.

3. *Ergebnis*

Die SUA-Konvention steht neben den Regelungen zur Pirateriebekämpfung.[475] Beide Tatbestände schließen einander nicht aus, so dass dieselben Handlungen den Tatbestand sowohl des SRÜ als auch der SUA-Konvention erfüllen können.[476]

IV. SUA-Protokoll von 2005

Erweitert wurde die SUA-Konvention im Jahr 2005 durch das SUA-Protokoll von 2005.[477] Hervorzuheben sind vor allem die erweiterten Handlungsalternativen, die in den Art. 3bis, 3ter und 3quater normiert werden. Neben dem Transport bzw. Einsatz von biologischen, chemischen oder radioaktiven Waffen wird nun in Art. 3bis Abs. 1 lit. a) sublit. iii) SUA-Konvention 2005 auch das Verwenden eines Schiffes selbst als Waffe erwähnt.[478]

Wie schon bei der SUA-Konvention im Jahr 1988 stand auch bei der Erweiterung im Jahr 2005 der Terrorismus im Blickpunkt.[479] Das SUA-Protokoll 2005 hat bislang 50 Vertragsstaaten,[480] so dass der Kreis der Vertragsstaaten nicht sehr weitgehend ist. Im Hinblick auf die Bekämpfung der Piraterie gelten auch für die erweiterte SUA-Konvention die bereits gemachten Feststellungen.[481]

---

475 *Lagoni* in: FS Rauschning, S. 501, 525.

476 *Tuerk*, U. Miami Int'l & Comp. L. Rev. 15 (2007-2008), 337, 345. So auch *Trésoret*, Seepiraterie, S. 305. Vgl. auch *Wambua*, WMU J. Mar. Aff. 11 (2012), 95, 100. Im Hinblick auf maritimen Terrorismus ist allerdings zu bedenken, dass solche Akte regelmäßig nicht den Tatbestand der Piraterie erfüllen; vgl. *Tiribelli*, Or. Rev. Int'l L. 8 (2006), 133, 137 f. Siehe zur Abgrenzung auch noch sogleich Kapitel 2 – G.

477 IMO, Protocol of 2005 to the Convention for the Suppression of Unlawful Acts Against the Safety of Maritime Navigation, Text adopted by the Conference, LEG/CONF.15/21 (1. November 2005).

478 Vgl. *Balkin*, Tul. Mar. L. J. 30 (2006), 1, 26. Die Idee des Verwendens von Schiffen als Waffe wurde erst nach den Anschlägen vom 11. September 2001 ernsthaft in Betracht gezogen; vgl. *MacDonald*, Int'l J. Marine & Coastal L. 28 (2013), 485, 493.

479 Vgl. *MacDonald*, Int'l J. Marine & Coastal L. 28 (2013), 485, 485 f. und 493 f.; *Balkin*, Tul. Mar. L. J. 30 (2006), 1, 22 ff.; *Tuerk*, U. Miami Int'l & Comp. L. Rev. 15 (2007-2008), 337, 354 ff.

480 IMO, Status of IMO Treaties (Stand: 17. März 2020) (http://www.imo.org/en/About/Conventions/StatusOfConventions/Documents/Status%20-%202020.pdf [zuletzt abgerufen am 26. März 2020]), S. 451.

481 Zusammenfassend zum Inhalt des SUA-Protokolls 2005: *Trésoret*, Seepiraterie, S. 315 ff.

G. Abgrenzung zwischen Piraterie und Terrorismus

Schließlich muss geprüft werden, ob terroristisches Handeln von den Art. 100 ff. SRÜ erfasst wird. Ihren Ausgangspunkt findet diese Problematik in dem Erfordernis, dass die Tat „zu privaten Zwecken" begangen werden muss, Art. 101 lit. a) SRÜ.[482]

I. Auseinandersetzung vor der ersten Kodifikation

Bereits zu Zeiten der Kodifikationsversuche Anfang des 20. Jahrhunderts war umstritten, ob und inwieweit maritime Terroristen von den Regeln zur Piraterie erfasst werden.[483] Während die Beratungsprotokolle zur *Draft Convention on Piracy*[484] keine klare Antwort geben, ob rein politische Taten von ihr erfasst werden sollen,[485] wurden im Rahmen von Diskussionen des Völkerbundes über Seeräuberei verschiedene Vorschläge zur Abgrenzung erwogen. Ein Vorschlag sah vor, dass rein politisch motivierte Taten keine Piraterie darstellen sollten. Daneben sollten weiterhin Handlungen von Aufständischen zumindest von unbeteiligten Staaten nicht als Piraterie eingeordnet werden, auch wenn der angegriffene Staat eine solche Einordnung vornimmt.[486]

II. Konflikt während der Beratungen zum *Genfer Übereinkommen über die Hohe See*

Während der Beratungen zum HSÜ sprachen sich insbesondere die damaligen Ostblockstaaten dafür aus, den Tatbestand auf politisch motivierte Akte auszuweiten.[487] Der Delegierte der Ukrainischen Sozialistischen Sowjetrepublik bezeichnete den Definitionsentwurf, der politisch motivierte Handlungen nicht erfasste, als anachronistisch.[488] Seitens der Tschechoslowakischen Sozialistischen

---

482 Art. 101 lit. a) SRÜ: „[...] committed for *private ends* [...]" (*Hervorhebung* durch den Verfasser).

483 Vgl. *Geiß/Petrig*, Piracy and Armed Robbery at Sea, S. 61; *Münchau*, Terrorismus auf See, S. 102 ff.

484 *Draft Convention on Piracy* der Harvard Law School (1932); siehe dazu bereits oben Kapitel 2 - C. III.

485 *Karim*, N.Z. U. L. Rev. 26 (2014), 82, 91; vgl. auch Am. J. Int'l L. Sup. 26 (1932), 739, Art. 16 - Comment, S. 857.

486 *Karim*, N.Z. U. L. Rev. 26 (2014), 82, 91.

487 Vgl. *Sattler*, Die Piraterie im modernen Seerecht, S. 407.

488 UN, United Nations Conference on the Law of the Sea, Vol. IV, Second Committee (High seas : general régime), A/CONF.13/40 (24. Februar bis 27. April 1958),

Republik wurde bemerkt, dass der Entwurf nicht mit den bestehenden Regeln des Völkerrechts vereinbar sei und fälschlicherweise Angriffe in Territorialgewässern nicht erfasse.[489] Der größte Fehler sei jedoch die Ausnahme von politisch motivierten Handlungen, denn so sei der Definitionsentwurf „[...] an obsolete one, and no attempt had been made to legislate for the dangerous forms which it could take at the present time."[490] Letztlich konnten sich die Befürworter einer solchen Ausweitung aber nicht durchsetzen.[491]

III. Verständnis des Merkmals „zu privaten Zwecken"

Teilweise wird dieses Kriterium so aufgefasst, dass Taten, denen eine politische Motivation zugrunde liegt, nicht erfasst werden sollen.[492] Eine andere Sichtweise stellt darauf ab, ob der Angreifer von staatlicher Seite aus zu den Überfällen ermächtigt ist,[493] so dass bei staatlicher Autorisierung das Merkmal der privaten Zwecke zu verneinen ist.[494] Gemeinsam ist den meisten Meinungen, dass Terrorismus nicht in den Anwendungsbereich der Art. 100 ff. SRÜ fällt.[495]

Thirteenth Meeting, S. 30, para. 24: „Piracy in the strict sense of the word was hardly known in modern times; but it had now taken the form of aggressive acts perpetrated or engineered by various states."

489 UN, United Nations Conference on the Law of the Sea, Vol. IV, Second Committee (High seas: general régime), A/CONF.13/40 (24. Februar bis 27. April 1958), Twenty-Seventh Meeting, S. 76, para. 33.

490 UN, United Nations Conference on the Law of the Sea, Vol. IV, Second Committee (High seas: general régime), A/CONF.13/40 (24. Februar bis 27. April 1958), Twenty-Seventh Meeting, S. 76, para. 33.

491 Insgesamt zusammenfassend dazu: *Sattler*, Die Piraterie im modernen Seerecht, S. 407 ff. Vgl. auch *Halberstam*, Am. J. Int'l L. 82 (1988), 269, 276 ff.

492 *Crockett*, DePaul L. Rev. 26 (1976-1977), 78, 79 f.; *Dahm/Delbrück/Wolfrum*, Völkerrecht, Bd. I/2, § 119 II. 2. mit der Einschränkung, dass das politische Ziel einem Völkerrechtssubjekt zuzuordnen sein muss.

493 Beispiel für eine Ermächtigung seitens des Staates war vor allem in der Vergangenheit die Kaperei. Daneben kann eine Legitimation neben Staaten auch durch andere Völkerrechtssubjekte erfolgen, wie z.B. Aufständische, sofern sie anerkannt sind; *Dahm/Delbrück/Wolfrum*, Völkerrecht, Bd. I/2, § 119 II. 2.; *Lagoni* in: FS Rauschning, S. 501, 517 f.

494 *Lagoni* in: FS Rauschning, S. 501, 517 f.; *Schmahl*, AöR 136 (2011), 44, 57; *Dahm/Delbrück/Wolfrum*, Völkerrecht, Bd. I/2, § 119 II. 2.; *Münchau*, Terrorismus auf See, S. 98; vgl. auch *Schlikker*, Die völkerrechtliche Lehre von der Piraterie, S. 43.

495 *Fournier*, Der Einsatz der Streitkräfte gegen Piraterie auf See, S. 48; *Trésoret*, Seepiraterie, S. 210; *Schmahl*, AöR 136 (2011), 44, 58; *Dahm/Delbrück/Wolfrum*, Völkerrecht, Bd. I/2, § 119 III. 1.; *Wolfrum* in: Nordquist/et al. (Hrsg.), Legal Challenges

1. Ausschluss von staatlichem Handeln

Bezogen auf das Merkmal der „privaten Zwecke“ wird vertreten, dass dieses Kriterium erfüllt sei, wenn die Gewalt nicht von staatlicher Seite ausgehe.[496] Ursprünglich sollten Taten, die Aufständische gegen Schiffe des Staates vornahmen, den sie angriffen, aus dem Anwendungsbereich der Pirateriervorschriften ausgenommen werden.[497] Es sei ein weit verbreitetes Missverständnis, wenn dadurch jegliche politisch motivierte Gewalttätigkeiten ausgeschlossen würden.[498] Eine ähnliche Sichtweise zeigte der *United States Court of Appeals* in seinem Urteil gegen die *Sea Shepherd Conservation Society* vom 27. Februar 2013.[499] Das Gericht stellte hierbei fest: „The context here is provided by the rich history of piracy law, which defines acts taken for private ends as those not taken on behalf of a state.“[500] Daneben wird Art. 102 SRÜ für diese Auffassung vorgebracht. Indem Art. 102 SRÜ bestimmt, dass Kriegs- und sonstige Staatsschiffe grundsätzlich keine Piraterie begehen können,[501] werde deutlich, dass staatliches Handeln keine Piraterie darstellen kann.[502] Stattdessen seien im Rahmen von Gewalttaten von Kriegs- und Staatsschiffen die Regeln der Staatenverantwortlichkeit einschlägig.[503]

---

in Maritime Security, S. 3, 7 f.; *Tuerk*, U. Miami Int'l & Comp. L. Rev. 15 (2007-2008), 337, 345; *MacDonald*, Int'l J. Marine & Coastal L. 28 (2013), 485, 487; *Karim*, N.Z. U. L. Rev. 26 (2014), 82, 92 f.

496 *Guilfoyle*, Int'l & Comp. L. Q. 57 (2008), 690, 693: „In fact, the words ‚for private ends‘ simply denote that the violence involved is not *public* […]“ (*Hervorhebung* im Original). Vgl. auch *Heintschel v. Heinegg* in: Epping/Heintschel v. Heinegg (Hrsg.), Ipsen, Völkerrecht, § 45 Rn. 13: „Vielmehr kann das Merkmal ‚privat‘ auch als das Gegenteil von ‚regierungstechnisch‘ oder ‚hoheitlich‘ verstanden werden […].“

497 *Guilfoyle*, Int'l & Comp. L. Q. 57 (2008), 690, 693.

498 *Guilfoyle*, Int'l & Comp. L. Q. 57 (2008), 690, 693.

499 *Institute of Cetacean Research v. Sea Shepherd Conservation Society*, 725 F.3d 940 (United States Court of Appeals, 9th Cir.).

500 *Institute of Cetacean Research v. Sea Shepherd Conservation Society*, 725 F.3d 940, 943 f. (United States Court of Appeals, 9th Cir.); *Karim*, N.Z. U. L. Rev. 26 (2014), 82, 90.

501 Eine Ausnahme davon besteht lediglich, wenn die Besatzung des Kriegs- oder Staatsschiffs zuvor gemeutert und die Herrschaft über das Schiff erlangt hat, Art. 102 SRÜ. Siehe zu Art. 102 SRÜ schon Kapitel 2 – E. I. 4. a) dd).

502 *Guilfoyle* in: Proelß, UNCLOS, Art. 102 Rn. 5: „[…] the drafting of the present article makes plain that without mutiny, State violence at sea cannot be piracy.“ Kritisch dazu, dass Art. 102 SRÜ eine Hilfe bei der Bestimmung des Merkmals „zu privaten Zwecken“ ist: *Honniball*, Adel. L. Rev. 36, 279, 289 f.

503 *Guilfoyle* in: Proelß, UNCLOS, Art. 102 Rn. 1

2. *Unterscheidungsmerkmal zwischen privaten und politischen Zwecken*

Weiterhin kann das Merkmal der „privaten Zwecke" auch dem Ausschluss von Taten dienen, denen eine politische Zielsetzung zugrunde liegt. Deutlich wurde dies bei der rechtlichen Beurteilung der Entführung der Kreuzfahrtschiffe *Santa Maria* (1961)[504] und *Achille Lauro* (1985).[505] Die bei diesen beiden Entführungen verübten Taten wurden nicht als Seeräuberei nach den Art. 100 ff. SRÜ gesehen, sondern als politisch motivierte terroristische Taten qualifiziert.[506] Einschränkend muss dazu allerdings bemerkt werden, dass eine Einordnung als Piraterie jedenfalls an der *Two-ship-Rule* gescheitert wäre.[507]

IV. Gemeinsamkeiten und Unterschiede von Piraterie und Terrorismus

Fraglich ist jedoch, ob die Unterscheidung zwischen Piraten einerseits und Terroristen andererseits noch aufrecht zu erhalten ist oder ob nicht auch Terroristen als Piraten im Sinne des SRÜ angesehen werden können. In diesem Falle wären die Art. 100 ff. SRÜ ebenfalls auf Terroristen anwendbar.

1. *Gemeinsamkeiten von Piraten und Terroristen*

Piraten orientieren sich bei der Auswahl ihrer Ziele hauptsächlich daran, wie viel Erfolg bzw. Beute ein Überfall verspricht und nicht an der Nationalität der angegriffenen Schiffe.[508] Weiterhin handeln Piraten grundsätzlich weltweit, wobei es regionale Schwerpunkte gibt.[509] Dies könnte allerdings auch für die

---

504 Das Passagierschiff wurde am 22. Januar 1961 von portugiesischen Aufständischen entführt, die dadurch eine Revolution auslösen wollten; *Guilfoyle* in: Koutrakos/Skordas (Hrsg.), The Law and Practice of Piracy at Sea, S. 33, 45. Vgl. auch Moderner Ozeandampfer in der Hand von Piraten, Frankfurter Allgemeine Zeitung v. 25. Januar 1961, S. 5; Galvao verhandelt wegen der Passagiere, Frankfurter Allgemeine Zeitung v. 30. Januar 1961, S. 5.

505 Siehe dazu bereits Fn. 428.

506 *Guilfoyle* in: Koutrakos/Skordas (Hrsg.), The Law and Practice of Piracy at Sea, S. 33, 45; vgl. auch *Fournier*, Der Einsatz der Streitkräfte gegen Piraterie auf See, S. 40 ff.

507 *Guilfoyle* in: Koutrakos/Skordas (Hrsg.), The Law and Practice of Piracy at Sea, S. 33, 45; *Ragni*, Achille Lauro Affair (1985), in: MPEPIL (Stand: Juni 2009), Rn. 8; vgl. auch *Menefee*, Conn. J. Int'l L. 6 (1990-1991), 127, 144.

508 *Fournier*, Der Einsatz der Seestreitkräfte gegen Piraterie auf See, S. 45; *Mukundan*, J. Int'l Mar. L. 10 (2004), 308, 312; *Trésoret*, Seepiraterie, S. 75.

509 Vgl. hierzu weiter unten Kapitel 3 – C.

mittlerweile international agierenden Terrorgruppen gelten. Seit den 1970er Jahren gehen Terroristen zunehmend dazu über, Anschläge auch außerhalb ihres Staatsgebietes zu verüben.[510] Beispiele dafür sind die Flugzeugentführungen der *Volksfront zur Befreiung Palästinas* vom 6. September 1970[511] und 13. Oktober 1977.[512] Insbesondere seit Anfang des 21. Jahrhunderts wurde der Terrorismus zu einer globalen Erscheinung. Die Angriffe der Terroristen gelten vermehrt Weltanschauungen, der Staatengemeinschaft in ihrer Gesamtheit und anderen, nicht an Staatsgrenzen gebundenen Zielen.[513] Deutlich zu Tage trat dies bei den Anschlägen vom 11. September 2001 in New York, den Anschlägen auf Nahverkehrszüge in Madrid am 11. März 2004, den Selbstmordanschlägen in der Londoner U-Bahn am 7. Juli 2005, den Anschlägen vom 26. November 2008 in Mumbai oder den Anschlägen vom 13. November 2015 in Paris.

Infolgedessen lassen sich Parallelen zwischen global handelnden Terroristen und Piraten ziehen: Die Opfer werden zufällig ausgewählt, ohne dass sie mit den Tätern zuvor etwas zu tun hatten oder in eine Auseinandersetzung mit ihnen verwickelt waren und die Täter lassen sich keinem bestimmten Staat zuordnen.[514]

---

510 *Fournier*, Der Einsatz der Seestreitkräfte gegen Piraterie auf See, S. 46.

511 Am 6. September 1970 wurden von Terroristen drei Passagierflugzeuge mit dem Ziel New York unter ihre Kontrolle gebracht und zur Landung in Jordanien gezwungen. Die Entführer an Bord des vierten Flugzeugs konnten überwältigt werden. Diese Entführungen seien nach der *Volksfront zur Befreiung Palästinas* Teil des Kampfes gegen die amerikanischen Interessen und als Vergeltung gegen amerikanischen Unterstützung Israels zu sehen; vgl. Palästinenser verunsichern den Luftverkehr mit Amerika, Frankfurter Allgemeine Zeitung v. 7. September 1970, S. 1. Siehe für eine ausführliche Auseinandersetzung mit der Entführung: *Blumenau*, The United Nations and Terrorism, S. 74 ff.

512 Vier palästinische Terroristen entführten am 13. Oktober 1977 das Flugzeug *Landshut* auf dem Weg von Palma de Mallorca nach Frankfurt am Main. Sie forderten unter anderem die Freilassung inhaftierter Mitglieder der *Rote Armee Fraktion* (RAF) sowie der *militanten Volksfront für die Befreiung Palästinas;* vgl. 91 Geiseln in der Gewalt von Terroristen, Frankfurter Allgemeine Zeitung v. 14. Oktober 1977, S. 1 f. sowie Die Terroristen drohen mit Massenmord, Frankfurter Allgemeine Zeitung v. 15. Oktober 1977, S. 1 f., dort ist auch das Ultimatum der Entführer abgedruckt. Vgl. auch die Erklärung der Operation *Kofre Kaddum*; *Presse- und Informationsamt der Bundesregierung*, Dokumentation zu den Ereignissen und Entscheidungen im Zusammenhang mit der Entführung von Hanns Martin Schleyer und der Lufthansa-Maschine „Landshut“, S. 90 ff.

513 *Fournier*, Der Einsatz der Seestreitkräfte gegen Piraterie auf See, S. 46.

514 *Fournier*, Der Einsatz der Seestreitkräfte gegen Piraterie auf See, S. 47 f.

Vielmehr haben sich weit verzweigte Terrornetzwerke entwickelt, in welchen sich einzelne Gruppen finanziell und ideell unterstützen.[515] Weiterhin ist eine Abgrenzung zwischen Terrororganisation und Piratenbande nicht immer zweifelsfrei möglich, insbesondere haben einige Terrororganisationen die Piraterie für sich als Finanzierungsquelle entdeckt.[516]

2. *Unterschiede zwischen Piraterie und Terrorismus*

Ein wesentlicher Unterschied zwischen Piraten und Terroristen besteht hingegen in ihrem Vorgehen während eines Angriffs. Im Hinblick auf Terrorismus definiert *Mejia:*

> „Terrorism is ‚meant to influence the political behaviour of adversaries by attacking and threatening targets that possess symbolic rather than material sigificance.' Its motivation and purpose are clearly different from garden-variety piracy."[517]

Bei Piraterie hingegen ist das Streben nach materiellen Vorteilen zumindest ein Teil der Motivation.[518] Nicht ausgeschlossen ist, dass neben der Bereicherungsabsicht noch andere Beweggründe treten, zumindest aber muss die Absicht der Aneignung von Vermögenswerten mitursächlich für die Handlung sein.[519]

515 Für verschiedene Beispiele solcher gegenseitigen Unterstützungen siehe: *Fournier*, Der Einsatz der Seestreitkräfte gegen Piraterie auf See, S. 46 f. Vgl. als früheres Beispiel die Entführung der *Landshut*, bei der Verbindungen zwischen der RAF und der *militanten Volksfront für die Befreiung Palästinas* festgestellt wurden. Vgl. zu den Maßnahmen gegen internationalen Terrorismus: *Dahm/Delbrück/Wolfrum*, Völkerrecht, Bd. I/3, § 196 I. 1. und 2.

516 *Trésoret*, Seepiraterie, S. 204 f. Als Beispiel kann die bis 2005 existierende *Gerakan Aceh Merdeka* (GAM), einer militanten Befreiungsbewegung im Norden Sumatras, genannt werden. Diese überfiel Schiffe, um mit den daraus gewonnenen Geldern ihre Ziele voranzutreiben; vgl. *Chen* in: Lehr (Hrsg.), Violence at Sea, S. 139, 148; vgl. auch *Murphy*, Small Boats, Weak States, Dirty Money, S. 159.

517 *Mejia, Jr.* in: Mukherjee/Mejia, Jr./Gauci (Hrsg.), Maritime violence and other security issues at sea, S. 27, 35; *Schlagheck*, International Terrorism, S. 1. Der Bezug zu einer politischen Motivation findet sich auch in der Definition von *Alexander*, der Terrorismus definiert als „premediated, politically motivated violence perpetrated against noncombatant targets by subnational groups or clandestine state agents, usually intended to influence an audience"; *Alexander*, Denv. J. Int'l L. & Pol'y 19 (1990-1991), 529, 529.

518 Vgl. *Kavanagh*, Austl. Int'l L. J. 1999, 127, 130; *Tuerk*, U. Miami Int'l & Comp. L. Rev. 15 (2007-2008), 337, 343.

519 *Karim*, N.Z. U. L. Rev. 26 (2014), 82, 92; *Jopp/Kaestner* in: Ehrhart/et al. (Hrsg.), Piraterie als Herausforderung, S. 139, 145; *Trésoret*, Seepiraterie, S. 210, der jedoch

Weiterhin handeln Piraten in der Regel im Verborgenen, während Terroristen die Öffentlichkeit und damit die Aufmerksamkeit suchen.[520]

V. Anwendbarkeit des *Seerechtsübereinkommens der Vereinten Nationen* auf Terroristen

Zweifelhaft ist allerdings, ob die Subsumtion von Terrorismus unter die Art. 100 ff. SRÜ mit den Voraussetzungen dieser Vorschriften in Einklang zu bringen ist. Sobald ein Schiff als Seeräuberschiff im Sinne von Art. 103 SRÜ klassifiziert wird, sind damit weitreichende Folgen verknüpft.[521] So verliert das Schiff seinen Flaggenschutz[522] und kann von jedem Kriegs- bzw. Staatsschiff aufgebracht werden, Art. 105 i.V.m. 107 SRÜ. Daneben existieren umfangreiche Betretungs- und Durchsuchungsrechte, Art. 110 SRÜ. Der Grundsatz der Schifffahrtsfreiheit auf Hoher See wird damit deutlich eingeschränkt.[523]

1. Wortlaut der Art. 100 ff. SRÜ

Nach dem Wortlaut des SRÜ sind lediglich Seeräuberschiffe von den Art. 100 ff. SRÜ erfasst. Auch die Betretungs- und Durchsuchungsrechte nach Art. 110 SRÜ gelten nur für den Fall, dass ein Schiff Seeräuberei oder Sklavenhandel betreibt.[524] Von Terroristen genutzte Schiffe werden nicht aufgeführt.

---

die Bereicherungsabsicht nicht als Element, sondern nur als ein Indiz der Piraterie ansieht.

520 *Tuerk*, U. Miami Int'l & Comp. L. Rev. 15 (2007-2008), 337, 343; *Sittnick*, Pac. Rim L. & Pol'y J. 14 (2005), 743, 751; *Rutkowski/Paulsen/Stoian*, Am. U. L. Rev. 59 (2009-2010), 1425, 1431; vgl. auch *Trésoret*, Seepiraterie, S. 206.

521 Vgl. *Karim*, N.Z. U. L. Rev. 26 (2014), 82, 89.

522 *Schmahl*, AöR 136 (2011), 44, 60; *Lagoni* in: FS Rauschning, S. 501, 520; vgl. auch *Dörr*, Die deutsche Handelsflotte, S. 70 ff.

523 Zur Freiheit der Seeschifffahrt: *Wolfum*, Die Internationalisierung staatsfreier Räume, S. 134 ff.; *D. König*, Durchsetzung internationaler Bestands- und Umweltschutzvorschriften auf Hoher See, S. 57 f.; vgl. auch *Heintschel v. Heinegg* in: Epping/Heintschel v. Heinegg (Hrsg.), Ipsen, Völkerrecht, § 45 Rn. 6 ff.

524 Darüber hinaus gelten diese Rechte im Falle von nicht genehmigten Rundfunksendungen, Schiffen, die keine Staatszugehörigkeit besitzen sowie Schiffen, die sich beim Führen der Flagge unrechtmäßig verhalten, Art. 110 Abs. 1 lit. c) bis e) SRÜ.

2. *Schaffung der SUA-Konvention*

Vor allem aber spricht die Schaffung der SUA-Konvention gegen die Anwendung des SRÜ auf maritimen Terrorismus. Die Verübung von terroristischen Attacken auf Schiffe rückte durch die Entführung des Kreuzfahrtschiffes *Achille Lauro* am 7. Oktober 1985[525] in den Fokus der Wahrnehmung.[526] Die völkerrechtliche Reaktion darauf stellt die SUA-Konvention dar.[527] Diese erfasst – anders als das HSÜ oder SRÜ – auch terroristisch motivierte Akte. Schon der Wortlaut des Art. 3 SUA-Konvention macht – anders als Art. 101 SRÜ – keine Einschränkung hinsichtlich des Ziels der Tat, sondern erfasst gleichermaßen jegliche Gewaltakte gegen ein Schiff. Zudem wird in den Erwägungsgründen des Übereinkommens explizit auf terroristische Akte[528] und die Resolution 40/61 vom 9. Dezember 1985 der Generalversammlung der Vereinten Nationen[529] sowie die Resolution A.584(14) vom 20. November 1985 der IMO[530] Bezug genommen.[531]

525 Mehr als 400 Menschen auf der „Achille Lauro" in der Gewalt von Terroristen, Frankfurter Allgemeine Zeitung v. 9. Oktober 1985, S. 1 f.; *Stehr*, Piraterie und Terror auf See, S. 93; *Münchau*, Terrorismus auf See, S. 28 ff.; *Murphy*, Small Boats, Weak States, Dirty Money, S. 187 f.

526 Schon zuvor wurde bei der Geiselnahme auf der *Santa Maria* am 22. Januar 1961 deutlich, dass die damals existierenden Regelungen nicht ausreichend waren, um maritimen Terrorismus zu erfassen; vgl. *Stehr*, Piraterie und Terror auf See, S. 94.

527 *Lagoni* in: FS Rauschning, S. 501, 519; *Kolb/T. Neumann/Salomon*, ZaöRV 2011, 191, 209 Fn. 74; *Treves*, Sing. J. Int'l & Comp. L. 2 (1998), 541, 543; *Klein*, Denv. J. Int'l L. & Pol'y 35 (2006-2007), 287, 287; *Alexander*, Denv. J. Int'l L. & Pol'y 19 (1990-1991), 529, 563 ff.

528 Vgl. den Erwägungsgrund Nr. 3 der SUA-Konvention: „[…] tief besorgt über die weltweite Eskalation terroristischer Handlungen […]".

529 UN, Measures to prevent international terrorism which endangers or takes innocent human lives or jeopardizes fundamental freedoms and study of the underlying causes of those forms of terrorism and acts of violence which lie in misery, frustration, grievance and despair and which cause some people to sacrifice human lives, including their own, in an attempt to effect radical changes: Resolution, adopted by the General Assembly, A/RES/40/61 (9. Dezember 1985).

530 IMO, Resolution A.584(14) v. 20. November 1985, Measures to Prevent Unlawful Acts which Threaten the Safety of Ships and the Security of their Passengers and Crews, Res. A.584(14).

531 Siehe für eine Liste von maritimen terroristischen Anschlägen: *Stehr*, Piraterie und Terror auf See, S. 89 ff. und 97 ff.

Durch das Zweite Zusatzprotokoll zur SUA-Konvention[532] wurde 2005 erneut die Hauptzielrichtung der SUA-Konvention deutlich. Nach den Anschlägen vom 11. September 2001 wurde offenkundig, dass die SUA-Konvention keine taugliche Grundlage für das Vorgehen gegen Planung und Ausführung von Terrorakten vom Ausmaß derer in New York darstellt. Insbesondere das Verüben von Selbstmordanschlägen und der mögliche Einsatz von Schiffen als Waffe wurden 1988 nicht berücksichtigt.[533] Damit war auch bei dem Zweiten Zusatzprotokoll terroristisches Handeln maßgebliches Motiv.

3. *Ergebnis*

Folglich stellt die SUA-Konvention ein wichtiges Instrument zur Erfassung von maritimen terroristischen Akten dar.[534] Gleichzeitig wird deutlich, dass vom SRÜ bzw. HSÜ derartige Akte nicht erfasst werden.[535] Würden terroristische Akte ebenfalls unter die Pirateriereregelungen des SRÜ bzw. HSÜ fallen, so hätte es eines neuen Übereinkommens in Form der SUA-Konvention nicht bedurft.

H. Ergebnis

Zentrale Norm im Rahmen des völkerrechtlichen Tatbestandes der Seeräuberei ist Art. 101 lit. a) sublit. i) SRÜ. Die in dieser Norm aufgezählten Taten sind nicht abschließend, allerdings werden nur schwerwiegende Delikte erfasst. Als Tatort kommen im Wesentlichen die Hohe See und die ausschließliche Wirtschaftszone in Betracht. Bei der in Art. 103 SRÜ vorgesehenen Definition des Seeräuberschiffs ist zu berücksichtigen, dass es für die Eigenschaft eines Schiffes als Piratenschiff nicht zwingend auf das tatsächliche Begehen von den Tatbestand nach Art. 101 SRÜ erfüllenden Handlungen ankommt, sondern schon der Beschluss zum Begehen solcher Handlungen ausreichend sein kann. Allerdings kann die Eigenschaft des Seeräuberschiffes auch wieder enden. Kriegs- und

532 IMO, Protocol of 2005 to the Protocol for the Suppression of Unlawful Acts Against the Safety of Fixed Platforms Located on the Continental Shelf, Text adopted by the Conference, LEG/CONF.15/22 (1. November 2005).

533 *MacDonald*, Int'l J. Marine & Coastal L. 28 (2013), 485, 493 f.; *Lewins/Gaskell*, Crim. L. J. (Syd.) 37 (2013), 221, 222. Daneben stellen insbesondere Tankschiffe zunehmend potentielle Ziele für Terroristen dar; vgl. *Tiribelli*, Or. Rev. Int'l L. 8 (2006), 133, 133. Ähnliche Gedanken äußernd: *Burnett*, Terror auf See, S. 307 f.

534 *MacDonald*, Int'l J. Marine & Coastal L. 28 (2013), 485, 488; vgl. auch *Lischka*, Völkerrechtliches und nationales Schifffahrtsrecht, S. 267 f.

535 *Klein*, Maritime Security and the Law of the Sea, S. 119 f.

Staatsschiffe können grundsätzlich kein Seeräuberschiff nach Art. 103 SRÜ sein. Ferner ist zu bedenken, dass aufgrund der *Two-ship-Rule* immer zwei Schiffe involviert sein müssen.

Neben den Vorschriften des SRÜ enthält auch die SUA-Konvention in Art. 3 SUA-Konvention einen Tatbestand, der Angriffe auf Schiffe erfasst. Als grundlegende Unterschiede im Vergleich zu Art. 101 SRÜ sind das Fehlen einer *Two-ship-Rule* sowie der erweiterte räumliche Anwendungsbereich, welcher unter anderem auch Küstengewässer erfasst, zu nennen. Während die SUA-Konvention im Hinblick auf terroristische Akte geschaffen wurde, fallen solche Handlungen regelmäßig nicht in den Anwendungsbereich des Art. 101 SRÜ, da diese nicht das Merkmal der „privaten Zwecke“ erfüllen.

3 Auswirkungen der modernen Seeräuberei auf die Handelsschifffahrt sowie das Vorgehen der Piraten und mögliche Gegenmaßnahmen

A. Bedeutung des Seehandels

Der Handel über den Meeresweg ist von überragender Bedeutung für die Wirtschaft. Der europäische Außenhandel findet zu ca. 90 % über den Seeweg statt,[536] bei dem Welthandel liegt der Anteil ebenfalls bei über 90 %.[537] Deutschlands Abhängigkeit vom Seehandel ist ebenfalls unübersehbar: Der Wertanteil des Exports über den Seeweg lag 2015 bei fast 60 %[538] und nahezu 100 % der für etwa die Automobil- oder Chemieindustrie wichtigen Rohstoffimporte wie Kohle oder Öl kommen mit Schiffen an.[539] Dieser überragende Anteil der Seeschifffahrt am globalen Warenaustausch resultiert auch daraus, dass insbesondere bei auf den Weltmeeren verkehrenden Schiffen Dimensionen erreicht werden, die lediglich durch die Größe der Liegeplätze in den Häfen[540] oder der Wasserstraßen[541] ihre Grenzen finden. Ebenfalls bedeutsam für Deutschland ist

---

536 *Bundesministerium für Wirtschaft und Energie*, Maritime Forschungsstrategie 2025, S. 4.

537 *Marinekommando*, Fakten und Zahlen zur maritimen Abhängigkeit der Bundesrepublik Deutschland, Jahresbericht 2019, S. 163. Zu den Schwierigkeiten, die Werte der über den Seeweg transportierten Güter zu bestimmen: *Engerer*, PiraT-Arbeitspapiere zur Maritimen Sicherheit Nr. 3 (2011), S. 11.

538 *Marinekommando*, Fakten und Zahlen zur maritimen Abhängigkeit der Bundesrepublik Deutschland, Jahresbericht 2019, S. 163.

539 *Bundesministerium für Wirtschaft und Technologie*, Maritime Technologien der nächsten Generation, Das Forschungsprogramm für Schiffbau, Schifffahrt und Meerestechnik 2011 - 2015, S. 7.

540 Im JadeWeserPort können Schiffe mit einem Tiefgang von bis zu 16,5 Meter anlegen, während beispielsweise im Port de Brest an der nordatlantischen Küste der maximale Tiefgang am Containerterminal lediglich 7,6 Meter beträgt.

541 Grenzen werden hier beispielsweise durch die Größe des das Mittelmeer mit dem Roten Meer verbindenden Sueskanals oder dem zwischen dem Atlantik und dem Pazifik liegenden Panamakanal gesetzt. Schiffe der *Suezmax*-Klasse dürfen eine Breite von 77,51 Meter (unter bestimmten Voraussetzungen gibt es Ausnahmen für breitere Schiffe), eine Höhe von 68 Meter und einen Tiefgang von 20 Meter nicht

der Seehandel als Wirtschaftszweig. Die deutsche Handelsflotte ist nach Griechenland, Japan und China die viertgrößte weltweit.[542] Sie trägt in Deutschland mit ungefähr 86.000 direkt Beschäftigten 11,1 Mrd. Euro zum Bruttoinlandsprodukt bei.[543]

B. Zahl der Angriffe

Im Jahr 2018 wurden der IMO insgesamt 223 bewaffnete Überfälle oder deren Versuch gemeldet.[544] Bei diesen Zahlen ist allerdings zu berücksichtigen, dass

---

überschreiten, siehe Art. 52 der *Suez Canal Rules of Navigation* (https://www.suezcanal.gov.eg/English/Navigation/Pages/RulesOfNavigation.aspx [zuletzt abgerufen am 26. März 2020]). Für den Panamakanal gelten folgende Beschränkungen, die allerdings je nach Schiffstyp abweichen können: Maximale Länge 294 Meter, maximale Breite 32,3 Meter, maximaler Tiefgang 12 Meter und maximale Höhe 57,9 Meter (sog. *Panamax*-Klasse), siehe S. 10 f. der *Vessel Requirements* der *Panama Canal Authority* (https://www.pancanal.com/eng/op/notices/2020/N01-2020.pdf [zuletzt abgerufen am 26. März 2020]).

542 Im Jahr 2016 verfügte die deutsche Handelsflotte über 2.711 Schiffe und liegt mit einer Bruttoraumzahl von insgesamt 74,1 Mio. auf dem vierten Platz nach Griechenland (3.749 Schiffe mit einer Bruttoraumzahl von insgesamt 175,5 Mio.), Japan (3.923 Schiffe mit einer Bruttoraumzahl von insgesamt 156,7 Mio.) und China (3.427 Schiffe mit einer Bruttoraumzahl von insgesamt 109,7 Mio.); siehe die Statistiken des *Verbandes Deutscher Reeder* (*Verband Deutscher Reeder*, Führende Handelsflotten nach Nationalität des Eigners, Jahr 2016 [http://www.reederverband.de/fileadmin/vdr/images/Daten_und_Fakten/infopool2017/downloads/xls/07-Fuehrende-Handelsflotten_2016.xlsx {zuletzt abgerufen am 26. März 2020}]). Bei der Bruttoraumzahl handelt es sich um eine Zahl, die den Gesamtraumgehalt eines Schiffes angibt und auch für die Berechnung von Hafengebühren oder Passagegebühren herangezogen wird; vgl. Raumzahl, Brockhaus, Bd. XII. Berücksichtigt werden muss allerdings, dass die Nationalität des Schiffseigentümers nicht mit dem Flaggenstaat gleichzusetzen ist.

543 *Verband Deutscher Reeder*, Führende Handelsflotten nach Nationalität des Eigners, Jahr 2016 (http://www.reederverband.de/fileadmin/vdr/images/Daten_und_Fakten/infopool2017/downloads/xls/07-Fuehrende-Handelsflotten_2016.xlsx [zuletzt abgerufen am 26. März 2020]).

544 IMO, Reports on Acts of Piracy and Armed Robbery Against Ships, Annual Report – 2018, MSC.4/Circ.263 (1. April 2019), Annex 2, S. 1. Die meisten Angriffe fanden dabei vor Westafrika (81 Vorfälle) und im Südchinesischen Meer (57 Vorfälle) statt, danach folgen der Indische Ozean (25 Vorfälle) und die Karibik (17 Vorfälle). Zu den Zahlen für die Karibik siehe noch Fn. 550.

sie sowohl Angriffe auf Hoher See als auch in Küstengewässern und Häfen erfassen.[545] Die Anzahl von Vorfällen in internationalen Gewässern lag bei 58.[546]

C. Geographische Schwerpunkte der Überfälle

Bis vor wenigen Jahren war der Golf von Aden vor der Nordküste Somalias eines der am meisten von der Piraterie betroffenen Gebiete.[547] Einen weiteren Schwerpunkt stellen die Straße von Malakka und die Straße von Singapur dar.[548] Aktiv sind Piraten auch im Südchinesischen Meer und der Indische Ozean sowie das Arabische Meer sind ebenfalls Mittelpunkte ihres Handelns.[549] Daneben wird von Angriffen vor der Küste Westafrikas im Atlantik berichtet. Einige wenige Angriffe sind außerdem vor Südamerika gemeldet.[550] Als sicher gilt der Nordatlantik. Weitgehend frei von Piraterie sind ebenfalls die Nord- und Ostsee.[551]

545 Vgl. IMO, Reports on Acts of Piracy and Armed Robbery Against Ships, Annual Report – 2018, MSC.4/Circ.263 (1. April 2019), para. 1 Fn. 1 f., und Annex 3.

546 IMO, Reports on Acts of Piracy and Armed Robbery Against Ships, Annual Report – 2018, MSC.4/Circ.263 (1. April 2019), Annex 3.

547 Vgl. *Pham*, J. Contemp. Afr. Stud. 28 (2010), 325, 325.

548 Vgl. *Loewen/Bodenmüller* in: Mair (Hrsg.), Piraterie und maritime Sicherheit, S. 46, 46 f.; *Kraska*, Contemporary Maritime Piracy, S. 41 ff.

549 Vgl. *Thao/Amer*, Ocean Dev. & Int'l L. 40 (2009), 333, 335.

550 Die Statistik der IMO nimmt bei Südamerika eine Unterteilung zwischen dem Atlantik (A), der Karibik (C) und dem Pazifik (P) vor; vgl. IMO, Report of the Maritime Safety Committee on its seventy-sixth Session, MSC 76/23 (16. Dezember 2002), para. 16.2. Insgesamt wurden 30 Angriffe in 2018 bei der IMO aktenkundig gemacht; IMO, Reports on Acts of Piracy and Armed Robbery Against Ships, Annual Report – 2018, MSC.4/Circ.263 (1. April 2019), Annex 2, S. 1.

551 Der einzige bekannte Überfall in der neueren Zeit ist der Angriff auf die *Arctic Sea* im August 2009; vgl. Pirates Take Arctic Sea, Russia Gets It Back, Journal of Commerce v. 24. August 2009, S. 8; *Leithäuser*, Frachter „Arctic Sea" von Piraten geentert?, Frankfurter Allgemeine Zeitung v. 13. August 2009, S. 7. Allerdings sind die Hintergründe dieser Geschehnisse unklar; vgl. *Rößler/Veser*, Die „Arctic Sea" und Furcht Israels vor Iran, Frankfurter Allgemeine Zeitung v. 11. September 2009, S. 1 f.; *Zekri*, Russlands Drohkulisse, Süddeutsche Zeitung v. 19./20. September 2009, S. 2; *Boy/Friedrichs*, Der Fall „Arctic Sea" bleibt rätselhaft, Zeit Online, 22. September 2009 (https://www.zeit.de/politik/ausland/2009-09/arctic-sea-raetsel [zuletzt abgerufen am 26. März 2020]).

I. Somalia

Wie bereits festgestellt, wird Piraterie oft mit dem Meeresgebiet vor der Küste Somalias in Verbindung gebracht. In den Jahren 2009 bis 2011 fanden im Golf von Aden nach den Statistiken der IMO insgesamt 680 Angriffe auf Schiffe statt.[552] In den Jahren danach waren die Zahlen stark rückläufig;[553] so wurden in den Jahren 2016 und 2017 nur noch jeweils 21 Angriffe verzeichnet,[554] wobei zwei Jahre zuvor im Jahr 2014 mit zwölf Angriffen die bislang niedrigste Zahl von Angriffen erreicht wurde.[555] Die in den Jahresberichten des *International Maritime Bureau* (IMB)[556] genannten Zahlen liegen etwas unter den Werten der

552 Siehe dazu die *Reports on Acts of Piracy and Armed Robbery against Ships – Annual Reports* der IMO. Seit 2009 werden die Angriffe vor der Küste Somalias getrennt ausgewiesen, wobei an dieser Stelle keine Unterscheidung zwischen dem Ort des Ereignisses vorgenommen wird, so dass auch Angriffe in Häfen oder Territorialgewässern erfasst werden. Die Zahlen im Einzelnen: Im Jahr 2009 fanden 222 Angriffe statt; IMO, Reports on Acts of Piracy and Armed Robbery Against Ships, Annual Report – 2009, MSC.4/Circ.152 (29. März 2010), Annex 5. Im Jahr 2010 waren es 172 Angriffe; IMO, Reports on Acts of Piracy and Armed Robbery Against Ships, Annual Report – 2010, MSC.4/Circ.169 (1. April 2011), Annex 5. Im Jahr 2011 stieg die Zahl auf 286 Angriffe; IMO, Reports on Acts of Piracy and Armed Robbery Against Ships, Annual Report – 2011, MSC.4/Circ.180 (1. März 2012), Annex 5.

553 Die Anzahl der Angriffe in den Jahren 2012 bis 2018: 99 (2012), 20 (2013), 12 (2014), 15 (2015), 21 (2016), 21 (2017) und 10 (2018); IMO, Reports on Acts of Piracy and Armed Robbery Against Ships, Annual Report – 2012, MSC.4/Circ.193 (2. April 2013), para. 7; IMO, Reports on Acts of Piracy and Armed Robbery Against Ships, Annual Report – 2013, MSC.4/Circ.208 (1. März 2014), para. 6; IMO, Reports on Acts of Piracy and Armed Robbery Against Ships, Annual Report – 2014, MSC.4/Circ.219/Rev.1 (28. April 2015), para. 6; IMO, Reports on Acts of Piracy and Armed Robbery Against Ships, Annual Report – 2015, MSC.4/Circ.232 (11. April 2016), para. 6; IMO, Reports on Acts of Piracy and Armed Robbery Against Ships, Annual Report – 2016, MSC.4/Circ.245 (30. April 2017), para. 6; IMO, Reports on Acts of Piracy and Armed Robbery Against Ships, Annual Report – 2017, MSC.4/Circ.258 (16. April 2018), para. 6; IMO, Reports on Acts of Piracy and Armed Robbery Against Ships, Annual Report – 2018, MSC.4/Circ.263 (1. April 2019), para. 10.

554 IMO, Reports on Acts of Piracy and Armed Robbery Against Ships, Annual Report – 2016, MSC.4/Circ.245 (30. April 2017), para. 6.

555 IMO, Reports on Acts of Piracy and Armed Robbery Against Ships, Annual Report – 2014, MSC.4/Circ.219/Rev.1 (28. April 2015), para. 6.

556 Bei dem IMB handelt es sich um eine 1981 gegründete Unterorganisation der International Chamber of Commerce (ICC). Aufgabe des IMB ist das Vorgehen gegen Kriminalität auf See. Dafür werden unter anderem auch Statistiken über Angriffe

IMO, weisen aber die gleiche Entwicklung auf. Das IMB nennt für den Zeitraum von 2009 bis 2011 insgesamt 585 Angriffe,[557] wohingegen für das Jahr 2018 lediglich drei Angriffe aufgeführt werden.[558] Die Rückläufigkeit der Angriffe lässt sich auch anhand der Statistiken der *EU NAVFOR Somalia – Operation Atalanta* erkennen.[559] So werden für die Jahre 2009 bis 2011 insgesamt 513 Angriffe und 324 verdächtige Vorkommnisse verzeichnet, während in den folgenden Jahren die Zahlen deutlich zurückgingen und etwa in den Jahren 2015 bis 2017 insgesamt acht Angriffe und neun verdächtige Vorkommnisse erwähnt werden.[560]

Der Golf von Aden ist für den globalen Warenaustausch von erheblicher Bedeutung.[561] Sämtliche Schiffe, die den Sueskanal befahren, müssen zwingend, nachdem sie das Rote Meer passiert haben, auch den Golf von Aden

---

auf Schiffe geführt. Vgl. *Martiny*, International Chamber of Commerce (ICC), in: MPEPIL (Stand: September 2009), Rn. 25; *Shearer*, Piracy, in: MPEPIL (Stand: Oktober 2010), Rn. 30.

557 Die Zahlen der Angriffe für Somalia und Golf von Aden in den Jahresberichten des IMB: 217 (2009), 219 (2010), 237 (2011); ICC IMB Piracy and Armed Robbery Against Ships – 2009 Annual Report, S. 21; ICC IMB Piracy and Armed Robbery Against Ships – 2010 Annual Report, S. 19; ICC IMB Piracy and Armed Robbery Against Ships – 2011 Annual Report, S. 20.

558 ICC IMB Piracy and Armed Robbery Against Ships – 2018 Annual Report, S. 19. Die rückläufige Entwicklung der Angriffszahlen in den Jahren 2012 bis 2017: 75 (2012), 15 (2013), 11 (2014), 0 (2015), 2 (2016) und 9 (2017); ICC IMB Piracy and Armed Robbery Against Ships – 2012 Annual Report, S. 20; ICC IMB Piracy and Armed Robbery Against Ships – 2013 Annual Report, S. 20; ICC IMB Piracy and Armed Robbery Against Ships – 2014 Annual Report, S. 19; ICC IMB Piracy and Armed Robbery Against Ships – 2015 Annual Report, S. 17; ICC IMB Piracy and Armed Robbery Against Ships – 2016 Annual Report, S. 16; ICC IMB Piracy and Armed Robbery Against Ships – 2017 Annual Report, S. 20.

559 Allgemein zu *EU NAVFOR Somalia – Operation Atalanta* etwa: *Fournier*, Der Einsatz der Streitkräfte gegen Piraterie auf See, S. 113 ff.; *Petrovic* in: S. Bruns/Petretto/Petrovic (Hrsg.), Maritime Sicherheit, S. 99, 106 f. Die Statistiken zu Vorfällen, die mit der Piraterie im Zusammenhang stehen, sind verfügbar unter: https://eunavfor.eu/key-facts-and-figures/ (zuletzt abgerufen am 26. März 2020).

560 Die Anzahl der Angriffe bzw. verdächtigen Vorkommnissen waren im Einzelnen: 24 bzw. 8 (2008), 163 bzw. 59 (2009), 174 bzw. 99 (2010), 176 bzw. 166 (2011), 34 bzw. 74 (2012), 7 bzw. 20 (2013), 2 bzw. 5 (2014), 0 bzw. 1 (2015), 1 bzw. 2 (2016), 7 bzw. 6 (2017), 2 bzw. 4 (2018) und 1 bzw. 5 (2019); https://eunavfor.eu/key-facts-and-figures/ (zuletzt abgerufen am 26. März 2020).

561 *Islam*, Piracy and its impact on the economy, S. 28; *Shortland/Vothknecht*, Europ. J. Pol. Econ. 27 (2011), 133, 133.

durchqueren, um ihre Fahrt durch den Indischen Ozean fortzusetzen. Damit befindet sich eines der – zumindest bis vor wenigen Jahren – gefährlichsten Seegebiete auf der Route. Ein Umfahren ist lediglich dadurch möglich, dass die Schiffe zunächst an der Westküste Afrikas bis zum Kap der Guten Hoffnung fahren, um anschließend aus südlicher Richtung Kurs auf den Indischen Ozean zu nehmen. Dieses Ausweichen ist jedoch mit einer deutlich längeren Entfernung und damit zusätzlichen Kosten verbunden.[562]

II. Straße von Malakka und Straße von Singapur

Ebenfalls immer wieder Erwähnung finden im Hinblick auf Piraterie die Straße von Malakka und die Straße von Singapur. Vor allem für den Seehandel zwischen Europa einerseits und Japan und China andererseits ist diese Meeresenge von überragender Bedeutung und stellt eine wichtige Verbindung zum Südchinesischen Meer dar.[563] Zudem liegen in dieser Region mit dem Hafen von Singapur und Port Klang in Malaysia zwei der weltweit größten Containerhäfen gemessen am Umschlagsvolumen.[564]

Einen starken Anstieg von Überfällen in der Straße von Malakka gab es in den Jahren 2014 und 2015. In den Jahresberichten des *Regional Cooperation Agreement on Combating Piracy and Armed Robbery against Ships in Asia* (ReCAAP)[565]

---

562 Zu den Schwierigkeiten, die das Umfahren von gefährlichen Gebieten mit sich bringt siehe noch Kapitel 3 – G. II. 1.

563 *Bünte*, J. Curr. Southeast Asian Aff. 28/2 (2009), 87, 88; *Qu/Meng*, Transp. Research Pt. E: Logist. & Transp. Rev. 48 (2012), 258, 258; *Business Monitor International*, Singapore Defence & Security Report Q1 2015, S. 62; *Mischuk*, Geographische Rdsch. 57/4 (2005), 34, 35 f.; *Möller* in: Göpfert/D. Braun (Hrsg.), Internationale Logistik, S. 231, 234.

564 Für den Hafen von Singapur werden 37,2 Mio. *Twenty-foot Equivalent Units* (TEU) angegeben; *Marine Department (Hong Kong)*, Die größten Häfen der Welt nach Container-Umschlagvolumen im Jahr 2019 (in Mio. TEU) (https://de.statista.com/statistik/daten/studie/29697/umfrage/umschlagvolumen-der-groessten-containerhaefen-der-welt/ [zuletzt abgerufen am 26. März 2020]). Für *Port Klang* werden 12,32 Mio. TEU genannt; *Deutsche Verkehrs-Zeitung*, Top 10 Häfen in Asien (exkl. China) nach Containerumschlag im Jahr 2018 (in Mio. TEU) (https://de.statista.com/statistik/daten/studie/267151/umfrage/haefen-in-asien-nach-containerumschlag/ [zuletzt abgerufen am 26. März 2020]). Bei der TEU handelt es sich um eine international standardisierte Einheit, welche die Kapazität von Containerschiffen und Containerterminals angibt.

565 Bei dem ReCAAP handelt es sich um ein im September 2006 in Kraft getretenes Abkommen asiatischer Staaten, welches die Bekämpfung der Piraterie in asiatischen

werden für die Straße von Malakka und die Straße von Singapur für die Jahre 2014 und 2015 jeweils 48 und 104 Angriffe aufgeführt.[566] In den Jahren davor und danach lagen die Zahlen deutlich darunter.[567] Die in dem Jahresbericht der IMO dokumentierten Zahlen weichen zwar von denen des ReCAAP ab, allerdings ist auch bei den Zahlen der IMO in den beiden Jahren 2014 und 2015 ein Anstieg von Vorfällen festzustellen. Für das Jahr 2014 wurden 81 Angriffe[568] und das Jahr 2015 134 Angriffe[569] festgestellt, während in den Jahren davor und danach die Zahlen deutlich darunter lagen.[570] Im Gegensatz dazu weisen die

---

Gewässern zum Ziel hat. Derzeit hat das ReCAAP 20 Vertragsstaaten, darunter auch die nichtasiatischen Staaten Australien, Dänemark, Großbritannien, Niederlande, Norwegen und die Vereinigten Staaten von Amerika; Contracting Parties of ReCAAP (https://www.recaap.org/about_ReCAAP-ISC [zuletzt abgerufen am 26. März 2020]). Allgemein zum ReCAAP: *Geiß/Petrig*, Piracy and Armed Robbery at Sea, S. 45 ff.; *Kax*, Regional cooperation as a part of the solution to piracy, S. 29 ff.

566 ReCAAP ISC Annual Report 2015 (https://www.recaap.org/resources/ck/files/reports/2015/ReCAAPISCAnnualReport2015.pdf [zuletzt abgerufen am 26. März 2020]), S. 10.

567 Für die Jahre 2009 bis 2013 werden für versuchte und erfolgreiche Überfälle folgende Zahlen genannt: 8 (2009), 8 (2010), 26 (2011), 13 (2012) und 12 (2013); ReCAAP ISC Annual Report 2013 (https://www.recaap.org/resources/ck/files/reports/2013/ReCAAP%20ISC%20Annual%202013%20Report.pdf [zuletzt abgerufen am 26. März 2020]), S. 12. Im Jahr 2016 wurden lediglich noch 2 Überfälle registriert, für die Jahre 2017 und 2018 werden 9 und 8 Überfälle angegeben; ReCAAP ISC Annual Report 2018 (https://www.recaap.org/resources/ck/files/reports/annual/ReCAAP%20ISC%20Annual%20Report%202018.pdf [zuletzt abgerufen am 26. März 2020]), S. 50.

568 IMO, Reports on Acts of Piracy and Armed Robbery Against Ships, Annual Report – 2014, MSC.4/Circ.219/Rev.1 (28. April 2015), para. 6.

569 IMO, Reports on Acts of Piracy and Armed Robbery Against Ships, Annual Report – 2015, MSC.4/Circ.232 (11. April 2016), para. 7.

570 Für die Jahre 2009 bis 2013 gibt die IMO folgende Zahlen an: 2 (2009), 3 (2010), 22 (2011), 24 (2012) und 17 (2013); vgl. IMO, Reports on Acts of Piracy and Armed Robbery Against Ships, Annual Report – 2010, MSC.4/Circ.169 (1. April 2011), Annex 4; IMO, Reports on Acts of Piracy and Armed Robbery Against Ships, Annual Report – 2010, MSC.4/Circ.169 (1. April 2011), para. 6; IMO, Reports on Acts of Piracy and Armed Robbery Against Ships, Annual Report – 2011, MSC.4/Circ.180 (1. März 2012), para. 7; IMO, Reports on Acts of Piracy and Armed Robbery Against Ships, Annual Report – 2012, MSC.4/Circ.193 (2. April 2013), para. 8; IMO, Reports on Acts of Piracy and Armed Robbery Against Ships, Annual Report – 2013, MSC.4/Circ.208 (1. März 2014), Annex 2, S. 1 f. In den Jahren 2016 bis 2018 nennt die IMO nur noch 21, 26 und 8 Angriffe; IMO, Reports on Acts of Piracy and Armed Robbery Against Ships, Annual Report – 2016, MSC.4/Circ.245 (30. April 2017), para. 8; IMO, Reports

Statistiken des IMB keine eindeutige Entwicklung auf, allerdings liegt die Anzahl der berichteten Angriffe deutlich unter denen des ReCAAP und der IMO.[571]

III. Südchinesisches Meer

Einen weiteren geographischen Schwerpunkt für die Piraten stellt das Südchinesische Meer dar. Die IMO hat dort 2018 insgesamt 57 Angriffe gemeldet,[572] während das ReCAAP auf vier Vorfälle kommt.[573] Das IMB verzeichnete keine Vorfälle.[574] Im Gegensatz zu den beiden bereits genannten Gebieten lässt sich im Südchinesischen Meer allerdings keine eindeutige Entwicklung der Quantität der Angriffe bemerken.[575] Wie auch die Straße von Malakka und die Straße

---

on Acts of Piracy and Armed Robbery Against Ships, Annual Report - 2017, MSC.4/Circ.258 (16. April 2018), para. 9; IMO, Reports on Acts of Piracy and Armed Robbery Against Ships, Annual Report - 2018, MSC.4/Circ.263 (1. April 2019), para. 11. Hinsichtlich dieser genannten Zahlen ist zu berücksichtigen, dass seit dem Jahr 2011 Vorfälle in der Straße von Singapur zusammen mit jenen aus der Straße von Malakka erfasst werden. Für das Jahr 2013 jedoch fehlt ein entsprechender Hinweis, so dass nicht eindeutig ist, ob die Vorfälle in der Straße von Singapur ebenfalls in den Zahlen enthalten sind. Im Jahr 2015 sind in den 134 Vorfällen ebenfalls jene enthalten, die in den indonesischen Gewässern stattgefunden haben.

571 Die Anzahl der an das IMB berichteten Angriffe in der Straße von Malakka und der Straße von Singapur: 2 und 9 (2009); 2 und 3 (2010), 1 und 11 (2011), 2 und 6 (2012), 1 und 9 (2013), 1 und 8 (2014), 5 und 9 (2015), 0 und 2 (2016), 0 und 4 (2017) sowie 0 und 3 (2018); ICC IMB Piracy and Armed Robbery Against Ships - 2013 Annual Report, S. 5; ICC IMB Piracy and Armed Robbery Against Ships - 2018 Annual Report, S. 6.

572 IMO, Reports on Acts of Piracy and Armed Robbery Against Ships, Annual Report - 2018, MSC.4/Circ.263 (1. April 2019), para. 7.

573 ReCAAP ISC Annual Report 2018 (https://www.recaap.org/resources/ck/files/reports/annual/ReCAAP%20ISC%20Annual%20Report%202018.pdf [zuletzt abgerufen am 26. März 2020]), S. 11.

574 ICC IMB Piracy and Armed Robbery Against Ships - 2018 Annual Report, S. 6.

575 Ein Höchststand wurde im Jahr 2013 mit 142 Angriffen erreicht; IMO, Reports on Acts of Piracy and Armed Robbery Against Ships, Annual Report - 2013, MSC.4/Circ.208 (1. März 2014), para. 7. In den Jahren davor und danach verzeichnete die IMO folgende Zahlen: 69 (2009), 134 (2010), 113 (2011), 90 (2012), 93 (2014), 81 (2015), 68 (2016), 61 (2017), 57 (2018); IMO, Reports on Acts of Piracy and Armed Robbery Against Ships, Annual Report - 2009, MSC.4/Circ.152 (29. März 2010), para. 6; IMO, Reports on Acts of Piracy and Armed Robbery Against Ships, Annual Report - 2010, MSC.4/Circ.169 (1. April 2011), para. 6; IMO, Reports on Acts of Piracy and Armed Robbery Against Ships, Annual Report - 2011, MSC.4/Circ.180 (1.

von Singapur verlaufen durch das Südchinesische Meer einige wichtige Handelsrouten für den wirtschaftlichen Austausch zwischen Japan und China mit den Vereinigen Staaten von Amerika und den europäischen Staaten.[576]

IV. Golf von Guinea

Ein gefährliches Seegebiet stellt außerdem der Golf von Guinea dar. Registriert wurden dort 2018 von der IMO 81 Überfälle.[577] Im Gegensatz zu den bereits genannten Gebieten lässt sich im Golf von Guinea kein eindeutiger Trend beobachten; bei der Zahl der Angriffe gab es in den letzten Jahren keine signifikanten

---

März 2012), para. 7; IMO, Reports on Acts of Piracy and Armed Robbery Against Ships, Annual Report – 2012, MSC.4/Circ.193 (2. April 2013), para. 6; IMO, Reports on Acts of Piracy and Armed Robbery Against Ships, Annual Report – 2014, MSC.4/Circ.219/Rev.1 (28. April 2015), para. 6; IMO, Reports on Acts of Piracy and Armed Robbery Against Ships, Annual Report – 2015, MSC.4/Circ.232 (11. April 2016), para. 6; IMO, Reports on Acts of Piracy and Armed Robbery Against Ships, Annual Report – 2016, MSC.4/Circ.245 (30. April 2017), para. 6; IMO, Reports on Acts of Piracy and Armed Robbery Against Ships, Annual Report – 2017, MSC.4/Circ.258 (16. April 2018), para. 6; IMO, Reports on Acts of Piracy and Armed Robbery Against Ships, Annual Report – 2018, MSC.4/Circ.263 (1. April 2019), para. 7. In geographischer Hinsicht findet sich bei den Zahlen aus den Jahren 2013, 2014 und 2016 der Hinweis, dass diese auch Vorfälle aus den Gewässern für der Küste der Philippinen und Indonesiens enthalten sowie in den Zahlen aus 2017 und 2018, dass zusätzlich dazu auch Vorfälle in den Gewässern zwischen den Philippinen und Malaysia einbezogen sind; IMO, Reports on Acts of Piracy and Armed Robbery Against Ships, Annual Report – 2013, MSC.4/Circ.208 (1. März 2014), para. 7; IMO, Reports on Acts of Piracy and Armed Robbery Against Ships, Annual Report – 2014, MSC.4/Circ.219/Rev.1 (28. April 2015), para. 7; IMO, Reports on Acts of Piracy and Armed Robbery Against Ships, Annual Report – 2016, MSC.4/Circ.245 (30. April 2017), para. 8 bzw. IMO, Reports on Acts of Piracy and Armed Robbery Against Ships, Annual Report – 2017, MSC.4/Circ.258 (16. April 2018), para. 7; IMO, Reports on Acts of Piracy and Armed Robbery Against Ships, Annual Report – 2018, MSC.4/Circ.263 (1. April 2019), para. 9. Die Zahlen des IMB liegen deutlich darunter, wobei hier ein Höhepunkt im Jahr 2010 erreicht wurde: 13 (2009), 31 (2010), 13 (2011), 2 (2012), 4 (2013), 1 (2014), 0 (2015), 0 (2016), 0 (2017), 0 (2018); ICC IMB Piracy and Armed Robbery Against Ships – 2013 Annual Report, S. 5; ICC IMB Piracy and Armed Robbery Against Ships – 2018 Annual Report, S. 6.

576 *Fuker*, S+F 29 (2011), 19, 19; *Wang/et al.*, Safety Sci. 62 (2014), 46, 46.

577 IMO, Reports on Acts of Piracy and Armed Robbery Against Ships, Annual Report – 2018, MSC.4/Circ.263 (1. April 2019), para. 8.

Abweichungen, wobei 2018 ein neuer Höchstwert erreicht wurde.[578] Zu einem ähnlichen Ergebnis kommt man beim Betrachten der Zahlen des IMB. Diese weisen für die vergangenen Jahre ebenfalls keine wesentlichen Unterschiede auf, allerdings liegt auch hier die Zahlen für 2018 deutlich über den Werten der vorherigen Jahre.[579] Verglichen mit anderen Meeresgebieten kann der Golf von Guinea von Handelsschiffen ohne Weiteres umfahren werden, sofern nicht ein Hafen in dem entsprechenden Gebiet angelaufen werden soll. Allerdings finden sich im Golf von Guinea bzw. den daran angrenzenden Staaten beachtliche

578 Die Zahl der Angriffe in den vergangenen Jahren: 46 (2009), 47 (2010), 61 (2011), 64 (2012), 54 (2013), 45 (2014), 35 (2015), 62 (2016), 48 (2017), 81 (2018); IMO, Reports on Acts of Piracy and Armed Robbery Against Ships, Annual Report - 2009, MSC.4/Circ.152 (29. März 2010), para. 6; IMO, Reports on Acts of Piracy and Armed Robbery Against Ships, Annual Report - 2010, MSC.4/Circ.169 (1. April 2011), para. 6; IMO, Reports on Acts of Piracy and Armed Robbery Against Ships, Annual Report - 2011, MSC.4/Circ.180 (1. März 2012), para. 7; IMO, Reports on Acts of Piracy and Armed Robbery Against Ships, Annual Report - 2012, MSC.4/Circ.193 (2. April 2013), para. 6; IMO, Reports on Acts of Piracy and Armed Robbery Against Ships, Annual Report - 2013, MSC.4/Circ.208 (1. März 2014), para. 8; IMO, Reports on Acts of Piracy and Armed Robbery Against Ships, Annual Report - 2014, MSC.4/Circ.219/Rev.1 (28. April 2015), para. 8; IMO, Reports on Acts of Piracy and Armed Robbery Against Ships, Annual Report - 2015, MSC.4/Circ.232 (11. April 2016), para. 8; IMO, Reports on Acts of Piracy and Armed Robbery Against Ships, Annual Report - 2016, MSC.4/Circ.245 (30. April 2017), para. 7; IMO, Reports on Acts of Piracy and Armed Robbery Against Ships, Annual Report - 2017, MSC.4/Circ.258 (16. April 2018), para. 8; IMO, Reports on Acts of Piracy and Armed Robbery Against Ships, Annual Report - 2018, MSC.4/Circ.263 (1. April 2019), para. 8. Zwar wird in den Jahresberichten erst seit 2013 „Gulf of Guinea (West Africa)“ als geographische Bezeichnung geführt und davor lediglich „West Africa“. Allerdings stellt der Golf von Guinea das für Piraterie vor der Küste Westafrikas relevanteste Gebiet dar. Vgl. auch *Kamal-Deen,* der in seinen Untersuchungen die Zahlen der IMO auf die Piraterie im Golf von Guinea bezieht; *Kamal-Deen*, Naval War Col. Rev. 68/1 (2015), 93, 94 f.

579 In den Berichten des IMB wird der Golf von Guinea nicht als eigene Region ausgewiesen, so dass die Anzahl der für die Länder Liberia, Elfenbeinküste, Ghana, Togo, Benin, Nigeria, Kamerun, und Gabun angegebenen Vorfälle wiedergegeben werden: 40 (2009), 29 (2010), 39 (2011), 52 (2012), 45 (2013), 30 (2014), 20 (2015), 42 (2016), 35 (2017), 72 (2018); ICC IMB Piracy and Armed Robbery Against Ships – 2013 Annual Report, S. 5; ICC IMB Piracy and Armed Robbery Against Ships – 2018 Annual Report, S. 6. Die Zahlen des IMB liegen damit unter jenen der IMO, wobei die Entwicklung der Zahlen ähnlich ist.

Ölvorkommen, die von großer Bedeutung für die Wirtschaft sind.[580] Damit beeinflusst die Sicherheit des Golfs von Guinea zumindest indirekt weite Teile der globalen Wirtschaft.

V. Weitere Seegebiete

Im Gegensatz zu früher sind in der Karibik außer auf der Kinoleinwand heutzutage nur noch selten Piraten anzutreffen.[581] In den letzten Jahren lag die Zahl der Vorfälle bis 2015 im einstelligen Bereich, wobei allerdings seit 2016 ein Anstieg der gemeldeten Vorfälle zu verzeichnen ist.[582] Auch in den übrigen Seegebieten

---

580 *F. Allen*, J. Sust. Dev. 5/4 (2012), 132, 133 f.; *Otto*, Portuguese J. Soc. Sci. 13 (2014), 313, 317 ff.

581 Dies gilt zumindest für die Piraterie im völkerrechtlichen Sinne; dazu oben Kapitel 2 – E. I. Überfälle auf Segelyachten in Küstennähe hingegen kommen in der Karibik hingegen durchaus vor; vgl. *Brombacher/Maihold* in: Mair (Hrsg.), Piraterie und maritime Sicherheit, S. 54, 56; *Murphy*, Small Boats, Weak States, Dirty Money, S. 100.

582 Die IMO gibt für Überfälle in der Karibik folgende Zahlen an: 6 (2009), 5 (2010), 4 (2011), 8 (2012), 6 (2013), 6 (2014), 4 (2015), 13 (2016), 19 (2017), 17 (2018); IMO, Reports on Acts of Piracy and Armed Robbery Against Ships, Annual Report - 2009, MSC.4/Circ.152 (29. März 2010), Annex 2, S. 3; IMO, Reports on Acts of Piracy and Armed Robbery Against Ships, Annual Report - 2010, MSC.4/Circ.169 (1. April 2011), Annex 2, S. 3; IMO, Reports on Acts of Piracy and Armed Robbery Against Ships, Annual Report - 2011, MSC.4/Circ.180 (1. März 2012), Annex 2, S. 1 f.; IMO, Reports on Acts of Piracy and Armed Robbery Against Ships, Annual Report - 2012, MSC.4/Circ.193 (2. April 2013), Annex 2, (A) und (B); IMO, Reports on Acts of Piracy and Armed Robbery Against Ships, Annual Report - 2013, MSC.4/Circ.208 (1. März 2014), Annex 2, S. 1 f.; IMO, Reports on Acts of Piracy and Armed Robbery Against Ships, Annual Report - 2014, MSC.4/Circ.219/Rev.1 (28. April 2015), Annex 2, S. 1 f.; IMO, Reports on Acts of Piracy and Armed Robbery Against Ships, Annual Report - 2015, MSC.4/Circ.232 (11. April 2016), Annex 2, S. 1 f.; IMO, Reports on Acts of Piracy and Armed Robbery Against Ships, Annual Report - 2016, MSC.4/Circ.245 (30. April 2017), Annex 2, S. 1; IMO, Reports on Acts of Piracy and Armed Robbery Against Ships, Annual Report - 2017, MSC.4/Circ.258 (16. April 2018), Annex 2, S. 1; IMO, Reports on Acts of Piracy and Armed Robbery Against Ships, Annual Report - 2018, MSC.4/Circ.263 (1. April 2019), Annex 2, S. 1. Dabei wird die Karibik als „South America (C)" bezeichnet und eine Nennung in der entsprechenden Tabelle erfolgt lediglich, wenn versuchte bzw. begangene Überfälle in dem jeweiligen Jahr stattgefunden haben. Das IMB weist die Karibik nicht als eigenständiges Gebiet aus, so dass für dieses Meeresgebiet keine Zahlen angegeben werden können. Lediglich wäre es möglich, die genannten Zahlen für die an das Karibische Meer grenzenden Länder zu betrachten. Dies brächte allerdings Ungenauigkeiten mit sich, da Länder

im Atlantik und Pazifik vor der Küste Südamerikas sind nur verhältnismäßig wenige Angriffe zu verzeichnen.[583] Ebenfalls ein von Seeräubern wenig frequentierter Bereich ist der Nordatlantik. In den Jahresberichten der IMO sind dort als Höchstmarke im Jahr 2018 fünf Angriffe aufgeführt,[584] in den Jahren davor lag die Anzahl noch darunter.[585] Ähnlich niedrige Zahlen werden für den

---

wie beispielsweise Kolumbien neben dem Karibischen Meer auch an den Pazifik grenzen.

583 Als Zahlen nennt die IMO für die im Atlantik und Pazifik vor der Ost- und Westküste Südamerikas liegenden und „South America (A)“ und „South America (P)“ genannten Meeresgebiete: 15 und 15 (2009), 20 und 5 (2010), 12 und 13 (2011), 2 und 11 (2012), 1 und 10 (2013), 2 und 1 (2014), 0 und 1 (2015), 0 und 12 (2016), 1 und 3 (2017), 5 und 8 (2018); IMO, Reports on Acts of Piracy and Armed Robbery Against Ships, Annual Report - 2009, MSC.4/Circ.152 (29. März 2010), Annex 2, S. 3; IMO, Reports on Acts of Piracy and Armed Robbery Against Ships, Annual Report - 2010, MSC.4/Circ.169 (1. April 2011), Annex 2, S. 3; IMO, Reports on Acts of Piracy and Armed Robbery Against Ships, Annual Report - 2011, MSC.4/Circ.180 (1. März 2012), Annex 2, S. 1 f.; IMO, Reports on Acts of Piracy and Armed Robbery Against Ships, Annual Report - 2012, MSC.4/Circ.193 (2. April 2013), Annex 2, (A) und (B); IMO, Reports on Acts of Piracy and Armed Robbery Against Ships, Annual Report - 2013, MSC.4/Circ.208 (1. März 2014), Annex 2, S. 1 f.; IMO, Reports on Acts of Piracy and Armed Robbery Against Ships, Annual Report - 2014, MSC.4/Circ.219/Rev.1 (28. April 2015), Annex 2, S. 1 f.; IMO, Reports on Acts of Piracy and Armed Robbery Against Ships, Annual Report - 2015, MSC.4/Circ.232 (11. April 2016), Annex 2, S. 1 f.; IMO, Reports on Acts of Piracy and Armed Robbery Against Ships, Annual Report - 2016, MSC.4/Circ.245 (30. April 2017), Annex 2, S. 1; IMO, Reports on Acts of Piracy and Armed Robbery Against Ships, Annual Report - 2017, MSC.4/Circ.258 (16. April 2018), Annex 2, S. 1; IMO, Reports on Acts of Piracy and Armed Robbery Against Ships, Annual Report - 2018, MSC.4/Circ.263 (1. April 2019), Annex 2, S. 1. Das IMB führt diese beiden Meeresgebiete nicht eigens auf, so dass - ähnlich wie hinsichtlich der Anzahl von Vorfällen in der Karibik - nicht möglich ist, hierfür genaue Zahlen anzugeben; vgl. dazu auch Fn. 582 a.E.

584 IMO, Reports on Acts of Piracy and Armed Robbery Against Ships, Annual Report - 2018, MSC.4/Circ.263 (1. April 2019), Annex 2, S. 1.

585 Die von der IMO registrierten Vorfälle für den Nordatlantik: 0 (2009), 0 (2010), 2 (2011), 1 (2012), 1 (2013), 1 (2014), 2 (2015), 3 (2016), 0 (2017), 5 (2018); IMO, Reports on Acts of Piracy and Armed Robbery Against Ships, Annual Report - 2009, MSC.4/Circ.152 (29. März 2010), Annex 2, S. 3; IMO, Reports on Acts of Piracy and Armed Robbery Against Ships, Annual Report - 2010, MSC.4/Circ.169 (1. April 2011), Annex 2, S. 3; IMO, Reports on Acts of Piracy and Armed Robbery Against Ships, Annual Report - 2011, MSC.4/Circ.180 (1. März 2012), Annex 2, S. 1 f.; IMO, Reports on Acts of Piracy and Armed Robbery Against Ships, Annual Report - 2012,

Persischen Golf berichtet. In den Jahren 2009 bis 2018 fanden dort insgesamt neun Angriffe statt.[586] Keinen Schwerpunkt bildet außerdem das Mittelmeer. Von dort berichteten die IMO und das IMB 2018 keine Vorfälle[587] und auch in den Jahren davor lag die Zahl der Angriffe deutlich im einstelligen Bereich.[588]

MSC.4/Circ.193 (2. April 2013), Annex 2, (A) und (B); IMO, Reports on Acts of Piracy and Armed Robbery Against Ships, Annual Report - 2013, MSC.4/Circ.208 (1. März 2014), Annex 2, S. 1 f.; IMO, Reports on Acts of Piracy and Armed Robbery Against Ships, Annual Report - 2014, MSC.4/Circ.219/Rev.1 (28. April 2015), Annex 2, S. 1 f.; IMO, Reports on Acts of Piracy and Armed Robbery Against Ships, Annual Report - 2015, MSC.4/Circ.232 (11. April 2016), Annex 2, S. 1 f.; IMO, Reports on Acts of Piracy and Armed Robbery Against Ships, Annual Report - 2016, MSC.4/Circ.245 (30. April 2017), Annex 2, S. 1; IMO, Reports on Acts of Piracy and Armed Robbery Against Ships, Annual Report - 2017, MSC.4/Circ.258 (16. April 2018), Annex 2, S. 1; IMO, Reports on Acts of Piracy and Armed Robbery Against Ships, Annual Report - 2018, MSC.4/Circ.263 (1. April 2019), Annex 2, S. 1. Das IMB führt für den Nordatlantik keine Statistiken.

586 Die Zahlen der IMO für Vorfälle im Persischen Golf: 0 (2009), 2 (2010), 0 (2011), 1 (2012), 2 (2013), 3 (2014), 1 (2015), 0 (2016), 0 (2017), 0 (2018); IMO, Reports on Acts of Piracy and Armed Robbery Against Ships, Annual Report - 2009, MSC.4/Circ.152 (29. März 2010), Annex 2, S. 3; IMO, Reports on Acts of Piracy and Armed Robbery Against Ships, Annual Report - 2010, MSC.4/Circ.169 (1. April 2011), Annex 2, S. 3; IMO, Reports on Acts of Piracy and Armed Robbery Against Ships, Annual Report - 2011, MSC.4/Circ.180 (1. März 2012), Annex 2, S. 1 f.; IMO, Reports on Acts of Piracy and Armed Robbery Against Ships, Annual Report - 2012, MSC.4/Circ.193 (2. April 2013), Annex 2, (A) und (B); IMO, Reports on Acts of Piracy and Armed Robbery Against Ships, Annual Report - 2013, MSC.4/Circ.208 (1. März 2014), Annex 2, S. 1 f.; IMO, Reports on Acts of Piracy and Armed Robbery Against Ships, Annual Report - 2014, MSC.4/Circ.219/Rev.1 (28. April 2015), Annex 2, S. 1 f.; IMO, Reports on Acts of Piracy and Armed Robbery Against Ships, Annual Report - 2015, MSC.4/Circ.232 (11. April 2016), Annex 2, S. 1 f.; IMO, Reports on Acts of Piracy and Armed Robbery Against Ships, Annual Report - 2016, MSC.4/Circ.245 (30. April 2017), Annex 2, S. 1; IMO, Reports on Acts of Piracy and Armed Robbery Against Ships, Annual Report - 2017, MSC.4/Circ.258 (16. April 2018), Annex 2, S. 1; IMO, Reports on Acts of Piracy and Armed Robbery Against Ships, Annual Report - 2018, MSC.4/Circ.263 (1. April 2019), Annex 2, S. 1. Das IMB führt keine gesonderte Statistik für dieses Meeresgebiet.

587 IMO, Reports on Acts of Piracy and Armed Robbery Against Ships, Annual Report - 2018, MSC.4/Circ.263 (1. April 2019), para. 12. Das IMB verzeichnet den letzten Angriff 2011, so dass in den aktuellen Berichten das Mittelmeer nicht mehr aufgeführt wird; ICC IMB Piracy and Armed Robbery Against Ships - 2018 Annual Report, S. 6.

588 Für die Jahre 2009 bis 2018 gibt die IMO als Zahlen an: 0 (2009), 1 (2010), 2 (2011), 6 (2012), 8 (2013), 0 (2014), 2 (2015), 0 (2016), 0 (2017), 0 (2018); IMO, Reports on Acts of Piracy and Armed Robbery Against Ships, Annual Report - 2009, MSC.4/Circ.152

VI. Allgemeines zu den Statistiken

Zu beachten ist bei den angeführten Statistiken, dass diese nicht alle tatsächlich stattgefundenen Angriffe abbilden. Die Organisationen sind darauf angewiesen, dass ihnen die entsprechenden Vorfälle gemeldet werden, was auf der Freiwilligkeit der verantwortlichen Reeder bzw. Kapitäne beruht.[589] Allerdings werden nicht alle Vorfälle bekannt gegeben, so dass eine Dunkelziffer besteht, deren Größe von verschiedenen Autoren mit teils erheblichen Unterschieden bewertet wird.[590] Die Gründe, warum eine Mitteilung unterbleibt, sind vielfältig. Bedeutsam sind insbesondere die Verzögerungen, die durch die Ermittlungen

---

(29. März 2010), Annex 2, S. 1 ff.; IMO, Reports on Acts of Piracy and Armed Robbery Against Ships, Annual Report – 2010, MSC.4/Circ.169 (1. April 2011), para. 6; IMO, Reports on Acts of Piracy and Armed Robbery Against Ships, Annual Report – 2011, MSC.4/Circ.180 (1. März 2012), para. 7; IMO, Reports on Acts of Piracy and Armed Robbery Against Ships, Annual Report – 2012, MSC.4/Circ.193 (2. April 2013), para. 8; IMO, Reports on Acts of Piracy and Armed Robbery Against Ships, Annual Report – 2013, MSC.4/Circ.208 (1. März 2014), para. 9; IMO, Reports on Acts of Piracy and Armed Robbery Against Ships, Annual Report – 2014, MSC.4/Circ.219/Rev.1 (28. April 2015), para. 9; IMO, Reports on Acts of Piracy and Armed Robbery Against Ships, Annual Report – 2015, MSC.4/Circ.232 (11. April 2016), para. 9; IMO, Reports on Acts of Piracy and Armed Robbery Against Ships, Annual Report – 2016, MSC.4/Circ.245 (30. April 2017), para. 6; IMO, Reports on Acts of Piracy and Armed Robbery Against Ships, Annual Report – 2017, MSC.4/Circ.258 (16. April 2018), para. 6; IMO, Reports on Acts of Piracy and Armed Robbery Against Ships, Annual Report – 2018, MSC.4/Circ.263 (1. April 2019), para. 12. Das IMB berichtet in diesem Zeitraum von lediglich einem Angriff im Jahr 2011; vgl. ICC IMB Piracy and Armed Robbery Against Ships – 2013 Annual Report, S. 5 f.; ICC IMB Piracy and Armed Robbery Against Ships – 2018 Annual Report, S. 6.

589 *Descovich*, Decreasing variance in response time to singular incidents of piracy, S. 3; *Bennett* in: Bragdon (Hrsg.), Transportation Security, S. 149, 153 f. Vgl. auch IMO, Reports on Acts of Piracy and Armed Robbery Against Ships, Annual Report – 2018, MSC.4/Circ.263 (1. April 2019), para. 1: „[…] of all incidents of piracy and armed robbery against ships *reported to the Organization* and […]" (*Hervorhebung* durch den Verfasser). Siehe zur Schwäche der Statistiken auch: *Murphy*, Small Boats, Weak States, Dirty Money, S. 64 ff.

590 Vgl. vertiefend dazu: *Mischuk*, Piraterie in Südostasien, S. 47 ff. Bezogen auf die Piraterie vor der Küste Nigerias geht das IMB mit einem Verweis auf die Zahlen von *Bergen Risk Solutions* davon aus, dass die tatsächlichen Zahlen doppelt so hoch sein könnten; ICC IMB Piracy and Armed Robbery Against Ships – 2014 Annual Report, S. 29. *Chalk* geht allgemein ebenfalls davon aus, dass ungefähr 50 % der Fälle gar nicht berichtet werden; *Chalk*, The Maritime Dimension of International Piracy, S. 7.

entstehen.[591] Während dieser Zeit liegt das Schiff im Hafen fest und kann nicht eingesetzt werden.[592] Daneben fürchten die Reeder auch höhere Versicherungsprämien,[593] die sich durch zusätzlich bekannt werdende Überfälle ergeben könnten sowie den Verlust von Reputation seitens ihrer Auftraggeber.[594]

Berücksichtigt werden muss weiterhin, dass ein Vergleich von Zahlen verschiedener Statistiken nur bedingt möglich ist. Dies liegt neben der Tatsache, dass Vorfälle nicht unbedingt an alle Organisationen gemeldet werden,[595] daran, dass die regionalen Zuordnungen voneinander abweichen.[596] Schließlich sind auch die Definitionen zu beachten, auf welche sich die in die Statistiken aufgenommenen Vorfällen stützen. Hinsichtlich der Definition von Piraterie legen sowohl die IMO als auch das ReCAAP und das IMB Art. 101 SRÜ zugrunde.[597]

---

591 Vgl. *Chalk*, The Maritime Dimension of International Piracy, S. 7.

592 *Bateman* in: Elleman/Forbes/Rosenberg (Hrsg.), Piracy and Maritime Crime, S. 137, 143.

593 *Gagain*, New Eng. J. Int'l & Comp. L. 16 (2010), 169, 170; *Jochim*, Die Straße von Malakka als Erfolgsmodell der Pirateriebekämpfung, S. 24.

594 *Petretto*, PiraT-Arbeitspapiere zur Maritimen Sicherheit Nr. 8 (2011), S. 14 f.; *Mischuk*, Geographische Rdsch. 57/4 (2005), 34, 34 f.; *Jochim*, Die Straße von Malakka als Erfolgsmodell der Pirateriebekämpfung, S. 34; *Eklöf*, Pirates in Paradise, S. 92.

595 Für die Straße von Malakka und die Straße von Singapur ergeben werden beispielsweise für das Jahr 2015 von den verschiedenen Organisationen folgende Zahlen genannt: IMB: 14 Angriffe, IMO: 134 Angriffe, ReCAAP: 104 Angriffe; ICC IMB Piracy and Armed Robbery Against Ships – 2015 Annual Report, S. 5; IMO, Reports on Acts of Piracy and Armed Robbery Against Ships, Annual Report – 2015, MSC.4/Circ.232 (11. April 2016), para. 6; ReCAAP ISC Annual Report 2015 (https://www.recaap.org/resources/ck/files/reports/2015/ReCAAPISCAnnualReport2015.pdf [zuletzt abgerufen am 26. März 2020]), S. 10.

596 *Petretto*, PiraT-Arbeitspapiere zur Maritimen Sicherheit Nr. 8 (2011), S. 15. So führt beispielsweise das IMB Angriffe somalischer Piraten vorrangig unter der Kategorie „Somalia". Ferner gibt *Jochim* zu bedenken, dass Angaben privater Sicherheitsunternehmen, die ihre Dienste anbieten, möglicherweise mit einer anderen Intention veröffentlicht werden als Angaben von Staaten, die für die Sicherheit der Schifffahrtswege verantwortlich sind; *Jochim*, Die Straße von Malakka als Erfolgsmodell der Pirateriebekämpfung, S. 34.

597 IMO, Reports on Acts of Piracy and Armed Robbery Against Ships, Annual Report – 2018, MSC.4/Circ.263 (1. April 2019), para. 1; ReCAAP ISC Annual Report 2018 (https://www.recaap.org/resources/ck/files/reports/annual/ReCAAP%20ISC%20Annual%20Report%202018.pdf [zuletzt abgerufen am 26. MÄrz 2020]), S. 69; ICC IMB Piracy and Armed Robbery Against Ships – 2018 Annual Report, S. 3. Vgl. auch *Geiß/Petrig*, Piracy and Armed Robbery at Sea, S. 46.

Allerdings fällt schon die Unterscheidung, ob der Angriff tatsächlich zu privaten Zwecken erfolgte oder einen politischen Hintergrund hat, im Einzelfall schwer und wird mitunter verschieden bewertet.[598] Neben der Pirateriedefinition des Art. 101 SRÜ wird auch die Definition der IMO für bewaffnete Überfälle auf Schiffe zugrunde gelegt.[599] Danach werden als *armed robbery against ships* die folgenden Handlungen verstanden:

> „[A]ny illegal act of violence or detention or any act of depredation, or threat thereof, other than an act of piracy, committed for private ends and directed against a ship or against persons or property on board such a ship, within a State's internal waters, archipelagic waters and territorial sea […]."[600]

Durch diese Definition werden – anders als nach der Definition der Piraterie in Art. 101 SRÜ – auch Handlungen in den Inneren Gewässern, den Archipelgewässern sowie im Küstenmeer erfasst. Läge nur die Pirateriedefinition zugrunde, dürften Vorfälle in Küstengewässern bzw. Häfen nicht aufgenommen werden.[601]

---

598 *Petretto*, PiraT-Arbeitspapiere zur Maritimen Sicherheit Nr. 8 (2011), S. 15. Vgl. für einen Vergleich der zugrundeliegenden Definitionen der IMO und des IMB: *Elleman/Forbes/Rosenberg* in: Elleman/Forbes/Rosenberg (Hrsg.), Piracy and Maritime Crime, S. 1, 10. f

599 IMO, Reports on Acts of Piracy and Armed Robbery Against Ships, Annual Report – 2018, MSC.4/Circ.263 (1. April 2019), para. 1; ReCAAP ISC Annual Report 2018 (https://www.recaap.org/resources/ck/files/reports/annual/ReCAAP%20ISC%20Annual%20Report%202018.pdf [zuletzt abgerufen am 26. März 2020]), S. 69; ICC IMB Piracy and Armed Robbery Against Ships – 2018 Annual Report, S. 3.

600 IMO, Resolution A.1025(26) v. 2. Dezember 2009, Code of Practice for the Investigation of Crimes of Piracy and Armed Robbery Against Ships, A 26/RES.1025 (18. Januar 2010), para. 2.2.1.

601 Etwas anderes könnte allenfalls für die Küstengewässer Somalias gelten, in welcher aufgrund der Resolutionen des Sicherheitsrates der Vereinten Nationen die Bekämpfung der Seeräuberei auf die Territorialgewässer Somalias ausgeweitet wurde; vgl. UN, Security Council Resolution 1816 (2008) [on Acts of Piracy and Armed Robbery against Vessels in Territorial Waters and the High Seas off the Coast of Somalia], S/RES/1816 (2. Juni 2008), para. 7 lit. a). Vgl. auch die nachfolgenden Resolutionen: UN, Security Council Resolution 1851 (2008) [on Fight against Piracy and Armed Robbery at Sea off the Coast of Somalia], S/RES/1851 (16. Dezember 2008) para. 6; UN, Security Council Resolution 1897 (2009) [on Acts of Piracy and Armed Robbery against Vessels in the Waters off the Coast of Somalia], S/RES/1897 (30. November 2009), para. 7; UN, Security Council Resolution 1950 (2010) [on Acts of Piracy and Armed Robbery against Vessels in the Waters off the Coast of Somalia], S/RES/1950 (23. Oktober 2010), para. 7; UN, Security Council Resolution 2020 (2011) [on Acts of Piracy and Armed Robbery against Vessels in the Waters off the Coast of

Diese Unterscheidung wird auch dadurch deutlich, dass die Jahresberichte mit *Acts of Piracy and Armed Robbery Against Ships* (IMO), *Piracy and Armed Robbery against Ships in Asia* (ReCAAP) und *Acts of Piracy and Armed Robbery Against Ships* (IMB) überschrieben sind, mithin also Piraterie einerseits und bewaffnete Überfälle andererseits erwähnt werden. In den angegebenen Zahlen wird allerdings keine Unterscheidung zwischen diesen beiden Handlungen vorgenommen.[602]

Somalia], S/RES/2020 (22. November 2011), para. 9; UN, Security Council Resolution 2067 (2012) [on the Situation in Somalia], S/RES/2067 (18. September 2012), para. 13; UN, Security Council Resolution 2077 (2012) [on Acts of Piracy and Armed Robbery against Vessels in the Waters off the Coast of Somalia], S/RES/2077 (21. November 2012), para. 10; UN, Security Council Resolution 2125 (2013) [on Acts of Piracy and Armed Robbery at Sea off the Coast of Somalia], S/RES/2125 (18. November 2013), para. 10; UN, Security Council Resolution 2184 (2014) [on Acts of Piracy and Armed Robbery at Sea off the Coast of Somalia], S/RES/2184 (12. November 2014), para. 11; UN, Security Council Resolution 2246 (2015) [on Piracy and Armed Robbery at Sea off the Coast of Somalia], S/RES/2246 (10. November 2015), para. 12; UN, Somalia Piracy Mandate Renewal Adopted Res, S/RES/2316 (9. November 2016), para. 12; UN, Security Council Resolution 2383 (2017) [on Piracy and Armed Robbery at Sea off the Coast of Somalia], S/RES/2383 (7. November 2017), para. 12, UN, Security Council Resolution 2442 (2018) [on Piracy and Armed Robbery at Sea off the Coast of Somalia], S/RES/2442 (6. November 2018), para. 12; UN, Security Council Resolution 2500 (2019) [on Piracy and Armed Robbery at Sea off the Coast of Somalia], S/RES/2500 (4. Dezember 2019), para. 12.

602 In Jahresberichten der IMO werden *Acts of Piracy* und *Armed Robbery Against Ships* zusammen aufgeführt. Allerdings erfolgt eine Aufteilung, ob sich der Überfall in *international waters, territorial waters* oder *port areas* zugetragen hat und es sich damit – zumindest in geographischer Hinsicht – um Piraterie oder einen bewaffneten Überfall handelt; vgl. IMO, Reports on Acts of Piracy and Armed Robbery Against Ships, Annual Report – 2018, MSC.4/Circ.263 (1. April 2019), Annex 2, S. 1 ff. Die Berichte des ReCAAP nennen zwar auch die jeweiligen Orte der Überfälle. Jedoch wird keine Unterscheidung zwischen Hoher See und Territorialgewässern vorgenommen, sondern lediglich unterteilt, ob das angegriffene Schiff unterwegs war oder vor Anker bzw. in einem Hafen lag; vgl. ReCAAP ISC Annual Report 2018 (https://www.recaap.org/resources/ck/files/reports/annual/ReCAAP%20ISC%20Annual%20Report%20 2018.pdf [zuletzt abgerufen am 26. März 2020]), S. 10. Das IMB hält ebenfalls keine Aufteilung nach Überfällen auf Hoher See und in Territorialgewässern vor. Allerdings werden abhängig von ihrer Schwere die Überfälle detailliert beschrieben, so dass sich zumindest für einen Teil der Überfälle der Ort bestimmen lässt; vgl. ICC IMB Piracy and Armed Robbery Against Ships – 2018 Annual Report, S. 24 ff. Daneben wird lediglich eine Unterteilung nach *berthed, anchored, steaming* und *not stated*

Weiterhin wird kritisiert, dass keine Differenzierung zwischen der Schwere der Angriffe vorgenommen wird, sondern grundsätzlich alle Vorfälle Erwähnung in den Berichten finden.[603] Dieser Einwand hat hinsichtlich der Angabe der absoluten Zahlen seine Berechtigung. Allerdings weisen die Berichte auch die Anzahl der während der Angriffe verletzten und getöteten Personen aus, so dass zumindest daran eine erste Einschätzung des Gewaltpotentials vorgenommen werden kann.[604] Letztlich ist aber davon auszugehen, dass die Statistiken eine erste Einschätzung auch hinsichtlich der Entwicklung darstellen, hinsichtlich der absoluten Zahlen aber keine verlässliche Quelle sind.[605]

D. Ursachen der Piraterie

Grundsätzlich bestehen immer dort günstige Voraussetzungen für Piraten, wo der Küstenstaat nicht in der Lage ist, sein Staatsgebiet und die angrenzenden Küstengewässer effektiv zu kontrollieren. Dadurch können sich die Piraten nach erfolgten Überfällen zurückziehen und ihre Beute gefahrlos verkaufen.

I. Somalia

Seit 1988 befindet sich Somalia im Bürgerkrieg.[606] Nach dem Sturz des somalischen Präsidenten *Siad Barré* im Jahr 1991 existierte keine einheitliche, das gesamte Gebiet regierende Staatsgewalt mehr.[607] Erstmals seit 1988 gelang es 2006 einer islamistischen Bewegung – der *Union of Islamic Courts* (UIC) – wieder

---

vorgenommen; ICC IMB Piracy and Armed Robbery Against Ships – 2018 Annual Report, S. 10 f.

603 *Petretto*, PiraT-Arbeitspapiere zur Maritimen Sicherheit Nr. 8 (2011), S. 15. Ähnliche Zweifel äußernd: *Bateman* in: Elleman/Forbes/Rosenberg (Hrsg.), Piracy and Maritime Crime, S. 137, 143.

604 In den Berichten wird angegeben, wie viele Personen verletzt oder getötet wurden bzw. inwieweit Gewalt gegenüber der Crew ausgeübt wurde; vgl. IMO, Reports on Acts of Piracy and Armed Robbery Against Ships, Annual Report – 2018, MSC.4/Circ.263 (1. April 2019), Annex 2, S. 1 ff.; ReCAAP ISC Annual Report 2018 (https://www.recaap.org/resources/ck/files/reports/annual/ReCAAP%20ISC%20Annual%20Report%202018.pdf [zuletzt abgerufen am 26. März 2020]), S. 21; ICC IMB Piracy and Armed Robbery Against Ships – 2018 Annual Report, S. 11.

605 *Petretto*, PiraT-Arbeitspapiere zur Maritimen Sicherheit Nr. 8 (2011), S. 15.

606 Vgl. *Krech*, Der Bürgerkrieg in Somalia (1988-1996), S. 37 ff.

607 *Murphy*, Adelphi Pap. 47/388 (2007), 11, 28 f.; *Rudloff/Weber* in: Mair (Hrsg.), Piraterie und maritime Sicherheit, S. 36, 36 ff.; *Bakonyi*, Land ohne Staat, S. 157; *Guilfoyle*, Int'l & Comp. L. Q. 57 (2008), 690, 691 f.

eine zentrale Staatsgewalt aufzubauen.[608] Innerhalb eines halben Jahres kontrollierte sie große Teile des somalischen Staatsgebiets.[609] Außerhalb Somalias wurde dieser Vorstoß jedoch kritisch gesehen, insbesondere wurde befürchtet, dass terroristische Vereinigungen in Somalia eine neue Heimat finden könnten.[610] Im Dezember 2006 schließlich erfolgte eine Invasion seitens Äthiopiens, welche die Herrschaft der UIC beendete.[611] Wie bereits angedeutet, gab es mehrere Versuche, eine neue Regierung zu etablieren. Einen Versuch stellte die *Transitional National Government* (TNG) im Jahr 2000 dar. Diese fand zwar einige Unterstützung,[612] allerdings verweigerten die einzelnen Warlords der Klans ihr die Gefolgschaft.[613] Nach diesem Rückschlag wurde im Jahr 2004 eine neue Übergangsregierung, die *Transitional Federal Government* (TFG), in Kenia gegründet.[614] Im Gegensatz zur TNG wurden bei der TFG den Warlords der verschiedenen Klans umfangreiche Mitwirkungsrechte eingeräumt.[615] 2012 wurde diese Übergangsregierung abgelöst durch die *Federal Government of Somalia,* welche im September 2012 erstmals zusammengetreten ist.[616]

Diese politisch instabilen Verhältnisse sorgten dafür, dass es Piraten ohne Weiteres möglich war, Angriffe auf Schiffe in den Küstengewässern zu verüben

---

608 *Verhoeven*, J. East. Afr. Stud. 3 (2009), 405, 411; *Ahmad*, Int'l Security 39/3 (2014-2015), 89, 90 f.

609 *Ahmad*, Int'l Security 39/3 (2014-2015), 89, 90 f. Nicht von der Herrschaft umfasst waren allerdings die nördlichen Provinzen Puntland und Somaliland; *Yihdego*, Int'l & Comp. L. Q. 56 (2007), 666, 667.

610 *Verhoeven*, J. East. Afr. Stud. 3 (2009), 405, 411.

611 *Yihdego*, Int'l & Comp. L. Q. 56 (2007), 666, 667 ff.; vgl. auch *Samatar*, Rev. Afr. Pol. Econ. 34 (2007), 155, 158 ff.

612 Vgl. *Ahmad*, Int'l Security 39/3 (2014-2015), 89, 99: „The TNG was supported by a range of traditional elders, Islamic organizations, and elites from the business class […]." Vgl. auch *Emathe*, Somalia: IGAD's Attempt to Restore Somalia's Transitional Federal Government, S. 24.

613 *Ahmad*, Int'l Security 39/3 (2014-2015), 89, 99.

614 *Ahmad*, Int'l Security 39/3 (2014-2015), 89, 99; *Verhoeven*, J. East. Afr. Stud. 3 (2009), 405, 411.

615 *Ahmad*, Int'l Security 39/3 (2014-2015), 89, 99; vgl. auch *Dehéz*, Somalia vor der Rückkehr der Übergangsregierung, S. 4 f.

616 Vgl. *Bryden*, Somalia Redux?, S. 3. Vgl. auch Staatschef in Somalia gewählt, Süddeutsche Zeitung v. 12. September 2012, S. 8; *Scheen*, Ein Außenseiter für Somalia, FAZ.NET, 11. September 2012 (https://www.faz.net/-gq5-72rid [zuletzt abgerufen am 26. März 2020]). Allgemein zur Bedeutung der Klans: *B. J. Hesse*, J. Contemp. Afr. Stud. 28 (2010), 247, 249; *Farrell*, Wash. U. Global Stud. L. Rev. 11 (2012), 817, 819 ff.

und an Land Rückzugsorte aufzubauen, um dort die erbeuteten Waren etc. zu veräußern.[617] In manchen Gebieten stellt die Piraterie einen nicht zu unterschätzenden Wirtschaftsfaktor dar.[618] Nachdem in den Jahren 2007 und 2008 ein massiver Anstieg von Angriffen registriert wurde,[619] wurden die NATO-Operationen *Allied Provider*[620] und *Allied Protector*[621] ins Leben gerufen.[622] Von August 2009 bis Dezember 2016 bestand die Operation *Ocean Shield*.[623] Die Europäische Union beteiligt sich mit *EU NAVFOR Somalia – Operation Atalanta* seit 2008 an der Bekämpfung der Piraterie vor der Küste Somalias.[624] Aufgrund

617 Vgl. *Petrovic* in: S. Bruns/Petretto/Petrovic (Hrsg.), Maritime Sicherheit, S. 99, 105.

618 Nach *Böhm* und *Wefing* hat Piraterie der Region Puntland zu neuem Wohlstand verholfen: „Der bitterarmen Region Puntland, die sich im Verlauf des ewigen Bürgerkrieges eine Teilautonomie erkämpfte, hat die Piraterie nun einen kleinen Boom beschert: In heruntergekommenen Kleinstädten entstehen hinter hohen Mauern Villen, deutsche Luxuswagen brettern über die Schotterpisten. Der Heiratsmarkt ist wieder in Schwung gekommen, weil junge Männer plötzlich mit Dollarbündeln üppige Hochzeitsfeiern bezahlen können. Kleinhändler und Handwerker profitieren, weil Piraten bei ihnen ihre Schnellboote reparieren lassen, Diesel und Zigaretten kaufen. Kleinküchen, so berichten somalische Journalisten in der puntländischen Hauptstadt Garoowe, spezialisieren sich auf die Versorgung von Piraten und Geiseln. Doch was immer noch an legalem Handel über Somalias Häfen möglich war, hat die Piraterie endgültig zerstört“; *Böhm/Wefing*, Wer ist hier der Pirat?, Zeit Online, 27. November 2008 (https://www.zeit.de/2008/49/Piraten [zuletzt abgerufen am 26. März 2020]). Vgl. auch *Scholz* in: Weingärtner/Krieger (Hrsg.), Streitkräfte und nicht-staatliche Akteure, S. 101, 108 f.; *Ceska/Ashkenazi*, APuZ 34/35 (2009), 33, 34 f.; *Endler/et al.*, PiraT-Arbeitspapiere zur Maritimen Sicherheit Nr. 16 (2012), S. 21 f.; *Brown*, Pirates and Privateers, S. 4.

619 Vgl. IMO, Reports on Acts of Piracy and Armed Robbery Against Ships, Annual Report – 2014, MSC.4/Circ.219/Rev.1 (28. April 2015), Annex 4.

620 Die Operation *Allied Provider* fand vom Oktober bis Dezember 2008 statt und hatte vor allem den Schutz der Lieferungen des *World Food Programme* der *Vereinten Nationen* (WFP) zum Ziel; vgl. https://www.nato.int/cps/en/natohq/topics_48815.htm# (zuletzt abgerufen am 26. März 2020).

621 Die Operation *Allied Protector* fand von März bis August 2009 statt; vgl. https://www.nato.int/cps/en/natohq/topics_48815.htm# (zuletzt abgerufen am 26. März 2020).

622 Vgl. auch *Fournier*, Der Einsatz der Streitkräfte gegen Piraterie auf See, S. 110 f.

623 Vgl. https://mc.nato.int/missions/operation-ocean-shield (zuletzt abgerufen am 26. März 2020); https://www.nato.int/cps/en/natohq/topics_48815.htm# (zuletzt abgerufen am 26. März 2020); vgl. auch *Fournier*, Der Einsatz der Streitkräfte gegen Piraterie auf See, S. 112.

624 https://eunavfor.eu/mission/ (zuletzt abgerufen am 26. März 2020). Siehe zu dieser Mission bereits oben Fn. 559.

dieser Einsätze verringerte sich die Anzahl der Überfälle deutlich. So wurden für das Jahr 2014 nur noch zwölf Überfälle vor Somalia erfasst gegenüber 99 Überfällen im Jahr 2012 und 286 Überfällen im Jahr 2011.[625]

II. Golf von Guinea

Nigeria ist reich an Ölvorkommen. Im Jahr 2018 hatte das Land einen Anteil von 2,2 % an der Gesamtfördermenge weltweit.[626] Diese Ölvorkommen stehen in einem engen Zusammenhang mit der Piraterie vor der Küste Nigerias im Golf von Guinea.[627] Seit Entdeckung der Ölquellen im Jahr 1956 gelangte viel Geld in das Land.[628] Ein Großteil dieses Geldes kam allerdings nicht der Bevölkerung zugute, sondern wurde für Prestigeprojekte und andere, ohne Weitsicht geplante Maßnahmen eingesetzt.[629] Ziel der Angriffe waren in den 1970er und 1980er Jahren vor allem jene – von *Murphy* als „cement armada" bezeichneten[630] – Schiffe, welche die Baumaterialien für diese Prestigeprojekte nach Nigeria transportierten. Da die Infrastruktur nicht auf ein solch hohes Aufkommen ausgelegt war, warteten zeitweise über 400 Schiffe zum Teil Monate darauf, entladen zu werden.[631] Diese auf Reede liegenden Schiffe waren oft das Ziel von Überfällen.[632]

---

625 Zur Anzahl der Angriffe bereits weiter oben Fn. 552 und 553. Vgl. auch *Ritter/Krohn*, Piraten vor Westafrika werden aktiver, Frankfurter Allgemeine Zeitung v. 16. November 2013, S. 18.

626 In Afrika fördert Nigeria vor Angola und Algerien das meiste Rohöl, bezogen auf die Fördermenge Afrikas rund 25 % in den vergangenen fünf Jahren; vgl. BP Statistical Review of World Energy, June 2019 (https://www.bp.com/content/dam/bp/business-sites/en/global/corporate/pdfs/energy-economics/statistical-review/bp-stats-review-2019-full-report.pdf [zuletzt abgerufen am 26. März 2020]), S. 17. Zur Entwicklung der Ölförderung: *Ugoh*, J. Sust. Dev. Afr. 10/2 (2008), 91, 98 ff.; *Umejesi/Akpan*, So. Afr. Rev. Soc. 44 (2013), 111, 122 ff.

627 Zum Zusammenhang zwischen dem Ölreichtum des Landes und der Piraterie: *Gagain*, New Eng. J. Int'l & Comp. L. 16 (2010), 169, 176 f.; *Otto*, Portuguese J. Soc. Sci. 13 (2014), 313, 318; *Petretto*, PiraT-Arbeitspapiere zur Maritimen Sicherheit Nr. 8 (2011), S. 41 f.

628 Vgl. *Ushie/Adeniyi/Akongwale*, OPEC En. Rev. 37 (2013), 30, 30 f.

629 *Murphy*, Orbis 57 (2013), 424, 428. Vertiefend zur Entwicklung der Ölförderung: *Umejesi/Akpan*, So. Afr. Rev. Soc. 44 (2013), 111, 121 ff.

630 *Murphy*, Orbis 57 (2013), 424, 428; vgl. auch *Murphy*, Small Boats, Weak States, Dirty Money, S. 112.

631 *Murphy*, Orbis 57 (2013), 424, 428.

632 Berichtet wird teilweise von drei bis zwölf Angriffen täglich Anfang der 1980er Jahre; *Murphy*, Orbis 57 (2013), 424, 428.

Mittlerweile konzentrieren sich die Angriffe vor allem auf Tankschiffe und andere, mit der Ölverarbeitung im Zusammenhang stehende Einrichtungen. Der nigerianischen Rebellenbewegung *Movement for the Emancipation of the Niger Delta* (MEND) kommt im Rahmen der Piraterie erhebliche Bedeutung zu.[633] Diese entstand aus dem Gedanken heraus, dass der durch die Ölförderung ins Land gebrachte Reichtum auch der lokalen Bevölkerung zugute kommen soll.[634] Dafür wurden unter anderem der Ölförderung dienende Installationen angegriffen, dort arbeitende Personen als Geiseln genommen oder Ölpipelines beschädigt.[635] Im Oktober 2009 erklärten die letzten aktiven MEND-Gruppen im Nigerdelta eine unbefristete Waffenruhe.[636] Beendet war die Zeit der Angriffe damit allerdings nicht. Auch in den folgenden Jahren kam es vor Nigeria zu Überfällen,[637] vornehmlich auf Tankschiffe der Ölindustrie.[638] Ein Großteil dieser Angriffe geht möglicherweise von lokalen Fischern aus.[639] Mit Beginn der Ölförderungen wurde diesen zum großen Teil ihre Lebensgrundlage

633 *Otto*, Portuguese J. Soc. Sci. 13 (2014), 313, 318. Unklar ist, als was die MEND eingeordnet werden kann. Sie selbst sieht sich folgendermaßen: „MEND is not an organization in the formal sense of the word [...]. It is an idea, a principle underlying the slew of communal, civic, and youth movements that [...]"; *Okonta*, Earth Island J. 22/1 (2007), 24, 26. Vgl. auch *Murphy*, Orbis 57 (2013), 424, 430.

634 Die durch den Ölexport erzielten Einnahmen stehen vollständig unter der Kontrolle der Regierung, welche selbständig über die Verteilung dieses Geldes bestimmt; *Murphy*, Orbis 57 (2013), 424, 429.

635 *Otto*, Portuguese J. Soc. Sci. 13 (2014), 313, 318; *Murphy*, Orbis 57 (2013), 424, 430. Vgl. auch *Scheen*, Der Krieg im Niger-Delta, Frankfurter Allgemeine Zeitung v. 20. Februar 2006, S. 3.

636 Mend-Gruppe erklärt Waffenruhe, Frankfurter Allgemeine Sonntagszeitung v. 27. Oktober 2009, S. 9.

637 Die Zahlen der Angriffe des IMB für Nigeria: 39 (2003), 28 (2004), 16 (2005), 12 (2006), 42 (2007), 40 (2008), 29 (2009), 19 (2010), 10 (2011), 27 (2012), 31 (2013), 18 (2014), 14 (2015), 36 (2016), 33 (2017), 48 (2018); ICC IMB Piracy and Armed Robbery Against Ships - 2007 Annual Report, S. 5; ICC IMB Piracy and Armed Robbery Against Ships - 2012 Annual Report, S. 5; ICC IMB Piracy and Armed Robbery Against Ships - 2015 Annual Report, S. 5; ICC IMB Piracy and Armed Robbery Against Ships - 2018 Annual Report, S. 6.

638 Im Jahr 2014 wird berichtet, dass 14 der 18 Angriffe sich gegen Tanker und Schiffe richteten, die mit der Ölindustrie in Zusammenhang stehen; ICC IMB Piracy and Armed Robbery Against Ships - 2014 Annual Report, S. 29.

639 *Otto*, Portuguese J. Soc. Sci. 13 (2014), 313, 318; vgl. auch *Ceska/Ashkenazi*, APuZ 34/35 (2009), 33, 36.

entzogen.[640] Ursächlich dafür sind vor allem die Nichteinhaltung bestimmter Mindeststandards im Umweltschutz[641] sowie die Manipulationen an Ölpipelines.[642] In jüngerer Zeit wird der Golf von Guinea teilweise als „neue Piratenhochburg“[643] bezeichnet, nachdem die Aktivitäten von Seeräubern dort zugenommen haben.[644]

III. Südchinesisches Meer, Straße von Malakka und Straße von Singapur

Die an das Südchinesische Meer angrenzenden Staaten sind hinsichtlich ihrer Vergangenheit und Entwicklung sehr unterschiedlich.[645] Die politische und wirtschaftliche Entwicklung befindet sich auf verschiedenem Niveau.[646] Mit den

---

640 *Ceska/Ashkenazi*, APuZ 34/35 (2009), 33, 36; *Petretto*, PiraT-Arbeitspapiere zur Maritimen Sicherheit Nr. 8 (2011), S. 38; *Murphy*, Small Boats, Weak States, Dirty Money, S. 122.

641 Siehe beispielhaft den Bericht des *United Nations Environmental Programme*, welcher die Auswirkungen der Ölförderung auf die Umwelt in Ogoniland, dem Siedlungsland eines Volksstammes im Nigerdelta, schildert: *United Nations Environment Programme*, Environmental assessment of Ogoniland, S. 30 ff. Vgl. auch *Konne*, Cornell Int'l L. J. 47 (2014), 181, 183 ff.

642 Teilweise werden die Pipelines sabotiert, um den Ölkonzernen Schaden zuzufügen, teilweise werden aber auch Löcher in die Rohölleitungen gebohrt und das so entnommene Öl mit einfachsten Mitteln weiterverarbeitet; *Maiangwa/Agbiboa*, Afr. Spectrum 48/2 (2013), 71, 75; *Omodanisi/Eludoyin/Salami*, Int'l J. Disaster Risk Reduction 7 (2014), 68, 69; *Stahnke*, Nigerias Glück, Nigerias Elend, Frankfurter Allgemeine Zeitung v. 10. Dezember 2010, S. 3.

643 *Breuer*, Der Golf von Guinea: Die neue Piratenhochburg?, DW, 8. Januar 2013 (https://p.dw.com/p/176O1 [zuletzt abgerufen am 26. März 2020]).

644 *Ritter/Krohn*, Piraten vor Westafrika werden aktiver, Frankfurter Allgemeine Zeitung v. 16. November 2013, S. 18; *Bundespolizei See*, Pirateriebericht 4. Quartal und Jahresbericht 2018, S. 27. Zu den aktuellen Entwicklungen der Piraterie vor der Westküste Afrikas: *Bundespolizei See*, Pirateriebericht 4. Quartal und Jahresbericht 2018, S. 27 ff.; *Carstens*, Piraterie nun hauptsächlich vor Westafrika, Frankfurter Allgemeine Zeitung v. 11. Mai 2018, S. 6.

645 *Petretto*, PiraT-Arbeitspapiere zur Maritimen Sicherheit Nr. 8 (2011), S. 45; vgl. auch *Kreuzer*, Konfliktherd Südchinesisches Meer, S. 1 ff. und 7 ff.

646 *Petretto*, PiraT-Arbeitspapiere zur Maritimen Sicherheit Nr. 8 (2011), S. 45.

Angriffen im Südchinesischen Meer werden einige militante Gruppen in Verbindung gebracht, die sich dadurch zumindest teilweise finanzieren.[647]

Als Gründe für Piraterie in der Straße von Malakka und der Straße von Singapur wird unter anderem die Industrialisierung der Küstenstaaten angeführt. Dadurch wurde den regionalen Fischern die Lebensgrundlage genommen, da sie mit ihren traditionellen Fangmethoden den technisch anspruchsvollen Fangmethoden der großen Fischereien nichts entgegenzusetzen hatten.[648] Daneben bieten diese beiden Seegebiete sehr günstige geographische und geopolitische Voraussetzungen für die Seeräuberei. Die Straße von Malakka wird jährlich von über 50.000 Schiffen befahren.[649] Durch dieses hohe Verkehrsaufkommen sind die Schiffe nicht in der Lage, höhere Geschwindigkeiten zu fahren, was das Entern der Schiffe erheblich erleichtert.[650] Daneben bietet das Küstenland zahlreiche Fluchtmöglichkeiten. So können sich Piraten nach ihren Beutezügen in den zahlreichen Mangrovenwäldern oder auf einer der zahlreichen kleinen Inseln verstecken.[651] Erschwerend bei der Verfolgung der Piraten kommt hinzu, dass die Gebietsansprüche der angrenzenden Staaten in Teilen immer noch nicht beantwortet sind, so dass sich Piraten durch das Befahren von verschiedenen Küstengewässern der Verfolgung entziehen können.[652]

Die geographischen Verhältnisse sind auch bedeutsam bei der Betrachtung der Piraterie in den Gewässern Indonesiens. Das Land umfasst mehr als 17.500 Inseln und eine Küstenlinie von über 48.000 Kilometern, deren Überwachung selbst mit moderner Technik unmöglich ist.[653] Gleichzeitig hatte der Seehandel

---

647 *Jochim*, Die Straße von Malakka als Erfolgsmodell der Pirateriebekämpfung, S. 31 f.: Unter anderem werden in diesem Zusammenhang die *Gerakan Aceh Merdeka* (GAM), *Al Qaida* oder die *Moro Islamic Liberation Front* (MILF) genannt.

648 *Jochim*, Die Straße von Malakka als Erfolgsmodell der Pirateriebekämpfung, S. 37; *Petretto*, PiraT-Arbeitspapiere zur Maritimen Sicherheit Nr. 8 (2011), S. 48 f.

649 *Lun/T. C. E. Cheng/Lai*, Shipping Logistics Management, S. 13. Über diese Zahl besteht allerdings Uneinigkeit. Andere Quellen nennen teilweise auch deutlich höhere Zahlen.

650 *Petretto*, PiraT-Arbeitspapiere zur Maritimen Sicherheit Nr. 8 (2011), S. 47. Zur ausreichenden Geschwindigkeit als Schutzmaßnahme gegen Angriffe siehe weiter unten Kapitel 3 – F. III.

651 *Jochim*, Die Straße von Malakka als Erfolgsmodell der Pirateriebekämpfung, S. 26; *Petretto*, PiraT-Arbeitspapiere zur Maritimen Sicherheit Nr. 8 (2011), S. 47.

652 *Petretto*, PiraT-Arbeitspapiere zur Maritimen Sicherheit Nr. 8 (2011), S. 47; *Murphy*, Adelphi Pap. 47/388 (2007), 11, 12.

653 *Wombwell*, The Long War Against Piracy, S. 97; *Jochim*, Die Straße von Malakka als Erfolgsmodell der Pirateriebekämpfung, S. 39.

Indonesiens lange Zeit kaum Bedeutung für das Land, so dass der Sicherheit der Seewege nur geringe Beachtung geschenkt wurde.[654] Dazu kam bis 2004 die politische Instabilität als weiterer Faktor, welcher das Handeln von Piraten begünstigte.[655]

E. Ziele und Methoden der Piraten

I. Auswahl des Ziels

Ein wesentlicher Aspekt bei der Auswahl des Ziels ist die Geschwindigkeit des Schiffes. Mit zunehmender Geschwindigkeit nehmen auch die durch das Schiff erzeugten Wellen seitlich des Schiffs und vor allem die Wellen im Kielwasser zu. Dadurch wird es – insbesondere für die von den Piraten verwendeten kleinen Boote – zunehmend schwieriger, sich von der Seite oder von achtern dem Schiff zu nähern. Daneben verlängert sich mit zunehmender Geschwindigkeit auch die Zeit, welche die Piraten benötigen, um sich ihrem Ziel zu nähern. Bedeutsam ist auch die Bauart des Schiffes. Je höher der Freibord, desto höher ist auch der zu überwindende Weg von der Wasseroberfläche bis zum Deck. Daneben ist auch die Ladung des Schiffes von Interesse. Während die Ladung von Öltankern oder Stückgutfrachtern in der Regel ohne Weiteres zugänglich ist, stellt sich bei Containerschiffen das Problem, dass von außen nicht ersichtlich ist, was sich in den Containern befindet und dies auch nicht immer aus den Frachtpapieren hervorgeht.[656]

II. Ausrüstung

Verwendet werden für die Angriffe kleine Boote,[657] die mit leistungsstarken Außenbordmotoren ausgestattet sind und so Geschwindigkeiten von 25 Knoten und mehr erreichen.[658] Teilweise finden sich elektronische Navigationsgeräte an Bord dieser Schiffe, meistens aber sind die Piraten auf die Ortskenntnisse

---

654 *Jochim*, Die Straße von Malakka als Erfolgsmodell der Pirateriebekämpfung, S. 39 f.

655 Vgl. *Jochim*, Die Straße von Malakka als Erfolgsmodell der Pirateriebekämpfung, S. 40.

656 *Kathert*, Piraterie auf See, S. 20.

657 Für diese Boote wird oftmals der Begriff *Skiff* verwendet, der hier ein kleines Boot bezeichnet. Mit *Skiff* kann allerdings auch ein nordisches Einmannruderboot oder eine kleine Jolle gemeint sein.

658 *Toomse*, Baltic Sec. & Def. Rev. 11/2 (2009), 169, 172; *Gaswaga*, ILSA J. Int'l & Comp. L. 19 (2013), 277, 289 Fn. 46. Möglich sind auch Geschwindigkeiten von 40 bis 50 Knoten; vgl. *Herbert-Burns* in: Lehr (Hrsg.), Violence at Sea, S. 95, 104.

einzelner Mitstreiter angewiesen.[659] Bei den Waffen vollzog sich in den letzten Jahren eine Entwicklung hin zu technisch anspruchsvollerer Ausrüstung. Während früher vor allem Messer, Macheten und ähnliche traditionelle Kampfwerkzeuge zum Einsatz kamen, sind die heutigen Piraten mit Pistolen, Maschinengewehren und anderen schweren Waffen ausgerüstet.[660] Um ihren Aktionsradius zu vergrößern, operieren einige Piraten von Mutterschiffen aus, die mitunter mehrere Hundert Meilen vor der Küste liegen.[661] Diese Schiffe werden als Basis genutzt, um von ihnen aus Überfälle auf Handelsschiffe durchzuführen.[662] Dabei handelt es sich meist um größere hochseetaugliche Fischerei- oder Frachtschiffe, die teilweise selbst bei früheren Überfällen erbeutet wurden.[663]

III. Angriff

Meistens nähern sich die Piraten von achtern dem zu überfallenden Schiff.[664] Diesem Bereich wird naturgemäß weniger Aufmerksamkeit geschenkt als jenem, der sich vor dem Schiff befindet. Zudem liegt die rückwärtige See je nach

---

659 *Scholz* in: Weingärtner/Krieger (Hrsg.), Streitkräfte und nicht-staatliche Akteure, S. 101, 107; vgl. auch *Liss*, Oceans of Crime, S. 113. Zur Ausrüstung und Finanzierung der Piraten vor der Küste Somalias: *Geiß/Petrig*, Piracy and Armed Robbery at Sea, S. 9. Aufgrund der stetig fallenden Preise für technische Ausrüstungen wird jedoch vermutet, dass auch Piraten in Zukunft vermehrt auf diese zurückgreifen werden; *Murphy*, Small Boats, Weak States, Dirty Money, S. 123.

660 *Trésoret*, Seepiraterie, S. 79; *Murphy*, Adelphi Pap. 47/388 (2007), 11, 19 und 54 f.; *Sterio*, Case West. Res. J. Int'l L. 44 (2011), 291, 294; *Toomse*, Baltic Sec. & Def. Rev. 11/2 (2009), 169, 172 f.; *Herbert-Burns* in: Lehr (Hrsg.), Violence at Sea, S. 95, 110 f.

661 *Petrovic* in: S. Bruns/Petretto/Petrovic (Hrsg.), Maritime Sicherheit, S. 99, 106; *Dutton/Bellish*, Cornell Int'l L. J. 47 (2014), 299, 305; *Mischuk*, Piraterie in Südostasien, S. 91 f.

662 Empfehlung der Europäischen Kommission v. 11. März 2010 für Maßnahmen zum Eigenschutz und zur Verhütung seeräuberischer Handlungen und bewaffneter Überfälle auf Schiffe (ABl. 2010 L 67, 13), Anhang, Typische Angriffsprofile und daraus zu ziehende Lehren (S. 15 f.), Nr. 4; *Chalk*, The Maritime Dimension of International Piracy, S. 5 f.; *Sterio*, Case West. Res. J. Int'l L. 44 (2011), 291, 294.

663 *Herbert-Burns* in: Lehr (Hrsg.), Violence at Sea, S. 95, 106; *Bento*, Berkeley J. Int'l L. 29 (2011), 399, 411; *Petrovic* in: S. Bruns/Petretto/Petrovic (Hrsg.), Maritime Sicherheit, S. 99, 106.

664 *Toomse*, Baltic Sec. & Def. Rev. 11/2 (2009), 169, 172; Empfehlung der Europäischen Kommission v. 11. März 2010 für Maßnahmen zum Eigenschutz und zur Verhütung seeräuberischer Handlungen und bewaffneter Überfälle auf Schiffe (ABl. 2010 L 67, 13), Anhang, Typische Angriffsprofile und daraus zu ziehende Lehren (S. 15 f.), Nr. 3; *Murphy*, Small Boats, Weak States, Dirty Money, S. 48.

Einbauort der Radaranlage im Radarschatten, so dass dort befindliche Objekte nicht erfasst werden. Unabhängig davon sind die kleinen Angriffsboote je nach Seegang ohnehin schwierig oder gar nicht auf dem Radar auszumachen.[665] Weiterhin ist der Freibord achtern bei den meisten Schiffen wesentlich niedriger als an den anderen Stellen, was das Entern zusätzlich erleichtert.[666] Es wird auch von Fällen berichtet, in denen Piraten zwischen zwei ihrer Boote ein langes Tau gespannt haben und sich in dem zu erwartenden Fahrweg des anvisierten Handelsschiffes positioniert haben. Sobald das Zielschiff mit dem Bug in das Tau fährt, werden die beiden Piratenboote auf beiden Seiten des Schiffes herangezogen und mit dessen Geschwindigkeit mitgeschleppt.[667] Um das risikobehaftete Betreten des Schiffes bei hohen Geschwindigkeiten zu vermeiden, wird es mitunter auch sofort unter Beschuss genommen, um so die Crew zum Stoppen des Schiffes zu zwingen.[668]

Sobald die Piraten das Schiff erreicht haben, gelangen sie mithilfe von Leitern, an deren oberen Enden sich Haken befinden, so dass diese am Schanzkleid oder an der Reling eingehakt werden können, an Deck.[669] Daneben existieren Informationen über mit einem Wurfanker verbundene Seile, an denen die Piraten an Bord klettern oder auch über Systeme mit Magneten, mit deren Hilfe sie am Rumpf des Schiffes hinaufsteigen können.[670]

IV. Kontrolle des Schiffs

Haben die Piraten das Schiff betreten, versuchen sie innerhalb kürzester Zeit die Crew und das Schiff unter ihre Kontrolle zu bringen. Dazu ist das erste Ziel meist die Brücke, da von dort aus das gesamte Schiff kontrolliert werden kann und sich zudem auf der Brücke in der Regel der Kapitän bzw. ein Wachoffizier

---

665 Vgl. *Herbert-Burns* in: Lehr (Hrsg.), Violence at Sea, S. 95, 104; *Murphy*, Small Boats, Weak States, Dirty Money, S. 48.

666 Vgl. *ICS/INTERTANKO/SIGTTO*, Best Management Practices, Version 4, S. 6 und 9. Vgl. insgesamt zu dem Vorgehen bei Angriffen auch: *Murphy*, Small Boats, Weak States, Dirty Money, S. 47 ff.

667 *Gagain*, New Eng. J. Int'l & Comp. L. 16 (2010), 169, 173; *Gabel, Jr.*, Tul. L. Rev. 81 (2006-2007), 1433, 1435. An diesen Berichten zweifelnd: *Mischuk*, Piraterie in Südostasien, S. 15 f.

668 *Toomse*, Baltic Sec. & Def. Rev. 11/2 (2009), 169, 172 f.; *BIMCO/et al.*, Best Management Practices, Version 5, S. 4.

669 *Toomse*, Baltic Sec. & Def. Rev. 11/2 (2009), 169, 173; *BIMCO/et al.*, Best Management Practices, Version 5, S. 4.

670 Vgl. *Burnett*, Terror auf See, S. 222.

aufhält, der das Schiff steuern kann.[671] Das weitere Vorgehen der Angreifer hängt davon ab, ob lediglich Gegenstände von Bord entwendet oder das Schiffs entführt werden soll.

1. Entwenden von Wertgegenständen

Ziel sind in solchen Fällen oftmals die persönlichen Wertgegenstände der Besatzung wie Laptops, Mobiltelefone oder auch Teile der Schiffsausrüstung, sofern sie leicht auszubauen und zu transportieren sind wie kleinere Navigations- oder Funkgeräte.[672] Von Interesse ist weiterhin der Tresor, in dem regelmäßig größere Mengen Bargeld vorhanden sind, um Hafengebühren und Löhne zu bezahlen.[673]

2. Entwenden der Fracht

Wesentlich aufwändiger ist das Entwenden der Fracht von Bord der Schiffe. Dafür wird zunächst der Teil der Crew, der nicht unmittelbar für die Steuerung des Schiffes erforderlich ist, unter Deck gefangen gehalten. Anschließend bringen die Angreifer das Schiff in abgelegene Gebiete wie entlegene Buchten oder von Piraten kontrollierte Häfen, um die Fracht zu entladen.[674] Voraussetzung dafür ist, dass die Angreifer genaue Kenntnis über die Ladung haben.[675]

---

671 Die Piraten sind zumeist nicht in der Lage, Schiffe größeren Ausmaßes zu steuern, so dass sie auf die Kenntnisse der Besatzung angewiesen sind; vgl. *Kathert*, Piraterie auf See, S. 21. Vgl. auch die Schilderung des Überfalls auf die *Petro Ranger* am 17. April 1998: *Herbert-Burns* in: Lehr (Hrsg.), Violence at Sea, S. 95, 109.

672 *Petrovic* in: S. Bruns/Petretto/Petrovic (Hrsg.), Maritime Sicherheit, S. 99, 103; IMO, Piracy and Armed Robbery Against Ships, Guidance to shipowners and ship operators, shipmasters and crews on preventing and suppressing acts of piracy and armed robbery against ships, MSC.1/Circ.1334 (23. Juni 2009), Annex, para. 4; *Gabel, Jr.*, Tul. L. Rev. 81 (2006-2007), 1433, 1435.

673 *Kathert*, Piraterie auf See, S. 83. Es wird empfohlen, das mitgeführte Bargeld auf ein Minimum zu reduzieren, IMO, Piracy and Armed Robbery Against Ships, Guidance to shipowners and ship operators, shipmasters and crews on preventing and suppressing acts of piracy and armed robbery against ships, MSC.1/Circ.1334 (23. Juni 2009), Annex, para. 5. Allerdings finden sich dennoch an Bord eines großen Frachtschiffs regelmäßig Bargeld im Wert von einigen 10.000 US-Dollar.

674 *Petrovic* in: S. Bruns/Petretto/Petrovic (Hrsg.), Maritime Sicherheit, S. 99, 104. Diese Art der Piraterie ist vor allem vor der Küste Nigerias verbreitet betrifft meistens Öltanker; vgl. *Murphy* in: Guilfoyle (Hrsg.), Modern Piracy, S. 61, 76 ff.

675 Vgl. IMO, Piracy and Armed Robbery Against Ships, Guidance to shipowners and ship operators, shipmasters and crews on preventing and suppressing acts of piracy

Daneben muss es auch eine Möglichkeit geben, die entwendeten Waren zu verkaufen.[676]

3. *Entführen des Schiffs*

Schließlich kann das gesamte Schiff einschließlich der Crew entführt werden.[677] Dazu fahren die Piraten das Schiff meist in Küstennähe, um es dort festzuhalten.[678] Auch dafür ist eine entwickelte Infrastruktur erforderlich.[679] Zudem müssen mit der Reederei Verhandlungen über das Lösegeld geführt werden.[680] Die Dauer der Entführung schwankt, kann aber ohne Weiteres mehrere Monate

and armed robbery against ships, MSC.1/Circ.1334 (23. Juni 2009), Annex, Appendix 7 para. 4; *Kathert*, Piraterie auf See, S. 83.

676 Vgl. *Petretto* in: Mair (Hrsg.), Piraterie und maritime Sicherheit, S. 10, 13; *Chalk*, The Maritime Dimension of International Piracy, S. 6.

677 Das Entführen von Schiffen war vor allem vor der Küste Somalias die übliche Vorgehensweise. In anderen Regionen wie beispielsweise vor der Küste Nigerias ist die Ladung das eigentliche Ziel der Piraten; vgl. *Barker*, Case West. Res. J. Int'l L. 46 (2013), 387, 391. Dieser Unterschied spiegelt sich auch in der Behandlung der Besatzung wider: Somalische Piraten behandeln die als Geiseln genommene Crewmitglieder verhältnismäßig gut; vgl. *Mahard*, Vand. J. Transnat'l L. 47 (2014), 331, 340. Nigerianischen Piraten wird eine hohe Gewaltbereitschaft nachgesagt; vgl. *Bundespolizei See*, Pirateriebericht 4. Quartal und Jahresbericht 2018, S. 28 und 30. Allerdings sind Schiffsentführungen von Tankern mit der Absicht des Entwendens der Fracht vor Nigeria selten geworden; *Bundespolizei See*, Pirateriebericht 4. Quartal und Jahresbericht 2018, S. 30.

678 Vor allem in Somalia war bzw. ist es eine übliche Vorgehensweise, mit Bestechungsgeldern bei lokalen Behörden dafür zu sorgen, dass die von Piraten entführten Schiffe gefahrlos über längere Zeit in bestimmten Häfen festgehalten werden können; *Dutton/Bellish*, Cornell Int'l L. J. 47 (2014), 299, 306. Siehe zu einer Bucht im *Golf von Aden,* in dem entführte Schiffe festgehalten werden: Piratenjagd am Horn von Afrika, Tag 11 - Gefangen im Piratennetz, Handelsblatt Online 2011 (https://tool.handelsblatt.com/infografik/piraten/artikel11.html [zuletzt abgerufen am 26. März 2020]).

679 Vor der Küste Somalias haben sich dazu organisierte Strukturen und Vorgehensweisen etabliert. So gibt es Köche, die sich auf die Versorgung der Geiseln spezialisiert haben oder organisierte Wachen, die das entführte Schiff gegenüber rivalisierenden Gruppen verteidigen. Gleiches gilt auch für die Verhandlung über die Lösegelder; auch dort gibt es eine Reihe von Dienstleistern, die sich darauf spezialisiert haben und für die Piraten die Verhandlungen führen. Vgl. dazu: *The World Bank*, The Pirates of Somalia, S. 92 ff.

680 Vgl. *Dutton/Bellish*, Cornell Int'l L. J. 47 (2014), 299, 306.

betragen.[681] Über die Höhe der gezahlten Lösegelder wird zumeist Stillschweigen bewahrt. Sie sollen bis zu mehrere Millionen US-Dollar betragen.[682] Aufgeteilt wird das Lösegeld maßgeblich zwischen den Piraten, den Hintermännern und den Empfängern von Bestechungsgeldern.[683]

4. Sog. Phantomschiffe

In einigen Fällen ist neben der Ladung das Schiff an sich Ziel der Seeräuber.[684] Nach dem Überfall verliert das Schiff durch das Überstreichen des alten Namens, Heimathafens und dem Verändern sonstiger auffälliger Merkmale seine alte Identität. Anschließend erhält es neue Papiere und wird unter einem neuen Namen registriert[685] und dient den Piraten als Transport- oder Mutterschiff.[686] Wichtig ist hierfür die genaue Kenntnis der Ladung, die durch Bestechung in den entsprechenden Behörden erlangt werden kann.[687] Das Schicksal der Crew

---

681 Der Median lag 2008 bei etwas mehr als 50 Tagen, 2009 bei ungefähr 75 Tagen und 2010 bei fast 200 Tagen; *The World Bank*, The Pirates of Somalia, S. 94. Vgl. auch *Trésoret*, Seepiraterie, S. 78.

682 Teilweise werden als Durchschnitt 3,5 bis 4,5 Mio. US-Dollar genannt; *Gössler* in: S. Bruns/Petretto/Petrovic (Hrsg.), Maritime Sicherheit, S. 69, 80. Für Somalia werden unter anderem folgende durchschnittliche Lösegeldsummen genannt: 2009: 2 Mio. US-Dollar; 2010: 5,4 Mio. US-Dollar; *Kolb/Salomon/Udich*, MPYUNL 15 (2011), 105, 110. Siehe für eine Auflistung verschiedener erzielter Lösegelder: *Trésoret*, Seepiraterie, S. 134. Ausführlich erforscht wurden die monetären Vorgänge bei der Zahlung von Lösegeldern an die somalischen Piraten in einer Studie der Weltbank der Vereinten Nationen: So wurden von 2005 bis 2012 zwischen 339 und 413 Mio. US-Dollar an Lösegeld gezahlt; *The World Bank*, Pirate Trails, S. 40.

683 *Scholz* in: Weingärtner/Krieger (Hrsg.), Streitkräfte und nicht-staatliche Akteure, S. 101, 109 f.; *Gaswaga*, ILSA J. Int'l & Comp. L. 19 (2013), 277, 302.

684 *Gabel, Jr.*, Tul. L. Rev. 81 (2006-2007), 1433, 1436.

685 *Gagain*, New Eng. J. Int'l & Comp. L. 16 (2010), 169, 173 f.; *Fuker*, S+F 29 (2011), 19, 22; *Chalk*, The Maritime Dimension of International Piracy, S. 6. Vgl. dazu auch die entsprechende Resolution der IMO: IMO, Resolution A.923(22) v. 29. November 2001, Measures to prevent the Registration of „Phantom" Ships, A 22/Res.923 (22. Januar 2002).

686 *Petretto* in: Mair (Hrsg.), Piraterie und maritime Sicherheit, S. 10, 13.

687 Als Gegenmaßnahme soll Stillschweigen über die Ladung bewahrt werden; *Kathert*, Piraterie auf See, S. 83. Besonders gefährdet sind Güter, deren Verfolgung sich schwierig gestaltet wie Öl oder andere Massengüter; *Petretto*, PiraT-Arbeitspapiere zur Maritimen Sicherheit Nr. 8 (2011), S. 53. Vgl. zu dem großen organisatorischen Aufwand: *Herbert-Burns* in: Lehr (Hrsg.), Violence at Sea, S. 95, 113 ff.

ist bei dieser Art von Überfällen ungewiss.[688] Entwickelt hat sich diese Form des Vorgehens in Südostasien.[689] In den 1970er Jahren wurde erstmals von diesem Vorgehen berichtet und in den 1980er und 1990er Jahren kam es vermehrt zu solchen Überfällen, bis Anfang des 21. Jahrhunderts übergangslos keinerlei Vorkommnisse mehr berichtet wurden.[690]

V. Einteilung der Gewalthandlungen

Einige Autoren versuchen die Gewalthandlungen anhand der Schwere und Organisation der Angriffe in verschiedene Gruppen einzuordnen,[691] die auf einer Einteilung der IMO aus dem Jahr 1993 beruhen.[692] Unterschieden wird zwischen *Low-Level Armed Robbery* (LLAR), *Medium-Level Armed Assault and Robbery* (MLAAR) und *Major Criminal Hijack* (MCHJ).[693] Bei den als LLAR eingeordneten Überfällen werden vor allem Bargeld und leicht zu transportierende Wertgegenstände erbeutet, deren Wert in der Regel zwischen 5.000 und 15.000 US-Dollar beträgt. Die Angreifer sind mit Messern oder kleinen Handfeuerwaffen ausgerüstet, die Orte dieser Überfälle sind meist Häfen oder küstennahe Seebereiche. Die als MLAAR bezeichneten Überfällen finden auch auf

688 Teilweise findet die Besatzung bei solchen Überfällen den Tod oder wird ausgesetzt; vgl. *Petretto* in: Mair (Hrsg.), Piraterie und maritime Sicherheit, S. 10, 13; *Stehr*, ZFAS 2/1 (2009), 55, 57; vgl. auch *Sietz*, Entern, morden, rauben, Frankfurter Allgemeine Zeitung v. 24. Juli 2000, S. 11. Die Crew kann allerdings auch selbst mitwirken und etwa als Mannschaft auf dem unter neuer Identität fahrenden Schiff, wobei sich dann noch die Frage nach der Freiwilligkeit stellt; vgl. *Herbert-Burns* in: Lehr (Hrsg.), Violence at Sea, S. 95, 113 f.

689 *Mejia, Jr./Cariou/Wolff*, Piracy in shipping, S. 17; *Murphy*, Adelphi Pap. 47/388 (2007), 11, 37; *Petretto* in: Mair (Hrsg.), Piraterie und maritime Sicherheit, S. 10, 13; *Berg/et al.* in: Münchener Rückversicherungs-Gesellschaft (Hrsg.), Piraterie – Bedrohung auf See, S. 15.

690 *Stehr*, ZFAS 2/1 (2009), 55, 57; *Murphy*, Adelphi Pap. 47/388 (2007), 11, 37.

691 Vgl. *Mischuk*, Piraterie in Südostasien, S. 16; *Grünhagen*, Die Auswirkungen von Piraterie und Terrorismus, S. 13 ff.; *Chalk*, The Maritime Dimension of International Piracy, S. 5 ff.

692 Vgl. *Beckman*, Sing. J. Int'l & Comp. L. 3 (1999), 512, 514; *Graf*, PiraT-Arbeitspapiere zur Maritimen Sicherheit Nr. 4 (2011), S. 19; *Murphy*, Adelphi Pap. 47/388 (2007), 11, 31.

693 Siehe die Übersichten bei: *Mischuk*, Piraterie in Südostasien, S. 16 f.; *Berg/et al.* in: Münchener Rückversicherungs-Gesellschaft (Hrsg.), Piraterie – Bedrohung auf See, S. 14 f.; *Jochim*, Die Straße von Malakka als Erfolgsmodell der Pirateriebekämpfung, S. 15 f.; *Grünhagen*, Die Auswirkungen von Piraterie und Terrorismus, S. 13 ff.

Hoher See statt. Dabei ist neben den an Bord befindlichen Wertgegenständen auch die Ladung des Schiffes Ziel der Angreifer. Sie sind schwer bewaffnet und schrecken auch vor gewalttätigen Auseinandersetzungen mit der Besatzung nicht zurück. Meist sind die Angreifer Teil gut organisierter Strukturen. Eine Steigerung der MLAAR-Überfälle stellen die als MCHJ klassifizierten Fälle dar. Dabei wird nicht nur die Ladung des Schiffes entwendet, sondern auch das Schiff als solches. Nachdem das Schiff neu gestrichen und mit neuen Papieren unter einem neuen Namen ausgestattet wurde, steht es im Dienst der Piraten und wird als Transportschiff genutzt.

Problematisch an dieser Einteilung ist, dass die dort beschriebenen Handlungen nicht zwingend mit der in Art. 101 SRÜ niedergelegten völkerrechtlichen Definition der Piraterie übereinstimmen. Insbesondere die als LLAR klassifizierten Überfälle finden regelmäßig in Häfen oder Küstengewässern statt und fallen aufgrund dessen aus dem räumlichen Anwendungsbereich, der nur Überfälle auf Hoher See, in der ausschließlichen Wirtschaftszone und in der Anschlusszone erfasst.[694] Gleiches gilt für die als MLAAR kategorisierten Gewalttaten; auch diese können nach der Definition in Hoheitsgewässern stattfinden. Bei der Schiffsentführung (MCHJ) werden keine Voraussetzungen hinsichtlich des Ortes aufgestellt. Kritisch wird weiterhin angemerkt, dass die verschiedenen Kriterien der Kategorien zumeist als fixe Voraussetzungen verstanden werden und nicht als mögliche Charakteristika, so dass sich bestimmte Konstellationen keiner der drei Kategorien zuordnen lassen.[695] Folglich kann diese Art der Bewertung von Überfällen einen ersten Anhaltspunkt über die Intensivität der Gewalthandlung geben. Ein detailliertes Schließen auf den genauen Ablauf ist damit jedoch nicht möglich.

F. Schutz vor Angriffen

I. Umfahren von gefährlichen Gebieten

Das Umfahren von gefährlichen Seegebieten ist eine effektive Möglichkeit, um Risiken durch Überfälle aus dem Weg zu gehen.[696] Dabei müssen allerdings

694 Vgl. dazu bereits oben Kapitel 3 – C. VI.

695 *Mischuk*, Piraterie in Südostasien, S. 17.

696 Siehe dazu auch die Handlungsempfehlung der IMO: IMO, Piracy and Armed Robbery Against Ships, Guidance to shipowners and ship operators, shipmasters and crews on preventing and suppressing acts of piracy and armed robbery against ships, MSC.1/Circ.1334 (23. Juni 2009), Annex, para. 20.

mitunter beträchtliche Umwege in Kauf genommen werden. Als in der zweiten Hälfte des Jahres 2008 die Aktivität der Piraten vor der Küste Somalias deutlich zunahm, wurde dazu geraten, die Küste mit einem Abstand von mindestens 200 Seemeilen zu passieren, da die Piraten auch weit außerhalb ihrer üblichen Bereiche tätig waren.[697] Sollen ganze Seegebiete umfahren werden, verlängern sich die Fahrzeiten teils erheblich.[698]

II. Wetterlage

Einen außerhalb des Einflusses der Crew liegendes Kriterium ist die Wetterlage. Bei entsprechendem Wind und Seegang[699] ist es für die Piraten nur schwer bis gar nicht möglich, ihre kleinen Angriffsboote einzusetzen, so dass auch auf diese Weise Piraten von Angriffen abgehalten werden.[700] So kann die Wetterlage bei der Frage, ob ein bestimmtes Gebiet umfahren werden muss, in die Risikoanalyse einbezogen werden.

---

697 *Maihold/Petretto*, SWP-Aktuell 56 (2008), 2; *Bundesministerium des Innern*, Schreiben v. 26. November 2008 (ÖS III 5 – 676 932 6/2), Seesicherheit – Aktuelle Sicherheitslage für das Seegebiet um Somalia / Golf von Aden (https://www.bundespolizei.de/Web/DE/01Sicher-auf-Reisen/03Mit-Schiff-Boot/02Piraterie-Praevention/Informationen-der-Sicherheitsbehoerden/_Ostafrika_Indischer_Ozean/Seesicherheit-Somalia-Golf-von-Aden_file.pdf?__blob=publicationFile&v=1 [zuletzt abgerufen am 26. März 2020]).

698 Zu den Umwegen und den damit verbundenen Auswirkungen weiter unten Kapitel 3 – G. II. 1.

699 Genannt werden eine Windgeschwindigkeit von mindestens 18 Knoten (entspricht 5 Bft) und eine Wellenhöhe von zwei Metern und mehr; Empfehlung der Europäischen Kommission v. 11. März 2010 für Maßnahmen zum Eigenschutz und zur Verhütung seeräuberischer Handlungen und bewaffneter Überfälle auf Schiffe (ABl. 2010 L 67, 13), Anhang, Typische Angriffsprofile und daraus zu ziehende Lehren (S. 15 f.), Nr. 8.

700 Empfehlung der Europäischen Kommission v. 11. März 2010 für Maßnahmen zum Eigenschutz und zur Verhütung seeräuberischer Handlungen und bewaffneter Überfälle auf Schiffe (ABl. 2010 L 67, 13), Anhang, Typische Angriffsprofile und daraus zu ziehende Lehren (S. 15 f.), Nr. 8. Vgl. auch *BIMCO/et al.*, Best Management Practices, Version 5, S. 4; MSCHOA, Guidance relating to the Construction and Use of Citadels in Waters Affected by Somalia Piracy – July 2011 (https://www.swedishclub.com/upload/Loss_Prev_Docs/Industry_Citadels_Paper_Final_merged_changes.pdf [zuletzt abgerufen am 26. März 2020]), S. 7.

III. Ausreichende Geschwindigkeit

Lässt sich ein Aufenthalt in gefährlichen Gewässern nicht vermeiden, stellt das Fahren mit hoher Geschwindigkeit eine erfolgversprechende Methode dar, möglichen Angreifern das Entern des Schiffes zu erschweren. Als Mindestgeschwindigkeit werden 18 Knoten empfohlen.[701] Zwar verfügen Piraten über kleine Boote, die teilweise deutlich höhere Geschwindigkeiten um 25 Knoten erreichen können.[702] Allerdings ist das Entern eines Schiffes – insbesondere von achtern – bei solchen Geschwindigkeiten aufgrund der Wellen seitlich des Schiffes bzw. des Kielwassers schwierig.[703]

IV. Mechanische Sicherungen gegen das Entern

Schutz gegen das Eindringen bieten Zäune, die oberhalb des Schanzkleides montiert werden. Empfohlen wird von dem IMB ein Elektrozaun,[704] der um das Schiff verläuft und dem Eindringling beim Berühren einen nicht-tödlichen Stromstoß versetzt. Gleichzeitig werden ein Alarm und weitere Abwehrmaßnahmen wie starke Scheinwerfer ausgelöst. Auf Schiffen mit feuergefährlicher Ladung wie Tankschiffen ist er allerdings nicht einsetzbar.[705] Alternativ kann

---

701 *Vespe/Greidanus/Alvarez Alvarez*, Marine Pol'y 59 (2015), 9, 12; *ICS/INTERTANKO/SIGTTO*, Best Management Practices, Version 4, S. 7. Vgl. auch die Empfehlung der Europäischen Kommission v. 11. März 2010 für Maßnahmen zum Eigenschutz und zur Verhütung seeräuberischer Handlungen und bewaffneter Überfälle auf Schiffe (ABl. 2010 L 67, 13), Anhang, Empfehlenswerte Praktiken (S. 16 ff.), Nr. 5 lit. c).

702 *Toomse*, Baltic Sec. & Def. Rev. 11/2 (2009), 169, 172; vgl. auch *Geiß/Petrig*, Piracy and Armed Robbery at Sea, S. 10. Frachtschiffe können in der Regel Geschwindigkeiten von 20 Knoten und mehr erreichen. Eine Ausnahme stellen Tankschiffe dar, deren Höchstgeschwindigkeit meist deutlich darunter liegt.

703 IMO, Piracy and Armed Robbery Against Ships, Guidance to shipowners and ship operators, shipmasters and crews on preventing and suppressing acts of piracy and armed robbery against ships, MSC.1/Circ.1334 (23. Juni 2009), Annex, para. 55; *Sietz*, Blenden, grillen, lärmen, schocken, schmieren, Frankfurter Allgemeine Zeitung v. 2. Dezember 2008, S. T1. Vgl. auch *Trésoret*, Seepiraterie, S. 84 Fn. 224.

704 IMO, Piracy and Armed Robbery Against Ships, Guidance to shipowners and ship operators, shipmasters and crews on preventing and suppressing acts of piracy and armed robbery against ships, MSC.1/Circ.1334 (23. Juni 2009), Annex, para. 16.3.

705 ICC IMB Piracy and Armed Robbery Against Ships – 2008 Annual Report, S. 38; *Mukundan*, J. Int'l Mar. L. 10 (2004), 308, 313. Allgemein zu dieser Abwehrmaßnahme: *Blecker/et al.*, PiraT-Arbeitspapiere zur Maritimen Sicherheit Nr. 10 (2011), S. 21 f.

auch Stacheldrahtzaun verwendet werden.[706] Schwachstellen sind außerdem Lotsentüren und andere Öffnungen, die nahe der Wasseroberfläche liegen.[707]

V. Schutz sensibler Bereiche

Zu den sensiblen und damit besonderen Schutz erfordernden Einrichtungen eines Schiffes gehören die Brücke und der Maschinenraum. Bei Angriffen ist das erste Ziel der Piraten normalerweise die Brücke, um die Kontrolle über das Schiff zu erlangen.[708] Daneben müssen aber auch alle anderen Zugänge zum Schiffsinneren sorgfältig gesichert werden.[709] Außerdem sollten sich an Deck befindliche Gegenstände, die eine potentielle Gefahr darstellen, entsprechend geschützt werden.[710]

VI. Abwehrmaßnahmen

In den Verhaltenshinweisen finden sich vor allem Mittel, um potentielle Angreifer mit nicht-tödlichen Methoden zu vertreiben bzw. vom Entern des Schiffes abzuhalten. Eine Möglichkeit stellt die Verwendung von Feuerlöschschläuchen dar. Diese werden umlaufend an der Reling angebracht und erzeugen so dauerhaft oder bei Gefahr eine mehr oder weniger durchlässige Wasserwand, die es Angreifern erschwert, sich der Bordwand zu nähern.[711] Daneben können

---

706 *BIMCO/et al.*, Best Management Practices, Version 5, S. 13.

707 Vgl. *v. Lucius*, Mit dem Feuerlöscher gegen Seeräuber, Frankfurter Allgemeine Zeitung v. 22. November 2008, S. 2. Weitergehend zu mechanischen Sicherungen gegen das Eindringen: *BIMCO/et al.*, Best Management Practices, Version 5, S. 15 f.

708 *Toomse*, Baltic Sec. & Def. Rev. 11/2 (2009), 169, 173; *BIMCO/et al.*, Best Management Practices, Version 5, S. 15.

709 *BIMCO/et al.*, Best Management Practices, Version 5, S. 15 f.; IMO, Piracy and Armed Robbery Against Ships, Guidance to shipowners and ship operators, shipmasters and crews on preventing and suppressing acts of piracy and armed robbery against ships, MSC.1/Circ.1334 (23. Juni 2009), Annex, para. 17; Empfehlenswerte Praktiken (S. 16 ff.), Nr. 4 lit. f).

710 Als gefährliche Gegenstände werden beispielsweise Gasflaschen oder Behälter mit brennbaren Flüssigkeiten genannt; *BIMCO/et al.*, Best Management Practices, Version 5, S. 18.

711 IMO, Piracy and Armed Robbery Against Ships, Guidance to shipowners and ship operators, shipmasters and crews on preventing and suppressing acts of piracy and armed robbery against ships, MSC.1/Circ.1334 (23. Juni 2009), Annex, para. 57; *BIMCO/et al.*, Best Management Practices, Version 5, S. 14; *Maihold/Petretto*, SWP-Aktuell 56 (2008), 2; Empfehlung der Europäischen Kommission v. 11. März 2010 für Maßnahmen zum Eigenschutz und zur Verhütung seeräuberischer Handlungen

Long Range Acoustic Devices (LRAD) zum Einsatz kommen.[712] Beim Angriff auf das Kreuzfahrtschiff *Seabourn Spirit* am 5. November 2005 vor der somalischen Küste kam ein solches LRAD zum Einsatz, um die angreifenden Piraten zu vertreiben.[713] Auch das sichtbare Aufstellen von lebensgroßen Dummys in Arbeitskleidung an Deck wird praktiziert, um so eine ständige Bewachung vorzugeben.[714]

Um zu verhindern, dass Piraten überhaupt die Nähe des Zielschiffes erreichen, können Leinen angebracht werden, die neben und hinter dem Schiff auf der Wasseroberfläche mitgeschleppt werden. Sobald die Schraube des sich nähernden Boots in die Leinen gerät, blockiert der Motor und das Boot wird manövrierunfähig.[715] Weiterhin wird teilweise empfohlen, die Deckbeleuchtung in der Nacht durchgängig eingeschaltet zu lassen, um so potentielle Eindringlinge schneller wahrzunehmen.[716] Bisweilen wird davon

---

und bewaffneter Überfälle auf Schiffe (ABl. 2010 L 67, 13), Anhang, Empfehlenswerte Praktiken (S. 16 ff.), Nr. 4 lit. m) und n). Vorteil dieser Variante ist, dass dieses Material zur Brandbekämpfung ohnehin an Bord vorhanden ist und keine zusätzlichen Anschaffungen erforderlich sind. Ergänzt werden können diese Abwehrmaßnahmen durch Versprühen von heißem Wasser oder Dampf bzw. Schaum; vgl. *ICS/INTERTANKO/SIGTTO*, Best Management Practices, Version 4, S. 33.

712 Dieses Gerät erzeugt in einem bestimmten Frequenzbereich sehr laute Töne, die bei potentiellen Angreifern Schmerzen verursachen. Die Reichweite wird mit 500 bis 1.000 Metern angegeben. Tragen die abzuwehrenden Personen allerdings einen Gehörschutz, verliert diese Waffe einen Großteil ihrer Wirkung. Allgemein dazu: *Schrantz*, Army Law. 2010/8 (2010), 53, insbes. 54 Fn. 23. Vgl. auch IMO, Piracy and Armed Robbery Against Ships, Guidance to shipowners and ship operators, shipmasters and crews on preventing and suppressing acts of piracy and armed robbery against ships, MSC.1/Circ.1334 (23. Juni 2009), Annex, para. 31; *Sietz*, Blenden, grillen, lärmen, schocken, schmieren, Frankfurter Allgemeine Zeitung v. 2. Dezember 2008, S. T1.

713 *Bröll*, „Wir sind unter Beschuß", Frankfurter Allgemeine Zeitung v. 7. November 2005, S. 9; *Ritter*, Wenn die Granate in die Bordwand donnert, Frankfurter Allgemeine Zeitung v. 2. Dezember 2005, S. 18.

714 *Burnett*, Terror auf See, S. 138 f.; *BIMCO/et al.*, Best Management Practices, Version 5, S. 11; Empfehlung der Europäischen Kommission v. 11. März 2010 für Maßnahmen zum Eigenschutz und zur Verhütung seeräuberischer Handlungen und bewaffneter Überfälle auf Schiffe (ABl. 2010 L 67, 13), Anhang, Empfehlenswerte Praktiken (S. 16 ff.), Nr. 4 lit. l).

715 *Blecker/et al.*, PiraT-Arbeitspapiere zur Maritimen Sicherheit Nr. 10 (2011), S. 18 ff.

716 *Maihold/Petretto*, SWP-Aktuell 56 (2008), 2; vgl. auch *Burnett*, Terror auf See, S. 62 ff.

allerdings auch abgeraten, um die eigene Sicht auf das umliegende Meer nicht zu beeinträchtigen.[717]

VII. Überwachungssysteme

Um die insbesondere bei großen Schiffen weitläufigen und auf mehreren Ebenen verlaufenden Decks beobachten zu können, ist die Installation von Kamerasystemen eine Option.[718] Sollten sich dadurch nicht alle Bereiche überwachen lassen, können regelmäßige Rundgänge durch die Crew erfolgen.[719]

Um die Position des Schiffes und damit mögliche Abweichungen von der geplanten Route verfolgen zu können, empfiehlt das IMB, Schiffe mit dem sog. *ShipLoc*-System auszustatten.[720] Durch einen an unbekannter Stelle an

---

717 *BIMCO/et al.*, Best Management Practices, Version 5, S. 18; Empfehlung der Europäischen Kommission v. 11. März 2010 für Maßnahmen zum Eigenschutz und zur Verhütung seeräuberischer Handlungen und bewaffneter Überfälle auf Schiffe (ABl. 2010 L 67, 13), Anhang, Empfehlenswerte Praktiken (S. 16 ff.), Nr. 5 lit. g); vgl. auch *Kathert*, Piraterie auf See, S. 88. Daneben gibt es noch weitere, mitunter sehr abenteuerliche Abwehrmöglichkeiten; vgl. *Sietz*, Blenden, grillen, lärmen, schocken, schmieren, Frankfurter Allgemeine Zeitung v. 2. Dezember 2008, S. T1. Für weitere Abwehrmöglichkeiten siehe auch: *Blecker/et al.*, PiraT-Arbeitspapiere zur maritimen Sicherheit Nr. 10 (2011).

718 *BIMCO/et al.*, Best Management Practices, Version 5, S. 18; Empfehlung der Europäischen Kommission v. 11. März 2010 für Maßnahmen zum Eigenschutz und zur Verhütung seeräuberischer Handlungen und bewaffneter Überfälle auf Schiffe (ABl. 2010 L 67, 13), Anhang, Empfehlenswerte Praktiken (S. 16 ff.), Nr. 4 lit. r); IMO, Piracy and Armed Robbery Against Ships, Guidance to shipowners and ship operators, shipmasters and crews on preventing and suppressing acts of piracy and armed robbery against ships, MSC.1/Circ.1334 (23. Juni 2009), Annex, para. 49. In jedem Fall ist eine durchgängige Überwachung des Schiffes wichtig; vgl. IMO, Piracy and Armed Robbery Against Ships, Guidance to shipowners and ship operators, shipmasters and crews on preventing and suppressing acts of piracy and armed robbery against ships, MSC.1/Circ.1334 (23. Juni 2009), Annex, para. 27. Ggf. kommt auch die Verwendung von Nachtsichtgeräten in Betracht; Empfehlung der Europäischen Kommission v. 11. März 2010 für Maßnahmen zum Eigenschutz und zur Verhütung seeräuberischer Handlungen und bewaffneter Überfälle auf Schiffe (ABl. 2010 L 67, 13), Anhang, Empfehlenswerte Praktiken (S. 16 ff.), Nr. 4 lit. q).

719 Vgl. IMO, Piracy and Armed Robbery Against Ships, Guidance to shipowners and ship operators, shipmasters and crews on preventing and suppressing acts of piracy and armed robbery against ships, MSC.1/Circ.1334 (23. Juni 2009), Annex, para. 49.

720 *Mukundan* in: Johnson/Valencia (Hrsg.), Piracy in Southeast Asia, S. 34, 41; *Maihold/Petretto*, SWP-Aktuell 56 (2008), 2.

Bord installierten Sender werden mehrmals täglich die Position und andere Parameter übermittelt und lassen sich über das Internet abrufen. Weiterhin kann bei einem Angriff von der Schiffsbesatzung Alarm ausgelöst werden, so dass entsprechende Maßnahmen eingeleitet werden können.[721]

VIII. Einrichtung von Schutzräumen für die Crew

Wenn sich das Entern des Schiffes durch Piraten nicht mehr verhindern lässt oder sie bereits an Bord sind, bleibt der Besatzung als eine der letzten passiven Maßnahmen das Aufsuchen von geschützten Räumen. Bei solchen Schutzräumen handelt es sich um speziell gegen Beschuss und Eindringen gesicherte Bereiche innerhalb des Schiffes, meist auf den unteren Decks.[722] Ausgestattet mit unabhängigen Kommunikationseinrichtungen und Vorräten an Lebensmitteln wird es der Crew ermöglicht, eine begrenzte Zeit lang auf Hilfe zu warten.[723] Teilweise lassen sich von dort aus auch die technischen Einrichtungen des Schiffes rudimentär kontrollieren, so dass durch das Abschalten der Maschine und der Stromversorgung das Schiff manövrierunfähig wird.[724]

---

721 Vgl. für weitere Informationen den Internetauftritt des Herstellers: http://www.shiploc.com (zuletzt abgerufen am 26. März 2020).

722 *BIMCO/et al.*, Best Management Practices, Version 5, S. 17; Empfehlung der Europäischen Kommission v. 11. März 2010 für Maßnahmen zum Eigenschutz und zur Verhütung seeräuberischer Handlungen und bewaffneter Überfälle auf Schiffe (ABl. 2010 L 67, 13), Anhang, Empfehlenswerte Praktiken (S. 16 ff.), Nr. 4 lit. k). Zur Ausstattung siehe die Empfehlungen des MSCHOA: MSCHOA, Guidance relating to the Construction and Use of Citadels in Waters Affected by Somalia Piracy – July 2011 (https://www.swedishclub.com/upload/Loss_Prev_Docs/Industry_Citadels_Paper_Final_merged_changes.pdf [zuletzt abgerufen am 26. März 2020]), S. 1 ff.

723 MSCHOA, Guidance relating to the Construction and Use of Citadels in Waters Affected by Somalia Piracy – July 2011 (https://www.swedishclub.com/upload/Loss_Prev_Docs/Industry_Citadels_Paper_Final_merged_changes.pdf [zuletzt abgerufen am 26. März 2020]), S. 5.

724 MSCHOA, Guidance relating to the Construction and Use of Citadels in Waters Affected by Somalia Piracy – July 2011 (https://www.swedishclub.com/upload/Loss_Prev_Docs/Industry_Citadels_Paper_Final_merged_changes.pdf [zuletzt abgerufen am 26. März 2020]), S. 2. Zum Einsatz dieses Konzepts bei einem Überfall auf das Tankschiff *Cher* vor der Küste Nigerias: ICC IMB Piracy and Armed Robbery Against Ships – 2014 Annual Report, S. 25. Zur versuchten Entführung der *Beluga Fortune,* bei der die Crew in den Schutzraum flüchtete: *Ritter*, Flucht in den Panikraum bringt die Freiheit, Frankfurter Allgemeine Zeitung v. 26. Oktober 2010, S. 13.

IX. Bewaffnung von Schiffen

Kontrovers diskutiert wird die Bewaffnung von Schiffen. Seitens der internationalen Organisationen wird der Einsatz von Waffen an Bord abgelehnt, insbesondere im Hinblick auf eine drohende Eskalation der Gewalt.[725] Reedereien hingegen sehen die Bewaffnung von Handelsschiffen weniger kritisch und scheinen zunehmend Gebrauch vom Einsatz privater Sicherheitsunternehmen zu machen.[726] Abhängig ist der Einsatz bzw. das Mitführen von Waffen an Bord von Schiffen nicht zuletzt von den rechtlichen Maßgaben des jeweiligen Flaggenstaates.[727] Weiterhin relevant sind die Gesetze des Küstenstaates, in dessen Territorialgewässern sich das Schiff befindet.[728]

1. Bewaffnung der Crew

Zunächst können die Crew bzw. einzelne Crewmitglieder mit Waffen zur Verteidigung ausgestattet werden. Problematisch daran ist allerdings, dass zum Führen von Waffen spezielle Kenntnisse notwendig sind, so dass eine effektive Verteidigung sich insbesondere bei mangelnder Erfahrung schwierig gestaltet.[729]

---

725 Vgl. die Empfehlung der Europäischen Kommission v. 11. März 2010 für Maßnahmen zum Eigenschutz und zur Verhütung seeräuberischer Handlungen und bewaffneter Überfälle auf Schiffe (ABl. 2010 L 67, 13), Anhang, Empfehlenswerte Praktiken (S. 16 ff.), Nr. 2 lit. b) sublit. vii); *Trésoret*, Seepiraterie, S. 88 f.; *Murphy*, Adelphi Pap. 47/388 (2007), 11, 19; *Friedrichs*, „Die Gewalt hat zugenommen", Zeit Online, 4. Juli 2009 (https://www.zeit.de/online/2009/28/piraten-somalia-irminger [zuletzt abgerufen am 26. März 2020]).

726 Vgl. *PricewaterhouseCoopers*, Deutsche Reeder suchen Weg aus der Krise, S. 22. Vgl. auch *Leithäuser*, Ein Abenteuer nicht für Abenteurer, Frankfurter Allgemeine Zeitung v. 2. Dezember 2011, S. 6; *Friedrichs*, Somalias Piraten vergeht die Lust am Kapern, Zeit Online, 14. Februar 2013 (https://www.zeit.de/wirtschaft/2013-02/piraten-somalia [zuletzt abgerufen am 26. März 2020]).

727 Vgl. auch IMO, Piracy and Armed Robbery Against Ships, Guidance to shipowners and ship operators, shipmasters and crews on preventing and suppressing acts of piracy and armed robbery against ships, MSC.1/Circ.1334 (23. Juni 2009), Annex, para. 63. Siehe zum Flaggenstaatsprinzip nach Art. 92 Abs. 1 SRÜ auch noch Kapitel 4 – A. II.

728 Vgl. IMO, Piracy and Armed Robbery Against Ships, Guidance to shipowners and ship operators, shipmasters and crews on preventing and suppressing acts of piracy and armed robbery against ships, MSC.1/Circ.1334 (23. Juni 2009), Annex, para. 59. Zu der Problematik von Waffen in fremden Küstengewässern und Häfen noch ausführlich Kapitel 6 – A. II.

729 *Trésoret*, Seepiraterie, S. 359; *Stein* in: FS Rauschning, S. 487, 488; *Winn/Govern*, Homeland Sec. Rev. 2 (2008), 131, 144. Auch die IMO rät von einer Bewaffnung der

2. *Private Sicherheitsdienste*

Private Sicherheitsdienste auf Handelsschiffen sind mittlerweile keine Seltenheit mehr.[730] Zu unterscheiden sind unbewaffnete von bewaffneten Sicherheitsdiensten. Während unbewaffnete Sicherheitsdienste lediglich eine Unterstützung bei der Bewachung des Schiffes darstellen, können bewaffnete Sicherheitsdienste auch in gewalttätige Auseinandersetzungen mit angreifenden Piraten eintreten. Bei bewaffnetem Sicherheitspersonal stellt sich wiederum die Frage nach dessen rechtlicher Zulässigkeit.[731]

3. Vessel Protection Detachments

Der Einsatz von militärischen Streitkräften an Bord von Handelsschiffen ist ebenfalls möglich. Diese *Vessel Protection Detachments* (VPD) werden von den Reedereien eingesetzt, um das Schiff gegen mögliche Angriffe zu verteidigen.[732] Zu finden sind solche Teams unter anderem auf den Schiffen des *World Food Programme* der *Vereinten Nationen* (WFP), welche Lebensmittel nach Somalia bringen.[733]

Crew dringend ab: IMO, Piracy and Armed Robbery Against Ships, Guidance to shipowners and ship operators, shipmasters and crews on preventing and suppressing acts of piracy and armed robbery against ships, MSC.1/Circ.1334 (23. Juni 2009), Annex, para. 60.

730 Eine Studie aus dem Jahr 2012 kommt zu dem Ergebnis, dass im Juni 2012 58 % der befragten Unternehmen Sicherheitsdienste an Bord haben, von denen 95 % bewaffnet sind; *PricewaterhouseCoopers*, Deutsche Reeder suchen Weg aus der Krise, S. 26 f.

731 Dazu noch eingehend Kapitel 6 – A.

732 *Vijayan*, J. Mar. L. & Com. 45 (2014), 15, 19; *Neri*, Mil. L. & L. War Rev. 51 (2012), 73, 74; vgl. auch *Scholz* in: Weingärtner/Krieger (Hrsg.), Streitkräfte und nichtstaatliche Akteure, S. 101, 112. Zur völkerrechtlichen Beurteilung von VPDs siehe noch Kapitel 7 – A.

733 NATO PA 169 CDS 09 E Rev. 1 (November 2009), S. 7 Rn. 31 und S. 17 Rn. 80; Antwort der Bundesregierung auf die Kleine Anfrage der Abgeordneten Katja Keul, Volker Beck (Köln), Agnes Brugger, weiterer Abgeordneter und der Fraktion BÜNDNIS 90/DIE GRÜNEN – Drs. 17/9097 –, Bewaffneter Schutz von Handelsschiffen unter deutscher Flagge, BT-Drs. 17/9278, S. 6 Nr. 14 und S. 7 Nr. 16 lit. d).

X. Externe Unterstützung

1. Überwachung der gefährlichen Meeresgebiete durch das Militär

Durch die Stationierung von Marineeinheiten in den gefährlichen Gewässern soll zunächst eine abschreckende Wirkung erzielt werden, die Piraten von Überfällen abhält. Weiterhin können auch Boote, die im Verdacht stehen, in seeräuberische Aktivitäten verstrickt zu sein, beobachtet und kontrolliert werden.[734] Schließlich ist es im Falle eines Angriffs möglich, dem betroffenen Schiff zeitnah Unterstützung zu leisten.

2. Bildung von Konvois durch gefährliche Gebiete

Die Begleitung von Handelsschiffen durch Meeresgebiete, in denen Angriffe drohen, war schon zu Zeiten des Römischen Reiches bekannt.[735] Eine Renaissance erlebte die Bildung von Konvois mit den zunehmenden Angriffen auf Handelsschiffe vor der Küste Somalias im Jahr 2008. Im Rahmen der *Combined Task Force 150* wurde am 22. August 2008 im Golf von Aden die *Maritime Security Patrol Area* (MSPA) eingerichtet.[736] Dabei handelt es sich um einen 560 Seemeilen langen Bereich, welcher in einem Abstand von ungefähr 12 bis 40 Seemeilen vor der Küste Jemens verläuft und von Militärschiffen überwacht wurde.[737]

Aus dieser MSPA ging im Februar 2009 der *Internationally Recommended Transit Corridor* (IRTC) hervor.[738] Im Gegensatz zur MSPA befindet sich der IRTC weiter südlich und damit in einem größeren Abstand zum jemenitischen Küstenmeer.[739] Aufgeteilt ist der IRTC in zwei Bahnen, wobei die nördliche für

---

734 Siehe zu den Kontrollrechten noch Kapitel 4 – B. und Kapitel 4 – C.

735 *Baasch*, Hamburgs Convoyschiffahrt und Convoywesen, S. 1.

736 *Ghosh* in: Malik (Hrsg.), Maritime security in the Indo-Pacific, S. 155, 160.

737 *Tsilis*, Counter-Piracy Escort Operations in the Gulf of Aden, S. 8 Abb. 4; *Ghosh* in: Malik (Hrsg.), Maritime security in the Indo-Pacific, S. 155, 160. Vgl. auch *EU NAVFOR – Somalia/MSCHOA*, Gulf of Aden Internationally Recommended Transit Corridor & Group Transit Explanation, August 2010 (https://docplayer.net/253704-Gulf-of-aden-internationally-recommended-transit-corridor-group-transit-explanation.html [zuletzt abgerufen am 26. März 2020]).

738 *Tsilis*, Counter-Piracy Escort Operations in the Gulf of Aden, S. 7 f.; vgl. auch *Shortland/Vothknecht*, Europ. J. Pol. Econ. 27 (2011), 133, 144.

739 Zum Verlauf des IRTC: IMO, Piracy and Armed Robbery Against Ships in Waters off the Coast of Somalia, Information on Internationally Recommended Transit Corridor (IRTC) for Ships Transiting the Gulf of Aden, SN.1/Circ.281 (3. August 2009), Annex, S. 1; *Tsilis*, Counter-Piracy Escort Operations in the Gulf of Aden, S. 8 Abb. 4. Durch die Verlegung in Richtung Süden wurde auch das Risiko verringert, das jemenitische

die westwärts fahrenden Schiffe und die südliche für die ostwärts fahrenden Schiffe vorgesehen ist. Die Schiffe nutzen den IRTC in Gruppen und warten dafür jeweils am Startpunkt, bevor sie sich zu einem festgelegten Zeitpunkt auf den Weg durch den IRTC machen.[740] Die Startzeit hängt dabei von der Geschwindigkeit ab, mit der die Schiffe den IRTC durchfahren, und ist so bemessen, dass die Schiffe den Bereich, in dem die größte Gefahr von Angriffen besteht, bei Dunkelheit durchfahren.[741] Weiterhin muss vor der Passage eine Registrierung bei der entsprechenden Organisation erfolgen.[742] Abhängig von der Anzahl der Schiffe gibt es pro Tag ein bis zwei Gruppen, deren Geschwindigkeit von dem langsamsten Schiff vorgegeben wird.[743] Im Gegensatz zu den klassischen Konvois werden die einzelnen Gruppen im IRTC nicht zwingend

---

Küstengewässer zu befahren, in welchem es für internationale Militärs schwierig ist, Hilfe bei Angriffen zu leisten; vgl. *ICS/INTERTANKO/SIGTTO*, Best Management Practices, Version 4, S. 21.

740 Eine Tabelle mit den jeweiligen Geschwindigkeiten für die Gruppeneinteilung und die jeweiligen Startzeiten geben die Informationen zu *MSCHOA* und der *EU NAVFOR – Somalia: EU NAVFOR – Somalia/MSCHOA*, Gulf of Aden Internationally Recommended Transit Corridor & Group Transit Explanation, August 2010 (https://docplayer.net/253704-Gulf-of-aden-internationally-recommended-transit-corridor-group-transit-explanation.html [zuletzt abgerufen am 26. März 2020]), S. 4 ff.

741 *EU NAVFOR – Somalia/MSCHOA*, Gulf of Aden Internationally Recommended Transit Corridor & Group Transit Explanation, August 2010 (https://docplayer.net/253704-Gulf-of-aden-internationally-recommended-transit-corridor-group-transit-explanation.html [zuletzt abgerufen am 26. März 2020]) S. 5.

742 Vgl. IMO, Piracy and Armed Robbery Against Ships in Waters off the Coast of Somalia, Information on Internationally Recommended Transit Corridor (IRTC) for Ships Transiting the Gulf of Aden, SN.1/Circ.281 (3. August 2009), Annex, S. 1; *EU NAVFOR – Somalia/MSCHOA*, Gulf of Aden Internationally Recommended Transit Corridor & Group Transit Explanation, August 2010 (https://docplayer.net/253704-Gulf-of-aden-internationally-recommended-transit-corridor-group-transit-explanation.html [zuletzt abgerufen am 26. März 2020]), S. 12.

743 *Trésoret*, Seepiraterie, S. 94. Teilweise können aber auch Wartezeiten von einigen Tagen entstehen; vgl. *Ritter*, Die Pest der Meere, Frankfurter Allgemeine Zeitung v. 20. November 2010, S. 11. Allerdings kann durch die Nutzung des IRTC insbesondere für einfach zu enternde Schiffe auch eine zusätzliche Gefahr entstehen, wenn Piraten an den Endpunkten solchen Schiffen auflauern; *Scholz* in: Weingärtner/Krieger (Hrsg.), Streitkräfte und nicht-staatliche Akteure, S. 101, 116.

von einem Militärschiff begleitet. Allerdings sind im Bereich des IRTC mehrere Marineeinheiten stationiert, so dass im Falle eines Angriffs ein schnelles Eingreifen möglich ist.[744]

G. Auswirkungen der Angriffe auf die Handelsschifffahrt

I. Steigende Versicherungsprämien

Auch wenn nicht alle Überfälle gemeldet werden,[745] stiegen die Versicherungsprämien insbesondere nach den Angriffen vor der Küste Somalias signifikant an.[746] Dies betrifft zunächst die Versicherung des Schiffs sowie die Versicherung der Ladung.[747] Relativ neu sind in diesem Zusammenhang sog. *Kidnap and ransom*-Versicherungen, die das Risiko einer Entführung und der anschließenden Lösegeldforderung abdecken.[748] Im Falle einer Entführung übernimmt

---

744 Empfehlung der Europäischen Kommission v. 11. März 2010 für Maßnahmen zum Eigenschutz und zur Verhütung seeräuberischer Handlungen und bewaffneter Überfälle auf Schiffe (ABl. 2010 L 67, 13), Anhang, Empfehlenswerte Praktiken (S. 16 ff.), Nr. 3 lit. c) sublit. iv); *Kupferschmidt* in: Mair (Hrsg.), Piraterie und maritime Sicherheit, S. 70, 73. Allgemein zur Bildung von Konvois: *Kirchner*, Willamette J. Int'l L. & Dis. Res. 22 (2014), 31, 44 ff. Siehe zu Konvois, die vom *Hong Kong Maritime Rescue Coordination Centre* (HKMRCC) im Golf von Aden organisiert werden: *McKinnon*, Hong Kong L. J. 41 (2011-2012), 635, 645 f.

745 Zu den Gründen, die dazu führen, dass eine Meldung unterbleibt, siehe bereits oben Kapitel 3 - C. VI.

746 *Mildner/Groß* in: Mair (Hrsg.), Piraterie und maritime Sicherheit, S. 20, 27 f.; *PricewaterhouseCoopers*, Deutsche Reeder suchen Weg aus der Krise, S. 26; *Kupferschmidt* in: Mair (Hrsg.), Piraterie und maritime Sicherheit, S. 70, 77. Dies hat damit zu tun, dass das Seegebiet vor der Küste Somalias als *War Risk Area* deklariert wurde; *Jochim*, Die Straße von Malakka als Erfolgsmodell der Pirateriebekämpfung, S. 24 f.; *Stehr*, IP 64/6 (2009), 63, 65 f.; *Mahard*, Vand. J. Transnat'l L. 47 (2014), 331, 340 f.; *Endler/et al.*, PiraT-Arbeitspapiere zur Maritimen Sicherheit Nr. 16 (2012), S. 20.

747 Für einen Überblick über die verschiedenen Versicherungen bei Schiffen siehe: *C. H. Allen* in: Nordquist/et al. (Hrsg.), Legal Challenges in Maritime Security, S. 165, 193 ff. Für einen Überblick verschiedener Schiffsversicherungen im Bezug auf Piraterie als versichertes Risiko siehe: *MacDonald Eggers* in: Guilfoyle (Hrsg.), Modern Piracy, S. 268.

748 *MacLaren*, Chi. J. Int'l L. 14 (2013-2014), 347, 352; *Hodgkinson*, Case West. Res. J. Int'l L. 46 (2013), 145, 148; *Deans*, Roger Wms. U. L. Rev. 16 (2011), 655, 662; vgl. auch *Krohn*, Versicherer lassen sich Piratenrisiken teuer bezahlen, Neue Policen decken auch Lösegeldforderungen ab, Frankfurter Allgemeine Zeitung v. 20. April 2009, S. 6.

die Versicherung die Koordination der Verhandlungen und der anschließenden Lösegeldübergabe.[749] Für das Seegebiet vor der Küsten Somalias stiegen in der zweiten Jahreshälfte 2008 die Versicherungsprämien innerhalb eines halben Jahres angeblich um das zehnfache.[750] Nachdem die Angriffe in den Jahren 2013 und 2014 stark zurückgegangen sind, reduzierten sich auch wieder die Versicherungsprämien.[751]

II. Steigende Transportkosten

1. Umfahren von Gebieten

Das Umfahren von gefährlichen Seegebieten erhöht ebenfalls die Transportkosten.[752] Wird auf der Route von Ras Tanura nach Rotterdam der Sueskanal umfahren, verlängert sich die Strecke um 42 % bzw. etwa 4.700 Seemeilen.[753] Auch Schiffe, die von Saudi Arabien die Vereinigten Staaten von Amerika ansteuern, müssen einen zusätzlichen Weg von 2.700 Seemeilen in Kauf nehmen. Für die Route von Jemen nach Gibraltar über das Kap der Guten Hoffnung wird ein Zeitfaktor von 2,5 gegenüber der Route durch den Golf von Aden und den Sueskanal angegeben.[754]

Ein ähnliches Bild zeichnet sich beim Umfahren der Straße von Malakka und der Straße von Singapur ab. Um vom Indischen Ozean in das Südchinesische Meer zu gelangen, bleibt den Schiffen nur die Sundastraße zwischen Sumatra und Java oder die Lombokstraße zwischen Bali und Lombok. Während erstere Alternative mit zusätzlichen anderthalb Tagen berücksichtigt werden muss,

---

749 *MacLaren*, Chi. J. Int'l L. 14 (2013-2014), 347, 352; vgl. auch *Seliger*, Gute Geschäfte mit Geiseln, Frankfurter Allgemeine Sonntagszeitung v. 8. Februar 2015, S. 8.

750 *Krohn*, Versicherer lassen sich Piratenrisiken teuer bezahlen, Neue Policen decken auch Lösegeldforderungen ab, Frankfurter Allgemeine Zeitung v. 20. April 2009, S. 6; vgl. auch *Isanga*, Am. U. L. Rev. 59 (2009-2010), 1267, 1273 f.

751 Zwischen 2013 und 2014 ist der sog. *War Risk Added Premium* um 30 % gesunken; *Walje/et al.* in: Oceans Beyond Piracy (Hrsg.), The State of Maritime Piracy 2014, S. 13.

752 Allgemein zu den Transportrouten und deren Alternativen im internationalen Schiffsverkehr: *Göpfert/D. Braun* in: Göpfert/D. Braun (Hrsg.), Internationale Logistik, S. 1, 5 ff.

753 In Ra's Tanura befindet sich das derzeit größte Terminal für die Verladung von Öl, so dass diese Strecke für den internationalen Handel mit Öl von großer Bedeutung ist.

754 Antwort der Bundesregierung auf die Kleine Anfrage der Abgeordneten Birgit Homburger, Dr. Rainer Stinner, Elke Hoff, weiterer Abgeordneter und der Fraktion der FDP – Drs. 16/11088 –, Beteiligung deutscher Soldaten am geplanten EU-Einsatz „Atalanta“, BT-Drs. 16/11352, S. 2.

dauert der Umweg durch die Lombokstraße dreieinhalb Tage länger.[755] Berücksichtigt werden muss weiterhin, dass die Sundastraße für Frachtschiffe ab einer bestimmten Größe nicht mehr passierbar ist.[756] Außerdem ist fraglich, ob diese beiden Straßen sicherer hinsichtlich Angriffen von Seeräubern sind. Zwar sind die Engstellen und damit die besonders gefährdeten Bereiche im Vergleich zur Straße von Malakka bzw. der Straße von Singapur wesentlich kürzer, allerdings müssen besonders bei der Route durch die Lombokstraße einige weitere kleinere indonesische, malaysische bzw. philippinische Inselgruppen durchfahren werden.[757]

2. *Fahren mit erhöhter Geschwindigkeit*

Die empfohlene Mindestgeschwindigkeit beim Durchfahren von Seegebieten, in denen Angriffe drohen, liegt je nach Schiffstyp über jener Geschwindigkeit, bei welcher das Schiff ökonomisch am effizientesten unterwegs ist. Sind die Reeder gezwungen, eine höhere Geschwindigkeit als diese zu fahren, bringt dies eine Erhöhung von Treibstoffkosten im Bereich von über 50 % mit sich.[758]

3. *Risikozuschläge für die Besatzung*

Auch die Lohnkosten für die Besatzung können bei der Fahrt durch gefährliche Gewässer steigen.[759] So machten im Jahr 2012 die durch Lohnzuschläge

---

755 *Qu/Meng*, Transp. Research Pt. E: Logist. & Transp. Rev. 48 (2012), 258, 260; vgl. auch *Jochim*, Die Straße von Malakka als Erfolgsmodell der Pirateriebekämpfung, S. 24 f.

756 *Qu/Meng*, Transp. Research Pt. E: Logist. & Transp. Rev. 48 (2012), 258, 260; *Jochim*, Die Straße von Malakka als Erfolgsmodell der Pirateriebekämpfung, S. 24.

757 Vgl. *Qu/Meng*, Transp. Research Pt. E: Logist. & Transp. Rev. 48 (2012), 258, 260 Fig. 2. Zum Ausweichen auf andere Seegebiete im Chinesischen Meer mit verschiedenen Beispielen, in welchem Umfang sich Routen verlängern: *Rusli*, Balancing shipping and the protection of the marine environment of straits, S. 313 ff. und insbes. S. 317 f.

758 Vgl. dazu und auch für detailliertere Zahlen: *Walje/et al.* in: Oceans Beyond Piracy (Hrsg.), The State of Maritime Piracy 2014, S. 9. Ein konkretes Beispiel: Das Containerschiff *CMA CGM Nevada* verbraucht bei der Dienstgeschwindigkeit von 24,5 Knoten 312 Tonnen Treibstoff in 24 Stunden. Bei einer Geschwindigkeit von 24 Knoten sind es 276 Tonnen in 24 Stunden, bei 20 Knoten 150 Tonnen und bei 11 Knoten 36 Tonnen; vgl. *Domizlaff*, Einmal Volltanken für 5,3 Millionen Euro, Frankfurter Allgemeine Zeitung v. 26. März 2013, S. T6. Vgl. auch zu dem Einfluss der Geschwindigkeit auf den Treibstoffverbrauch: *C.-Y. Lee/H. L. Lee/J. Zhang*, Transp. Research Pt. E: Logist. & Transp. Rev. 76 (2015), 176, 177 f.

759 *Stehr*, Marine Forum 1/2 (2009), 5, 6.

verursachten Mehrkosten vor der Küste Somalias 8 % aus.[760] Teilweise ist es auch schwierig, überhaupt Besatzungen für bestimmte Fahrten durch gefährliche Gewässer zu finden.[761]

III. Zusätzliche Kosten für Sicherheitsausrüstung

Die gegen Angriffe unternommenen Maßnahmen sind mit teils beträchtlichem finanziellem Aufwand verbunden. Während Gegenmaßnahmen wie das Installieren von Löschwasserschläuchen oder Aufstellen von Dummys[762] mit größtenteils bordeigenen Mitteln bewerkstelligt werden kann, bedarf es für das Ausstatten eines Schiffs mit Elektrozäunen[763] oder LRADs[764] oder den Einbau eines Schutzraums erheblicher Investitionen. Ebenfalls mit beträchtlichen Ausgaben verbunden ist der Einsatz von bewaffnetem Sicherheitspersonal an Bord der Schiffe.[765] Beachtet werden muss weiterhin, dass insbesondere die letztgenannten Maßnahmen von kleineren Reedereien ohne einen entsprechenden finanziellen Spielraum zumeist nicht umgesetzt werden können.[766]

---

760 *Oceans Beyond Piracy*, Verteilung der entstandenen Kosten durch Piraterie vor Somalia im Jahr 2012 (https://de.statista.com/statistik/daten/studie/310118/umfrage/somalia-piraterie-kosten-verteilung/ [zuletzt abgerufen am 26. März 2020]).

761 *Ankenbrand/Balzter*, Die Angst vor Piraten beeinträchtigt den Welthandel, Frankfurter Allgemeine Zeitung v. 20. November 2008, S. 13; vgl. auch *PricewaterhouseCoopers*, Deutsche Reeder suchen Weg aus der Krise, S. 25.

762 Die Kosten für einen Dummy belaufen sich auf ab ungefähr 250 Euro; *Blecker/et al.*, PiraT-Arbeitspapiere zur Maritimen Sicherheit Nr. 10 (2011), S. 29.

763 Die Kosten für einen Elektrozaun sind nur schwer zu beziffern; vgl. *Blecker/et al.*, PiraT-Arbeitspapiere zur Maritimen Sicherheit Nr. 10 (2011), S. 22. Genannt werden aber Summen zwischen 20.000 und 30.000 Euro für ein Schiff mit 150 Metern Länge. Günstiger ist der Einbau eines Stachel- oder NATO-Drahtzauns. Dessen Kosten werden mit ca. 7 Euro pro Meter angegeben. Hinzu kommt noch Montagematerial und das entsprechende Werkzeug; *Blecker/et al.*, PiraT-Arbeitspapiere zur Maritimen Sicherheit Nr. 10 (2011), S. 23 f.

764 Genannt werden für ein Gerät abhängig von Modell und Ausstattung Kosten von 5.000 bis über 15.000 Euro. Bedacht werden muss, dass abhängig von der Größe des Schiffs mindestens zwei Geräte angeschafft werden müssen.

765 Als Kosten für VPDs auf Schiffen im westindischen Ozean werden 6.635 US-Dollar pro Tag angegeben; *Walje/et al.* in: Oceans Beyond Piracy (Hrsg.), The State of Maritime Piracy 2014, S. 19. Für ein bewaffnetes Sicherheitsteam an Bord bei der Fahrt durch den Golf von Aden werden als Kosten ca. 100.000 US-Dollar genannt; *Friedrichs*, Mit Söldnern gegen Seeräuber, Zeit Online, 13. September 2012 (https://www.zeit.de/2012/38/Piraten-Soeldner-Somalia [zuletzt abgerufen am 26. März 2020]).

766 Vgl. *Murphy*, Adelphi Pap. 47/388 (2007), 11, 19.

4 Eingriffsrechte auf Grundlage des *Seerechtsübereinkommens der Vereinten Nationen* beim Vorgehen gegen Seeräuberei

Wird auf Hoher See ein Schiff angetroffen, bei welchem der Verdacht besteht, dass dieses in seeräuberische Aktivitäten eingebunden ist oder die Besatzung tatsächlich Handlungen begangen hat, die den Tatbestand der Seeräuberei nach Art. 101 SRÜ erfüllen, stellt sich die Frage, welche Befugnisse gegenüber diesen Schiffen bestehen. Dies ist vor allem relevant, wenn das eingreifende Schiff eine andere Staatszugehörigkeit als das der Seeräuberei wenigstens verdächtige Schiff hat. Zum einen muss im Rahmen dieser Eingriffsrechte betrachtet werden, unter welchen Voraussetzungen das verdächtige Schiff untersucht werden darf (unter B.). Stellt sich heraus, dass es sich tatsächlich um ein Seeräuberschiff handelt, muss geprüft werden, unter welchen Umständen das Schiff aufgebracht und die Besatzung festgehalten werden darf (unter C.). Zusätzlich ist zu prüfen, inwieweit Verfolgungsrechte bestehen, wenn sich das zu untersuchende bzw. aufzubringende Schiff durch eine Flucht aus einem Küstenmeer hinaus oder in ein Küstenmeer hinein dem Zugriff zu entziehen versucht (unter D.). Zum anderen muss der Frage nachgegangen werden, welche Schiffe zur Ausübung der Untersuchungs- und Festnahmerechte befugt sind (unter E.).

A. Freiheit der Hohen See

Von elementarer Bedeutung für die Seeschifffahrt sind der Grundsatz der Freiheit der Hohen See und die damit verbundene Schifffahrtsfreiheit (unter I.) sowie das Flaggenstaatsprinzip (unter II.). Diese Grundsätze müssen beim Vorgehen gegen Seeräuberei berücksichtigt werden, da sie beim Untersuchen oder Aufbringen von fremden Schiffen teils erheblich eingeschränkt werden.

I. Allgemeine Grundsätze

1. Freiheit der Schifffahrt

Auf Hoher See gilt der Grundsatz der Freiheit der Meere. Die Hohe See steht allen Staaten offen, gleich ob Küsten- oder Binnenstaat, Art. 87 Abs. 1 S. 1 SRÜ. In Art. 87 Abs. 1 S. 3 SRÜ werden einige Rechte aufgezählt, welche den Staaten auf Hoher See zustehen. Die Freiheit der Hohen See umfasst unter anderem die Freiheit der Schifffahrt, Art. 87 Abs. 1 S. 3 lit. a) SRÜ. Diese garantiert, dass Schiffe ohne Beeinträchtigung durch andere Staaten die Hohe See durchfahren dürfen.[767]

2. Einschränkungen

Diese Freiheiten gelten allerdings nicht unbeschränkt.[768] Zum einen hat jeder Staat bei der Ausübung der in Art. 87 Abs. 1 SRÜ genannten Rechte die Interessen anderer Staaten – welche diese Freiheiten ihrerseits ebenfalls in Anspruch nehmen – gebührend zu berücksichtigen, Art. 87 Abs. 2 SRÜ.[769] Zum anderen kann die alleinige Hoheitsgewalt des Flaggenstaates aufgrund internationaler Übereinkommen oder des SRÜ eingeschränkt werden, Art. 92 Abs. 1 S. 1 a.E. SRÜ. Außerdem legt Art. 88 SRÜ fest, dass die Hohe See friedlichen Zwecken vorbehalten ist. Im Hinblick auf die Seeräuberei sind als die Schifffahrtsfreiheit einschränkende Vorschriften vor allem Art. 110 SRÜ und Art. 105 SRÜ zu nennen. Art. 110 SRÜ normiert ein Betretungs- und Durchsuchungsrecht bei verdächtigen Schiffen. Art. 105 SRÜ enthält die Befugnis zum Aufbringen[770] von Seeräuberschiffen.

---

767 *Hoffmann*, Navigation, Freedom of, in: MPEPIL (Stand: April 2011), Rn. 22; *Heintschel v. Heinegg* in: Epping/Heintschel v. Heinegg (Hrsg.), Ipsen, Völkerrecht, § 45 Rn. 6; *Proelß* in: Graf Vitzthum/Proelß (Hrsg.), Völkerrecht, 5. Abschn. Rn. 45. Daneben werden in Art. 87 Abs. 1 S. 3 lit. c) bis f) SRÜ weitere Freiheiten genannt, welche den Staaten auf Hoher See zustehen.

768 Allgemein zu den Einschränkungen: *Heintschel v. Heinegg* in: Epping/Heintschel v. Heinegg (Hrsg.), Ipsen, Völkerrecht, § 45 Rn. 11, 13 ff. und 18 ff.

769 Zu diesem Gebot der Rücksichtnahme: *Dahm/Delbrück/Wolfrum*, Völkerrecht, Bd. I/2, § 117 III. 2.; *Nordquist*, UNCLOS, Bd. III, Rn. 87.9(k) und 87.9(l).

770 Das Wort „aufbringen" bezeichnet in der Seemannssprache das unter Kontrolle bringen eines anderen bzw. fremden Schiffes. In der englischen Sprachfassung findet die Formulierung „to seize a pirate ship" Verwendung, was den Aspekt des Ergreifens mehr in den Vordergrund stellt.

3. *Die Hohe See als* res communis

a) Keine staatliche Hoheitsgewalt

Die Hohe See unterliegt keiner staatlichen Hoheitsgewalt, sondern steht allen Staaten offen, Art. 87 Abs. 1 S. 1 SRÜ.[771] Damit ist die Hohe See der Staatengemeinschaft in ihrer Gesamtheit zugeordnet.[772] Dies bedeutet gleichzeitig, dass keine zentrale Durchsetzungsgewalt existiert, sondern dass den Staaten gemeinsam die Einhaltung der Regeln auf Hoher See obliegt.[773] Dieses gemeinsame Handeln wird ebenfalls im Teil VII, welcher die Hohe See zum Gegenstand hat, angesprochen, nämlich die Zusammenarbeit der Staaten bei der Bekämpfung unerwünschten Verhaltens[774] und der Erhaltung der Meeresumwelt.[775]

b) Durchsetzung der Regelungen auf Hoher See

Dass die von der Staatengemeinschaft für die Hohe See festgelegten Regeln von den Schiffen beachtet werden, obliegt grundsätzlich den einzelnen Staaten. Jeder Staat hat dafür zu sorgen, dass die seine Flagge führenden Schiffe die völkerrechtlichen Vorschriften einhalten.[776] Von diesem Grundsatz gibt es allerdings Ausnahmen. Dies betrifft unter anderem das Vorgehen gegen Seeräuberei. In Art. 105 S. 1 SRÜ wird festgelegt, dass jeder Staat Seeräuberschiffe aufbringen darf.[777] Weitere Ausnahmen bestehen unter anderem bei der Bekämpfung des unerlaubten Verkehrs mit Suchtstoffen oder psychotropen Stoffen, Art. 108 SRÜ,

---

771 Vgl. *Shaw*, International Law, S. 453; *v. Arnauld*, Völkerrecht, Rn. 821; *Proelß* in: Graf Vitzthum/Proelß (Hrsg.), Völkerrecht, 5. Abschn. Rn. 64; *Tanaka*, International Law of the Sea, S. 187 f.

772 *Proelß* in: Graf Vitzthum/Proelß (Hrsg.), Völkerrecht, 5. Abschn. Rn. 61; *Hobe*, Einführung in das Völkerrecht, S. 458; *Tanaka*, International Law of the Sea, S. 186 f.

773 Vgl. *Hobe*, Einführung in das Völkerrecht, S. 458: „Die Hohe See ist als staatsfreier Raum zwar frei von *Gebietshoheit*, nicht aber frei von *Rechtshoheit*" (*Hervorhebungen* im Original).

774 Genannt wird in Art. 100 SRÜ die Zusammenarbeit bei der Bekämpfung der Piraterie, in Art. 108 SRÜ die Zusammenarbeit bei der Bekämpfung des unerlaubten Verkehrs mit Suchtstoffen oder psychotropen Stoffen und in Art. 109 SRÜ die Zusammenarbeit bei der Bekämpfung nicht genehmigter Rundfunksendungen von Hoher See aus.

775 Dies betrifft die in Art. 118 SRÜ angeführte Zusammenarbeit bei der Erhaltung und Bewirtschaftung der lebenden Ressourcen.

776 *Shaw*, International Law, S. 455; *Rayfuse*, Austl. Y.B. Int'l L. 24 (2005), 181, 183 f.

777 Dazu noch ausführlich unten Kapitel 4 – C.

oder der Bekämpfung von nicht genehmigten Rundfunksendungen von Hoher See aus, Art. 109 SRÜ.[778]

4. *Geltung dieser Grundsätze in der ausschließlichen Wirtschaftszone*

Dem Wortlaut folgend sind die Regelungen in räumlicher Hinsicht auf die Hohe See begrenzt. Allerdings wird in Art. 58 Abs. 2 SRÜ festgelegt, dass die Art. 85 bis 115 SRÜ grundsätzlich auch in der ausschließlichen Wirtschaftszone Anwendung finden.[779] Folglich gelten die Grundsätze der Freiheit der Schifffahrt auch in der ausschließlichen Wirtschaftszone.

II. Flaggenstaatsprinzip

In engem Zusammenhang zur Schifffahrtsfreiheit steht das Flaggenstaatsprinzip.[780] Danach übt der Staat, dessen Flagge das Schiff führt, die alleinige Hoheitsgewalt an Bord dieses Schiffes aus, Art. 92 Abs. 1 S. 1 SRÜ,[781] und es gilt folglich dessen Rechtsordnung.[782] Damit einher geht die Pflicht des Flaggenstaates, die Vorgänge an Bord dieser Schiffe zu kontrollieren, Art. 94 Abs. 1 SRÜ. Insbesondere liegt es in seiner Verantwortung, entsprechende Maßnahmen zu ergreifen, um die Sicherheit auf See zu gewährleisten und dabei die einschlägigen internationalen Reglements zu beachten, Art. 94 Abs. 3 bis 5 SRÜ. Art. 94 Abs. 2 lit. b) SRÜ hebt hervor, dass der Flaggenstaat seine Hoheitsgewalt nach innerstaatlichem Recht über das Schiff sowie dessen Kapitäne, Offiziere und Besatzung ausübt. Jeder Staat legt fest, unter welchen Bedingungen seine Flagge von Schiffen

---

778 Ausführlich zu den Ausnahmen: *Rayfuse*, Non-Flag State Enforcement in High Seas Fisheries, S. 52 ff.; vgl. auch *Kanehara*, Japanese Y.B. Int'l L. 51 (2008), 21, 38 f.

779 Vgl. *Hoffmann*, Navigation, Freedom of, in: MPEPIL (Stand: April 2011), Rn. 15. Siehe dazu auch bereits Kapitel 2 – E. I. 3. e) bb). Dass die Freiheit der Schifffahrt ebenfalls in der ausschließlichen Wirtschaftszone ein wichtiges Merkmal darstellt, macht auch Art. 60 Abs. 7 SRÜ deutlich, wonach künstliche Inseln, Anlagen und Bauwerke und die sie umgebenden Sicherheitszonen nicht im Bereich anerkannter und für den internationalen Schiffsverkehr wichtigen Seewegen errichtet werden dürfen; vgl. *Lagoni* in: FS Walther-Schücking-Institut für Internationales Recht, S. 491, 509.

780 *Heintschel v. Heinegg* in: Epping/Heintschel v. Heinegg (Hrsg.), Ipsen, Völkerrecht, § 45 Rn. 7; *Hobe*, Einführung in das Völkerrecht, S. 459.

781 Vgl. *Heintschel v. Heinegg* in: Epping/Heintschel v. Heinegg (Hrsg.), Ipsen, Völkerrecht, § 45 Rn. 9; *Tanaka*, International Law of the Sea, S. 189 ff.; *v. Arnauld*, Völkerrecht, Rn. 837.

782 Vgl. *Herdegen*, Völkerrecht, § 25 Rn. 10; *Aust*, Handbook of International Law, S. 290 f.; *Hobe*, Einführung in das Völkerrecht, S. 460.

geführt werden darf, Art. 91 Abs. 1 S. 1 SRÜ. Weiterhin muss zwischen dem flaggenführenden Schiff und dem entsprechenden Staat eine „echte Verbindung“[783] bestehen, Art. 91 Abs. 1 S. 3 SRÜ. Die Anforderungen an eine solche Verbindung sind allerdings nicht klar umgrenzt.[784]

1. United Nations Convention on Conditions for Registration of Ships

In den 1970er Jahren kamen daher Bestrebungen auf, die Voraussetzungen einer solchen Beziehung verbindlich festzulegen.[785] Das Ergebnis dieser Überlegungen stellt die *United Nations Convention on Conditions for Registration of Ships* vom 7. Februar 1986[786] dar.[787] Dabei werden hauptsächlich wirtschaftliche Kriterien herangezogen, um eine Verbindung zwischen Flaggenstaat und dem die Flagge führenden Schiff zu begründen.[788] Bislang sind allerdings erst 15 Staaten der Konvention beigetreten,[789] so dass die erforderliche Anzahl von

783 Art. 91 Abs. 1 S. 3 SRÜ: „There must exist a *genuine link* between the State and the ship“ (*Hervorhebung* durch den Verfasser). Teilweise wird auch in der deutschsprachigen Literatur der englische Begriff des *genuine link* verwendet.

784 Vgl. *McConnell*, J. Mar. L. & Com. 18 (1987), 435, 437. Allgemein zur Diskussion über die Ausgestaltung der Verbindung des Schiffs zum Flaggenstaat während der Beratungen über Art. 5 HSÜ, dessen Inhalt im Wesentlichen in Art. 91 SRÜ übernommen wurde: *Cogliati-Bantz*, Nordic J. Int’l L. 79 (2010), 383, 390 ff.

785 *D. König*, Flags of Convenience, in: MPEPIL (Stand: November 2008), Rn. 11; vgl. auch *McConnell*, J. Mar. L. & Com. 18 (1987), 435, 439.

786 Int’l Legal Mat. 26 (1987), 1229, 1236.

787 *Dahm/Delbrück/Wolfrum*, Völkerrecht, Bd. I/2, § 118 III. 9.; *Matlin*, Vand. J. Transnat’l L. 23 (1990-1991), 1017, 1035 ff.

788 *Dahm/Delbrück/Wolfrum*, Völkerrecht, Bd. I/2, § 118 III. 9.; *Matlin*, Vand. J. Transnat’l L. 23 (1990-1991), 1017, 1036. So verlangt Art. 10 Abs. 1 dieser Konvention, dass die Reederei oder eines ihrer Tochterunternehmen ihren Sitz bzw. ihren Tätigkeitsschwerpunkt innerhalb des Flaggenstaates haben und diesen nach den dort geltenden Vorschriften ausüben muss. Sollte dies nicht der Fall sein, statuiert Art. 10 Abs. 2, dass eine Person dieses Unternehmens die Nationalität dieses Staates oder ihren Wohnsitz dort haben muss. Ziel dieser Vorschriften ist es sicherzustellen, dass es für den Fall, dass die entsprechenden Gesetze des Flaggenstaates nicht befolgt werden, eine Person gibt, die vor den Gerichten des Flaggenstaates zur Verantwortung gezogen werden kann.

789 https://treaties.un.org/doc/Publication/MTDSG/Volume%20II/Chapter%20XII/XII-7.en.pdf (zuletzt abgerufen am 26. März 2020).

40 Vertragsstaaten noch nicht erreicht wurde, vgl. Art. 19 Abs. 1 dieser Konvention.[790] Somit bleibt es vorerst bei den vagen Voraussetzungen, die sich aus dem SRÜ hinsichtlich der Verbindung zwischen Schiff und Flaggenstaat ergeben.

2. Anforderungen an das Bestehen einer „echten Verbindung"

Die von Art. 91 Abs. 1 S. 3 SRÜ geforderte „echte Verbindung" soll gewährleisten, dass der Flaggenstaat die Einhaltung der sich aus seiner Rechtsordnung ergebenden Rechte und Pflichten für das Schiff überwachen kann.[791] Darüber hinaus aber sind die Anforderungen, die an die „echte Verbindung" gestellt werden, gering.[792] So kommt es zum Beispiel nicht darauf an, ob der Eigner des Schiffes oder dessen Besatzung die Nationalität des Flaggenstaates hat oder ob der mit dem Schiff betriebene Handel zur Wirtschaft des Flaggenstaates beiträgt.[793]

3. Sog. Billigflaggen

Die Motivation der Reedereien, ihre Schiffe in bestimmen Ländern zu registrieren, sind vornehmlich wirtschaftlicher Natur.[794] Bevorzugt werden Staaten, deren Gesetzgebung etwa im Hinblick auf Steuern, Lohnkosten oder soziale Absicherung der Besatzung vergleichbar niedrige Standards festlegen.[795]

---

790 Weiterhin stellt Art. 19 Abs. 1 der *United Nations Convention on Conditions for Registration of Ships* das Erfordernis auf, dass die in den Unterzeichnerstaaten registrierten Schiffe mindestens 25 % der weltweiten Handelsflotte in Bruttoregistertonnen ausmachen müssen.

791 *v. Arnauld*, Völkerrecht, Rn. 838; *Hobe*, Einführung in das Völkerrecht, S. 460.

792 *Heintschel v. Heinegg* in: Epping/Heintschel v. Heinegg (Hrsg.), Ipsen, Völkerrecht, § 45 Rn. 8; vgl. auch *Matlin*, Vand. J. Transnat'l L. 23 (1990-1991), 1017, 1035. Zu diesem Ergebnis kommt auch der *Internationale Seegerichtshof* (ISGH): ISGH, Urt. v. 1. Juli 1999, *The M/V „Saiga" Case (No. 2)* (Saint Vincent and the Grenadines/Guinea), ITLOS Reports 1999, S. 10, para. 83. Siehe zu diesem Urteil noch ausführlich Kapitel 4 – B. III. 3. c) cc).

793 Vgl. zu den Charakteristika von Billigflaggen: *Skourtos*, Die Billig-Flaggen-Praxis, S. 6 ff.

794 In der Vergangenheit ging es bei der Wahl der Flagge vor allem um Sicherheitserwägungen: Im 18. und 19. Jahrhundert wurden vor allem die Flaggen jener Länder geführt, die in dem entsprechenden Teil der See die Vorherrschaft inne hatten. So wurde diesen Schiffen der militärische Schutz des Flaggenstaates zuteil; *Thuong*, Transp. J. 27/2 (1987), 22, 22 f.

795 *Herdegen*, Völkerrecht, § 25 Rn. 10; *Dahm/Delbrück/Wolfrum*, Völkerrecht, Bd. I/2, § 118 IV. 1.; *D. König*, Flags of Convenience, in: MPEPIL (Stand: November 2008),

Im deutschen Sprachgebrauch findet daher auch der Begriff „Billigflagge“ Verwendung.[796]

4. *Auswirkungen des Flaggenstaatsprinzips*

Aus dem Flaggenstaatsprinzip und der damit verbundenen Jurisdiktionskompetenz des Flaggenstaates ergibt sich, dass keine Staaten die Autorisation haben, ihre Hoheitsgewalt an Bord fremder Schiffe auszuüben.[797] Sie dürfen das Schiff folglich weder betreten, noch es anderweitig an seiner Fahrt oder der Ausübung anderer durch die Freiheit der Hohen See gewährten Rechte hindern.[798] Von diesem Grundsatz gibt es allerdings Ausnahmen.[799] Relevant im Hinblick auf

---

Rn. 3; *Baker*, Houston J. Int'l L. 34 (2011), 687, 695 ff.; *Mendelsohn*, J. Air L. & Com. 79 (2014), 151, 152; *Lischka*, Völkerrechtliches und nationales Schifffahrtsrecht, S. 237 f. Zum Einsparpotential: *Schlautmann*, Fahne, günstig abzugeben, Handelsblatt Online, 16. Oktober 2015 (https://www.handelsblatt.com/12455566.html [zuletzt abgerufen am 26. März 2020]); *Nicolai*, Der deutsche Kapitän ist vom Aussterben bedroht, Die Welt, 7. Oktober 2014 (https://www.welt.de/132986950 [zuletzt abgerufen am 26. März 2020]); *Ritter*, Oetkers Reederei will deutsche Schiffe ausflaggen, Frankfurter Allgemeine Zeitung v. 22. Juni 2011, S. 15. Einen Überblick der aus Sicht der zuständigen deutschen Stellen bestehenden Vorteile für unter deutscher Flagge fahrenden Schiffe findet sich auf dem Internetportal *Deutsche Flagge*, welches durch das *Bundesministerium für Verkehr und digitale Infrastruktur*, dem *Bundesamt für Seeschifffahrt und Hydrographie* und der *Dienststelle Schiffssicherheit* der *Berufsgenossenschaft Verkehr* betrieben wird: https://www.deutsche-flagge.de/de/flagge/pluspunkte (zuletzt abgerufen am 26. März 2020).

796 Vgl. *v. Hoffmann/Thorn*, Internationales Privatrecht, § 10 Rn. 83. Vgl. auch *Skourtos*, Die Billig-Flaggen-Praxis, S. 5. Zum Begriff „Billigflagge“ und alternativen Bezeichnungen: *Lischka*, Völkerrechtliches und nationales Schifffahrtsrecht, S. 235 Fn. 1118.

797 *Heintschel v. Heinegg* in: Epping/Heintschel v. Heinegg (Hrsg.), Ipsen, Völkerrecht, § 45 Rn. 9; *Hobe*, Einführung in das Völkerrecht, S. 460; *Klein*, Denv. J. Int'l L. & Pol'y 35 (2006-2007), 287, 295 f.; *Kolb/T. Neumann/Salomon*, ZaöRV 2011, 191, 198 f. Siehe auch das Urteil des *Ständigen Internationalen Gerichtshofes* (StIGH) im *Lotus*-Fall: StIGH, Urt. v. 7. September 1927, The Case of the S.S. „Lotus“ (Frankreich/Türkei), Publications of the PCIJ Series A. – No. 10, S. 25; vgl. dazu *Herdegen*, Völkerrecht, § 26 Rn. 6; *v. Bogdandy/Rau*, Lotus, The, in: MPEPIL (Stand: Juni 2006), Rn. 15 ff.

798 *Aust*, Handbook of International Law, S. 295; *Lowe/Tzanakopoulos*, Ships, Visit and Search, in: MPEPIL (Stand: März 2013), Rn. 1; *Evans* in: Evans (Hrsg.), International Law, S. 650; *Fink*, Mil. L. & L. War Rev. 49 (2010), 7, 33.

799 Vgl. *Dahm/Delbrück/Wolfrum*, Völkerrecht, Bd. I/2, § 118 I. 2.; *Bardin*, Pace Int'l L. Rev. 14 (2002), 27, 46 f.; *Dörr*, Die deutsche Handelsflotte, S. 70 ff.; *Evans* in: Evans (Hrsg.), International Law, S. 649.

das Vorgehen gegen Piraterie sind vor allem das Recht zum Betreten, Art. 110 SRÜ,[800] und das Recht zum Aufbringen eines Seeräuberschiffes, Art. 105 SRÜ.[801] Unter bestimmten Umständen dürfen dann auch fremde Schiffe hoheitliche Maßnahmen gegen Seeräuberschiffe ergreifen.

5. *Geltung des Flaggenstaatsprinzips in der ausschließlichen Wirtschaftszone*

Die Regelungen über das Flaggenstaatsprinzip in Art. 92 SRÜ stehen im Teil VII des SRÜ und sind in ihrem räumlichen Anwendungsbereich zunächst auf die Hohe See beschränkt. Die Anwendung des Teil VII auf die ausschließliche Wirtschaftszone wird durch Art. 86 S. 1 SRÜ zunächst ausgeschlossen. Allerdings wird in den Vorschriften zur ausschließlichen Wirtschaftszone in Teil V in Art. 58 Abs. 2 SRÜ vorgesehen, dass die allgemeinen Vorschriften des ersten Abschnitts des Teil VII auch für die ausschließliche Wirtschaftszone gelten, soweit sie mit den Sonderregelungen für die ausschließliche Wirtschaftszone nicht unvereinbar sind. Schon anhand der Bezeichnung „ausschließliche Wirtschaftszone" lässt sich erkennen, dass es vordergründig um die wirtschaftliche Nutzung dieses Meeresteils geht. Angaben zu der an Bord der Schiffe geltenden Rechtsordnung werden in diesem Teil nicht getroffen.

Folglich ist über Art. 58 Abs. 2 SRÜ das Flaggenstaatsprinzip auch auf Schiffe anwendbar, die sich in der ausschließlichen Wirtschaftszone befinden. Dies gilt zumindest, solange rein bordinterne Sachverhalte geregelt werden, die keinen Bezug zur wirtschaftlichen Nutzung des Meeres haben. In diesen Fällen treffen den Flaggenstaat auch dieselben Schutzpflichten wie auf Hoher See.[802]

B. Untersuchungsrecht nach Art. 110 SRÜ

Art. 110 Abs. 1 lit. a) SRÜ gibt Kriegsschiffen auf Hoher See[803] das Recht, ein Schiff zu überprüfen, wenn der begründete Verdacht besteht, dass es Seeräuberei

---

800 Vgl. *Fink*, Mil. L. & L. War Rev. 49 (2010), 7, 12 f.; *Geiß/Petrig*, Piracy and Armed Robbery at Sea, S. 55.

801 Vgl. *Geiß/Petrig*, Piracy and Armed Robbery at Sea, S. 58; *Lagoni* in: FS Rauschning, S. 501, 520.

802 Zu den Schutzpflichten des Flaggenstaates siehe folgend Kapitel 5 – A.

803 Diese Vorschrift gilt auch in der ausschließlichen Wirtschaftszone. Indem die Definition der Seeräuberei des Art. 101 lit. a) sublit. i) SRÜ auch in der ausschließlichen Wirtschaftszone Anwendung findet, muss dies auch für die mit der Seeräuberei in Zusammenhang stehenden Rechte zum Untersuchen verdächtiger Schiffe gelten. Siehe zur Anwendung der Definition der Seeräuberei in der ausschließlichen

betreibt.[804] In diesen Fällen kann die Flaggenführungsberechtigung des verdächtigen Schiffes überprüft werden, Art. 110 Abs. 2 S. 1 SRÜ. Bleibt danach der Verdacht bestehen, es könnte sich um ein Seeräuberschiff handeln, darf das Schiff durchsucht werden, Art. 110 Abs. 2 S. 3 SRÜ.[805] Der in diesem Zusammenhang zunächst relevante Punkt betrifft - neben der restriktiven Auslegung des Betretungs- und Durchsuchungsrechts (unter I.) - die Anforderungen, die an den Verdacht zu stellen sind, um eine Untersuchung zu rechtfertigen (unter II.). Bedeutsam ist weiterhin, in welchem Maße das Untersuchungsrecht - falls erforderlich - zwangsweise durchgesetzt werden darf (unter III.).

I. Restriktive Auslegung des Betretungs- und Durchsuchungsrechts

Das Betreten und Durchsuchen von fremden Schiffen stellt aufgrund des Grundsatzes der Freiheit der Schifffahrt eine Ausnahme dar.[806] Dies spricht grundsätzlich für eine restriktive Auslegung des Art. 110 SRÜ. Auf der anderen Seite muss berücksichtigt werden, dass sich der Eingriff anfangs auf die Überprüfung der Flaggenführungsbefugnis beschränkt und dies einen verhältnismäßig geringen Eingriff in die Schifffahrtsfreiheit darstellt. Weiterhin besteht die in Art. 110 Abs. 3 SRÜ vorgesehene Entschädigungsregelung für jene Fälle, in denen sich der anfängliche Verdacht als unbegründet erwiesen hat.[807] Ferner sind die schwerwiegenden Beeinträchtigungen der Schifffahrt durch Seeräuberei mit einzubeziehen. Demnach sind die Voraussetzungen, die für das Recht zum Anhalten verdächtiger Schiffe nach Art. 110 SRÜ bestehen, nicht zu restriktiv

---

Wirtschaftszone Kapitel 2 - E. I. 3. e). Diese Vorschrift gilt über Art. 58 Abs. 2 SRÜ grundsätzlich auch in der ausschließlichen Wirtschaftszone; siehe dazu bereits Kapitel 2 - E. I. 3. e) bb).

804 Art. 110 Abs. 1 lit. b) bis e) SRÜ listet weitere Tatbestände auf, die ein Untersuchungsrecht begründen, sofern entsprechende Anhaltspunkte vorliegen. Dazu zusammenfassend: *Klein*, Denv. J. Int'l L. & Pol'y 35 (2006-2007), 287, 299 ff.

805 Das Recht zum Betreten und Durchsuchen ist völkergewohnheitsrechtlich allgemein anerkannt: *D. G. Wilson*, Naval L. Rev. 55 (2008), 157, 187; *Sir Jennings/Sir Watts*, Oppenheim's International Law, Bd. I, Teil 2-4, S. 736 f.; *Treves*, Europ. J. Int'l L. 20 (2009), 399, 401; *Heintschel v. Heinegg*, German Y.B. Int'l L. 48 (2005), 151, 171; *Wiefelspütz*, NZWehrr 2009, 133, 134.

806 *Reuland*, Vand. J. Transnat'l L. 22 (1989), 1161, 1170 f.; *Nordquist*, UNCLOS, Bd. III, Rn. 110.1.; *Geiß/Petrig*, Piracy and Armed Robbery at Sea, S. 57.

807 Vgl. *Geiß/Petrig*, Piracy and Armed Robbery at Sea, S. 56 f.

auszulegen, um einen Ausgleich zwischen der Freiheit der Schifffahrt und der Sicherheit der Schifffahrt zu erreichen.

II. Verdacht des Betreibens von Seeräuberei

Das Untersuchungsrecht nach Art. 110 SRÜ setzt zunächst einen begründeten Anlass für den Verdacht voraus, dass das Schiff Seeräuberei betreibt, Art. 110 Abs. 1 lit. a) SRÜ. Fraglich ist, welche Anforderungen an das Vorliegen des Verdachts zu stellen sind.[808]

1. Kein sicheres Wissen

Ausgeschlossen werden kann zumindest, dass Art. 110 SRÜ sicheres Wissen, ob das Schiff Seeräuberei betreibt, verlangt. Dafür spricht der Vergleich von Art. 110 SRÜ mit Art. 105 SRÜ: Art. 105 SRÜ setzt voraus, dass es sich bei dem aufzubringenden Schiff um ein Piratenschiff, wie es in Art. 103 SRÜ definiert wird, handelt. Dies muss erwiesen sein.[809] Bei Art. 110 SRÜ hingegen reicht schon dem Wortlaut nach der Verdacht aus, dass das Schiff Seeräuberei betreibt, um das verdächtige Schiff anzuhalten und möglicherweise weitere Untersuchungsmaßnahmen einzuleiten.[810]

2. Kein bloßer Verdacht ohne weitere Anhaltspunkte

Auf der anderen Seite reicht es für die Inanspruchnahme der Untersuchungsrechte nach Art. 110 SRÜ nicht aus, wenn keine weiteren Anhaltspunkte bestehen, dass das Schiff Seeräuberei betreibt.[811] Eine verdachtsunabhängige Überprüfung ist

---

808 *Geiß/Petrig*, Piracy and Armed Robbery at Sea, S. 55; *Schmahl*, AöR 136 (2011), 44, 63; vgl. auch *Trésoret*, Seepiraterie, S. 258.

809 Art. 105 S. 1 SRÜ: „[…] every State may seize a *pirate ship* […], or a ship […] *taken by piracy and under the control of pirates,* and arrest the persons and seize the property on board“ (*Hervorhebungen* durch den Verfasser). Vgl. auch *Geiß/Petrig*, Piracy and Armed Robbery at Sea, S. 56.

810 Vgl. den Wortlaut von Art. 110 Abs. 1 lit. a) SRÜ: „[…] unless there is *reasonable ground for suspecting* that the ship is engaged in piracy“ (*Hervorhebung* durch den Verfasser). Vgl. auch *Geiß/Petrig*, Piracy and Armed Robbery at Sea, S. 56. *Schmahl* beschreibt das Verhältnis von Art. 110 SRÜ zu Art. 105 SRÜ folgendermaßen: „Den in Art. 105 SRÜ niedergelegten Jurisdiktionsvorschriften in gewisser Weise vorgeschaltet sind schließlich die in Art. 110 SRÜ vorgesehenen Untersuchungsrechte“; *Schmahl*, AöR 136 (2011), 44, 63.

811 „That a state must have ‚reasonable ground‘ to suspect an infringement prevents the state from visiting a ship on the barest suspicion that she has committed a delict“;

daher nicht möglich. Weitere Anhaltspunkte, welche die Annahme verdächtigen Verhaltens rechtfertigen, können sich etwa aus dem Fehlen von Ausrüstungsgegenständen, die für den vorgeblichen Einsatz eigentlich erforderlich wären,[812] ergeben oder dadurch, dass auf die Kontaktaufnahme keine Reaktion erfolgt.[813]

3. Berücksichtigung weiterer Umstände

Art. 110 Abs. 3 SRÜ gewährt dem verdächtigten Schiff eine Entschädigung, sofern der Verdacht sich nicht bewahrheitet und das Schiff keine Handlung begangen hat, die den Verdacht rechtfertigt. Diese Vorschrift regelt den Fall, dass ein verdächtiges Schiff – zunächst berechtigterweise – untersucht wurde, ohne dass es sich in einer bestimmten Weise verhalten hat. Der Verdacht beruhte also auf anderen Umständen, wie etwa der Tatsache, dass der verwendete Schiffstyp in dem entsprechenden Seegebiet unter Piraten weit verbreitet ist.[814] Aus dieser Regelung wird damit deutlich, dass sich der Verdacht nicht nur aus einem bestimmten Verhalten ergeben kann, sondern auch auf andere, externe Umstände stützen kann. Neben der Bauart des Schiffs sind auch das Tragen von Waffen oder kürzlich in der Nähe verübte Überfälle denkbar, um eine nähere Begutachtung des Schiffs zu veranlassen.[815]

III. Eingriffsrechte bei der Untersuchung nach Art. 110 SRÜ

Sind die Voraussetzungen des Art. 110 Abs. 1 lit. a) SRÜ gegeben, die zum näheren Betrachten des verdächtigen Schiffes berechtigen, steht dem untersuchenden

---

Reuland, Vand. J. Transnat'l L. 22 (1989), 1161, 1172 Fn. 26. Vgl. auch *Klein*, Maritime Security and the Law of the Sea, S. 116.

812 Verdächtig ist danach beispielsweise ein Fischereiboot, welches vermeintlich der Hochseefischerei nachgeht, aber kein Eis zum Kühlen des Fangs an Bord hat; vgl. *Bittner*, Piratenjagd, ganz sanft, Zeit Online, 6. August 2009 (https://www.zeit.de/2009/33/Piraten-am-Horn [zuletzt abgerufen am 26. März 2020]).

813 *Trésoret*, Seepiraterie, S. 258. Siehe dort auch für weitere Beispiele, die als verdächtiges Verhalten gewertet werden können.

814 *Geiß/Petrig*, Piracy and Armed Robbery at Sea, S. 57. Siehe zu den bei Überfällen typischerweise zum Einsatz kommenden Schiffen Kapitel 3 – E. II.

815 *Geiß/Petrig*, Piracy and Armed Robbery at Sea, S. 57; *Trésoret*, Seepiraterie, S. 258. Andererseits ist insbesondere im Hinblick auf das Tragen von Waffen zu berücksichtigen, dass zur Verteidigung im Falle eines Angriffes viele Besatzungen Abwehrmaßnahmen ergriffen haben, die unter anderem das Mitführen von Waffen beinhalten; vgl. *Geiß/Petrig*, Piracy and Armed Robbery at Sea, S. 65. Vgl. dazu auch Kapitel 3 – F. IX.

Staat das Recht zu, zunächst die Berechtigung zur Flaggenführung zu überprüfen und im Falle von bleibenden Zweifeln das Schiff zu durchsuchen.

1. Überprüfen der Befugnis zum Führen der Flagge

Für die Überprüfung der Flaggenführungsbefugnis des verdächtigen Schiffes sieht Art. 110 Abs. 2 S. 2 SRÜ vor, dass das Kriegsschiff ein Boot zu dem verdächtigen Schiff entsendet, welches unter dem Befehl eines Offiziers steht. Dieser kontrolliert dann die Dokumente des verdächtigen Schiffs, um dessen Befugnis zum Führen der Flagge zu untersuchen.[816] Kann auch nach dieser Überprüfung der Verdacht des Betreibens von Seeräuberei nicht ausgeräumt werden, dürfen an Bord weitere Untersuchungen vorgenommen werden, Art. 110 Abs. 2 S. 3 SRÜ.

2. Durchsuchung an Bord des verdächtigen Schiffs

Finden nach der Überprüfung der Dokumente weitere Ermittlungen an Bord des verdächtigen Schiffes statt, müssen diese so rücksichtsvoll wie möglich durchgeführt werden, Art. 110 Abs. 2 S. 3 SRÜ.[817] Weiterhin darf die Durchsuchung lediglich der Überprüfung des Verdachts dienen, aufgrund dessen das Schiff angehalten wurde.[818]

---

816 Vgl. *Klein*, Denv. J. Int'l L. & Pol'y 35 (2006-2007), 287, 297; *Shearer*, Int'l & Comp. L. Q. 35 (1986), 320, 337. Dieses Recht zum Überprüfen der Flaggenführungsbefugnis ist völkergewohnheitsrechtlich anerkannt; *Sir Jennings/Sir Watts*, Oppenheim's International Law, Bd. I, Teil 2–4, S. 736 f.; *Reuland*, Vand. J. Transnat'l L. 22 (1989), 1161, 1169.

817 Allerdings scheint in der Praxis diese Reihenfolge nicht immer genau eingehalten zu werden – vielmehr wird zunächst das zu untersuchende Schiff zur eigenen Sicherheit kurz durchsucht, um versteckte Personen, Waffen oder andere, die Untersuchung möglicherweise gefährdende Umstände zu entdecken; *Geiß/Petrig*, Piracy and Armed Robbery at Sea, S. 58.

818 *Nordquist*, UNCLOS, Bd. III, Rn. 110.11(d); UN, Report of the International Law Commission Covering the Work of its eighth Session, 23. April bis 4. Juli 1956, Commentary to the articles concerning the law of the sea, Y.B. ILC 1956, Bd. II, S. 265, Art. 46 - Commentary, para. (2). Neben der Überprüfung, ob das Schiff Seeräuberei betreibt, sind vor allem die Durchsetzungsbefugnisse im maritimen Umweltschutz bedeutsam; *Nordquist*, UNCLOS, Bd. III, Rn. 110.11(d). Die Crew des verdächtigen Schiffes ist dabei zu keiner Mitwirkungshandlung verpflichtet, die über das Öffnen von verschlossenen Schränken oder Ähnlichem hinausgeht; *Sir Jennings/Sir Watts*, Oppenheim's International Law, Bd. I, Teil 2–4, S. 738.

3. *Anwendung von Zwang*

Sollte die Crew des verdächtigen Schiffes der Aufforderung zum Anhalten nicht nachkommen, ist zu klären, ob dieses Verlangen mit Zwangsmitteln durchgesetzt werden kann. Die Art. 100 ff. SRÜ enthalten keine Vorgaben, welche Maßnahmen zulässig sind, um das Untersuchungsrecht nach Art. 110 SRÜ unter Umständen gewaltsam zu verwirklichen.

a) *Erwähnung von Zwangsmaßnahmen an anderer Stelle im* Seerechtsübereinkommen der Vereinten Nationen

Art. 25 SRÜ statuiert, dass der Küstenstaat in bestimmten Situationen erforderliche Maßnahmen[819] ergreifen kann, um nichtfriedliche Durchfahrten durch das Küstenmeer zu verhindern und die Einhaltung von Bedingungen beim Anlaufen von Häfen und inneren Gewässern sicherzustellen.[820] Art. 73 SRÜ regelt die Durchsetzung der Gesetze und sonstigen Vorschriften des Küstenstaates in der ausschließlichen Wirtschaftszone und enthält in Art. 73 Abs. 1 SRÜ ebenfalls die Befugnis, alle erforderlichen Maßnahmen zu ergreifen,[821] um die Einhaltung der in der ausschließlichen Wirtschaftszone bestehenden Regeln zu erreichen.[822]

Im Teil XII des SRÜ, welcher den Schutz und die Bewahrung der Meeresumwelt betrifft, wird in Art. 217 Abs. 1 S. 2 SRÜ erwähnt, dass Flaggenstaaten gegenüber den ihre Flagge führenden Schiffen unabhängig von dem Ort des Verstoßes dafür Sorge zu tragen haben, dass die entsprechenden rechtlichen Regelungen wirksam durchgesetzt werden. Hierfür konkretisiert Art. 217 Abs. 2 SRÜ, dass die Staaten insbesondere geeignete Maßnahmen zu treffen haben, um das Auslaufen von Schiffen, welche die Flagge des jeweiligen Staates tragen oder in dessen Schiffsregister eingetragen sind, zu verhindern, bis diese die in Art. 217

819 Art. 25 Abs. 1 SRÜ: „The coastal State may take *necessary steps* in its territorial sea to […]"; Art. 25 Abs. 2 SRÜ: „In the case of […], the coastal State also has the right to take *necessary steps* to […]" (*Hervorhebungen* jeweils durch den Verfasser).

820 Vgl. *Tanaka*, International Law of the Sea, S. 114 f.; vgl. auch *Dahm/Delbrück/Wolfrum*, Völkerrecht, Bd. I/1, § 68 III. 4.

821 Diese erforderlichen Maßnahmen werden in Art. 73 Abs. 1 SRÜ beschrieben: „The coastal State may […] take such measures, *including boarding, inspection, arrest and judicial proceedings,* as may be necessary to ensure […]" (*Hervorhebung* durch den Verfasser).

822 Vgl. *Bardin*, Pace Int'l L. Rev. 14 (2002), 27, 56; *D. E. Wallace*, Naval L. Rev. 63 (2014), 128, 139 f.; *Evans* in: Evans (Hrsg.), International Law, S. 659.

Abs. 1 SRÜ genannten Regelungen befolgen.[823] Schließlich stellt Art. 225 SRÜ klar, dass die Staaten ihre Durchsetzungsbefugnisse nur dergestalt ausüben dürfen, dass dabei weder die Sicherheit der Schifffahrt, noch das Schiff selbst gefährdet und auch die Meeresumwelt keiner unverhältnismäßig großen Gefahr ausgesetzt wird. Insbesondere die Erwähnung der Sicherheit des Schiffs und der Schifffahrt in Art. 225 SRÜ impliziert, dass die Anwendung von Zwangsmaßnahmen nicht ausgeschlossen ist.[824]

b) Ausübung von Zwang bei Art. 110 SRÜ

Fraglich ist indes, wie es zu bewerten ist, dass eine Erwähnung von Zwangsmaßnahmen, wie sie in den genannten Artikeln erfolgt, bei Art. 110 SRÜ fehlt. Dies könnte zunächst darauf hindeuten, dass die Anwendung von Gewalt bei der näheren Begutachtung eines verdächtigen Schiffes nicht vorgesehen ist. Beachtet werden muss allerdings, dass die genannten Artikel, die Zwangsmaßnahmen erwähnen, erst im Jahr 1982 ihren Weg in das SRÜ gefunden haben. Die Vorschriften betreffend die Bekämpfung der Seeräuberei hingegen wurden inhaltsgleich aus dem HSÜ übernommen.[825] Weiterhin bestand während der Beratungen über das SRÜ eine Abneigung der Staaten, die Begriffe der „Durchsetzungsmaßnahmen“[826] und „erforderlichen

---

823 Weitergehend zu Art. 217 SRÜ: *Sarpong*, Envtl. Pol'y & L. 23 (1993), 87, 89; *Ritucci-Chinni*, Dartmouth L. J. 7 (2009), 27, 45 ff.

824 Vgl. *Shearer*, Int'l & Comp. L. Q. 35 (1986), 320, 342; vgl. auch *Klein*, Maritime Security and the Law of the Sea, S. 116, wobei sich die Autorin unter Berücksichtigung des Zitats von *Shearer* möglicherweise auf Art. 225 SRÜ bezieht und – entgegen des Wortlauts („Article *25* of UNCLOS is […]“ [*Hervorhebung* durch den Verfasser]) – nicht auf Art. 25 SRÜ.

825 Im Gegensatz zu Art. 22 HSÜ enthält Art. 110 Abs. 1 SRÜ als weitere ein Untersuchungsrecht begründende Verdachtsmomente das Verbreiten von nicht genehmigten Rundfunksendungen, Art. 110 Abs. 1 lit. c) SRÜ, sowie den Verdacht, dass das Schiff keine Staatszugehörigkeit besitzt, Art. 110 Abs. 1 lit. d) SRÜ. Hinzugekommen sind ferner die letzten beiden Absätze, die den Anwendungsbereich der Vorschrift auf Militärluftfahrzeuge erweitern, Art. 110 Abs. 4 SRÜ, und die auch deutlich als im Staatsdienst stehend gekennzeichnete und als solche erkennbare Schiffe und Luftfahrzeuge zu Untersuchungsmaßnahmen berechtigen, Art. 110 Abs. 5 SRÜ. Zur inhaltsglichen Übernahme der Vorschriften vom HSÜ ins SRÜ siehe oben Kapitel 2 – E., insbes. auch Fn. 257.

826 Beispielsweise in der Überschrift von Art. 232 SRÜ: „Liability of States arising from *enforcement measures*“ (*Hervorhebung* durch den Verfasser).

Maßnahmen“[827] näher zu diskutieren; stattdessen wurde davon ausgegangen, dass die Regeln des Völkergewohnheitsrechts hierfür grundsätzlich ausreichend seien.[828] Dies spricht dafür, dass die Anwendung von Gewalt nicht *a priori* ausgeschlossen sein sollte, sondern vielmehr nur die nähere Ausgestaltung unklar war. Unterstützt wird diese Annahme durch einen Vergleich von Art. 110 SRÜ mit dem neu eingefügten Art. 73 SRÜ. Beide Normen haben zum Inhalt, dass der handelnde Staat zum Ergreifen von entsprechenden Maßnahmen befugt ist.[829] In Art. 73 Abs. 1 SRÜ werden diese zusätzlich weiter konkretisiert.[830] Insbesondere die Erwähnung des Festsetzens[831] deutet darauf hin, dass der Staat – sofern erforderlich – auch zu dessen zwangsweiser Durchsetzung berechtigt ist, da dieser Begriff ein Handeln gegen den Willen des Betroffenen mit einschließt.

c) Bedeutende Ereignisse hinsichtlich der Anwendung von Gewalt

In der Vergangenheit gab es mehrere Vorfälle, bei denen verdächtige Schiffe zum Anhalten aufgefordert wurden, diesem Verlangen aber nicht nachgekommen sind. Daraufhin haben die entsprechenden Küstenwachen ihre Anordnungen gewaltsam durchgesetzt, was teils gravierende Auswirkungen für Crew und Schiff zur Folge hatte. In den anschließenden gerichtlichen Auseinandersetzungen lassen sich einige Grundsätze hinsichtlich der zwangsweisen Durchsetzung von Untersuchungsrechten erkennen.

aa) I'm Alone, *22. März 1929*

Die *I'm Alone* war ein in Kanada registriertes Segelschiff, welches mit der Absicht des Schmuggelns von Alkohol die Vereinigten Staaten von Amerika als Reiseziel hatte. Nachdem deren Mannschaft der Aufforderung der amerikanischen Küstenwache zum Anhalten nicht nachkam, wurde sie nach ungefähr zweitägiger

827 Beispielsweise in Art. 25 Abs. 1 SRÜ: „The coastal State may take the *necessary steps* […]“ (*Hervorhebung* durch den Verfasser).

828 *Shearer*, Int'l & Comp. L. Q. 35 (1986), 320, 341.

829 Art. 73 Abs. 1 SRÜ: „The coastal State may […] take *such measures* […] *as may be necessary* […]“ und Art. 110 Abs. 1 SRÜ: „Except where *acts of interference* derive from powers conferred by treaty […]“ (*Hervorhebungen* jeweils durch den Verfasser).

830 Art. 73 Abs. 1 SRÜ: „[…] take such measures, *including boarding, inspection, arrest and judicial proceedings* […]“ (*Hervorhebung* durch den Verfasser).

831 Der Gebrauch der Begriffe „to arrest“ in der englischen bzw. „saisir“ in der französischen – und damit authentischen – Sprachfassung heben im Gegensatz zu der deutschen Übersetzung den Aspekt des Zwangs stärker heraus. Die authentischen Sprachen sind in Art. 320 SRÜ festgelegt.

Verfolgung am 22. März 1929 von einem zweiten, zwischenzeitlich hinzugekommenen Schiff der Küstenwache über 200 Seemeilen von der Küste entfernt unter Beschuss genommen und versenkt. Mit Ausnahme eines Besatzungsmitglieds wurde die Crew der *I'm Alone* gerettet.[832]

Im anschließenden Schiedsverfahren ging es unter anderem um die Frage, ob das absichtliche Versenken des verdächtigen Schiffes zulässig war.[833] Die Schiedsrichter kamen zu dem Ergebnis, dass das Recht zum Betreten[834] die Anwendung von Zwang mitumfasst. Kommt es dabei zum Sinken des Schiffes, könnte dies unter Umständen ohne weitere Folgen bleiben, sofern die Maßnahmen angemessen waren.[835] Das vorsätzliche Versenken hingegen ist unzulässig.[836] Im vorliegenden Fall war das Versenken des Schiffes nicht rechtens, da die Gewaltanwendung das Maß des Zulässigen überschritt.[837] Deutlich wird damit, dass die Anwendung von Gewalt nicht von vornherein ausgeschlossen ist, um eine Anordnung durchzusetzen. Berücksichtigt werden muss dabei allerdings der Grund des Anhaltens und ob dieser Grund in einem angemessenen Verhältnis zu den gefährdeten Rechtsgütern steht.[838]

bb) Red Crusader, *29. Mai 1961*

In der Nacht vom 29. auf den 30. Mai 1961 befand sich die *Red Crusader*, ein britischer Trawler, in der Nähe der Färöer im Nordatlantik. Da der Verdacht bestand, dass die *Red Crusader* illegale Fischerei betrieb, nahm ein Schiff der dänischen

---

832 *G. G. Fitzmaurice*, Brit. Y.B. Int'l L. 17 (1936), 82, 82; *Eagleton*, N.Y. U. L. Q. Rev. 7 (1929-1930), 159, 159 f.; *C. H. Allen*, Int'l L. Stud. Ser. US Naval War Col. 81 (2006), 77, 90 f.

833 Rep. Int'l Arb. Awards 3 (1950), 1609, 1615.

834 Das Recht zum Betreten ergab sich in diesem Fall aus der *Convention between the United Kingdom and the United States of America respecting the Regulation of the Liquor Traffic* v. 23. Januar 1924 (UKTS No. 22 (1924), Cmd. 2199). Art. 2 Abs. 1 dieser Konvention legt fest, dass außerhalb amerikanischer Hoheitsgewässer die amerikanischen Behörden berechtigt sind, unter britischer Flagge fahrende Schiffe zu betreten und zu überprüfen, ob diese Alkoholschmuggel betreiben.

835 Rep. Int'l Arb. Awards 3 (1950), 1609, 1615.

836 Rep. Int'l Arb. Awards 3 (1950), 1609, 1615; vgl. auch *C. H. Allen*, Int'l L. Stud. Ser. US Naval War Col. 81 (2006), 77, 91.

837 Rep. Int'l Arb. Awards 3 (1950), 1609, 1615; vgl. auch *C. H. Allen*, Int'l L. Stud. Ser. US Naval War Col. 81 (2006), 77, 91.

838 *Shearer*, Int'l & Comp. L. Q. 35 (1986), 320, 341 f.; *Klein*, Maritime Security and the Law of the Sea, S. 116.

Küstenwache Kurs auf die *Red Crusader*, um den Sachverhalt zu untersuchen.[839] Im Verlauf der Untersuchung setzten Mitglieder der dänischen Küstenwache zur *Red Crusader* über, wobei schließlich ein Kontrolleur an Bord der *Red Crusader* blieb, um sie nach Tórshavn zu begleiten. An Bord des Schiffes jedoch wurde er von der Besatzung eingesperrt und der Kapitän nahm stattdessen Kurs auf Schottland.[840] Auf diesen Umstand aufmerksam geworden, versuchte das Schiff der dänischen Küstenwache, die *Red Crusader* zum Anhalten zu bewegen. Dazu wurden zunächst Warnschüsse in Richtung der *Red Crusader* abgegeben sowie mehrere Aufforderungen zum Stoppen. Nachdem dies keine Reaktion zur Folge hatte, wurde gezielt auf die *Red Crusader* geschossen, wobei ein Schuss ein Treffer war.[841] Die Flucht wurde erst beendet, als sie auf britische Militärschiffe traf.[842] Die eingesetzte Untersuchungskommission[843] schlussfolgerte, dass ein solch massiver Einsatz von Gewalt[844] ohne vorherigen Versuch, das Schiff auf andere Weise zum Anhalten zu bewegen, unzulässig gewesen sei.[845]

Auch hier lässt sich als Ergebnis festhalten, dass der Einsatz von Gewalt nicht grundsätzlich ausgeschlossen ist. Allerdings darf beim Einsatz von Schusswaffen nicht direkt auf das Schiff gezielt werden, sondern es müssen zunächst Warnschüsse abgegeben werden.[846] Weiterhin müssen die gefährdeten Rechtsgüter zu dem verfolgten Ziel in einem angemessenen Verhältnis stehen.[847]

---

839 Vgl. ausführlich dazu den Bericht der *Commission of Enquiry (Denmark-United Kingdom)* vom 23. März 1962; Int'l L. R. 35 (1967), 485, 486 ff.

840 Int'l L. R. 35 (1967), 485, 496 f.

841 Für eine detaillierte Auflistung der verschiedenen Aufforderungen und Schüsse siehe: Int'l L. R. 35 (1967), 485, 497 f.

842 Int'l L. R. 35 (1967), 485, 498.

843 Zur *Commission of Enquiry (Denmark-United Kingdom)* siehe Fn. 839.

844 Ausweislich des Berichts wurde insgesamt sechs Mal gezielt auf die *Red Crusader* geschossen; vgl. Int'l L. R. 35 (1967), 485, 498.

845 Int'l L. R. 35 (1967), 485, 499.

846 Int'l L. R. 35 (1967), 485, 499.

847 Int'l L. R. 35 (1967), 485, 499. Vgl. auch *Klein*, Maritime Security and the Law of the Sea, S. 117; *Shearer*, Int'l & Comp. L. Q. 35 (1986), 320, 342. Kritisch dazu, dass die Kommission nicht dargelegt hat, welche anderen Maßnahmen zum Stoppen der *Red Crusader* zunächst hätten versucht werden müssen: *Oyarce*, Red Crusader Incident (1961), in: MPEPIL (Stand: Juni 2007), Rn. 20; vgl. auch *C. H. Allen*, Int'l L. Stud. Ser. US Naval War Col. 81 (2006), 77, 93.

cc) M/V „Saiga" (No. 2), *28. Oktober 1997*

Die *Saiga,* ein im Eigentum eines zyprischen Unternehmens stehender und in dem karibischen Inselstaat St. Vincent und die Grenadinen vorübergehend registrierter Öltanker, der Fischereischiffe vor der Westküste Afrikas mit Treibstoff versorgte,[848] wurde am 28. Oktober 1997 vor der Küste Guineas außerhalb der ausschließlichen Wirtschaftszone[849] von einem guineischen Patrouillenboot angegriffen. Dabei wurden zwei Crewmitglieder schwer verletzt und die *Saiga* beschädigt. Anschließend kamen guineische Beamte an Bord und brachten das Schiff in den Hafen von Conakry, wo Crew und Schiff festgesetzt wurden.[850] In dem anschließenden Verfahren vor dem *Internationalen Seegerichtshof* (ISGH) wurde auch untersucht, ob der Schusswaffengebrauch beim Stoppen des Schiffs rechtmäßig war.[851] Hierzu stellte das Gericht fest, dass der Einsatz von Gewalt soweit wie möglich zu vermeiden ist und für den Fall, dass ein solcher sich nicht vermeiden lässt, die Gewaltanwendung darauf beschränkt werden muss, was in Anbetracht der Umstände notwendig ist.[852] Insbesondere müsse zunächst das Schiff eindeutig zum Anhalten aufgefordert werden. Sollte dies keinen Erfolg haben, müssen beim Einsatz von Schusswaffen zunächst Warnschüsse

---

848 ISGH, Urt. v. 1. Juli 1999, *The M/V „Saiga" Case (No. 2)* (Saint Vincent and the Grenadines/Guinea), ITLOS Reports 1999, S. 10, para. 31.

849 Die *Saiga* hatte zuvor innerhalb der ausschließlichen Wirtschaftszone mehrere Fischereischiffe mit Treibstoff versorgt. Guinea machte dazu geltend, dass die *Saiga* dadurch gegen die Zollvorschriften Guineas verstoßen hätte. Folglich stünde dem Staat ein Verfolgungsrecht zu, so dass die *Saiga* auch außerhalb der guineischen ausschließlichen Wirtschaftszone festgesetzt werden durfte; ISGH, Urt. v. 1. Juli 1999, *The M/V „Saiga" Case (No. 2)* (Saint Vincent and the Grenadines/Guinea), ITLOS Reports 1999, S. 10, para. 32, 116, 139 ff. Der ISGH schloss sich dieser Sichtweise allerdings nicht an und verneinte bereits die Befugnis Guineas, innerhalb der ausschließlichen Wirtschaftszone nationale Zollvorschriften anzuwenden; ISGH, Urt. v. 1. Juli 1999, *The M/V „Saiga" Case (No. 2)* (Saint Vincent and the Grenadines/Guinea), ITLOS Reports 1999, S. 10, para. 136. Siehe zusammenfassend zu dem Verfolgungsrecht auch: *de la Fayette*, Int'l & Comp. L. Q. 49 (2000), 467, 472 f.

850 ISGH, Urt. v. 1. Juli 1999, *The M/V „Saiga" Case (No. 2)* (Saint Vincent and the Grenadines/Guinea), ITLOS Reports 1999, S. 10, para. 33. Vgl. für eine Zusammenfassung des Sachverhalts auch: *C. H. Allen*, Int'l L. Stud. Ser. US Naval War Col. 81 (2006), 77, 93; *de la Fayette*, Int'l & Comp. L. Q. 49 (2000), 467, 468 f.

851 ISGH, Urt. v. 1. Juli 1999, *The M/V „Saiga" Case (No. 2)* (Saint Vincent and the Grenadines/Guinea), ITLOS Reports 1999, S. 10, para. 153 ff.

852 ISGH, Urt. v. 1. Juli 1999, *The M/V „Saiga" Case (No. 2)* (Saint Vincent and the Grenadines/Guinea), ITLOS Reports 1999, S. 10, para. 155.

abgegeben werden. Erst als letzte Option sei ein direktes Zielen auf das verfolgte Schiff zulässig.[853]

Damit wird die in den Fällen *I'm Alone* und *Red Crusader* dargelegte Sichtweise bestätigt.[854] Der Einsatz von Waffengewalt kann unter bestimmten Umständen zulässig sein, allerdings erst, wenn er unvermeidbar ist und keine anderen Mittel aussichtsreich erscheinen.[855]

d) Resolutionen der Vereinten Nationen

Die Resolution 1816 vom 2. Juni 2008 der Vereinten Nationen,[856] welche die Bekämpfung der Piraterie vor der Küste Somalias zum Inhalt hat, erwähnt hinsichtlich des Einsatzes von Gewalt lediglich den Einsatz „aller erforderlichen Maßnahmen" zur Bekämpfung von Piraterie und bewaffneten Überfällen.[857] Darüber hinaus wird hinsichtlich dieses Einsatzes aller erforderlichen Maßnahmen auf die auf Hoher See geltenden Vorschriften hinsichtlich der Bekämpfung

---

853 ISGH, Urt. v. 1. Juli 1999, *The M/V „Saiga" Case (No. 2)* (Saint Vincent and the Grenadines/Guinea), ITLOS Reports 1999, S. 10, para. 156. Bezogen auf das Vorgehen des guineischen Patrouillenbootes stellte der ISGH fest, dass der Gewalteinsatz außerhalb des Angemessenen lag, insbesondere aufgrund der Tatsache, dass es sich bei der *Saiga* um einen vollbeladenen Öltanker mit einer Höchstgeschwindigkeit von ungefähr 10 Knoten handelte, der ohne Weiteres eingeholt hätte werden können; ISGH, Urt. v. 1. Juli 1999, *The M/V „Saiga" Case (No. 2)* (Saint Vincent and the Grenadines/Guinea), ITLOS Reports 1999, S. 10, para. 157.

854 Vgl. *Oyarce*, Red Crusader Incident (1961), in: MPEPIL (Stand: Juni 2007), Rn. 19; *de la Fayette*, Int'l & Comp. L. Q. 49 (2000), 467, 473; *Kwast*, J. Confl. & Sec. L. 13 (2008), 49, 56 f.

855 Vgl. *Klein*, Maritime Security and the Law of the Sea, S. 117. Als Alternativen zum Schusswaffeneinsatz beim Anhalten von Schiffen werden unter anderem das Blockieren der Schraube(n) des verfolgten Schiffes durch an Harpunen befestigte Materialien oder das unter Wasser setzen der Elektrik mithilfe von Feuerlöschschläuchen angesehen; vgl. *Shearer*, Int'l & Comp. L. Q. 35 (1986), 320, 342.

856 UN, Security Council Resolution 1816 (2008) [on Acts of Piracy and Armed Robbery against Vessels in Territorial Waters and the High Seas off the Coast of Somalia], S/RES/1816 (2. Juni 2008).

857 UN, Security Council Resolution 1816 (2008) [on Acts of Piracy and Armed Robbery against Vessels in Territorial Waters and the High Seas off the Coast of Somalia], S/RES/1816 (2. Juni 2008), para. 7 lit. (b): „Use, within the territorial waters of Somalia [...] *all necessary means* to repress acts of piracy and armed robbery" (*Hervorhebung* durch den Verfasser).

von Seeräuberei verwiesen.[858] Durch diesen Verweis wird deutlich, dass der Einsatz von Gewalt bei der Bekämpfung von Piraterie und folglich auch bei den damit in Verbindung stehenden Maßnahmen wie dem Anhalten und Durchsuchen als zulässig angesehen wird. Ähnliches findet sich in der Resolution 1838 vom 7. Oktober 2008.[859] Hier werden die Staaten aufgefordert, die Piraterie auf Hoher See vor der Küste Somalias zu bekämpfen und die dabei erforderlichen Maßnahmen im Einklang mit den im SRÜ festgelegten Grundsätzen auszuüben.[860]

e) Völkerrechtliche Grundlage der Anwendung von Zwang

Ihre Grundlage findet die Anwendung von Zwang im Völkergewohnheitsrecht. Während der Verhandlungen zum SRÜ sahen die Staaten keine Notwendigkeit, die in den neu geschaffenen Regelungen enthaltenen Begriffe der „Durchsetzungsmaßnahmen" und „erforderlichen Maßnahmen" zu konkretisieren. Vielmehr betrachteten sie die Regelungen des Völkergewohnheitsrechts für eine Konkretisierung als hinreichend.[861] Im Laufe der Beratungen zum SRÜ zwischen

---

858 UN, Security Council Resolution 1816 (2008) [on Acts of Piracy and Armed Robbery against Vessels in Territorial Waters and the High Seas off the Coast of Somalia], S/RES/1816 (2. Juni 2008), para. 7 lit. (b): „Use, within the territorial waters of Somalia, *in a manner consistent with action permitted on the high seas with respect to piracy under relevant international law,* all necessary means to repress acts of piracy and armed robbery" (*Hervorhebung* durch den Verfasser). Vgl. auch *Treves*, Europ. J. Int'l L. 20 (2009), 399, 403; *v. Arnauld*, AVR 47 (2009), 454, 467.

859 UN, Security Council Resolution 1838 (2008) [on Acts of Piracy and Armed Robbery against Vessels in Territorial Waters and the High Seas off the Coast of Somalia], S/RES/1838 (2. Juni 2008).

860 Vgl. UN, Security Council Resolution 1838 (2008) [on Acts of Piracy and Armed Robbery against Vessels in Territorial Waters and the High Seas off the Coast of Somalia], S/RES/1838 (2. Juni 2008), para. 3: „*Calls upon* States […] to use on the high seas […] off the coast of Somalia the necessary means, in conformity with international law, *as reflected in the Convention,* for the repression of acts of piracy" (Erste *Hervorhebung* im Original, zweite *Hervorhebung* durch den Verfasser). Mit *Convention* ist das SRÜ gemeint; vgl. UN, Security Council Resolution 1838 (2008) [on Acts of Piracy and Armed Robbery against Vessels in Territorial Waters and the High Seas off the Coast of Somalia], S/RES/1838 (2. Juni 2008), S. 1: „*Reaffirming* that international law, as reflected in the United Nations Convention on the Law of the Sea of 10 December 1982 *(„the Convention")* […]" (Erste *Hervorhebung* im Original, zweite *Hervorhebung* durch den Verfasser).

861 Vgl. dazu schon Kapitel 4 – B. III. 3. b).

1973 und 1982 nahmen um die 700 Delegierte der Mitgliedstaaten der Vereinten Nationen teil.[862] Aus diesem Grund ist der dort getroffenen Auffassung, dass die Regelungen des Völkergewohnheitsrechts ausreichend seien, erhebliches Gewicht zuzumessen.

Auch ein Blick auf die gerichtlichen Auseinandersetzungen, welche unter anderem die Anwendung von Zwang bei der Durchsetzung des Rechts zum Untersuchen bzw. Betreten zum Gegenstand haben, bestätigt diese Sichtweise. Dort wird die grundsätzliche Möglichkeit des Anwendens von Zwang nicht in Frage gestellt.[863] Als Grundlage hierfür wird in dem Urteil *M/V „Saiga" (No. 2)* auf die seit Jahren bestehende Praxis verwiesen[864] und daneben die in den Fällen *I'm Alone* und *Red Crusader* gefundenen Grundsätze aufgeführt.[865] Zwar ist bei Entscheidungen internationaler Gerichte zu berücksichtigen, dass diese insoweit grundsätzlich nicht herangezogen werden können für die Frage nach dem Entstehen von Völkergewohnheitsrecht, als dass sie kein neues Völkergewohnheitsrecht begründen können.[866] Zumindest aber kommt ihnen im Rahmen des Nachweises über das Bestehen eine gewisse Indizienwirkung zu.[867] Mithin können auch die Feststellungen der Gerichte zumindest unterstützend herangezogen werden. Schließlich deuten auch die Resolutionen der Vereinten Nationen zur Bekämpfung der Piraterie vor der somalischen Küste darauf hin, dass die grundsätzliche Befugnis zur Anwendung von Zwang nicht angezweifelt wird. Dort wird lediglich auf die Vorschriften zur Bekämpfung der Seeräuberei bzw. die im SRÜ statuierten Grundsätze verwiesen.[868] Eine detaillierte Feststellung, wie genau die Anwendung von Zwang stattzufinden hat, findet hingegen

---

862 *Hobe*, Einführung in das Völkerrecht, S. 457; vgl. auch *Heintschel v. Heinegg* in: Epping/Heintschel v. Heinegg (Hrsg.), Ipsen, Völkerrecht, § 38 Rn. 15 f.

863 Siehe dazu Kapitel 4 – B. III. 3. c) aa) bis Kapitel 4 – B. III. 3. c) cc).

864 ISGH, Urt. v. 1. Juli 1999, *The M/V „Saiga" Case (No. 2)* (Saint Vincent and the Grenadines/Guinea), ITLOS Reports 1999, S. 10, para. 156: „These principles have been followed over the years in law enforcement operations at sea."

865 ISGH, Urt. v. 1. Juli 1999, *The M/V „Saiga" Case (No. 2)* (Saint Vincent and the Grenadines/Guinea), ITLOS Reports 1999, S. 10, para. 156.

866 Dazu etwa: *Doehring*, Völkerrecht, Rn. 311 f.; *Kempen*, Völkergewohnheitsrecht, in: Schöbener (Hrsg.), Völkerrecht, S. 505 f.; vgl. auch *Dörr* in: Epping/Heintschel v. Heinegg (Hrsg.), Ipsen, Völkerrecht, § 19 Rn. 25.

867 Vgl. *Kempen*, Völkergewohnheitsrecht, in: Schöbener (Hrsg.), Völkerrecht, S. 506; *Doehring*, Völkerrecht, Rn. 312. Vgl. auch *v. Arnauld*, Völkerrecht, Rn. 259; *Herdegen*, Völkerrecht, § 16 Rn. 4; *Colombos*, Internationales Seerecht, § 6.

868 Siehe dazu schon Kapitel 4 – B. III. 3. d).

nicht statt. Indem so wiederum auf die in den Urteilen und während der Beratungen zum SRÜ geäußerten Grundsätze rekurriert wird, spricht dies für eine allgemeine Akzeptanz dieser Grundsätze. Mithin beruhen die Grundsätze für die Anwendung von Gewalt auf Völkergewohnheitsrecht.

f) Ergebnis

Das nach Art. 110 SRÜ bestehende Untersuchungsrecht kann durch Zwang durchgesetzt werden, sofern dies erforderlich ist.[869] Berücksichtigt werden müssen allerdings immer die Umstände, unter denen das Anhalten durchgesetzt werden soll und dabei insbesondere das Verhalten des verdächtigen Schiffes. Weigert sich die Besatzung des verdächtigen Schiffes, der Aufforderung zum Anhalten nachzukommen, kann das Anhalten erforderlichenfalls gewaltsam erzwungen werden. Dabei muss aber immer beachtet werden, dass der Einsatz von Waffengewalt nur dann zulässig ist, wenn alle anderen Möglichkeiten ausgeschöpft wurden oder von vornherein nicht erfolgsversprechend sind.[870]

IV. Entschädigungspflicht, Art. 110 Abs. 3 SRÜ

Für den Fall, dass sich der Verdacht nicht bestätigt und die Crew des angehaltenen Schiffes auch keine Handlung begangen hat, die einen Verdacht gerechtfertigt hätte, besteht eine Entschädigungspflicht. Ersetzt werden muss dann sämtlicher erlittener Schaden, Art. 110 Abs. 3 SRÜ.[871] Die Ersatzpflicht trifft den Staat, dessen Kriegsschiff das Schiff angehalten hat.[872]

---

869 *Geiß/Petrig*, Piracy and Armed Robbery at Sea, S. 57; *Scholz* in: Weingärtner/Krieger (Hrsg.), Streitkräfte und nicht-staatliche Akteure, S. 101, 118; *v. Arnauld*, AVR 47 (2009), 454, 467 f.; *Reuland*, Vand. J. Transnat'l L. 22 (1989), 1161, 1174; *Lowe/Tzanakopoulos*, Ships, Visit and Search, in: MPEPIL (Stand: März 2013), Rn. 31; *Proelß* in: Koutrakos/Skordas (Hrsg.), The Law and Practice of Piracy at Sea, S. 53, 55.

870 Vgl. *C. H. Allen*, Int'l L. Stud. Ser. US Naval War Col. 81 (2006), 77, 100; *v. Arnauld*, AVR 47 (2009), 454, 468: „Auch dieses Anhalterecht schließt als ultima ratio die Anwendung von Gewalt ein, verpflichtet aber zu einem *gestuften Vorgehen*" (*Hervorhebung* durch den Verfasser). Vgl. auch *Isanga*, Am. U. L. Rev. 59 (2009-2010), 1267, 1291: „The warship cannot simply open fire; […]".

871 Ähnliche Entschädigungsregelungen sind in Art. 106 SRÜ für das Aufbringen eines Schiffes ohne hinreichenden Grund und in Art. 111 Abs. 8 SRÜ für das ungerechtfertigte Ausüben des Rechts der Nacheile vorgesehen; vgl. auch *Nordquist*, UNCLOS, Bd. III, Rn. 110.11(e).

872 *Shearer*, Int'l & Comp. L. Q. 35 (1986), 320, 337; *Dahm/Delbrück/Wolfrum*, Völkerrecht, Bd. I/2, § 119 II. 4.

V. Ergebnis

Das Untersuchungsrecht nach Art. 110 SRÜ ist aufgrund des Grundsatzes der Freiheit der Schifffahrt auf Hoher See restriktiv auszulegen. Für die Ausübung dieses Rechts ist kein sicheres Wissen erforderlich, dass das zu untersuchende Schiff tatsächlich Piraterie betreibt. Auf der anderen Seite sind keine verdachtsunabhängigen Prüfungen zulässig, so dass zumindest gewisse Anhaltspunkte bestehen müssen, die ein näheres Untersuchen begründen. Diese können sich auch aus dem Kontext der Gesamtsituation ergeben, etwa wenn in der Nähe zuvor Überfälle stattgefunden haben oder Waffen an Bord gesichtet werden. Bei der Ausübung des Rechts zur Untersuchung darf erforderlichenfalls Zwang angewendet werden. Stellt sich der Verdacht als unbegründet heraus, besteht eine Pflicht zur Entschädigung.

C. Recht zum Aufbringen, Art. 105 S. 1 SRÜ

Das Recht zum Aufbringen normiert Art. 105 S. 1 SRÜ.[873] Danach kann auf Hoher See oder an jedem anderen Ort, der keiner Hoheitsgewalt untersteht, jeder Staat ein Seeräuberschiff oder ein von Seeräubern erbeutetes und unter deren Gewalt stehendes Schiff aufbringen.[874] Weiterhin hat jeder Staat die Möglichkeit, sich an Bord aufhaltende Personen festzunehmen und dort befindliche Vermögensgegenstände zu beschlagnahmen.[875] Zu beachten ist im Rahmen des Rechts zum Aufbringen von Seeräuberschiffen zu Beginn die in Art. 103 SRÜ festgelegte Definition des Seeräuberschiffes (unter I.). Zu diskutieren sind

---

873 Art. 105 SRÜ wurde inhaltsgleich Art. 19 HSÜ nachgebildet; vgl. *Sterio*, Fordham Int'l L. J. 33 (2009-2010), 372, 391.

874 Wie das Recht zum Untersuchen verdächtiger Schiffe, Art. 110 SRÜ, findet auch das in Art. 105 SRÜ normierte Recht zum Aufbringen von Seeräuberschiffen als in unmittelbarem Zusammenhang zur Definition der Seeräuberei stehend über Art. 58 Abs. 2 SRÜ Anwendung in der ausschließlichen Wirtschaftszone. Siehe dazu Fn. 803.

875 Neben dem Aufbringen von Seeräuberschiffen erfasst Art. 105 SRÜ auch das Aufbringen von Luftfahrzeugen. Diese sind allerdings nicht Gegenstand der folgenden Betrachtungen. Zu den Hintergründen der Einbeziehung von Flugzeugen in das HSÜ: *Sattler*, Die Piraterie im modernen Seerecht, S. 416 ff. Außer dem Recht zum Aufbringen in Art. 105 S. 1 SRÜ enthält Art. 105 S. 2 SRÜ noch eine Jurisdiktionsvorschrift, wonach die Gerichte des aufbringenden Staates über die Strafen bestimmen und die gegenüber dem Schiff und den Gegenständen zu ergreifenden Maßnahmen entscheiden können. Siehe zu dieser Jurisdiktionsvorschrift noch weiter unten Kapitel 4 – F. II. 2. a).

weiterhin – wie auch bei dem Untersuchungsrecht nach Art. 110 SRÜ – die an den Verdacht zu stellenden Anforderungen (unter II.). Weiterhin relevant ist die Frage nach der Fremdheit des aufzubringenden Schiffes (unter III.) sowie die Anwendung von Gewalt im Rahmen des Aufbringens (unter IV.).

I. Definition des Seeräuberschiffes, Art. 103 SRÜ

Voraussetzung zum Aufbringen eines Schiffes ist zunächst, dass es sich um ein Seeräuberschiff handelt. Nach Art. 103 S. 1 SRÜ ist ein Schiff als Seeräuberschiff zu qualifizieren, wenn es von jenen Personen, welche die tatsächliche Gewalt über das Schiff innehaben, dazu bestimmt ist, zum Begehen von Handlungen eingesetzt zu werden, die den Tatbestand der Seeräuberei nach Art. 101 SRÜ erfüllen. Wurden bereits den Tatbestand der Seeräuberei erfüllende Handlungen begangen, bestimmt Art. 103 S. 2 SRÜ, wie lange die Eigenschaft des Seeräuberschiffs fortbesteht. Demnach bleibt ein Schiff solange ein Seeräuberschiff, wie es unter dem Befehl jener Personen steht, die die entsprechenden Handlungen begangen haben.[876]

II. Verdacht des Vorliegens eines Piratenschiffes

Problematisch ist, welcher Maßstab hinsichtlich des Bestehens der Eigenschaft als Seeräuberschiff anzulegen ist. Dabei geht es darum, ob beim Aufbringen eines Schiffes nach Art. 105 SRÜ erwiesen sein muss, dass es sich bei dem aufzubringenden Schiff um ein Seeräuberschiff handelt oder ob ein hinreichender Verdacht ebenfalls ausreichend ist, um ein Aufbringen zu legitimieren.[877]

1. Wortlaut von Art. 105 S. 1 SRÜ im Vergleich zu Art. 110 Abs. 1 SRÜ

Art. 110 Abs. 1 SRÜ setzt voraus, dass ein begründeter Anlass für den Verdacht besteht, dass die Crew des Schiffes eine der in Art. 110 Abs. 1 lit. a) bis e) SRÜ beschriebenen Handlungen begangen hat.[878] Art. 105 S. 1 SRÜ fordert, dass es sich bei dem aufzubringenden Schiff um ein Seeräuberschiff handelt oder das

---

876 Eingehend zur Widmung eines Schiffes als Seeräuberschiff und dem Fortbestehen dieser Eigenschaft siehe schon Kapitel 2 – E. I. 4. a).

877 *Trésoret*, Seepiraterie, S. 262; *Fournier*, Der Einsatz der Streitkräfte gegen Piraterie auf See, S. 70.

878 Art. 110 Abs. 1 SRÜ: „[...] unless there is *reasonable ground for suspecting* that the ship is engaged in piracy [...]“ (*Hervorhebung* durch den Verfasser).

Schiff durch Seeräuberei erbeutet wurde.[879] Im Vergleich zu Art. 110 Abs. 1 SRÜ reicht dem Wortlaut nach bei Art. 105 SRÜ der bloße Verdacht nicht aus, um ein Schiff aufzubringen.[880]

2. *Die Haftungsregelung beim Aufbringen ohne hinreichenden Grund, Art. 106 SRÜ*

Mit in diese Überlegungen einbezogen werden muss die Haftungsregelung des Art. 106 SRÜ. Fand das Aufbringen eines verdächtigen Schiffes ohne hinreichenden Grund statt, trifft den Staat, unter dessen Flagge jenes Schiff fährt, welches das verdächtige Schiff aufgebracht hat, eine Ersatzpflicht hinsichtlich der durch das Aufbringen verursachten Schäden. Vorausgesetzt wird mithin ein Schiff, welches der Seeräuberei verdächtigt und aufgrund dessen aufgebracht wird, wobei sich nach dem Aufbringen herausstellt, dass es sich bei dem Schiff nicht um ein Seeräuberschiff handelt. Fraglich ist, ob der aufbringende Staat in solch einem Fall haftet. Im Mittelpunkt steht dabei das Verständnis der Formulierung „ohne hinreichenden Grund".[881]

a) *Verständnis der Formulierung „ohne hinreichenden Grund"*

In Betracht kommen zwei Möglichkeiten, wie die Formulierung „ohne hinreichenden Grund" zu verstehen ist: Einerseits könnte sie zum Aufbringen von Schiffen berechtigen, bei denen zwar der Verdacht besteht, dass sie in seeräuberische Handlungen verstrickt sind, dies allerdings nicht abschließend erwiesen ist. Bedingung dafür wäre, dass die von der Besatzung des aufgebrachten Schiffes hervorgerufenen Verdachtsmomente als „hinreichender Grund" anzusehen sind.[882] Liegen diese vor, wäre das Aufbringen nicht „ohne hinreichenden Grund" erfolgt und der Haftungstatbestand entfiele. Andererseits könnte die Vorschrift dahingehend zu verstehen sein, dass ein Aufbringen von Schiffen ausschließlich dann zulässig ist, wenn es sich um Seeräuberschiffe handelt. In diesem Fall wäre unter einem „hinreichendem Grund" die Tatsache zu verstehen,

---

879 Art. 105 S. 1 SRÜ: „[…] my seize a *pirate ship* […], or a ship […] *taken by piracy* and under the control of pirates […]" (*Hervorhebungen* durch den Verfasser).

880 *Allmendinger/Kees*, NZWehrr 2008, 60, 63 Fn. 17; *Trésoret*, Seepiraterie, S. 262 f.

881 Art. 106 SRÜ: „Where the seizure of a ship or aircraft on suspicion of piracy has been effected *without adequate grounds* […]" (*Hervorhebung* durch den Verfasser).

882 Vgl. *Menefee*, Conn. J. Int'l L. 6 (1990-1991), 127, 148; *Scholz* in: Weingärtner/Krieger (Hrsg.), Streitkräfte und nicht-staatliche Akteure, S. 101, 119; vgl. auch *Kavanagh*, Austl. Int'l L. J. 1999, 127, 144.

dass es sich erwiesenermaßen um ein Seeräuberschiff nach Art. 103 SRÜ handelt.[883] Trifft dies nicht zu, fände das Aufbringen „ohne hinreichenden Grund“ statt und in der Folge träfe den handelnden Staat die Ersatzpflicht.

aa) Vorrang des Untersuchungsrechts nach Art. 110 SRÜ

Das Untersuchungsrecht nach Art. 110 SRÜ erfasst gerade jene Situation, in der ein Schiff angetroffen wird, welches im Verdacht steht, in seeräuberische Aktivitäten eingebunden zu sein.[884] Es wurde damit eine Regelung geschaffen, die explizit den Fall regelt, in dem keine Gewissheit besteht, ob es sich bei dem verdächtigten Schiff um ein Seeräuberschiff handelt.[885] Insoweit widerspräche es der Systematik der Art. 100 ff. SRÜ, wenn auch im Rahmen des Aufbringens nach Art. 105 S. 1 SRÜ der Verdacht des Betreibens von Seeräuberei ausreiche. Berücksichtigt werden muss dabei ebenfalls, dass das Aufbringen nach Art. 105 S. 1 SRÜ auch die Festnahme von Personen und die Beschlagnahme von Vermögenswerten an Bord des aufzubringenden Schiffes umfasst. Damit greift das Aufbringungsrecht deutlich tiefer in die Rechtspositionen des betroffenen Schiffes ein als das Untersuchungsrecht, bei dem es zunächst um das Betreten und möglicherweise Durchsuchen geht.

Folgte man der Annahme, dass auch beim Aufbringen nach Art. 105 S. 1 SRÜ der Verdacht des Betreibens von Seeräuberei ausreicht, bestünde zumindest für Art. 110 Abs. 1 lit. *a)* SRÜ kein sinnvoller Anwendungsbereich mehr, da immer direkt nach Art. 105 S. 1 SRÜ gegen das – wenn auch nur vermeintliche – Seeräuberschiff und seine Crew vorgegangen werden könnte. Betreffend das Erfordernis eines „hinreichenden Grundes“ ergibt sich aus dem Vorrang des Untersuchungsrechts, dass dieser nur dann vorliegt, wenn die Eigenschaft des Schiffes als Seeräuberschiff zweifelsfrei bestätigt ist.

bb) Keine Vermutungen bei Art. 106 SRÜ

Weiterhin ist zu berücksichtigen, dass es bei der Haftungsregelung in Art. 106 SRÜ auf das tatsächliche Vorliegen bzw. Nichtvorliegen eines Seeräuberschiffes

883 Vgl. *Fournier*, Der Einsatz der Streitkräfte gegen Piraterie auf See, S. 70; *Allmendinger/Kees*, NZWehrr 2008, 60, 63 Fn. 17; vgl. auch *Kavanagh*, Austl. Int'l L. J. 1999, 127, 144.

884 Art. 110 Abs. 1 SRÜ erfasst nicht nur in lit. a) den Verdacht des Betreibens von Seeräuberei, sondern auch noch weitere in lit. b) bis e) aufgezählte Handlungen, die vorliegend allerdings nicht näher betrachtet werden. Vgl. dazu auch oben Fn. 804.

885 *v. Arnauld*, AVR 47 (2009), 454, 467 f.; *Fournier*, Der Einsatz der Streitkräfte gegen Piraterie auf See, S. 70; vgl. auch *Allmendinger/Kees*, NZWehrr 2008, 60, 63 Fn. 17.

ankommt und damit kein Raum für Vermutungen bzw. Verdächtigungen bleibt.[886] Dies ergibt sich aus der Formulierung von Art. 106 SRÜ, wonach auf den Zeitpunkt *nach* dem Aufbringen abzustellen ist bei der Frage, ob das aufgebrachte Schiff tatsächlich ein Seeräuberschiff ist.[887] Zu diesem Zeitpunkt lässt sich klären, ob es sich bei dem aufgebrachten Schiff um ein Seeräuberschiff handelt oder nicht. Einher geht damit auch, dass – im Gegensatz zum Untersuchungsrecht nach Art. 110 SRÜ – das Verhalten der Besatzung des möglicherweise vermeintlichen Piratenschiffes ohne Belang ist.[888] Im Hinblick auf das Verständnis der Formulierung „ohne hinreichenden Grund“ spricht dies ebenfalls dafür, dass nur das tatsächliche Vorliegen eines Piratenschiffes einen „hinreichenden Grund“ darstellt, um ein Aufbringen zu legitimieren.

b) Ergebnis

Folglich sprechen der Wortlaut von Art. 105 S. 1 SRÜ, die Systematik sowie die Haftungsregelung des Art. 106 SRÜ dafür, dass lediglich tatsächliche Seeräuberschiffe aufgebracht werden dürfen.

3. Verbot des Aufbringens von der Seeräuberei verdächtigen *Schiffen*

Zu beantworten bleibt die Frage, wie es aufzufassen ist, dass die Ersatzpflicht neben dem Fehlen eines „hinreichenden Grundes“ das Aufbringen eines „der Seeräuberei *verdächtigen* Schiffes“ voraussetzt, Art. 106 SRÜ.[889] Diese Formulierung scheint auf den ersten Blick dem bisher gefundenen Ergebnis zu widersprechen. Wenn nämlich unter einem „hinreichenden Grund“ die tatsächliche Eigenschaft eines Schiffes als Seeräuberschiff zu verstehen ist, mutet es inkonsequent an, zusätzlich das Erfordernis eines „der Seeräuberei verdächtigen Schiffes“ aufzustellen. Daher wird teilweise vertreten, dass dieses Erfordernis dahingehend zu interpretieren sei, dass das Aufbringen eines lediglich verdächtigen Schiffes nicht von vornherein ausgeschlossen sein soll, in solch einem Fall der aufbringende Staat allerdings das Haftungsrisiko trägt, falls sich der Verdacht nicht bewahrheitet, mithin also ein Schiff aufgebracht wurde, welches

886 Vgl. *Trésoret*, Seepiraterie, S. 264.

887 Art. 106 SRÜ: „Where the seizure of a ship […] on suspicion of piracy *has been* effected without adequate grounds […]“ (*Hervorhebung* durch den Verfasser).

888 *Trésoret*, Seepiraterie, S. 264 und 381 f.; vgl. auch *Allmendinger/Kees*, NZWehrr 2008, 60, 63 Fn. 17.

889 Art. 106 SRÜ: „Where the seizure of a ship or aircraft *on suspicion* of piracy has been effected witout adequate grounds […]“ (*Hervorhebung* durch den Verfasser).

nicht die Definition eines Seeräuberschiffs nach Art. 103 SRÜ erfüllt.[890] Mithin würde Art. 106 SRÜ also den Tatbestand des Rechts zum Aufbringen dergestalt erweitern, dass auch verdächtige Schiffe aufgebracht werden dürfen, wobei diese Berechtigung mit einem Haftungsrisiko für den Fall verbunden wäre, wenn es sich tatsächlich um kein Seeräuberschiff handelt.

Für eine solche Erweiterung spricht der Wortlaut von Art. 106 SRÜ, der ausdrücklich auf Schiffe abstellt, die der Seeräuberei *verdächtig* sind[891] und nicht etwa lediglich allgemein auf Art. 105 S. 1 SRÜ verweist. Gegen eine solche Erweiterung lassen sich jedoch jene Gründe anführen, die gegen ein entschädigungsloses Aufbringen von verdächtigen Schiffen sprechen, nämlich der Wortlaut von Art. 105 S. 1 SRÜ[892] und der Vorrang des Untersuchungsrechts nach Art. 110 SRÜ.[893] Zusätzlich erscheint es sinnwidrig, wenn durch die Haftungsvorschrift des Art. 106 SRÜ der Tatbestand der ihr zugrundeliegenden Vorschrift erweitert werden würde. Denn Art. 105 S. 1 SRÜ bestimmt die Voraussetzungen, unter denen ein Schiff aufgebracht werden darf, während Art. 106 SRÜ die Bedingungen festlegt, bei deren Vorliegen eine Ersatzpflicht eintritt. Damit kommt Art. 106 SRÜ lediglich subsidiär zur Anwendung. Weiterhin soll durch Art. 106 SRÜ gerade der Missbrauch des Aufbringungsrechts verhindert werden.[894] Besonders im Hinblick auf die Schifffahrtsfreiheit bedarf es klarer Abgrenzungen hinsichtlich des Rechts zum Aufbringen von Schiffen. Nur wenn es sich erwiesenermaßen um ein Piratenschiff handelt, ist das Aufbringen als eine der am tiefsten in die Freiheit der Schifffahrt eingreifende Maßnahmen gerechtfertigt.[895] Ein Verdacht kann hierfür – auch wenn gegebenenfalls eine

---

890 So wohl: *Heintschel v. Heinegg* in: Epping/Heintschel v. Heinegg (Hrsg.), Ipsen, Völkerrecht, § 45 Rn. 13, vgl. dort auch Fn. 302; vgl. auch *Trésoret*, Seepiraterie, S. 264. Ebenfalls von der Zulässigkeit des Aufbringens von lediglich *verdächtigen* Schiffen ausgehend: *Barry*, Hofstra L. Rev. 33 (2004-2005), 299, 328. Teilweise werden allerdings bestimmte Anforderungen an die Schwere des Verdachts gestellt; *Kreß* in: Weingärtner (Hrsg.), Die Bundeswehr als Armee im Einsatz, S. 95, 110 f.

891 Art. 106 SRÜ: „[…] a ship […] *on suspicion* of piracy […]".

892 Dazu schon Kapitel 4 – C. II. 1.

893 Siehe dazu bereits Kapitel 4 – C. II. 2. a) aa). Vgl. auch *Fournier*, Der Einsatz der Streitkräfte gegen Piraterie auf See, S. 70; *Allmendinger/Kees*, NZWehrr 2008, 60, 63 Fn. 17; *Schmahl*, AöR 136 (2011), 44, 63.

894 *Nordquist*, UNCLOS, Bd. III, Rn. 106.6(a).; *Kavanagh*, Austl. Int'l L. J. 1999, 127, 144.

895 Schon beim Recht zum Betreten müssen außerordentliche Umstände vorliegen; vgl. *Reuland*, Vand. J. Transnat'l L. 22 (1989), 1161, 1170: „Under extreme circumstances, the public ships of a state are competent to visit and search the vessels of another state."

Ersatzpflicht besteht – nicht ausreichen. Der Seeräuberei verdächtige Schiffe dürfen deshalb nicht aufgebracht werden. Nur wenn die Eigenschaft als Seeräuberschiff feststeht, ist ein Aufbringen zulässig. Zuvor bestehen ausschließlich die Untersuchungsrechte.

III. Keine zwingende Fremdheit des aufzubringenden Schiffes

Während in Art. 110 Abs. 1 SRÜ die Fremdheit des zu untersuchenden Schiffes vorausgesetzt wird,[896] fehlt dieses Erfordernis in Art. 105 S. 1 SRÜ bei der Regelung zum Aufbringen eines Seeräuberschiffs.[897] Damit kann ein Staat auch ein Seeräuberschiff, welches die gleiche Staatszugehörigkeit hat, auf Grundlage der völkerrechtlichen Bestimmungen aufbringen. Der Grund für diese von Art. 110 Abs. 1 SRÜ abweichende Regelung könnte in Art. 104 SRÜ zu sehen sein. Diese Vorschrift regelt die Beibehaltung oder den Verlust der Staatszugehörigkeit eines Seeräuberschiffes. Ob es zu einem Verlust der Staatszugehörigkeit kommt, bestimmt sich nach dem Recht des Staates, der sie verliehen hat, Art. 104 S. 2 SRÜ.[898] Damit kann ein Staat ein Seeräuberschiff, welches seine Staatszugehörigkeit besitzt und diese aufgrund der Seeräuberei nicht verloren hat, auch auf Grundlage der völkerrechtlichen Befugnisse aus Art. 105 S. 1 SRÜ aufbringen und nicht nur gestützt auf seine nationalstaatlichen Regelungen.[899]

IV. Anwendung von Zwang

Sofern erforderlich, kann beim Aufbringen eines Seeräuberschiffs Zwang eingesetzt werden. Schon der Wortlaut von Art. 105 S. 1 SRÜ deutet darauf hin, denn der Begriff des *Aufbringens* selbst enthält bereits ein Zwangsmoment.[900]

896 Art. 110 Abs. 1 SRÜ: „[...] a warship which encounters on the high seas a *foreign* ship [...]" (*Hervorhebung* durch den Verfasser).

897 Vgl. auch *Trésoret*, Seepiraterie, S. 262.

898 Ein Schiff, welches staatenlos ist, kann grundsätzlich von jedem Staat aufgebracht werden; vgl. *Reuland*, Vand. J. Transnat'l L. 22 (1989), 1161, 1202; *Shaw*, International Law, S. 457. Verliert ein Seeräuberschiff seine Staatszugehörigkeit, könnte sich ein Recht zum Aufbringen auch schon aus der Staatenlosigkeit des Schiffes ergeben.

899 *Trésoret*, Seepiraterie, S. 262.

900 Darauf deuten bereits die Definitionen hin, die das Aufbringen als Recht bezeichnen, „im Krieg [...] feindliche und neutrale Handelsschiffe durch ein Kriegsschiff – notfalls *gewaltsam* – anzuhalten [...]" (Aufbringen, Brockhaus, Bd. II) oder als „confiscation or *forcible* taking possession (of land or goods)" (seizure, Simpson/Weiner (Hrsg.), The Oxford English Dictionary, Bd. XIV) (*Hervorhebungen* jeweils durch den Verfasser).

Weiterhin werden in Art. 105 S. 1 SRÜ auch explizit die Festnahme von Personen[901] und die Beschlagnahme von Vermögenswerten[902] erwähnt, die ebenfalls schon dem Wortlaut nach auf eine mögliche zwangsweise Durchsetzung hindeuten. Weiterhin nennt die Resolution 1816 vom 2. Juni 2008 der Vereinten Nationen[903] die Anwendung „aller erforderlichen Maßnahmen" bei der Bekämpfung von Piraterie und bewaffneten Überfällen.[904] Dies umfasst neben der Durchsuchung auch das Aufbringen von Schiffen.[905] Für einen Einsatz von Zwang spricht außerdem, dass schon das Untersuchungsrecht nach Art. 110 SRÜ notfalls mit Gewalt durchgesetzt werden kann.[906] Da das Untersuchungsrecht dem Recht zum Aufbringen vorausgeht und im Vergleich zu diesem weniger tief in die Rechtsposition des betroffenen Schiffes eingreift, muss die Anwendung von Zwang beim Aufbringen ebenfalls rechtmäßig sein. Folglich legitimiert Art. 105 S. 1 SRÜ den Einsatz von Gewalt, wobei auch hier der Grundsatz zu beachten ist, dass dieser auf das erforderliche Maß zu beschränken ist.[907]

---

901 Art. 105 S. 1 SRÜ: „[…] and *arrest* the persons […]" (*Hervorhebung* durch den Verfasser).

902 Art. 105 S. 1 SRÜ: „[…] and *seize* the property […]" (*Hervorhebung* durch den Verfasser).

903 UN, Security Council Resolution 1816 (2008) [on Acts of Piracy and Armed Robbery against Vessels in Territorial Waters and the High Seas off the Coast of Somalia], S/RES/1816 (2. Juni 2008). Siehe dazu auch Kapitel 4 – B. III. 3. d).

904 UN, Security Council Resolution 1816 (2008) [on Acts of Piracy and Armed Robbery against Vessels in Territorial Waters and the High Seas off the Coast of Somalia], S/RES/1816 (2. Juni 2008), para. 7 lit. (b): „Use, within the territorial waters of Somalia […] *all necessary means* to repress acts of piracy and armed robbery" (*Hervorhebung* durch den Verfasser). Vgl. auch *Treves*, Europ. J. Int'l L. 20 (2009), 399, 412.

905 Vgl. UN, Security Council Resolution 1816 (2008) [on Acts of Piracy and Armed Robbery against Vessels in Territorial Waters and the High Seas off the Coast of Somalia], S/RES/1816 (2. Juni 2008), para. 7 lit. (a) i.V.m. dem Erwägungsgrund Nr. 5, welcher hervorhebt, dass bei der Bekämpfung der Piraterie auch die entsprechenden Konventionen zu beachten sind, die unter anderem auch das Aufbringen von Piratenschiffen einschließt.

906 Siehe dazu schon Kapitel 4 – B. III. 3.

907 *T. Neumann/Salomon*, HuV-I 24 (2011), 165, 168; *Treves*, Europ. J. Int'l L. 20 (2009), 399, 412; *Geiß/Petrig*, Piracy and Armed Robbery at Sea, S. 69; *Kreß* in: Weingärtner (Hrsg.), Die Bundeswehr als Armee im Einsatz, S. 95, 97 f.

V. Ergebnis

Handelt es sich um ein Seeräuberschiff nach Art. 103 SRÜ, darf das Schiff aufgebracht werden. Dabei muss diese Eigenschaft erwiesen sein; das Aufbringen von der Seeräuberei lediglich verdächtigen Schiffen ist unzulässig. In diesem Fall besteht zunächst lediglich das in Art. 110 SRÜ vorgesehene Recht zur Untersuchung. Wird beim Aufbringen auf Gegenwehr gestoßen, kann das Schiff auch unter Anwendung von Zwang gewaltsam aufgebracht werden.

D. Recht der Nacheile, Art. 111 SRÜ

Bei der Nacheile im Rahmen der Bekämpfung der Piraterie sind zwei grundsätzliche Konstellationen zu unterscheiden. Zum einen kann ein Schiff verfolgt werden, das aus dem Küstenmeer hinaus in ein anderes Gewässer fährt, welches kein Küstengewässer ist (unter I.). Zum anderen ist denkbar, dass einem Schiff in das Küstenmeer eines anderen Staates hinein nachgefahren wird (unter II.).

I. Verfolgen aus dem Küstenmeer hinaus

1. Voraussetzungen

In Art. 111 SRÜ werden detailliert die Voraussetzungen festgelegt, unter denen das Recht der Nacheile zulässig ist. Zunächst muss es sich bei dem verfolgten Schiff um ein fremdes Schiff handeln, das eine andere Staatszugehörigkeit als die des verfolgenden Staates hat.[908] Weiterhin müssen Anhaltspunkte dafür vorliegen, dass das verfolgte Schiff gegen die Rechtsordnung des Küstenstaates verstoßen hat, Art. 111 Abs. 1 S. 1 SRÜ. Schließlich muss die Nacheile beginnen, solange das fremde Schiff oder eines seiner Boote sich innerhalb der Anschlusszone, des Küstenmeeres, der Archipelgewässer oder der inneren Gewässer des Staates befindet, welcher das Recht der Nacheile ausübt, Art. 111 Abs. 1 S. 2 SRÜ.[909]

---

908 Art. 111 Abs. 1 S. 1 SRÜ: „The hot pursuit of *a foreign* ship may be […]" (*Hervorhebung* durch den Verfasser).

909 Vgl. insgesamt zu den Voraussetzungen von Art 111 SRÜ: *Heintschel v. Heinegg* in: Epping/Heintschel v. Heinegg (Hrsg.), Ipsen, Völkerrecht, § 45 Rn. 17; *Dahm/Delbrück/Wolfrum*, Völkerrecht, Bd. I/2, § 119 IX.; *Tanaka*, International Law of the Sea, S. 202 ff.

2. *Relevanz für die Bekämpfung der Piraterie im völkerrechtlichen Sinne*

Insbesondere die Bedingung, dass die Verfolgung innerhalb der territorialen Gewässer eines Staates beginnen muss, ist für die völkerrechtliche Bekämpfung der Piraterie bedeutsam. Der Tatbestand der Piraterie im SRÜ setzt voraus, dass die Tat auf Hoher See begangen wird – das Küstenmeer eines Staates wird nicht erfasst.[910] Jedoch ist eine dort begangene und gegen die Gesetze des Küstenstaates verstoßende Handlung Voraussetzung für das Ausüben des Rechts der Nacheile. Folglich ist diese Form der Nacheile irrelevant für die Bekämpfung der völkerrechtlichen Piraterie, da bei dem in Art. 111 Abs. 1 SRÜ beschriebenen Fall der Nacheile der Tatbestand der Seeräuberei nach Art. 101 Abs. 1 lit. a) SRÜ nicht erfüllt werden kann.[911]

II. Verfolgen in ein fremdes Küstenmeer hinein

Wesentlich bedeutsamer im Rahmen des Vorgehens gegen Seeräuberei ist das Problem, ob ein Schiff, welches auf Hoher See bzw. der ausschließlichen Wirtschaftszone oder Anschlusszone in eine den Tatbestand von Art. 101 Abs. 1 lit. a) SRÜ verwirklichende Handlung involviert ist, in das Küstenmeer eines fremden Staates verfolgt werden darf.[912] Eine solche Form der Nacheile ist unter den Begriffen „umgekehrte Nacheile“[913] oder „Reverse Hot Pursuit“[914] bekannt.

---

910 Siehe dazu Kapitel 2 – E. I. 3. g) und Kapitel 2 – E. I. 3. c). Erfasst werden neben der Hohen See auch die ausschließlichen Wirtschaftszonen und die Anschlusszonen; siehe dazu Kapitel 2 – E. I. 3. e) und Kapitel 2 – E. I. 3. d).

911 Die Intention des Rechts zur Nacheile ist auch eine andere: Es soll verhindert werden, dass Personen, die eine nach dem Recht des Küstenstaates strafbare Handlung begangen haben, sich ihrer strafrechtlichen Verantwortung entziehen können, indem sie bei einer Verfolgung aus dem Küstenmeer auf die Hohe See fahren; *v. Arnauld*, Völkerrecht, Rn. 834; *Shaw*, International Law, S. 460. Nicht jedoch soll der räumliche Anwendungsbereich von außerhalb küstenstaatlicher Hoheitsgebiete geltenden Tatbeständen auf das Küstenmeer erweitert werden.

912 Vgl. *Bento*, Berkeley J. Int'l L. 29 (2011), 399, 420; *Trésoret*, Seepiraterie, S. 278 f.

913 *Trésoret*, Seepiraterie, S. 279; *Salomon* in: S. Bruns/Petretto/Petrovic (Hrsg.), Maritime Sicherheit, S. 53, 57.

914 *Murphy* in: Lehr (Hrsg.), Violence at Sea, S. 155, 163; *Bento*, Berkeley J. Int'l L. 29 (2011), 399, 420.

1. *Keine Regelungen in Art. 111 SRÜ*

In Art. 111 Abs. 1 SRÜ wird lediglich geregelt, unter welchen Umständen ein Schiff aus dem Küstenmeer hinaus verfolgt werden darf. Der umgekehrte Fall, in dem ein Schiff den völkerrechtlichen Tatbestand der Piraterie verwirklicht oder diesem zumindest verdächtig ist und daher dieses Schiff von der Hohen See, der ausschließlichen Wirtschaftszone oder der Anschlusszone ausgehend in ein fremdes Territorialgewässer verfolgt wird, ist in Art. 111 SRÜ nicht geregelt. Zwar ist nach Art. 111 Abs. 2 SRÜ das Recht der Nacheile sinngemäß anwendbar für Verstöße, die innerhalb der ausschließlichen Wirtschaftszone begangen wurden. Dabei muss es sich jedoch um Verstöße handeln, die gegen die Rechtsordnung des Küstenstaates verstoßen; Verstöße, die gegen völkerrechtliche Regelungen verstoßen, werden damit gerade nicht erfasst.

2. *Diskutierte Grundlagen für ein Recht der umgekehrten Nacheile*

Teilweise wird der allgemeine Grundsatz der Pflicht zur Zusammenarbeit bei der Seeräuberei nach Art. 100 SRÜ als rechtliche Grundlage für das Recht auf umgekehrte Nacheile vorgebracht. Aus dieser Pflicht zur Zusammenarbeit soll sich eine zumindest stillschweigende Zustimmung der Küstenstaaten ergeben, dass auch fremde Staaten in ihren Territorialgewässern Maßnahmen gegen Piraterie ergreifen dürfen.[915] Anderer Ansicht nach ergäbe sich aus einem Umkehrschluss aus Art. 19 Abs. 1 S. 1 SRÜ ein solches Recht. Denn Piraterie beeinträchtige die in Art. 19 Abs. 1 S. 1 SRÜ genannten Rechtsgüter des Küstenstaates und dürfte daher verfolgt werden.[916] Mitunter wird auch ein Umkehrschluss aus Art. 19 Abs. 2 lit. a) SRÜ angeführt. Danach verstieße ein Vorgehen gegen Piraten in Küstengewässern nicht gegen die Souveränität des Küstenstaates und sei folglich zulässig.[917] Schließlich erfolgt auch ein Berufen darauf, dass früher eine solche Form der Nacheile gewohnheitsrechtlich anerkannt gewesen sei.[918]

---

915 Erwähnung findet diese Ansicht bei: *Wolfrum* in: Graf Vitzthum (Hrsg.), Handbuch des Seerechts, Kap. 4 Rn. 57; *Trésoret*, Seepiraterie, S. 279. Beide Autoren lehnen sie allerdings ab.

916 Dargestellt wird diese Ansicht in: *Affeld*, HuV-I 13 (2000), 95, 97; *Trésoret*, Seepiraterie, S. 279.

917 Erwähnt von: *Affeld*, HuV-I 13 (2000), 95, 97.

918 Vgl. *Affeld*, HuV-I 13 (2000), 95, 97. Die umgekehrte Nacheile wurde im ersten Drittel des 20. Jahrhunderts teilweise als Möglichkeit gesehen, um Staaten zu begegnen, die nicht in der Lage sind, ihre Rechtsordnung in ihren Territorialgewässern durchzusetzen und so Piraten keine Rückzugsmöglichkeiten zu gewähren; vgl. *Murphy* in: Lehr

3. *Bewertung dieser Grundlagen*

Durch Art. 111 SRÜ ist das Recht der Nacheile sehr detailliert geregelt. Daher ist zweifelhaft, ob überhaupt Raum bleibt, in den Tatbestand der Nacheile weitere, nicht explizit geregelte Fälle einzubeziehen.[919] Dies gilt umso mehr, als Art. 111 Abs. 3 SRÜ deutlich statuiert, dass das Recht der Nachheile beendet ist, wenn das verfolgte Schiff in das Küstenmeer seines eigenen Staates oder in jenes eines dritten Staates einfährt. Außerdem wurde Art. 7 Abs. 1 der *Draft Convention on Piracy* der Harvard Law School von 1932,[920] welcher eine umgekehrte Nacheile zuließ, gerade nicht in das HSÜ übernommen.[921] Gegen eine Erweiterung spricht weiterhin, dass die Kooperationspflicht nach Art. 100 SRÜ schon ihrem Wortlaut nach auf die Hohe See und andere, keiner staatlichen Hoheitsgewalt unterstehende Gebiete beschränkt ist.[922] Auch die vorgebrachten Umkehrschlüsse aus Art. 19 SRÜ können nicht überzeugen. Das Küstenmeer untersteht der vollen Souveränität des Küstenstaates. Nur unter bestimmten Voraussetzungen muss ein Staat gewisse Handlung wie beispielsweise die friedliche Durchfahrt fremder Schiffe in seinen Küstengewässern dulden und ist so in seiner Souveränität eingeschränkt.[923] Diese Ausnahmen sind detailliert geregelt worden.[924] Dass sich zusätzlich aus einem einfachen Umkehrschluss weitere Einschränkungen der küstenstaatlichen Hoheitsgewalt ergeben sollen, ist nicht nachvollziehbar.

(Hrsg.), Violence at Sea, S. 155, 163. So sah Art. 7 Abs. 1 der *Draft Convention on Piracy* der Harvard Law School von 1932 das Recht einer umgekehrten Nacheile vor. Vgl. dazu auch: *Murphy* in: Lehr (Hrsg.), Violence at Sea, S. 155, 163 f.

919 Vgl. *Trésoret*, Seepiraterie, S. 279.

920 Siehe dazu bereits oben Kapitel 2 – C. III.

921 Vgl. Art. 23 Abs. 2 HSÜ, wonach kein Recht der umgekehrten Nacheile besteht. Vgl. dazu auch: *Isanga*, Am. U. L. Rev. 59 (2009-2010), 1267, 1286 Fn. 128; *Thedwall*, Geo. J. Int'l L. 41 (2010), 501, 508.

922 Art. 100 SRÜ: „[…] in the repression of piracy on the *high seas* or in any other place *outside the jurisdiction* of any state" (*Hervorhebungen* durch den Verfasser).

923 Das Recht der friedlichen Durchfahrt ist in den Art. 17 ff. SRÜ geregelt. Vgl. auch *Agyebeng*, Cornell Int'l L. J. 39 (2006), 371, 380 f.; *Herdegen*, Völkerrecht, § 31 Rn. 5; *Heintschel v. Heinegg* in: Epping/Heintschel v. Heinegg (Hrsg.), Ipsen, Völkerrecht, § 40 Rn. 16 und 17 ff. Siehe dazu auch noch Kapitel 6 – A. II. 1.

924 So bestimmt etwa Art. 19 Abs. 2 lit. a) bis l) SRÜ, wann eine Durchfahrt den Frieden des Küstenstaates beeinträchtigt und damit nicht als friedliche Durchfahrt anzusehen ist. Weiterhin müssen etwa U-Boote aufgetaucht durch das Küstenmeer fahren und Schiffe mit Kernenergieantrieb besondere Sicherheitsregeln beachten, Art. 20 und 23 SRÜ. Vgl. dazu auch: *Ngantcha*, The Right of Innocent Passage, S. 153 f. und 151 f.

Die Ansicht, die das Recht der umgekehrten Nacheile aus einer früheren gewohnheitsrechtlichen Anerkennung herzuleiten versucht, ist ebenfalls abzulehnen. Zwar wurde ein solches Recht Anfang des 20. Jahrhunderts teilweise vertreten, doch war dies schon damals umstritten.[925] Mittlerweile jedenfalls ist keine einheitliche Staatenpraxis erkennbar, so dass auch kein Völkergewohnheitsrecht dahingehend bestehen kann.[926] Darüber hinaus machen auch die für ein Vorgehen gegen Piraterie relevanten Vorschriften Art. 105 und 110 SRÜ sowie der Tatbestand der Piraterie in Art. 101 SRÜ eindeutige Vorgaben hinsichtlich des räumlichen Anwendungsbereiches, wonach die Küstengewässer nicht umfasst werden.[927]

Schließlich legt die Resolution 1816 des Sicherheitsrates der Vereinten Nationen[928] fest, dass im Rahmen der Bekämpfung der Piraterie vor der Küste Somalias fremde Schiffe in das somalische Küstenmeer einfahren dürfen, um dort Befugnisse im Einklang mit den einschlägigen völkerrechtlichen Regelungen auszuüben.[929] In dem relevanten Abschnitt para. 7 lit. (a) der Resolution 1816 wird zwar nicht explizit der Begriff der Nacheile verwendet. Allerdings findet sich dort die Formulierung, dass die mit der Übergangsregierung zusammenarbeitenden Staaten die Befugnis haben, das Küstenmeer Somalias anzulaufen,

---

925 Zu den verschiedenen Ansichten des Rechts zur Nacheile zusammenfassend: *Martens*, Das Recht der Nacheile zur See, S. 152 ff.; *Poulantzas*, The Right of Hot Pursuit in International Law, S. 158 ff.; vgl. auch *Affeld*, HuV-I 13 (2000), 95, 97 f.

926 Zusammenfassend: *Affeld*, HuV-I 13 (2000), 95, 97 f. Mitunter werden die von Art. 111 SRÜ kodifizierten Regelungen als Völkergewohnheitsrecht angesehen: *Heiser*, Austl. & N.Z. Mar. L. J. 16 (2002), 84, 108; *Ngantcha*, The Right of Innocent Passage, S. 169. Vgl. auch *Heintschel v. Heinegg* in: Epping/Heintschel v. Heinegg (Hrsg.), Ipsen, Völkerrecht, § 45 Rn. 17; *Reuland*, Virg. J. Int'l L. 33 (1992-1993), 557, 588.

927 Art. 105 S. 1 SRÜ: „On the *high seas*, or in any other place *outside the jurisdiction* of any State, every State may seize […]"; Art. 110 Abs. 1 SRÜ: „[…] a warship which encounters on the *high seas* a foreign ship […]"; Art. 101 lit. a) sublit. i) SRÜ: „[…] on the high seas […]" und Art. 101 lit. a) ii) SRÜ: „[…] in a place *outside the jurisdiction* of any state […]" (*Hervorhebungen* jeweils durch den Verfasser). Vgl. dazu auch schon Kapitel 2 – E. I. 3. c) bb).

928 UN, Security Council Resolution 1816 (2008) [on Acts of Piracy and Armed Robbery against Vessels in Territorial Waters and the High Seas off the Coast of Somalia], S/RES/1816 (2. Juni 2008).

929 UN, Security Council Resolution 1816 (2008) [on Acts of Piracy and Armed Robbery against Vessels in Territorial Waters and the High Seas off the Coast of Somalia], S/RES/1816 (2. Juni 2008), para. 7 lit. (a).

um dort Maßnahmen gegen Seeräuberei zu ergreifen.[930] Somit ist ersichtlich, dass im Rahmen der Bekämpfung der Piraterie eine Verfolgung in somalische Territorialgewässer zulässig ist. Gleichzeitig wird damit deutlich, dass dieses Vorgehen eine Ausnahme darstellt und nicht von Art. 111 SRÜ erfasst wird, da es andernfalls keiner expliziten Ermächtigung bedurft hätte.[931]

4. *Ergebnis*

Es besteht kein Recht der umgekehrten Nacheile.[932] Ein Schiff, welches auf Hoher See bzw. in der ausschließlichen Wirtschaftszone oder der Anschlusszone den Tatbestand der genannten Normen erfüllt, kann nicht in fremde Küstengewässer verfolgt werden.[933] Bestehen bleibt allerdings das Problem, wenn ein Küstenstaat nicht fähig oder nicht willens ist, Maßnahmen gegen Piraten zu ergreifen, die seine Küstengewässer ansteuern, um so ihren Verfolgern zu entgehen.[934]

---

930 Vgl. UN, Security Council Resolution 1816 (2008) [on Acts of Piracy and Armed Robbery against Vessels in Territorial Waters and the High Seas off the Coast of Somalia], S/RES/1816 (2. Juni 2008), para. 7 lit. (a): „7. *Decides* that […] States cooperating with the TFG […] may: (a) *Enter the territorial waters* of Somalia for the purpose of repressing acts of piracy and armed robbery at sea […]" (Erste *Hervorhebung* im Original, zweite *Hervorhebung* durch den Verfasser). Vgl. dazu auch: *Thedwall*, Geo. J. Int'l L. 41 (2010), 501, 510.

931 *Trésoret*, Seepiraterie, S. 281; *Bento*, Berkeley J. Int'l L. 29 (2011), 399, 420. Eine Normierung zur umgekehrten Nacheile lässt sich auch der Resolution 1851 entnehmen; UN, Security Council Resolution 1851 (2008) [on Fight against Piracy and Armed Robbery at Sea off the Coast of Somalia], S/RES/1851 (16. Dezember 2008), para. 2; vgl. dazu *P. R. Williams/Pressly*, Case West. Res. J. Int'l L. 46 (2013), 177, 185.

932 So auch: *Bento*, Berkeley J. Int'l L. 29 (2011), 399, 420; *Wolfrum* in: Graf Vitzthum (Hrsg.), Handbuch des Seerechts, Kap. 4 Rn. 57; *Trésoret*, Seepiraterie, S. 279 ff.

933 Zu der – bisher wohl nicht vorgekommenen – Konstellation, dass ein Schiff, welches von der Hohen See in ein Küstenmeer einfährt und anschließend, nachdem es das Küstenmeer wieder verlässt, weiterverfolgt werden darf: *C. H. Allen*, Ocean Dev. & Int'l L. 20 (1989), 309, 320.

934 Vgl. *Isanga*, Am. U. L. Rev. 59 (2009-2010), 1267, 1291. Eine Duldungspflicht des unfähigen oder unwilligen Küstenstaates annehmend, dass in seinen Gewässern fremde Staaten gegen Seeräuber vorgehen: *Stehr*, Piraterie und Terror auf See, S. 23. Einer Duldungspflicht nach der aktuellen Rechtslage zweifelnd gegenüberstehend: *Menefee*, Int'l J. Marine & Coastal L. 14 (1999), 353, 361 ff.

E. Zur Untersuchung und zum Aufbringen berechtigte Schiffe

Art. 110 Abs. 1 SRÜ legt fest, dass lediglich Kriegsschiffe berechtigt sind, die Untersuchungsrechte auszuüben (unter I.). Allerdings erweitern Art. 110 Abs. 4 und 5 SRÜ den Kreis der zum Untersuchen berechtigten Schiffe. Durch Art. 110 Abs. 4 SRÜ werden Militärluftfahrzeuge in den Kreis der Berechtigten einbezogen (unter III.) und Art. 110 Abs. 5 SRÜ statuiert, dass auch jene Schiffe und Luftfahrzeuge die Untersuchungsrechte wahrnehmen dürfen, die eindeutig als im Staatsdienst befindlich gekennzeichnet und als solche erkennbar sind (unter II. und IV.) sowie hierzu ordnungsgemäß befugt sind (unter V.).[935] Hinsichtlich des Aufbringens von Seeräuberschiffen bestimmt Art. 107 SRÜ zunächst, dass nur Kriegsschiffe oder Militärluftfahrzeuge hierzu berechtigt sind (unter I. und III.). Weiterhin kann ein Aufbringen auch von anderen Schiffen oder Luftfahrzeugen vorgenommen werden, sofern diese deutliche Kennzeichen tragen, die sie als im Staatsdienst stehend kennzeichnen und sie auch als solche erkennbar sind (unter II. und IV.). Zudem müssen sie hierzu auch befugt sein (unter V.).[936]

I. Kriegsschiffe

Die Definition eines Kriegsschiffes ist in Art. 29 SRÜ festgehalten.[937] Voraussetzung ist, dass das Schiff zu den Streitkräften eines Staates gehört, an äußeren Kennzeichen als solches identifiziert werden kann, dem Kommando eines Offiziers unterworfen ist, der im Dienste des jeweiligen Staates steht und in einer

---

935 Die in Art. 110 Abs. 4 und Abs. 5 festgelegten Erweiterungen hinsichtlich der zur Untersuchung berechtigten Wasser- und Luftfahrzeuge waren in Art. 22 HSÜ, der entsprechenden Norm im HSÜ, nicht enthalten. Siehe zu dieser Erweiterung noch Kapitel 4 – E. V. 2. c).

936 Im Gegensatz zur Untersuchung von verdächtigen Schiffen waren beim Aufbringen von Seeräuberschiffen auch schon im HSÜ in Art. 21 HSÜ Kriegsschiffe, Militärluftfahrzeuge und andere Schiffe und Luftfahrzeuge, die im Staatsdienst stehen, legitimiert. Neu hinzugekommen ist in Art. 107 SRÜ die Voraussetzung, dass Letztere deutlich als im Staatsdienst stehend gekennzeichnet und als solche erkennbar sein müssen.

937 Genau genommen handelt es sich bei den Kriegsschiffen ebenfalls um Staatsschiffe; vgl. *Dörr*, Die deutsche Handelsflotte, S. 44; *Graf Vitzthum* in: Graf Vitzthum (Hrsg.), Handbuch des Seerechts, Kap. 2 Rn. 75; *Oxman*, Virg. J. Int'l L. 24 (1983-1984), 809, 813. Aufgrund der in vielen Bereichen bestehenden Sonderstellung der Kriegsschiffe werden diese hier jedoch eigens aufgeführt.

entsprechenden Liste aufgeführt ist, außerdem muss die Mannschaft den Regeln der militärischen Disziplin unterliegen.[938]

II. Staatsschiffe

Zwar findet der Begriff des „Staatsschiffs“ an mehreren Stellen Erwähnung,[939] jedoch wird er im Gegensatz zum Kriegsschiff nicht definiert.[940] Trotz des Fehlens einer allgemein anerkannten Definition besteht allerdings Einigkeit, dass das entsprechende Schiff im Eigentum des Staates stehen oder von diesem betrieben werden muss.[941] Unterschieden wird bei Staatsschiffen - neben den bereits dargestellten Kriegsschiffen - zwischen Schiffen, die im kommerziellen Handel eingesetzt werden, und Schiffen, die hoheitliche Aufgaben wahrnehmen.

1. Dem Staat gehörende Handelsschiffe

Einem Handelsschiff, welches einem Staat gehört, wird keine besondere Stellung zuteil; es wird wie ein privates Handelsschiff behandelt, da die Eigentümerstellung des Schiffes die einzige Besonderheit gegenüber privaten Handelsschiffen darstellt.[942] Folglich kommen Staatshandelsschiffen auch keine besonderen Befugnisse im Rahmen der Bekämpfung der Seeräuberei zu.[943] Zwar können

---

938 Zur Definition des Kriegsschiffs: *Heintschel v. Heinegg* in: Fleck (Hrsg.), Handbook of International Humanitarian Law, Kap. 10 Rn. 1002. Vgl. auch *Heintschel v. Heinegg* in: Graf Vitzthum (Hrsg.), Handbuch des Seerechts, Kap. 7 Rn. 15 ff.; *Thomas/Duncan*, Annotated Supplement to The Commander's Handbook on the Law of Naval Operations, S. 109; *Oxman*, Virg. J. Int'l L. 24 (1983-1984), 809, 812 ff.

939 Art. 31 SRÜ (Responsibility of the flag State for damage caused by a warship or other *government ship* operated for non-commercial purposes); Art. 32 SRÜ (Immunities of warships and other *government ships* operated for non-commercial purposes); Art. 102 SRÜ (Piracy by a warship, *government ship* or government aircraft whose crew has mutinied) (*Hervorhebungen* jeweils durch den Verfasser).

940 *Iglesias*, State Ships, in: MPEPIL (Stand: März 2011), Rn. 1; vgl. auch *Gogarty/Hagger*, J. L. Inf. & Sci. 19 (2008), 73, 118.

941 *Iglesias*, State Ships, in: MPEPIL (Stand: März 2011), Rn. 1; *Heintschel v. Heinegg* in: Fleck (Hrsg.), Handbook of International Humanitarian Law, Kap. 10 Rn. 1003; vgl. auch *Lagoni*, Merchant Ships, in: MPEPIL (Stand: Januar 2011), Rn. 4.

942 *Heintschel v. Heinegg* in: Graf Vitzthum (Hrsg.), Handbuch des Seerechts, Kap. 7 Rn. 18.

943 Selbstverständlich gelten die allgemeinen Befugnisse im Rahmen der Notwehr und der Nothilfe, auf die sich die Besatzung berufen kann, auch für Staatshandelsschiffe. Siehe zum Selbstverteidigungsrecht und der Pflicht zur Nothilfe weiter unten Kapitel 5 - A. III. und Kapitel 5 - B.

Handelsschiffe unter bestimmten Voraussetzungen in Kriegsschiffe umgewandelt werden.[944] Dies gilt allerdings nur im Falle eines Seekriegs[945] und ist daher zur allgemeinen Bekämpfung der Piraterie ungeeignet. Zudem erhalten die umgewandelten Handelsschiffe den Status von Kriegsschiffen, so dass sie auch als Kriegsschiffe behandelt werden.[946]

2. *Hoheitliche Aufgaben wahrnehmende Staatsschiffe*

Dem Staat gehörende Schiffe, die hoheitliche Aufgaben wahrnehmen, sind beispielsweise Schiffe der Küstenwache.[947] Weiterhin werden auch Schiffe des Zolls, Patrouillenboote, Lotsenboote, Kabelleger, Forschungsschiffe, Postschiffe und Hospitalschiffe dazu gezählt.[948] Ein wesentlicher Unterschied zwischen den genannten Schiffen und Kriegsschiffen besteht bei der Besatzung: Während die Crew eines Kriegsschiffes der militärischen Disziplin unterliegt,[949] haben die übrigen Staatsschiffe eine zivile Besatzung.[950]

III. Militärluftfahrzeuge

Das SRÜ gibt keine Definition eines Militärluftfahrzeugs.[951] Außerhalb dieses Übereinkommens gibt es verschiedene Ansätze hinsichtlich einer Definition.[952]

---

944 *Bothe* in: Graf Vitzthum/Proelß (Hrsg.), Völkerrecht, 8. Abschn. Rn. 84.

945 *Heintschel v. Heinegg*, Warships, in: MPEPIL (Stand: Oktober 2015), Rn. 52; vgl. auch *Bothe* in: Graf Vitzthum/Proelß (Hrsg.), Völkerrecht, 8. Abschn. Rn. 85.

946 *Bothe* in: Graf Vitzthum/Proelß (Hrsg.), Völkerrecht, 8. Abschn. Rn. 85; vgl. auch *Ronzitti*, Naval Warfare, in: MPEPIL (Stand: Juni 2009), Rn. 3; *Chadwick*, J. Hist. Int'l L. 12 (2010), 71, 79.

947 *Heintschel v. Heinegg* in: Graf Vitzthum (Hrsg.), Handbuch des Seerechts, Kap. 7 Rn. 18.

948 *Iglesias*, State Ships, in: MPEPIL (Stand: März 2011), Rn. 1; *Treves* in: Dupuy/Vignes (Hrsg.), A Handbook on the New Law of the Sea, Bd. II, S. 835, 899.

949 Vgl. zur Besatzung von Kriegsschiffen: *Heintschel v. Heinegg*, Warships, in: MPEPIL (Stand: Oktober 2015), Rn. 13 f.

950 Vgl. *Heintschel v. Heinegg* in: Graf Vitzthum (Hrsg.), Handbuch des Seerechts, Kap. 7 Rn. 18.

951 Ähnlich wie die Kriegsschiffe stellen auch die Militärluftfahrzeuge eigentlich eine Kategorie der Staatsluftfahrzeuge dar; vgl. *Stumvoll*, Die Drohne, S. 35; *Bentzien*, Der unerlaubte Einflug von Luftfahrzeugen, S. 39 f. In der vorliegenden Arbeit werden sie jedoch aufgrund ihrer Bedeutung und expliziten Nennung im SRÜ unter einem eigenen Punkt aufgeführt.

952 *Reuland*, Virg. J. Int'l L. 33 (1992-1993), 557, 563; *Wouters/Verhoeven*, State Aircraft, in: MPEPIL (Stand: Juli 2008), Rn. 9.

Allerdings bietet sich zumindest im Rahmen der Bekämpfung der Seeräuberei die sinngemäße Anwendung von Art. 29 SRÜ an.[953] Danach ist entscheidend, dass das Luftfahrzeug zu den Streitkräften eines Staates gehört und anhand äußerer Kennzeichen als solches zu erkennen ist.[954] Weiterhin muss das Luftfahrzeug in einem entsprechenden Register militärischer Luftfahrzeuge verzeichnet sein.[955]

IV. Staatsluftfahrzeuge

Wie der Begriff des „Staatsschiffs" wird jener des „Staatsluftfahrzeugs" im SRÜ nicht näher erläutert und auch in anderen Übereinkommen findet sich keine Begriffsbestimmung.[956] Als allgemeine Definition ist jedoch anerkannt, dass das Luftfahrzeug im Eigentum eines Staates stehen muss und für hoheitliche Zwecke eingesetzt wird.[957]

V. *Ordnungsgemäße Befugnis* zur Untersuchung bzw. zum Aufbringen

Neben den Kriegsschiffen sind auch deutlich als im Staatsdienst stehende und als solche erkennbare Schiffe dazu berechtigt, die Untersuchungsrechte nach Art. 110 Abs. 1 und 2 SRÜ wahrzunehmen und Seeräuberschiffe nach Art. 105 S. 1 SRÜ aufzubringen. Voraussetzung dafür ist allerdings, dass diese auch

---

953 *Wouters/Verhoeven*, State Aircraft, in: MPEPIL (Stand: Juli 2008), Rn. 9; vgl. auch *Reuland*, Virg. J. Int'l L. 33 (1992-1993), 557, 563 Fn. 31.

954 Vgl. *Dinstein*, Air Warfare, in: MPEPIL (Stand: September 2015), Rn. 8.

955 Vgl. *Wouters/Verhoeven*, State Aircraft, in: MPEPIL (Stand: Juli 2008), Rn. 9. Zu den bei der sinngemäßen Anwendung des Art. 29 SRÜ auf Militärluftfahrzeuge zu beachtenden Kriterien im Rahmen einer allgemeinen Definition: *Stumvoll*, Die Drohne, S. 35 ff.

956 In Art. 3 lit. b) Chicagoer Abkommen (Abkommen über die Internationale Zivilluftfahrt v. 7. Dezember 1956, BGBl. 1956 II S. 411, 412) wird festgelegt, dass Luftfahrzeuge, die im Militär-, Zoll- und Polizeidienst verwendet werden, als Staatsluftfahrzeuge gelten. Was genau unter das Verwenden zu diesen Zwecken fällt, wird jedoch nicht geregelt; *Schladebach*, Luftrecht, § 4 Rn. 29; *Petras*, A. F. L. Rev. 66 (2010), 1, 7; vgl. auch *Stumvoll*, Die Drohne, S. 33 f.

957 *Stumvoll*, Die Drohne, S. 35; *Schladebach*, Luftrecht, § 4 Rn. 30; *Dinstein*, Air Warfare, in: MPEPIL (Stand: September 2015), Rn. 9; vgl. auch *Hobe* in: Epping/Heintschel v. Heinegg (Hrsg.), Ipsen, Völkerrecht, § 46 Rn. 15.

zur Untersuchung und bzw. oder zum Aufbringen befugt sind.[958] Fraglich ist zunächst, was unter einer solchen Befugnis zu verstehen ist (unter 1.). Zudem ist zu klären, ob der in Art. 110 Abs. 5 SRÜ erwähnten und in Art. 107 SRÜ nicht genannten Ordnungsgemäßheit der Befugnis eine besondere Bedeutung zukommt (unter 2.).

1. *Merkmal der Befugnis*

Die Befugnis könnte entweder völkerrechtlich oder nach dem Recht des jeweiligen Staates zu bestimmen sein. Im SRÜ selbst finden sich dazu keine näheren Angaben.[959]

a) Berücksichtigung weiterer Vorschriften

Neben Art. 107 und Art. 110 Abs. 5 SRÜ wird auch in Art. 111 Abs. 5 SRÜ sowie in Art. 224 SRÜ die Befugnis jener Schiffe erwähnt, welche die Nacheile ausüben bzw. die Einhaltung der Vorschriften zum Schutz und der Bewahrung der Meeresumwelt sicherstellen. Allerdings enthalten auch diese Vorschriften keine weiteren Angaben dazu, wie die Befugnis der entsprechenden Schiffe bestimmt wird.[960] In den für die Bekämpfung der Seeräuberei relevanten Vorschriften (Art. 107 und Art. 110 Abs. 5 SRÜ) werden jene Schiffe, die deutlich als im Staatsdienst gekennzeichnet und als solche erkennbar sowie zur Untersuchung und bzw. oder zum Aufbringen befugt sind, den Kriegsschiffen gleichgestellt.

b) Fehlen einer Definition des Begriffs des Staatsschiffs

Die Definition eines Kriegsschiffes ist in Art. 29 SRÜ statuiert.[961] Mithin existiert eine völkerrechtliche, durch das Übereinkommen festgelegte Begriffsbestimmung.[962] Eine solche Begriffsbestimmung fehlt für Staatsschiffe.[963] Dennoch

---

958 Art. 110 Abs. 5 SRÜ: „These provisions also apply to any other *duly authorized* ships […]"; Art. 107 SRÜ: „A seizure on account of piracy may be carried out only by warships […] or other ships […] clearly marked and identifiable as being on government service and *authorized to that effect*" (*Hervorhebungen* jeweils durch den Verfasser).

959 *Nordquist*, UNCLOS, Bd. III, Rn. 107.7(b).

960 *Nordquist*, UNCLOS, Bd. III, Rn. 107.7(b).

961 Siehe dazu bereits oben Kapitel 4 – E. I.

962 Vgl. auch *Heintschel v. Heinegg*, Warships, in: MPEPIL (Stand: Oktober 2015), Rn. 6; *Thomas/Duncan*, Annotated Supplement to The Commander's Handbook on the Law of Naval Operations, S. 109.

963 Siehe dazu oben Kapitel 4 – E. II.

können bestimmte Rechte wie das Betretungsrecht, Art. 110 SRÜ, und das Recht zum Aufbringen, Art. 105 SRÜ, nicht nur von Kriegsschiffen, sondern auch von Staatsschiffen wahrgenommen werden. Indem auf die Definition eines Staatsschiffs und die Befugnis verzichtet wird, müssen sich diese aus anderen Umständen ergeben. Während sich bei der Begrifflichkeit des Staatsschiffes noch allgemeine Begriffsmerkmale feststellen lassen, ist dies bei der Bestimmung der Befugnis zum Vornehmen der in Art. 110 und 105 SRÜ beschriebenen Handlungen nicht möglich.[964] Es deutet vieles darauf hin, dass dieser Umstand beim Schaffen der Vorschriften auch gesehen wurde.[965]

c) Bestimmung nach dem jeweiligen nationalen Recht

Damit können sich die Merkmale einer Befugnis nur aus dem nationalen Recht des jeweiligen Staates ergeben, dem das Schiff gehört. Dafür spricht, dass schon der Begriff des Staatsschiffes nicht eindeutig vorgegeben wird. Wenn allerdings dieser nicht festgelegt ist, kann auch die Befugnis nicht allgemeinverbindlich durch das Abkommen geregelt werden. Weiterhin finden sich auch an anderer Stelle Verweise in die Rechtsordnungen der einzelnen Staaten wie etwa bei der Jurisdiktionskompetenz hinsichtlich des Verbleibs des aufgebrachten Schiffes und der dort beschlagnahmten Vermögenswerte, Art. 105 S. 2 SRÜ. Damit werden auch an anderer Stelle nicht sämtliche Vorgaben durch das SRÜ getroffen.

d) Ergebnis

Die von Art. 107 und Art. 110 Abs. 5 SRÜ vorausgesetzte Befugnis zum Aufbringen bzw. Betreten und Untersuchen richtet sich nach dem nationalen Recht des Staates, dessen Staatszugehörigkeit das handelnde Schiff hat.[966]

2. Merkmal der Ordnungsgemäßheit dieser Befugnis

Bei der Regelung des Rechts zum Betreten wird in Art. 110 Abs. 5 SRÜ zusätzlich das Erfordernis aufgestellt, dass diese Befugnis ordnungsgemäß sein muss.[967] Zu

964 *Nordquist*, UNCLOS, Bd. III, Rn. 107.7(b).

965 Vgl. *Nordquist*, UNCLOS, Bd. III, Rn. 107.7(b). Fn. 3.

966 So auch: *Jenisch*, NordÖR 2009, 385, 386; wohl auch: *K. Braun/Plate*, DÖV 2010, 203, 204.

967 Art. 110 Abs. 5 SRÜ: „These provisions also apply to any other *duly authorized* ships […]" (*Hervorhebung* durch den Verfasser). Darüber hinaus sind die Voraussetzungen von Art. 110 Abs. 5 und Art. 107 SRÜ gleich: Die Wahrnehmung der jeweiligen Rechte setzt voraus, dass es sich um ein Schiff oder Luftfahrzeug handelt, das deutlich als

prüfen ist, welche Auswirkungen dieses zusätzliche Erfordernis auf die Wahrnehmung der Untersuchungsrechte nach Art. 110 SRÜ hat.

a) *Vergleich zwischen dem* Genfer Übereinkommen über die Hohe See *und dem* Seerechtsübereinkommen der Vereinten Nationen

Im HSÜ findet sich lediglich in Art. 8 Abs. 2 HSÜ eine mit Art. 110 Abs. 5 SRÜ vergleichbare Formulierung.[968] Erst im SRÜ hat der Begriff „ordnungsgemäß" vielfache Verwendung gefunden. Meistens wird er im Zusammenhang mit dem Veröffentlichen[969] oder Bekanntmachen[970] von verschiedenen Dokumenten gebraucht. In diesem Zusammenhang wird allerdings nicht definiert, was genau unter einer Ordnungsgemäßheit zu verstehen ist.

b) *Vergleich von Art. 110 Abs. 5 SRÜ mit anderen Normen des Übereinkommens*

Art. 110 Abs. 5 SRÜ gehört in diesem Kontext ebenso zu den neu hinzugekommenen Vorschriften[971] wie Art. 224 SRÜ, worin die Ausübung der Durchsetzungsbefugnisse beim Schutz der Meeresumwelt festgelegt wird. Während Art. 224 SRÜ hinsichtlich des Teils, der die Befugnisse von anderen, im Staatsdienst stehenden Schiffen beinhaltet, identisch ist mit dem entsprechenden Abschnitt von

---

im Staatsdienst stehend gekennzeichnet, als solches erkennbar und dazu auch befugt ist, wobei zu letzterem Punkt bei Art. 110 Abs. 5 SRÜ noch die Ordnungsgemäßheit hinzukommt.

968 Art. 8 Abs. 2 HSÜ: „[…] under the command of an officer *duly commissioned* by the government […]" und Art. 110 Abs. 5 SRÜ: „[…] to any other *duly authorized* ships […]" (*Hervorhebungen* jeweils durch den Verfasser). Der zitierte Teil von Art. 8 Abs. 2 HSÜ wurde unverändert in Art. 29 SRÜ übernommen. Zum Vergleich zwischen Art. 29 SRÜ und Art. 8 Abs. 2 HSÜ: *Vukas* in: Dupuy/Vignes (Hrsg.), A Handbook on the New Law of the Sea, Bd. II, S. 1233, 1249 f.

969 So etwa bei dem Veröffentlichen von Seekarten oder Verzeichnissen geographischer Koordination (Art. 16 Abs. 2 SRÜ) oder dem Veröffentlichen von Regelungen über die friedliche Durchfahrt (Art. 21 Abs. 3 SRÜ).

970 So etwa die Bekanntmachung der zeitweisen Aussetzung des Rechts der friedlichen Durchfahrt (Art. 25 Abs. 3 SRÜ) oder die Bekanntmachung der Gesetze und sonstigen Vorschriften über die Erhaltung und Bewirtschaftung der lebenden Bestände in der ausschließlichen Wirtschaftszone (Art. 62 Abs. 5 SRÜ).

971 Zuvor waren nach den Bestimmungen von Art. 22 HSÜ lediglich Kriegsschiffe befugt, entsprechende Untersuchungsrechte wahrzunehmen. Die Erwähnung von anderen Schiffen erfolgte erst in Art. 110 Abs. 5 SRÜ.

Art. 107 SRÜ,[972] wird in Art. 110 Abs. 5 SRÜ zusätzlich die Ordnungsgemäßheit der Befugnis verlangt. Dies zeigt, dass dieses zusätzliche Erfordernis bewusst aufgenommen wurde. Demnach muss eine Auseinandersetzung damit erfolgen, welche Konsequenzen dies für das Verständnis der Norm hat.

c) Verständnis des Merkmals der Ordnungsgemäßheit

Eine mögliche Lesart ist, die Ordnungsgemäßheit der Befugnis nicht nur auf die im Staatsdienst stehenden Schiffe zu beziehen, sondern auch auf die in Art. 110 Abs. 1 SRÜ erwähnten Kriegsschiffe. Dies hätte zur Folge, dass auch Kriegsschiffe ordnungsgemäß befugt sein müssten, die Untersuchungs- und Aufbringungsrechte auszuüben. Dafür spricht, dass die Erwähnung der ordnungsgemäßen Befugnis direkt am Anfang steht[973] und im Vergleich zu Art. 107 SRÜ nicht am Ende des entsprechenden Teils.[974] Somit könnte die entsprechende Formulierung von Art. 110 Abs. 5 SRÜ[975] so zu verstehen sein, dass die ordnungsgemäße Befugnis nicht nur bei Staatsschiffen, sondern auch bei den in Art. 110 Abs. 1 SRÜ erwähnten Kriegsschiffen vorausgesetzt wird.[976]

Gegen die Voraussetzung einer ordnungsgemäßen Befugnis auch bei Kriegsschiffen spricht allerdings, dass mit der Ergänzung von Art. 110 Abs. 5 SRÜ das Ziel verfolgt wurde, die Befugnis hinsichtlich der zum Untersuchen und Aufbringen berechtigten Schiffe gleich zu gestalten.[977] In den Regelungen des HSÜ sind nur Kriegsschiffe befugt, Untersuchungen an Bord von verdächtigen Schiffen vorzunehmen, Art. 22 Abs. 1 HSÜ.[978] Ein Aufbringen von Seeräuberschiffen hingegen kann sowohl von Kriegsschiffen als auch von anderen, im Staatsdienst stehenden Schiffen vorgenommen werden, Art. 21 HSÜ. Somit besteht nach diesen Regelungen die paradoxe Situation, dass die im Vergleich zum Aufbringen

972 Art. 224 SRÜ: „[…] or other ships […] clearly marked and identifiable as being on government service and authorized to that effect" und Art. 107 SRÜ: „[…] or other ships […] clearly marked and identifiable as being on government service and authorized to that effect."

973 Art. 110 Abs. 5 SRÜ: „These provisions also apply to any other duly authorized ships […]."

974 Art. 107 SRÜ: „[…] on government service and authorized to that effect."

975 Art. 110 Abs. 5 SRÜ: „These provisions also apply to any other duly authorized ships […]."

976 So: *Wagner*, HumFoR 3/2010, Rn. 39.

977 *Treves* in: Dupuy/Vignes (Hrsg.), A Handbook on the New Law of the Sea, Bd. II, S. 835, 900.

978 Eine mit Art. 110 Abs. 5 SRÜ vergleichbare Vorschrift fehlt in Art. 22 HSÜ.

weniger invasiven Untersuchungsrechte nur von Kriegsschiffen vorgenommen werden dürfen, während zum deutlich mehr beeinträchtigenden Aufbringen auch Staatsschiffe ermächtigt sind.[979] Um diese Situation aufzulösen, wurde Art. 110 Abs. 5 SRÜ eingefügt.[980] Mithin sollte durch diese Ergänzung die Diskrepanz zwischen den zur Wahrnehmung der Untersuchungsrechte und des Aufbringungsrechts berechtigten Schiffe aufgelöst werden. Mäße man dem neu eingefügten Merkmal der Ordnungsgemäßheit im Rahmen der Befugnis zum Anhalten und Betreten von verdächtigen Schiffen eine eigenständige Bedeutung zu, würde dieses Ziel nicht erreicht werden und im Rahmen der Untersuchungsrechte müssten höhere Anforderungen an die Befugnis gestellt werden, als beim Aufbringen von Seeräuberschiffen.[981]

d) Ergebnis

Damit kommt dem Merkmal der Ordnungsgemäßheit bei Art. 110 Abs. 5 SRÜ keine eigenständige Bedeutung zu. Es bleibt dabei, dass eine entsprechende Befugnis des die Untersuchungsrechte ausübenden Schiffes vorliegen muss. Ein über diese Befugnis hinausgehender Inhalt lässt sich jedoch nicht feststellen.

F. Pflicht zur Zusammenarbeit bei der Bekämpfung der Seeräuberei, Art. 100 SRÜ

Art. 100 SRÜ legt fest, dass alle Staaten in größtmöglichem Maße zusammenarbeiten, um die Seeräuberei auf Hoher See oder an jedem anderen Ort zu bekämpfen, der keiner staatlichen Hoheitsgewalt untersteht. Dabei ist zu überlegen, ob es sich bei dieser geforderten Zusammenarbeit um eine echte Pflicht handelt, deren Nichtbefolgen Konsequenzen für den nichthandelnden Staat hat oder ob diese lediglich eine nichtbindende Absichtserklärung darstellt (unter I.). Zudem ist – sofern eine Pflicht anzuerkennen ist – zu untersuchen, welchen Inhalt die in Art. 100 SRÜ statuierte Pflicht zur Kooperation hat (unter II. und III.).

---

979 Zu diesem Ergebnis kam es, da bei den Überlegungen zu Art. 22 HSÜ noch ein anderes Verständnis des Begriffs des Staatsschiffs zugrunde gelegt wurde, welcher letztlich nicht übernommen wurde; vgl. *Simonnet*, La Convention sur la haute mer, S. 175 f. und 182; *Treves* in: Dupuy/Vignes (Hrsg.), A Handbook on the New Law of the Sea, Bd. II, S. 835, 900.

980 Vgl. *Treves* in: Dupuy/Vignes (Hrsg.), A Handbook on the New Law of the Sea, Bd. II, S. 835, 900.

981 Aufgrund dieser Ungleichheit wird teilweise eine *ordnungsgemäße* Befugnis ebenfalls im Rahmen von Art. 107 SRÜ gefordert: *Wagner*, HumFoR 3/2010, Rn. 39.

I. Bestehen einer Pflicht zur Zusammenarbeit

1. Wortlaut und Systematik

a) Verpflichtung *zur Zusammenarbeit*

Die Überschrift von Art. 100 SRÜ lautet: „*Verpflichtung* zur Zusammenarbeit bei der Bekämpfung der Seeräuberei."[982] Auch die englische und damit authentische Sprachfassung[983] des Textes der Norm legt eine Verpflichtung nahe.[984] In der deutschen Übersetzung wird auf die explizite Erwähnung einer *Verpflichtung* verzichtet.[985] An anderer Stelle hingegen wurde bei vergleichbaren Normen[986] in der deutschen Übersetzung ausdrücklich der Begriff des *Verpflichtens* gebraucht.[987] Da die deutsche Sprachfassung allerdings nicht verbindlich ist, könnte dieser Umstand lediglich beim Betrachten der deutschen Auffassung, wie verbindlich die Zusammenarbeit zu sehen ist, berücksichtigt werden.[988] Hingegen in die Überlegungen einbezogen werden kann eine Veränderung der französischen Fassung, da Französisch ebenfalls eine der verbindlichen Sprachen ist, Art. 320 SRÜ. Dort wurde in Art. 14 HSÜ der Aspekt einer *verpflichtenden* Zusammenarbeit stärker herausgehoben[989] als in der nachfolgenden Norm des

---

982 *Hervorhebung* durch den Verfasser.

983 Art. 320 SRÜ legt die verbindlichen Wortlaute fest, wonach neben Englisch auch Arabisch, Chinesisch, Französisch, Russisch und Spanisch authentische Sprachen des SRÜ sind.

984 Art. 100 SRÜ: „All States *shall* co-operate to the fullest possible extent […]" (*Hervorhebung* durch den Verfasser). Vgl. auch die Überschrift von Art. 100 SRÜ: „*Duty* to co-operate in the repression of piracy" (*Hervorhebung* durch den Verfasser).

985 Art. 100 SRÜ: „Alle Staaten arbeiten in größtmöglichem Maße zusammen […]."

986 Art. 98 Abs. 1 SRÜ: „Every state *shall* require the master of a ship flying ist flag […]" (*Hervorhebung* durch den Verfasser).

987 Art. 98 Abs. 1 SRÜ: „Jeder Staat *verpflichtet* den Kapitän eines seine Flagge führenden Schiffes […]" (*Hervorhebung* durch den Verfasser).

988 Einbezogen werden müsste dabei allerdings der Umstand, dass Art. 100 SRÜ in der englischen Fassung wortidentisch mit Art. 14 HSÜ ist, die deutsche Übersetzung hingegen leicht verändert wurde; vgl. Art. 14 HSÜ: „Alle Staaten arbeiten *soweit irgend möglich* zusammen […]" und Art. 100 SRÜ: „Alle Staaten arbeiten *in größtmöglichem Maße* zusammen […]" (*Hervorhebungen* jeweils durch den Verfasser).

989 Art. 14 HSÜ: „Tous les Etats *doivent coopérer* dans toute la mesure du possible […]" (*Hervorhebung* durch den Verfasser).

Art. 100 SRÜ.[990] Dies könnte für das Verständnis der Norm als bloße Absichtserklärung sprechen.

Die Zusammenarbeit der Staaten wird nicht nur bei der Bekämpfung der Seeräuberei genannt, sondern findet auch an anderen Stellen Erwähnung: Art. 118 SRÜ enthält Bestimmungen für die Erhaltung und Bewirtschaftung der lebenden Ressourcen in Gebieten der Hohen See. Dort ist eine Zusammenarbeit der Staaten bei der Erhaltung und Bewirtschaftung der lebenden Ressourcen in den Gebieten der Hohen See festgelegt.[991] Ähnlich bestimmt Art. 123 S. 1 SRÜ, dass die Anliegerstaaten von umschlossenen oder halbumschlossenen Meeren bei der Ausübung ihrer Rechte und der Erfüllung ihrer Pflichten aus diesem Übereinkommen zusammenarbeiten sollen.[992] Speziell im Vergleich dieser beiden Normen (Art. 118 und 123 SRÜ) wird deutlich, dass unterschieden wird, ob Staaten zusammenarbeiten *sollen* oder ob sie dazu *verpflichtet* sind. Gleichzeitig fällt auf, dass bei diesen beiden Normen auf die Erwähnung einer *Verpflichtung* zur Zusammenarbeit in der Überschrift verzichtet wurde,[993] wohingegen dies bei Art. 100 SRÜ erfolgte.[994] Letztlich lässt sich unter Berücksichtigung des Wortlauts kein eindeutiges Ergebnis finden, wie die Pflicht zur Zusammenarbeit konkret ausgestaltet ist. Deutlich wird aber zumindest, dass Art. 100 SRÜ mehr als eine reine Absichtserklärung darstellt und eine zumindest irgendwie geartete Pflicht enthält.

b) Zusammenarbeit in größtmöglichem Maße

Eine Zusammenarbeit hat „in größtmöglichem Maße"[995] zu erfolgen. Dabei könnte es sich um eine Einschränkung handeln, so dass eine Zusammenarbeit

---

990 Art. 100 SRÜ: „Tous les Etats *coopèrent* dans toute la mesure du possible [...]" (*Hervorhebung* durch den Verfasser).

991 Art. 118 S. 1: „States shall co-operate with each other in the conservation and management of living resources in the areas of the high seas."

992 Art. 123 S. 1: „States bordering an enclosed or semi-enclosed sea should cooperate with each other in the exercise of their rights and the performace of their duties under this Convention."

993 Die Überschriften von Art. 118 und 123 SRÜ: „Co-operation of States in the conversation and management of living resources" bzw. „Co-operation of States bording enclosed or semi-enclosed seas."

994 Die Überschrift von Art. 100 SRÜ: „*Duty* to co-operate in the repression of piracy" (*Hervorhebung* durch den Verfasser).

995 Art. 100 SRÜ: „All states shall co-operate to the *fullest possible extent* [...]" (*Hervorhebung* durch den Verfasser).

nur in einem solchen Maße möglich ist, wie sie nicht durch andere Umstände eingeschränkt wird. Andererseits könnte darin auch eine Bekräftigung der Kooperationspflicht zu sehen sein. In ersterem Fall statuierte der Zusatz „in größtmöglichem Maße" lediglich den allgemeinen Grundsatz, dass sich Pflichten nicht widersprechen dürfen. In letzterem Fall hingegen käme diesem Zusatz eine originäre Bedeutung zu. An mehreren Stellen wird die Zusammenarbeit von Staaten im SRÜ angesprochen.[996] Indes wird einzig in Art. 100 SRÜ bestimmt, dass diese Zusammenarbeit „in größtmöglichem Maße" zu erfolgen hat. Damit kommt dieser Festlegung eine besondere Bedeutung zu.[997]

c) *Stellung im Abschnitt der Normen über die Seeräuberei*

Die Vorschriften, welche die Bekämpfung der Seeräuberei betreffen, stehen in den Art. 100 bis 110 SRÜ. Somit wird die in Art. 100 SRÜ statuierte Pflicht zur Zusammenarbeit direkt zu Beginn genannt[998] und ist damit noch vor der Beschreibung des Tatbestandes der Seeräuberei angeordnet.[999] Diese Stellung spricht für eine besondere Bedeutung der Zusammenarbeit der Staaten und dass diese mehr als eine bloße Absichtserklärung ist. Unterstützt wird diese Sichtweise durch einen Blick auf andere Vorschriften, welche die Zusammenarbeit der Staaten betreffen. So stehen die Art. 118 oder 123 SRÜ[1000] nicht am Anfang ihres jeweiligen Abschnitts. Hiergegen lässt sich einwenden, dass die Art. 100 ff. SRÜ formal gesehen keinen gesonderten Abschnitt mit eigener Überschrift darstellen, sondern ihren Platz in dem Abschnitt gefunden haben, welcher die allgemeinen Bestimmungen über die Hohe See zum Inhalt hat.[1001] Diesem Argument

---

996 Neben den bereits erwähnten Art. 118 SRÜ (Zusammenarbeit der Staaten bei der Erhaltung und Bewirtschaftung der lebenden Ressourcen) und Art. 123 SRÜ (Zusammenarbeit der Anliegerstaaten von umschlossenen oder halbumschlossenen Meeren) etwa in Art. 129 SRÜ (Zusammenarbeit beim Bau und bei der Verbesserung von Verkehrsmitteln) oder Art. 197 SRÜ (Zusammenarbeit auf weltweiter oder regionaler Ebene).

997 Vgl. *Gottlieb*, Case West. Res. J. Int'l L. 46 (2013), 303, 306 f.

998 Vgl. *Gottlieb*, Case West. Res. J. Int'l L. 46 (2013), 303, 306.

999 Dies gilt ebenfalls für das HSÜ. Dort stehen die für die Bekämpfung der Seeräuberei relevanten Vorschriften in Art. 14 bis 22 HSÜ, in denen in Art. 14 HSÜ die Zusammenarbeit der Staaten angesprochen wird.

1000 Diese Vorschriften haben die Zusammenarbeit der Staaten bei der Erhaltung und Bewirtschaftung der lebenden Ressourcen (Art. 118 SRÜ) sowie die Zusammenarbeit der Anliegerstaaten von umschlossenen oder halbumschlossenen Meeren (Art. 123 SRÜ) zum Inhalt.

1001 Die Art. 86 bis 115 SRÜ stellen den ersten Abschnitt des Teil VII dar.

ist jedoch entgegenzuhalten, dass die Vorschriften über die Bekämpfung der Seeräuberei ohne wesentliche Veränderungen aus dem HSÜ übernommen wurden. Die 37 Artikel des HSÜ sind nicht in verschiedene Abschnitte gegliedert. Da während der Beratungen über das SRÜ die Vorschriften, welche die Piraterie betreffen, keinen Schwerpunkt in den Beratungen bildeten,[1002] ist dem Umstand, dass die Art. 100 ff. SRÜ lediglich einen Teil der allgemeinen Bestimmungen über die Hohe See der Art. 86 ff. SRÜ darstellen, keine große Bedeutung zuzumessen. Folglich spricht die Stellung des Art. 100 SRÜ in den Art. 100 ff. SRÜ für eine besondere Bedeutung der Zusammenarbeit und dafür, dass darunter mehr als lediglich eine unverbindliche Absichtserklärung zu verstehen ist.

2. *Explizite Erwähnung der Zusammenarbeit*

Der räumliche Anwendungsbereich der Pirateriedefinition des SRÜ ist auf die Hohe See und die ausschließlichen Wirtschaftszonen beschränkt.[1003] Diese Meeresgebiete sind einer Aneignung nicht zugänglich und können daher keiner Gebietshoheit eines Staates unterstehen.[1004] Folglich ist ein effektives Vorgehen gegen Seeräuberei nur möglich, indem die einzelnen Staaten gemeinsame Maßnahmen ergreifen. Dieses Erfordernis der Kooperation ist evident, so dass es einer expliziten Erwähnung wie in Art. 100 SRÜ nicht bedurft hätte. Mithin spricht auch dies dafür, dass Art. 100 SRÜ den Staaten eine verbindliche Kooperationspflicht auferlegt.

3. *Interpretation der Formulierung „in größtmöglichem Maße"*

Art. 100 SRÜ wird teilweise als misslungen bezeichnet, da die Norm nicht festlege, was genau unter einer Zusammenarbeit „in größtmöglichem Maße" zu verstehen ist.[1005] Es entstünde der Eindruck, dass Art. 100 SRÜ lediglich eine Absichtserklärung zur Zusammenarbeit enthält, deren Nichtbefolgung keine negativen Konsequenzen nach sich zieht.[1006] Diese Ansicht stützt sich darauf, dass die Formulierung „in größtmöglichem Maße" auf zweierlei Weise verstanden werden könne.

1002 Vgl. Kapitel 2 – E.

1003 Siehe dazu Kapitel 2 – E. I. 3. e) und Kapitel 2 – E. I. 3. g).

1004 *Hobe*, Einführung in das Völkerrecht, S. 458; *v. Arnauld*, Völkerrecht, Rn. 821; *Proelß* in: Graf Vitzthum/Proelß (Hrsg.), Völkerrecht, 5. Abschn. Rn. 65.

1005 *Collins/Hassan*, J. Mar. L. & Com. 40 (2009), 89, 104.

1006 *Collins/Hassan*, J. Mar. L. & Com. 40 (2009), 89, 104; *Kavanagh*, Austl. Int'l L. J. 1999, 127, 140 f.

Objektiv interpretiert seien darunter weitgehende Maßnahmen wie gemeinschaftlich organisierte Wachpatrouillen oder ein umfänglicher Informationsaustausch zu verstehen.[1007] Subjektiv betrachtet ließe sich hingegen kaum ein Vorgehen auf einem einheitlichen Niveau organisieren. Insbesondere Kriterien wie Entwicklung und finanzielle Ressourcen eines Staates bestimmten maßgeblich, wie dieser sich in die gemeinschaftliche Bekämpfung der Seeräuberei einbringen kann.[1008] Daneben müssten auch die historische Entwicklung der Staaten und ihre Stellung in der Staatengemeinschaft berücksichtigt werden.[1009] Der subjektiven Sichtweise folgend, ließe sich somit kaum ein geschlossenes Handeln verwirklichen. Eine einheitliche Interpretation dieser Formulierung sei allerdings solange nicht möglich, wie es an einheitlichen, durch eine unabhängige Institution festgelegten Maßstäben fehle.[1010] Zwar werden in Art. 100 SRÜ keine konkreten Pflichten genannt, die von den Staaten für die Bekämpfung der Piraterie zu ergreifen sind. Zweifelhaft ist aber, ob das Fehlen einer solchen Festlegung grundsätzlich gegen die Annahme jedweder Verpflichtungen spricht. Vielmehr ließen sich solche Bedenken bei der näheren Ausgestaltung von möglichen Pflichten berücksichtigen. In diese Überlegungen müssen dann auch die auf Art. 100 SRÜ folgenden Normen, insbesondere Art. 105 SRÜ, einbezogen werden.[1011] Demnach kann aus dem Fehlen konkreter Verpflichtungen in Art. 100 SRÜ nicht auf ein generelles Fehlen jedweder Verpflichtungen der Zusammenarbeit bei der Bekämpfung der Seeräuberei geschlossen werden.

4. Berücksichtigung von Art. 105 SRÜ

Art. 105 SRÜ ist zunächst als Ermächtigungsnorm zu verstehen, die keine Verpflichtung zum Handeln impliziert.[1012] Eine solche Ermächtigung ist erforderlich, da das Aufbringen von fremden Schiffen wegen des Grundsatzes der Schifffahrtsfreiheit auf Hoher See andernfalls unzulässig wäre.[1013] Insbesondere

1007 *Collins/Hassan*, J. Mar. L. & Com. 40 (2009), 89, 104.

1008 *Collins/Hassan*, J. Mar. L. & Com. 40 (2009), 89, 104.

1009 Als Beispiel für zwei Staaten, deren Bereitschaft zur Zusammenarbeit möglicherweise gering ausfällt, werden eine frühere Kolonie und die entsprechende Kolonialmacht genannt; *Collins/Hassan*, J. Mar. L. & Com. 40 (2009), 89, 104.

1010 *Mo*, Ocean Dev. & Int'l L. 33 (2002), 343, 348; *Collins/Hassan*, J. Mar. L. & Com. 40 (2009), 89, 104 f.

1011 *Gottlieb*, Case West. Res. J. Int'l L. 46 (2013), 303, 313.

1012 *v. Arnauld*, AVR 47 (2009), 454, 456; *Schmahl*, AöR 136 (2011), 44, 60.

1013 *Gottlieb*, Case West. Res. J. Int'l L. 46 (2013), 303, 314.

legt die Norm darüber hinaus kein Ermessen fest. Zwar könnte die Formulierung „every State *may* seize a pirate ship“[1014] dahingehend verstanden werden, dass sie ein Eingreifen in das Ermessen des jeweiligen Staates stellt.[1015] Dies ist allerdings in Hinblick auf Art. 107 SRÜ abzulehnen. Diese Vorschrift legt die zum Aufbringen befugten Schiffe fest. Dabei wird dieselbe Formulierung wie bei Art. 105 SRÜ verwendet.[1016] Unter Einbeziehung der Überschrift[1017] ist Art. 107 SRÜ hingegen eindeutig als eine ermächtigungsgebende Norm anzusehen.[1018] Folglich ist Art. 105 SRÜ als Ermächtigungsnorm zu verstehen, die hinsichtlich des grundsätzlichen Bestehens einer Verpflichtung zum Handeln keine Berücksichtigung finden kann. Berücksichtigt werden kann die Norm allerdings bei der Frage, mit welchem Inhalt eine mögliche Verpflichtung ausgestaltet ist.[1019]

5. *Ergebnis*

Mithin ist Art. 100 SRÜ nicht nur als bloße Absichtserklärung zu verstehen.[1020] Vielmehr sind die Staaten grundsätzlich verpflichtet, entsprechende

---

1014 Art. 105 S. 1 SRÜ (*Hervorhebung* durch den Verfasser).

1015 *Gottlieb*, Case West. Res. J. Int'l L. 46 (2013), 303, 313 f.

1016 Art. 107 SRÜ: „A seizure on account of piracy *may* be carried out only by […]“ (*Hervorhebung* durch den Verfasser). In der deutschen Übersetzung wird der Charakter als Ermächtigungsnorm deutlicher herausgestellt: „Ein Aufbringen wegen Seeräuberei *darf* nur von […]“ (*Hervorhebung* durch den Verfasser).

1017 Vgl. die Überschrift von Art. 107 SRÜ: „Ships and aircraft which are *entitled* to seize on account of piracy“ (*Hervorhebung* durch den Verfasser).

1018 *Gottlieb*, Case West. Res. J. Int'l L. 46 (2013), 303, 314.

1019 Dazu sogleich unter Kapitel 4 – F. II. 1. a).

1020 Für ein Verständnis als Verpflichtung, aber ohne weitergehende Konsequenzen, wenn ein Staat untätig bleibt oder ungeeignete Maßnahmen ergreift: *Collins/Hassan*, J. Mar. L. & Com. 40 (2009), 89, 104 f.; *Kavanagh*, Austl. Int'l L. J. 1999, 127, 140 f.; *Jenisch*, NordÖR 2009, 385, 385; vgl. auch *Menefee*, Int'l J. Marine & Coastal L. 14 (1999), 353, 356. Einen zu Art. 100 SRÜ inhaltsgleichen Normentwurf während der Beratungen zum HSÜ als bloße Absichtserklärung verstehend: *Dubner*, The Law of International Sea Piracy, S. 110. Eine Verpflichtung zur Zusammenarbeit ablehnend mit der Begründung, dass Art. 100 SRÜ sich nicht durch entsprechendes Gewohnheitsrecht von einer Absichts- zu einer Verpflichtungserklärung entwickelt hätte: *Trésoret*, Seepiraterie, S. 347 ff. Aufgrund des Wortlauts von Art. 100 SRÜ eine Pflicht ebenfalls ablehnend: *Allmendinger/Kees*, NZWehrr 2008, 60, 62 f. Eine Pflicht zum aktiven Handeln verneinend, allerdings ein Unterstützen von Seeräubern als unzulässig und damit Verstoß gegen Art. 100 SRÜ erachtend: *Dahm/Delbrück/Wolfrum*, Völkerrecht, Bd. I/2, § 119 II. 1.

Maßnahmen zur Zusammenarbeit bei der Bekämpfung der Piraterie zu unternehmen.[1021]

II. Inhalt der Pflicht zur Zusammenarbeit

Art. 100 SRÜ erwähnt, dass alle Staaten bei der Bekämpfung der Seeräuberei in größtmöglichem Maße zusammenarbeiten, ohne jedoch festzulegen, welche Maßnahmen dazu von den Staaten zu treffen sind.[1022] Somit ist zu betrachten, welche konkreten, von den Staaten zu ergreifenden Maßnahmen in Betracht kommen.

1. Bestehen einer Verpflichtung zum Aufbringen

Fraglich ist, ob die grundsätzliche Verpflichtung zum Vorgehen gegen Seeräuberei auch die Pflicht zum Aufbringen von Seeräuberschiffen umfasst. Eine solche Pflicht könnte sich aus dem Grundsatz der Zusammenarbeit, Art. 100 SRÜ, in Verbindung mit Art. 105 SRÜ ergeben.[1023]

a) Konkretisierung durch Art. 105 S. 1 SRÜ

Art. 100 SRÜ legt die Bekämpfung der Seeräuberei als Ziel fest, ohne dabei Angaben zu den entsprechenden Maßnahmen zu machen. Folglich müssen sich diese aus anderen Vorschriften ergeben, insbesondere deshalb, da die Pflicht zur Zusammenarbeit mehr als eine bloße Absichtserklärung darstellt.[1024] Die Vorschrift des Art. 105 S. 1 SRÜ, welche das Aufbringen von Seeräuberschiffen zum Inhalt hat, stellt die zentrale Norm bei dem Vorgehen gegen Piraterie dar, indem sie jene Maßnahmen konkretisiert, die dafür eingesetzt werden dürfen.[1025] Untersucht werden muss daher, ob Art. 105 S. 1 SRÜ die Pflicht zur Zusammenarbeit nach Art. 100 SRÜ näher ausgestalten kann.

1021 Einer solchen Pflicht ebenfalls zustimmend im Hinblick auf die Völkerrechtswidrigkeit der Piraterie und ihrer beeinträchtigenden Wirkungen auf die Schifffahrt: *Lagoni* in: FS Rauschning, S. 501, 522.

1022 *Gottlieb*, Case West. Res. J. Int'l L. 46 (2013), 303, 307 f.; *Collins/Hassan*, J. Mar. L. & Com. 40 (2009), 89, 104; *Lagoni* in: FS Rauschning, S. 501, 522.

1023 Vgl. *Gottlieb*, Case West. Res. J. Int'l L. 46 (2013), 303, 314.

1024 Siehe dazu weiter oben Kapitel 4 – F. I. 5.

1025 *Gottlieb*, Case West. Res. J. Int'l L. 46 (2013), 303, 313; *Schmahl*, AöR 136 (2011), 44, 60.

b) Vergleich zu anderen, eine Zusammenarbeit festlegende Normen

Konkretisierungen hinsichtlich der Kooperation von Staaten finden sich in den Regelungen der Zusammenarbeit der Staaten bei der Erhaltung und Bewirtschaftung der lebenden Ressourcen auf den Gebieten der Hohen See, Art. 118 SRÜ. Danach sollen Verhandlungen aufgenommen und gegebenenfalls entsprechende Organisationen errichtet werden.[1026] Ähnlich sind auch die Regelungen zur Zusammenarbeit der Anliegerstaaten von umschlossenen oder halbumschlossenen Meeren, Art. 123 SRÜ. Dort wird in Art. 123 lit. a) bis d) SRÜ festgelegt, wie die Zusammenarbeit ausgestaltet ist. Zwar sind bei diesen beiden Vorschriften die Konkretisierungen direkt in den die Zusammenarbeit festlegenden Regelungen enthalten, was möglicherweise gegen eine Vergleichbarkeit mit Art. 100 und 105 SRÜ sprechen könnte. Gleichzeitig wird aber zumindest in den die Erhaltung und Bewirtschaftung der lebenden Ressourcen der Hohen See betreffenden Vorschriften in Art. 119 SRÜ definiert, welche genauen Maßnahmen für die Erhaltung der lebenden Ressourcen der Hohen See zu ergreifen sind, so dass sich auch hier nicht alle Vorgaben direkt aus der die Zusammenarbeit festlegenden Norm ergeben. Somit finden sich auch an anderer Stelle des Übereinkommens Zusammenarbeitsverpflichtungen, deren Ausgestaltung durch mehrere Vorschriften konkretisiert wird. Die Trennung einer Norm, die eine grundsätzliche Verpflichtung bestimmt, von jener, welche die Verpflichtung konkret ausgestaltet, spricht damit nicht gegen ihre Verbindlichkeit. Bezogen auf die Kooperationsverpflichtung aus Art. 100 SRÜ kann sich demgemäß die nähere Ausgestaltung ebenfalls aus einer anderen Norm, nämlich Art. 105 SRÜ, ergeben.

c) Inhalt der Verpflichtung

Damit konkretisiert Art. 105 S. 1 SRÜ die Pflicht zur Zusammenarbeit dahingehend, dass ein Staat grundsätzlich verpflichtet ist, ein Seeräuberschiff aufzubringen. Greift ein Staat nicht ein, obwohl die Voraussetzungen zum Handeln gegeben sind und er dazu in der Lage gewesen wäre,[1027] trifft

1026 Art. 118 S. 2 SRÜ: „[…] shall enter into negotiations […]"; Art. 118 S. 3 SRÜ: „They shall, as appropriate, co-operate to establish subregional or regional fisheries organizations to this end."

1027 Vgl. *v. Arnauld*, AVR 47 (2009), 454, 456: Ist ein Staatsschiff bei einem Angriff vor Ort, ist grundsätzlich davon auszugehen, dass den Staat eine Pflicht zum Aufbringen trifft, andernfalls käme er seiner Pflicht aus Art. 100 SRÜ nicht nach.

ihn eine Darlegungspflicht, aus welchem Grund er nichts unternommen hat.[1028]

d) Ergebnis

Damit besteht eine grundsätzliche Pflicht, entsprechende Seeräuberschiffe aufzubringen.

2. Bestehen einer Verpflichtung zur justiziellen Verfolgung

In einem weiteren Schritt ist zu untersuchen, ob auch eine Pflicht des aufbringenden Staates besteht, die aufgegriffene Besatzung des Seeräuberschiffs vor Gericht zu stellen oder den Verbleib der beschlagnahmten Vermögensgegenstände und des aufgebrachten Schiffes gerichtlich zu klären.

a) Jurisdiktionsvorschrift, Art. 105 S. 2 SRÜ

Nach der Jurisdiktionsvorschrift des Art. 105 S. 2 SRÜ kann der aufbringende Staat über das justizielle Vorgehen hinsichtlich der festgenommenen Besatzung, der Vermögensgegenstände sowie des Schiffes entscheiden.[1029] Im Aufbau gleicht diese Ermächtigung zum justiziellen Vorgehen der Ermächtigung zum Aufbringen, so dass auch Art. 105 S. 2 SRÜ für sich genommen keine Pflicht zum Vorgehen enthält. Eine Verpflichtung könnte sich aber in Verbindung mit Art. 100 SRÜ ergeben. Dafür müssten allerdings Art. 105 S. 1 und 2 SRÜ vergleichbar sein. Wie Art. 105 S. 1 SRÜ konkretisiert auch Art. 105 S. 2 SRÜ die Maßnahmen, die bei einem Vorgehen gegen Piraterie vorgenommen werden. Demzufolge müsste auch eine Verpflichtung der Staaten bestehen, die festgenommenen Personen vor Gericht zu stellen sowie den Verbleib der beschlagnahmten Vermögenswerte und des Schiffes zu klären.

1028 *Gottlieb*, Case West. Res. J. Int'l L. 46 (2013), 303, 315; *Wolfrum* in: FS Eitel, S. 649, 654. Als Gründe, warum nichts unternommen wurde, sind etwa eine nicht ausreichende Ausrüstung, insbesondere hinsichtlich Waffen, oder eine zu geringe Besatzungsstärke denkbar.

1029 Allgemein zu dieser universellen Jurisdiktionskompetenz: *Paige*, Mq. L. J. 12 (2013), 131, 131 ff.; *Shaw*, International Law, S. 458; *Guilfoyle* in: Proelß, UNCLOS, Art. 105 Rn. 9, *Kontorovich*, Cal. L. Rev. 98 (2010), 243, 251 f. Eine Schwierigkeit ergibt sich jedoch daraus, dass teilweise seitens der Staaten eine Weigerung besteht, Piraten vor Gericht zu stellen: *Hutchins*, Cal. L. Rev. 99 (2011), 819, 842 f.; *v. Arnauld*, AVR 47 (2009), 454, 469; vgl. auch *Dutton*, Tul. L. Rev. 86 (2011-2012), 1111, 1133 ff.

b) *Vergleich mit der SUA-Konvention*

Ein gewichtiger Unterschied besteht allerdings darin, dass im SRÜ keine Vorgaben hinsichtlich der zu ergreifenden justiziellen Maßnahmen getroffen werden. Deutlich wird dies im Vergleich mit der SUA-Konvention. In Art. 3 SUA-Konvention wird detailliert festgelegt, unter welchen Umständen sich eine Person strafbar macht. Weiterhin enthält Art. 5 SUA-Konvention die Aufforderung, dass alle Vertragsstaaten die in Art. 3 SUA-Konvention genannten Handlungen mit angemessenen Strafen bedrohen. Im Unterschied dazu statuiert Art. 105 S. 2 SRÜ lediglich, dass der aufbringende Staat über die zu verhängenden Strafen entscheiden kann und entsprechend über die Maßnahmen bestimmt, die hinsichtlich des Schiffes und der Vermögenswerte ergriffen werden. Folglich beeinflusst die Rechtsordnung des aufbringenden Staates maßgeblich, welche Tatbestände durch die von den Seeräubern begangenen Handlungen verwirklicht werden.[1030] Weiterhin ist so ein einheitliches gerichtliches Verfolgen der Straftaten nicht möglich. Während der Tatbestand der Seeräuberei von Art. 101 SRÜ allgemeinverbindlich definiert wird, fehlt eine solche Festlegung hinsichtlich des justiziellen Vorgehens. Dies spricht gegen eine Verpflichtung des Staates, entsprechende gerichtliche Maßnahmen zu ergreifen.[1031]

c) *Unterscheidung zwischen Aufbringen, Festnehmen und Beschlagnahmen*

Damit ist allerdings unklar, ob bei diesem Ergebnis überhaupt noch ein sinnvoller Anwendungsbereich für die Verpflichtung zum Aufbringen nach Art. 105 S. 1 SRÜ verbleibt. Diese Norm ermächtigt den handelnden Staat zum Aufbringen des Schiffes, der Festnahme von Personen sowie zur Beschlagnahme von Vermögenswerten. Besonders die letzten beiden genannten Maßnahmen zielen

---

1030 Vgl. *Surbun*, Comp. & Int'l L. J. So. Afr. 43 (2010), 1, 10. Ausführlich zu Tatbeständen der Seeräuberei in nationalen Rechtsordnungen: *Trésoret*, Seepiraterie, S. 224 ff. So gab es bis Ende 2007 im französischen Strafrecht im *Loi du 10 avril 1825 pour la sûreté de la navigation et du commerce maritime* (Bulletin des Lois du Royaume de France, 8e Série, Tome Second, No. 28, No. 663 [S. 213]) sehr ausführliche Tatbestände der Piraterie; vgl. dazu: *Lombois*, Droit pénal international, Rn. 289 f.; *Oehler*, Internationales Strafrecht, Rn. 436.

1031 Eine Verpflichtung zur Bestrafung oder Auslieferung mangels einschlägiger Regelungen ebenfalls ablehnend, da dem SRÜ – im Gegensatz zu modernen, die Bekämpfung des Terrorismus zum Ziel habenden Abkommen – entsprechende Regelungen fehlen: *Lagoni* in: FS Rauschning, S. 501, 522.

auf eine Sicherung des bestehenden Zustands, um anschließend den Sachverhalt gerichtlich zu klären. Dies führt zu einem Widerspruch zwischen Art. 105 S. 1 und 2 SRÜ. Denn wenn einerseits eine Verpflichtung des Staates zur Festnahme und zur Beschlagnahme existiert, andererseits aber keine Verpflichtung zum gerichtlichen Vorgehen besteht, ergeben die in Art. 105 S. 1 SRÜ genannten Pflichten keinen Sinn mehr. Berücksichtigung finden muss in diesem Zusammenhang indes auch die Variante des Aufbringens. Beim Aufbringen geht es zunächst darum, ein fremdes Schiff unter Kontrolle zu bringen.[1032] Die darauf möglicherweise folgenden Festnahmen und Beschlagnahmungen stehen zwar in einem engen Zusammenhang, ohne jedoch obligatorisch zu sein.

d) Ergebnis

Mithin besteht eine Pflicht zum Aufbringen eines Seeräuberschiffes, nicht aber zur Festnahme von Personen oder Beschlagnahme von Vermögensgegenständen. Damit besteht auch keine Verpflichtung zur justiziellen Verfolgung.[1033] Auf diese Weise kann der Bekämpfung der Seeräuberei immer noch Rechnung getragen werden. Beim Aufbringen werden Waffen und ähnliche Gegenstände, die bei Überfällen zum Einsatz kommen oder kamen, eingezogen.[1034]

III. Weitere Pflichten

Zunächst haben die Staaten alles zu unterlassen, was Seeräuberei fördert. So dürfen sie Piraten weder Unterstützung zuteil werden lassen, noch anderweitig mit ihnen zusammenarbeiten,[1035] ihnen also etwa keine sicheren Rückzugsräume bieten oder eine Zusammenarbeit mit den Behörden dulden.[1036] Wichtig ist weiterhin der Informationsaustausch zwischen den Staaten, um entsprechende

---

1032 Siehe zum Aufbringen weiter oben Kapitel 4 – C.

1033 *Scholz* in: Weingärtner/Krieger (Hrsg.), Streitkräfte und nicht-staatliche Akteure, S. 101, 129; *Treves*, Europ. J. Int'l L. 20 (2009), 399, 402; *Guilfoyle*, Int'l & Comp. L. Q. 59 (2010), 141, 144.

1034 Vgl. zu diesem praktizierten Vorgehen: *Surbun*, Comp. & Int'l L. J. So. Afr. 43 (2010), 1, 10; vgl. auch *Löwenstein*, Grüne und FDP kritisieren Freilassung von Piraten, Frankfurter Allgemeine Zeitung v. 29. Dezember 2008, S. 4.

1035 *Wolfrum* in: Nordquist/et al. (Hrsg.), Legal Challenges in Maritime Security, S. 3, 9; *Lagoni* in: FS Rauschning, S. 501, 522.

1036 Siehe zu für die Piraterie günstigen Umstände schon Kapitel 3 – D. Vgl. auch *Wolfrum* in: Nordquist/et al. (Hrsg.), Legal Challenges in Maritime Security, S. 3, 9.

Schwerpunkte der Überfälle frühzeitig zu erkennen und entsprechende Maßnahmen zu ergreifen.[1037]

G. Ergebnis

Bei Schiffen, die im Verdacht stehen, in Handlungen involviert zu sein, die den Tatbestand der Seepiraterie nach Art. 101 SRÜ erfüllen, besteht zunächst ein Untersuchungsrecht nach Art. 110 SRÜ. Ist erwiesen, dass es sich bei einem Schiff um ein Seeräuberschiff nach Art. 103 SRÜ handelt, besteht nach Art. 105 SRÜ das Recht zum Aufbringen eines solchen Schiffes. Ausüben dürfen das Recht zum Untersuchen und zum Aufbringen zunächst Kriegsschiffe. Daneben können auch Staatsschiffe zur Ausübung dieser Maßnahmen berechtigt sein, sofern sie dazu befugt sind. Diese Befugnis bestimmt sich nach dem nationalen Recht. Dem in Art. 110 Abs. 5 SRÜ vorgesehenen Merkmal der „Ordnungsgemäßheit" kommt keine eigenständige Bedeutung zu.

Die in Art. 100 SRÜ statuierte Pflicht zur Zusammenarbeit ist nicht lediglich als bloße Absichtserklärung zu verstehen, sondern stellt vielmehr eine tatsächliche Verpflichtung dar. Dadurch müssen Staaten angetroffene Seeräuberschiffe aufbringen. Allerdings wird von ihnen nicht verlangt, diese Taten auch justiziell zu verfolgen. Ferner beinhaltet die Pflicht nach Art. 100 SRÜ, dass die Staaten untereinander Informationen austauschen und nichts unternehmen, was die Piraterie fördert.

1037 Ausführlich dazu: *Gottlieb*, Case West. Res. J. Int'l L. 46 (2013), 303, 316 ff. Eine solche Pflicht lässt sich ebenfalls aus Art. 100 SRÜ ableiten: *Gottlieb*, Case West. Res. J. Int'l L. 46 (2013), 303, 319.

5 Grundsätzliche völker- und staatsrechtliche Erwägungen beim Schutz von Handelsschiffen gegen Piratenangriffe

Bei dem Schutz von Handelsschiffen gegen Angriffe von Seeräubern sind zwei grundlegende Alternativen zu unterscheiden. Zum einen können Schutz- bzw. Verteidigungsmaßnahmen ohne staatlichen Beistand getroffen werden. Solche werden meist durch private Sicherheitsdienstleister übernommen, die hierfür Personal an Bord eines Schiffes einsetzen. Daneben kann auch auf die Dienste privater Begleitschiffe zurückgegriffen oder aber auch die Besatzung des Schiffes mit Waffen ausgestattet werden.[1038] Zum anderen ist auch ein Schutz denkbar, der von staatlicher Seite aus gewährleistet wird. Dies kann durch an Bord eines Handelsschiffes stationierte Soldaten geschehen oder durch Schiffe der Marine, die im Falle eines Angriffs zur Unterstützung in der Nähe sind.[1039] In einem vorangehenden Schritt ist allerdings zu prüfen, ob überhaupt ein Recht auf Selbstschutz im Völkerrecht besteht oder ob dies nicht Aufgabe der Staaten und dadurch den Privaten entzogen ist (unter A.). In diesem Zusammenhang ist ferner auf die Pflicht zur Hilfeleistung einzugehen (unter B.). Schließlich ist zu klären, ob die Grundsätze des Auslandsschutzes eigener Staatsangehöriger Anwendung finden können (unter C.).

A. Recht auf effektiven Selbstschutz im Völkerrecht

Fraglich ist zunächst, ob sich aus dem allgemeinen Völkerrecht ein Recht auf adäquaten Selbstschutz ergibt; es mithin einem Staat unter bestimmten Umständen verwehrt ist, Vorschriften zu erlassen, die diesen Schutz zu sehr einschränken. Dies betrifft zum einen das Mitführen von Waffen, zum anderen aber auch den Einsatz von privatem Sicherheitspersonal. Relevant hierfür ist zunächst das grundsätzliche Bestehen einer staatlichen Schutzpflicht gegenüber den eigenen Staatsangehörigen (unter I.). Weiterhin ist zu untersuchen, wie die Besonderheiten der Hohen See im Rahmen des Bestehens einer Schutzverpflichtung berücksichtigt werden können (unter II.) und was hinsichtlich eines

---

1038 Dazu noch Kapitel 6 – A., Kapitel 6 – B. und Kapitel 6 – C.

1039 Dazu noch Kapitel 7 – A. und Kapitel 7 – B.

Selbstverteidigungsrechts gilt, wenn der Staat seiner Schutzverpflichtung nicht nachkommen kann (unter III.). Schließlich muss noch betrachtet werden, ob besondere Regeln anwendbar sind und sich aus diesen eine Pflicht zur Gewährung von Schutz auch außerhalb des eigenen Staatsgebiets ergeben könnte (unter IV.).

I. Grundsätzliches Bestehen einer staatlichen Schutzpflicht gegenüber den eigenen Staatsangehörigen

Eine der wichtigsten Aufgaben eines Staates ist der Schutz seiner Bürger.[1040] Er muss dafür Sorge tragen, dass ihre Sicherheit gewährleistet wird und Bedrohungen von ihnen fernhalten.[1041] Damit geht einher, dass der Staat das Gewaltmonopol innehat.[1042] Den Bürgern ist es damit grundsätzlich verwehrt, selbst die Einhaltung der Regeln des Staates durchzusetzen.[1043] Stattdessen sind dafür staatliche Institutionen wie die Polizei zuständig.[1044] Diese Schutzverpflichtung besteht zunächst im Inland des jeweiligen Staates. Allerdings kann sich beim Vorliegen bestimmter Voraussetzungen eine solche Verpflichtung zum Schutz auch außerhalb des eigenen Staatsgebietes ergeben. Im Zusammenhang mit der Seepiraterie betrifft dies vor allem die Hohe See. Da auch auf Hoher See an Bord des Schiffes die Rechtsordnung des Flaggenstaates gilt, bestehen zunächst keine

---

1040 *Kugelmann*, Polizei- und Ordnungsrecht, 5. Kap. Rn. 11; *Kingreen/Poscher*, Polizei- und Ordnungsrecht, § 2 Rn. 1; *Dietlein/Hellermann*, Öffentliches Recht in Nordrhein-Westfalen, § 3 Rn. 1. Vgl. auch *Brugger*, VVDStRL 63 (2004), 101, 124 ff. und 127 ff.; *Schöbener/Knauff*, Allgemeine Staatslehre, § 4 Rn. 53 ff.; *Ennuschat*, GewArch 2014, 329, 330.

1041 *Schoch* in: Schoch (Hrsg.), Besonderes Verwaltungsrecht, Kap. 1 Rn. 2; *Thiel*, Polizei- und Ordnungsrecht, § 1 Rn. 1; vgl. auch *Götz* in: Isensee/Kirchhof (Hrsg.), Handbuch des Staatsrechts, Bd. IV, § 85 Rn. 1 f. und 5 ff.

1042 *Thiel*, Polizei- und Ordnungsrecht, § 1 Rn. 1; *Dietlein/Hellermann*, Öffentliches Recht in Nordrhein-Westfalen, § 3 Rn. 4; *v. Bar*, Gemeineuropäisches Deliktsrecht, Bd. II, Rn. 491. Zur grundsätzlichen Bedeutung des staatlichen Gewaltmonopols: *Isensee* in: FS Sendler, S. 39, 46 ff.; *Grzeszick* in: Isensee/Kirchhof (Hrsg.), Handbuch des Staatsrechts, Bd. IV, § 78 Rn. 3; *Stober*, NJW 1997, 889, 890; *Merten* in: Randelzhofer/Süß (Hrsg.), Konsens und Konflikt, S. 324, 327 f.; *Seiler*, Der souveräne Verfassungsstaat, S. 69 ff.

1043 *Merten*, Rechtsstaat und Gewaltmonopol, S. 56; *Sengbusch*, Die Subsidiarität der Notwehr, S. 108; *Jachtenfuchs* in: Leibfried/Zürn (Hrsg.), Transformation des Staates?, S. 69, 69.

1044 *Kugelmann*, Polizei- und Ordnungsrecht, 5. Kap. Rn. 11; *Erbguth/Mann/Schubert*, Besonderes Verwaltungsrecht, Rn. 397.

Einschränkungen dieser Schutzpflicht in geographischer Hinsicht. Daran ändert sich auch nichts dadurch, dass Schiffe nicht mehr als schwimmendes Staatsgebiet verstanden werden.[1045] Denn zumindest gilt an Bord weiterhin die Rechtsordnung des Flaggenstaates.[1046] Dadurch hat der Staat die Rechtsetzungshoheit an Bord seines Schiffes und gleichzeitig auch die damit verbundene Schutzpflicht.

II. Schwierigkeiten beim Ausüben der Schutzpflicht auf Hoher See

Problematisch ist, dass die staatlichen Ordnungsstrukturen, welche die Einhaltung von Gesetzen an Land sicherstellen, auf Hoher See nicht oder nur sehr eingeschränkt existieren.[1047] Während an Land in Notsituationen staatliche Hilfe – etwa durch die Polizei – innerhalb kurzer Zeit verfügbar ist, besteht diese Möglichkeit auf Hoher See nicht. Meist befinden sich die Schiffe weit entfernt vom Festland, so dass sie auf Hilfe von anderen Schiffen angewiesen sind, die sich in der Nähe befinden. Dieser Gedanke findet sich auch in Art. 98 SRÜ, welcher entsprechende Vorschriften zur Pflicht zur Hilfeleistung auf Hoher See statuiert.[1048]

1045 *Lagoni*, Merchant Ships, in: MPEPIL (Stand: Januar 2011), Rn. 42; *Tanaka*, International Law of the Sea, S. 190.

1046 *Hobe*, Einführung in das Völkerrecht, S. 460; *Heintschel v. Heinegg* in: Epping/Heintschel v. Heinegg (Hrsg.), Ipsen, Völkerrecht, § 45 Rn. 7.

1047 Diese der Hochseeschifffahrt immanenten Schwierigkeiten sind auch dem deutschen Gesetzgeber bewusst. So findet sich beispielsweise in § 2251 BGB (Bürgerliches Gesetzbuch [BGB] i.d.F. der Bekanntmachung v. 2. Januar 2002, BGBl. 2002 I S. 42, berichtigt BGBl. 2002 I S. 2909 und BGBl. 2003 I S. 738, zuletzt geändert durch Art. 1 Gesetz zur Verlängerung des Betrachtungszeitraums für die ortsübliche Vergleichsmiete v. 21. Dezember 2019, BGBl. 2019 I S. 2911) die Regelung, dass während einer Seereise ein Nottestament an Bord eines deutschen Schiffes vor drei Zeugen durch mündliche Erklärung errichtet werden kann. Näher dazu: *Lauck* in: Burandt/Rojahn, Erbrecht, § 2251 BGB Rn. 1 ff.; *Sticherling* in: MüKo BGB, Bd. XI, § 2251 Rn. 1 ff.; *Leipold*, Erbrecht, Rn. 324 ff. Bei Geburten und Sterbefällen, die sich an Bord deutscher Schiffe ereignen, gelten ebenfalls Sonderregelungen. Dabei muss der Kapitän nach § 37 Abs. 2 PStG die Anzeige der Geburt oder des Todes in eine Niederschrift aufnehmen. Näher dazu: *Rhein*, NK PStG, § 37 Rn. 1 ff.; *Gaaz/Bornhofen/Lammers*, PStG, § 37 Rn. 1 ff.; vgl. auch *Kau* in: Hailbronner/Maaßen/Hecker/Kau, Staatsangehörigkeitsrecht, § 4 StAG Rn. 67. Dem Kapitän kommt also eine ähnliche Aufgabe wie einem Standesbeamten zu; *Hobe*, Einführung in das Völkerrecht, S. 460.

1048 Art. 98 Abs. 2 SRÜ statuiert, dass die Staaten die Einrichtung eines Such- und Rettungsdienstes fördern. Daneben allerdings müssen auch die Kapitäne bei Gefahren

Neben der Hohen See gelten die folgenden Überlegungen auch für den Bereich der ausschließlichen Wirtschaftszone. Dabei ist allerdings zu berücksichtigen, dass das Recht der Selbstverteidigung im SRÜ nicht geregelt ist. Daher kann – anders als bei der Frage nach der Anwendbarkeit der Art. 100 ff. SRÜ in der ausschließlichen Wirtschaftszone[1049] – auch nicht über Art. 58 Abs. 2 SRÜ eine Geltung der auf Hoher See bestehenden Grundsätze der Selbstverteidigung in der ausschließlichen Wirtschaftszone begründet werden. Vielmehr ist wesentlich, dass das entsprechende Gebiet keiner staatlichen Souveränität untersteht, so dass keine staatlichen Restriktionen hinsichtlich eines Selbstverteidigungsrechts bestehen. Dies trifft auf die ausschließliche Wirtschaftszone zu. Zwar kommen dem jeweiligen Küstenstaat bestimmte, in Art. 56 Abs. 1 lit. a) SRÜ als „souveräne Rechte" sowie in Art. 56 Abs. 1 lit. b) SRÜ als „Hoheitsbefugnisse" bezeichnete Berechtigungen im Hinblick auf die wissenschaftliche und wirtschaftliche Nutzung sowie der Errichtung von Bauwerken, der wissenschaftlichen Forschung und des Umweltschutzes zu.[1050] Diese Berechtigungen sind jedoch auf die entsprechenden Materien beschränkt und stellen gerade keine umfassende Gebietshoheit dar.[1051]

III. Selbstverteidigungsrecht im Falle des Nichterfüllens der Schutzverpflichtung

Kann der Staat seiner Schutzverpflichtung nicht nachkommen, steht den Bürgern ein Verteidigungsrecht zu, um sich gegen die drohende oder stattfindende Rechtsverletzung zur Wehr zu setzen.[1052] Bezogen auf Angriffe durch Piraten bedeutet dies, dass jenen Staat, dessen Flagge das Schiff führt, eine Verpflichtung

---

Hilfe leisten und können dies nur unter engen Voraussetzungen ablehnen, Art. 98 Abs. 1 SRÜ. Siehe zu Hilfeleistungspflicht noch weiter unten unter Kapitel 5 – B.

1049 Dazu bereits Kapitel 2 – E. I. 3. e).

1050 Dazu schon Kapitel 2 – E. I. 3. e) bb).

1051 Siehe dazu Fn. 321.

1052 *Dietlein/Hellermann*, Öffentliches Recht in Nordrhein-Westfalen, § 3 Rn. 4; *Thiel*, Polizei- und Ordnungsrecht, § 1 Rn. 1. Grundsätzlich kommt aber die Aufgabe der Gefahrenabwehr vorrangig dem Staat zu: *Helmrich*, Die Berufung gewerblicher Sicherheitskräfte auf Notwehr und Nothilfe, S. 17; *Perron* in: Schönke/Schröder, StGB, § 32 Rn. 41; *Kühl* in: Lackner/Kühl, StGB, § 32 Rn. 11a. Zur Pflicht, im Rahmen der Notwehr vorrangig staatliche Hilfe zu ersuchen, in anderen Rechtsordnungen: *Wittemann*, Grundlinien und Grenzen der Notwehr in Europa, S. 16, 37, 62 f., 84, 96, 164, 234 f. Zum Notwehrrecht aus § 32 StGB, wenn keine wirksame staatliche Hilfe möglich ist: *Seebode* in: FS Krause, S. 375, 390 f.

zum Schutz der Besatzung und des Schiffes trifft. Ist es einem Staat nicht möglich, dieser Schutzverpflichtung nachzukommen, steht dem angegriffenen Schiff ein Selbstverteidigungsrecht zu. Da das SRÜ keine Vorgaben hinsichtlich der Selbstverteidigung enthält, bleibt nur ein Rückgriff auf das allgemeine Selbstverteidigungsrecht.[1053]

1. Keine Anwendung von Art. 51 UN-Charta

Art. 51 UN-Charta[1054] erwähnt zwar das Recht zur individuellen und kollektiven Selbstverteidigung. Damit ist allerdings nicht die Verteidigung individueller Personen gemeint, sondern die Abwehr einzelner Staaten gegen unrechtmäßige Angriffe.[1055] Weiterhin besteht dieses Selbstverteidigungsrecht lediglich im Falle eines bewaffneten Angriffs, Art. 51 S. 1 UN-Charta.[1056] Zwar gibt es keinen allgemein anerkannten Grundsatz, welche genauen Voraussetzungen für das Vorliegen eines bewaffneten Angriffs erforderlich sind.[1057] Jedenfalls aber kann ein Angriff von Piraten nicht als bewaffneter Angriff im Sinne von Art. 51 S. 1 UN-Charta gelten.[1058]

1053 Vgl. dazu auch die Äußerungen während der Beratungen über das HSÜ zu der Vorschrift, dass nur Kriegsschiffe oder -luftfahrzeuge Piratenschiffe aufbringen dürfen: „Clearly this article does not apply in the case of a merchant ship which has repulsed an attack by a pirate ship and, in exercising its right of self-defence […]"; UN, Report of the International Law Commission Covering the Work of its eighth Session, 23. April bis 4. Juli 1956, Commentary to the articles concerning the law of the sea, Y.B. ILC 1956, Bd. II, S. 265, Art. 45 - Commentary, para. (2).

1054 Charta der Vereinten Nationen v. 26. Juni 1945, BGBl. 1973 II S. 430, 431.

1055 *Maxwell*, Mil. L. & L. War Rev. 41/1 & 2 (2002), 39, 44; *Bothe* in: Graf Vitzthum/Proelß (Hrsg.), Völkerrecht, 8. Abschn. Rn. 19; *Hobe*, Selbstverteidigungsrecht, völkerrechtliches, in: Schöbener (Hrsg.), Völkerrecht, S. 374; *Schmidl*, The Changing Nature of Self-Defence in International Law, S. 45.

1056 Zum Begriff des bewaffneten Angriffs: *Gray* in: Evans (Hrsg.), International Law, S. 612 f.; *Heintschel v. Heinegg* in: Epping/Heintschel v. Heinegg (Hrsg.), Ipsen, Völkerrecht, § 56 Rn. 6 ff.; *Lin*, DePaul L. Rev. 13 (1963-1964), 43, 43 ff.; *Hechtl*, Die offensive Defensive: Das Recht der präventiven Selbstverteidigung?, S. 72 ff.

1057 *Heintschel v. Heinegg* in: Epping/Heintschel v. Heinegg (Hrsg.), Ipsen, Völkerrecht, § 56 Rn. 6; *Randelzhofer/Nolte* in: Simma/Khan/Nolte/Paulus, Bd. II, Art. 51 UN-Charta Rn. 16 ff. und 22 ff.; vgl. auch *Shaw*, International Law, S. 861 ff.

1058 Zum einen muss der Staat selbst handeln oder zumindest muss ihm das Handeln der Akteure zugerechnet werden können; *Hechtl*, Die offensive Defensive: Das Recht der präventiven Selbstverteidigung?, S. 83 f.; *Heintschel v. Heinegg* in: Epping/Heintschel v. Heinegg (Hrsg.), Ipsen, Völkerrecht, § 56 Rn. 10; *Cassese*, Int'l & Comp. L. Q. 38 (1989), 589, 597 ff. Zum anderen müssen bei einem bewaffneten Angriff Methoden

2. *Recht zur individuellen Selbstverteidigung*

Daher ist auf das allgemeine Selbstverteidigungsrecht außerhalb der UN-Charta zurückzugreifen. Als Grundlage dieses Selbstverteidigungsrechts werden mehrere Varianten vorgebracht. Teilweise wird das Selbstverteidigungsrecht direkt aus dem Naturrecht abgeleitet.[1059] Auch wird der Gedanke geäußert, das Selbstverteidigungsrecht sei als universelles Menschenrecht zu verstehen.[1060] Schließlich könnte eine Geltung auch über Art. 38 Abs. 1 lit. c) IGH-Statut[1061] anzunehmen sein.[1062] Unabhängig von der konkreten Grundlage ist zumindest davon auszugehen, dass ein entsprechendes Selbstverteidigungsrecht existiert, auf welches sich Individuen berufen können. Dies ergibt sich nicht zuletzt daraus, dass im Rahmen der Diskussion, wie sich Handelsschiffe gegen Angriffe durch Seeräuber verteidigen dürfen, vielfach ein Selbstverteidigungsrecht vorausgesetzt wird. Etwa wird in verschiedenen Empfehlungen, die den Einsatz von privatem Sicherheitspersonal an Bord von Schiffen zum Gegenstand haben, thematisiert, dass der Einsatz von Waffengewalt auf Situationen der Selbstverteidigung beschränkt ist. Das grundsätzliche Bestehen eines Selbstverteidigungsrechts wird dabei vorausgesetzt, ohne näher darauf einzugehen.[1063] Auch bei der

---

der Kriegsführung oder zumindest koordinierte und massive Gewaltanwendungen zum Einsatz kommen; *Heintschel v. Heinegg* in: Epping/Heintschel v. Heinegg (Hrsg.), Ipsen, Völkerrecht, § 56 Rn. 9 ff.; *Hechtl*, Die offensive Defensive: Das Recht der präventiven Selbstverteidigung?, S. 75 ff.; IGH, Urt. v. 6. November 2003, *Oil Platforms* (Islamische Republik Iran/Vereinigte Staaten von Amerika), ICJ Reports 2003, S. 161, para. 51; *Randelzhofer/Nolte* in: Simma/Khan/Nolte/Paulus, Bd. II, Art. 51 UN-Charta Rn. 23. Diese Voraussetzungen erfüllen die Überfälle von Piraten nicht, so dass diese kein Selbstverteidigungsrecht nach Art. 51 UN-Charta begründen können.

1059 Siehe etwa die Darstellung der verschiedenen Grundannahmen zu den Anforderungen an ein naturrechtliches Selbstverteidigungsrecht bei: *Uniacke*, Am. J. Juris. 36 (1991), 73, 75 ff.; vgl. auch *Merriam*, Mil. L. Rev. 206 (2010), 43, 58.

1060 Diese Idee darstellend, aber letztlich ablehnend: *Cerone*, J. L. Econ. & Pol'y 2 (2006-2007), 319, 323 ff.; vgl. auch *Kopel/Gallant/Eisen*, BYU J. Pub. L. 22 (2007-2008), 43, 98 ff.

1061 Statut des Internationalen Gerichtshofs v. 26. Juni 1945, BGBl. 1973 II S. 430, 505.

1062 Vgl. dazu: *M. R. Fischer*, Recht ohne Staat, S. 156 f. Unter dem Aspekt, dass es sich bei dem Recht zur Selbstverteidigung um ein Menschenrecht handeln könnte, welches sich aus Art. 38 Abs. 1 lit. c) IGH-Statut ergibt, dies aber verneinend: *Cerone*, J. L. Econ. & Pol'y 2 (2006-2007), 319, 327 f.

1063 IMO, Revised Interim Guidance to Shipowners, Ship Operators and Shipmasters on the Use of Privately Contracted Armed Security Personnel on Board Ships in the

Ausarbeitung eines rechtlichen Rahmens im deutschen Recht für den Einsatz von bewaffnetem Sicherheitspersonal[1064] wurde festgehalten, dass dem Bewachungspersonal bei der Abwehr von Angriffen durch Seeräuber „nur Jedermannsrechte zu[stehen], insbesondere das strafrechtliche Notwehr- und Nothilferecht.“[1065] Weiterhin wird in § 31 Abs. 2 S. 4 GewO[1066] i.V.m. § 34a Abs. 5 GewO festgelegt, dass Bewachungsunternehmern bei ihrem Handeln

> „nur die Rechte, die Jedermann im Falle einer Notwehr, eines Notstandes oder einer Selbsthilfe zustehen, die ihnen vom jeweiligen Auftraggeber vertraglich übertragenen Selbsthilferechte sowie die ihnen gegebenenfalls in Fällen gesetzlicher Übertragung zustehenden Befugnisse eigenverantwortlich ausüben.“

In dem Entwurf der *International Law Commission* (ILC) für eine Kodifizierung des Seerechts wird das Bestehen eines Selbstverteidigungsrechts ebenfalls vorausgesetzt.[1067] Schließlich wird auch im Rahmen grundsätzlicher Diskussionen

---

High Risk Area, MSC.1/Circ.1405/Rev.2 (25. Mai 2012), Annex, para. 5.15: „[…] not use firearms against persons *except in self-defence* or defence of others.“ UN A/HRC/15/25 (5. Juli 2010), Annex, Art. 18 Abs. 4 lit. (a): […] employees may use force or firearms only in the following circumstances: (a) […] in respect of the exercise of the *essential right of self-defence*“. Ähnlich auch *BIMCO*, Guidance on Rules for the Use of Force, para. 5 („Self-Defence and the inherent right to exercise it“), wonach auf die verschiedenen staatlichen Rechtsordnungen Bezug genommen wird: „Under most national laws individuals have a right to use reasonable force to prevent a serious crime and the right to use force in their own personal self-defence, and the RUF [Rules for the Use of Force] should reflect these rights as appropriate“ (*Hervorhebungen* jeweils durch den Verfasser).

1064 Dazu noch eingehend Kapitel 6 – A. III.

1065 Antwort der Bundesregierung auf die Kleine Anfrage der Abgeordneten Katja Keul, Agnes Brugger, Tom Koenigs, weiterer Abgeordneter und der Fraktion BÜNDNIS 90/DIE GRÜNEN – Drs. 17/10659 –, Zulassungsverfahren für Bewachungsunternehmen auf Seeschiffen, BT-Drs. 17/10870, S. 4.

1066 Gewerbeordnung (GewO) i.d.F. v. 22. Februar 1999, BGBl. 1999 I S. 202, 203, zuletzt geändert durch Art. 15 Drittes Gesetz zur Entlastung insbesondere der mittelständischen Wirtschaft von Bürokratie (Drittes BürokratieentlastungsG) v. 22. November 2019, BGBl. 2019 I S. 1746.

1067 UN, Report of the International Law Commission Covering the Work of its eighth Session, 23. April bis 4. Juli 1956, Commentary to the articles concerning the law of the sea, Y.B. ILC 1956, Bd. II, S. 265, Art. 45 – Commentary, para. (2): „Clearly this article does not apply in the case of a merchant ship which has repulsed an attack by a pirate ship and, *in exercising its right of self-defence,* overpowers the pirate ship and subsequently hands it over to a warship or to the authorities of a coastal State“

über die Verteidigungsmöglichkeiten von Handelsschiffen gegen Angriffe durch Seeräuber regelmäßig davon ausgegangen, dass ein Selbstverteidigungsrecht besteht.[1068]

Bezogen auf von Seeräubern angegriffene Schiffe bedeutet dies, dass diesen ein Verteidigungsrecht zusteht, um sich gegen solche Angriffe zur Wehr zu setzen.[1069] Dabei ist das Prinzip der Verhältnismäßigkeit bei der Gewaltanwendung zu berücksichtigen,[1070] so dass auch tödliche Gewalt umfasst

---

(*Hervorhebung* durch den Verfasser). Vgl. dazu auch: *Ronzitti* in: Francioni/Ronzitti (Hrsg.), War by Contract, S. 37, 43.

1068 Vgl. etwa *Ronzitti* in: Francioni/Ronzitti (Hrsg.), War by Contract, S. 37, 43: „[...] the right of self-defence of human beings, a right which is recognized by all legal orders of the members of the international community." *Van Hespen*, J. Mar. L. & Com. 45 (2014), 361, 374: „[...] under attack any member of a private security team is allowed to respond with force out of personal self-defense." *Priddy/Casey-Maslen*, J. Int'l Crim. Just. 10 (2012), 839, 845: „In general, however, the right of PMSC [Private maritime security contractor] personnel to use force is typically restricted to lawful acts either in self-defence or in the defence of others." *Jeffrey*, J. Mar. L. & Com. 41 (2010), 507, 528 f.: „Another self-defense option, already being employed by many merchant shipping companies, is the use of private security forces." *Symmons*, Mil. L. & L. War Rev. 51 (2012), 21, 36: „In international law – and so the law of the sea – a protective right in such situations of self-defence is ‚incontrovertible'; [...]". *D. König/Salomon*, PiraT-Arbeitspapiere zur Maritimen Sicherheit Nr. 2 (2011), S. 20: „Außerhalb einer Selbstverteidigungslage sind Sicherheitsdienstleister allerdings regelmäßig nicht befugt, gegen verdächtige Schiffe vorzugehen."

1069 *Brownlie*, Brit. Y.B. Int'l L. 37 (1961), 183, 250; *Pizor*, Case West. Res. J. Int'l L. 45 (2012-2013), 545, 558; vgl. auch *Hackworth*, Digest of International Law, Bd. VII, S. 365.

1070 IMO, Revised Interim Guidance to Shipowners, Ship Operators and Shipmasters on the Use of Privately Contracted Armed Security Personnel on Board Ships in the High Risk Area, MSC.1/Circ.1405/Rev.2 (25. Mai 2012), Annex, para. 5.14: „In no case should the use of force exceed what is strictly necessary and reasonable in the circumstances." *Norwegian Shipowners' Mutual War Risks Insurance Association*, Guidance on the selection of private security companies, para. 3.2: „A Security Operator [...] must understand the principles of minimum use of force, proportionality and necessity regarding the use of force." *BIMCO*, Guidance on Rules for the Use of Force, para. 7 lit. (a) (i): „[...] the force used must be necessary and proportional; [...]". Zu den *Rules for the Use of Force* ähnlich auch: *Department for Transport (UK)*, Interim Guidance to UK Flagged Shipping on the Use of Armed Guards, para. 8.5: „These rules should provide for a graduated response, each stage of which is considered to be a reasonable, proportionate and necessary response to the threat; and which at no point will needlessly escalate a situation." Siehe dazu auch: *Merriam*,

wird.[1071] Dagegen sprechen auch nicht die Vorschriften des SRÜ, welche im Kontext von Angriffen durch Seeräuber lediglich staatliche Schiffe zur Ausübung von Gewalt im Rahmen des Untersuchens und Aufbringens ermächtigen.[1072] Das Recht zur Selbstverteidigung von Handelsschiffen sollte dadurch nicht eingeschränkt werden.[1073]

3. *Konsequenzen des Rechts zur individuellen Selbstverteidigung auf die staatliche Gesetzgebung*

Das individuelle Selbstverteidigungsrecht muss es dem Bürger ermöglichen, sich effektiv gegen drohende oder bereits stattfindende Rechtsverletzungen zur Wehr zu setzen. Damit ist es dem Staat verwehrt, dieses Selbstverteidigungsrecht dergestalt einzuschränken, dass keine effektive Verteidigung mehr erreicht werden kann. Dies betrifft neben der Regelung des Selbstverteidigungsrechts als solches auch die mit dem Selbstverteidigungsrecht in Zusammenhang stehenden Rechtsmaterien. Es müssen dem Betroffenen vor allem adäquate Verteidigungsmittel zur Verfügung stehen, so dass beispielsweise das Mitführen von Waffen nicht zu restriktiv gehandhabt werden darf.

Mil. L. Rev. 206 (2010), 43, 56: „[…] two concepts that would later become the basic principles of self-defense under international law: necessity and proportionality." Bezogen auf die allgemeinen Vorschriften des Seerechts siehe auch: *Weihai*, Soc. Sci. China 38/1 (2017), 46, 59: „[…] the use of lethal force should comply strictly with the principles of prohibition, necessity and proportionality; […]".

1071 *Wiefelspütz*, NZWehrr 2009, 133, 135.

1072 Siehe zur Anwendung von Zwang im Rahmen von Art. 110 und 105 SRÜ weiter oben Kapitel 4 – B. III. 3. und Kapitel 4 – C. IV. Siehe zu den Schiffen, die zum Untersuchen und Aufbringen ermächtigt sind oben Kapitel 4 – E.

1073 Bereits zu dem Vorschriftsentwurf der ILC, welcher später im Wesentlichen in Art. 21 HSÜ bzw. Art. 107 SRÜ übernommen wurde, findet sich eine entsprechende Aussage: „Clearly this article does not apply in the case of a merchant ship which has repulsed an attack by a pirate ship and, *in exercising its right of self-defence*, overpowers the pirate ship […]"; UN, Report of the International Law Commission Covering the Work of its eighth Session, 23. April bis 4. Juli 1956, Commentary to the articles concerning the law of the sea, Y.B. ILC 1956, Bd. II, S. 265, Art. 45 – Commentary, para. (2) (*Hervorhebung* durch den Verfasser). Vgl. auch *Kommer*, DÖV 2016, 236, 238.

IV. Prinzipien für die Schutzgewährung außerhalb des eigenen Staatsgebietes

Neben dem allgemeinen Selbstverteidigungsrecht sind noch die extraterritorialen Schutzpflichten (unter 1.) sowie der diplomatische Schutz (unter 2.) zu nennen. Untersucht werden muss außerdem, ob diese beiden Prinzipien auf die hier zugrundeliegenden Konstellationen von Angriffen auf Handelsschiffe auf Hoher See bzw. in der ausschließlichen Wirtschaftszone anwendbar sind und ob diese die bisher gefundenen Ergebnisse beeinflussen.

1. Nichtanwendbarkeit des Prinzips der extraterritorialen Schutzpflichten

Unter bestimmten Umständen kann ein Staat dazu verpflichtet sein, auch außerhalb seines Staatsgebiets bei der Verletzung von Menschenrechten einzugreifen. Ein solches Eingreifen wird unter den Begriffen der „extraterritorialen Schutzpflichten“[1074] und „extraterritorialen Staatenpflichten“[1075] diskutiert. Der Begriff der „Extraterritorialität“ ist dabei nicht auf fremdes Hoheitsgebiet beschränkt, sondern erfasst auch staatsfreie Räume, so dass auch die Hohe See einbezogen wird.[1076] Vermehrte Aufmerksamkeit erfahren haben solche Schutzpflichten bei der Frage, inwieweit der Heimatstaat eines Unternehmens verpflichtet ist, gegen Menschenrechtsverletzungen vorzugehen, die dieses Unternehmen im Ausland begeht.[1077] Als Grundlage für die extraterritoriale Anwendung von Menschenrechten werden unter anderem die *Europäische Menschenrechtskonvention* (EMRK)[1078] oder der *Internationale Pakt über bürgerliche und politische Rechte* (IPbpR)[1079] genannt.[1080]

1074 *Papp*, Extraterritoriale Schutzpflichten, S. 22; *v. Bernstorff*, AVR 49 (2011), 34, 51; *Kanalan*, AVR 52 (2014), 495, 498.

1075 *v. Bernstorff*, AVR 49 (2011), 34, 47; *Kanalan*, AVR 52 (2014), 495, 495.

1076 *Papp*, Extraterritoriale Schutzpflichten, S. 53; vgl. auch *Volz*, Extraterritoriale Terrorismusbekämpfung, S. 45 f.

1077 Vgl. etwa *v. Bernstorff*, AVR 49 (2011), 34, 34 ff.; *Kanalan*, AVR 52 (2014), 495, 496 ff.; *Papp*, Extraterritoriale Schutzpflichten, S. 21 f.

1078 Konvention zum Schutz der Menschenrechte und Grundfreiheiten v. 4. November 1950, BGBl. 2002 II S. 1054, 1055.

1079 Internationaler Pakt über bürgerliche und politische Rechte v. 19. Dezember 1966, BGBl. 1973 II S. 1533, 1534.

1080 Vgl. *v. Bernstorff*, AVR 49 (2011), 34, 48; *Kanalan*, AVR 52 (2014), 495, 500. Siehe ausführlich zu sich aus der EMRK und dem IPbpR ergebenden extraterritorialen Schutzpflichten sowie zu weiteren Übereinkommen, aus denen sich extraterritoriale

Allerdings setzt eine solche Pflicht zum Eingreifen voraus, dass die eigenen Staatsangehörigen bzw. Unternehmen, welche dem jeweiligen Staat zuzuordnen sind,[1081] außerhalb des eigenen Staatsgebiets menschenrechtsverletzende Handlungen begehen. Nicht erfasst wird der Fall, wenn eigene Staatsangehörige außerhalb des eigenen Territoriums in ihren Menschenrechten verletzt werden. Damit ist das Prinzip der extraterritorialen Schutzpflichten nicht geeignet, eine Pflicht zum Eingreifen des Staates zu begründen, um seine eigenen Staatsangehörigen im Ausland zu schützen.

2. *Diplomatischer Schutz*

Indes könnte sich aus dem Prinzip des diplomatischen Schutzes die Möglichkeit ergeben, dass ein Staat seine Staatsangehörigen außerhalb des eigenen Staatsgebiets schützen kann und unter Umständen auch schützen muss.

a) Prinzip des diplomatischen Schutzes

Der diplomatische Schutz hat grundsätzlich das Ziel, gegen Handlungen eines fremden Staates vorzugehen, die gegen das Völkerrecht verstoßen und durch welche eigene Staatsangehörige verletzt werden.[1082] Schwierigkeiten im Rahmen der Zulässigkeit diplomatischen Schutzes ergeben sich zunächst im Hinblick darauf, welche Maßnahmen ergriffen werden dürfen, um den Schutz der eigenen Staatsangehörigen zu gewährleisten (unter aa)). Bedacht werden muss insbesondere, dass Piraten in der Regel gewaltsam vorgehen, somit also auch mögliche Gegenmaßnahmen seitens des intervenierenden Staates Gewalt beinhalten können. Daneben muss in die Überlegungen einbezogen werden, dass die Besatzungen von Frachtschiffen regelmäßig multinational sind. Daher ist zu

---

Schutzpflichten ergeben können: *Papp*, Extraterritoriale Schutzpflichten, S. 58 ff. und 99 ff. sowie 109 ff. Dabei ist zu beachten, dass das Bestehen extraterritorialer Schutzpflichten regelmäßig hinsichtlich konkreter Übereinkommen diskutiert wird und nicht bezogen auf die Menschenrechte in ihrer Allgemeinheit; *Kanalan*, AVR 52 (2014), 495, 499.

1081 Bei transnationalen Konzernen kann es mitunter schwierig sein, diese einem bestimmten Staat zuzuordnen; vgl. *v. Bernstorff*, AVR 49 (2011), 34, 47; *Muchlinski*, Corporations in International Law, in: MPEPIL (Stand: Juni 2014), Rn. 18.

1082 Allgemein zum diplomatischen Schutz etwa: *Epping* in: Epping/Heintschel v. Heinegg (Hrsg.), Ipsen, Völkerrecht, § 7 Rn. 115 ff.; *Herdegen*, Völkerrecht, § 27 Rn. 9 ff.; *Crawford*, Brownlie's Principles of Public International Law, S. 595 ff.; *Schöbener*, Diplomatischer Schutz, in: Schöbener (Hrsg.), Völkerrecht, S. 61 ff.

überlegen, ob das Anknüpfen an das Merkmal der Staatsangehörigkeit für die Ausübung diplomatischen Schutzes in vorliegender Konstellation zu sinnvollen Ergebnissen führt (unter bb)).

aa) Umfang des diplomatischen Schutzes

Übt ein Staat diplomatischen Schutz aus, steht diesem ein weites Ermessen zu hinsichtlich der Punkte, ob überhaupt ein solcher geboten werden soll und auch betreffend die Art und Weise der Gewährung.[1083] Von den zulässigen Maßnahmen erfasst sind zunächst Verhandlungen, Protest, Schlichtungen, das Ersuchen weiterer Untersuchungen, die Geltendmachung von Entschädigungsansprüchen oder der Abbruch der diplomatischen Beziehungen.[1084] Umstritten ist, ob die Anwendung von Gewalt im Rahmen der Gewährung diplomatischen Schutzes zulässig ist. Dies wird mehrheitlich mit Verweis auf das in Art. 2 Ziff. 4 UN-Charta enthaltene universelle Gewaltverbot abgelehnt.[1085]

bb) Merkmal der Staatsangehörigkeit

Grundsätzlich kann ein Staat nur zugunsten seiner eigenen Staatsangehörigen diplomatischen Schutz gewähren.[1086] Die Besatzungsmitglieder an Bord von Handelsschiffen haben allerdings in den wenigsten Fällen dieselbe Nationalität;

1083 *Schöbener*, Diplomatischer Schutz, in: Schöbener (Hrsg.), Völkerrecht, S. 67; *M. Bohn*, Die Ausübung diplomatischen Schutzes, S. 9; *Dugard*, Diplomatic Protection, in: MPEPIL (Stand: Mai 2009), Rn. 13.

1084 *Dugard*, Diplomatic Protection, in: MPEPIL (Stand: Mai 2009), Rn. 70; *Schöbener*, Diplomatischer Schutz, in: Schöbener (Hrsg.), Völkerrecht, S. 67; *Stein/v. Buttlar/Kotzur*, Völkerrecht, Rn. 562.

1085 *Schöbener*, Diplomatischer Schutz, in: Schöbener (Hrsg.), Völkerrecht, S. 67 f. Vgl. auch *Wlaź*, Int'l Comm. L. Rev. 13 (2011), 125, 134 f.; *Dugard*, Diplomatic Protection, in: MPEPIL (Stand: Mai 2009), Rn. 70; *Kruse*, Diplomatischer und konsularischer Schutz für Unionsbürger, S. 62. Während der Beratungen zu den DADP fand sich ebenfalls keine Mehrheit dafür, die Anwendung von Gewalt im Rahmen des diplomatischen Schutzes als zulässiges Mittel zu erachten; vgl. *Ruys*, J. Confl. & Sec. L. 13 (2008), 233, 257.

1086 *Epping* in: Epping/Heintschel v. Heinegg (Hrsg.), Ipsen, Völkerrecht, § 7 Rn. 116; *Kau* in: Graf Vitzthum/Proelß (Hrsg.), Völkerrecht, 3. Abschn. Rn. 117; *Dugard*, Diplomatic Protection, in: MPEPIL (Stand: Mai 2009), Rn. 19; *Amerasinghe*, Diplomatic Protection, S. 91. Ausführlich dazu: *M. Bohn*, Die Ausübung diplomatischen Schutzes, S. 37 ff.; *Kleinlein/Rabenschlag*, ZaöRV 2007, 1277, 1282 ff. Dieses Prinzip wird auch als *nationality rule* bezeichnet; vgl. dazu Fn. 1090.

vielmehr stammen sie meist aus verschiedenen Ländern.[1087] Zu prüfen ist damit, ob ein Staat auch zugunsten fremder Staatsangehöriger diplomatischen Schutz ausüben darf. Dies betrifft zunächst den Punkt, ob ein solcher Schutz überhaupt als diplomatischer Schutz bezeichnet werden kann (unter (1)). Darüber hinaus bieten Urteile internationaler Schiedsgerichte Anhaltspunkte für die Zulässigkeit eines solchen Schutzes (unter (2)). Zudem muss untersucht werden, ob sich aus der Staatenpraxis eine gewohnheitsrechtliche Geltung einer solchen Schutzausübung ergibt (unter (3)). Schließlich sind noch die DADP zu berücksichtigen (unter (4)).

(1) Qualifikation als diplomatischen Schutz

Ob es sich bei dem Ausüben von Schutz zugunsten fremder Staatsangehöriger, die an Bord von Schiffen tätig sind, um diplomatischen Schutz handelt, wird unterschiedlich beurteilt. Neben der Auffassung, die eine solche Einordung vornimmt[1088] wird teilweise bezweifelt, dies überhaupt als diplomatischen Schutz zu bezeichnen.[1089] Dies hat Konsequenzen darauf, ob bei der Ausübung eines

---

1087 Vgl. etwa ISGH, Urt. v. 1. Juli 1999, *The M/V „Saiga" Case (No. 2)* (Saint Vincent and the Grenadines/Guinea), ITLOS Reports 1999, S. 10, para. 107; UN, Report of the International Law Commission on the work of its fifty-eights session (1. Mai bis 9. Juni und 3. Juli bis 11. August 2016), Diplomatic Protection, Text of the draft articles with commentaries thereto, Y.B. ILC 2006, Bd. II/2, S. 26, Art. 18 – Commentary, para. (7).

1088 Den Schutz fremder Seeleute als diplomatischen Schutz bezeichnend: *Borchard*, The Diplomatic Protection of Citizens Abroad, S. 478: „To entitle them [these seamen] to the *diplomatic protection* […]"; *Dolzer*, Diplomatic Protection of Foreign Nationals, in: Bernhardt (Hrsg.), EPIL, Bd. I, S. 1068: „Occasionally it was assumed that a seaman is so closely associated with the flag State that this connection could justify the flag State's exercise of *diplomatic protection* […]"; UN, Fifth report on diplomatic protection, by Mr. John Dugard, Special Rapporteur, Diplomatic protection of ships' crews by the flag state, Y.B. ILC 2004, Bd. II/1, S. 55, Art. 27: „The State of nationality of a ship is entitled to exercise *diplomatic protection* in respect of the crew of the ship, irrespective of whether they are nationals of the State of nationality of the ship […]" (*Hervorhebungen* jeweils durch den Verfasser).

1089 Den Schutz zugunsten fremder Seeleute nicht als diplomatischen Schutz bezeichnend: *M. Bohn*, Die Ausübung diplomatischen Schutzes, S. 90 f.; *Dugard*, Diplomatic Protection, in: MPEPIL (Stand: Mai 2009), Rn. 51; *Amerasinghe*, Diplomatic Protection, S. 120. Vgl. dazu auch: *M. Bohn*, Die Ausübung diplomatischen Schutzes, S. 89 ff. Siehe dort auch für eine Darstellung und Auseinandersetzung mit den dazu vertretenen Auffassungen. Vgl. auch die Kommentierung zu Art. 18 DADP; UN, Report of the International Law Commission on the work of its fifty-eights session

solchen Schutzes ohne Weiteres auf das Prinzip des diplomatischen Schutzes zurückgegriffen werden kann und damit insbesondere auch, inwieweit die *nationality rule*[1090] berücksichtigt werden muss.[1091] Allerdings wird auch von jenen Stimmen, die ein solches Ausüben nicht als diplomatischen Schutz einordnen, diese Schutzausübung als dem diplomatischen Schutz sehr ähnlich bezeichnet[1092] und in thematischer Nähe zum diplomatisch Schutz erläutert.[1093] Mithin kann die Unterscheidung zumindest an dieser Stelle offen bleiben, da von beiden hier genannten Ansichten – unabhängig von der konkreten Grundlage – ein Schutzanspruch des Flaggenstaates für fremde Staatsangehörige anerkannt wird.

(2) Urteile internationaler Gerichte

Mitte des 19. Jahrhunderts finden sich erste Aufzeichnungen darüber, den Schutz von Seeleuten an Bord eines Schiffes von dem Staat abhängig zu machen, unter dessen Flagge das Schiff fährt.[1094] Die Rechtsprechung hingegen war zu

(1. Mai bis 9. Juni und 3. Juli bis 11. August 2016), Diplomatic Protection, Text of the draft articles with commentaries thereto, Y.B. ILC 2006, Bd. II/2, S. 26, Art. 18 – Commentary, para. (8).

1090 Die als *nationality rule* bezeichnete Regel hat zum Inhalt, dass grundsätzlich ein Staat nur für seine eigenen Staatsangehörigen diplomatischen Schutz ausüben darf; *M. Bohn*, Die Ausübung diplomatischen Schutzes, S. 38; *Stein/v. Buttlar/Kotzur*, Völkerrecht, Rn. 566; *Kruse*, Diplomatischer und konsularischer Schutz für Unionsbürger, S. 2; vgl. auch *Epping* in: Epping/Heintschel v. Heinegg (Hrsg.), Ipsen, Völkerrecht, § 7 Rn. 116.

1091 Vgl. *M. Bohn*, Die Ausübung diplomatischen Schutzes, S. 90 f.

1092 *Amerasinghe*, Diplomatic Protection, S. 120: „There is, however, a close resemblance bettween this type of protection and diplomatic protection"; *Dugard*, Diplomatic Protection, in: MPEPIL (Stand: Mai 2009), Rn. 51: „The above protection, although akin to the diplomatic protection, cannot be categorized as diplomatic protection." Vgl. auch die Kommentierung zu Art. 18 DADP: UN, Report of the International Law Commission on the work of its fifty-eights session (1. Mai bis 9. Juni und 3. Juli bis 11. August 2016), Diplomatic Protection, Text of the draft articles with commentaries thereto, Y.B. ILC 2006, Bd. II/2, S. 26, Art. 18 – Commentary, para. (1).

1093 Vgl. etwa *Dugard*, Diplomatic Protection, in: MPEPIL (Stand: Mai 2009), Rn. 50 f.; *Amerasinghe*, Diplomatic Protection, S. 120; *M. Bohn*, Die Ausübung diplomatischen Schutzes, S. 89 f.

1094 Eine italienische Direktive aus dem Jahr 1866 bestimmte beispielsweise, dass ab dem Zeitpunkt, zu welchem sich eine Mannschaft an Bord eines italienischen Frachtschiffes gebildet hat, die italienische Flagge diese Seeleute zu schützen hat, auch wenn diese keine Italiener sind; siehe *Makarov/Schmitz*, Handbuch der diplomatischen Korrespondenz der europäischen Staaten, Teil I/1, Rn. 955. Vgl. dazu auch: *Watts*,

Beginn des 20. Jahrhunderts uneinheitlich. So wurde in einem Fall einem Staat die Gewährung diplomatischen Schutzes für fremde Staatsangehörige zugestanden, wohingegen ein solches Begehren in anderen Fällen abgelehnt wurde.[1095] Das erste schiedsgerichtliche Urteil, in welchem ein solcher Anspruch bejaht wurde, war das Urteil *I'm Alone* aus dem Jahr 1935.[1096] Auch schon in einem früheren Urteil im Jahr 1868 äußerte sich ein Schiedsgericht dahingehend, dass Seeleute, die der Kriegs- oder Handelsflotte eines fremden Staates dienen, für diese Zeit berechtigt sind, den Schutz des Staates zu beanspruchen, dessen Flagge das Schiff führt.[1097] In anderen Urteilen hingegen wurde einem solchen Anspruch mit Verweis auf die Unzuständigkeit des den Anspruch geltend machenden Staates nicht stattgegeben.[1098] Allerdings wurde in einem dieser ablehnenden Urteile die Möglichkeit, dass ein Staat diplomatischen Schutz für fremde Staatsangehörige ausüben kann, zumindest grundsätzlich anerkannt: „The American Commissioner expresses the opinion that claims of the character here dealt with ‚are recognized under international law as properly presentable internationally.'"[1099]

Int'l & Comp. L. Q. 7 (1958), 691, 697; *M. Bohn*, Die Ausübung diplomatischen Schutzes, S. 83. Zu weiteren Beispielen: *M. Bohn*, Die Ausübung diplomatischen Schutzes, S. 83 f.

1095 Für eine Übersicht schiedsgerichtlicher Urteile: *M. Bohn*, Die Ausübung diplomatischen Schutzes, S. 84 ff.

1096 Siehe zu diesem Urteil Kapitel 4 – B. III. 3. c) aa). Vgl. zu dem Ersatzanspruch: „The Commission, without examining the issue of nationality, awarded compensation in respect of all three non-Canadian seamen"; UN, Fifth report on diplomatic protection, by Mr. John Dugard, Special Rapporteur, Diplomatic protection of ships' crews by the flag state, Y.B. ILC 2004, Bd. II/1, S. 55, Art. 27 para. 49.

1097 *Francis McCready (United States) v. Mexico*; *J. B. Moore*, History and Digest of the International Arbitrations, Bd. III, S. 2536 f. Auch wenn die Staatsangehörigkeit in diesem Fall nicht entscheidungsrelevant war, hielt das Gericht fest: „[...] that seamen serving in the naval or mercantile marine under a flag not their own are entitled, for the duration of that service, to the protection of the flag under which they serve"; *J. B. Moore*, History and Digest of the International Arbitrations, Bd. III, S. 2537. Siehe auch *M. Bohn*, Die Ausübung diplomatischen Schutzes, S. 84.

1098 Urteile, in denen ein solcher Anspruch nicht anerkannt wurde: *Patrick Shields (United States) v. Chile*; *J. B. Moore*, History and Digest of the International Arbitrations, Bd. III, S. 2557 ff. *Andrew McKinstrey (United States) v. Chile*; *J. B. Moore*, History and Digest of the International Arbitrations, Bd. III, S. 2559. *Edward A. Hilson (US) v. Germany*; Rep. Int'l Arb. Awards 7 (1956), 176.

1099 *Edward A. Hilson (US) v. Germany*; Rep. Int'l Arb. Awards 7 (1956), 176, 183. Vgl. auch *M. Bohn*, Die Ausübung diplomatischen Schutzes, S. 86.

Weiterhin wurde Mitte des 20. Jahrhunderts auch der Gedanke geäußert, dass sich Schutzansprüche unabhängig von der Staatsangehörigkeit auf jede Person an Bord von Schiffen erstrecken können:

> „D'autre part, les catégories de cas visés par l'avis semblent se rattacher aux cas de protection du pavillon et des forces armées, où la protection s'étend à toute personne dans le navire ou dans les forces armées, indépendamment de la nationalité."[1100]

Tatsächlich anerkannt wurde die Möglichkeit des diplomatischen Schutzes für fremde Staatsangehörige wiederum in der Entscheidung *M/V „Saiga" (No. 2)* des ISGH.[1101] Dabei sei der Flaggenstaat berechtigt, Forderungen hinsichtlich aller an Bord befindlicher Personen geltend zu machen.[1102] Begründet wurde dies damit, dass durch das SRÜ die Besatzung des Schiffs mit diesem eine Einheit bildet, deren Schutz dem Flaggenstaat zukommt.[1103] Daneben sprächen auch praktische Gründe für eine solche Sichtweise, da die Besatzungen an Bord von Schiffen aus vielen unterschiedlichen Nationen kommen, so dass sich Schwierigkeiten ergäben, wenn die jeweiligen Heimatstaaten die Schutzansprüche ihrer Staatsangehörigen geltend machen müssten.[1104] Auch wenn nicht alle Urteile einem Schutzanspruch stattgaben, lässt sich ihnen dennoch entnehmen, dass eine grundsätzliche Möglichkeit des Schutzes staatsfremder Seeleute durch

---

1100 IGH, Advisory Opinion v. 11. April 1949, *Reparation for injuries suffered in the service of the United Nations*, Dissenting Opinion *Badawi Pasha*, ICJ Reports 1949, S. 205, 206 Fn. 1.

1101 ISGH, Urt. v. 1. Juli 1999, *The M/V „Saiga" Case (No. 2)* (Saint Vincent and the Grenadines/Guinea), ITLOS Reports 1999, S. 10. Siehe dazu bereits Kapitel 4 – B. III. 3. c) cc). Ausführlicher zur Analyse dieses Urteils: *M. Bohn*, Die Ausübung diplomatischen Schutzes, S. 86 ff. Siehe auch die Darstellung dieses Urteils bei: *Wolfrum*, Vereinte Nationen Zs. 2000, 127, 130 ff.

1102 ISGH, Urt. v. 1. Juli 1999, *The M/V „Saiga" Case (No. 2)* (Saint Vincent and the Grenadines/Guinea), ITLOS Reports 1999, S. 10, para. 104: „[...] the flag State has the right to bring claims in respect of violations against the ship and all persons on board or interested in its operation."

1103 ISGH, Urt. v. 1. Juli 1999, *The M/V „Saiga" Case (No. 2)* (Saint Vincent and the Grenadines/Guinea), ITLOS Reports 1999, S. 10, para. 106: „[...] and every person involved or interested in its operations are treated as an entity linked to the flag State. The nationalities of these persons are not relevant."

1104 ISGH, Urt. v. 1. Juli 1999, *The M/V „Saiga" Case (No. 2)* (Saint Vincent and the Grenadines/Guinea), ITLOS Reports 1999, S. 10, para. 107: „Any of these ships could have a crew comprising persons of several nationalities. If each person sustaining damage were obliged to look for protection from the State of which such person is a national, undue hardship would ensue."

den Flaggenstaat besteht. Insbesondere das Urteil *M/V „Saiga" (No. 2)*, welches die letzte Entscheidung im Kontext mit dem Schutz fremder Seeleute darstellt, unterstützt diese Sichtweise, indem es eindeutig für eine Schutzgewährung fremder Seeleute votiert. Die in der Entscheidung *M/V „Saiga" (No. 2)* geäußerten Gedanken finden sich später teilweise auch in der Kommentierung zu den DADP.[1105] Dies spricht ebenfalls dafür, dass hinsichtlich der dort vorgenommenen Überlegungen ein gewisser Konsens in der Staatengemeinschaft besteht.

(3) Gewohnheitsrechtliche Geltung

Das Gewährleisten von Schutz für fremde Staatsangehörige stellt – unabhängig davon, ob es sich dabei um eine Art diplomatischen Schutz handelt – zumindest eine einheitliche Staatenpraxis dar.[1106] Teilweise wird zudem davon ausgegangen, dass ein solcher Schutz völkergewohnheitsrechtlich anerkannt ist.[1107] Auf der anderen Seite wird die Existenz eines solchen Anspruchs auch abgelehnt.[1108] In der Staatenpraxis der Vereinigten Staaten von Amerika wurden Seeleute, die an Bord eines amerikanischen Schiffes eingesetzt wurden, unabhängig von ihrer Nationalität unter den Schutz der amerikanischen Flagge gestellt.[1109] Ob diese Praxis allerdings für eine gewohnheitsrechtliche Regelung spricht, wird – auch

1105 ISGH, Urt. v. 1. Juli 1999, *The M/V „Saiga" Case (No. 2)* (Saint Vincent and the Grenadines/Guinea), ITLOS Reports 1999, S. 10, para. 107: „If each person sustaining damage were obliged to look for protection from the State of which such person is a national, undue hardship would ensue." UN, Report of the International Law Commission on the work of its fifty-eights session (1. Mai bis 9. Juni und 3. Juli bis 11. August 2016), Diplomatic Protection, Text of the draft articles with commentaries thereto, Y.B. ILC 2006, Bd. II/2, S. 26, Art. 18 – Commentary, para. (7): „It is much easier and more efficient for one State to seek redress on behalf of all crew members than to require the States of nationality of all crew members to bring separate claims on behalf of their nationals." Zu den DADP siehe noch Kapitel 5 – A. IV. 2. a) bb) (4).

1106 *Dugard*, Diplomatic Protection, in: MPEPIL (Stand: Mai 2009), Rn. 50; *Kleinlein/Rabenschlag*, ZaöRV 2007, 1277, 1286.

1107 *Cogliati-Bantz*, Means of Transportation and Registration of Nationality, S. 263; *Weis*, Nationality and Statelessness in International Law, S. 39; *M. Bohn*, Die Ausübung diplomatischen Schutzes, S. 89; *Drenan*, Cal. W. Int'l L. J. 45 (2014-2015), 109, 136.

1108 *Jürgens*, Diplomatischer Schutz und Staatenlose, S. 179: „Im Ergebnis läßt sich mithin festhalten, daß diplomatischer Schutz zugunsten fremder Seeleute durch den Flaggenstaat völkerrechtlich keine Stütze findet."

1109 Vgl. *Hackworth*, Digest of International Law, Bd. III, S. 417; *Hackworth*, Digest of International Law, Bd. IV, S. 883 f.; vgl. auch *Schwarzenberger*, International Law, Bd. I, S. 593.

seitens der Vereinigten Staaten von Amerika – in Zweifel gezogen.[1110] Andererseits wird die Ausnahme, dass beim Schutz von Seeleuten die zu schützende Person nicht unbedingt die Staatsangehörigkeit des schutzausübenden Staates haben muss, als *anerkannte* Ausnahme bezeichnet.[1111] Da grundsätzlich ein Staat nur für seine eigenen Staatsangehörigen Schutz ausüben kann,[1112] spricht dieses Abweichen zumindest für eine anerkannte Staatenpraxis. Die zugrunde liegenden schiedsgerichtlichen Urteile werden unterschiedlich interpretiert. Einerseits werden diese so gesehen, dass sich aus ihnen ein völkerrechtlicher Grundsatz zur Ausübung diplomatischen Schutzes zugunsten staatsfremder Personen ergebe.[1113] Andererseits wird dies auch gerade abgelehnt.[1114]

(4) Draft Articles on Diplomatic Protection

Im Jahr 1996 kam in der ILC der Gedanke auf, das Thema des diplomatischen Schutzes zu kodifizieren und weiter fortzubilden.[1115] Das Ergebnis dieser Überlegungen stellen die *Draft Articles on Diplomatic Protection* (DADP)[1116] dar. In Art. 18 DADP wird festgelegt, dass neben dem Heimatstaat des jeweiligen

---

1110 Siehe dazu und auch insgesamt zu der Staatenpraxis der Vereinigten Staaten von Amerika: UN, Report of the International Law Commission on the work of its fifty-eights session (1. Mai bis 9. Juni und 3. Juli bis 11. August 2016), Diplomatic Protection, Text of the draft articles with commentaries thereto, Y.B. ILC 2006, Bd. II/2, S. 26, Art. 18 – Commentary, para. (3).

1111 *Crawford*, Brownlie's Principles of Public International Law, S. 676; *Watts*, Int'l & Comp. L. Q. 7 (1958), 691, 691.

1112 Siehe dazu bereits Kapitel 5 – A. IV. 2. a) bb).

1113 Vgl. *M. Bohn*, Die Ausübung diplomatischen Schutzes, S. 89: „Spätestens mit der *Saiga*-Entscheidung des ISGH kann beim Schutz fremder Besatzungsmitglieder durch den Flaggenstaat von einer völkerrechtlich anerkannten Praxis gesprochen werden" (*Hervorhebung* im Original).

1114 Vgl. *Jürgens*, Diplomatischer Schutz und Staatenlose, S. 179 f. Einschränkend ist dazu allerdings zu bemerken, dass diese Äußerung aus dem Jahr 1986 stammt, die Entscheidung *M/V „Saiga" (No. 2)* hingegen erst 1999 ergangen ist.

1115 UN, Report on the International Law Commission on the Work of its fifty-sixth session (3. Mai bis 4. Juni und 5. Juli bis 6. August 2004), Chapter 4, Diplomatic Protection, Y.B. ILC 2004, Bd. II/2, S. 17, para. 38. Siehe ausführlicher zu dieser Entwicklung: *Amerasinghe*, Diplomatic Protection, S. 58 ff.; *M. Bohn*, Die Ausübung diplomatischen Schutzes, S. 21 f.

1116 UN, Report of the International Law Commission on the work of its fifty-eights session (1. Mai bis 9. Juni und 3. Juli bis 11. August 2016), Diplomatic Protection, Text of the draft articles, Y.B. ILC 2006, Bd. II/2, S. 24.

Crewmitglieds auch der Flaggenstaat um Wiedergutmachung ersuchen darf, wenn die Verletzung des Crewmitglieds im Zusammenhang mit einer Zuwiderhandlung gegen das Schiff steht, die auf der Verletzung einer völkerrechtlichen Pflicht beruht.[1117]

b) Anwendbarkeit bei Angriffen durch Seeräuber

Grundsätzliche Voraussetzung der Ausübung diplomatischen Schutzes ist eine Verletzung völkerrechtlicher Mindeststandards seitens des Aufenthaltsstaates.[1118] Ergreift ein Staat Maßnahmen zum Schutz der Besatzung an Bord eines unter seiner Flagge fahrenden Schiffes, ist jedoch eine unrechtmäßige Handlung gegen das Schiff ausschlaggebender Anknüpfungspunkt.[1119] So wird in dem Urteil *M/V „Saiga" (No. 2)* festgestellt, dass die von St. Vincent und den Grenadinen geltend gemachten Schutzansprüche nicht auf einer Verletzung fremdenrechtlicher Schutzverpflichtungen des Aufenthaltsstaates beruhen, sondern auf jenen Vorschriften, die dem Schutz des Schiffes dienen. Erst aus der Verletzung dieser Schutzvorschriften ergeben sich die Schäden, welche die Personen an Bord der *Saiga* erlitten haben.[1120]

Dieses Prinzip findet sich auch in Art. 18 DADP, in dem festgelegt wird, dass eine Verletzung internationaler Vorschriften vorliegen muss, wodurch eine Schädigung des Schiffes eingetreten ist und infolgedessen Mitglieder der Besatzung zu Schaden gekommen sind.[1121] Voraussetzung ist folglich, dass ein Angriff

---

1117 Weiterführend zu Art. 18 DADP: *Drenan*, Cal. W. Int'l L. J. 45 (2014-2015), 109, 134 ff.; *Liivoja*, Melb. J. Int'l L. 11 (2009-2010), 309, 325 ff.

1118 *Herdegen*, Völkerrecht, § 27 Rn. 9; *Dugard*, Diplomatic Protection, in: MPEPIL (Stand: Mai 2009), Rn. 18; *v. Arnauld*, Völkerrecht, Rn. 596.

1119 Zu der begrifflichen Unklarheit im Zusammenhang des diplomatischen Schutzes „von Schiffen": *v. Münch* in: FS Stödter, S. 231, 238 f.: „Das Schiff selbst genießt als solches keinen diplomatischen Schutz; denn gegen ‚das Schiff' kann keine völkerrechtswidrige Handlung begangen werden: ‚Das Schiff' ist kein Adressat völkerrechtlicher Handlungen und damit auch kein Adressat völkerrechtswidriger Handlungen." Allerdings ist zu berücksichtigen, dass auch die Formulierungen im SRÜ in dieser Hinsicht nicht eindeutig sind. So legt beispielsweise Art. 110 Abs. 1 lit. a) SRÜ fest, dass ein Recht zum Anhalten besteht, wenn „das Schiff" verdächtig ist, Seeräuberei zu betreiben: „[...] unless there is reasonable ground for suspecting that *the ship is engaged* in piracy" (*Hervorhebung* durch den Verfasser).

1120 ISGH, Urt. v. 1. Juli 1999, *The M/V „Saiga" Case (No. 2)* (Saint Vincent and the Grenadines/Guinea), ITLOS Reports 1999, S. 10, para. 97. Siehe auch *M. Bohn*, Die Ausübung diplomatischen Schutzes, S. 90; *Watts*, Int'l & Comp. L. Q. 7 (1958), 691, 698 f.

1121 Vgl. Art. 18 DADP: „[...] wenn they [crew members] have been injured in connection with an injury to the vessel resulting from an internationally wrongful act."

durch Piraten auf ein Schiff völkerrechtswidriges Handeln darstellt. Durch die Art. 100 ff. SRÜ wird deutlich, dass die Seeräuberei ein völkerrechtlich unerwünschtes Verhalten bedeutet. Problematisch ist allerdings, dass nach der in Art. 101 SRÜ festgelegten – und völkergewohnheitsrechtlich anerkannten[1122] – Definition der Seeräuberei nur Angriffe von privaten Akteuren erfasst werden.[1123] Das Verhalten privater Akteure kann einem Staat grundsätzlich nicht zugerechnet werden.[1124] Ausnahmen von diesem Grundsatz bestehen lediglich unter bestimmten Voraussetzungen. Eine solche Zurechnung ist beispielsweise denkbar, wenn ein Staat die Ausübung von Hoheitsrechten an Private überträgt oder wenn ein Staat die Handlungen Privater zumindest wesentlich beeinflussen kann.[1125] Im Rahmen der Seeräuberei sind jedoch keine solchen Konstellationen denkbar. Bei Piraten handelt es sich um private Akteure, die vollkommen unabhängig von einem Staat handeln. Damit kommt eine Zurechnung nicht in Betracht und eine völkerrechtliche Verantwortlichkeit eines Staates kann nicht hergeleitet werden.

Im Hinblick auf die Ausübung des diplomatischen Schutzes ist festzuhalten, dass diesen in Verbindung mit Angriffen durch Seeräuber kein sinnvoller Anwendungsbereich verbleibt. Es bleibt daher bei der Anwendung des allgemeinen Prinzips der staatlichen Schutzgewährung.

V. Ergebnis

Auch auf Hoher See besteht eine Schutzpflicht des Staates gegenüber seinen Staatsangehörigen.[1126] In Fällen, in denen hoheitliche Hilfe nicht oder nicht

---

1122 Siehe dazu Kapitel 2 – E. III.

1123 Dies ergibt sich aus Art. 102 SRÜ. Dort wird festgehalten, dass Kriegs- oder Staatsschiffe nur als Seeräuberschiff, welches wiederum durch Art. 103 SRÜ definiert wird, gelten, wenn die Besatzung gemeutert hat und so die Gewalt über das Schiff erlangt hat. Vgl. dazu *Heintschel v. Heinegg* in: Epping/Heintschel v. Heinegg (Hrsg.), Ipsen, Völkerrecht, § 45 Rn. 13; *Shearer*, Piracy, in: MPEPIL (Stand: Oktober 2010), Rn. 17; *Tanaka*, International Law of the Sea, S. 455.

1124 *Schöbener*, Verantwortlichkeit, völkerrechtliche, in: Schöbener (Hrsg.), Völkerrecht, S. 487; *Herdegen*, Völkerrecht, § 58 Rn. 6; *M. Schröder* in: Graf Vitzthum/Proelß (Hrsg.), Völkerrecht, 7. Abschn. Rn. 25; *Stein/v. Buttlar/Kotzur*, Völkerrecht, Rn. 1117.

1125 Vgl. zur Zurechnung etwa: *Shaw*, International Law, S. 598 f.; *Hobe*, Einführung in das Völkerrecht, S. 315 ff.; *Stein/v. Buttlar/Kotzur*, Völkerrecht, Rn. 1118 ff.

1126 Diese Überlegungen gelten auch für den Bereich der ausschließlichen Wirtschaftszone; siehe dazu Kapitel 5 – A. II.

schnell genug erreicht werden kann, steht den Angegriffenen ein Selbstverteidigungsrecht zu. Dieses darf seitens des Staates nicht dergestalt eingeschränkt werden, dass keine effektive Verteidigung mehr möglich ist. Da es einem Staat auf Hoher See regelmäßig nicht möglich sein wird, seinen Staatsangehörigen denselben Schutzstandard wie an Land zu gewährleisten, müssen bestimmte Präventionsmaßnahmen zulässig sein. Diese Maßnahmen können einmal den Einsatz privater Sicherheitsunternehmen an Bord der Schiffe (unter Kapitel 6 – A.) oder privater Begleitschiffe (unter Kapitel 6 – B.) umfassen. Zum anderen kann die Abwehr von Bedrohungen auch in dem Bewaffnen der Crew bestehen (unter Kapitel 6 – C.).

B. Pflicht zur Hilfeleistung, Art. 98 SRÜ

Die Abwesenheit staatlicher Ordnungsstrukturen auf Hoher See beeinflusst nicht nur die im Rahmen der Verteidigung gegen Angriffe zulässigen Abwehrrechte, sondern auch die Unterstützung bei Notsituationen. Diese Pflicht zur Hilfeleistung ist in Art. 98 SRÜ statuiert. Fraglich ist, ob diese Vorschrift auch bei Angriffen anwendbar ist, mithin also angegriffenen Schiffen Hilfe geleistet werden muss.

I. Pflichten nach Art. 98 SRÜ

Durch Art. 98 SRÜ wird jedem Staat auferlegt, den Kapitän eines seine Flagge führenden Schiffes zu verpflichten, in Notsituationen Hilfe zu leisten. Diese Pflicht zur Hilfeleistung ist gewohnheitsrechtlich anerkannt und „fester Bestandteil guter Seemannstradition",[1127] so dass einen Kapitän auch ohne vertragsrechtliche Regelungen diese Verpflichtung träfe.[1128] Die Pflicht zur Hilfeleistung besteht nach Art. 98 Abs. 1 lit. a) SRÜ zunächst gegenüber jeder Person, die auf See in Lebensgefahr angetroffen wird. Weiterhin muss nach Art. 98 Abs. 1 lit. b) SRÜ so schnell wie möglich zur Hilfe geeilt werden, sobald der Kapitän von dem

---

1127 *Heintschel v. Heinegg* in: Graf Vitzthum (Hrsg.), Handbuch des Seerechts, Kap. 7 Rn. 70.

1128 Allgemein zu dieser Hilfeleistungspflicht: *Nordquist*, UNCLOS, Bd. III, Rn. 98.1.; *Fasoli*, Distress, in: MPEPIL (Stand: Juni 2013), Rn. 3; *Noyes*, Ships in Distress, in: MPEPIL (Stand: Oktober 2007), Rn. 6 f.; *Oxman*, Colum. J. Transnat'l L. 36 (1998), 399, 414 f. Siehe zu den verschiedenen Konventionen, die eine solche Pflicht aufgenommen haben: *Severance*, Cal. W. Int'l L. J. 35 (2005-2006), 377, 379 ff.; *Tauman*, Pac. Rim L. & Pol'y J. 11 (2002), 461, 467 ff.; *Diaz/Dubner*, N.C. J. Int'l L. & Com. Reg. 34 (2008-2009), 521, 557 ff.

Hilfebedürfnis einer sich in Seenot befindlichen Person Kenntnis erhält, soweit diese Handlung vernünftigerweise von ihm erwartet werden kann. Daneben bestehen auch nach der Kollision mit einem anderen Schiff bestimmte Pflichten, Art. 98 Abs. 1 lit. c) SRÜ. Diese Pflichten gelten allerdings nur soweit, wie dadurch keine ernste Gefährdung des Schiffes, der Besatzung oder der Fahrgäste entsteht, Art. 98 Abs. 1 SRÜ.

II. Pflicht zur Hilfeleistung bei von Seeräubern angegriffenen Schiffen

Relevant im Rahmen der Nothilfe bei Angriffen durch Piraten sind vor allem die beiden in Art. 98 Abs. 1 lit. a) und b) SRÜ genannten Varianten, wohingegen die letztere, in Art. 98 Abs. 1 lit. c) SRÜ angeführte Variante keine praktische Bedeutung in diesem Zusammenhang haben dürfte.

1. In Lebensgefahr angetroffene Personen, Art. 98 Abs. 1 lit. a) SRÜ

Voraussetzung bei Art. 98 Abs. 1 lit. a) SRÜ ist zunächst, dass sich eine Person in Lebensgefahr befindet, Art. 98 Abs. 1 lit. a) SRÜ. Es muss also eine lebensbedrohliche Situation vorliegen. Diese besteht vor allem in dem Moment, in welchem sich die Seeräuber dem Schiff nähern und es mit Waffengewalt zum Anhalten zwingen sowie dem Entern und der anschließenden Zeit, in welcher die Angreifer das Schiff unter ihre Kontrolle bringen.[1129] Haben die Piraten das Schiff ihrer Herrschaft unterstellt und die Besatzung als Geiseln genommen, kommt es auf die jeweiligen Umstände des Einzelfalls an, ob eine konkrete Gefahr für die gefangen genommenen Personen an Bord besteht.[1130]

Liegt eine konkrete lebensgefährliche Situation vor, besteht die Pflicht zur Hilfeleistung, dementsprechend die Pflicht, diesen Zustand zu beenden. Hierfür kommen grundsätzlich alle in der entsprechenden Situation möglichen Mittel in Frage, mithin auch tödliche Gewalt gegen die Angreifer.[1131] Ein solches Handeln ist allerdings nur so lange zulässig, wie die entsprechende Situation

1129 *Trésoret*, Seepiraterie, S. 275.

1130 Wird etwa der Kapitän auf der Brücke mit vorgehaltener Waffe zum Steuern des Schiffes gezwungen, spricht vieles dafür, eine konkrete Lebensgefahr anzunehmen. Konnte sich die gesamte Crew in den Schutzraum retten, liegt eine konkrete Lebensgefahr möglicherweise nicht mehr vor, wobei hier immer die Umstände des Einzelfalls zu berücksichtigen sind.

1131 Vgl. *Heintschel v. Heinegg* in: Graf Vitzthum (Hrsg.), Handbuch des Seerechts, Kap. 7 Rn. 75; *Trésoret*, Seepiraterie, S. 275; *Wiefelspütz*, NZWehrr 2009, 133, 135.

besteht. Sobald die Personen an Bord des überfallenen Schiffes nicht mehr in Lebensgefahr sind, endet auch das Recht zur Gewaltanwendung.[1132] Begrenzt wird die Pflicht zur Hilfeleistung dadurch, dass weder das Schiff, die Besatzung, noch die Fahrgäste in eine ernste Gefahr gebracht werden dürfen, Art. 98 Abs. 1 SRÜ.[1133] Diesem Punkt kommt insbesondere dann eine wichtige Einschränkung zu, wenn der Angriff von Piraten verübt wird, die mit modernen Waffen ausgerüstet sind.[1134]

2. *Zu Hilfe eilen, Art. 98 Abs. 1 lit. b) SRÜ*

Art. 98 Abs. 1 lit. b) SRÜ legt die Verpflichtung fest, dass Personen in Seenot zu Hilfe zu eilen ist, wenn man von deren Lage Kenntnis erlangt, sofern diese Hilfeleistung vernünftigerweise erwartet werden kann. Mithin müssten Angriffe durch Piraten eine Gegebenheit darstellen, die eine Situation der Seenot nach Art. 98 Abs. 1 lit. b) SRÜ begründet und damit eine Pflicht zur Hilfeleistung mit sich bringt. Der Begriff der „Seenot“ wird in Art. 98 SRÜ nicht definiert. Sofern der Ausdruck der englischen – und damit einer nach Art. 320 SRÜ authentischen – Sprachfassung zugrunde gelegt wird, findet sich die Bezeichnung „distress“ noch in den Art. 18, 39 und 109 SRÜ.[1135] Jedoch enthalten auch diese Vorschriften keine Definition, was unter dem Begriff zu verstehen ist.[1136] Eine Diskussion über die Bedeutung dieses Begriffs erfolgt allerdings im Rahmen von

1132 *Trésoret*, Seepiraterie, S. 275. Gleichzeitig kann den Kapitän des Schiffes, welches Nothilfe geleistet hat, verpflichtet sein, den Piraten selbst zu helfen etwa in dem Fall, wenn das Boot der Seeräuber nicht mehr seetauglich ist; *Tondini*, Mil. L. & L. War Rev. 51 (2012), 7, 11 f.

1133 Vgl. *Trésoret*, Seepiraterie, S. 275 f. Siehe zu dem gleichen Problem im Rahmen von Art. 11 des *Übereinkommens zur einheitlichen Feststellung von Regeln über die Hilfsleistung und Bergung in Seenot* vom 23. September 1910 (RGBl. 1913 S. 66): *Smith*, Cal. W. Int'l L. J. 2 (1971), 146, 148 f.

1134 *Trésoret*, Seepiraterie, S. 275 f. Siehe zur Ausrüstung moderner Piraten Kapitel 3 – E. II. Relevant ist in diesem Zusammenhang auch, was für ein Schiff Nothilfe leistet. Ein bewaffnetes Schiff der Marine wird regelmäßig besser in der Lage sein, mit einer solchen Konfrontation umzugehen, als ein privates Schiff.

1135 In der deutschen Übersetzung wird „distress“ in Art. 18 Abs. 2 SRÜ mit „Notfall“ und „Not“, in Art. 39 Abs. 1 lit. c) SRÜ mit „Notfall“ übersetzt. In Art. 109 Abs. 2 SRÜ wird „distress calls“ mit „Notrufen“ ins Deutsche übertragen.

1136 Vgl. Proc. Am. Branch Int'l L. Ass. 2009-2010, 162, 357. Vgl. zu Art. 18 SRÜ auch: *Barnes* in: Proelß, UNCLOS, Art. 18 Rn. 10.

Art. 18 Abs. 2 SRÜ.[1137] Diese Vorschrift normiert, dass die Durchfahrt durch ein Küstenmeer grundsätzlich ohne Unterbrechung und zügig zu erfolgen hat, Art. 18 Abs. 2 S. 1 SRÜ. Eine Ausnahme davon besteht unter anderem, wenn aufgrund des Hilfeleistens bei Personen oder Schiffen in Not ein Abweichen von diesem Grundsatz erforderlich ist, Art. 18 Abs. 2 S. 2 SRÜ.[1138] Dabei wird festgestellt, dass der Begriff der Notlage weit zu verstehen ist, so dass auch äußere Umstände wie etwa die Piraterie als Ursache in Betracht kommen.[1139]

Zu untersuchen ist, ob sich dieses hinsichtlich der Begrifflichkeiten bei Art. 18 Abs. 2 SRÜ gefundene Ergebnis auch auf die Bezeichnung der „Seenot" bei Art. 98 Abs. 1 lit. b) SRÜ übertragen lässt. Teilweise werden im Hinblick auf die Bedeutung des Wortes „distress" die Art. 18, 39, 98 und 109 SRÜ zusammen behandelt.[1140] Dies spricht für ein einheitliches Verständnis von „distress" im SRÜ. Weiterhin spiegelt die in Art. 18 Abs. 2 S. 2 SRÜ erwähnte Hilfeleistung für Personen oder Schiffe in Gefahr oder Not die in Art. 98 SRÜ allgemein statuierte Pflicht zur Hilfeleistung wider, wie sie sich aus allgemeinen Erwägungen der Menschlichkeit ergibt.[1141] Auch diese Bezugnahme lässt sich für ein einheitliches

---

1137 Zur Frage, wie die Bezeichnung „distress" definiert werden kann: *Lagoni*, AVR 26 (1988), 261, 310 f.; *Barnes* in: Proelß, UNCLOS, Art. 18 Rn. 10. Siehe ausführlich dazu auch: Proc. Am. Branch Int'l L. Ass. 2009-2010, 162, 355 ff.

1138 Der Wortlaut der englischen Fassung von Art. 18 Abs. 2 S. 2 SRÜ: „However, passage includes stopping and anchoring, but only in so far as the same are [...] rendered necessary by force majeure or *distress* or for the purpose of rendering assistance to persons, ships [...]" (*Hervorhebung* durch den Verfasser).

1139 *Lagoni*, AVR 26 (1988), 261, 311. Zwar erfolgt diese Aussage vor dem Hintergrund des Einlaufens von Schiffen in innere Gewässer oder Häfen, die sich in Seenot befinden. Allerdings kann es keinen Unterschied machen, ob es um Schiffe geht, die sich selbst in einer Notlage befinden oder ob solchen Schiffen, die sich in einer Notlage befinden, zur Hilfe gekommen wird. Denn in beiden Fällen ist die Notsituation ursächlich dafür, dass von den eigentlichen Vorgaben über die friedliche Durchfahrt abgewichen wird. Ein Unterschied liegt lediglich darin, dass bei letzterer Alternative ein weiteres Schiff involviert ist, welches Hilfe leistet. Folglich muss diese Aussage hinsichtlich der Ursachen für eine Notsituation auch gelten, wenn einem sich in einer Notsituation befindlichem Schiff Hilfe geleistet wird.

1140 Vgl. Proc. Am. Branch Int'l L. Ass. 2009-2010, 162, 355. Auch im Rahmen der Betrachtung der Hilfeleistung bei Art. 18 Abs. 2 S. 2 SRÜ wird auf die dazu gemachten Ausführungen bei Art. 98 SRÜ verwiesen; *Barnes* in: Proelß, UNCLOS, Art. 18 Rn. 12 Fn. 28.

1141 *Nordquist*, UNCLOS, Bd. II, Rn. 18.6(d).; *Barnes* in: Proelß, UNCLOS, Art. 18 Rn. 12. Vgl. auch *Oxman*, Colum. J. Transnat'l L. 36 (1998), 399, 415, wonach zwar nicht explizit auf Art. 98 SRÜ Bezug genommen wird, aber mit der Festellung, dass Art. 18

Verständnis anführen. Dementsprechend sind die bei Art. 18 Abs. 2 SRÜ gefundenen Aussagen zum Begriff der Notsituation auf Art. 98 SRÜ übertragbar.[1142]

Damit stellt ein Angriff durch Seeräuber eine Notsituation dar, die grundsätzlich von Art. 98 Abs. 1 lit. b) SRÜ erfasst wird. Folglich müssen andere Schiffe grundsätzlich zur Hilfe eilen, wenn sie von dieser Situation Kenntnis erlangen. Zu bedenken ist allerdings, dass diese Pflicht zur Hilfe – wie auch schon bei Art. 98 Abs. 1 lit. a) SRÜ – dadurch begrenzt wird, dass die Rettung keine ernsthafte Eigengefährdung zur Folge hat.[1143]

3. *Ergebnis*

Grundsätzlich können auch Angriffe von Seeräubern eine Pflicht zur Hilfeleistung nach Art. 98 Abs. 1 lit. a) und lit. b) SRÜ auslösen. Beachtet werden muss allerdings, dass Art. 98 SRÜ nicht im Hinblick auf die Abwehr von Angriffen durch Seeräuber geschaffen wurde,[1144] so dass Konstellationen von Überfällen durch Piraten entstehen können, die nicht von der Pflicht zur Hilfeleistung erfasst werden. Da in Art. 98 SRÜ keine Unterscheidung hinsichtlich staatlicher und nicht-staatlicher Schiffe getroffen wird, sind sowohl private als auch staatliche Schiffe Adressat dieser Verpflichtung.[1145]

SRÜ keine neue Pflicht zur Hilfeleistung begründet oder eine solche bestehende Pflicht erweitert, sondern lediglich eine Anerkennung der allgemeinen Rettungspflicht darstellt.

1142 Vgl. *Nordquist*, UNCLOS, Bd. III, Rn. 98.11(g)., wonach Art. 98 SRÜ die Pflicht zur Hilfeleistung auf Hoher See und zusammen mit Art. 58 Abs. 2 SRÜ in der ausschließlichen Wirtschaftszone normiert, während Art. 18 SRÜ die Pflicht zur Hilfeleistung in den anderen Meeresgebieten wie dem Küstenmeer festlegt, mithin eine Pflicht zur Hilfeleistung überall gilt („Therefore […] the duty to render assistance exists throughout the ocean […]").

1143 Siehe dazu bereits Kapitel 5 – B. II. 1. Ferner enthält Art. 98 Abs. 1 lit. b) SRÜ noch die Einschränkung, dass das Eilen zur Hilfe verünftigerweise vom Kapitän zu erwarten sein muss. In diese Beurteilung sind alle Umstände der Situation einzubeziehen; *Nordquist*, UNCLOS, Bd. III, Rn. 98.11(c).

1144 Ziel bei der Pflicht zur Hilfeleistung ist es, den Gefahren auf Hohen See zu begegnen, also insbesondere Schiffen, die in Seenot geraten sind, Hilfe zu gewähren; vgl. *Tauman*, Pac. Rim L. & Pol'y J. 11 (2002), 461, 473; *Oxman*, Colum. J. Transnat'l L. 36 (1998), 399, 414; *D. König*, Ber. Dt. Gesell. VR 44 (2010), 203, 226 Fn. 93.

1145 Vgl. *D. König*, Ber. Dt. Gesell. VR 44 (2010), 203, 226.

III. Ergebnis

Die in Art. 98 SRÜ bestimmte Pflicht zur Hilfe gilt grundsätzlich auch bei Angriffen durch Seeräuber. Allerdings ist dabei in besonderem Maße die Einschränkung zu beachten, dass das hilfeleistende Schiff sich nicht selbst in ernste Gefahr begeben muss. Zudem können Konstellationen im Rahmen von Angriffen entstehen, die nicht von Art. 98 SRÜ erfasst werden.

C. Grundsätze des Auslandsschutzes eigener Staatsangehöriger

Werden im Ausland eigene Staatsangehörige entführt oder kommen diese in andere, vergleichbar schwierige Situationen, stellen Befreiungseinsätze des Heimatstaates eine Möglichkeit zur Rettung der eigenen Bürger dar.[1146] Die Schwierigkeit solcher Einsätze liegt darin, dass durch die auf fremdem Territorium vorgenommenen Handlungen in die Souveränität dieses fremden Staates eingegriffen wird. Im Zusammenhang mit Angriffen durch Piraten muss allerdings beachtet werden, dass nach der Definition des Art. 101 SRÜ nur Angriffe auf Hoher See und damit in einem Gebiet erfasst werden, das keiner staatlichen Souveränität untersteht.[1147] Gleichzeitig besteht damit aber auch nicht die bei Rettungseinsätzen übliche Konfliktsituation, in der in die Souveränität eines Staates eingegriffen wird.

1146 Allgemein dazu: *Kokew*, Der Auslandsschutz deutscher Staatsangehöriger bei Entführungen, S. 1 ff.; Einige Beispiele für die Befreiung deutscher Geiseln im Ausland sind zu finden in: *Göres*, DÖV 2008, 622, 622 f.

1147 Siehe dazu bereits Kapitel 4 – A. I. 3.

6 Individueller Schutz von Handelsschiffen gegen Angriffe von Piraten

Möchten Reeder auf staatlichen Beistand bei dem Schutz ihrer Schiffe verzichten oder ist ein solcher seitens des Staates gar nicht möglich, bleiben grundsätzlich zwei Möglichkeiten: Zum einen kann auf private Sicherheitsdienstleister zurückgegriffen werden. Zum anderen können die Crew und das Schiff mit Waffen ausgerüstet werden.[1148] Bei beiden Alternativen stellt sich – ungeachtet der Tatsache, dass zumindest der Einsatz von privaten Sicherheitsdienstleistern in der Praxis weitverbreitet ist[1149] – die Frage nach der rechtlichen Zulässigkeit. Restriktionen können sich dabei sowohl aus dem Völkerrecht als auch der nationalen Rechtsordnung des Flaggenstaates sowie der Nationalität des Sicherheitsdienstleisters ergeben.

A. Private Sicherheitsunternehmen an Bord von Handelsschiffen

Seit in den Jahren 2009 bis 2011 die Überfälle vor der Küste Somalias neue Höchstmarken erreichten, begannen die Reeder sich Gedanken über den Schutz ihrer Schiffe zu machen. Dabei entdeckten sie unter anderem den Einsatz privater Sicherheitsdienstleister als Möglichkeit, sich gegen die Übergriffe zur Wehr zu setzen.[1150] Zu prüfen ist, ob der Einsatz solcher privaten Sicherheitskräfte an

---

1148 Siehe zu den verschiedenen passiven und aktiven Abwehrmaßnahmen auf Handelsschiffen Kapitel 3 – F.

1149 Siehe dazu Kapitel 3 – F. IX. 2.

1150 Siehe zur Anzahl von Schiffen, die private Sicherheitsdienstleister an Bord haben Kapitel 3 – F. IX. 2. Hinsichtlich des Erfolges privater Sicherheitsdienstleister findet sich sich vielfach die Aussage, dass noch kein von privaten Sicherheitsdienstleistern bewachtes Schiff von Seeräubern entführt wurde; vgl. etwa den Gesetzesentwurf der Bundesregierung zur Einführung eines Zulassungsverfahrens für Bewachungsunternehmen auf Seeschiffen, BT-Drs. 17/10960, S. 1; *Verband Deutscher Reeder*, PM v. 21. Juni 2013 – „Schutz vor Piraten für Seeschiffe unter deutscher Flagge. Bundesamt für Wirtschaft und Ausfuhrkontrolle (BAFA) startet Zulassungsverfahren für private bewaffnete Sicherheitsdienste" (https://www.reederverband.de/de/presse/pressemitteilung/artikel/schutz-vor-piraten-fuer-seeschiffe-unter-deutscher-flagge.html [zuletzt abgerufen am 26. März 2020]); *Karschau* in: BeckOK GewO, § 31 Rn. 2.

Bord von Schiffen aus rechtlicher Sicht zulässig ist. Dabei sind zunächst die völkerrechtlichen Rahmenbedingungen zu betrachten (unter I.). Weiterhin muss überprüft werden, inwieweit küsten- bzw. hafenstaatliche Vorgaben zu berücksichtigen sind (unter II.). Schließlich wird anhand der deutschen Rechtslage dargestellt, welche rechtlichen Rahmenbedingungen für Sicherheitsdienstleister bestehen, die ihre Dienste auf deutschen Schiffen anbieten oder ihren Sitz in Deutschland haben (unter III.).

I. Völkerrechtliche Zulässigkeit

Bei der völkerrechtlichen Zulässigkeit von privaten Sicherheitsunternehmen an Bord von Schiffen sind zunächst die grundlegenden Prinzipien des Völkerrechts zu berücksichtigen (unter 1.). Daneben wurden von verschiedenen Institutionen Empfehlungen erarbeitet, die als Handlungsanweisungen für den Einsatz von Sicherheitsunternehmen dienen können (unter 2.). In diese Überlegungen miteinfließen müssen noch das allgemeine Recht der Notwehr und die allgemeine Pflicht zur Nothilfe (unter 3.). Außerdem muss betrachtet werden, ob privaten Sicherheitsdienstleistern über die Grundsätze von Notwehr und Nothilfe hinausgehende Rechte zuerkannt werden können (unter 4.). Schließlich ist die grundsätzliche Befugnis zur Anwendung von Gewalt relevant (unter 5.).

1. Grundlegende völkerrechtliche Prinzipien

a) Flaggenstaatsprinzip

Nach dem Flaggenstaatsprinzip untersteht ein Schiff grundsätzlich der Hoheitsgewalt jenes Staates, dessen Flagge das Schiff führt, Art. 92 Abs. 1 S. 1 SRÜ. Mithin findet an Bord dieses Schiffes die Rechtsordnung des Flaggenstaates Anwendung. Dies gilt für die Hohe See und grundsätzlich auch für den Bereich der ausschließlichen Wirtschaftszone.[1151] Da private Sicherheitsunternehmen an Bord der Schiffe tätig sind, ist für sie grundsätzlich die Rechtsordnung des Flaggenstaates maßgeblich.[1152] Folglich sind Voraussetzungen, Grenzen und weitere

Einschränkend muss hierzu jedoch bemerkt werden, dass es dazu keine von unabhängiger Stelle erhobenen statistischen Angaben gibt, sondern diese im Wesentlichen auf den Angaben der Reeder beruhen, die nicht unbedingt von jedem Angriff oder jeder Entführung öffentlich berichten; siehe dazu bereits Kapitel 3 – C. VI. Hinsichtlich der im deutschen Recht bestehenden Vorschriften zur Dokumentationspflicht von Angriffen siehe weiter unten Kapitel 6 – A. III. 2. d) ee) (4).

1151 Siehe zu dem Flaggenstaatsprinzip oben Kapitel 4 – A. II.

1152 *Jessen*, RdTW 2013, 125, 128; vgl. auch *Kommer*, DÖV 2016, 236, 238.

Bedingungen für den Einsatz von privaten Sicherheitskräften auf Handelsschiffen vornehmlich in den nationalen Rechtsordnungen zu suchen und nicht im Völkerrecht.[1153]

b) Weitere Prinzipien des Seerechtsübereinkommens der Vereinten Nationen

aa) Art. 88 und 301 SRÜ

Teilweise werden die Vorschriften der Art. 88 und 301 SRÜ im Zusammenhang mit dem Einsatz von privaten Sicherheitsdiensten an Bord von Schiffen angesprochen.[1154] Art. 88 SRÜ legt fest, dass die Hohe See friedlichen Zwecken vorbehalten ist und Art. 301 SRÜ bestimmt, dass Gewalt gegen die territoriale Unversehrtheit oder politische Unabhängigkeit eines Staates unzulässig ist. Ebenso wenig darf die Anwendung oder Androhung der Gewalt gegen die in der UN-Charta niedergelegten Grundsätze des Völkerrechts verstoßen. Zunächst ist festzuhalten, dass eine Gewaltanwendung des bewaffneten Sicherheitspersonals lediglich die Erwiderung eines Angriffs seitens der Piraten darstellt und daher auf den Grundsätzen der Selbstverteidigung beruht.[1155] Ähnliches gilt für den Fall, dass einem anderen Schiff bei der Abwehr eines Angriffs geholfen wird. Dann sind die Grundsätze der Nothilfe einschlägig. Weiterhin ist zu bedenken, dass im SRÜ selbst in Art. 100 SRÜ die Bekämpfung der Seeräuberei vorgesehen ist. Diese Norm verpflichtet die Staaten zum Vorgehen gegen Seeräuberei und beinhaltet nötigenfalls auch die Anwendung von Gewalt.[1156] Damit ist im Übereinkommen selbst schon die Anwendung von Zwangsmaßnahmen vorgesehen. Folglich kann das Gebot der friedlichen Nutzung der Meere nicht ohne jede Ausnahme gesehen werden.[1157]

1153 *D. König/Salomon*, PiraT-Arbeitspapiere zur Maritimen Sicherheit Nr. 2 (2011), S. 11; *Jessen*, RdTW 2013, 125, 127 f.; *Ronzitti* in: Francioni/Ronzitti (Hrsg.), War by Contract, S. 37, 43.

1154 *Symmons*, Mil. L. & L. War Rev. 51 (2012), 21, 31 ff.

1155 Vgl. *Symmons*, Mil. L. & L. War Rev. 51 (2012), 21, 31 f. Siehe zum Selbstverteidigungsrecht bereits Kapitel 5 – A. III.

1156 Art. 105 SRÜ konkretisiert die von Art. 100 SRÜ vorgesehene Verpflichtung zum Vorgehen gegen Piraterie, wobei Art. 105 SRÜ unter bestimmten Voraussetzungen die Anwendung von Zwang legitimiert. Siehe dazu ausführlich Kapitel 4 – C. IV.

1157 Auch an anderer Stelle im SRÜ ist die notfalls gewaltsame Durchsetzung bestimmter Interessen vorgesehen, so etwa in Art. 25 oder 73 SRÜ. Siehe dazu Kapitel 4 – B. III. 3. a).

Zuletzt muss berücksichtigt werden, dass die Vereinten Nationen die Frage nach der Zulässigkeit der Gewaltanwendung im Rahmen des SRÜ im Kontext von Art. 2 Ziff. 4 sowie Art. 51 UN-Charta sehen und dazu festgestellt wird, dass die Anwendung von Gewalt im Rahmen dieser Vorschriften nicht gegen das Übereinkommen verstößt.[1158] Diese beiden Vorschriften der UN-Charta richten sich jedoch in erster Linie an Staaten. Darüber hinaus kann unter bestimmten Umständen auch das Handeln nichtstaatlicher Akteure zugerechnet werden. Jedenfalls nicht erfasst wird allerdings das Handeln privater Akteure.[1159] Daher kann durch diese Normen keine Feststellung hinsichtlich der Zulässigkeit von Gewalt getroffen werden, die von privaten Sicherheitsdiensten ausgeübt wird, die zur Abwehr von Piraterie an Bord von Schiffen eingesetzt werden. Mithin lässt sich den Art. 88 und 301 SRÜ kein Verbot einer Gewaltanwendung durch private Sicherheitsdienstleister an Bord von Schiffen entnehmen.

bb) Keine Umwandlung eines Handelsschiffs in ein Kriegsschiff durch private Sicherheitsdienste an Bord

Als weiterer Punkt wird angesprochen, dass durch den Einsatz von privaten Sicherheitskräften an Bord von Handelsschiffen diese nicht zu Kriegsschiffen, Art. 29 SRÜ, werden.[1160] Insbesondere untersteht das bewaffnete Sicherheitspersonal nicht dem Kommando eines Offiziers und es fehlt an einer militärischen Disziplin, der das Personal unterliegen müsste.[1161] Damit geht einher, dass einem Handelsschiff mit bewaffneten Sicherheitsdienstleistern an Bord zunächst nur die üblichen Verteidigungsrechte im Rahmen der Notwehr und der Nothilfe zukommen. Ob diese darüber hinaus auch befugt sind, das Recht zum

---

1158 Vgl. die Äußerung des Generalsekretärs der Vereinten Nationen: „[…] military activities which are consistent with the principles of international law embodied in the Charter of the United Nations, in particular with Article 2, paragraph 4, and Article 51, are not prohibited by the convention on the Law of the Sea"; UN, Study on the naval arms race: Report of the Secretary-General, A/40/535 (17. September 1985), para. 188. Siehe dazu, dass Art. 88 SRÜ im Kontext des Gewaltverbots der UN-Charta zu sehen ist: *Proelß* in: Graf Vitzthum/Proelß (Hrsg.), Völkerrecht, 5. Abschn. Rn. 65; *Dahm/Delbrück/Wolfrum*, Völkerrecht, Bd. I/2, § 117 III. 5.

1159 Zur Reichweite des Adressatenkreises von Art. 2 Ziff. 4 und Art. 51 UN-Charta: *Schöbener*, Gewaltverbot, universelles, in: Schöbener (Hrsg.), Völkerrecht, S. 128 f.; *Bothe* in: Graf Vitzthum/Proelß (Hrsg.), Völkerrecht, 8. Abschn. Rn. 11.

1160 *Symmons*, Mil. L. & L. War Rev. 51 (2012), 21, 31.

1161 Vgl. zu Art. 29 SRÜ bereits Kapitel 4 – E. I.

Untersuchen, Art. 110 SRÜ, oder zum Aufbringen, Art. 105 S. 1 SRÜ, auszuüben, bedarf noch einer näheren Betrachtung.[1162]

c) Letztentscheidungsbefugnis des Kapitäns

Grundsätzlich hat der Kapitän an Bord das Kommando über das Schiff und ist auch für dessen Sicherheit verantwortlich.[1163] Diese Letztentscheidungsbefugnis wird auch in Kapitel V Regel 34 SOLAS-Konvention[1164] festgehalten.[1165] Eine Konfliktsituation kann entstehen, wenn bewaffnete Sicherheitskräfte an Bord eines Schiffes von dem Kapitän verlangen, dass dieser bestimmte Manöver fährt, um den Angriff wirksam abzuwehren. Dies gilt umso mehr, als die Sicherheitskräfte regelmäßig eine größere Fachkenntnis haben und daher mit solchen Manövern eher vertraut sind als Kapitäne, die hauptsächlich Handelsschiffe steuern.[1166] Gleichzeitig darf dies allerdings nicht so weit führen, dass die Sicherheitskräfte die Entscheidungsgewalt an Bord für den Zeitraum der Abwehr eines Angriffs übernehmen.[1167] Als Lösung für dieses Problem wird vorgebracht, dass das Sicherheitspersonal dem Kapitän beratend zur Seite steht, letzterer aber weiterhin die endgültige Entscheidung trifft.[1168]

2. Empfehlungen für den Einsatz privater Militär- und Sicherheitsunternehmen auf völkerrechtlicher Ebene

Auch wenn hinsichtlich des Einsatzes von bewaffneten Sicherheitskräften auf Hoher See primär die Rechtsordnung des Flaggenstaates und damit nationales Recht einschlägig ist, kann es zu Berührungspunkten mit anderen

---

1162 Siehe dazu noch Kapitel 6 – A. I. 4.

1163 Vgl. *Bracher*, Gefahrenabwehr durch Private, S. 27 f.; *D. König/Salomon*, PiraT-Arbeitspapiere zur Maritimen Sicherheit Nr. 2 (2011), S. 34; *M. R. Fischer*, Recht ohne Staat, S. 157 f.

1164 Internationales Übereinkommen von 1974 zum Schutz des menschlichen Lebens auf See (SOLAS-Konvention), BGBl. 1979 II S. 141. Siehe für die deutsche Übersetzung der SOLAS-Konvention: Anlageband zum BGBl. II Nr. 8 v. 21. Februar 1979.

1165 Im deutschen Recht enthält § 121 SeeArbG (Seearbeitsgesetz [SeeArbG] v. 20 April 2013, BGBl. 2013 I, S. 868, 868, zuletzt geändert durch Art. 2b Gesetz zur Einführung einer Wohnungslosenberichterstattung sowie einer Statistik untergebrachter wohnungsloser Personen und zur Änderung weiterer Gesetze v. 4. März 2020, BGBl. 2020 I S. 437) eine entsprechende Regelung. Siehe dazu noch Fn. 1515.

1166 *D. König/Salomon*, PiraT-Arbeitspapiere zur Maritimen Sicherheit Nr. 2 (2011), S. 34.

1167 *M. R. Fischer*, Recht ohne Staat, S. 158.

1168 *D. König/Salomon*, PiraT-Arbeitspapiere zur Maritimen Sicherheit Nr. 2 (2011), S. 35.

Rechtsordnungen kommen. Relevant wird dies vor allem, wenn die Schiffe das Küstenmeer eines fremden Staates durchfahren oder dort Häfen ansteuern.[1169] In den letzten Jahren hat es daher auf internationaler Ebene Versuche gegeben, einheitliche Rahmenbedingungen für den Einsatz privater Militär- und Sicherheitsunternehmen zu schaffen.

a) *Empfehlungen der* International Maritime Organization

Die IMO hat in den vergangenen Jahren mehrere Richtlinien für den Einsatz von privatem bewaffneten Sicherheitspersonal an Bord von Schiffen aufgestellt, wobei sich diese an unterschiedliche Zielgruppen richten. So gibt es Empfehlungen für Reeder bzw. Kapitäne,[1170] für Flaggenstaaten[1171] wie auch für Hafen- und Küstenstaaten.[1172] Daneben hat eine der Richtlinien die Sicherheitsunternehmen selbst zum Empfänger.[1173] Zwar wurden diese Empfehlungen im Hinblick auf die Überfälle vor der Küste Somalias entwickelt.[1174] Allerdings lassen sich

---

1169 Siehe dazu weiter unten Kapitel 6 – A. II.

1170 IMO, Revised Interim Guidance to Shipowners, Ship Operators and Shipmasters on the Use of Privately Contracted Armed Security Personnel on Board Ships in the High Risk Area, MSC.1/Circ.1405/Rev.2 (25. Mai 2012).

1171 IMO, Revised Interim Recommendations for Flag States Regarding the Use of Privately Contracted Armed Security Personnel on Board Ships in the High Risk Area, MSC.1/Circ.1406/Rev.3 (12. Juni 2015).

1172 IMO, Revised Interim Recommendations for Port and Coastal States Regarding the Use of Privately Contracted Armed Security Personnel on Board Ships in the High Risk Area, MSC.1/Circ.1408/Rev.1 (25. Mai 2012).

1173 IMO, Interim Guidance to Privately Maritime Security Companies Providing Privately Contracted Armed Security Personnel on Board Ships in the High Risk Area, MSC.1/Circ.1443 (25. Mai 2012).

1174 Im Titel der genannten Richtlinien wird auf die *High Risk Area* (HRA) Bezug genommen, wobei mit HRA die Gewässer vor der somalischen Küste gemeint sind; IMO, Revised Interim Guidance to Shipowners, Ship Operators and Shipmasters on the Use of Privately Contracted Armed Security Personnel on Board Ships in the High Risk Area, MSC.1/Circ.1405/Rev.2 (25. Mai 2012), S. 1 Fn. 1 bzw. IMO, Revised Interim Recommendations for Flag States Regarding the Use of Privately Contracted Armed Security Personnel on Board Ships in the High Risk Area, MSC.1/Circ.1406/Rev.3 (12. Juni 2015), S. 1 Fn. 1 bzw. IMO, Revised Interim Recommendations for Port and Coastal States Regarding the Use of Privately Contracted Armed Security Personnel on Board Ships in the High Risk Area, MSC.1/Circ.1408/Rev.1 (25. Mai 2012), S. 1 Fn. 1 bzw. IMO, Interim Guidance to Privately Maritime Security Companies Providing Privately Contracted Armed Security Personnel on Board Ships in the High Risk Area, MSC.1/Circ.1443 (25. Mai 2012), S. 1 Fn. 1; jeweils i.V.m. IMO, Piracy and Armed Robbery Against Ships in Waters off the Coast of Somalia,

den dargelegten Grundsätzen auch allgemeine Empfehlungen entnehmen, die nicht auf die Seeräuberei vor Somalia beschränkt sind.

aa) Empfehlungen für Reeder bzw. Kapitäne

Schwerpunkte der Empfehlungen für Reeder bzw. Kapitäne sind die Risikoeinschätzung, ob der Einsatz von bewaffnetem Sicherheitspersonal bei der Abwehr von Gefahren sinnvoll ist,[1175] Kriterien bei der Auswahl eines Sicherheitsunternehmens[1176] sowie beachtenswerte Erwägungen bei der konkreten Ausgestaltung der Bewachungstätigkeiten.[1177] So wird unter anderem empfohlen, schon frühzeitig den Flaggenstaat über den möglichen Einsatz eines Sicherheitsdienstleisters an Bord des Schiffes in Kenntnis zu setzen[1178] und auch das Risiko einer Gewalteskalation zu berücksichtigen.[1179] Weiterhin sollen bei der Auswahl eines Dienstleisters beispielsweise schriftliche Referenzen von früheren Auftraggebern[1180] oder ausführliche Berichte, welche die Ausbildung der Sicherheitskräfte – insbesondere auch was den Einsatz auf dem konkreten Schiffstyp anbelangt und die Kenntnis der einschlägigen Regelungen im Bezug auf die Sicherheit der Schifffahrt – dokumentieren,[1181] mit in die Überlegungen

---

Best Management Practices for Protection against Somalia Based Piracy, MSC.1/Circ.1339 (14. September 2011).

1175 IMO, Revised Interim Guidance to Shipowners, Ship Operators and Shipmasters on the Use of Privately Contracted Armed Security Personnel on Board Ships in the High Risk Area, MSC.1/Circ.1405/Rev.2 (25. Mai 2012), Annex, para. 3.

1176 IMO, Revised Interim Guidance to Shipowners, Ship Operators and Shipmasters on the Use of Privately Contracted Armed Security Personnel on Board Ships in the High Risk Area, MSC.1/Circ.1405/Rev.2 (25. Mai 2012), Annex, para. 4.

1177 IMO, Revised Interim Guidance to Shipowners, Ship Operators and Shipmasters on the Use of Privately Contracted Armed Security Personnel on Board Ships in the High Risk Area, MSC.1/Circ.1405/Rev.2 (25. Mai 2012), Annex, para. 5.

1178 IMO, Revised Interim Guidance to Shipowners, Ship Operators and Shipmasters on the Use of Privately Contracted Armed Security Personnel on Board Ships in the High Risk Area, MSC.1/Circ.1405/Rev.2 (25. Mai 2012), Annex, para. 3.1.

1179 IMO, Revised Interim Guidance to Shipowners, Ship Operators and Shipmasters on the Use of Privately Contracted Armed Security Personnel on Board Ships in the High Risk Area, MSC.1/Circ.1405/Rev.2 (25. Mai 2012), Annex, para. 3.3.6.

1180 IMO, Revised Interim Guidance to Shipowners, Ship Operators and Shipmasters on the Use of Privately Contracted Armed Security Personnel on Board Ships in the High Risk Area, MSC.1/Circ.1405/Rev.2 (25. Mai 2012), Annex, para. 4.3.4.

1181 IMO, Revised Interim Guidance to Shipowners, Ship Operators and Shipmasters on the Use of Privately Contracted Armed Security Personnel on Board Ships in the High Risk Area, MSC.1/Circ.1405/Rev.2 (25. Mai 2012), Annex, para. 4.7.1. und 4.7.6.

einbezogen werden. Hinsichtlich des Einsatzes des Sicherheitspersonals an Bord sind maßgebliche Punkte die Versicherung des Schiffseigners[1182] sowie des Sicherheitsdienstleisters,[1183] die Ausrüstung[1184] und die Kommandostruktur[1185] des Sicherheitsteams, die Handhabung von Waffen und Munition an Bord des Schiffes,[1186] Richtlinien hinsichtlich des Einsatzes von Gewalt[1187] und Regelungen der Dokumentation der Einsätze.[1188]

Zwar stellt die IMO klar, dass sie den Einsatz privater Sicherheitsunternehmen nicht aktiv unterstützt,[1189] möchte aber den Reedereien bei dem schwierigen Themenkomplex der Auswahl und des Einsatzes von bewaffnetem Sicherheitspersonal eine Hilfestellung geben.[1190] Daneben ergeht an die Mitgliedstaaten die

---

1182 IMO, Revised Interim Guidance to Shipowners, Ship Operators and Shipmasters on the Use of Privately Contracted Armed Security Personnel on Board Ships in the High Risk Area, MSC.1/Circ.1405/Rev.2 (25. Mai 2012), Annex, para. 5.2.

1183 IMO, Revised Interim Guidance to Shipowners, Ship Operators and Shipmasters on the Use of Privately Contracted Armed Security Personnel on Board Ships in the High Risk Area, MSC.1/Circ.1405/Rev.2 (25. Mai 2012), Annex, para. 5.3 bis 5.5.

1184 IMO, Revised Interim Guidance to Shipowners, Ship Operators and Shipmasters on the Use of Privately Contracted Armed Security Personnel on Board Ships in the High Risk Area, MSC.1/Circ.1405/Rev.2 (25. Mai 2012), Annex, para. 5.6.

1185 IMO, Revised Interim Guidance to Shipowners, Ship Operators and Shipmasters on the Use of Privately Contracted Armed Security Personnel on Board Ships in the High Risk Area, MSC.1/Circ.1405/Rev.2 (25. Mai 2012), Annex, para. 5.7 bis 5.10.

1186 IMO, Revised Interim Guidance to Shipowners, Ship Operators and Shipmasters on the Use of Privately Contracted Armed Security Personnel on Board Ships in the High Risk Area, MSC.1/Circ.1405/Rev.2 (25. Mai 2012), Annex, para. 5.11 und 5.12.

1187 IMO, Revised Interim Guidance to Shipowners, Ship Operators and Shipmasters on the Use of Privately Contracted Armed Security Personnel on Board Ships in the High Risk Area, MSC.1/Circ.1405/Rev.2 (25. Mai 2012), Annex, para. 5.13 bis 5.15.

1188 IMO, Revised Interim Guidance to Shipowners, Ship Operators and Shipmasters on the Use of Privately Contracted Armed Security Personnel on Board Ships in the High Risk Area, MSC.1/Circ.1405/Rev.2 (25. Mai 2012), Annex, para. 5.16 bis 5.19 und 5.21.

1189 Vgl. IMO, Revised Interim Guidance to Shipowners, Ship Operators and Shipmasters on the Use of Privately Contracted Armed Security Personnel on Board Ships in the High Risk Area, MSC.1/Circ.1405/Rev.2 (25. Mai 2012), Annex, para. 1.1: „The Organization, whilst not endorsing the use of privately contracted armed security personnel (PCASP), understands that […].“ Vgl. dazu auch: *Kommer*, DÖV 2016, 236, 239.

1190 Vgl. IMO, Revised Interim Guidance to Shipowners, Ship Operators and Shipmasters on the Use of Privately Contracted Armed Security Personnel on Board Ships in the High Risk Area, MSC.1/Circ.1405/Rev.2 (25. Mai 2012), Annex, para. 1.3: „The

Aufforderung, sich mit dem Themenbereich der Maßnahmen gegen Seeräuberei auseinanderzusetzen[1191] und entsprechende Regelungen für den Einsatz von privaten Sicherheitsdiensten an Bord von Schiffen zu schaffen.[1192]

bb) Empfehlungen für Flaggenstaaten

Bei den Empfehlungen für Flaggenstaaten geht es um die Abwägung der Risiken, ob der Einsatz von bewaffnetem Sicherheitspersonal an Bord von Schiffen zugelassen werden soll,[1193] und – sofern eine grundsätzliche Zulassung erfolgt – die Benennung von Kriterien für die Ausgestaltung rechtlicher Rahmenbedingungen für deren Einsatz.[1194]

cc) Empfehlungen für Hafen- und Küstenstaaten

Ein wesentlicher Punkt der Empfehlungen für Hafen- und Küstenstaaten ist das Ein- und Ausschiffen von Waffen und anderer Ausrüstung in den Häfen und deren generelles Vorhandensein an Bord von Schiffen.[1195] So gibt es eine Liste verschiedener Kriterien, anhand derer die entsprechenden Staaten sich orientieren können.[1196] Weiterhin soll bei der Schaffung von Regelungen beachtet

---

purpose of this guidance is to assist shipowners, ship operators and shipmasters considering the use of PCASP [Privately Contracted Armed Security Personnel] on board ships to provide additional protection against piracy."

1191 IMO, Revised Interim Guidance to Shipowners, Ship Operators and Shipmasters on the Use of Privately Contracted Armed Security Personnel on Board Ships in the High Risk Area, MSC.1/Circ.1405/Rev.2 (25. Mai 2012), para. 6.

1192 IMO, Revised Interim Guidance to Shipowners, Ship Operators and Shipmasters on the Use of Privately Contracted Armed Security Personnel on Board Ships in the High Risk Area, MSC.1/Circ.1405/Rev.2 (25. Mai 2012), para. 7.

1193 IMO, Revised Interim Recommendations for Flag States Regarding the Use of Privately Contracted Armed Security Personnel on Board Ships in the High Risk Area, MSC.1/Circ.1406/Rev.3 (12. Juni 2015), Annex, para. 3.

1194 IMO, Revised Interim Recommendations for Flag States Regarding the Use of Privately Contracted Armed Security Personnel on Board Ships in the High Risk Area, MSC.1/Circ.1406/Rev.3 (12. Juni 2015), Annex, para. 5.

1195 IMO, Revised Interim Recommendations for Port and Coastal States Regarding the Use of Privately Contracted Armed Security Personnel on Board Ships in the High Risk Area, MSC.1/Circ.1408/Rev.1 (25. Mai 2012), Annex, para. 4.

1196 IMO, Revised Interim Recommendations for Port and Coastal States Regarding the Use of Privately Contracted Armed Security Personnel on Board Ships in the High Risk Area, MSC.1/Circ.1408/Rev.1 (25. Mai 2012), Annex, para. 7.

werden, dass diese nicht gegen die internationalen Regelungen der Schifffahrt verstoßen.[1197]

dd) Empfehlungen für Sicherheitsunternehmen

Die Empfehlungen der IMO, die sich an die Sicherheitsdienstleiter wenden, beinhalten unter anderem allgemeine Anforderungen an das Unternehmen, beispielsweise hinsichtlich von Versicherungen.[1198] Daneben gibt es ausführliche Kriterien für den Einsatz der Sicherheitskräfte, unter anderem zu Größe, Zusammensetzung und Ausrüstung der Teams,[1199] der Kommandostruktur[1200] oder der Anwendung von Gewalt.[1201]

b) Entwurf des Menschenrechtsrates der Vereinten Nationen

Da der Einhaltung der Menschenrechte im Rahmen von Einsätzen von privaten Militär- und Sicherheitsunternehmen nicht immer ausreichend Anerkennung zuteil wurde, sahen sich die Vereinten Nationen veranlasst, im Rahmen einer Arbeitsgruppe Verhaltensregeln für solche Unternehmen zu erarbeiten.[1202] Das Ergebnis der Überlegungen stellt der *Draft of a possible*

1197 IMO, Revised Interim Recommendations for Port and Coastal States Regarding the Use of Privately Contracted Armed Security Personnel on Board Ships in the High Risk Area, MSC.1/Circ.1408/Rev.1 (25. Mai 2012), Annex, para. 6.

1198 IMO, Interim Guidance to Privately Maritime Security Companies Providing Privately Contracted Armed Security Personnel on Board Ships in the High Risk Area, MSC.1/Circ.1443 (25. Mai 2012), Annex, para. 3.4 bis 3.6.

1199 IMO, Interim Guidance to Privately Maritime Security Companies Providing Privately Contracted Armed Security Personnel on Board Ships in the High Risk Area, MSC.1/Circ.1443 (25. Mai 2012), Annex, para. 5.5.

1200 IMO, Interim Guidance to Privately Maritime Security Companies Providing Privately Contracted Armed Security Personnel on Board Ships in the High Risk Area, MSC.1/Circ.1443 (25. Mai 2012), Annex, para. 5.6.

1201 IMO, Interim Guidance to Privately Maritime Security Companies Providing Privately Contracted Armed Security Personnel on Board Ships in the High Risk Area, MSC.1/Circ.1443 (25. Mai 2012), Annex, para. 5.13 bis 5.17. Neben den in dieser Empfehlung vorgestellten Kriterien sind auch die in den anderen, hier unter bb) bis dd) geschilderten Empfehlungen dargestellten Ratschläge zu beachten: IMO, Interim Guidance to Privately Maritime Security Companies Providing Privately Contracted Armed Security Personnel on Board Ships in the High Risk Area, MSC.1/Circ.1443 (25. Mai 2012), Annex, para. 1.6.

1202 Vgl. UN, Report of the Working Group on the use of mercenaries as a means of violating human rights and impeding the exercise of the right of peoples to self-determination, A/HRC/15/25 (5. Juli 2010), para. 1 ff. und 32 ff. Allgemein zur

Convention on Private Military and Security Companies (PMSCs) for consideration and action by the Human Rights Council vom 5. Juli 2010 dar.[1203] Dabei wird klargestellt, dass die Verantwortung hinsichtlich der Gewaltanwendung beim Staat bleiben muss und dieser allein die Regelungen für die Anwendung von Gewalt festlegt.[1204] Außerdem wird anerkannt, dass bestimmte Aufgaben unter keinen Umständen auf Private übertragen werden dürfen.[1205] Ziel des Entwurfes ist es, einheitliche Anforderungen an die Zulassung von privaten Sicherheitsunternehmen zu schaffen[1206] sowie Maßnahmen zu ergreifen, um deren Verhalten und die Einhaltung der Menschenrechte sicherzustellen.[1207] Die Anwendbarkeit der Konvention soll dabei nicht auf bewaffnete Konflikte beschränkt sein, so dass die festgelegten Regelungen grundsätzlich in jeglicher Situation Geltung hätten.[1208]

Entwicklung der Beteiligung von privaten Akteuren in bewaffneten Auseinandersetzungen: *Gómez del Prado*, Notre Dame J. Int'l Comp. & Hum. Rts. L. 1 (2011), 1, 4 ff.

1203 UN, Report of the Working Group on the use of mercenaries as a means of violating human rights and impeding the exercise of the right of peoples to self-determination, A/HRC/15/25 (5. Juli 2010), Annex.

1204 UN, Report of the Working Group on the use of mercenaries as a means of violating human rights and impeding the exercise of the right of peoples to self-determination, A/HRC/15/25 (5. Juli 2010), Annex, Art. 1 lit. (a).

1205 UN, Report of the Working Group on the use of mercenaries as a means of violating human rights and impeding the exercise of the right of peoples to self-determination, A/HRC/15/25 (5. Juli 2010), Annex, Art. 1 lit. (b). Zu diesen Aufgaben gehören unter anderem polizeiliche Befugnisse, insbesondere die Befugnis zu Gewahrsam und Festnahme sowie das Verhören der festgehaltenen Personen; UN, Report of the Working Group on the use of mercenaries as a means of violating human rights and impeding the exercise of the right of peoples to self-determination, A/HRC/15/25 (5. Juli 2010), Annex, Art. 2 lit. (i). Vgl. auch *Kommer*, DÖV 2016, 236, 239; *Gómez del Prado*, Notre Dame J. Int'l Comp. & Hum. Rts. L. 1 (2011), 1, 3.

1206 UN, Report of the Working Group on the use of mercenaries as a means of violating human rights and impeding the exercise of the right of peoples to self-determination, A/HRC/15/25 (5. Juli 2010), Annex, Art. 1 lit. (d).

1207 UN, Report of the Working Group on the use of mercenaries as a means of violating human rights and impeding the exercise of the right of peoples to self-determination, A/HRC/15/25 (5. Juli 2010), Annex, Art. 1 lit. (e).

1208 UN, Report of the Working Group on the use of mercenaries as a means of violating human rights and impeding the exercise of the right of peoples to self-determination, A/HRC/15/25 (5. Juli 2010), Annex, Art. 3 Abs. 3.

Zwar hatte die Arbeitsgruppe - auch wenn seine Anwendung nicht darauf beschränkt ist – bei der Schaffung dieses Kodifikationsentwurfes vor allem bewaffnete Konflikte im Blick. Dennoch lassen sich dem Entwurf auch Hinweise für den Einsatz von bewaffnetem Sicherheitspersonal auf Schiffen entnehmen.[1209] So gibt es beispielsweise Einschränkungen hinsichtlich des Einsatzes bestimmter Waffen,[1210] Vorgaben hinsichtlich der Zulassung von privaten Militär- und Sicherheitsunternehmen,[1211] Regelungen betreffend den Einsatz von Waffen[1212] sowie Festlegungen hinsichtlich der Justiziabilität.[1213] Bisher ist der Kodifikationsentwurf jedoch ein Entwurf geblieben und erlangte noch keine weitergehende rechtliche Bindung.[1214]

c) Weitere Empfehlungen

aa) Industry Guidelines for the Use of Private Maritime Security Contractors as Additional Protection in Waters Affected by Somali Piracy

Mehrere Organisationen,[1215] welche die Interessen der Handelsschifffahrt vertreten, haben gemeinsame Richtlinien aufgestellt,[1216] die den Einsatz privater

---

1209 So wird dieser Kodifikationsentwurf auch im Zusammenhang mit bewaffneten Sicherheitkräften auf Schiffen genannt; vgl. *Priddy/Casey-Maslen*, J. Int'l Crim. Just. 10 (2012), 839, 842; *Kommer*, DÖV 2016, 236, 239.

1210 UN, Report of the Working Group on the use of mercenaries as a means of violating human rights and impeding the exercise of the right of peoples to self-determination, A/HRC/15/25 (5. Juli 2010), Annex, Art. 10.

1211 UN, Report of the Working Group on the use of mercenaries as a means of violating human rights and impeding the exercise of the right of peoples to self-determination, A/HRC/15/25 (5. Juli 2010), Annex, Art. 14.

1212 UN, Report of the Working Group on the use of mercenaries as a means of violating human rights and impeding the exercise of the right of peoples to self-determination, A/HRC/15/25 (5. Juli 2010), Annex, Art. 18.

1213 UN, Report of the Working Group on the use of mercenaries as a means of violating human rights and impeding the exercise of the right of peoples to self-determination, A/HRC/15/25 (5. Juli 2010), Annex, Art. 21.

1214 *Kommer*, DÖV 2016, 236, 239.

1215 Die sechs Organisationen sind der *Baltic and International Maritime Council* (BIMCO), die *International Chamber of Shipping* (ICS), die *International Association of Dry Cargo Shipowners* (INTERCARGO), die *International Association of Independent Tanker Owners* (INTERTANKO), das *Oil Companies International Marine Forum* (OCIMF) sowie die *International Group of Protection and Indemnity Clubs* (IG P&I Clubs).

1216 *BIMCO/et al.*, Industry Guidelines for the Use of Private Maritime Security Contractors.

Sicherheitsdienstleister im Hinblick auf das Meeresgebiet vor der Küste Somalias zum Inhalt haben. Diese *Industry Guidelines for the Use of Private Maritime Security Contractors as Additional Protection in Waters Affected by Somali Piracy* wurden im Mai 2011 erarbeitet und befassen sich hauptsächlich mit der Auswahl eines geeigneten Unternehmens und den Maßgaben für dessen Einsatz. So gibt es unter anderem Kriterien zur Sicherheitsüberprüfung des Personals,[1217] der Zusammensetzung und Größe des Teams an Bord[1218] oder der Handhabung von Waffen und Munition.[1219] Allerdings stellen die Urheber dieser Richtlinien auch klar, dass sie grundsätzlich gegen einen Einsatz von bewaffneten privaten Sicherheitskräften an Bord von Schiffen sind und stattdessen die Staaten in der Verantwortung sehen, die Schifffahrtsfreiheit zu gewähren.[1220]

bb) Internationaler Verhaltenskodex für private Sicherheitsdienstleister

Der *Internationale Verhaltenskodex für private Sicherheitsdienstleister* (ICoC)[1221] wurde im November 2010 auf einer Konferenz in Genf von 58 Sicherheitsdienstleistern beschlossen.[1222] Mittlerweile handelt es sich bei dem ICoC um eine der bedeutsamsten Verhaltenskodizes für private Sicherheitsunternehmen.[1223] Der ICoC wurde nicht speziell für Sicherheitsdienstleister entworfen, die auf Schiffen für die Abwehr von Angriffen durch Seeräuber eingesetzt werden. Dennoch

---

1217 *BIMCO/et al.*, Industry Guidelines for the Use of Private Maritime Security Contractors, para. 2.4.

1218 *BIMCO/et al.*, Industry Guidelines for the Use of Private Maritime Security Contractors, para. 3.3.

1219 *BIMCO/et al.*, Industry Guidelines for the Use of Private Maritime Security Contractors, para. 3.5.

1220 Vgl. *BIMCO/et al.*, Industry Guidelines for the Use of Private Maritime Security Contractors, Key Principles.

1221 Dieser *International Code of Conduct for Private Security Service Providers* v. 9. November 2010 ist unter anderem in deutscher Sprache auf der Internetseite der *International Code of Conduct Association* einsehbar (https://icoca.ch/sites/all/themes/icoca/assets/icoc_german3.pdf [zuletzt abgerufen am 26. März 2020]).

1222 *D. A. Wallace*, Int'l Legal Mat. 50 (2011), 89, 89 f. Vgl. auch die Liste mit den 58 Unternehmen, die den ICoC am 9. November 2010 unterzeichnet haben: S. 16 f. ICoC. Zur Entstehung zusammenfassend: *Seiberth*, Private Military and Security Companies in International Law, S. 161 f.

1223 *Shah*, Yale L. J. 123 (2014), 2559, 2563; vgl. auch *Priddy/Casey-Maslen*, J. Int'l Crim. Just. 10 (2012), 839, 852 f.; *Dickinson*, Emory L. J. 63 (2013), 417, 420. Unterzeichnet wurde der ICoC im September 2013 von mehr als 700 Unternehmen; https://icoca.ch/en/history (zuletzt abgerufen am 26. März 2020).

kann er auch in diesem Rahmen Anwendung finden. Dafür wird zunächst Abs. 13 ICoC angeführt, wobei mit „der Bereitstellung von Sicherheitsdienstleistungen in einem komplexen Umfeld" unter Berücksichtigung der in Abschnitt B ICoC gegebenen Definition eines „komplexen Umfelds" auch die Hohe See als ein solches Umfeld verstanden werden kann.[1224] Weiterhin sieht Abs. 7 ICoC vor, nach Annahme des Kodex neben einer näheren Ausgestaltung der dort vorgesehenen Prinzipien innerhalb von 18 Monaten „anschliessend die Entwicklung zusätzlicher Grundsätze und Standards für dazugehörige Dienstleistungen zu erwägen, darunter [...] die Bereitstellung maritimer Sicherheitsdienstleistungen [...]". Da diese Grundsätze *zusätzlich* entwickelt werden sollen, kann davon ausgegangen werden, dass die in dem ICoC aufgestellten Richtlinien auch für die Sicherheitsunternehmen gelten, die ihre Dienstleistungen in einem maritimen Umfeld anbieten.[1225] Inhaltlich sieht der Kodex unter anderem Regeln für den Einsatz von Schusswaffen gegen Personen,[1226] für die Auswahl und Ausbildung des Personals,[1227] die Dokumentation von Vorfällen[1228] sowie die Handhabung von Waffen[1229] vor.[1230]

1224 *Priddy/Casey-Maslen*, J. Int'l Crim. Just. 10 (2012), 839, 853; vgl. auch *Petrig*, Int'l & Comp. L. Q. 62 (2013), 667, 674.

1225 *Priddy/Casey-Maslen*, J. Int'l Crim. Just. 10 (2012), 839, 853. Dafür spricht auch, dass unter jenen Unternehmen, die den *Internationaler Verhaltenskodex für private Sicherheitsdienstleister* am 9. November 2010 unterzeichnet haben auch solche waren, die ihre Dienstleistungen im maritimen Umfeld anbieten; vgl. ICoC, S. 16 f. Nach Ansicht der IMO nehmen die Empfehlungen des ICoC jedoch nicht ausreichend Rücksicht auf die Besonderheiten von privaten bewaffneten Sicherheitskräften an Bord von Schiffen, so dass diese Empfehlungen lediglich als Anhaltspunkte dienen könnten; IMO, Interim Guidance to Privately Maritime Security Companies Providing Privately Contracted Armed Security Personnel on Board Ships in the High Risk Area, MSC.1/Circ.1443 (25. Mai 2012), Annex, para. 2.1. Eine direkte Anwendung ebenfalls ablehnend, aber die dort festgelegten Grundsätze für maritime Sicherheitsdienstleister als wertvoll erachtend: *Ralby*, J. Int'l Peace Operations 7/3 (2011), 14, 15 f.

1226 Abs. 31 ICoC.

1227 Abs. 45 bis 51 und Abs. 55 ICoC.

1228 Abs. 63 ICoC.

1229 Abs. 56 bis 58 ICoC.

1230 Ausführlicher zum Inhalt: *Dickinson*, Emory L. J. 63 (2013), 417, 420 ff.

cc) BIMCO Guidance on Rules for the Use of Force by Privately Contracted Armed Security Personnel in Defence of a Merchant Vessel *und* BIMCO GUARDCON

Der *Baltic and International Maritime Council* (BIMCO) hat ebenfalls Richtlinien für den Einsatz von Gewalt von privaten Sicherheitsdienstleistern zur Verteidigung von Handelsschiffen entwickelt.[1231] Ähnlich wie die anderen Empfehlungen enthalten jene des BIMCO zunächst allgemeine Feststellungen wie das Beachten der Rechtsnormen des Flaggenstaates[1232] oder die Beschränkung der Gewaltanwendung auf das unbedingt erforderliche Maß.[1233] Weiterhin ist die Letztentscheidungsbefugnis des Kapitäns zu berücksichtigen[1234] und es werden detaillierte Vorgaben zur Anwendung von Gewalt gegeben.[1235] Daneben gibt es vom BIMCO einen Standardvertrag für den Einsatz bewaffneter Sicherheitskräfte an Bord von Handelsschiffen.[1236] In diesem sind neben detaillierten Angaben zu dem Schiff, den Sicherheitskräften und den Vergütungsansprüchen unter anderem auch Listen zur Angabe der mitgeführten Waffen sowie den Regelungen für die Anwendung von Gewalt vorgesehen. Außerdem enthält der Vertrag in Annex D Maßgaben für das Verhalten des eingesetzten Personals an Bord, welche vor dem an Bord Gehen unterzeichnet werden müssen.

dd) Guidance on the selection of private security companies *(Norwegian Shipowners' Mutual War Risks Insurance Association)*

Die *Norwegian Shipowners' Mutual War Risks Insurance Association* erarbeitete im März 2011 Richtlinien für die Auswahl privater Sicherheitsdienstleister.[1237] So soll das Sicherheitsunternehmen die Anerkennung einer renommierten

---

1231 *BIMCO*, Guidance on Rules for the Use of Force.

1232 *BIMCO*, Guidance on Rules for the Use of Force, para. 3 lit. (a).

1233 *BIMCO*, Guidance on Rules for the Use of Force, para. 3 lit. (d).

1234 *BIMCO*, Guidance on Rules for the Use of Force, para. 6. Siehe dazu auch schon allgemein Kapitel 6 – A. I. 1. c).

1235 *BIMCO*, Guidance on Rules for the Use of Force, para. 7. So werden Möglichkeiten nicht gewaltsamer Abwehrmaßnahmen aufgezählt (Nr. 7 lit. (b)) und ein gestuftes Vorgehen beim Einsatz von Schusswaffen dargestellt (Nr. 7 lit. (f) und (g)).

1236 GUARDCON – Standard Contract for the Employment of Security Guards on Vessels.

1237 *Norwegian Shipowners' Mutual War Risks Insurance Association*, Guidance on the selection of private security companies.

Gesellschaft vorweisen können.[1238] Es werden auch Mindeststandards und wünschenswerte Standards im Hinblick auf die Fähigkeiten und Kenntnisse des Personals genannt.[1239] Daneben gibt es noch Leitlinien hinsichtlich der Versicherung,[1240] des Umgangs mit den Waffen,[1241] der Beachtung von zollrechtlichen Regelungen beim Ein- und Ausschiffen der Waffen,[1242] der Entscheidungsgewalt des Kapitäns[1243] und den Regeln zur Gewaltanwendung.[1244] Außerdem enthalten diese Richtlinien einen beispielhaften Fragenkatalog, um potentielle Sicherheitsdienstleister mithilfe konkreter Fragen beurteilen zu können.[1245] So wird vorgeschlagen, sich nach den verwendeten Waffen,[1246] dem Vorhandensein von Versicherungen[1247] oder dem Ablauf des Trainings zu erkundigen.[1248] Weiterhin werden exemplarische Regelungen für die Anwendung von Gewalt gegeben.[1249]

1238 *Norwegian Shipowners' Mutual War Risks Insurance Association*, Guidance on the selection of private security companies, para. 2.1.

1239 *Norwegian Shipowners' Mutual War Risks Insurance Association*, Guidance on the selection of private security companies, para. 3.1 bis 3.3 bzw. 3.4.

1240 *Norwegian Shipowners' Mutual War Risks Insurance Association*, Guidance on the selection of private security companies, para. 4.

1241 *Norwegian Shipowners' Mutual War Risks Insurance Association*, Guidance on the selection of private security companies, para. 5.

1242 *Norwegian Shipowners' Mutual War Risks Insurance Association*, Guidance on the selection of private security companies, para. 6.

1243 *Norwegian Shipowners' Mutual War Risks Insurance Association*, Guidance on the selection of private security companies, para. 7.

1244 *Norwegian Shipowners' Mutual War Risks Insurance Association*, Guidance on the selection of private security companies, para. 8.

1245 *Norwegian Shipowners' Mutual War Risks Insurance Association*, Guidance on the selection of private security companies, Appendix 1: „A set of questions that members may wish to ask potential providers of Armed Maritime Security Services".

1246 „What calibre will the weapons be?"; *Norwegian Shipowners' Mutual War Risks Insurance Association*, Guidance on the selection of private security companies, Appendix 1.

1247 „Does the PSC have liability insurance?"; *Norwegian Shipowners' Mutual War Risks Insurance Association*, Guidance on the selection of private security companies, Appendix 1.

1248 „What training is given to those who do not have a naval infantry/special forces background?"; *Norwegian Shipowners' Mutual War Risks Insurance Association*, Guidance on the selection of private security companies, Appendix 1.

1249 *Norwegian Shipowners' Mutual War Risks Insurance Association*, Guidance on the selection of private security companies, Appendix 1, Example on Pro Forma Rules for the use of force.

Diese umfassen unter anderem das Identifizieren von feindlichen Zielen,[1250] die Ansprache derselben[1251] sowie letztlich den Einsatz von Waffengewalt.[1252]

ee) Interim Guidance to UK Flagged Shipping on the Use of Armed Guards to Defend Against the Threat of Piracy in Exceptional Circumstances *(Department for Transport, UK)*

Das englische Verkehrsministerium hat Ende des Jahres 2011 erstmals Richtlinien für den Einsatz von bewaffneten Sicherheitskräften an Bord unter englischer Flagge fahrender Schiffe veröffentlicht. Diese *Interim Guidance to UK Flagged Shipping on the Use of Armed Guards to Defend Against the Threat of Piracy in Exceptional Circumstances* wurden inzwischen mehrmals angepasst, zuletzt im Dezember 2015.[1253] Auch in diesen Richtlinien werden Empfehlungen zur Auswahl eines geeigneten Sicherheitsunternehmens,[1254] dessen Ausrüstung,[1255] der Handhabung der Waffen an Bord[1256] sowie der Befehlsgewalt

---

1250 Beispielsweise wird in para. 2.1 „feindliches Ziel" definiert: „‚Hostile Intent' is the threat of imminent use of force by an individual(s) against a Security Operator and/or the crew and/or the ship. Determination of Hostile Intent must be reasonable in all the circumstances" (*Norwegian Shipowners' Mutual War Risks Insurance Association*, Guidance on the selection of private security companies, Appendix 1, Example on Pro Forma Rules for the use of force).

1251 Als Warnung an einen potentiellen Angreifer wird in para. 3.2 vorgeschlagen: „A verbal challenge will be shouting ‚ARMED SECURITY – STOP OR I WILL FIRE' or words to that effect to the Hostile Target" (*Norwegian Shipowners' Mutual War Risks Insurance Association*, Guidance on the selection of private security companies, Appendix 1, Example on Pro Forma Rules for the use of force).

1252 Zunächst sollen Warnschüsse abgegeben werden (para. 4.2 und 4.3). Nur wenn der Angriff nicht anders abwehrbar scheint und das Leben der Schiffsbesatzung in Gefahr ist, darf direkt auf den Angreifer gezielt werden (para. 4.5), wobei auch dabei bestimmte Regeln zu beachten sind (para. 4.7) (*Norwegian Shipowners' Mutual War Risks Insurance Association*, Guidance on the selection of private security companies, Appendix 1, Example on Pro Forma Rules for the use of force).

1253 *Department for Transport (UK)*, Interim Guidance to UK Flagged Shipping on the Use of Armed Guards, S. 1 und 5.

1254 *Department for Transport (UK)*, Interim Guidance to UK Flagged Shipping on the Use of Armed Guards, para. 3.

1255 *Department for Transport (UK)*, Interim Guidance to UK Flagged Shipping on the Use of Armed Guards, para. 4.4 bis 4.6.

1256 *Department for Transport (UK)*, Interim Guidance to UK Flagged Shipping on the Use of Armed Guards, para. 6.

über das Sicherheitspersonal[1257] gegeben. Zudem wird den Reedern geraten, Schiffe bei den entsprechenden Einrichtungen zu registrieren, wenn sie sich in bestimmten Risikogebieten aufhalten.[1258] Genannt wird zum einen das *Maritime Security Centre - Horn of Afrika* (MSCHOA) und zum anderen die *United Kingdom Maritime Trade Operations* (UKMTO). Die Risikogebiete dieser beiden Organisationen befinden sich vor der Ostküste Afrikas und sind von unterschiedlicher Größe.[1259]

ff) Leitlinien der International Association of Maritime Security Professionals

Die im Mai 2010 gegründete[1260] *International Association of Maritime Security Professionals* (IAMSP) stellt den Versuch dar, durch die Schaffung eines Verbandes Standards hinsichtlich des Einsatzes privater Sicherheitsdienstleister im maritimen Umfeld zu etablieren.[1261] Dafür wurden von der IAMSP mehrere Leitlinien entwickelt, etwa hinsichtlich des Einsatzes von Gewalt[1262] oder dem allgemeinen Verhalten,[1263] die für eine Mitgliedschaft akzeptiert werden müssen. Bisher zählt die IAMSP allerdings erst sehr wenige Mitglieder,[1264] so

---

1257 *Department for Transport (UK)*, Interim Guidance to UK Flagged Shipping on the Use of Armed Guards, para. 5.

1258 Zu den beiden Risikogebieten: *Department for Transport (UK)*, Interim Guidance to UK Flagged Shipping on the Use of Armed Guards, S. 12 und para. 7.1.

1259 Das vom MSCHOA als *High Risk Area* (HRA) bezeichnete Gebiet umfasst das Rote Meer und den Golf von Oman. Das von UKMTO als *Voluntary Reporting Area* (VRA) ausgewiesene Gebiet erstreckt über das Arabische Meer bis vor die Küste Tansanias und dem Kap Komorin und umfasst daneben auch den Persischen Golf und den Golf von Aden. Zu diesen beiden Risikogebieten siehe Fn. 1258.

1260 Siehe zum Gründungsdatum den Eintrag im Handelsregister des Vereinigten Königreichs: https://beta.companieshouse.gov.uk/company/07253877 (zuletzt abgerufen am 26. März 2020).

1261 *IAMSP*, Maritime Security Professionals Voluntary Professional Code of Practice, para. 1.0: „The International Association of Maritime Security Professionals (IAMSP), was created after a number of maritime security companies identified that there was a clear need for self-regulation within the maritime security industry."

1262 *IAMSP*, Use of Force Standards; vgl. auch *Tempest* in: Berube/Cullen (Hrsg.), Maritime Private Security, S. 86, 89 f.

1263 *IAMSP*, Maritime Security Professionals Voluntary Professional Code of Practice.

1264 Die IAMSP hat auf ihrer Internetseite eine Liste der Mitglieder veröffentlicht. Insgesamt werden dort im März 2020 zwei Unternehmen genannt, wobei diese beiden Unternehmen *Corporate Affiliate Members* sind. Kein Unternehmen ist *Fully Vetted Corporate Member* oder *Provisionally Vetted Corporate Member*. Die Nennung

dass – zumindest noch – das Ziel des Etablierens von Standards nicht als erreicht bezeichnet werden kann.

d) *Zusammenfassung*

Auch wenn die verschiedenen Empfehlungen hinsichtlich des Einsatzes von bewaffnetem Sicherheitspersonal an Bord von Schiffen von unterschiedlichen Organisationen bzw. Interessenvertretungen erarbeitet wurden, lassen sich Gemeinsamkeiten feststellen. Beispielweise wird von allen Empfehlungen, die dazu Stellung nehmen,[1265] anerkannt, dass die Letztentscheidungsbefugnis beim Kapitän verbleibt.[1266] Auch die Regelungen für den Einsatz von Waffengewalt[1267]

---

der Unternehmen in diesen Listen erfolgt allerdings nur mit deren Einverständnis, so dass die Liste möglicherweise nicht vollständig ist (http://iamsponline.org/company-members/fully-vetted-corporate-members/) (http://iamsponline.org/company-members/provisionally-vetted-corporate-members/) (http://iamsponline.org/company-members/corporate-affiliate-members/ [jeweils zuletzt abgerufen am 26. März 2020]).

1265 In der *Draft of a possible Convention on Private Military and Security Companies (PMSCs) for consideration and action by the Human Rights Council* und dem *Internationalen Verhaltenskodex für private Sicherheitsdienstleister* finden sich dazu keine Ausführungen.

1266 IMO, Revised Interim Guidance to Shipowners, Ship Operators and Shipmasters on the Use of Privately Contracted Armed Security Personnel on Board Ships in the High Risk Area, MSC.1/Circ.1405/Rev.2 (25. Mai 2012), Annex, para. 5.9.1; IMO, Interim Guidance to Privately Maritime Security Companies Providing Privately Contracted Armed Security Personnel on Board Ships in the High Risk Area, MSC.1/Circ.1443 (25. Mai 2012), Annex, para. 5.6.1; *BIMCO/et al.*, Industry Guidelines for the Use of Private Maritime Security Contractors, para. 3.4; *Norwegian Shipowners' Mutual War Risks Insurance Association*, Guidance on the selection of private security companies, para. 7.1; *Department for Transport (UK)*, Interim Guidance to UK Flagged Shipping on the Use of Armed Guards, para. 5.

1267 IMO, Revised Interim Guidance to Shipowners, Ship Operators and Shipmasters on the Use of Privately Contracted Armed Security Personnel on Board Ships in the High Risk Area, MSC.1/Circ.1405/Rev.2 (25. Mai 2012), Annex, para. 5.13 bis 5.15; IMO, Interim Guidance to Privately Maritime Security Companies Providing Privately Contracted Armed Security Personnel on Board Ships in the High Risk Area, MSC.1/Circ.1443 (25. Mai 2012), Annex, para. 5.13 bis 5.17; UN, Report of the Working Group on the use of mercenaries as a means of violating human rights and impeding the exercise of the right of peoples to self-determination, A/HRC/15/25 (5. Juli 2010), Annex, Art. 18; *BIMCO/et al.*, Industry Guidelines for the Use of Private Maritime Security Contractors, para. 3.6; Abs. 30 bis 32 ICoC; *Norwegian Shipowners' Mutual War Risks Insurance Association*, Guidance on the selection of

oder der Handhabung von Waffen an Bord[1268] sind ähnlich. Unterschiede finden sich hinsichtlich der grundsätzlichen Einstellung zu privaten Sicherheitsdienstleitern. Während die Empfehlungen der IMO neutral gehalten sind,[1269] findet sich in den *Industry Guidelines for the Use of Private Maritime Security Contractors as Additional Protection in Waters Affected by Somali Piracy* eine klare Ablehnung solcher Sicherheitsdienstleiter.[1270] Auch die Empfehlungen

---

private security companies, para. 8; *Department for Transport (UK)*, Interim Guidance to UK Flagged Shipping on the Use of Armed Guards, para. 8.3 bis 8.6.

1268 IMO, Revised Interim Guidance to Shipowners, Ship Operators and Shipmasters on the Use of Privately Contracted Armed Security Personnel on Board Ships in the High Risk Area, MSC.1/Circ.1405/Rev.2 (25. Mai 2012), Annex, para. 5.11 und 5.12; IMO, Revised Interim Recommendations for Port and Coastal States Regarding the Use of Privately Contracted Armed Security Personnel on Board Ships in the High Risk Area, MSC.1/Circ.1408/Rev.1 (25. Mai 2012), Annex, para. 7; IMO, Interim Guidance to Privately Maritime Security Companies Providing Privately Contracted Armed Security Personnel on Board Ships in the High Risk Area, MSC.1/Circ.1443 (25. Mai 2012), Annex, para. 5.9 und 5.10; UN, Report of the Working Group on the use of mercenaries as a means of violating human rights and impeding the exercise of the right of peoples to self-determination, A/HRC/15/25 (5. Juli 2010), Annex, Art. 18; *BIMCO/et al.*, Industry Guidelines for the Use of Private Maritime Security Contractors, para. 3.5; Abs. 56 bis 58 ICoC; *Norwegian Shipowners' Mutual War Risks Insurance Association*, Guidance on the selection of private security companies, para. 5.2; *Department for Transport (UK)*, Interim Guidance to UK Flagged Shipping on the Use of Armed Guards, para. 3.18 und para. 6.

1269 Es wird die Notwendigkeit gesehen, dass für den Einsatz von bewaffneten Sicherheitskräften allgemeine Regeln geschaffen werden müssen; vgl. IMO, Revised Interim Guidance to Shipowners, Ship Operators and Shipmasters on the Use of Privately Contracted Armed Security Personnel on Board Ships in the High Risk Area, MSC.1/Circ.1405/Rev.2 (25. Mai 2012), para. 2 und 6 f.; IMO, Revised Interim Recommendations for Flag States Regarding the Use of Privately Contracted Armed Security Personnel on Board Ships in the High Risk Area, MSC.1/Circ.1406/Rev.3 (12. Juni 2015), para. 2 und 7 f.; IMO, Revised Interim Recommendations for Port and Coastal States Regarding the Use of Privately Contracted Armed Security Personnel on Board Ships in the High Risk Area, MSC.1/Circ.1408/Rev.1 (25. Mai 2012), para. 3 und 6 f.; IMO, Interim Guidance to Privately Maritime Security Companies Providing Privately Contracted Armed Security Personnel on Board Ships in the High Risk Area, MSC.1/Circ.1443 (25. Mai 2012), para. 2 und 6 f. Allerdings erfolgt keine klare Ablehnung wie in anderen Empfehlungen.

1270 *BIMCO/et al.*, Industry Guidelines for the Use of Private Maritime Security Contractors, Key Principles.

des *United Nations Human Rights Council* (UNHRC) sehen deren Einsatz kritisch.[1271]

e) Verbindlichkeit dieser Empfehlungen

aa) Empfehlungen der International Maritime Organization

Die IMO verfügt über eine große Sachkompetenz auf dem Feld der Handelsschifffahrt und den damit zusammenhängenden Materien.[1272] Dies betrifft etwa den Bereich der technischen Schiffssicherheit, den Schutz der Meeresumwelt oder den Bereich der Ladungssicherung.[1273] So wurden durch sie in vielen Bereichen Empfehlungen entwickelt, die zwar formal gesehen keine rechtliche Verbindlichkeit besitzen, aber dennoch als international geltende Standards akzeptiert werden.[1274] Teilweise entwickeln sich aus diesen Empfehlungen auch gesetzliche Vorgaben.[1275] Grundsätzlich lassen sich drei Konstellationen unterscheiden, in denen das Tätigwerden der IMO sich auf nationale Rechtsordnungen auswirkt. Zum einen können durch entsprechende Verweise in den nationalen Gesetzen diese Standards eine direkte Wirksamkeit erreichen (unter (1)). Daneben kann es sich auch um Übereinkommen handeln, denen die einzelnen Staaten beitreten (unter (2)). Schließlich kann es – auch wenn keine unmittelbare Gültigkeit

---

1271 Vgl. UN, Report of the Working Group on the use of mercenaries as a means of violating human rights and impeding the exercise of the right of peoples to self-determination, A/HRC/15/25 (5. Juli 2010), para. 91.

1272 Vgl. zu den Aufgaben der IMO die in Teil I und Teil II des Gründungsdokuments festgelegten Ziele und Aufgaben (Übereinkommen über die Zwischenstaatliche Beratende Seeschiffahrts-Organisation v. 6. März 1948, BGBl. 1965 II S. 313, 320). Insgesamt zur Sachkompetenz der IMO: *Seidel*, IMO – Internationale Seeschiffahrts-Organisation (47), in: Wolfrum (Hrsg.), Handbuch Vereinte Nationen, Rn. 45. Die Bedeutung der IMO ergibt sich auch daraus, dass die Regelwerke immer wieder an aktuelle Entwicklungen angepasst werden. So wurde etwa die SOLAS-Konvention (siehe Fn. 1283) im Laufe der Zeit über 170 Mal überarbeitet; vgl. IMO, Status of IMO Treaties (Stand: 17. März 2020) (http://www.imo.org/en/About/Conventions/StatusOfConventions/Documents/Status%20-%202020.pdf [zuletzt abgerufen am 26. März 2020]), S. 3 ff.

1273 Vgl. *Seidel*, IMO – Internationale Seeschiffahrts-Organisation (47), in: Wolfrum (Hrsg.), Handbuch Vereinte Nationen, Rn. 12, 13 und 19.

1274 *Seidel*, IMO – Internationale Seeschiffahrts-Organisation (47), in: Wolfrum (Hrsg.), Handbuch Vereinte Nationen, Rn. 18. Vgl. auch *Lagoni* in: Ehlers/Erbguth (Hrsg.), Tätigkeit und Wirken der Internationalen Seeschiffahrts-Organisation, S. 45, 55 f.; *Aston*, Sekundärgesetzgebung internationaler Organisationen, S. 155.

1275 Vgl. *Ilg*, Die Rechtsetzungstätigkeit der International Maritime Organization, S. 73 ff.

der entsprechenden Vorschriften vorgesehen ist – zumindest zu einer Beeinflussung nationaler Normen kommen (unter (3)).

(1) Direkte Wirksamkeit durch Verweise aus nationalen Gesetzen

Die entwickelten Standards können zum einen dadurch Verbindlichkeit erlangen, indem in nationalen Gesetzen Verweise auf die entsprechenden Standards erfolgen. Beispielsweise beschloss die IMO am 6. März 1992, dass alle Öltanker über eine Doppelhülle verfügen müssen.[1276] Dadurch sollte das Risiko eines Ölverlusts bei Grundberührungen oder anderen Kollisionen und die damit – insbesondere in fragilen Ökosystemen – einhergehenden gravierenden Folgen für die Umwelt verringert werden.[1277] Im Jahr 1994 wurde dieser Gedanke von der Europäischen

---

1276 IMO, Resolution MEPC.52(32) v. 6. März 1992, Amendments to the Annex of the Protocol of 1978 Relating to the Convention for the Prevention of Pollution from Ships, 1973, Res. MEPC.52(32). Dieses Erfordernis galt spätestens ab dem 6. Juli 1996 für alle neuen Schiffe, wobei es hier verschiedene Fristen gab; IMO, Resolution MEPC.52(32) v. 6. März 1992, Amendments to the Annex of the Protocol of 1978 Relating to the Convention for the Prevention of Pollution from Ships, 1973, Res. MEPC.52(32), Annex, Regulation of Annex I of MARPOL 73/78, para. (1). Daneben gibt die Resolution nähere Anforderungen zu Konstruktion und anderen baulichen Anforderungen; IMO, Resolution MEPC.52(32) v. 6. März 1992, Amendments to the Annex of the Protocol of 1978 Relating to the Convention for the Prevention of Pollution from Ships, 1973, Res. MEPC.52(32), Annex, Regulation of Annex I of MARPOL 73/78, para. (3) bis (9). Die Bundesrepublik Deutschland ist dem *Internationalen Übereinkommen von 1973 zur Verhütung der Meeresverschmutzung durch Schiffe* und dem *Protokoll zu diesem Übereinkommen von 1978* (MARPOL-Übereinkommen 73/78) am 4. März 1974 bzw. 17. Februar 1978 beigetreten; siehe Art. 1 Gesetz zu dem Übereinkommen von 1973 zur Verhütung der Meeresverschmutzung durch Schiffe und zu dem Protokoll von 1978 zu diesem Übereinkommen v. 23. Dezember 1981, BGBl. 1982 II S. 2; Neufassung der amtlichen deutschen Übersetzung in: Anlageband zum BGBl. II Nr. 14 v. 14. April 1996 (BGBl. 1996 II S. 399).

1277 Vgl. IMO, Resolution MEPC.52(32) v. 6. März 1992, Amendments to the Annex of the Protocol of 1978 Relating to the Convention for the Prevention of Pollution from Ships, 1973, Res. MEPC.52(32), S. 1: „[…] DESIRING to improve the requirements for the design and construction of oil tankers to prevent oil pollution in the event of collision or grounding […]". Ausschlaggebendes Ereignis für diese Entwicklung war wohl die Havarie der *Exxon Valdez*, einem Öltanker, welcher im März 1989 vor Alaska auf Grund lief und dadurch eine Umweltkatastrophe auslöste. Dazu allgemein: *Wiens* in: Wiens (Hrsg.), Oil in the Environment, S. 3, 9; *Rademacher*, Kann der Prinz-Wilhelm-Sund gerettet werden?, Frankfurter Allgemeine Zeitung v. 28. März 1989, S. 7 f.

Gemeinschaft aufgegriffen. Diese erließ eine Verordnung,[1278] durch welche die Einführung von Doppelhüllenschiffen gefördert werden sollte.[1279] In einer im Jahr 2002 erlassenen Verordnung[1280] wurde schließlich verbindlich festgelegt, dass unter Berücksichtigung näherer Übergangsregelungen nur noch Öltankschiffen, die als Doppelhüllenschiff konstruiert sind, unter der Flagge der Mitgliedstaaten fahren dürfen und daneben – unabhängig des Flaggenstaates – keine Schiffe, die nicht diese Anforderungen erfüllen, in die Häfen der Mitgliedstaaten einlaufen dürfen.[1281] Ein anderes Beispiel stellt der *International Maritime Code*

1278 Verordnung (EG) Nr. 2978/1994 des Rates v. 21. November 1994 zur Durchführung der IMO-Entschließung A.747(18) über die Vermessung der Ballasträume in Öltankschiffen mit Tanks für getrennten Ballast (ABl. 1994 L 319, 1).

1279 Durch diese Verordnung wurde zwar der Doppelhüllenstandard noch nicht verbindlich festgeschrieben. Allerdings sollte die Einführung von Doppelhüllentankern gefördert werden; vgl. Art. 1 lit. a) VO (EG) Nr. 2978/1994. Dafür wurden die Ermittlungsgrundsätze der Bruttoraumzahl für Doppelhüllenschiffe modifiziert, so dass diese bei der Gebührenberechnung nicht nachteilig im Vergleich zu Einhüllenschiffen behandelt wurden; Art. 4 bis 6 und Anhang I VO (EG) Nr. 2978/1994. Siehe dazu auch die Erwägungsgründe zur VO (EG) Nr. 2978/1994: „Es ist wünschenswert, den Einsatz von Doppelhüllen-Öltankschiffen […], die dem MARPOL-Übereinkommen […] genügen, […] zu fördern. […] Es sollte vermieden werden, die Schiffseigner und -betreiber zu benachteiligen, die umweltfreundlich gebaute und betriebene Öltankschiffe einsetzen.“

1280 Verordnung (EG) Nr. 417/2002 des Europäischen Parlaments und des Rates v. 18. Februar 2002 zur beschleunigten Einführung von Doppelhüllen oder gleichwertigen Konstruktionsanforderungen für Einhüllen-Öltankschiffe und zur Aufhebung der Verordnung (EG) Nr. 2978/1994 des Rates (ABl. 2002 L 64, 1). Diese Verordnung wurde im Laufe der Jahre mehrmals geändert, so dass im Jahr 2012 eine Neufassung der Verordnung erfolgte: Verordnung (EU) Nr. 530/2012 des Europäischen Parlaments und des Rates v. 13. Juni 2012 zur beschleunigten Einführung von Doppelhüllen oder gleichwertigen Konstruktionsanforderungen für Einhüllen-Öltankschiffe (ABl. 2012 L 172, 3).

1281 VO (EG) Nr. 417/2002, Art. 4 Abs. (1) bzw. VO (EU) Nr. 530/2012, Art. 4 Abs. (1). Im Jahr 2015 endeten die letzten Übergangsfristen, so dass mittlerweile nur noch Schiffe, welche die entsprechenden konstruktiven Erfordernisse erfüllen, unter der Flagge der Mitgliedstaaten fahren dürfen, vgl. VO (EG) Nr. 417/2002, Art. 7 bzw. VO (EU) Nr. 530/2012, Art. 7. Gleiches gilt für das Einlaufen in Häfen der Mitgliedstaaten, wobei hier die Mitgliedstaaten Ausnahmen für in Schwierigkeit geratene oder reparaturbedürftige Schiffe vorsehen können; vgl. VO (EG) Nr. 417/2002, Art. 8 Abs. (1) bzw. VO (EU) Nr. 530/2012, Art. 8.

for Dangerous Goods (IMDG-Code) der IMO dar.[1282] Dieser konkretisiert die Vorgaben der SOLAS-Konvention[1283] hinsichtlich der Beförderung gefährlicher Güter an Bord von Schiffen.[1284] Im deutschen Recht erlangen die Vorschriften des IMDG-Codes durch die *Gefahrgutverordnung See* (GGVSee)[1285] Verbindlichkeit, vgl. § 2 Abs. 1 Nr. 13 GGVSee.[1286]

(2) Beitritt zu Übereinkommen

Eine weitere Möglichkeit zum Erlangen unmittelbarer Wirksamkeit ist der Beitritt zu Konventionen.[1287] Ein bekanntes Beispiel hierfür stellt die SUA-Konvention der IMO dar, welche im März 1988 beschlossen wurde.[1288] Derzeit zählt die SUA-Konvention 166 Vertragsstaaten.[1289] Eine andere bedeutende Konvention ist die

---

1282 Für die amtliche deutsche Übersetzung siehe: VkBl. 2016 S. 718; vgl. § 2 Abs. 1 Nr. 13 GGVSee.

1283 Die Bundesrepublik Deutschland ist 1979 diesem Übereinkommen beigetreten; Verordnung über die Inkraftsetzung des Internationalen Übereinkommens von 1974 zum Schutz des menschlichen Lebens auf See v. 11. Januar 1979, BGBl. 1979 II S. 141.

1284 Siehe das Vorwort zum IMDG-Code 2016: „Die Beförderung gefährlicher Güter ist verboten, sofern sie nicht in Übereinstimmung mit den entsprechenden Bestimmungen des Kapitels VII erfolgt, die durch den International Maritime Dangerous Goods Code (IMDG-Code) ergänzt werden" (VkBl. 2016 S. 718).

1285 Verordnung über die Beförderung gefährlicher Güter mit Seeschiffen (Gefahrgutverordnung See – GGVSee) i.d.F. der Bekanntmachung v. 21. Oktober 2019, BGBl. 2019 I S. 1475, 1476, zuletzt geändert durch Art. 16 Gesetz zur Änderung des Umweltauditgesetzes, des Atomgesetzes, des Standortwahlgesetzes, der Endlagervorausleistungsverordnung und anderer Gesetze und Verordnungen v. 12. Dezember 2019, BGBl. 2019 I S. 2510.

1286 Beispielsweise wird in § 5 Abs. 1 GGVSee hinsichtlich von Stau- und Trennvorschriften beim Verladen gefährlicher Güter auf näher bezeichnete Kapitel des IMDG-Codes verwiesen, die detailliert regeln, wie bestimmte Güter zu verladen sind.

1287 Doch auch Konventionen der IMO, die nicht oder noch nicht in Kraft sind, können eine erhebliche Bedeutung entwickeln. So wurden etwa in den 1970er Jahren die meisten Tankschiffe schon unter Berücksichtigung der Konstruktionsvorschriften des MARPOL-Übereinkommens von 1973 gebaut, obwohl diese nicht in Kraft getreten war; *Aston*, Sekundärgesetzgebung internationaler Organisationen, S. 156.

1288 Weiterführend zur SUA-Konvention siehe schon Kapitel 2 – F.

1289 IMO, Status of IMO Treaties IMO, (Stand: 17. März 2020) (http://www.imo.org/en/About/Conventions/StatusOfConventions/Documents/Status%20-%202020.pdf [zuletzt abgerufen am 26. März 2020]), S. 439. Für Deutschland ist die SUA-Konvention am 1. März 1992 in Kraft getreten; IMO, Status of IMO Treaties (Stand: 17. März 2020) (http://www.imo.org/en/About/Conventions/StatusOf

SOLAS-Konvention[1290] im Bereich der Schiffssicherheit. Diese zählt 165 Vertragsstaaten, deren Anteil an der Welthandelsflotte bei nahezu 100 % liegt.[1291]

(3) Beeinflussung nationaler Gesetze

Schließlich können die Ausarbeitungen der IMO, obwohl sie weder durch Verweise oder Beitritte direkte Wirksamkeit erreichen, dennoch die nationale Gesetzgebung beeinflussen. Ein Beispiel dafür stellen die verschiedenen Empfehlungen dar, welche die IMO hinsichtlich des Umgangs mit Seeräuberei erarbeitet hat.[1292] Die Bundesregierung hat mit § 31 GewO eine Regelung für den Einsatz bewaffneter Sicherheitsdienstleister zur Piratenabwehr geschaffen.[1293] Dabei orientiert sich das Zulassungsverfahren für die Unternehmen an zwei dieser Richtlinien.[1294] Zwar dienten diese Leitlinien bei der Ausarbeitung der gesetzlichen Regelungen als Orientierung. Allerdings wurden diese – anders als die Vorgaben für die Einführung von Doppelhüllentankern[1295] – nicht vollumfänglich oder zumindest teilweise in den Normtext aufgenommen. Folglich erlangen die beiden Richtlinien keine unmittelbare gesetzliche Wirkung.

Unklar ist allerdings, ob eine solche unmittelbare Wirkung überhaupt möglich wäre. Im Gegensatz zu dem MARPOL-Übereinkommen 73/78 enthalten die beiden Empfehlungen der IMO keine konkreten Anforderungen, sondern sind vielmehr allgemein gehaltene Hilfestellungen für das Ausarbeiten konkreter

---

Conventions/Documents/Status%20-%202020.pdf [zuletzt abgerufen am 26. März 2020]), S. 437.

1290 Siehe dazu Fn. 1283.

1291 IMO, Status of IMO Treaties IMO, (Stand: 17. März 2020) (http://www.imo.org/en/About/Conventions/StatusOfConventions/Documents/Status%20-%202020.pdf [zuletzt abgerufen am 26. März 2020]), S. 17: Insgesamt haben die Handelsflotten der Vertragsstaaten nach der Bruttoraumzahl einen Anteil von ungefähr 99,04 % an der weltweiten Handelsflotte.

1292 Siehe dazu weiter oben Kapitel 6 – A. I. 2. a).

1293 Siehe ausführlich dazu unten Kapitel 6 – A. III.

1294 Gesetzesentwurf der Bundesregierung zur Einführung eines Zulassungsverfahrens für Bewachungsunternehmen auf Seeschiffen, BT-Drs. 17/10960, S. 1: „Die Internationale Seeschifffahrtsorganisation […] hat die Interimsleitlinien […] erstellt. Das geplante unternehmensbezogene Zulassungsverfahren orientiert sich an diesen Leitlinien." Dabei handelt es sich zum einen um die Empfehlungen für Reeder bzw. Kapitäne und zum anderen um die Empfehlungen für Sicherheitsunternehmen; siehe dazu Fn. 1170 und 1173.

1295 VO (EU) Nr. 530/2012, Art. 1: „Zweck dieser Verordnung ist es, die Anforderungen des MARPOL-Übereinkommens 73/78 […] beschleunigt anzuwenden."

Anforderungen. Etwa wird in den Empfehlungen für Reeder bzw. Kapitäne hinsichtlich der personellen Größe des Sicherheitsteams keine exakte Zahl genannt, sondern darauf abgestellt, dass diese unter anderem von der Größe und Bauart des Schiffs abhängt.[1296] Auch hinsichtlich der Ausrüstung mit Schusswaffen werden keine konkreten Vorgaben gemacht, sondern Kriterien genannt, auf welche diese Entscheidung gestützt werden kann.[1297] Im Gegensatz dazu wird in den deutschen Vorschriften eine Mindestzahl von vier Personen vorgeschrieben, § 2 Abs. 1 Nr. 2 SeeBewachDV,[1298] oder es werden genaue Vorgaben hinsichtlich der mitzuführenden Waffen gemacht, § 14 Abs. 2 Nr. 4 und 5 SeeBewachDV.[1299] Daneben werden diese Empfehlungen von der IMO auch ausdrücklich als „Interim Guidance" bezeichnet.[1300] Damit wird deutlich, dass diese nicht abschließend sind, sondern vielmehr als eine erste Hilfe bei dem aktuellen Thema dienen

---

1296 IMO, Revised Interim Guidance to Shipowners, Ship Operators and Shipmasters on the Use of Privately Contracted Armed Security Personnel on Board Ships in the High Risk Area, MSC.1/Circ.1405/Rev.2 (25. Mai 2012), Annex, para. 5.6.1: „Size of the PCASP team – this will be influenced by factors including: length of the estimated time of the ship transit, latest threat assessment, the agreed duties of the PCASP team [...] and the size and type of ship, its speed and freeboard."

1297 IMO, Revised Interim Guidance to Shipowners, Ship Operators and Shipmasters on the Use of Privately Contracted Armed Security Personnel on Board Ships in the High Risk Area, MSC.1/Circ.1405/Rev.2 (25. Mai 2012), Annex, para. 5.6.5: „Firearms – the appropriate firearms package to be employed in accordance with the applicable flag State national legislation pertaining to the type, carriage and use of firearms by PCASP [...]."

1298 Siehe dazu noch weiter unten Kapitel 6 – A. III. 2. d) cc) (2).

1299 Siehe dazu noch weiter unten Kapitel 6 – A. III. 4. Ähnliches gilt für die Empfehlungen für Sicherheitsunternehmen, auch hier finden sich ähnliche Angaben zur Größe der Teams und Feuerwaffen; vgl. IMO, Interim Guidance to Privately Maritime Security Companies Providing Privately Contracted Armed Security Personnel on Board Ships in the High Risk Area, MSC.1/Circ.1443 (25. Mai 2012), Annex, para. 5.5.1 und 5.5.4.

1300 Die Überschriften der beiden Empfehlungen: „*Interim Guidance* to [...]"; IMO, Revised Interim Guidance to Shipowners, Ship Operators and Shipmasters on the Use of Privately Contracted Armed Security Personnel on Board Ships in the High Risk Area, MSC.1/Circ.1405/Rev.2 (25. Mai 2012) und IMO, Interim Guidance to Privately Maritime Security Companies Providing Privately Contracted Armed Security Personnel on Board Ships in the High Risk Area, MSC.1/Circ.1443 (25. Mai 2012) (*Hervorhebung* durch den Verfasser).

sollen.[1301] Folglich ist es nicht möglich, diese Empfehlungen ohne nähere Konkretisierung in verbindliches Recht zu transformieren. Dennoch kommt diesen Richtlinien zumindest indirekt eine Bindungswirkung zu. Sie helfen einzelnen Staaten, entsprechende gesetzliche Rahmenbedingungen zu schaffen.[1302]

bb) Empfehlungen anderer Organisationen

Auch die Empfehlungen anderer Organisationen können die rechtlichen Rahmenbedingungen des Einsatzes privater Sicherheitsdienstleister beeinflussen. Zwar wurde etwa während der Beratungen zur Einführung eines Zulassungsverfahrens für Bewachungsunternehmen auf Seeschiffen nur auf entsprechende Empfehlungen der IMO ausdrücklich Bezug genommen.[1303] Allerdings finden sich in der Vorschrift des § 31 GewO und den damit zusammenhängenden Vorgaben der beiden entsprechenden Verordnungen[1304] viele Bestimmungen, die – zumindest in allgemeinerer Form – auch in den Empfehlungen weiterer Organisationen enthalten sind.[1305] Somit ist wenigstens denkbar, dass auch diese Empfehlungen einen zumindest indirekten Einfluss auf die gesetzlichen Regelungen hatten.[1306]

Weiterhin nehmen auch einzelne Empfehlungen anderer Organisationen Bezug auf jene der IMO. So ist in den *Interim Guidance to UK Flagged Shipping on the Use of Armed Guards to Defend Against the Threat of Piracy in Exceptional Circumstances* festgelegt, dass diese zusammen mit den Empfehlungen der IMO für Reeder bzw. Kapitäne sowie jener für Sicherheitsunternehmer zu

---

1301 Vgl. die identischen Vorbemerkungen: „Given the importance and urgent nature of the issue, and the need to further develop and promulgate detailed guidance and recommendations as soon as possible [...]"; IMO, Revised Interim Guidance to Shipowners, Ship Operators and Shipmasters on the Use of Privately Contracted Armed Security Personnel on Board Ships in the High Risk Area, MSC.1/Circ.1405/Rev.2 (25. Mai 2012), para. 2 und IMO, Interim Guidance to Privately Maritime Security Companies Providing Privately Contracted Armed Security Personnel on Board Ships in the High Risk Area, MSC.1/Circ.1443 (25. Mai 2012), para. 2.

1302 *Van Hespen*, J. Mar. L. & Com. 45 (2014), 361, 367.

1303 Dazu weiter oben Fn. 1294.

1304 Dies sind die SeeBewachV und die SeeBewachDV. Siehe dazu Fn. 1490 und 1492.

1305 Siehe zu den einzelnen Merkmalen eingehend unten bei Kapitel 6 – A. III. 2. d) dd).

1306 In zeitlicher Hinsicht ist dies zumindest im Hinblick auf die *Industry Guidelines for the Use of Private Maritime Security Contractors as Additional Protection in Waters Affected by Somali Piracy* denkbar. Diese wurden im März 2012 veröffentlicht, § 31 GewO trat am 13. März 2013 in Kraft.

lesen sind.[1307] Auch in den Hinweisen zu den *Industry Guidelines for the Use of Private Maritime Security Contractors as Additional Protection in Waters Affected by Somali Piracy* findet sich die Erinnerung, dass bei der Frage, ob bewaffnete Sicherheitskräfte eingesetzt werden sollen, unter anderem die Empfehlungen für Reeder bzw. Kapitäne der IMO zu beachten sind.

cc) Ergebnis

Empfehlungen internationaler Organisationen oder Vereinigungen können die nationale Gesetzgebung in verschiedener Weise beeinflussen. Auch für den Fall, dass ihnen keine direkte Wirksamkeit zukommt, nehmen sie zumindest Einfluss auf die Entwicklung von nationalen oder möglicherweise auch internationalen Regelungen. Dies gilt für die Empfehlungen internationaler Organisationen, wie etwa die IMO. Aber auch privatwirtschaftliche Organisationen können durch das Ausarbeiten von Standards auf die Schaffung international akzeptierter Standards einwirken.

3. Recht der Notwehr und Pflicht zur Nothilfe

a) Grundsätzliche Geltung der Grundsätze

Damit private Sicherheitskräfte im Falle eines Piratenangriffs zu einer effektiven Verteidigung des Schiffes in der Lage sind, müssten sie sich auf die allgemeinen Selbstverteidigungsrechte berufen können.[1308] Teilweise wird angemerkt, dass die allgemeinen Grundsätze des Notwehrrechts die Verteidigungshandlungen von Sicherheitsdiensten nicht angemessen erfassen würden.[1309] Anzuerkennen ist, dass die Ausgangslage bei bewaffneten Sicherheitskräften an Bord eine andere ist als bei einer gewöhnlichen Crew: Während Letztere regelmäßig allenfalls rudimentäre Kenntnisse im Umgang mit Waffen haben, sind Sicherheitsteams gerade darin ausgebildet und auch gerade zum Zwecke der Verteidigung des Schiffes an Bord. Dies ändert allerdings nichts an der grundsätzlichen Geltung der Notwehrrechte, insbesondere im Hinblick darauf, dass diese erst bei einer konkreten Angriffshandlung eröffnet sind und – anders als die den Staaten zustehenden Untersuchungsrechte – nicht über die Verteidigung

---

1307 *Department for Transport (UK)*, Interim Guidance to UK Flagged Shipping on the Use of Armed Guards, para. 1.10 und 1.11.

1308 Zum Selbstverteidigungsrecht angegriffener Schiffe siehe Kapitel 5 – A. III.

1309 *Mineau*, J. Int'l Bus. & L. 9 (2010), 63, 72.

hinausgehen.[1310] Verwehrte man privaten Sicherheitsteams ein Berufen auf die allgemeinen Notwehrrechte, entstünde zudem die paradoxe Situation, dass ein Schiff, welches durch den Einsatz von bewaffnetem Sicherheitspersonal für den Fall eines Angriffs vorgesorgt hat, eine schlechtere Verteidigungsposition hätte als ein Schiff, welches unbewaffnet bzw. ohne Sicherheitskräfte unterwegs ist.

Des Weiteren enthält auch das SRÜ keine Einschränkungen hinsichtlich einer Gewaltanwendung zur Abwehr von Angriffen. Zwar werden durch die Art. 100 ff. SRÜ im Rahmen der Bekämpfung der Seeräuberei nur staatliche Schiffe ermächtigt. Allerdings stellen die dort genannten Ermächtigungen nicht bloße Verteidigungsrechte gegen Angriffe dar, sondern weitergehende Untersuchungs- und Aufbringungsrechte, um präventiv gegen Piraten vorgehen zu können. Die Verteidigung gegen einen Piratenangriff hingegen stellt kein Aufbringen im Sinne des SRÜ dar und fällt damit auch nicht unter die Einschränkung von Art. 107 SRÜ.[1311] Daneben war während des Schaffens des HSÜ und später des SRÜ nicht absehbar, dass der Piraterie in Zukunft eine derartige Bedeutung zuteil werden wird.[1312] Somit ist auch nicht vorstellbar, dass sich aus den die Bekämpfung der Seeräuberei betreffenden Vorschriften Aussagen für den Einsatz von privaten Sicherheitskräften an Bord von Handelsschiffen ableiten lassen. Folglich stehen dem auf einem von Piraten angegriffenen Schiff eingesetzten Sicherheitsteam – wie auch der Crew – die allgemeinen Notwehrrechte zu.[1313]

1310 Dadurch, dass es sich bei privaten Sicherheitsdienstleistern um keine staatlichen Akteure handelt, ergibt sich grundsätzlich auch keine Bindung an völkerrechtliche Grundsätze; vgl. *Petrig*, Int'l & Comp. L. Q. 62 (2013), 667, 689: „PMSC [Private Maritime Security Company] personnel hired by private actors and placed on board merchant ships are private persons using force in self-defence or defence of others and do not qualify as de facto state agents or organs bound by human rights law or the UN Basic Principles on the Use of Force and Firearms by Law Enforcement Officials."

1311 Siehe dazu sogleich Kapitel 6 – A. I. 4. c) aa).

1312 Insbesondere beim SRÜ von 1982 standen vor allem die neu entstandenen wirtschaftlichen Nutzungsmöglichkeiten der Tiefsee im Vordergrund, während die Piraterievorschriften bei den Beratungen nicht diskutiert wurden; vgl. dazu Kapitel 2 – E.

1313 *Kommer*, DÖV 2016, 236, 238. Teilweise wird das Selbstverteidigungsrecht auch aus nationalen Rechtsordnungen hergeleitet: *Priddy/Casey-Maslen*, J. Int'l Crim. Just. 10 (2012), 839, 844 f.; vgl. auch *Petrig*, Int'l & Comp. L. Q. 62 (2013), 667, 688.

b) Berücksichtigung einer Bewaffnung

Bestehen bleibt auch die Verpflichtung zur Nothilfe im Rahmen der Pflicht zur Hilfeleistung, Art. 98 SRÜ.[1314] Besondere Beachtung finden muss allerdings die Einschränkung, dass bei der Hilfeleistung keine ernste Gefährdung des unterstützenden Schiffes, der Besatzung oder der Fahrgäste stattfinden darf, Art. 98 Abs. 1 SRÜ. Während sich Handelsschiffe ohne Sicherheitsteams bei dem Versuch, ein von Piraten überfallenes Schiff bei der Abwehr zu unterstützen, regelmäßig selbst in ernste Gefahren bringen würden, ist dies bei Handelsschiffen mit einem Sicherheitsteam an Bord anders zu bewerten. In letzterem Fall stehen dem Handelsschiff aufgrund seiner Bewaffnung effektivere Verteidigungsmöglichkeiten zur Verfügung, so dass eine eigene ernste Gefährdung seltener anzunehmen ist und somit ein Ausschluss der Hilfeleistungspflicht ebenfalls seltener besteht.[1315]

4. Gewährung von über die Notwehr und Nothilfe hinausgehenden Eingriffsrechten

Diskutiert wird im Zusammenhang mit dem Einsatz privater Sicherheitsunternehmen an Bord von Handelsschiffen, ob diese bei der Anwendung von Gewalt auf die Ausübung von Notwehr- oder Nothilferechten beschränkt sind oder ihnen weitere, darüber hinausgehende Eingriffsrechte zukommen können.[1316]

a) Maßgaben des Seerechtsübereinkommens der Vereinten Nationen

Hinsichtlich der Befugnis zum Aufbringen von Seeräuberschiffen legt Art. 107 SRÜ fest, dass diese nur von Kriegsschiffen oder anderen, deutlich als im Staatsdienst stehend gekennzeichneten Schiffen ausgeübt werden darf. Ähnliches gilt für das Recht zur Untersuchung von verdächtigen Schiffen; auch dieses darf nur von Kriegsschiffen, Art. 110 Abs. 1 SRÜ, oder anderen Schiffen, die deutlich als im Staatsdienst stehend gekennzeichnet sind, Art. 110 Abs. 5 SRÜ, ausgeführt werden.[1317] Damit werden eindeutige Regelungen getroffen. Gleichzeitig ergibt sich daraus, dass andere Schiffe, also auch solche, die private Sicherheitsteams an

---

1314 Siehe dazu Kapitel 5 – B.

1315 *D. König/Salomon*, PiraT-Arbeitspapiere zur Maritimen Sicherheit Nr. 2 (2011), S. 20.

1316 Vgl. *Kommer*, DÖV 2016, 236, 238 f.; *D. König/Salomon*, PiraT-Arbeitspapiere zur Maritimen Sicherheit Nr. 2 (2011), S. 18 f.; *Guilfoyle* in: Proelß, UNCLOS, Art. 107 Rn. 7.

1317 Siehe zu dem Recht zum Aufbringen bzw. dem Recht zum Untersuchen eingehend Kapitel 4 – C. und Kapitel 4 – B.

Bord haben, nicht in den Kreis der zum Aufbringen oder Untersuchen berechtigten Schiffe einbezogen werden.[1318]

b) (Wieder-)Einführung der Kaperei

Sollen dennoch private Schiffe zum Untersuchen und Aufbringen von Piratenschiffen ermächtigt werden, müsste eine solche Legitimation durch die Staaten erteilt werden. Mithin bedeutete dies die (Wieder-)Einführung von Kaperbriefen.[1319] Dieser Vorschlag wurde unter anderem im Jahr 2011 seitens der Vereinigten Staaten von Amerika geäußert.[1320] Ungewiss ist allerdings, ob die Übertragung von Hoheitsrechten auf Private mit dem Ziel des Vorgehens gegen Seeräuberei mit dem Völkerrecht in Einklang zu bringen ist.

Bedenklich ist dies zunächst aufgrund der *Pariser Seerechtsdeklaration* vom 16. April 1856,[1321] in welcher die Abschaffung der Kaperei festgelegt wurde.[1322] Zwar sind die Vereinigten Staaten von Amerika dieser Deklaration nicht beigetreten.[1323] Allerdings verzichteten sie im Spanisch-Amerikanischen Krieg 1898

1318 *Kommer*, DÖV 2016, 236, 238 f.; *Harlow*, So. Cal. Interdisc. L. J. 21 (2011-2012), 561, 588. Vgl. auch *Symmons*, Mil. L. & L. War Rev. 51 (2012), 21, 30; *Wagner*, HumFoR 3/2010, 41. Davon unabhängig zu beantworten ist die Frage, ob im Falle einer Verteidigung die Angreifer festgehalten und an entsprechende Behörden überstellt werden dürfen; vgl. *D. König/Salomon*, PiraT-Arbeitspapiere zur Maritimen Sicherheit Nr. 2 (2011), S. 19 f. Siehe dazu sogleich noch Kapitel 6 – A. I. 4. c).

1319 Vor allem ab dem 15. Jahrhundert wurden insbesondere von Großbritannien, Frankreich und Spanien Kaperbriefe ausgegeben, um ihren Machtanspruch auf See zu behaupten. Gleichzeitig konnte so der kostspielige Ausbau einer eigenen Kriegsflotte reduziert werden. Zur geschichtlichen Entwicklung der Kaperei: *Elleman/Forbes/Rosenberg* in: Elleman/Forbes/Rosenberg (Hrsg.), Piracy and Maritime Crime, S. 1, 2 ff.; *Eklöf*, Pirates in Paradise, S. 7 f.; *Hutchins*, Cal. L. Rev. 99 (2011), 819, 844 ff.; *Cooperstein*, J. Mar. L. & Com. 40 (2009), 221, 222 ff.

1320 *Hutchins*, Cal. L. Rev. 99 (2011), 819, 821 f.; *Richard*, Pub. Cont. L. J. 39 (2009-2010), 411, 413 f.; *D. König/Salomon*, PiraT-Arbeitspapiere zur Maritimen Sicherheit Nr. 2 (2011), S. 20; *Tempest* in: Berube/Cullen (Hrsg.), Maritime Private Security, S. 86, 89.

1321 *Paris Declaration respecting Maritime Law* (https://ihl-databases.icrc.org/applic/ihl/ihl.nsf/xsp/.ibmmodres/domino/OpenAttachment/applic/ihl/ihl.nsf/10207465E7477D90C12563CD002D65A3/FULLTEXT/IHL-1-EN.pdf [zuletzt abgerufen am 26. März 2020]).

1322 Siehe Nr. 1 Pariser Seerechtsdeklaration: „Privateering is, and remains, abolished".

1323 Die Ablehnung beruhte neben der Missbilligung des Verbots der Kaperei auf der Forderung der Vereinigten Staaten von Amerika, dass jegliche Beschlagnahme privaten Eigentums im Seekrieg verwehrt sein solle; *Cooperstein*, J. Mar. L. & Com. 40 (2009),

auf den Einsatz von Kaperbriefen und erklärten, das Verbot von Kaperbriefen anzuerkennen.[1324] Unabhängig davon, ob durch den langjährigen und einheitlichen Verzicht auf das Ausstellen von Kaperbriefen mittlerweile von einem völkergewohnheitsrechtlichen Verbot ausgegangen werden kann,[1325] bedürfte es bedeutsamer Gründe für die Wiedereinführung der Kaperei. Zumindest die Staaten, welche die *Pariser Seerechtsdeklaration* unterzeichnet haben, sind an die dort festgehaltene Abschaffung der Kaperei gebunden.[1326] Neben der bereits erwähnten Beschränkung der Eingriffsrechte auf Staatsschiffe und solche, die eindeutig als im Staatsdienst gekennzeichnet sind, ist problematisch, wie die unstatthaft zur Kaperei ermächtigten privaten Schiffen rechtlich zu behandeln sind.[1327] Außerdem sind auf Hoher See die Kontrollmöglichkeiten der einzelnen Staaten stark eingeschränkt, so dass eine Überwachung, ob die mit Kaperbriefen ausgestatteten Schiffe die entsprechenden Regelungen einhalten, nur in sehr begrenztem Maße stattfinden kann.[1328] Insbesondere vor dem Hintergrund der

---

221, 246; *Hutchins*, Cal. L. Rev. 99 (2011), 819, 855 f.; *Schmitt*, Die Vorgeschichte der in der Pariser Seerechtsdeklaration niedergelegten Grundsätze, S. 7.

1324 *Hutchins*, Cal. L. Rev. 99 (2011), 819, 858; *v. Liszt*, Das Völkerrecht, § 62. II. 2. b); *D. König/Salomon*, PiraT-Arbeitspapiere zur Maritimen Sicherheit Nr. 2 (2011), S. 21.

1325 Zu dieser Frage: *Young*, Wash. & Lee L. Rev. 66 (2009), 895, 927 ff.; *Richard*, Pub. Cont. L. J. 39 (2009-2010), 411, 429; *Hutchins*, Cal. L. Rev. 99 (2011), 819, 863 ff.; *Kessinger*, Army Law. 2013/8, 4, 17 f.

1326 Vgl. die Pariser Seerechtsdeklaration: „The present Declaration is not and shall not be binding, except between those Powers who have accedes, or shall accede, to it." Von den ursprünglich 55 Vertragsstaaten existieren allerdings einige nicht mehr, so dass die Zahl der unmittelbar aus der Deklaration verpflichteten Staaten darunter liegt. Siehe für eine Liste aller Unterzeichner- und Ratifikationsstaaten: https://ihl-databases.icrc.org/applic/ihl/ihl.nsf/States.xsp?xp_viewStates=XPages_NORMStatesParties&xp_treatySelected=105 (zuletzt abgerufen am 26. März 2020).

1327 *Young*, Wash. & Lee L. Rev. 66 (2009), 895, 929 Fn. 199; *D. König/Salomon*, PiraT-Arbeitspapiere zur Maritimen Sicherheit Nr. 2 (2011), S. 21 f.

1328 An der praktischen Umsetzung der in theoretischer Hinsicht bestehenden Kontrollmechanismen, wie etwa interne Überwachungen oder gerichtliche Überprüfungen, zweifelnd: *Young*, Wash. & Lee L. Rev. 66 (2009), 895, 920. Allgemein zu den Schwierigkeiten beim Einsatz privater Sicherheitsdienstleister im Rahmen der Wahrnehmung hoheitlicher Befugnisse: *Liss*, Asia Research Centre Working Paper Nr. 152 (2008), S. 9 ff.; *D. König/Salomon*, PiraT-Arbeitspapiere zur Maritimen Sicherheit Nr. 2 (2011), S. 22. Dies betrifft auch Fragen nach dem Schutz der Menschenrechte, etwa im Hinblick auf die Behandlung in Gefangenschaft und die Unschuldsvermutung bis zum Abschluss des gerichtlichen Verfahrens; vgl. *D. König/Salomon*, PiraT-Arbeitspapiere zur Maritimen Sicherheit Nr. 2 (2011), S. 22.

eminenten Bedeutung der Freiheit der Schifffahrt auf Hoher See stellt dieser Kontrollverlust eine nur schwer überwindbare Hürde dar. Mithin ist eine Ermächtigung Privater zur Wahrnehmung des Rechts zum Untersuchen verdächtiger Schiffe, Art. 110 SRÜ, und des Rechts zum Aufbringen von Seeräuberschiffen, Art. 105 S. 1 SRÜ, nicht mit den Grundsätzen des Völkerrechts vereinbar.

c) Recht zur vorläufigen Festnahme

Fraglich ist, ob ein angegriffenes Handelsschiff, welches sich erfolgreich gegen Piraten verteidigt hat, diese und ihr Schiff festhalten und an einen anderen Staat zum Zwecke der justiziellen Verfolgung übergeben darf. Dafür müsste ein Festnahme- oder Beschlagnahmerecht ebenfalls von dem Verteidigungsrecht umfasst sein.

aa) Art. 105 S. 1 SRÜ

Gegen ein solches Recht zur Festnahme könnte Art. 105 S. 1 SRÜ sprechen. Voraussetzung dafür wäre, dass das Festhalten von Piraten nach einem Angriff als „Aufbringen“ im Sinne des Art. 105 S. 1 SRÜ zu verstehen ist. Dagegen sprechen allerdings die unterschiedlichen Ausgangssituationen. Beim Aufbringen werden an Bord eines Seeräuberschiffes Personen festgenommen und entsprechende Vermögenswerte beschlagnahmt. Ein vorangegangener Angriff ist nicht erforderlich. Vielmehr kommt es darauf an, dass das aufgebrachte Schiff die in Art. 103 SRÜ festgelegten Kriterien eines Seeräuberschiffes erfüllt.[1329] Wurde hingegen ein Handelsschiff von Seeräubern angegriffen, ist der vorherige konkrete Angriff Anknüpfungspunkt für eine Festnahme. Es geht nicht darum, eine abstrakte Gefahr drohender zukünftiger Angriffe zu bannen, sondern um das sichere Beenden des konkreten Angriffs. Damit stellt das Festhalten von Piraten durch die Besatzung des angegriffenen Handelsschiffes kein Aufbringen im Sinne von Art. 105 S. 1 SRÜ dar.[1330] Gleichzeitig findet so die Einschränkung des

---

1329 Zur Definition eines Seeräuberschiffs siehe Kapitel 4 – C. I.

1330 Auch in dem Entwurf der ILC wird das Überwältigen von Seeräubern und anschließende Überstellen an die zuständigen Stellen nach einem Angriff durch die Besatzung des angegriffenen Handelsschiffes nicht als „Aufbringen“ verstanden; UN, Report of the International Law Commission Covering the Work of its eighth Session, 23. April bis 4. Juli 1956, Commentary to the articles concerning the law of the sea, Y.B. ILC 1956, Bd. II, S. 265, Art. 45 – Commentary, para. (2): „This is not a ‚seizure‘ within the meaning of this article.“ Vielmehr wurde dort ein Recht zum Festhalten und Überstellen an die zuständigen Stellen explizit vorgesehen; UN, Report of the International Law Commission Covering the Work of its eighth Session,

Art. 107 SRÜ, dass ein Aufbringen nur von berechtigen Schiffen[1331] vorgenommen werden darf, kein Anwendung. Damit spricht Art. 105 S. 1 SRÜ nicht gegen ein Festnahmerecht durch die Besatzung eines Handelsschiffs.

bb) Art. 8 SUA-Konvention

Für ein Festnahmerecht spricht auch Art. 8 Abs. 1 SUA-Konvention. Nach dieser Vorschrift kann der Kapitän eines Schiffes eine Person, die im Verdacht steht, eine in Art. 3 SUA-Konvention näher beschriebe Straftat begangen zu haben,[1332] an die Behörden eines anderen Vertragsstaates übergeben.[1333] Ein solches Übergeben setzt denknotwendig ein notfalls gewaltsames Festhalten der betreffenden Person voraus. Eine explizite Ermächtigung zum Festhalten enthält diese Vorschrift jedoch nicht. Durch das Verzichten auf ein explizites Erwähnen eines solchen Festhalterechts wird deutlich, dass ein solches als allgemein anerkannt vorausgesetzt wird.[1334] Wäre dies nicht der Fall, hätte das Festhalterecht eindeutig erwähnt werden müssen. Andernfalls verfügte die Vorschrift nur über einen sehr geringen Anwendungsbereich, wenn ein Festhalten nicht zulässig wäre und die verdächtige Person sich freiwillig der Gewalt der festhaltenden Personen unterstellen müsste.

cc) Art. 9 IPbpR und Art. 9 AEMR

Ein insbesondere auf Hoher See bestehendes Problem ist jedoch, dass ein Übergeben der festgehaltenen Personen an die Behörden regelmäßig deutlich mehr Zeit in Anspruch nimmt als an Land, sofern nicht gerade ein Schiff des Militärs oder anderer staatlicher Stellen in der Nähe ist. Eine weitere praktische Schwierigkeit ergibt sich daraus, dass an Bord von Frachtschiffen regelmäßig keine geeigneten Räumlichkeiten zum Festhalten von Personen vorhanden sind. Es besteht somit die Gefahr, dass die Rechte der festgehaltenen Personen missachtet

---

23. April bis 4. Juli 1956, Commentary to the articles concerning the law of the sea, Y.B. ILC 1956, Bd. II, S. 265, Art. 45 – Commentary, para. (2): „[…] in exercising its right of self-defence, overpowers the pirate ship and subsequently hands it over to a warship or the authorities of a coastal state."

1331 Siehe zu dieser Berechtigung Kapitel 4 – E.

1332 Siehe zu Art. 3 SUA-Konvention bereits Kapitel 2 – F .II.

1333 Zu beachten ist, dass dem Kapitän und nicht dem bewaffneten Sicherheitspersonal diese Befugnis zukommt; vgl. *Petrig*, Int'l & Comp. L. Q. 62 (2013), 667, 692. An dieser Stelle zeigt sich, dass die Letztentscheidungsbefugnis beim Kapitän verbleibt.

1334 Vgl. *Petrig*, Int'l & Comp. L. Q. 62 (2013), 667, 692 f.

werden. Rechte von festgenommenen Personen finden an mehreren Stellen im Völkerrecht Erwähnung. So ist in Art. 9 Abs. 3 IPbpR vorgesehen, dass Personen, die im Verdacht stehen, eine strafbare Handlung begangen zu haben und deshalb festgehalten werden, unverzüglich einem Richter oder einer anderen vergleichbaren Amtsperson vorzuführen sind. Allgemeiner ergibt sich dies auch aus der *Allgemeinen Erklärung der Menschenrechte* (AEMR) der Vereinten Nationen.[1335] In Art. 9 AEMR ist verankert, dass niemand willkürlich festgenommen oder in Haft gehalten werden darf. Weiterhin regelt Art. 10 Abs. 1 IPbpR, dass die Behandlung von Personen, deren Freiheit entzogen ist, menschlich und mit Würde zu erfolgen hat. Dies betrifft nicht nur das Ableisten einer Haftstrafe nach einem Urteil, sondern auch alle sonstigen freiheitsentziehenden Maßnahmen.[1336] Zu beachten ist in diesem Zusammenhang allerdings, dass diese justiziellen Gewährleistungsrechte das Handeln des Staates betreffen. Es besteht keine Verpflichtung des Staates, dem Handeln Dritter Einhalt zu gebieten, sofern ihm diese Handlungen nicht zurechenbar sind.[1337] Das Handeln privater Sicherheitsdienstleister kann einem Staat nicht zugerechnet werden. Voraussetzung dafür wäre, dass private Sicherheitsunternehmen staatliche Aufgaben ausüben und dazu vom Staat beauftragt sind oder dieses Verhalten zumindest geduldet wird.[1338] Wenn es jedoch an einer Beauftragung oder Duldung fehlt, kann auch keine Zurechnung stattfinden.

1335 Allgemeine Erklärung der Menschenrechte v. 10. Dezember 1948, UN, Resolutions: Official Records of the Third Session of the General Assembly, Part 1 (21 September - 12 December 1948), A/810 (Dezember 1948), S. 71. Über den Status, inwieweit die in der AEMR festgeschriebenen Garantien als verbindlich anzusehen sind, besteht Uneinigkeit. Vertiefend dazu etwa: *Nettesheim* in: Merten/Papier (Hrsg.), Handbuch der Grundrechte, Bd. VI/2, § 173 Rn. 38 ff. Allerdings wären selbst bei der Annahme einer Verbindlichkeit zunächst nur Staaten, aber keine privat handelnden Akteure unmittelbar aus der Erklärung verpflichtet.

1336 *Gollwitzer*, Menschenrechte im Strafverfahren, nach Art. 5 MRK (Art. 10 IPBPR), Rn. 11; *Bair*, The International Covenant on Civil and Political Rights, A Short Commentary, S. 43.

1337 *Gollwitzer*, Menschenrechte im Strafverfahren, Art. 5 MRK (Art. 9, 11 IPBPR), Rn. 13; nach Art. 5 MRK (Art. 10 IPBPR), Rn. 9, 11; vgl. auch *Esser* in: Löwe/Rosenberg, StPO, Bd. XI, Art. 5 EMRK / Art. 9, 10, 11 IPBPR, Rn. 15.

1338 Zur Zurechnung von Handlungen privater Personen etwa: *Herdegen*, Völkerrecht, § 58 Rn. 6; *v. Arnauld*, Völkerrecht, Rn. 410; vgl. auch *Dörr* in: Epping/Heintschel v. Heinegg (Hrsg.), Ipsen, Völkerrecht, § 30 Rn. 24 f.

Daran ändert sich auch nichts dadurch, dass ein Staat auf Hoher See seiner Schutzverpflichtung nicht nachkommen kann.[1339] Diese mangelnde Möglichkeit beruht nicht auf einem Unvermögen des Staates, sondern darauf, dass es faktisch unmöglich ist, den Schutz sämtlicher, unter der Flagge des jeweiligen Staates fahrenden Schiffe sicherzustellen.[1340] Daher kann es einem Staat auch nicht in vorwerfbarer Weise vorgehalten werden, dass sich Reedereien privater Sicherheitsdienste bedienen, um ihre Schiffe gegen Angriffe zu schützen.

dd) Berücksichtigung der Besonderheiten auf Hoher See

(1) Keine zeitnahe Verfügbarkeit staatlicher Strukturen

Während eine an Land festgehaltene Person regelmäßig innerhalb kurzer Zeit an staatliche Ordnungsstrukturen übergeben werden kann und so der Zeitraum überschaubar ist, in welchem diese Person ohne Überprüfung durch eine unabhängige Instanz festgehalten wird,[1341] stellt sich dies auf Hoher See anders dar.

1339 Siehe dazu Kapitel 5 – A. II.

1340 Zwar stellen einige Staaten den Reedern bewaffnete Soldaten zum Schutz der Handelsschiffe zur Seite. Dies allerdings nur in bestimmten, als Risikogebiete eingestuften Seegebieten. Zu diesen VPDs allgemein: *Ronzitti* in: Francioni/Ronzitti (Hrsg.), War by Contract, S. 37, 44 f.; *Neri*, Mil. L. & L. War Rev. 51 (2012), 73, 74 ff.; *Petrig*, Int'l & Comp. L. Q. 62 (2013), 667, 669 f. Daher kann nicht ausgeschlossen werden, dass in anderen, als weniger gefährlich beurteilten Gebieten dennoch Angriffe stattfinden. Mithin können auch solche Staaten keinen allumfänglichen Schutz der unter ihrer Flagge fahrenden Schiffe gewährleisten.

1341 Als zeitliche Grenze, innerhalb derer ein Festhalten ohne richterliche Überprüfung zulässig ist, werden um die drei Tage angesehen; *Joseph/Castan*, The International Covenant on Civil and Political Rights, Rn. 11.54. Zu beachten ist in den dort angeführten Fällen allerdings, dass die Festnahme durch staatliche Stellen erfolgte, so dass die festgenommene Person über die menschenrechtlichen Gewährleistungen geschützt ist. Daneben wurde im Einzelfall allerdings auch ein wesentlich längerer Zeitraum von 16 Tagen akzeptiert: Im Urteil *Angelos Rigopoulos contre l'Espagne* des *Europäischen Gerichtshofs für Menschenrechte* (EGMR) (EGMR, Entsch. v. 12. Januar 1999 – No. 37388/97, *Angelos Rigopoulos/Spanien*, ECHR 1999-II) wurde eine Verletzung von Art. 5 Abs. 3 EMRK abgelehnt, nachdem ein Verdächtiger 16 Tage lang auf einem Schiff der spanischen Zollbehörden festgehalten wurde, ohne einem Richter vorgeführt zu werden. Die verdächtige Person wurde auf einem Schiff angetroffen, welches offenbar zum Drogenschmuggel eingesetzt wurde. Berücksichtigt wurde unter anderem, dass sich der Vorfall ungefähr 5.500 Kilometer von der spanischen Küste entfernt auf Hoher See ereignete und es daher nicht möglich war, die Person unverzüglich einem Richter vorzuführen.

Staatliche Ordnungsstrukturen sind dort nicht unmittelbar zur Stelle. Damit muss eine verdächtige Person längere Zeit festgehalten werden, bis sie an eine staatliche Stelle übergeben werden kann. Allerdings wurde von der ILC festgestellt, dass das Festhalten und anschließende Übergeben an ein Kriegsschiff oder die Behörden eines Küstenstaates nach einem Piratenangriff rechtmäßig ist.[1342] Weiterhin bestand schon während dieser Überlegungen die räumliche Beschränkung des Tatbestandes der Piraterie auf die Hohe See[1343] und mithin die Schwierigkeit, dass festgehaltene Personen nicht sofort überstellt werden konnten. Auch in der SUA-Konvention, welche ein Festhalten und anschließendes Überstellen von verdächtigen Personen vorsieht, wird davon ausgegangen, dass verdächtige Personen auch außerhalb des Küstenmeeres festgehalten werden können. Dies ergibt sich aus Art. 8 Abs. 2 SUA, wonach der Staat, an den eine festgenommene Person übergeben werden soll, möglichst vor dem Einlaufen in das zu dem Empfangsstaat gehörende Küstenmeer benachrichtigt wird. Dafür spricht weiterhin, dass es für die Staaten aus faktischen Gründen nicht möglich ist, eine umfassende Piratenabwehr in allen Meeresgebieten zu gewährleisten. Somit ist nicht vermeidbar, dass es zu Situationen kommt, in denen das angegriffene Schiff zunächst auf sich alleine gestellt ist bei der Abwehr des Angriffs. Damit ist davon auszugehen, dass auch das Festhalten von Personen berücksichtigt wurde, wenn keine staatlichen Strukturen zeitnah verfügbar sind.

(2) Dauer des vorläufigen Festnehmens

Allerdings stellt sich damit gleichzeitig die Frage nach grundsätzlichen Vorgaben, die für die vorläufige Festnahme insbesondere in zeitlicher Hinsicht gelten. Auch wenn private Akteure nicht direkt an die Vorgaben von Art. 9 IPbpR und Art. 9 AEMR gebunden sind, können diese Normen zumindest als Anhaltspunkt dienen, in welchem Maße zeitliche Grenzen bei der vorläufigen Festnahme einzuhalten sind. Dafür spricht insbesondere die Vergleichbarkeit zwischen der von Art. 9 IPbpR und Art. 9 AEMR geregelten Situation einerseits und dem Festhalten der Seeräuberei verdächtiger Personen durch Private andererseits. In beiden

1342 UN, Report of the International Law Commission Covering the Work of its eighth Session, 23. April bis 4. Juli 1956, Commentary to the articles concerning the law of the sea, Y.B. ILC 1956, Bd. II, S. 265, Art. 45 – Commentary, para. (2). Siehe dazu bereits Fn. 1330.

1343 UN, Report of the International Law Commission Covering the Work of its eighth Session, 23. April bis 4. Juli 1956, Commentary to the articles concerning the law of the sea, Y.B. ILC 1956, Bd. II, S. 265, Art. 39 Abs. 1 lit. (a).

Fällen sind keine unabhängigen justiziellen Einrichtungen verfügbar, die über die Rechtmäßigkeit des Festhaltens entscheiden. Damit können die im Rahmen von Art. 9 IPbpR und Art. 9 AEMR gefundenen Grundsätze hinsichtlich des Zeitraums, in dem Angreifer festgehalten werden dürfen, auch bei vorläufigem Festnehmen durch die Besatzung oder private Sicherheitsdienstleister an Bord von Handelsschiffen herangezogen werden.[1344] Im Rahmen des zulässigen Zeitraums liegen dabei ungefähr drei Tage, wobei dies in erheblichem Maße vom jeweiligen Einzelfall abhängig ist.[1345] In praktischer Hinsicht ist noch zu berücksichtigen, dass Flucht- und insbesondere Versteckmöglichkeiten für Piraten auf Hoher See nur sehr eingeschränkt bestehen. Verzichtet daher der Kapitän des angegriffenen Schiffes auf ein Festhalten, ist es – in Abhängigkeit von der Position des Überfalls und der Verfügbarkeit von Kriegsschiffen in der Nähe – durchaus möglich, dass die Angreifer von Marinekräften ausfindig gemacht und festgenommen werden können.

ee) Ergebnis

Private Sicherheitsdienstleister dürfen Piraten, welche das Schiff angegriffen haben, grundsätzlich an Bord festhalten.[1346] Allerdings müssen bei einem Festhalten staatliche Stellen verständigt werden. Zudem ist zu beachten, dass ein Festhalten für eine Dauer von längstens drei Tagen zulässig ist, wobei diese Zeitspanne stark einzelfallabhängig ist.

5. Gewaltanwendung durch private Sicherheitsteams

Das Selbstverteidigungsrecht umfasst auch die Anwendung von – mitunter tödlicher – Gewalt.[1347] Wird ein der Piraterie verdächtiges Schiff untersucht oder ein Seeräuberschiff aufgebracht, sind die staatlichen Akteure, welche die Untersuchung nach Art. 110 SRÜ oder das Aufbringen nach Art. 105 S. 1 SRÜ durchführen, an bestimmte Maßgaben bei der Anwendung von Gewalt

1344 Siehe zu diesen Grenzen Fn. 1341.

1345 Vgl. dazu bereits Fn. 1341.

1346 *Ronzitti* in: Francioni/Ronzitti (Hrsg.), War by Contract, S. 37, 43; *Petrig*, Int'l & Comp. L. Q. 62 (2013), 667, 692; *D. König/Salomon*, PiraT-Arbeitspapiere zur Maritimen Sicherheit Nr. 2 (2011), S. 19.

1347 Siehe dazu bereits Kapitel 5 – A. III. 2. und Kapitel 5 – B. II. 1.

gebunden.[1348] Private Sicherheitsdienstleister könnten dabei ähnlichen Bedingungen unterliegen.

a) *Maßgaben des* Seerechtsübereinkommens der Vereinten Nationen *und Schiedsurteile*

Die im SRÜ enthaltenen Regelungen zur zwangsweisen Durchsetzung bestimmter Rechte[1349] lassen sich nicht ohne Weiteres auf private Akteure übertragen. Das Übereinkommen bindet lediglich die Mitgliedstaaten und kann gegenüber Privaten allenfalls mittelbare Wirkungen entfalten.[1350] Auch die Urteile von Schiedsgerichten, welche die Anwendung von Gewalt im Zusammenhang mit der Durchsetzung des Rechts zum Untersuchen und Aufbringen zum Inhalt haben, betreffen als Handelnde staatliche Akteure.[1351] Damit können auch diese nicht ohne Weiteres für die Frage nach den Maßgaben zur Gewaltanwendung Privater herangezogen werden.

b) *Empfehlungen für den Einsatz privater Sicherheitsdienstleister*

In den Empfehlungen für den Einsatz privater Sicherheitsdienstleister werden teils sehr detaillierte Hinweise gegeben, unter welchen Umständen der Einsatz von möglicherweise tödlicher Gewalt zulässig ist.[1352] Zwar sind diese nicht verbindlich, sondern stellen – zumindest derzeit – nur Empfehlungen dar. Allerdings geht von diesen Empfehlungen eine bestimmte Beeinflussung aus, so dass diese Richtlinien bei der Frage nach dem zulässigen Maß an Gewaltanwendung berücksichtigt werden müssen.[1353]

1348 Zur Ausübung von Zwang beim Untersuchen nach Art. 110 SRÜ bzw. Aufbringen nach Art. 105 SRÜ von Schiffen siehe bereits Kapitel 4 – B. III. 3. und Kapitel 4 – C. IV.

1349 Siehe zu diesen Regelungen Kapitel 4 – B. III. 3. a).

1350 In Art. 98 Abs. 1 SRÜ wird beispielsweise festgelegt, dass die *Staaten* entsprechende Regelungen schaffen, die den Kapitän dazu verpflichten, in Notsituationen Hilfe zu leisten. Weiterhin bestimmt Art. 117 SRÜ eine *staatliche* Pflicht, betreffend die eigenen Staatsangehörigen entsprechende Maßnahmen zur Erhaltung der lebenden Ressourcen zu ergreifen. Zum Verständnis von Art. 117 SRÜ: *Borg* in: Attard/et al. (Hrsg.), The IMLI Manual on International Maritime Law, Bd. I, S. 342, 351 Fn. 39.

1351 Siehe zu den Urteilen Kapitel 4 – B. III. 3. c).

1352 Siehe etwa die Richtlinien der BIMCO; Fn. 1235.

1353 Siehe dazu schon oben Kapitel 6 – A. I. 2. e).

c) Voraussetzungen für die Gegenwärtigkeit eines Angriffs

Übernehmen private Sicherheitsteams den Schutz eines Schiffes gegen Piratenangriffe, besteht als weiteres Problem, ab welchem Zeitpunkt eine Verteidigung zulässig ist. Im Gegensatz zu staatlichen Akteuren, die bei der Seeräuberei verdächtigen Schiffen zunächst das Untersuchungsrecht nach Art. 110 SRÜ ausüben müssen, haben private Handelnde diese Möglichkeit nicht. Nähert sich dementsprechend ein Boot, welches seinen äußeren Anzeichen nach möglicherweise von Seeräubern eingesetzt wird, dem von einem privaten Sicherheitsteam bewachten Schiff, ist zu überprüfen, ob eine Verteidigungshandlung erst erfolgen darf, nachdem die Seeräuber die Angriffshandlung begonnen haben oder ob diese schon zuvor zulässig ist.

Damit das Selbstverteidigungsrecht effektiv ausgeübt werden kann, dürfen keine Anforderungen gestellt werden, welche die Ausübung des Selbstverteidigungsrechts unverhältnismäßig einschränken. Die Gegenwärtigkeit eines Angriffs darf demnach nicht erst dann angenommen werden, wenn die angreifenden Piraten Schüsse abgegeben haben oder versuchen, das angegriffene Schiff zu entern. Vielmehr können bei der Beantwortung der Frage, ab wann ein Angriff als „gegenwärtig" bezeichnet werden kann, die Grundsätze von Art. 110 SRÜ als Anhaltspunkte dienen. Zwar wurden diese Grundsätze vor dem Hintergrund entwickelt, dass die nach Art. 110 Abs. 1 und 5 SRÜ befugten – und damit staatlichen – Schiffe[1354] zu einem Betreten des verdächtigen Schiffes berechtigt werden. Jedoch dienen die restriktiven Grundsätze des Betretungsrechts zu einem wesentlichen Teil dem Schutz der Schifffahrtsfreiheit auf Hoher See.[1355] Ob die Beeinträchtigung dieses Prinzips von staatlich oder privat handelnden Akteuren ausgeht, macht hinsichtlich des Schiffes, welches untersucht wird, keinen Unterschied, denn dieses wird in beiden Fällen in der Ausübung der Schifffahrtsfreiheit beeinträchtigt. Ob ein Schiff, welches möglicherweise für seeräuberische Aktivitäten eingesetzt wird, betreten und näher untersucht werden darf, hängt davon ab, ob „begründeter Anlaß für den Verdacht besteht, daß das Schiff Seeräuberei betreibt", Art. 110 Abs. 1 lit. a) SRÜ.[1356] Dabei werden vor allem das Verhalten des Schiffes bzw. der Crew und der Zustand oder das Erscheinungsbild des Schiffes als solches berücksichtigt. Diese Kriterien können

---

1354 Siehe ausführlich zu den zum Untersuchen und Aufbringen befugten Schiffen Kapitel 4 – E.

1355 Vgl. *Geiß/Petrig*, Piracy and Armed Robbery at Sea, S. 57; *Hoffmann*, Navigation, Freedom of, in: MPEPIL (Stand: April 2011), Rn. 23.

1356 Siehe eingehend dazu Kapitel 4 – B. II.

auch dafür herangezogen werden, ab wann Maßnahmen zur Selbstverteidigung zulässig sind.

Zeichen, die auf einen möglicherweise bevorstehenden Angriff hindeuten, finden sich unter anderem in den *Best Management Practices for Protection against Somalia Based Piracy:* Nähert sich ein Schiff mit hoher Geschwindigkeit oder verfolgt dieses das Handelsschiff über eine ungewöhnlich lange Zeit und Strecke, ohne dass dafür ein Grund ersichtlich ist, stellt dies ein verdächtiges Verhalten des sich nähernden Schiffes dar.[1357] Bleibt unter diesen Umständen auch eine Kontaktaufnahme erfolglos, bestätigt dies das verdächtige Verhalten. Ebenfalls zweifelerregend ist es, wenn die Ausrüstung des Schiffes nicht zu dem vorgeblichen Verwendungszweck passt.[1358] Befindet sich ein solches verdächtiges Schiff so in der Nähe, dass es innerhalb weniger Augenblicke die Bordwand des Frachtschiffes erreichen kann, ist von der Gegenwärtigkeit des Angriffs auszugehen. Sofern allerdings von dem möglichen Piratenschiff noch keine aktive Angriffshandlung ausgegangen ist, sind die Verteidigungsmaßnahmen eingeschränkt. Als Anhaltspunkte für das zulässige Maß an Gewalt können wiederum die Grundsätze dienen, inwieweit die Anwendung von Zwang im Rahmen des Untersuchungsrechts nach Art. 110 SRÜ zulässig ist.[1359] Übertragen auf Abwehrmaßnahmen bedeutet dies, dass Waffengewalt nur zulässig ist, wenn das verdächtige Schiff sich durch keine anderen Maßnahmen abwehren lässt und auch dann zunächst Warnschüsse abzugeben sind.

d) Ergebnis

Private Sicherheitsteams dürfen bei der Abwehr von Angriffen Gewalt anwenden. Zu beachten ist jedoch, dass der Angriff gegenwärtig sein muss und außerdem der Einsatz von Schusswaffen nur zulässig ist, wenn keine anderen Maßnahmen erfolgsversprechend sind.

II. Küsten- und hafenstaatliche Regelungsbefugnis

Werden auf einem Schiff bewaffnete Sicherheitskräfte eingesetzt, betrifft dies grundsätzlich lediglich die Rechtsordnung des Staates, unter dessen Flagge das Schiff fährt. Läuft das Schiff jedoch fremde Küstengewässer oder fremde Häfen an, kann auch die Rechtsordnung des Küsten- bzw. Hafenstaates relevant werden.

1357 *BIMCO/et al.*, Best Management Practices, Version 5, S. 51.

1358 Siehe zu verdächtigem Verhalten weiter oben Kapitel 4 – B. II. 3.

1359 Siehe dazu eingehend oben Kapitel 4 – B. III. 3.

Sieht man von der – mit erheblichem Aufwand verbundenen – Möglichkeit des Ein- und Ausschiffens von Sicherheitspersonal oder zumindest der Waffen auf Hoher See ab, sind Sicherheitspersonal und Waffen auch immer an Bord des Schiffes, wenn dieses sich in fremden Territorialgewässern oder fremden Häfen befindet. Daher muss untersucht werden, inwieweit es dem Küstenstaat möglich ist, auf sich an Bord fremder Schiffe befindliche Sicherheitsdienste einzuwirken. Das Recht der friedlichen Durchfahrt stellt dafür den Ausgangspunkt dar (unter 1.), um anschließend der eigentlichen Frage nach der küstenstaatlichen Regelungskompetenz hinsichtlich des Vorhandenseins von Sicherheitspersonal bzw. Waffen an Bord fremder Schiffe, welche die Küstengewässer durchfahren, nachzugehen (unter 2.) und ob ein Einsatz von Waffen in fremden Küstengewässern möglicherweise gerechtfertigt werden kann (unter 3.). In einem weiteren Schritt ist zu klären, wie das Vorhandensein von privatem Sicherheitspersonal und Waffen in fremden Häfen vor dem Hintergrund einer möglicherweise bestehenden küsten- bzw. hafenstaatlichen Regelungskompetenz zu bewerten ist (unter 4.).

1. Recht der friedlichen Durchfahrt

In fremden Küstengewässern genießen Schiffe das Recht der friedlichen Durchfahrt, Art. 17 SRÜ. Dies bedeutet, dass fremde Küstenmeere grundsätzlich ohne Einschränkungen seitens des Küstenstaates durchfahren werden dürfen.[1360] Besondere Regelungen bestehen für Unterseeboote und sonstige Unterwasserfahrzeuge, Art. 20 SRÜ,[1361] sowie Schiffe mit Kernenergieantrieb oder Schiffe, die nukleare oder sonstige, ihrer Natur nach gefährliche oder schädliche Stoffe befördern, Art. 23 SRÜ.[1362] Daneben kann der Küstenstaat bestimmte navigatorische

---

1360 Allgemein zum Recht der friedlichen Durchfahrt: *Tanaka*, International Law of the Sea, S. 104 ff.; *Hakapää*, Innocent Passage, in: MPEPIL (Stand: Mai 2013), Rn. 5 ff.; *Graf Vitzthum* in: Graf Vitzthum (Hrsg.), Handbuch des Seerechts, Kap. 2 Rn. 119 ff. Erfasst wird auch das Ein- und Auslaufen in die bzw. aus den inneren Gewässern sowie Reeden und Häfen; *Barnes* in: Proelß, UNCLOS, Art. 18 Rn. 6; *Graf Vitzthum* in: Graf Vitzthum (Hrsg.), Handbuch des Seerechts, Kap. 2 Rn. 120. Zu beachten ist allerdings im Hinblick auf das Ansteuern von Häfen, dass diese nicht zwingend für den Schiffsverkehr geöffnet sein müssen; vgl. *Barnes* in: Proelß, UNCLOS, Art. 18 Rn. 6. Zur allgemeinen Zugänglichkeit von Häfen siehe auch noch Kapitel 6 – A. II. 4. b).

1361 Allgemein dazu: *Ngantcha*, The Right of Innocent Passage, S. 153 f.

1362 Allgemein dazu: *Ngantcha*, The Right of Innocent Passage, S. 151 f.; *Tanaka*, International Law of the Sea, S. 111 ff.

Vorgaben machen, etwa hinsichtlich der Einhaltung bestimmter Schifffahrtswege, Art. 22 SRÜ.[1363] Darüber hinaus beschränkt sich seine Regelungskompetenz auf die in Art. 21 Abs. 1 lit. a) bis h) SRÜ genannten Bereiche.[1364]

a) Einer friedlichen Durchfahrt entgegenstehende Tätigkeiten, Art. 19 Abs. 2 SRÜ

Eine Durchfahrt gilt als friedlich, wenn sie nicht den Frieden, die Ordnung oder die Sicherheit des Küstenstaates beeinträchtigt, Art. 19 Abs. 1 SRÜ. In Art. 19 Abs. 2 lit. a) bis l) SRÜ werden verschiedene Tätigkeiten aufgezählt, die eine Beeinträchtigung des Friedens, der Ordnung oder der Sicherheit des Küstenstaates darstellen. In Betracht käme bei Sicherheitskräften bzw. Waffen an Bord ein Verstoß gegen Art. 19 Abs. 2 lit. b) oder l) SRÜ. Problematisch bei Art. 19 Abs. 2 lit. b) SRÜ ist die Voraussetzung, dass es sich bei dem Einsatz der Sicherheitskräfte um „eine Übung oder ein Manöver" handeln muss. Dieses setzt allerdings ein aktives Handeln voraus, welches über das bloße Hindurchfahren hinausgeht.[1365] Zudem handelt es sich bei den Art. 19 Abs. 2 lit. a) bis g) SRÜ um eine Aufzählung „feindseliger Aktivitäten".[1366] Das bloße Vorhandensein von Sicherheitskräften bedeutet aber weder ein aktives Handeln, noch kann es als feindselige Aktivität gesehen werden. Somit stellt die bloße Anwesenheit bewaffneter Sicherheitskräfte an Bord von Handelsschiffen keine Tätigkeit nach Art. 19 Abs. 2 lit. b) SRÜ dar.[1367] Auch der Auffangtatbestand des Art. 19 Abs. 2 lit. l) SRÜ kann nicht bewaffnete Sicherheitskräfte an Bord erfassen.[1368] Dafür müsste dieser mit den in Art. 19 Abs. 2 lit. a) bis k) SRÜ aufgezählten Tätigkeiten

---

1363 Vgl. dazu: *Dahm/Delbrück/Wolfrum*, Völkerrecht, Bd. I/1, § 68 III. 4.; *Hasselmann*, Die Freiheit der Handelsschiffahrt, S. 275 ff.

1364 Auch Art. 21 SRÜ zielte ursprünglich auf die Regelung navigatorischer Angelegenheiten; *D. König/Salomon*, PiraT-Arbeitspapiere zur Maritimen Sicherheit Nr. 2 (2011), S. 13; *Jessen*, RdTW 2013, 125, 128.

1365 *D. König/Salomon*, PiraT-Arbeitspapiere zur Maritimen Sicherheit Nr. 2 (2011), S. 12; *Churchill/Lowe*, The law of the sea, S. 85.

1366 *Beckert/Breuer*, Öffentliches Seerecht, Rn. 309.

1367 *D. König/Salomon*, PiraT-Arbeitspapiere zur Maritimen Sicherheit Nr. 2 (2011), S. 12; vgl. auch *M. R. Fischer*, Recht ohne Staat, S. 151 f.

1368 Vgl. *D. König/Salomon*, PiraT-Arbeitspapiere zur Maritimen Sicherheit Nr. 2 (2011), S. 12. Art. 19 Abs. 2 lit. l) SRÜ nicht von vornherein ausschließend und auf eine einzelfallbezogene Abwägung abstellend, ob eine Durchfahrt noch als friedlich angesehen werden kann: *M. R. Fischer*, Recht ohne Staat, S. 152. Vgl. auch *D. König/et al.*, PiraT-Arbeitspapiere zur Maritimen Sicherheit Nr. 7 (2011), S. 19.

vergleichbar sein, was zum einen an dem Erfordernis der Feindseligkeit des Handelns scheitert und zum anderen an der Vergleichbarkeit insbesondere mit den in Art. 19 Abs. 2 lit. h) bis k) SRÜ genannten Verhaltensweisen.

b) Offenes Zeigen einer Bewaffnung, Art. 20 SRÜ

Teilweise wird aus Art. 20 SRÜ gefolgert, dass mögliche Waffen bei der Durchfahrt offen gezeigt werden müssen.[1369] Art. 20 SRÜ legt fest, dass Unterseeboote und andere Unterwasserfahrzeuge im Küstenmeer verpflichtet sind, an der Wasseroberfläche zu fahren und ihre Flagge zu zeigen. Aufgrund der sehr geringen Bedeutung ziviler Unterseeboote würde die Norm allerdings vor allem militärisch genutzte Unterseeboote erfassen, die somit durch das Auftauchen ihre Waffen offen zeigen müssten.[1370] Dies sei dann auch auf andere Schiffe übertragbar.[1371] Diskussionswürdig ist dieses Argument, weil in Art. 20 SRÜ überhaupt keine Bewaffnung vorausgesetzt wird. Zwar sind ein Großteil der bestehenden Unterseeboote militärisch genutzte Fahrzeuge, so dass Art. 20 SRÜ hauptsächlich auf solche Anwendung findet.[1372] Keineswegs aber ist die Anwendung von Art. 20 SRÜ auf militärische Fahrzeuge beschränkt.[1373] Vielmehr sollen militärisch und zivil genutzte Unterseefahrzeuge gleichermaßen erfasst werden.[1374] Daneben werden selbst in der Definition des Kriegsschiffes in Art. 29 SRÜ keine Waffen vorausgesetzt, um ein Schiff als Kriegsschiff im Sinne des SRÜ anzusehen.[1375] Folglich ist nicht ersichtlich, warum Art. 20 SRÜ, der nicht auf militärisch genutzte Fahrzeuge beschränkt ist, bei militärisch genutzten Fahrzeugen eine Bewaffnung voraussetzen soll, während die Art. 29 bis 32 SRÜ, welche ausdrücklich die Besonderheiten von unter anderem Kriegsschiffen regeln, darauf

---

1369 *Trésoret*, Seepiraterie, S. 359.

1370 *Trésoret*, Seepiraterie, S. 359 Fn. 1551.

1371 Vgl. *Trésoret*, Seepiraterie, S. 358 f.

1372 *Barnes* in: Proelß, UNCLOS, Art. 20 Rn. 6

1373 Dies ergibt sich schon aus dem Vergleich von Art. 20 SRÜ mit den Art. 29 bis 32 SRÜ: In den letzteren Vorschriften wird explizit auf Kriegsschiffe und damit militärisch genutzte Fahrzeuge eingegangen, während eine solche Einschränkung in Art. 20 SRÜ fehlt. Damit wird deutlich, dass das SRÜ in dieser Hinsicht eine Unterscheidung trifft.

1374 *Sir Watts*, The International Law Commission 1949-1998, Bd. I, The Law of the Sea, ILC Final Draft Articles and Commentary, S. 31, Art. 15 – Commentary, para. (5); *Nordquist*, UNCLOS, Bd. II, Rn. 20.7(a).

1375 *Barnes* in: Proelß, UNCLOS, Art. 29 Rn. 6; *Oxman*, Virg. J. Int'l L. 24 (1983-1984), 809, 813. Siehe zur Kriegsschiffdefinition im SRÜ bereits: Kapitel 4 – E. I.

verzichten, eine Bewaffnung zu fordern. Demnach kann es nicht das Ziel von Art. 20 SRÜ sein, das Zeigen einer möglicherweise vorhandenen Bewaffnung zu verlangen. Folglich kann sich aus Art. 20 SRÜ auch keine Pflicht zum offenen Zeigen einer möglicherweise vorhandenen Bewaffnung ergeben.

c) *Ergebnis*

Mithin ergibt sich aus dem völkerrechtlich festgelegten Recht der friedlichen Durchfahrt keine Einschränkung hinsichtlich des Mitführens von Waffen an Bord. Die Durchfahrt eines Schiffes durch fremde Küstenmeere ist somit auch dann als friedlich zu bezeichnen, wenn sich Waffen an Bord befinden.[1376]

2. *Zulässigkeit von küstenstaatlichen Regelungen hinsichtlich des Mitführens von Waffen*

Das Recht der friedlichen Durchfahrt steht einem Mitführen von Waffen an Bord von Handelsschiffen nicht entgegen. Allerdings könnte den Küstenstaaten selbst die Möglichkeit zustehen, durch ihre Gesetzgebung Einschränkungen in diesem Bereich festzulegen. Zumindest einige Küstenstaaten gehen davon aus, eine solche Befugnis zu haben und stellen Regelungen hinsichtlich des Mitführens von Waffen in ihren Küstengewässern auf.[1377] Fraglich ist indes, ob der Erlass solcher Regelungen vom SRÜ vorgesehen ist.

a) *Erlassen von Gesetzen und sonstigen Vorschriften des Küstenstaates über die friedliche Durchfahrt, Art. 21 SRÜ*

aa) *Keine Regelungen hinsichtlich Entwurf, Bau, Bemannung oder Ausrüstung, Art. 21 Abs. 2 SRÜ*

Zunächst muss Art. 21 Abs. 2 SRÜ beachtet werden. Danach dürfen sich die auf Grundlage von Art. 21 Abs. 1 lit. a) bis h) SRÜ erlassenen Gesetze und Vorschriften

> „nicht auf den Entwurf, den Bau, die Bemannung oder die Ausrüstung von fremden Schiffen erstrecken, sofern sie nicht allgemein anerkannten internationalen Regelungen oder Normen Wirksamkeit verleihen."

1376 So auch: *Ronzitti* in: Francioni/Ronzitti (Hrsg.), War by Contract, S. 37, 48.

1377 *D. König/Salomon*, PiraT-Arbeitspapiere zur Maritimen Sicherheit Nr. 2 (2011), S. 15; vgl. auch *Jessen*, RdTW 2013, 125, 128. Siehe zu verschiedenen küstenstaatlichen Regelungen noch Kapitel 6 – A. II. 2. d).

Fraglich ist, ob Sicherheitskräfte als „Bemannung“ zählen können.[1378] In diesem Fall wäre - unabhängig von Art. 21 Abs. 1 SRÜ - eine Regelungsbefugnis des Küstenstaates abzulehnen, es sei denn, sie stünde mit international anerkannten Normen im Einklang. Dadurch, dass die Küstenstaaten keine Regelungen hinsichtlich der in Art. 21 Abs. 2 SRÜ genannten Bereiche festlegen dürfen, soll die Freiheit der Schifffahrt sichergestellt werden. Diese Bereiche betreffen überwiegend Merkmale eines Schiffes, die während der Fahrt nicht ohne Weiteres geändert werden können.[1379] Die Crew eines Schiffes kann während der Fahrt nur mit großem Aufwand verändert werden, so dass Vorschriften etwa hinsichtlich der Personenzahl oder erforderlichen Ausbildung der einzelnen Besatzungsmitglieder - sofern sie von den international anerkannten Bestimmungen abweichen - unzulässig sind.[1380] Bei Sicherheitspersonal wird vorgebracht, dass zumindest denkbar ist, dass dieses vor dem Einfahren in ein Küstenmeer von und nach dem Verlassen wieder an Bord gebracht wird.[1381]

1378 *Petrig*, Int'l & Comp. L. Q. 62 (2013), 667, 684.

1379 *Churchill/Lowe*, The law of the sea, S. 94; *D. König/Salomon*, PiraT-Arbeitspapiere zur Maritimen Sicherheit Nr. 2 (2011), S. 13; *Petrig*, Int'l & Comp. L. Q. 62 (2013), 667, 684.

1380 Im *Seearbeitsübereinkommen, 2006* v. 23. Februar 2006 (BGBl. 2013 II S. 763, 765) wird durch die Regel 2.7 festgelegt, dass die Besatzungsstärke von Schiffen durch den Flaggenstaat zu regeln ist. Dabei sind bestimmte, in der Norm A2.7 und der Leitlinie B2.7 konkretisierte, Bedingungen zu beachten. Für unter deutscher Flagge fahrende Schiffe sind diese Vorgaben in der Schiffsbesetzungsverordnung (SchBesV) (Schiffsbesetzungsverordnung [SchBesV] v. 18. Juli 2013, BGBl. 2013 I S. 2575, zuletzt geändert durch Art. 12 Pflegeberufereformgesetz v. 17. Juli 2017, BGBl. 2017 I S. 2581) statuiert. In den §§ 4 bis 7 SchBesV werden allgemeine Vorgaben hinsichtlich der Befähigung der Besatzung gemacht. Die genaue Anzahl der einzelnen Besatzungsmitglieder ergibt sich gemäß § 8 SchBesV aus dem Schiffsbesatzungszeugnis. Dieses wird für jedes Schiff von der *Dienststelle Schiffssicherheit* der *Berufsgenossenschaft Verkehr* ausgestellt und legt fest, wie viele Besatzungsmitglieder mit welcher Befähigung auf Seereisen mindestens an Bord sein müssen. Die genauen Anforderungen an die Befähigung ergeben sich aus dem *Internationalen Übereinkommen von 1978 über Normen für die Ausbildung, die Erteilung von Befähigungszeugnissen und den Wachdienst von Seeleuten* v. 7. Juli 1978 (BGBl. 1982 II S. 297, 298).

1381 *Petrig*, Int'l & Comp. L. Q. 62 (2013), 667, 684. Dies wird auch bei Lotsen so gehandhabt. In bestimmten Meeresgebieten ist es für Schiffe ab einer bestimmten Größe verpflichtend, einen Lotsten mit an Bord zu nehmen. So sind etwa Schiffe ab einer Länge von 90 Metern oder einer Breite von 13 Metern oder einem Tiefgang von 8 Metern beim Befahren der *Kieler Förde* grundsätzlich verpflichtet, einen Lotsen an Bord zu nehmen; vgl. § 6 Abs. 1 Nr. 1 der *Verordnung über die Verwaltung und Ordnung*

Unsicher ist hingegen, ob auf dem Schiff eingesetztes Sicherheitspersonal überhaupt als „Bemannung“ im Sinne von Art. 21 Abs. 2 SRÜ anzusehen ist.[1382] In den entsprechenden internationalen Regelungen[1383] sind Sicherheitsdienstleister nicht vorgesehen. In den Empfehlungen der IMO wird ebenfalls zwischen bewaffnetem Sicherheitspersonal und der Crew unterschieden.[1384] Hiergegen ließe sich zwar vorbringen, dass der Begriff „Bemannung“ weitergehend ist als jener der „Crew“ und daher auch bewaffnete Wachpersonen umfasst, zumal während der Ausarbeitung des SRÜ die sich in den letzten Jahren zeigende Entwicklung privater Sicherheitsdienstleister an Bord von Schiffen nicht absehbar war. Allerdings zielt Art. 21 SRÜ vor allem auf die navigatorische Sicherheit[1385] des Schiffes. Deutlich wird dies anhand der in Art. 21 Abs. 1 SRÜ aufgezählten Bereiche, in denen der Küstenstaat unter Beachtung bestimmter Voraussetzungen rechtsetzend tätig werden kann. Diese betreffen neben dem Umweltschutz (Art. 21 Abs. 1 lit. d) bis f) SRÜ), dem Schutz der wissenschaftlichen Meeresforschung (Art. 21 Abs 1 lit. g) SRÜ) und dem Schutz bestimmter küstenstaatlicher Gesetze wie Zollgesetze (Art. 21 Abs. 1 lit. h) SRÜ) den allgemeinen Schutz des Schiffsverkehrs (Art. 21 Abs. 1 lit. a) bis c) SRÜ). Durch diese detaillierten

der Seelotsreviere Nord-Ostsee-Kanal I und Nord-Ostsee-Kanal II/Kieler Förde/Trave/Flensburger Förde (NOK-Lotsenverordnung – NOK-LV) v. 8. April 2003, BAnz. 2003, S. 9991, zuletzt geändert durch Art. 74 § 7 WSV-Zuständigkeitsanpassungsverordnung v. 2. Juni 2016, BGBl. 2016 I S. 1257, berichtigt BGBl. 2016 I S. 1728.

1382 Art. 21 Abs. 2 SRÜ: „shall not apply to the [...] *manning* [...] of foreign ships [...]“ (*Hervorhebung* durch den Verfasser).

1383 Siehe zu den Anforderungen an die Schiffsbesatzung Fn. 1380.

1384 Dies ergibt sich aus den verwendeten Bezeichnungen, die zwischen Sicherheitspersonal und Besatzung unterscheiden; *Mahard*, Vand. J. Transnat'l L. 47 (2014), 331, 351. Siehe dazu beispielsweise: IMO, Revised Interim Guidance to Shipowners, Ship Operators and Shipmasters on the Use of Privately Contracted Armed Security Personnel on Board Ships in the High Risk Area, MSC.1/Circ.1405/Rev.2 (25. Mai 2012), Annex, para. 1.5 und 5.6.2: „Placing *armed guards* on board as a means to secure and protect the ship and its *crew* should [...]“ und „[...] the size of the PCASP [privately contracted armed security personnel] team *plus the crew* should not exceed [...]“ (*Hervorhebungen* durch den Verfasser).

1385 Unter dem Begriff der navigatorischen Sicherheit wird hier die Abwehr aller Gefahren verstanden, die von dem Schiff selbst ausgehen, wenn es nicht entsprechend den jeweiligen Vorschriften gesteuert wird. Als solche Vorschriften kommen etwa die Kollisionsverhütungsregeln (Übereinkommen von 1972 über die Internationalen Regeln zur Verhütung von Zusammenstößen auf See v. 20. Oktober 1972, BGBl. 1976 II S. 1017, 1018) in Betracht.

Regelungen wird deutlich, dass nur der Seeschifffahrt immanente Gefahren erfasst werden. Gleichzeitig wird durch die Art. 100 ff. SRÜ deutlich, dass dem SRÜ von außen kommende Gefahren nicht fremd sind. Bewaffnete Sicherheitsteams an Bord von Schiffen sind auch nicht für die Steuerung und die navigatorische Sicherheit des Schiffs verantwortlich. Zwar kann von einem Schiff, welches von Seeräubern überfallen wird und infolgedessen führerlos auf dem Meer treibt, eine erhebliche Gefahr ausgehen.[1386] Allerdings entsteht diese Gefahr erst durch das Eingreifen Dritter. Zudem besteht das Risiko von Überfällen nur in bestimmten Seegebieten,[1387] so dass nicht von einer allgemeinen Gefährdung ausgegangen werden kann. Damit kann an Bord befindliches Sicherheitspersonal nicht als „Bemannung" im Sinne von Art. 21 Abs. 2 SRÜ angesehen werden, so dass der Bereich des Einsatzes von privaten Sicherheitskräften zumindest nicht aufgrund von Art. 21 Abs. 2 SRÜ der Regelungskompetenz des Küstenstaates entzogen ist.[1388]

bb) Regelungen hinsichtlich navigatorischer Vorgaben, Art. 21 Abs. 1 lit. a) SRÜ

Weiterhin müsste die Regelung von Sicherheitspersonal an Bord von Schiffen im Küstenmeer von einem der in Art. 21 Abs. 1 lit. a) bis h) SRÜ aufgezählten Sachverhalte erfasst werden. Als Grundlage für Vorschriften hinsichtlich des Einsatzes von Sicherheitsdienstern könnte Art. 21 Abs. 1 lit. a) SRÜ dienen. Danach

---

1386 Oft sind die Piraten nicht in der Lage, ein modernes Frachtschiff zu steuern; vgl. Kapitel 3 – E. IV. Als im September 1992 die *Nagasaki Spirit*, ein mit ungefähr 40.000 Tonnen Rohöl beladenes Tankschiff, in der Straße von Malakka – möglicherweise aufgrund eines Piratenüberfalls – führerlos umhertrieb und mit der *Ocean Blessing*, einem Containerschiff, kollidierte, gelangten 12.000 Tonnen des Öls ins Meer. Außerdem kam ein Großteil der Crew ums Leben und die in Flammen stehende *Nagasaki Spirit* blockierte tagelang die Wasserstraße; Öltanker nach Kollision in Flammen, Frankfurter Allgemeine Zeitung v. 21. September 1992, S. 9; Sechzehn Seeleute in verbranntem Containerschiff tot aufgefunden, Frankfurter Allgemeine Zeitung v. 29. September 1992, S. 10. Vgl. auch *Burnett*, Terror auf See, S. 157 ff.; *Fort* in: Ong-Webb (Hrsg.), Piracy, Maritime Terrorism and Securing the Malacca Straits, S. 23, 34.

1387 Siehe dazu Kapitel 3 – C.

1388 Wird hingegen die Anwendbarkeit von Art. 21 Abs. 2 SRÜ angenommen, stellt sich in einem zweiten Schritt die Frage, was unter „allgemein anerkannten internationalen Regeln oder Normen" zu verstehen ist und ob solche im Hinblick auf private Sicherheitsdienstleister bereits bestehen. Dieser Sichtweise folgend und dieses Problem diskutierend: *M. R. Fischer*, Recht ohne Staat, S. 154 f.

kann ein Küstenstaat unter Beachtung weiterer Voraussetzungen Regelungen erlassen, welche die Sicherheit der Schifffahrt und die Regelung des Seeverkehrs betreffen. Auf den ersten Blick könnten Sicherheitsdienste an Bord von Schiffen in den Regelungsbereich der Sicherheit der Schifffahrt fallen.[1389] Jedoch sind mit „Sicherheit der Schiffahrt und Regelung des Seeverkehrs", Art. 21 Abs. 1 lit. a) SRÜ, navigatorische Vorgaben gemeint, welche den Seeverkehr an sich betreffen, nicht aber die Sicherheit des Schiffes gegen Angriffe.[1390] Dies wird insbesondere in der englischen Sprachfassung von Art. 21 Abs. 1 lit. a) SRÜ deutlich, worin Gegenstand möglicher Regelungen „the *safety* of navigation and the regulation of maritime traffic"[1391] sein können. Es geht also vor allem um die Sicherung der Schifffahrt und nicht um den Schutz eines Schiffes vor möglichen äußeren Einwirkungen.[1392] Küstenstaatliche Vorgaben hinsichtlich des Einsatzes von Sicherheitskräften können damit nicht auf Art. 21 Abs. 1 lit. a) SRÜ gestützt werden.

cc) Regelungen hinsichtlich des Verhinderns von Verstößen gegen Zoll- und sonstige Finanzgesetze sowie Einreise- und Gesundheitsgesetze, Art. 21 Abs. 1 lit. h) SRÜ

Als weitere mögliche Grundlage für eine küstenstaatliche Regelungskompetenz wird Art. 21 Abs. 1 lit. h) SRÜ genannt.[1393] Allerdings ist zweifelhaft, ob Regelungen hinsichtlich des Führens von Waffen an Bord fremder Schiffe tatsächlich unter Art. 21 Abs. 1 lit. h) SRÜ gefasst werden können. Denkbar wäre, dass der Küstenstaat die Einführung von Waffen grundsätzlich durch seine Zollgesetze untersagt. Dann müsste dieses Verbot nach Art. 21 Abs. 1 lit. h) SRÜ zur „Verhütung von Verstößen gegen die Zoll[gesetze] [...] und diesbezüglichen sonstigen

---

1389 *D. König/Salomon*, PiraT-Arbeitspapiere zur Maritimen Sicherheit Nr. 2 (2011), S. 13.

1390 *D. König/Salomon*, PiraT-Arbeitspapiere zur Maritimen Sicherheit Nr. 2 (2011), S. 13; *Nordquist*, UNCLOS, Bd. II, Rn. 21.11(a). Diese Regelungskompetenz hinsichtlich der Sicherheit des Schiffes betrifft beispielsweise Konstruktion, Ausstattung und Seetüchtigkeit von Schiffen sowie die Arbeitsbedingungen der Besatzung; UN, Report of the International Law Commission Covering the Work of its eighth Session, 23. April bis 4. Juli 1956, Commentary to the articles concerning the law of the sea, Y.B. ILC 1956, Bd. II, S. 265, Art. 34 – Commentary, para. (1); *Petrig*, Int'l & Comp. L. Q. 62 (2013), 667, 685.

1391 *Hervorhebung* durch den Verfasser.

1392 Vgl. *D. König/Salomon*, PiraT-Arbeitspapiere zur Maritimen Sicherheit Nr. 2 (2011), S. 13; *M. R. Fischer*, Recht ohne Staat, S. 153.

1393 *Jessen*, RdTW 2013, 125, 128. Eindeutig ist dies allerdings nicht, da die Küstenstaaten nicht angeben, auf welcher Grundlage sie entsprechende Regelungen erlassen haben.

Vorschriften des Küstenstaates" dienen. Problematisch ist, dass dafür allerdings die Waffen an Land gebracht werden müssten. Dies ergibt sich aus Art. 19 Abs. 2 lit. g) SRÜ, wonach die Durchfahrt eines fremden Schiffes nicht mehr friedlich ist, wenn ein „*Laden oder Entladen* von Waren [...] entgegen den Zoll[gesetzen] und diesbezüglichen sonstigen Vorschriften des Küstenstaates [stattfindet]."[1394] Um dies zu verhindern, sieht Art. 21 Abs. 1 lit. h) SRÜ eine küstenstaatliche Kompetenz zum Erlass von Regeln vor, welche die Einhaltung der Zollgesetze sichern.[1395] Gleichzeitig wird damit deutlich, dass die entsprechenden Gegenstände an Land gebracht werden müssen. Dass sich Gegenstände, die möglicherweise auf dem Territorium des Küstenstaates unerwünscht sind, im Küstenmeer befinden, reicht nicht aus. Somit kann der Küstenstaat keine Vorschriften gestützt auf Art. 21 Abs. 1 lit. h) SRÜ erlassen, welche die Handhabung von Waffen an Bord fremder Schiffe im Küstenmeer zum Inhalt haben.

dd) Zwischenergebnis

Mithin ist es dem Küstenstaat verwehrt, auf Grundlage von Art. 21 SRÜ entsprechende Regelungen zu schaffen, die den Einsatz von privaten Sicherheitskräften an Bord von Handelsschiffen betreffen.

b) Ausübung der Strafgerichtsbarkeit an Bord eines fremden Schiffes, Art. 27 SRÜ

Nach Art. 27 Abs. 1 SRÜ ist es dem Küstenstaat grundsätzlich verwehrt, seine Strafgerichtsbarkeit an Bord eines fremden Schiffes auszuüben, welches sein Küstenmeer durchfährt, es sei denn, es handelt sich um einen in Art. 27 Abs. 1 lit. a) bis d) SRÜ aufgezählten Fall.

aa) Geregelte Ausnahmen in Art. 27 Abs. 1 lit. a) bis d) SRÜ

In Art. 27 Abs. 1 lit. a) bis d) SRÜ werden verschiedene Ausnahmen beschrieben, bei deren Vorliegen der Küstenstaat seine Strafgerichtsbarkeit an Bord fremder Schiffe ausüben darf. Ist in der Rechtsordnung des Küstenstaates das Mitführen von Waffen untersagt und befährt ein fremdes Handelsschiff mit Waffen an Bord das Küstenmeer, käme als Ausnahmetatbestand Art. 27 Abs. 1 lit. b) SRÜ in Betracht.[1396] Dafür müsste das Mitführen der Waffen geeignet sein, den Frieden des Landes oder die Ordnung im Küstenmeer zu stören. Zunächst gilt es zu

---

1394 *Hervorhebung* durch den Verfasser.

1395 Vgl. *Nordquist*, UNCLOS, Bd. II, Rn. 21.11(e).

1396 *D. König/Salomon*, PiraT-Arbeitspapiere zur Maritimen Sicherheit Nr. 2 (2011), S. 14.

beachten, dass die Waffen lediglich mitgeführt werden, ohne dass sie zum Einsatz kommen. Weiterhin sind diese Waffen vor allem auf eine Verteidigung gegen Seeräuber ausgerichtet, so dass ihre Reichweite eingeschränkt ist.[1397] Somit ist eine Störung des Friedens an Land je nach Entfernung des Schiffes von der Küste von vornherein ausgeschlossen. Und auch eine Störung der Ordnung im Küstenmeer ist nur schwer vorstellbar, solange sich lediglich Waffen an Bord befinden, diese jedoch nicht eingesetzt werden.[1398] Zudem muss berücksichtigt werden, dass auch Kriegsschiffe ein Recht der friedlichen Durchfahrt genießen[1399] und auch andere Schiffe, die gefährliche Stoffe befördern oder aus anderen Gründen eine potentielle Gefahr darstellen, das Küstenmeer grundsätzlich durchfahren dürfen.[1400] Der Küstenstaat ist somit zumindest nicht nach Art. 27 Abs. 1 lit. b) SRÜ berechtigt, seine Strafgerichtsbarkeit an Bord fremder Schiffe auszuüben, wenn diese entgegen der küstenstaatlichen Rechtsordnung unerlaubterweise Waffen an Bord haben.[1401]

bb) Wortlaut „soll *[…] nicht ausgeübt werden", Art. 27 Abs. 1 SRÜ*

Dem Wortlaut nach *soll* der Küstenstaat mit Ausnahme der aufgezählten Fälle seine Strafgerichtsbarkeit nicht an Bord fremder Schiffe ausüben.[1402] Diese Formulierung beruht darauf, dass die Souveränität der Küstenstaaten noch stärker herausgestellt werden sollte, indem ihnen ein Ermessen eingeräumt wird hinsichtlich der Frage, ob sie ihre Strafgerichtsbarkeit an Bord fremder Schiffe

---

1397 Je nach Ausrüstung des Sicherheitspersonals beträgt die Reichweite der eingesetzten Waffen maximal 1.000 bis 1.200 Meter; *Petrig*, Int'l & Comp. L. Q. 62 (2013), 667, 675; *Florquin* in: McDonald/et al. (Hrsg.), Small Arms Survey 2012, S. 191, 208.

1398 *D. König/Salomon*, PiraT-Arbeitspapiere zur Maritimen Sicherheit Nr. 2 (2011), S. 14.

1399 Siehe dazu: *Churchill/Lowe*, The law of the sea, S. 88 ff.; *Tanaka*, International Law of the Sea, S. 108 ff.; *Hakapää*, Innocent Passage, in: MPEPIL (Stand: Mai 2013), Rn. 29 ff.

1400 Vgl. dazu *Tanaka*, International Law of the Sea, S. 111 ff.; *Heintschel v. Heinegg* in: Epping/Heintschel v. Heinegg (Hrsg.), Ipsen, Völkerrecht, § 41 Rn. 20.

1401 So auch: *D. König/Salomon*, PiraT-Arbeitspapiere zur Maritimen Sicherheit Nr. 2 (2011), S. 14.

1402 Art. 27 Abs. 1 SRÜ: „The criminal jurisdiction of the coastal State *should not* be exercised on board a foreign ship passing […]" (*Hervorhebung* durch den Verfasser). Im Gegensatz dazu legt Art. 27 Abs. 5 SRÜ fest, dass der Küstenstaat unter bestimmten Umständen hinsichtlich des Aufklärens von Straftaten an Bord fremder Schiffe keine Maßnahmen ergreifen *darf*. Art. 27 Abs. 5 SRÜ: „Except as provided in […] the coastal state *may not* take any steps on board a foreign ship passing through the territorial sea […]" (*Hervorhebung* durch den Verfasser).

ausüben dürfen.[1403] Demnach stellt Art. 27 Abs. 1 SRÜ kein zwingendes Verbot auf, welches dem Küstenstaat grundsätzlich verwehrt, seine Strafgerichtsbarkeit an Bord fremder Schiffe auszuüben. Es besteht allerdings ein Ermessen, ob der Küstenstaat von seiner Befugnis zum Ausüben der Gerichtsbarkeit Gebrauch macht.[1404] Bei der Anwendung dieses Ermessens muss der Küstenstaat die mögliche Straftat einerseits und das Prinzip der friedlichen Durchfahrt durch Küstengewässer andererseits berücksichtigen. Dabei kommt dem Prinzip der friedlichen Durchfahrt eine herausragende Bedeutung zu.[1405] Daher hat in der Regel dieses Prinzip Vorrang vor dem Strafverfolgungsinteresse des Küstenstaates.[1406] Nur bei besonders gravierenden Straftaten kann das Strafverfolgungsinteresse des Küstenstaates das Recht des fremden Schiffes auf friedliche Durchfahrt durch das Küstenmeer überwiegen.[1407]

Behalten bewaffnete Sicherheitskräfte ihre Ausrüstung in fremden Küstengewässern an Bord, verstoßen diese möglicherweise gegen Waffengesetze des Küstenstaates. Allerdings kommen durch das bloße Vorhandensein von Waffen keine Personen zu Schaden. Als entgegenstehendes Prinzip würde das Recht der friedlichen Durchfahrt erheblich beeinträchtigt. Somit darf das Ermessen nur dahingehend ausgeübt werden, dass eine entsprechende Ausübung der

---

1403 Die ursprüngliche Formulierung *may not* wurde während der Beratungen über Art. 19 SRÜ auf Drängen der Vereinigten Staaten von Amerika in die schließlich finale Formulierung *should not* geändert. Vgl. dazu: *Shearer*, Int'l & Comp. L. Q. 35 (1986), 320, 327; *O'Connell*, The International Law of the Sea, Bd. II, S. 960 f.

1404 *Tanaka*, International Law of the Sea, S. 115; *Shearer*, Int'l & Comp. L. Q. 35 (1986), 320, 327; *O'Connell*, The International Law of the Sea, Bd. II, S. 961.

1405 Vgl. UN, Report of the International Law Commission Covering the Work of its eighth Session, 23. April bis 4. Juli 1956, Commentary to the articles concerning the law of the sea, Y.B. ILC 1956, Bd. II, S. 265, Art. 20 – Commentary, para. (1).

1406 So wohl auch *Graf Vitzthum* in: Graf Vitzthum (Hrsg.), Handbuch des Seerechts, Kap. 2 Rn. 126: „Die strafrechtliche Zuständigkeit hat, trotz seiner äquatorialen Souveränität, grundsätzlich nicht der Küstenstaat inne." Siehe ebenfalls *Manchuk*, Tul. Mar. L. J. 32 (2007-2008), 221, 221: „Article 27 restricts states from exercising jurisdiction over vessels in their territorial waters." Ebenfalls von einer eingeschränkten Jurisdiktionskompetenz ausgehend: *Anderson*, Modern Law of the Sea, S. 73: „[…] Article 27 of the Convention limits the exercise of powers of arrest or investigation by the authorities of the coastal state […]".

1407 Anhaltspunkte dafür sind der Unrechtsgehalt der Tat, die Schwere der Beeinträchtigung der Rechtsposition des Opfers oder ob der entsprechende Tatbestand allgemein anerkannt ist.

Strafgerichtsbarkeit an Bord fremder Schiffe beim schlichten Vorhandensein von Waffen, die nicht eingesetzt werden, unterbleiben muss.

cc) Zwischenergebnis

Selbst wenn die Rechtsordnung des Küstenstaates das Führen von Waffen an Bord von Schiffen untersagt, so ist ihm die Ausübung der Strafgerichtsbarkeit an Bord fremder Schiffe dennoch verwehrt. Sich an Bord befindliche Waffen fallen unter keine der in Art. 27 Abs. 1 lit. a) bis d) SRÜ genannten Ausnahmen, so dass es bei dem in Art. 27 Abs. 1 SRÜ genannten Grundsatz bleibt, dass der Küstenstaat seine Strafgerichtsbarkeit an Bord fremder Schiffe nicht ausüben *soll.* Bei der Ausübung des dem Küstenstaat zustehenden Ermessens überwiegt das Recht der friedlichen Durchfahrt das Interesse des Küstenstaates, im Küstenmeer begangene Delikte zu ahnden.

c) Ergebnis

Dem Küstenstaat ist es verwehrt, das Mitführen von Waffen an Bord fremder Schiffe, die seine Küstengewässer durchfahren, zu regulieren. Solche Vorschriften können nicht auf Art. 21 SRÜ gestützt werden, wonach der Küstenstaat die Möglichkeit hat, hinsichtlich der friedlichen Durchfahrt Regelungen festzulegen. Weiterhin kann der Küstenstaat auch nicht seine Strafgerichtsbarkeit an Bord fremder Schiffe ausüben, die sich in seinem Küstenmeer befinden, da die Ahndung eines Verstoßes gegen etwaige küstenstaatliche Waffengesetze weniger schwer wiegt als die Einschränkung des Rechts der friedlichen Durchfahrt. Private Sicherheitsdienste können daher auch auf Handelsschiffen eingesetzt werden, welche fremde Küstengewässer durchfahren. Dem Küstenstaat ist es schon verwehrt, entsprechende Vorschriften zu schaffen, welche dies untersagen oder an bestimmte Voraussetzungen binden. Zumindest aber hat er keine Befugnis, möglicherweise entgegenstehende Regelungen an Bord dieser fremden Schiffe durchzusetzen.[1408]

Gleichwohl ist zu überlegen, einheitliche Regelungen zu schaffen, wonach die Küstenstaaten darüber informiert werden, dass die Bewaffnung von Handelsschiffen nach den rechtlichen Regelungen des jeweiligen Flaggenstaates zulässig ist. So könnte zum einen ein Register aufgebaut werden, in welches die entsprechenden gesetzlichen Rahmenbedingungen hinsichtlich der möglichen Bewaffnung von privaten Handelsschiffen einbezogen werden. Dieses könnte

1408 Ebenfalls davon ausgehend, dass im Völkerrecht grundsätzlich kein Verbot für den Einsatz von Sicherheitsdienstleistern existiert: *M. R. Fischer*, Recht ohne Staat, S. 158.

beispielsweise von der IMO geführt werden.[1409] Zum anderen könnten die Küstenstaaten von dem jeweiligen Flaggenstaat direkt darauf hingewiesen werden, etwa im Rahmen einer diplomatischen Note.[1410]

d) Küstenstaatliche Regelungen

Einige Küstenstaaten untersagen dennoch das Mitführen von Waffen an Bord von Schiffen, welche ihr Küstenmeer durchfahren, oder stellen dafür bestimmte Voraussetzungen auf.[1411] So verlangt die Rechtslage Hongkongs etwa, dass mindestens 24 Stunden vor dem Einfahren in Hongkonger Gewässer der Kapitän unter anderem erklären muss, dass die Waffen für die gesamte Zeit auf dem Schiff verbleiben und dort sicher verschlossen gelagert werden.[1412] In mauritischen Gewässern gibt es ebenfalls Vorgaben hinsichtlich bewaffneter Sicherheitskräfte. So wird etwa gefordert, dass auf dem Schiff angemessene Lagermöglichkeiten für Waffen und Munition vorhanden sein müssen und Sicherheitskräfte sich auf Verlangen an einem bestimmten Platz an Bord zu versammeln haben, um von der Küstenwache in Augenschein genommen zu werden. Daneben müssen auch die Regelungen des Flaggenstaates eingehalten werden.[1413] Andere Staaten gehen teilweise wesentlich weiter, was die Einschränkung von bewaffneten Sicherheitskräften betrifft. So dürfen sich in den Küstengewässern Sri Lankas oder Omans keine Waffen an Bord der Schiffe befinden. Für die Zeit des Aufenthaltes werden

---

1409 Vgl. *v. Unruh* in: Brake (Hrsg.), Maritime Sicherheit – Moderne Piraterie, S. 187, 191. Die IMO stellt auf ihrer Internetseite bereits Informationen zu küstenstaatlichen Regelungen betreffend den Einsatz von privatem Sicherheitspersonal bzw. Waffen an Bord zur Verfügung: http://www.imo.org/en/OurWork/Security/PiracyArmedRobbery/Pages/Private-Armed-Security.aspx (zuletzt abgerufen am 26. März 2020). Somit könnten diese Informationen um die flaggenstaatlichen Regelungen betreffend den Einsatz von bewaffneten Sicherheitskräften an Bord der Schiffe erweitert werden.

1410 *v. Unruh* in: Brake (Hrsg.), Maritime Sicherheit – Moderne Piraterie, S. 187, 191.

1411 Für eine Übersicht küsten- und hafenstaatlicher Regelungen verschiedener Staaten: *van Hespen*, J. Mar. L. & Com. 45 (2014), 361, 392 ff.

1412 Informationen der IMO zu den Vorgaben Hongkongs im Hinblick auf bewaffnete Sicherheitskräfte in den Territorialgewässern: http://www.imo.org/en/OurWork/Security/PiracyArmedRobbery/Documents/PCASP/Hong%20Kong,%20China.pdf (zuletzt abgerufen am 26. März 2020).

1413 Informationen der IMO zu den Vorgaben Mauritius' im Hinblick auf bewaffnete Sicherheitskräfte in den Territorialgewässern: http://www.imo.org/en/OurWork/Security/PiracyArmedRobbery/Documents/PCASP/Mauritius.pdf (zuletzt abgerufen am 26. März 2020).

diese auf speziellen Schiffen gelagert, die sich zu diesem Zweck in den entsprechenden Meeresgebieten befinden.[1414]

Einschränkungen existieren auch beim Befahren des Sueskanals hinsichtlich des Mitführens von Waffen.[1415] Die rechtlichen Rahmenbedingungen ergeben sich aus der *Konvention von Konstantinopel* vom 29. Oktober 1888.[1416] Daneben untersteht der Kanal allerdings der ägyptischen Souveränität.[1417] Da es sich um eine künstlich angelegte Wasserstraße handelt, sind auch nicht die Regelungen über die Transitdurchfahrt des SRÜ anwendbar.[1418] So hat die zuständige *Suez Canal Authority* festgelegt, dass sich keine Waffen an Bord der den Sueskanal durchfahrenden Schiffe befinden dürfen.[1419] Daneben gibt es allerdings auch einige Staaten, die keine Einschränkungen treffen. So gibt es in den Küstengewässern Irans[1420] und Panamas[1421] keinerlei Vorgaben hinsichtlich des Mitführens

---

1414 Vgl. *Jessen*, RdTW 2013, 125, 128; Cruisin' with guns; Floating armouries, The Economist v. 23. Januar 2016, S. 41. Anfang 2015 befanden sich im Golf von Oman sechs solcher auch als *floating armouries* bezeichneten Schiffe. Diese werden von Unternehmen betrieben, die teilweise auch bewaffnete Sicherheitskräfte für das Begleiten von Schiffen bereitstellen; *Kent/Cassie*, Gun Ships: Floating Arsenals Battle Pirates on High Seas, Wall Street Journal v. 3. Februar 2015, S. A.1. Zu den von solchen *floating armouries* ausgehenden Gefahren: *M. R. Fischer*, Recht ohne Staat, S. 172 f.

1415 Vgl. *D. König/Salomon*, PiraT-Arbeitspapiere zur Maritimen Sicherheit Nr. 2 (2011), S. 16.

1416 *Convention Respecting the Free Navigation of the Suez Maritime Canal* vom 29. Oktober 1888; Am. J. Int'l L. Sup. 3 (1909), 123. Ausführlich zu dieser Konvention: *Broms*, The Legal Status of the Suez Canal, S. 27 ff.

1417 *Arcari*, Suez Canal, in: MPEPIL (Stand: Oktober 2007), Rn. 21; vgl. auch *Shaw*, International Law, S. 402.

1418 *Mahmoudi*, Transit Passage, in: MPEPIL (Stand: März 2008), Rn. 13. Zu den die Transitdurchfahrt betreffenden Regeln der Art. 37 bis 44 SRÜ: *Tanaka*, International Law of the Sea, S. 123 ff.; *Shaw*, International Law, S. 427 ff.

1419 Zuletzt erging am 6. Juli 2015 die Anordnung, dass der Kapitän bestätigen muss, dass sich keine Waffen an Bord seines Schiffes befinden dürfen (http://www.nepia.com/media/287862/RMI_-_SSAdvisory_9-15_pdf.pdf [zuletzt abgerufen am 26. März 2020]). Das Verbot von Waffen besteht bereits seit 2010; vgl. *D. König/Salomon*, PiraT-Arbeitspapiere zur Maritimen Sicherheit Nr. 2 (2011), S. 16.

1420 Informationen der IMO zu den Vorgaben Irans im Hinblick auf bewaffnete Sicherheitskräfte in den Territorialgewässern: http://www.imo.org/en/OurWork/Security/PiracyArmedRobbery/Documents/PCASP/Iran-Islamic_Republic_of.pdf (zuletzt abgerufen am 26. März 2020).

1421 Informationen der IMO zu den Vorgaben Panamas im Hinblick auf bewaffnete Sicherheitskräfte in den Territorialgewässern: http://www.imo.org/en/OurWork/

von Waffen oder für den Einsatz von bewaffnetem Sicherheitspersonal an Bord von Handelsschiffen, die das jeweilige Küstenmeer durchfahren.

Dass diese Vorschriften befolgt werden, hat hauptsächlich wirtschaftliche Gründe. Werden Schiffe angehalten, die gegen entsprechende Vorschriften Waffen an Bord mitführen, bedeutet dies regelmäßig erhebliche zeitliche Verzögerungen und andere nachteilige Folgen, so dass ein Befolgen der Vorschriften unabhängig von deren Rechtmäßigkeit die konfliktärmere Alternative darstellt.[1422]

e) Einsatz von Waffen in Küstengewässern

Unabhängig von der Legalität des Mitführens von Waffen in Küstengewässern ist zu beurteilen, ob diese auch eingesetzt werden dürfen. Art. 2 Abs. 1 SRÜ legt fest, dass das Küstenmeer der Souveränität des Küstenstaates untersteht, wobei das SRÜ sowie die Regeln des Völkerrechts zu berücksichtigen sind, Art. 2 Abs. 3 SRÜ.[1423] Bezogen auf die Gesetze des Küstenstaates, welche den Einsatz von Waffen zum Gegenstand haben bedeutet dies, dass diese auch im Küstenmeer Geltung besitzen. Wird der Gebrauch von Waffen an bestimmte Voraussetzungen gebunden oder gänzlich untersagt, gelten diese Regelungen auch im Küstenmeer. Während allerdings das bloße Mitführen von Waffen an Bord fremder Schiffe aufgrund des Rechts der friedlichen Durchfahrt nicht verboten werden darf, stellt sich dies beim Einsatz von Waffen anders dar.

Der Einsatz von Waffen steht in keinem Zusammenhang mit der Ausübung des Rechts der friedlichen Durchfahrt,[1424] so dass dieser nicht der Regelungsbefugnis

---

Security/PiracyArmedRobbery/Documents/PCASP/Panama.pdf (zuletzt abgerufen am 26. März 2020).

1422 Zu den Verzögerungen, die – allerdings in den dort aufgeführten Fällen nicht bei der friedlichen Durchfahrt nach Art. 17 SRÜ – beim Mitführen von Waffen entstehen können: *D. König/Salomon*, PiraT-Arbeitspapiere zur Maritimen Sicherheit Nr. 2 (2011), S. 16. Ein weiteres praktisches Problem ergibt sich daraus, dass der Versicherungsschutz erlöschen kann, wenn die Gesetze des Küstenstaates – unabhängig von ihrer Vereinbarkeit mit den völkerrechtlichen Vorgaben – nicht befolgt werden; *Guilfoyle* in: van Ginkel/van der Putten (Hrsg.), The International Response to Somali Piracy, S. 127, 143; *D. König/Salomon*, PiraT-Arbeitspapiere zur Maritimen Sicherheit Nr. 2 (2011), S. 15.

1423 Vgl. allgemein dazu: *v. Arnauld*, Völkerrecht, Rn. 810 f.; *Rafii*, Seerecht, internationales, in: Schöbener (Hrsg.), Völkerrecht, S. 365; *Tanaka*, International Law of the Sea, S. 102 ff. Vgl. auch Kapitel 2 – E. I. 3. c) bb).

1424 Ein wesentlicher Aspekt des Rechts der friedlichen Durchfahrt ist der Handel zwischen den Staaten; *Agyebeng*, Cornell Int'l L. J. 39 (2006), 371, 379. Vgl. allgemeiner

des Küstenstaates entzogen ist. Zwar wird diskutiert, inwieweit Angelegenheiten, die nur Auswirkungen an Bord des fremden Schiffes haben, von der Jurisdiktion des Küstenstaates ausgeschlossen sind.[1425] Der Einsatz von Waffen betrifft aber nicht nur die innere Disziplin, so dass auch diese Ausnahme vorliegend nicht einschlägig ist. Damit unterliegt der Einsatz von Waffen, die von privaten Sicherheitsdienstleistern mitgeführt werden, den rechtlichen Vorgaben des Küstenstaates. Der Küstenstaat kann den Waffeneinsatz damit unter bestimmte Voraussetzungen stellen oder gänzlich untersagen.

3. *Mögliche Rechtfertigung eines Waffeneinsatzes in Küstengewässern*

Wird ein Frachtschiff angegriffen, welches unter Beachtung der Bedingungen der friedlichen Durchfahrt ein fremdes Küstenmeer durchfährt, stellt sich die Frage, ob entgegen der jeweiligen küstenstaatlichen Vorgaben ein Einsatz von Waffen zur Verteidigung gerechtfertigt sein kann. Das SRÜ wurde nicht zur Regelung von bewaffneten Auseinandersetzungen geschaffen,[1426] so dass sich hier keine Vorschriften finden lassen.[1427] Die Vorschriften der UN-Charta erfassen keine Auseinandersetzung zwischen privaten Akteuren.[1428]

Unabhängig von einer konkreten völkerrechtlichen Grundlage jedoch ergäben sich bei einer möglichen Rechtfertigung erhebliche Schwierigkeiten. Wäre der Einsatz von Waffengewalt im Falle eines Angriffs gerechtfertigt, käme dies einer faktischen Erlaubnis für Waffengewalt durch private Handelnde gleich.

---

dazu auch: *Dahm/Delbrück/Wolfrum*, Völkerrecht, Bd. I/1, § 68 I.; *Barnes* in: Proelß, UNCLOS, Art. 17 Rn. 1; *Aust*, Handbook of International Law, S. 282. Gleichzeitig ist das Recht der friedlichen Durchfahrt allerdings nicht an einen bestimmten Zweck gebunden; siehe dazu noch Kapitel 6 – B. II. 3. b).

1425 Dazu folgend Kapitel 6 – A. II. 4. a) aa).

1426 Bei der Schaffung des SRÜ standen vor allem die durch den technischen Fortschritt möglich gewordene wirtschaftliche Nutzung der Tiefsee im Vordergrund. Siehe dazu bereits Kapitel 2 – E.

1427 Im Hinblick auf Konflikte finden sich einzig zu Kriegsschiffen einige wenige Vorschriften. In den Art. 29 bis 32 SRÜ finden sich Bestimmungen über die friedliche Durchfahrt, in Art. 95 SRÜ über die Immunität auf Hoher See, in Art. 102 SRÜ über das Begehen von Seeräuberei in Fällen einer Meuterei, in den Art. 107 und 110 SRÜ über die Bekämpfung von Seeräuberei, in Art. 111 SRÜ über das Recht der Nacheile, in Art. 224 SRÜ über das Durchsetzen von Umweltschutzbestimmungen sowie in Art. 236 SRÜ über die Unanwendbarkeit von Umweltschutzbestimmungen auf Kriegsschiffe.

1428 Siehe zum Adressatenkreis von Art. 51 UN-Charta bereits oben Fn. 1159.

Private Sicherheitsdienste führen ihre Waffen einzig mit, um sich im Falle eines Angriffs effektiv verteidigen zu können. Würden in einer Verteidigungssituation Waffen eingesetzt und wäre dieser Einsatz gerechtfertigt, hätte dies eine weitgehende Einschränkung der küstenstaatlichen Regelungskompetenz zur Folge. Denn damit wären die Vorschriften des Küstenstaates über den Besitz und insbesondere Einsatz von Waffen hinsichtlich bewaffneter Sicherheitskräfte an Bord von Schiffen in weiten Teilen gegenstandslos. Eine solche Einschränkung der küstenstaatlichen Jurisdiktionskompetenz ist in den Vorschriften des SRÜ über die friedliche Durchfahrt allerdings nicht vorgesehen. Grundsätzlich hat ein Staat in seinem Küstenmeer die volle Jurisdiktionskompetenz. Daher kann er hinsichtlich Waffen grundsätzlich jede Regelung treffen, also auch den Einsatz oder den Besitz in Händen Privater gänzlich untersagen. Nur soweit es um das bloße Mitführen von Waffen geht, ist dem Küstenstaat das Durchsetzen dieser Regelungen aufgrund der Grundsätze des Rechtes der friedlichen Durchfahrt untersagt.[1429] Insbesondere unter der Berücksichtigung, dass das Aufrechterhalten der öffentlichen Sicherheit und Ordnung zu den wesentlichen Aufgaben eines Staates zählt,[1430] obliegt dem Staat die Entscheidung, in welchem Maße Private in Notsituationen Handlungen vornehmen dürfen, die grundsätzlich staatliche Aufgaben darstellen. Folglich kommt bei einem den küstenstaatlichen Regelungen widersprechenden Waffeneinsatz nach völkerrechtlichen Grundsätzen keine Rechtfertigung in Betracht. Eine solche kann sich nur aus der küstenstaatlichen Rechtsordnung ergeben.

4. *Jurisdiktionsgewalt des Hafenstaates über fremde Schiffe*

Der Küstenstaat hat kein Recht, auf ein fremdes Schiff einzuwirken, das in Übereinstimmung mit den Voraussetzungen über die friedliche Durchfahrt dessen Küstenmeer durchfährt, selbst wenn das Schiff entgegen den küstenstaatlichen Gesetzen bewaffnetes Sicherheitspersonal an Bord hat. Unklar ist, ob dies auch noch gilt, wenn dieses Schiff einen Hafen dieses Küstenstaates ansteuert.

a) *Umfang der Souveränität des Hafenstaates*

Fremde Handelsschiffe, die sich in einem Hafen befinden, unterstehen der vollen Jurisdiktionsgewalt des Hafenstaates.[1431] Damit kann der Hafenstaat seine

1429 Siehe dazu bereits Kapitel 6 – A. II. 2. c).

1430 Siehe dazu schon Kapitel 5 – A. I.

1431 *Shaw*, International Law, S. 413; *Lischka*, Völkerrechtliches und nationales Schifffahrtsrecht, S. 37; *Hasselmann*, Die Freiheit der Handelsschiffahrt, S. 359; *O'Connell*,

Gesetze zunächst vollumfänglich auch an Bord fremder Schiffe durchsetzen. Im SRÜ finden sich zum Aspekt des anwendbaren Rechts an Bord fremder Schiffe, die im Hafen liegen, nur wenige Vorschriften: Nach Art. 2 Abs. 1 SRÜ unterstehen die inneren Gewässer sowie das Küstenmeer der vollen Souveränität des Küstenstaates. Weiterhin legt Art. 25 Abs. 2 SRÜ fest, dass der Küstenstaat hinsichtlich jener Schiffe, welche „in seine inneren Gewässer einlaufen oder eine Hafenanlage außerhalb der inneren Gewässer anlaufen wollen", entsprechende Maßnahmen ergreifen kann, um die Nichteinhaltung der Voraussetzungen zu verhindern, die für das Einlaufen in Häfen oder das Befahren der inneren Gewässer gelten. Darüber hinaus gibt es im SRÜ allerdings keine Vorschriften, die das anwendbare Recht auf fremden Schiffen festlegen, die in den Häfen

---

The International Law of the Sea, Bd. II, S. 847. Vgl. auch *Dahm/Delbrück/Wolfrum*, Völkerrecht, Bd. I/1, § 64 II. 1.; *Proelß* in: Graf Vitzthum/Proelß (Hrsg.), Völkerrecht, 5. Abschn. Rn. 38; *Bolte*, Rechte des Uferstaates in Seehäfen, S. 7 ff. Der Begriff „Hafenstaat" bzw. „port State" wird im SRÜ lediglich in Art. 218 SRÜ gebraucht. Verwendung findet der Begriff in der Überschrift des Artikels sowie in Art. 218 Abs. 4 SRÜ, wonach der Hafenstaat Unterlagen und Beweismittel an andere Staaten weiterzugeben hat. Art. 218 SRÜ betrifft die Durchsetzung von Umweltschutzvorschriften und die damit in Verbindung stehenden Untersuchungsrechte. Dabei kommen dem Staat, in dessen Hafen ein Schiff liegt, bestimmte Untersuchungsrechte zu, wenn der Verdacht besteht, dass dieses Schiff gegen bestimmte Umweltschutzvorschriften verstoßen hat, wobei dieser Verstoß außerhalb der inneren Gewässer, des Küstenmeeres oder der ausschließlichen Wirtschaftszone des untersuchenden Staates stattgefunden haben muss. Mithin wird dabei durch den Begriff „Hafenstaat" deutlich, dass der Aufenthalt des verdächtigen Schiffes in dem Hafen des untersuchenden Staates Anknüpfungspunkt ist. Dafür spricht auch ein Vergleich mit Art. 220 SRÜ. Diese Norm statuiert, dass ein Staat, in dessen Hafen sich ein Schiff befindet, ein Verfahren wegen eines Verstoßes gegen Umweltschutzvorschriften einleiten sowie unter bestimmten Umständen auch Untersuchungen durchführen kann, sofern dieser Verstoß in dem Küstenmeer oder der ausschließlichen Wirtschaftszone dieses Staates stattgefunden hat. Sowohl in der Überschrift von Art. 220 SRÜ als auch in Art. 220 Abs. 6 und 7 SRÜ wird die Bezeichnung „Küstenstaat" bzw. „coastal State" verwendet. Insoweit ist hier wiederum der Verstoß innerhalb des Küstenmeeres bzw. der ausschließlichen Wirtschaftszone des jeweiligen Staates ausschlaggebend. Vorliegend findet der Begriff des Hafenstaates zumindest auch Verwendung, soweit die Interessen des Staates berührt werden, in dessen Hafen ein Schiff liegt, welches durch sein Verhalten einen Konflikt mit diesem Staat auslösen kann. Gleichzeitig aber wird in der Literatur für diese Konstellationen auch der Begriff „Küstenstaat" gebraucht, so dass mangels einer einheitlichen Verwendungsweise die Begriffe „Küstenstaat" und „Hafenstaat" folgend gleichbedeutend nebeneinanderstehen sollen.

des Küstenstaates liegen.[1432] Zwar enthält der Teil XII des SRÜ Regelungen zu Durchsetzungsbefugnissen des Hafen- und Küstenstaates gegenüber fremden Schiffen, die sich freiwillig in einem Hafen oder an einem vor der Küste liegenden Umschlagsplatz des jeweiligen Staates befinden. Zu nennen sind in diesem Zusammenhang Art. 218 und 220 SRÜ. Beide Vorschriften beziehen sich jedoch lediglich auf Befugnisse, die beim Verstoß gegen umweltschützende Regelungen einschlägig sind.[1433]

aa) Ausschluss bordinterner Delikte

In der Vergangenheit – auch schon vor Schaffung des SRÜ oder des HSÜ – gab es Diskussionen hinsichtlich der Frage, ob der Hafenstaat befugt ist, an Bord fremder Schiffe seine Jurisdiktionsgewalt auszuüben.[1434] Ab ungefähr der Mitte des 20. Jahrhunderts wurden viele, meist bilaterale Abkommen geschlossen, die sich in mehrere grundlegende Gruppen einteilen lassen.[1435] Gemeinsam ist allen Kategorien, dass dem Küstenstaat bei bordinternen Angelegenheiten

---

1432 Vgl. *Hayashi*, Ocean Y.B. 18 (2004), 488, 488.

1433 Vgl. *Tanaka*, International Law of the Sea, S. 355 ff. und 353 f.; *Stephens/Rothwell*, Int'l J. Marine & Coastal L. 27 (2012), 701, 708. Darüber hinaus setzt Art. 218 SRÜ voraus, dass das jeweilige Verhalten des Schiffes einen Verstoß gegen die Regeln und Vorschriften darstellt, welche durch die zuständige internationale Organisation oder einer allgemeinen diplomatischen Konferenz statuiert wurden. Damit werden nationale Regeln und Normen gerade nicht erfasst. Zur Entwicklung der Hafenstaatsjurisdiktion unter besonderer Berücksichtigung des umweltrechtlichen Bereichs vgl. auch: *Anderson*, Modern Law of the Sea, S. 267 ff.

1434 Gegenüber standen sich dabei das britische und das französische System. Nach dem britischen System hat der Hafenstaat die volle Jurisdiktionsgewalt über fremde Schiffe inne. Dies wurde später dahingehend eingeschränkt, dass der Staat bei ausschließlich schiffsinternen Sachverhalten seine Gerichtsbarkeit nicht ausüben soll. Die Bewertung, ob ein interner Sachverhalt vorliegt, oblag dem Hafenstaat. Das französische System sah zwar grundsätzlich auch die volle Souveränität über fremde Schiffe beim Hafenstaat, nahm aber von vornherein interne Auseinandersetzungen ohne Außenwirkung von der Hafenstaatsjurisdiktion aus. Siehe dazu: *Schupp*, Maryland J. Int'l L. & Trade 18 (1994), 199, 208 ff. Vgl. auch *Hayashi*, Ocean Y.B. 18 (2004), 488, 495 ff.; Am. J. Int'l L. Spec. Sup. 20 (1926), 17, 111 ff.; *Bolte*, Rechte des Uferstaates in Seehäfen, S. 34 ff.

1435 Eingeteilt wurden die Übereinkommen, welche die Ausübung der Jurisdiktionsgewalt der Küstenstaaten in Häfen betreffen, von *Hayashi* in fünf Kategorien; vgl. *Hayashi*, Ocean Y.B. 18 (2004), 488, 500 ff. Siehe dort auch eine Auflistung verschiedener Abkommen, die einer der Kategorien zugeordnet werden können.

grundsätzlich keine Jurisdiktionsgewalt zukommt. Die Unterschiede liegen in der genaueren Ausgestaltung dieses Ausschlusses, insbesondere in dem Grad der Verbindlichkeit, mit dem der Ausschluss festgelegt wird.[1436] Mittlerweile kann davon ausgegangen werden, dass der Ausschluss rein bordinterner Sachverhalte, die keinen Einfluss auf den Hafenstaat haben, als allgemeiner Grundsatz Geltung beanspruchen kann.[1437]

bb) Waffen an Bord als bordinterner Sachverhalt

Stellt der Küstenstaat für den Besitz von Waffen bestimmte Voraussetzungen auf, untersagt diesen vollständig oder reglementiert er speziell das Mitführen von Waffen an Bord von Schiffen, ist zu überprüfen, ob er diese Regelungen an Bord fremder Schiffe auch durchsetzen darf.[1438]

1436 So gibt es Unterschiede hinsichtlich der Fälle, in welchen der Küstenstaat ausnahmsweise doch auch bei bordinternen Delikten eingreifen darf; *Hayashi*, Ocean Y.B. 18 (2004), 488, 500 f. Weiterhin ist die Exklusion der küstenstaatlichen Jurisdiktionsgewalt in manchen Fällen obligatorisch und steht in anderen Fällen im Ermessen des Küstenstaates; *Hayashi*, Ocean Y.B. 18 (2004), 488, 500 ff.

1437 *Schupp*, Maryland J. Int'l L. & Trade 18 (1994), 199, 210 f.; *Hayashi*, Ocean Y.B. 18 (2004), 488, 503; *Colombos*, Internationales Seerecht, § 343; *Tanaka*, International Law of the Sea, S. 97; *Dahm/Delbrück/Wolfrum*, Völkerrecht, Bd. I/1, § 64 IV. 1 und 2. Eine gewohnheitsrechtliche Geltung des französischen Systems im Jahr 1969 noch verneinend: *Bolte*, Rechte des Uferstaates in Seehäfen, S. 50 ff.

1438 Dass Waffen an Bord von in Häfen liegenden Schiffe nicht von vornherein ausgeschlossen sind, zeigt ein Blick in den *International Ship and Port Facility Security Code* (ISPS-Code) (IMO, SOLAS/CONF.5/34 [17. Dezember 2002], Annex 1, S. 2): In Art. 1.3.4 wird festgelegt, dass das Bringen von *unerlaubten* Waffen an Bord von Schiffen verhindert werden soll. Und Art. 9.4.1 statuiert, dass zur Gefahrenabwehr an Bord von Schiffen Pläne entwickelt werden müssen, die unter anderem die Frage behandeln, wie verhindert werden kann, dass Waffen an Bord gebracht werden, deren Bringen an Bord nicht genehmigt wurde. Folglich ist bei dem Bringen von Waffen an Bord vor allem das Kriterium der Genehmigung entscheidend. Vgl. den Wortlaut der Vorschriften: Art. 1.3.4: „In order to achieve its objectives, this Code embodies a number of functional requirements. These include, but are not limited to: preventing the introduction of *unauthorized* weapons […] to ships or port facilities“ sowie Art. 9.4.1: „Such a plan shall be developed […]. The plan shall address, at least, the following: measures designed to prevent weapons, […] intended for use against persons, ships or ports and the carriage of which is *not authorized* from being taken on board the ship“ (*Hervorhebungen* jeweils durch den Verfasser). Auch in den Richtlinien der IMO hinsichtlich des Einsatzes von privaten bewaffneten Sicherheitsdiensten (IMO, Revised Interim Guidance to Shipowners, Ship Operators and

(1) Konfliktpotential an Bord befindlicher Waffen

Im Gegensatz zu Schiffen, die lediglich das Küstenmeer durchfahren, tangieren Schiffe, die im Hafen eines Staates liegen, die Interessen des Küstenstaates deutlich mehr.[1439] Dies gilt auch hinsichtlich von Waffen, die an Bord mitgeführt werden. Zwar haben diese zunächst keine konkreten Auswirkungen auf den Hafenstaat, solange sie sich lediglich an Bord befinden und nicht eingesetzt werden. Allerdings geht von Waffen grundsätzlich auch eine abstrakte Gefahr aus. Diese ist aufgrund der räumlichen Nähe bei in Häfen liegenden Schiffen höher als bei Schiffen, die lediglich das Küstenmeer durchfahren. Weiterhin besteht insbesondere in Staaten, welche den privaten Besitz von Waffen restriktiv handhaben, eine Gefahr, dass über im Hafen liegende Schiffe Waffen ins Land gebracht werden können.[1440] Daher beeinflusst das Vorhandensein von Waffen an Bord in Häfen liegender Schiffe in größerem Maße die Ordnung und den Frieden an Land, als Waffen, welche an Bord von Schiffen mitgeführt werden, die lediglich das Küstenmeer durchfahren.

Fraglich ist, ob dieser Einfluss ausreicht, um eine Jurisdiktionsbefugnis des Küstenstaates zu begründen. Der Grund eines Verbots von Waffen liegt in der Regel zum einen darin, dass diese beim Einsatz eine erhebliche Gefährdung für Leib und Leben darstellen. Zum anderen verfügen Waffen, auch wenn sie nicht

---

Shipmasters on the Use of Privately Contracted Armed Security Personnel on Board Ships in the High Risk Area, MSC.1/Circ.1405/Rev.2 [25. Mai 2012], Annex) findet sich ein Hinweis, dass Waffen an Bord von Schiffen in Häfen nicht grundsätzlich ausgeschlossen sind: So legt Art. 4.3.3 fest, dass das Sicherheitsunternehmen in der Lage sein sollte, den Nachweis zu erbringen, dass die entsprechenden Anforderungen des Flaggen-, Hafen und Küstenstaates in Bezug auf das Führens und Einsatzes von Waffen bekannt sind: „PMSC [Private Maritime Security Companies] should be able to provide documentary evidence which may include: understanding of flag State, port State and coastal State requirements with respect to carriage and usage of firearms." Daran ist ersichtlich, dass auch die IMO von keinem grundsätzlichen Verbot ausgeht, das Mitführen aber von bestimmten Bedingungen abhängig sein kann.

1439 *Colombos*, Internationales Seerecht, § 343. Vgl. auch *Molenaar*, Port State Jurisdiction, in: MPEPIL (Stand: April 2014), Rn. 1; *Dahm/Delbrück/Wolfrum*, Völkerrecht, Bd. I/1, § 68 V.: „[...] ein durchfahrendes Schiff [steht] zu dem Küstenstaat und seiner Rechtsordnung in wesentlich oberflächlicherer Beziehung [...] als ein Schiff, dass sich in dessen Häfen befindet."

1440 Zwar ist der Zutritt zu Häfen – ähnlich wie bei Flughäfen – gesichert. Allerdings hängt dieser Schutz in großem Maße davon ab, wie die Vorgaben des ISPS-Code umgesetzt werden. Allgemein zur Sicherheitsmaßnahmen in Häfen: *M. Pfeiffer*, Die Bedeutung des IMO ISPS-Code für die Gefahrenabwehr in Seehäfen, S. 51 ff.

eingesetzt werden, über ein teils erhebliches Bedrohungspotential. Dieses Potential der Bedrohung hängt zu einem wesentlichen Teil von den Personen ab, welche die Waffen führen, sowie dem allgemeinen Umgang mit den Waffen an Bord. Werden die Waffen spätestens bei der Einfahrt in den Hafen an einem sicheren Ort im Schiff verwahrt und gegen unberechtigten Zugriff geschützt, können sie den Frieden und die Ordnung an Land des Küstenstaates nicht stören.[1441] Voraussetzung dafür ist, dass ein überzeugendes Schutzkonzept existiert, um die Auswirkungen der Waffen außerhalb des Schiffes zu minimieren.[1442] Insofern müssen zwei Konstellationen unterschieden werden: Ist an Bord eines

---

1441 Um die von mitgeführten Waffen auf fremden Schiffen ausgehende Gefahr für den Küstenstaat zu minimieren, könnte der Küstenstaat beim Einlaufen in den Hafen an Bord des Schiffes den Waffenschrank versiegeln und vor dem Auslaufen kontrollieren, ob das Siegel unverletzt ist; vgl. *Kathert*, Piraterie auf See, S. 81. Ähnlich geht Saudi-Arabien vor, allerdings erfolgt dort ein Versiegeln schon mit dem Einfahren in das Küstenmeer; *D. König/Salomon*, PiraT-Arbeitspapiere zur Maritimen Sicherheit Nr. 2 (2011), S. 15. Weiterhin muss sichergestellt sein, dass die Waffen an Bord verbleiben und nicht an Land gebracht werden können.

1442 Um sich davon zu überzeugen, kann der Hafenstaat entsprechende Informationen von Schiffen anfordern oder möglicherweise an Bord der Schiffe das Sicherheitskonzept überprüfen. Eine entsprechende Pflicht zur Information des Küstenstaates über mögliche Waffen an Bord und Anforderungen an deren sichere Aufbewahrung sehen auch die entsprechenden Empfehlungen der IMO vor; vgl. IMO, Revised Interim Recommendations for Port and Coastal States Regarding the Use of Privately Contracted Armed Security Personnel on Board Ships in the High Risk Area, MSC.1/Circ.1408/Rev.1 (25. Mai 2012), Annex, para. 7. Denkbar wäre auch, dass die IMO verbindliche Anforderungen hinsichtlich der Sicherheit von privaten Sicherheitsdiensten auf Schiffen in Häfen entwickelt, deren Einhaltung durch entsprechende Zertifikate nachgewiesen werden kann, ähnlich den Vorschriften des Kapitels XI-2 der SOLAS-Konvention zur Gefahrenabwehr; vgl. Regel 9 Nr. 1.1 des Kapitels XI-2 der SOLAS-Konvention: „[…] Such control shall be limited to verifying that there is onboard a valid International Ship Security Certificate or a valid Interim International Ships Security Certificate issued under the provisions of […]". Ein Beispiel für die Informationen, die der Küstenstaat anfordern könnte, findet sich in den Regelungen Mauritius' hinsichtlich von Schiffen, die Häfen, Ankerplätze, Reeden oder Offshore Terminals ansteuern bzw. diese verlassen. So werden unter anderem detaillierte Angaben zu dem Schiff, der Besatzung und auch der Ladung im Hinblick auf Waffen und andere gefährliche Gegenstände verlangt; siehe die Informationen der IMO zu den Vorgaben Mauritius' im Hinblick auf bewaffnete Sicherheitskräfte in den Territorialgewässern: http://www.imo.org/en/OurWork/Security/PiracyArmedRobbery/Documents/PCASP/Mauritius.pdf (zuletzt abgerufen am 26. März 2020).

Schiffes ein wirkungsvolles Schutzkonzept etabliert, stellen die Waffen keine Bedrohung des Friedens und der Ordnung des Küstenstaates dar, so dass diesem die Jurisdiktion darüber entzogen ist. Fehlt hingegen ein solches Konzept, ist eine Gefährdung des Friedens und der Ordnung des Küstenstaates nicht auszuschließen, so dass der Küstenstaat seine Gesetze hinsichtlich des Mitführens von Waffen durchsetzen kann.

(2) Kontrollmöglichkeit des Hafenstaates

Dabei muss der Hafenstaat eine Möglichkeit haben zu kontrollieren, ob an Bord des Handelsschiffes ein Sicherheitskonzept besteht. Mit Ausnahme von rein bordinternen Sachverhalten hat der Hafenstaat die volle Jurisdiktionskompetenz über fremde Schiffe. Ist allerdings nicht klar, ob es sich um einen rein bordinternen Sachverhalt handelt, steht dem Hafenstaat eine Kontrollbefugnis zu. Bei der Ausgestaltung dieser Überprüfung sind mehrere Varianten denkbar. So kann der Hafenstaat etwa Beamte der Polizei an Bord des Schiffes schicken. Dieses Recht zum Betreten findet seine Legitimation in der Jurisdiktionsgewalt des Hafenstaates. Während auf Hoher See ein Betreten fremder Schiffe aufgrund des Prinzips der Schifffahrtsfreiheit nur in Ausnahmefällen erlaubt ist,[1443] gibt es bei in Häfen liegenden Schiffen kein vergleichbares entgegenstehendes Prinzip. Vielmehr hat der Hafenstaat grundsätzlich eine vollumfängliche Jurisdiktionskompetenz, die lediglich bei rein bordinternen Angelegenheiten ausgeschlossen ist.

Weiterhin ist denkbar, dass einheitliche Standards hinsichtlich des Einsatzes von bewaffneten Sicherheitskräften an Bord von Handelsschiffen entwickelt werden.[1444] Deren Nachweis könnte dann mittels eines einheitlichen Dokuments erfolgen, so dass sich der Hafenstaat darauf verlassen kann, dass an Bord des Schiffes bestimmte Standards im Umgang mit Waffen eingehalten werden. Eine andere Lösung bestünde darin, dass beim Einlaufen eines Schiffes in den Hafen an Bord des Schiffes durch Beamte des Hafenstaates überprüft wird, ob die Waffen an einem entsprechenden Ort aufbewahrt werden, um diesen dann zu versiegeln.[1445] Dabei hat der Hafenstaat für die Dauer des Aufenthaltes im

---

1443 Siehe zu den Betretungs- und Untersuchungsrechten sowie dem Recht zum Aufbringen bereits eingehend Kapitel 4 – B. und Kapitel 4 – C.

1444 Vgl. dazu auch noch weiter unten Kapitel 6 – D. III.

1445 In saudi-arabischen Küstengewässern etwa müssen an Bord mitgeführte Waffen weggeschlossen und versiegelt werden; *D. König/Salomon*, PiraT-Arbeitspapiere zur Maritimen Sicherheit Nr. 2 (2011), S. 15. Auch in brasilianischen Territorialgewässern finden sich ähnliche Vorgaben; *van Hespen*, J. Mar. L. & Com. 45 (2014), 361, 396. Siehe dazu allgemein auch schon Fn. 1441.

Hafen jederzeit die Möglichkeit, die Unverletztheit des Siegels und damit die Einhaltung des Sicherheitskonzepts zu überprüfen.

cc) Ergebnis

Entscheidend für die Durchsetzung küstenstaatlicher Vorgaben hinsichtlich des Mitführens von Waffen an Bord fremder Schiffe ist die Organisation der bewaffneten Sicherheitskräfte. Sind die Waffen während des Aufenthaltes im Hafen sicher weggeschlossen, stellen sie keine Gefahr für den Küstenstaat dar, so dass es sich um eine bordinterne Angelegenheit handelt, die der Jurisdiktion des Küstenstaates nicht zugänglich ist. Ist ein Einsatz der Waffen im Hafen mangels entsprechender Sicherheitsvorkehrungen an Bord des Schiffes nicht ausgeschlossen, werden die Interessen des Küstenstaates berührt. Mithin handelt es sich in diesem Fall nicht um eine ausschließlich bordinterne Angelegenheit, so dass der Küstenstaat seine entsprechenden Vorschriften, die das Mitführen von Waffen an Bord untersagen oder an bestimmte Bedingungen knüpfen, an Bord dieses Schiffes durchsetzen kann. Daneben muss der Hafenstaat stets die Möglichkeit haben, die Handhabung der Waffen an Bord zu kontrollieren.

b) Pflicht eines Staates zur Öffnung seiner Häfen

Diese grundsätzlich vollumfängliche Jurisdiktionskompetenz des Küstenstaates könnte allerdings dadurch eingeschränkt sein, dass möglicherweise eine Pflicht des Küstenstaates zur Öffnung seiner Häfen besteht. Vergleichbar wäre dies mit dem rechtlichen Status des Küstenmeeres. Auch dort hat der Küstenstaat grundsätzlich die volle Souveränität, wobei diese hinsichtlich der durchfahrenden Schiffe durch das Recht der friedlichen Durchfahrt eingeschränkt wird.[1446] Der Handelsschifffahrt stehen grundsätzlich die meisten Häfen offen.[1447] Diese Öffnung findet ihre Motivation allerdings in der Regel in ökonomischen Gründen, da der Küstenstaat ein Interesse daran hat, am Seehandel teilzunehmen.[1448] Zu fragen ist daher, ob eine rechtlich verbindliche Pflicht des jeweiligen

1446 Siehe zum Recht der friedlichen Durchfahrt bereits Kapitel 6 – A. II. 1. Aus dem Recht der friedlichen Druchfahrt kann sich ein Recht zum Hafenzugang allerdings nicht ergeben; vgl. *Barnes* in: Proelß, UNCLOS, Art. 18 Rn. 6.

1447 *Tanaka*, International Law of the Sea, S. 99; *Dörr*, Die deutsche Handelsflotte, S. 137; vgl. auch *Churchill/Lowe*, The law of the sea, S. 61 f.

1448 *De la Fayette*, Int'l J. Marine & Coastal L. 11 (1996), 1, 2. Vgl. auch *Lagoni*, Ports, in: MPEPIL (Stand: April 2011), Rn. 8; *Heintschel v. Heinegg* in: Epping/Heintschel v. Heinegg (Hrsg.), Ipsen, Völkerrecht, § 39 Rn. 13.

Hafenstaates existiert, seine Häfen für die Schifffahrt zu öffnen. Bezogen auf den Einsatz bewaffneter Sicherheitskräfte an Bord der Schiffe könnte sich bei einer Pflicht zur Öffnung der Häfen eine Kollision zwischen dem Zugangsrecht einerseits und der Durchsetzung der hafenstaatlichen Regelungen hinsichtlich des Waffenbesitzes andererseits ergeben.

aa) Allgemeine völkerrechtliche Grundsätze

Teilweise wird argumentiert, dass es einem Staat, der seine Häfen für die Schifffahrt allgemein zugänglich gemacht hat, verwehrt sei, diese Öffnung ohne Weiteres rückgängig zu machen. Zunächst stelle das Schließen von Häfen eine „ungewöhnliche Maßnahme dar, mit der die internationale Schiffahrt nicht zu rechnen braucht",[1449] so dass den Staat zumindest eine Pflicht trifft, die anderen Staaten von der Schließung zu unterrichten. Darüber hinaus sei das Schließen einzelner Häfen ohne vernünftige Gründe als Behinderung des internationalen Handels zu sehen und stelle eine Verletzung des Völkerrechts dar.[1450] Als Argument für eine Benachrichtigungspflicht wird ein vor einem Schiedsgericht verhandelter Fall aus dem Jahr 1843 zwischen Großbritannien und Frankreich angeführt,[1451] in welchem ein Entschädigungsanspruch für eine unterbliebene Benachrichtigung zugesprochen wurde.[1452] Gleichzeitig werden allerdings weitere ähnliche Fälle genannt, in denen kein Ersatzanspruch zugestanden wurde.[1453] In einem Schiedsspruch vom August 1870 wurde ein Schadensersatzanspruch abgelehnt.[1454] Erwähnt wird auch ein Schiedsverfahren aus dem Jahr

---

1449 *Dahm/Delbrück/Wolfrum*, Völkerrecht, Bd. I/1, § 64 I. 2.

1450 *Dahm/Delbrück/Wolfrum*, Völkerrecht, Bd. I/1, § 64 I. 3.; *Sibert*, Traité de Droit International Public, Bd. I, para. 504.

1451 *Dahm/Delbrück/Wolfrum*, Völkerrecht, Bd. I/1, § 64 I. 2.

1452 In dem zugrundeliegenden Fall sperrte Frankreich aufgrund von Unruhen einen Hafen ohne dies bekanntzugeben, woraufhin englische Schiffe vergeblich ihre Reise mit dem Ziel dieses Hafens auf sich genommen hatten und dafür eine Entschädigung verlangten. Zum Sachverhalt: *Lapradelle/Politis*, Recueil des Arbitrages Internationaux, Bd. I, S. 515; *Delson/Bial*, Am. Bar Ass. J. 36 (1950), 459, 461 f. Vgl. ausführlich dazu: *Lapradelle/Politis*, Recueil des Arbitrages Internationaux, Bd. I, S. 512 ff.; vgl. auch *Ralston*, The Law and Procedure of International Tribunals, Rn. 806.

1453 *Dahm/Delbrück/Wolfrum*, Völkerrecht, Bd. I/1, § 64 I. 2. Fn. 9.

1454 In dieser Auseinandersetzung ging es um die Schließung des Hafens von Buenos Aires, welcher von britischen Schiffen angesteuert wurde. Dadurch, dass diesen die Blockade unbekannt war, entstand ihnen ein Schaden, dessen Ersatz sie von Argentinien verlangten. Obwohl die britischen Schiffe keine Kenntnis von der Schließung des Hafens haben konnten, wurde ein Ersatzanspruch abgelehnt. Siehe

1903, in welchem einem Staat das Recht zugestanden wurde, unter bestimmten Umständen seine Häfen zu schließen.[1455] Unabhängig von der Frage, ob diese Ergebnisse auf die heutige Zeit übertragbar sind,[1456] lässt sich auch nach diesen Grundsätzen keine eindeutige Pflicht zum Öffnen der Häfen erkennen.[1457]

bb) Regelungen in völkerrechtlichen Abkommen

(1) Seerechtsübereinkommen der Vereinten Nationen

Im SRÜ finden sich nur wenige Regelungen hinsichtlich des Zugangs zu Häfen. In Art. 25 Abs. 2 SRÜ wird statuiert, dass der Küstenstaat Maßnahmen ergreifen kann, um fremde Schiffe, die gegen entsprechende Regelungen verstoßen, davon abzuhalten, in die inneren Gewässer oder Häfen einzulaufen. Art. 211 Abs. 3 SRÜ regelt den Erlass von Vorschriften, die den Umweltschutz betreffen, wenn Schiffe die inneren Gewässer oder Häfen des Küstenstaates anlaufen wollen. Schließlich legt Art. 255 SRÜ hinsichtlich des Zugangs zu Häfen fest, dass Schiffen, die im Rahmen der wissenschaftlichen Meeresforschung eingesetzt werden, der Hafenzugang erleichtert werden soll. Insbesondere durch die zuletzt genannte Norm wird deutlich, dass das SRÜ kein allgemeines Zugangsrecht zu Häfen kennt. Würde ein solches bestehen, bedürfte es nicht der speziellen Regelung für Forschungsschiffe.[1458]

Unterstützt wird dies durch den Teil X des SRÜ. In diesem Teil werden Regelungen hinsichtlich des Rechts der Binnenstaaten auf Zugang zum und vom Meer sowie der Transitfreiheit aufgestellt. In Art. 125 Abs. 1 S. 1 SRÜ wird ein allgemeines Recht auf „Zugang zum und vom Meer" statuiert[1459] und Art. 125 Abs. 1 S. 2 SRÜ legt fest, dass die Binnenstaaten freien Transit durch das

---

dazu: *Lapradelle/Politis*, Recueil des Arbitrages Internationaux, Bd. II, S. 637 ff.; *Dahm/Delbrück/Wolfrum*, Völkerrecht, Bd. I/1, § 64 I. 2. Fn. 9.

1455 Vgl. *Ralston*, The Law and Procedure of International Tribunals, Rn. 540.

1456 Einen wesentlichen Unterschied stellt beispielsweise die Erreichbarkeit von Schiffen dar: Heutzutage ist es ohne Probleme möglich, ein Schiff mithilfe moderner Kommunikationsmittel jederzeit zu erreichen. Früher war dies nicht möglich. So war ein Schiff unter Umständen mehrere Wochen unterwegs, konnte aber am Ende seiner Reise nicht den geplanten Hafen ansteuern, wenn dieser überraschend geschlossen war.

1457 Vgl. auch *Dahm/Delbrück/Wolfrum*, Völkerrecht, Bd. I/1, § 64 II. 1.

1458 *De la Fayette*, Int'l J. Marine & Coastal L. 11 (1996), 1, 3 f.

1459 Art. 125 Abs. 1 S. 1 SRÜ: „Land-locked States shall have the right of access to and from the sea for the purpose of exercising the rights provided for in this Convention including [...]."

Hoheitsgebiet der Staaten haben, die zwischen ihm und dem Meer liegen.[1460] Einzelheiten hinsichtlich dieses Transitrechts werden zwischen den betroffenen Staaten in Abkommen näher spezifiziert, Art. 125 Abs. 2 SRÜ. Hinsichtlich des Zugangs zu Häfen bestimmt Art. 131 SRÜ, dass Schiffe, die unter der Flagge eines Binnenstaates fahren, in den Seehäfen dieselbe Behandlung genießen wie andere fremde Schiffe. Ein unbeschränktes Zugangsrecht wird hingegen auch in diesen Regelungen nicht gegeben.[1461]

(2) Statut über die internationale Rechtsordnung der Seehäfen

Neben den Regelungen im SRÜ gibt es Abkommen, die primär den Zugang zu Häfen zum Inhalt haben. In dem *Übereinkommen und Statut über die internationale Rechtsordnung der Seehäfen* vom 9. Dezember 1923[1462] wird festgelegt, dass jeder Mitgliedstaat die Handelsschiffe der anderen Mitgliedstaaten genauso behandelt wie seine eigenen Schiffe hinsichtlich des Zugangs zu seinen Häfen.[1463] Dadurch wird fremden Schiffen – wie auch im SRÜ – lediglich ein Gleichbehandlungsrecht eingeräumt, nicht aber ein absoluter Anspruch auf Zugang zu den Häfen.[1464] Derzeit sind etwas mehr als 40 Staaten Mitglieder dieses Übereinkommens.[1465] Daneben gab und gibt es eine Reihe weiterer bi- und multilateraler Abkommen, welche die Nutzung fremder Häfen zum Inhalt haben.[1466]

1460 Art. 125 Abs. 1 S. 2 SRÜ: „To this end, land-locked States shall enjoy freedom of transit through the territory of transit States by all means of transport." Eine Definition des Begriffs „transit State" wird in Art. 124 Abs. 1 lit. b) SRÜ gegeben.

1461 *Tuerk*, Rev. Belge Dr. Int. 40 (2007), 91, 103. Kritisch zu der Regelung des SRÜ bezüglich des Zugangs zum Meer für Binnenstaaten: *Wani*, Virg. J. Int'l L. 22 (1981-1982), 627, 640 ff. Auch außerhalb von Übereinkommen wird die Existenz eines Hafenzugangsrechts für Binnenstaaten mehrheitlich abgelehnt; vgl. *Schwarzenberger*, International Law, Bd. I, S. 237 f. Zu den Vorschlägen hinsichtlich der Regelung eines Zugangsrechts während der Beratungen zum HSÜ: *Boas*, Sec. Int'l & Comp. L. Bull. 4 (1959-1960), 22, 22 ff. Zu den Möglichkeiten eines Binnenstaates, Zugang zu Seehäfen zu erhalten: *Uprety*, Dick. J. Int'l L. 12 (1993-1994), 401, 467 ff.

1462 Übereinkommen und Statut über die internationale Rechtsordnung der Seehäfen v. 9. Dezember 1923, RGBl. 1928 II S. 22, 23.

1463 Art. 2 des Statuts dieses Übereinkommens.

1464 Vgl. *Tuerk*, Rev. Belge Dr. Int. 40 (2007), 91, 96.

1465 *Lagoni*, Ports, in: MPEPIL (Stand: April 2011), Rn. 11; vgl. auch die Übersicht der Vereinten Nationen: https://treaties.un.org/doc/Publication/MTDSG/Volume%20II/LON/PARTII-20.en.pdf (zuletzt abgerufen am 26. März 2020).

1466 Siehe die Übersicht bei: *de la Fayette*, Int'l J. Marine & Coastal L. 11 (1996), 1, 4 f.

Die Existenz solcher Abkommen spricht dafür, dass es gerade kein gewohnheitsrechtlich anerkanntes Recht gibt, in fremde Häfen einzulaufen.[1467]

cc) Zwischenergebnis

Mithin besteht kein allgemeines Zugangsrecht fremder Schiffe zu Häfen und die Staaten trifft grundsätzlich keine Pflicht, ihre Häfen für die allgemeine Schifffahrt zu öffnen.[1468] Eine anerkannte Ausnahme besteht lediglich für den Fall, dass ein Schiff in Seenot geraten ist und deshalb den nächsten Hafen ansteuern muss. In diesem Fall darf der Hafenstaat dem havarierten Schiff den Zugang zu seinem Hafen nicht verwehren.[1469] Bezogen auf die Frage nach dem Umfang der Jurisdiktionskompetenz des Küstenstaates ergibt sich somit, dass - anders als beim Recht der friedlichen Durchfahrt - der Küstenstaat grundsätzlich keine Einschränkungen zu beachten hat.

c) Diskriminierungsverbot bei der Öffnung von Häfen

Indem der Küstenstaat die volle Souveränität über seine Häfen hat und diese - anders als die Souveränität im Küstenmeer aufgrund des Rechts der friedlichen

---

1467 *De la Fayette*, Int'l J. Marine & Coastal L. 11 (1996), 1, 4. Ein gewohnheitsrechtlich bestehendes Hafenzugangsrecht ebenfalls ablehnend: *Dörr*, Die deutsche Handelsflotte, S. 137 f.; *Churchill/Lowe*, The law of the sea, S. 61 ff.

1468 *Lagoni*, Ports, in: MPEPIL (Stand: April 2011), Rn. 9; *de la Fayette*, Int'l J. Marine & Coastal L. 11 (1996), 1, 2; *Churchill/Lowe*, The law of the sea, S. 61 ff. Vgl. auch *Dahm/Delbrück/Wolfrum*, Völkerrecht, Bd. I/1, § 64 I. 1.; *Tanaka*, International Law of the Sea, S. 98 f. Auch das Urteil *Military and Paramilitary Activities in und against Nicaragua* des *Internationalen Gerichtshofes* (IGH) aus dem Jahr 1986 (IGH, Urt. v. 27. Juni 1986, *Military and Paramilitary Activities in und against Nicaragua* [Nicaragua/Vereinigte Staaten von Amerika], ICJ Reports 1986, S. 14) wird für die Freiheit des Küstenstaates, über den Zugang zu seinen Häfen zu bestimmen, genannt; *Barnes* in: Proelß, UNCLOS, Art. 18 Rn. 6; vgl. auch IGH, Urt. v. 27. Juni 1986, *Military and Paramilitary Activities in und against Nicaragua* (Nicaragua/Vereinigte Staaten von Amerika), ICJ Reports 1986, S. 14, para. 212 f. Teilweise wird allerdings eine Pflicht zur Benachrichtung angenommen, wenn ein Hafen geschlossen wird; vgl. *Dahm/Delbrück/Wolfrum*, Völkerrecht, Bd. I/1, § 64 I. 2.; vgl. auch *Lowe*, San Diego L. Rev. 14 (1976-1977), 597, 608.

1469 *Lagoni*, Ports, in: MPEPIL (Stand: April 2011), Rn. 9; *Colombos*, Internationales Seerecht, § 353; *Tanaka*, International Law of the Sea, S. 99 ff. Dieses Zugangsrecht zu Häfen ist gewohnheitsrechtlich anerkannt; *Noyes*, Ships in Distress, in: MPEPIL (Stand: Oktober 2007), Rn. 4 f.; *Churchill/Lowe*, The law of the sea, S. 63; *Lowe*, San Diego L. Rev. 14 (1976-1977), 597, 610; vgl. auch *Murray*, Ohio St. L. J. 63 (2002), 1465, 1466 ff.

Durchfahrt – nicht eingeschränkt wird, haben fremde Schiffe grundsätzlich kein allgemeines Recht auf den Zugang zu Häfen. Fraglich ist allerdings, ob ein Staat völlig frei in seiner Entscheidung ist, bestimmte Schiffe vom Zugang zu seinen Häfen auszuschließen oder ob dies ein rechtsmissbräuchliches Verhalten darstellt. Zwar ist unklar, ob im Völkerrecht ein allgemeiner Grundsatz des Verbots des Rechtsmissbrauchs existiert.[1470] Im SRÜ jedoch besteht mit Art. 300 SRÜ eine vertragliche Ausgestaltung des Gebots von Treu und Glauben sowie des Verbots des rechtsmissbräuchlichen Verhaltens.[1471] So haben die Mitgliedstaaten die „in dem Übereinkommen anerkannten Rechte, Hoheitsbefugnisse und Freiheiten in einer Weise [auszuüben], die keinen Rechtsmissbrauch darstellt." Mithin muss der Küstenstaat bei der Ausübung seiner Rechte diese Grundsätze beachten. Dieses Missbrauchsverbot schließt auch ein Verbot der Diskriminierung ein.[1472]

Hinsichtlich des Verbots von Waffen an Bord von Handelsschiffen stellt sich dementsprechend die Frage, ob ein solches Verbot eine rechtsmissbräuchliche bzw. diskriminierende Wirkung hätte. Rein bordinterne Sachverhalte sind der Jurisdiktionsgewalt des Hafenstaates entzogen. Damit können Waffen an Bord eines Schiffes, die aufgrund ihrer sorgfältigen Handhabung eine bordinterne Angelegenheit darstellen, auch nicht als Kriterium für die Entscheidung dienen, ob dem entsprechenden Schiff der Zugang zu dem Hafen gewährt wird. Ist hingegen durch die an Bord befindlichen Waffen nicht ausgeschlossen, dass diese Einfluss auf die Sicherheit und Ordnung an Land nehmen, kann dieser Punkt als relevantes Kriterium dienen und eine Verweigerung des Hafenzugangs wäre nicht als Diskriminierung anzusehen.

d) Ergebnis

Der Hafenstaat ist grundsätzlich frei in seiner Entscheidung, ob er seine Häfen für fremde Schiffe öffnet. Entschließt er sich für eine Öffnung, darf allerdings ein Schiff, welches in Übereinstimmung mit den Vorschriften den Hafen ansteuert, nicht abgewiesen werden. Im Hinblick auf bewaffnetes Sicherheitspersonal an Bord, welches die erforderlichen Sicherheitsmaßnahmen insbesondere im

---

1470 *Byers*, McGill L. J. 47 (2001-2002), 389, 397 ff.; *H. Schiedermair*, ZaöRV 1978, 160, 160.

1471 Vgl. *Schöbener*, Verantwortlichkeit, völkerrechtliche, in: Schöbener (Hrsg.), Völkerrecht, S. 489; *Byers*, McGill L. J. 47 (2001-2002), 389, 398.

1472 *Lischka*, Völkerrechtliches und nationales Schifffahrtsrecht, S. 25 f.; *Ringbom*, The EU Maritime Safety Policy and International Law, S. 223 ff.; vgl. auch *McLaughlin*, Geo. Int'l Envtl. L. Rev. 10 (1997-1998), 29, 63 f.

Umgang mit Waffen beachtet, dürfen diese Sicherheitskräfte kein Kriterium für ein Verweigern des Zugangs zum Hafen sein.

III. Rechtliche Rahmenbedingungen des deutschen Rechts

An Bord von Schiffen gilt die Rechtsordnung des Staates, unter dessen Flagge es fährt.[1473] Im Folgenden werden die rechtlichen Rahmenbedingungen dargestellt, die für den Einsatz von bewaffneten Sicherheitskräften an Bord deutscher Schiffe gelten. Maßgeblich hierfür ist § 31 GewO, welcher den rechtlichen Rahmen für das Bewachungsgewerbe auf Seeschiffen festlegt.[1474] Weiterhin Beachtung finden muss § 28a WaffG,[1475] welcher das Führen von Waffen durch an Bord von Seeschiffen eingesetztem Wachpersonal regelt. Zwar ist die praktische Relevanz dieser Vorschriften gering.[1476] Allerdings stellen sie ein Beispiel für die Möglichkeit dar, entsprechende Regelungen für den Einsatz von bewaffneten Sicherheitsdiensten an Bord von Schiffen zu erlassen.[1477]

1. Rechtslage vor Einführung der Zertifizierung von Seeschiffbewachungsunternehmen

Die in § 31 GewO festgelegten Regelungen zum Einsatz von bewaffneten Sicherheitsdiensten gelten seit dem Jahr 2013.[1478] Davor waren die in § 34a GewO aufgestellten Regelungen für Bewachungsgewerbe einschlägig.[1479] Daneben waren

---

1473 Siehe zum Flaggenstaatsprinzip schon Kapitel 6 – A. I. 1. a).

1474 Konkretisiert wird der dort festgelegte Rahmen durch die SeeBewachV und die SeeBewachDV; zum Inhalt dieser Verordnungen siehe noch Kapitel 6 – A. III. 2. d) cc) (1) und Kapitel 6 – A. III. 2. d) cc) (2).

1475 Waffengesetz (WaffG) v. 11. Oktober 2002, BGBl. 2002 I S. 3970, berichtigt BGBl. 2002 I S. 4592 und BGBl. 2003 I S. 1957, zuletzt geändert durch Art. 1 Drittes Gesetz zur Änderung des WaffenG und weiterer Vorschriften (Drittes Waffenrechtsänderungsgesetz – 3. WaffRÄndG) v. 17. Februar 2020, BGBl. 2020 I S. 166.

1476 Siehe dazu noch Kapitel 6 – A. III. 3.

1477 Für die Darstellung und den Vergleich der Vorschriften dreier großer Flaggenstaaten (Panama, Liberien und die Marshall-Inseln) sowie Deutschlands, Norwegens und der Vereinigten Staaten von Amerika siehe: *M. R. Fischer*, Recht ohne Staat, S. 159 ff.

1478 § 31 GewO trat am 13. März 2013 in Kraft; vgl. *Heller/Soschinka*, NVwZ 2013, 476, 476.

1479 Teilweise wurde das Nichtvorhandensein entsprechender Regelungen für den Schutz von Handelsschiffen auch als Verbot angesehen; zusammenfassend dazu: *Salomon/tho Pesch*, DÖV 2013, 760, 762. Zur Anwendung von § 34a GewO auf bewaffnete Sicherheitsteams an Bord vor Schaffung von § 31 GewO: *Salomon/tho Pesch*, NordÖR 2012, 65, 65; *Karschau* in: BeckOK GewO, § 31 Rn. 2.2.

und sind weiterhin die Regelungen hinsichtlich des Führens von Waffen relevant.[1480] Allerdings erfasst § 31 GewO nicht alle Fälle, in denen Sicherheitspersonal auf Schiffen eingesetzt wird, so dass in bestimmten Konstellationen weiterhin § 34a GewO einschlägig ist.[1481] Anstelle des Zulassungsverfahrens waren vor Einführung von § 31 GewO noch zwei andere Möglichkeiten denkbar. So hätte der Gesetzgeber Beliehene zum Schutze der Schiffe einsetzen können. Ein ähnliches Modell findet sich an Flughäfen; dort werden Luftsicherheitsassistenten für die Kontrolle der Passagiere und des Gepäcks, welche eine hoheitliche Aufgabe ist, eingesetzt.[1482] Als zweite Möglichkeit hätte sich der deutsche Gesetzgeber auf bloße Empfehlungen beschränken können, ähnlich der Empfehlungen etwa der IMO oder anderer entsprechender Organisationen.[1483]

2. *Zulassung nach § 31 GewO*

Möchte ein Sicherheitsunternehmer seine Dienste auf einem deutschen Schiff anbieten, benötigt dieser eine Zulassung nach § 31 GewO. Diese Zulassungspflicht trifft neben deutschen Anbietern auch im Ausland ansässige Unternehmen, wenn diese auf einem unter deutscher Flagge fahrenden Schiff tätig werden wollen.[1484]

a) Ziel der Regelung

Ähnlich wie die IMO und andere Organisationen stand auch die deutsche Politik dem Einsatz von privaten bewaffneten Sicherheitskräften zum Schutz von Schiffen zunächst kritisch gegenüber und lehnte diesen ab.[1485] Mit den zunehmenden Angriffen auf Handelsschiffe insbesondere vor der Küste Somalias gingen allerdings immer mehr Reedereien dazu über, ihre Schiffe durch private Sicherheitskräfte an Bord schützen zu lassen.[1486] Auch die Bundesregierung sah den Einsatz

---

1480 Zu nennen ist vor allem § 28 WaffG für Bewachungsunternehmer und die mit der Schaffung von § 31 GewO eingefügte Regelung des § 28a WaffG. Vgl. dazu: *Salomon/tho Pesch*, DÖV 2013, 760, 762 ff.; *A.-V. König/Papsthart*, NK WaffG, § 28 Rn. 1 und § 28a Rn. 1.

1481 Siehe dazu noch unten Fn. 1496.

1482 Vgl. dazu: *Salomon/tho Pesch*, NordÖR 2012, 65, 68 f.

1483 Vgl. dazu: *Salomon/tho Pesch*, NordÖR 2012, 65, 70.

1484 *Heller/Soschinka*, NVwZ 2013, 476, 477; *Salomon/tho Pesch*, DÖV 2013, 760, 763.

1485 Vgl. etwa *Kürschner*, Verkehrsrundschau 33-34 (2011), 11; *Salomon/tho Pesch*, NordÖR 2012, 65, 66 f.

1486 Siehe dazu bereits Kapitel 3 – F. IX. 2.

von Bewachungsunternehmen an Bord von Schiffen als ergänzende Maßnahme bei der Bekämpfung von Piraterie.[1487] Mit § 31 GewO soll den Besonderheiten des Bewachungsgewerbes, die auf Hoher See bestehen, Rechnung getragen werden. Dies betrifft insbesondere die Kenntnisse um die Gefahren in maritimem Umfeld und die fehlende Möglichkeit, bei Angriffen Unterstützung durch hoheitliche Kräfte zu erlangen. Weiterhin soll durch die Schaffung einheitlicher Standards das Risiko von Gewalteskalationen vermindert werden.[1488] Bei den Beratungen über die an das Bewachungsunternehmen zu stellenden Anforderungen dienten zwei Empfehlungen der IMO als Orientierung.[1489]

b) Rechtliche Grundlagen

Die Anforderungen an Bewachungsunternehmen, welche ihre Dienste auf Seeschiffen anbieten, ergeben sich im Wesentlichen aus § 31 GewO. Details der Zulassung sind in der *Seeschiffbewachungsverordnung* (SeeBewachV)[1490] festgehalten, zu deren Erlass das *Bundesministerium für Wirtschaft und Energie* im Einvernehmen mit dem *Bundesministerium des Innern* und dem *Bundesministerium für Verkehr und digitale Infrastruktur* ermächtigt ist, § 31 Abs. 4 S. 1 GewO, sowie in der *Seeschiffbewachungsdurchführungsverordnung* (SeeBewachDV),[1491] welche das *Bundesamt für Wirtschaft und Ausfuhrkontrolle* im Einvernehmen mit dem *Bundespolizeipräsidium* und dem *Bundesamt für Seeschifffahrt und*

1487 Gesetzesentwurf der Bundesregierung zur Einführung eines Zulassungsverfahrens für Bewachungsunternehmen auf Seeschiffen, BT-Drs. 17/10960, S. 10.

1488 Gesetzesentwurf der Bundesregierung zur Einführung eines Zulassungsverfahrens für Bewachungsunternehmen auf Seeschiffen, BT-Drs. 17/10960, S. 10.

1489 Gesetzesentwurf der Bundesregierung zur Einführung eines Zulassungsverfahrens für Bewachungsunternehmen auf Seeschiffen, BT-Drs. 17/10960, S. 12: Dabei handelt es sich um die *Revised Interim Guidance to Shipowners, Ship Operators and Shipmasters on the Use of Privately Contracted Armed Security Personnel on Board Ships in the High Risk Area* (IMO, MSC.1/Circ.1405/Rev.2 [25. Mai 2012]) und die *Interim Guidance to Privately Maritime Security Companies Providing Privately Contracted Armed Security Personnel on Board Ships in the High Risk Area* (IMO, MSC.1/Circ.1443 [25. Mai 2012]).

1490 Verordnung über die Zulassung von Bewachungsunternehmen auf Seeschiffen (Seeschiffbewachungsverordnung – SeeBewachV) v. 11. Juni 2013, BGBl. 2013 I S. 1562.

1491 Verordnung zur Durchführung der Seeschiffbewachungsverordnung (Seeschiffbewachungsdurchführungsverordnung – SeeBewachDV) v. 21. Juni 2013, BGBl. 2013 I S. 1623, geändert durch Art. 102 Gesetz zum Abbau verzichtbarer Anordnungen der Schriftform im Verwaltungsrecht des Bundes v. 29. März 2017, BGBl. 2017 I S. 626.

Hydrographie erlässt, § 31 Abs. 4 S. 2 GewO.[1492] Daneben ergeben sich weitere Vorgaben im Hinblick auf die Handhabung von Schusswaffen und Munition aus § 28a WaffG. Die Kosten der Zulassung regelt die *Seeschiffbewachungsgebührenverordnung* (SeeBewachGebV).[1493]

c) Genehmigungspflicht nach § 31 GewO

aa) Allgemeinen Grundlagen

§ 31 Abs. 1 GewO enthält die allgemeinen Grundlagen, unter denen ein Bewachungsunternehmen einer Zulassung nach § 31 GewO bedarf. Zunächst muss eine gewerbsmäßige Betätigung bei der Bewachung des Lebens oder Eigentums fremder Personen vorliegen.[1494] Weiterhin muss diese Betätigung auf Seeschiffen seewärts der Begrenzung der deutschen ausschließlichen Wirtschaftszone stattfinden.[1495] Daneben ist erforderlich, dass diese zur Abwehr äußerer Gefahren dienen. Die Gefahr muss folglich von außerhalb des bewachten Schiffes drohen.[1496] Allgemeine Bewachungsaufgaben an Bord eines Schiffes, wie etwa die

---

1492 Das *Bundesministerium für Wirtschaft und Energie* hat diese nach § 31 Abs. 4 S. 2 GewO bestehende Ermächtigung genutzt und das *Bundesamt für Wirtschaft und Ausfuhrkontrolle* ermächtigt, im Einvernehmen mit dem *Bundespolizeipräsidium* und dem *Bundesamt für Seeschifffahrt und Hydrographie* eine entsprechende Verordnung zu erlassen, die SeeBewachDV; siehe hierzu Fn. 1491.

1493 Verordnung über Gebühren und Auslagen des Bundesamtes für Wirtschaft und Ausfuhrkontrolle im Zusammenhang mit der Zulassung von Bewachungsunternehmen auf Seeschiffen (Seeschiffbewachungsgebührenverordnung – SeeBewachGebV) v. 12. Dezember 2013, BGBl. 2013 I S. 4110, geändert durch Art. 5 Abs. 3 Gesetz zur Aktualisierung der Strukturreform des Gebührenrechts des Bundes v. 18. Juli 2016, BGBl. 2016 I S. 1666. Zu deren Erlass ist das *Bundesministerium für Wirtschaft und Energie* im Einvernehmen mit dem *Bundesministerium des Innern* ermächtigt, § 31 Abs. 3 S. 2, wobei § 31 Abs. 3 S. 3 bis 8 GewO weitere Maßgaben für die Bemessung der Gebühren aufstellt.

1494 Als Schwierigkeit wird geäußert, dass bei dem Einsatz von Subunternehmern diese – zumindest formal – ebenfalls einer Zulassung nach § 31 GewO bedürften, was allerdings hinsichtlich des Aufwands der Zulassung von diesen regelmäßig nicht zu leisten wäre; vgl. *Karschau* in: BeckOK GewO, § 31 Rn. 11.1. und 11.2.

1495 Siehe dazu *Karschau* in: BeckOK GewO, § 31 Rn. 9.

1496 *Schönleiter* in: Landmann/Rohmer, Bd. I, GewO, § 31 Rn. 6; *Karschau* in: BeckOK GewO, § 31 Rn. 10. Durch diese Einschränkung sollen „herkömmlicher Bewachungstätigkeiten, z. B. auf Fähren oder Passagierschiffe, die die Ost- und Nordsee befahren", weiterhin nach § 34a GewO behandelt werden; Zusammenstellung des Entwurfs eines Gesetzes zur Einführung eines Zulassungsverfahrens für Bewachungsunternehmen auf Seeschiffen – Drs. 16/10960 –, mit den Beschlüssen des

Bewachung des Spielkasinos auf einem Kreuzfahrtschiff, könnten damit nicht durch ein nach § 31 GewO zugelassenes Bewachungsunternehmen durchgeführt werden.[1497] Diese Einschränkung wird teilweise kritisch gesehen. So wird angemerkt, dass es nicht nachzuvollziehen sei, warum Wachleute, die mit einer Zulassung nach § 31 GewO grundsätzlich eine höhere Qualifikation haben gegenüber Wachleuten mit einer Erlaubnis nach § 34a GewO,[1498] nicht auch Aufgaben übernehmen dürfen, die von letzterem Personal originär wahrgenommen werden.[1499]

Hinsichtlich der Terminologie findet in § 31 GewO nicht der übliche Begriff der „Genehmigung" Anwendung, sondern es wird eine „Zulassung" erteilt. Dadurch soll deutlich werden, dass hier – im Gegensatz zu den ansonsten im Gewerberecht üblichen personenbezogenen Genehmigungen – eine unternehmensbezogene Zulassung erteilt wird.[1500] In diesem Zusammenhang ist aber auch § 15 Abs. 2 S. 1 GewO zu beachten, der die Begriffe „Erlaubnis", „Genehmigung", „Konzession" oder „Bewilligung" unter dem Begriff der „Zulassung" zusammenfasst. Damit sollte der in § 31 GewO gewählten Bezeichnung nicht zu viel Gewicht beigemessen werden.[1501]

bb) Vergleich zu § 34a GewO

Bei einem Vergleich der Voraussetzungen für eine Zulassung nach § 31 GewO und einer Genehmigung nach § 34a GewO fällt auf, dass beispielsweise neben jenen Fähigkeiten, die in vergleichbarer Form auch bei einer Genehmigung nach § 34a

---

Ausschusses für Wirtschaft und Technologie (9. Ausschuss), BT-Drs. 17/11887, S. 8, 19. Mithin müssen Sicherheitsdienste, welche zur inneren Sicherheit an Bord eines Schiffes eingesetzt werden, nicht das aufwändige Zulassungsverfahren nach § 31 GewO durchlaufen.

1497 *Schönleiter* in: Landmann/Rohmer, Bd. I, GewO, § 31 Rn. 6.

1498 Deutlich wird dies etwa bei einem Vergleich von § 10 SeeBewachV und § 7 BewachV (§ 4 BewachV 2003; vgl. Fn. 1557); vgl. dazu *Topp* in: Brake (Hrsg.), Maritime Sicherheit – Moderne Piraterie, S. 193, 201 f.

1499 *Karschau* in: BeckOK GewO, § 31 Rn. 10. Vgl. zu dem Merkmal der Abwehr äußerer Gefahren auch: *Schönleiter* in: Landmann/Rohmer, Bd. I, GewO, § 31 Rn. 6; *Salomon/tho Pesch*, DÖV 2013, 760, 768 f.

1500 Gesetzesentwurf der Bundesregierung zur Einführung eines Zulassungsverfahrens für Bewachungsunternehmen auf Seeschiffen, BT-Drs. 17/10960, S. 22.

1501 Vgl. *Ennuschat*, GewArch 2014, 329, 333 Fn. 39.

GewO gefordert werden,[1502] vertiefte Kenntnisse im Bereich der Schifffahrt[1503] oder der Handhabung von Waffen und den rechtlichen Grundlagen in verschiedenen Ländern erforderlich sind.[1504] Auch sind die mindestens erforderlichen Deckungssummen der Haftpflichtversicherungen deutlich verschieden.[1505] Das Zulassungsverfahren nach § 31 GewO berücksichtigt die Besonderheiten, welche bei einer möglichen Konfrontation mit Seeräubern bestehen: Seeräuber sind im Vergleich zu jenen Personen, zu deren Abwehr Bewachungspersonal an Land eingesetzt wird, regelmäßig wesentlich besser bewaffnet und gewaltbereiter. Zudem findet die Auseinandersetzung an Bord eines Schiffes auf dem offenen Wasser und damit in einer anspruchsvollen Umgebung statt. Daher bedarf Bewachungspersonal, das zur Piratenabwehr eingesetzt werden soll, in den meisten Materien einer höheren Qualifikation, um den Besonderheiten des Einsatzes Rechnung zu tragen.

d) Voraussetzungen der Zulassung

aa) Ablauf der Zulassung

Die Zuständigkeit für die Zulassung liegt bei dem *Bundesamt für Wirtschaft und Ausfuhrkontrolle,* wobei dieses die Entscheidung im Benehmen mit der Bundespolizei trifft, § 31 Abs. 2 S. 1 GewO.[1506] Aus § 31 Abs. 2 S. 3 GewO ergeben sich die grundlegenden Anforderungen, die an das Unternehmen gestellt werden. Zu versagen ist demnach die Zulassung, wenn die Anforderungen an die betriebliche Organisation und Verfahrensabläufe oder die fachliche und persönliche Geeignetheit und Zuverlässigkeit bestimmter Personen nicht eingehalten werden, § 31 Abs. 2 S. 3 Nr. 1 und 2 GewO, oder wenn das Vorliegen einer

---

1502 Etwa die Kenntnisse der entsprechenden rechtlichen Grundlagen des öffentlichen Rechts, Zivil- und Strafrechts, § 10 Abs. 1 Nr. 1 SeeBewachV und § 7 S. 1 Nr. 1 bis 5 BewachV.

1503 Vgl. § 10 Abs. 1 Nr. 3 bis 5 SeeBewachV.

1504 Vgl. § 10 Abs. 1 Nr. 6 und 7 SeeBewachV.

1505 Bei einer Genehmigung nach § 34a GewO beträgt die Mindestsumme je Schadensereignis bei Personenschäden 1 Mio. Euro, § 14 Abs. 2 S. 1 Nr. 1 BewachV. Bei einer Zulassung nach § 31 GewO wird eine Mindestsumme von 5 Mio. Euro gefordert, § 12 Abs. 2 S. 1 SeeBewachV.

1506 Teilweise wird kritisch gesehen, dass die Bundespolizei als fachlich nähere Institution lediglich ihr Benehmen und nicht Einverständnis erklären muss. Einschränkend sei jedoch zu beachten, dass in der Praxis das *Bundesamt für Wirtschaft und Ausfuhrkontrolle* sich der Einschätzung der Bundespolizei anschließend wird; *Salomon/tho Pesch,* DÖV 2013, 760, 763.

Betriebshaftpflichtversicherung nicht bestätigt wird, § 31 Abs. 2 S. 3 Nr. 3 GewO. § 2 SeeBewachV nennt die Voraussetzungen, die ein Antrag auf Zulassung enthalten muss. So sind dem Antrag unter anderem bestimmte Dokumentationen und Unterlagen beizufügen, § 2 Abs. 2 S. 1 Nr. 1 bis 6 SeeBewachV. Zudem erfolgt sowohl die Antragstellung als auch die Zulassung elektronisch, § 2 Abs. 3 Nr. 1 und 2 SeeBewachV. Weiterhin gilt eine Zulassung nicht unbefristet und kann mit Auflagen versehen werden, § 31 Abs. 2 S. 2 GewO.[1507]

bb) Anforderungen an das Sicherheitsunternehmen

Die betriebliche Organisation des Unternehmens setzt den Aufbau von bestimmten Organisationsstrukturen voraus, § 4 SeeBewachV. So muss ein leitender Angestellter ernannt werden, der bestimmte Aufgaben wahrnimmt, § 4 Abs. 1 S. 2 Nr. 1 SeeBewachV. Daneben existieren Vorgaben hinsichtlich der Etablierung bestimmter betrieblicher Prozesse, etwa bei der Personalauswahl, § 4 Abs. 1 S. 2 Nr. 3 SeeBewachV, oder der Einrichtung eines Dokumentationssystems, § 4 Abs. 1 S. 2 Nr. 6 SeeBewachV.

cc) Einsatz von Bewachungspersonal an Bord

(1) Regelungen der Seeschiffbewachungsverordnung

Für den eigentlichen Einsatz auf Handelsschiffen werden bestimmte Verfahrensabläufe gefordert, § 5 SeeBewachV. So müssen beispielsweise die einzelnen Teams an Bord nach bestimmten Kriterien zusammengesetzt sein, § 5 Abs. 1 S. 2 Nr. 1 SeeBewachV, und auch die Kommunikation bzw. Zusammenarbeit mit dem Kapitän unterliegt bestimmten Anforderungen, § 5 Abs. 1 S. 2 Nr. 2 und 4 SeeBewachV. Ferner werden in § 5 Abs. 4 S. 1 SeeBewachV bestimmte Unterlagen verlangt, welche spätestens beim Einschiffen der Wachpersonen vorliegen müssen. Zudem müssen die an Bord agierenden Sicherheitsteams über eine angemessene Ausrüstung verfügen, § 6 Abs. 1 S. 1 SeeBewachV, und ihre Dienstkleidung muss – sofern eine solche getragen wird – sich von jenen staatlicher Institutionen unterscheiden, § 6 Abs. 2 S. 2 SeeBewachV.

Die persönlichen Anforderungen an die auf Schiffen eingesetzten Personen werden in § 7 SeeBewachV festgelegt: Diese müssen zuverlässig, mindestens 18 Jahre alt und persönlich geeignet sein sowie über die notwendige Sachkunde verfügen, § 7 Nr. 1 bis 4 SeeBewachV. Die erforderliche Zuverlässigkeit wird

---

1507 Die Dauer der Zulassung beträgt zwei Jahre, § 3 SeeBewachV i.V.m. § 31 Abs. 4 S. 1 Nr. 1 GewO.

durch § 8 SeeBewachV näher bestimmt; bei der Beurteilung der Zuverlässigkeit wird insbesondere die Verurteilung wegen bestimmter Delikte berücksichtigt.[1508] Die persönliche Eignung wird in § 9 SeeBewachV konkretisiert.[1509] Schließlich stellt § 10 SeeBewachV Bedingungen im Hinblick auf die erforderliche Sachkunde auf. Dies betrifft unter anderem Kenntnisse der entsprechenden rechtlichen Grundlagen, § 10 Abs. 1 Nr. 1, 3 und 7 SeeBewachV,[1510] nautische und technische Kenntnisse im Bezug auf Schiffe, § 10 Abs. 1 Nr. 4 und 5 SeeBewachV, und Kenntnisse der englischen Sprache, § 10 Abs. 1 Nr. 14 SeeBewachV. Weiterhin enthält die Anlage zu § 10 Abs. 1 SeeBewachV eine detaillierte Liste, welche Kenntnisse konkret gefordert werden. Auch muss das Unternehmen eine Betriebshaftpflichtversicherung mit festgelegten Mindestdeckungssummen abschließen, § 12 SeeBewachV.[1511] Schließlich werden noch Aufzeichnungs- und Aufbewahrungspflichten, § 13 SeeBewachV,[1512] sowie Anzeige-, Melde- und Vorlagepflichten, § 14 SeeBewachV, festgelegt.

(2) Regelungen der Seeschiffbewachungsdurchführungsverordnung

Die in den §§ 4 bis 6 SeeBewachV genannten Anforderungen werden durch die SeeBewachDV weiter konkretisiert. So muss ein Team aus mindestens vier Personen bestehen, nämlich einem Einsatzleiter, einem stellvertretenden Einsatzleiter, einem Schützen und einem geschulten Ersthelfer, § 2 Abs. 1 Nr. 2 SeeBewachDV. Bei der Personalauswahl müssen Bewerber unter anderem Nachweise der in § 10 SeeBewachV genannten Sachkenntnisse erbringen, § 4 S. 2 Nr. 3 SeeBewachDV. Auch ist das Unternehmen gehalten, die persönlichen Voraussetzungen der an Bord eingesetzten Personen mindestens alle zwölf Monate zu überprüfen, § 5

1508 Eine Person gilt beispielweise als nicht zuverlässig, wenn sie innerhalb der letzten zehn Jahre wegen eines Delikts mit einer Mindestfreiheitsstrafe von einem Jahr verurteilt wurde, § 8 Abs. 1 Nr. 1 lit. a) SeeBewachV.

1509 Als Versagungsgrund gilt beispielsweise eine Alkoholabhängigkeit, § 9 Abs. 1 Nr. 2 SeeBewachV.

1510 Genannt werden hinsichtlich der Kenntnisse internationaler Abkommen in § 10 Abs. 1 Nr. 3 SeeBewachV der *Internationale Code für die Gefahrenabwehr auf Schiffen und in Hafenanlagen* (ISPS-Code), BGBl. 2013 II S. 2018, 2043, sowie der *Internationaler Code für Maßnahmen zur Organisation eines sicheren Schiffsbetriebes und Verhütung der Meeresverschmutzung* (ISM-Code), VkBl. 2012 S. 230, 231.

1511 Diese Mindestsummen betragen je Versicherungsfall 5 Mio. Euro für Personen- und Sachschäden und 500.000 Euro für Vermögensschäden, § 12 Abs. 2 S. 1 SeeBewachV.

1512 So muss jeder Einsatz detailliert dokumentiert werden im Hinblick auf die eingesetzten Personen, die mitgeführte Ausrüstung sowie die Route des Schiffes, § 13 Abs. 1 S. 3 Nr. 2 SeeBewachV.

SeeBewachDV. Daneben hat das Unternehmen die Kenntnisse seiner Bewachungspersonen regelmäßig auf dem aktuellen Stand zu halten, § 7 Abs. 1 SeeBewachDV, und auch der Umgang mit Waffen muss regelmäßig trainiert werden, § 7 Abs. 2 SeeBewachDV. Weiterhin ist durch das Unternehmen sicherzustellen, dass sich die Wachpersonen rund um die Uhr an eine Rechtsberatung wenden können, § 8 S. 1 SeeBewachDV. Außerdem müssen Kontroll- und Prüfprozesse detailliert dokumentiert werden, § 9 SeeBewachDV,[1513] und auch hinsichtlich der Dokumentations- und Kommunikationssysteme werden weitere Vorgaben gemacht, §§ 10 und 11 SeeBewachDV.[1514]

Betreffend die Verfahrensabläufe eines Einsatzes werden in § 12 SeeBewachDV weitere Details gegeben. Unter anderem wird der Letztentscheidungsbefugnis des Kapitäns[1515] dadurch Rechnung getragen, dass der Einsatzleiter diesen bei der Bewertung unterstützt, ob ein Angriff vorliegt, § 12 Abs. 3 S. 1 SeeBewachDV. Weiterhin ist die Anwendung von körperlicher Gewalt und der Gebrauch von Schusswaffen grundsätzlich zu vermeiden, § 12 Abs. 4 S. 1 SeeBewachDV. Eine Gewaltanwendung bzw. der Schusswaffengebrauch ist lediglich dann erlaubt, wenn dies nach deutschem Recht zulässig ist, wobei insbesondere auf die Geeignetheit, Erforderlichkeit und Angemessenheit hingewiesen wird, § 12 Abs. 4 S. 2 SeeBewachDV. Weiterhin wird auf ein gestuftes Vorgehen bei der Anwendung von Gewalt hingewiesen, so dass zunächst Warnschüsse in die Luft abgegeben werden und erst zuletzt direkt auf die angreifenden Personen gezielt wird, § 12 Abs. 4 S. 5 Nr. 1 bis 4 SeeBewachDV. Schließlich regelt § 14 SeeBewachDV die Ausrüstung der Sicherheitsdienstleister und gibt in § 14 Abs. 2 eine Liste mit Ausrüstungsgegenständen vor, die zwingend vorhanden sein müssen.[1516]

1513 Unter anderem wird bei systematischen Mängeln verschiedene Schritte im Rahmen eines Optimierungsprozesses vorgeschrieben, § 9 Abs. 3 S. 4 Nr. 1 bis 6 SeeBewachDV.

1514 Dies betrifft etwa das Festlegen von Zuständigkeiten oder der Form der Dokumentation, § 10 S. 2 Nr. 1 und 3 SeeBewachDV, sowie Vorgaben hinsichtlich des Systems der Kommunikation, etwa, dass die verantwortliche Person regelmäßig der Geschäftsleitung über die Betriebsabläufe in Textform Bericht zu erstatten hat, § 11 Abs. 4 S. 1 SeeBewachDV.

1515 Diese ergibt sich auch aus § 121 SeeArbG: § 121 Abs. 2 S. 1 SeeArbG legt dem Kapitän die Einhaltung der öffentlichen Sicherheit und Ordnung an Bord des Schiffes auf. Dafür ist er gegenüber der Besatzung und sonstigen sich an Bord befindlichen Personen zum Erteilen von Anordnungen befugt, § 121 Abs. 1 S. 2 SeeArbG.

1516 Diese Liste umfasst technische Gegenstände wie Ferngläser, § 14 Abs. 2 Nr. 3 SeeBewachDV, Waffen nebst Munition, § 14 Abs. 2 Nr. 4 bis 6 SeeBewachDV, sowie Ausrüstung zum persönlichen Schutz, wie ein ballistischer Schutzhelm oder eine automatische Rettungsweste, § 14 Abs. 2 Nr. 9 und 12 SeeBewachDV.

(3) Regelung des § 28a WaffG

Für den Umgang mit Waffen ist im Kontext von Bewachungsunternehmen auf Seeschiffen § 28a WaffG zu beachten. Bedeutsam ist hierbei, dass die Erlaubnis zum Erwerb, Besitz und Führen von Schusswaffen und Munition dem Bewachungsunternehmen erteilt wird, § 28a Abs. 1 S. 1 WaffG, und nicht eine persönliche Prüfung der einzelnen Personen stattfindet, wie sie in § 28 Abs. 3 S. 1 WaffG vorgesehen ist. Stattdessen hat das Bewachungsunternehmen dafür Sorge zu tragen, dass die eingesetzten Personen die entsprechenden Voraussetzungen[1517] erfüllen, § 28a Abs. 1 S. 3 Nr. 1 WaffG, und muss diese Personen der zuständigen Behörde melden und auf Verlangen entsprechende Nachweise vorlegen, dass die Personen die Voraussetzungen erfüllen, § 28a Abs. 1 Nr. 2 und 3 WaffG. Insoweit weist § 28a WaffG wie auch § 31 GewO eine unternehmensbezogene Struktur auf.[1518]

(4) Regelung des § 7 SeeEigensichV

In der *See-Eigensicherungsverordnung* (SeeEigensichV)[1519] werden Vorgaben für die Einrichtung und Überwachung von Sicherungssystemen im Sinne der SOLAS-Konvention und des *International Ship and Port Facility Security Code* (ISPS-Code) zur Abwehr äußerer Gefahren für die Sicherheit des Schiffsverkehrs festgelegt, § 1 SeeEigensichV. Sollen auf einem Schiff private bewaffnete Sicherheitskräfte zur Gefahrenabwehr zum Einsatz kommen, muss dies in den Plan zur Gefahrenabwehr aufgenommen werden, § 7 Abs. 1b SeeEigensichV.[1520] Der Plan ist zudem vom *Bundesamt für Seeschifffahrt und Hydrographie* zu genehmigen, § 7 Abs. 2a S. 1 SeeEigensichV, wobei Voraussetzung ist, dass das Unternehmen über eine Zulassung nach § 31 GewO verfügt, § 7 Abs. 2a S. 1 Nr. 2 lit. a)

1517 Diese Voraussetzungen statuiert § 4 Abs. 1 Nr. 1 bis 3 WaffG: So muss die Person mindestens 18 Jahre alt sein, die erforderliche Zuverlässigkeit und persönliche Eignung aufweisen und die entsprechende Sachkunde nachweisen.

1518 Vgl. *Salomon/tho Pesch*, DÖV 2013, 760, 764.

1519 Verordnung zur Eigensicherung von Seeschiffen zur Abwehr äußerer Gefahren (See-Eigensicherungsverordnung – SeeEigensichV) v. 19. September 2005, BGBl. 2005 I S. 2787, 2787, zuletzt geändert durch Art. 3 Verordnung zur Datenübermittlung im Seeverkehr sowie zur Änderung weiterer schifffahrtsrechtlicher Vorschriften v. 1. März 2016, BGBl. 2016 I S. 329.

1520 Durch Art. 1 der entsprechenden Änderungsverordnung (Verordnung zur Änderung der See-Eigensicherungsverordnung und der Gebührenverordnung für Amtshandlungen des Bundesamtes für Seeschifffahrt und Hydrographie v. 29. Juli 2013, BGBl. 2013 I S. 2812) wurden die Vorschriften der SeeEigensichV, welche die Zulassung nach § 31 GewO betreffen, eingefügt.

SeeEigensichV, und die *Revised Interim Guidance to Shipowners, Ship Operators and Shipmasters on the Use of Privately Contracted Armed Security Personnel on Board Ships in the High Risk Area* der IMO vom 25. Mai 2012[1521] beachtet werden, § 7 Abs. 2a S. 1 Nr. 2 lit. b) SeeEigensichV. Weiterhin ergeben sich noch bestimmte Melde- und Dokumentationspflichten, § 7 Abs. 2a S. 2 Nr. 1 bis 3 SeeEigensichV.

(5) Sanktionen

Entschließt sich ein Reeder dazu, auf seinen Schiffen Bewachungsunternehmen einzusetzen, die über keine Zulassung nach § 31 GewO verfügen, kann dies auf mehreren Ebenen sanktioniert werden. Zunächst stellt dies eine Ordnungswidrigkeit nach § 144 Abs. 1 Nr. 2 GewO dar, die mit einer Geldbuße von bis zu 50.000 Euro belegt werden kann, § 144 Abs. 4 Var. 1 GewO. Eine weitere Sanktionierungsmöglichkeit ergibt sich aus § 12 Abs. 1 Nr. 5 SeeEigensichV. Danach handelt es sich um eine Ordnungswidrigkeit, wenn für den Einsatz von privaten Sicherheitskräften entgegen § 7 Abs. 1b SeeEigensichV kein Zusatz in den Plan zur Gefahrenabwehr auf dem Schiff aufgenommen wird. Dieser Zusatz kann nur genehmigt werden, wenn das Bewachungsunternehmen nach § 31 GewO über eine entsprechende Zulassung verfügt, § 7 Abs. 2a S. 1 Nr. 2 lit. a) SeeEigensichV. Als zu verhängende Geldbuße sind auch hier bis zu 50.000 Euro vorgesehen, § 12 Abs. 1 SeeEigensichV i.V.m. § 15 Abs. 2 und Abs. 1 Nr. 2 SeeaufgG. Teilweise werden Zweifel geäußert, inwieweit sich Reeder durch diese Sanktionsmöglichkeiten davon abhalten lassen, nicht zugelassene Bewachungsunternehmen einzusetzen.[1522] Ausschlaggebend dafür dürfte vor allem der Kostenunterschied sein, welcher zwischen dem Einsatz eines zugelassenen Bewachungsunternehmens und dem Einsatz eines nicht nach § 31 GewO zugelassenen Unternehmens besteht und ob diese Einsparung das Risiko eines Bußgeldverfahrens aufwiegt.[1523]

1521 IMO, Revised Interim Guidance to Shipowners, Ship Operators and Shipmasters on the Use of Privately Contracted Armed Security Personnel on Board Ships in the High Risk Area, MSC.1/Circ.1405/Rev.2 (25. Mai 2012). Vgl. dazu die Bekanntmachung des *Bundesministeriums für Verkehr, Bau und Stadtentwicklung* vom 15. Mai 2013: Überarbeitete vorläufige Leitlinien für Reeder, Schiffsbetreiber und Schiffsführer über den Einsatz von bewaffnetem privaten Wachpersonal an Bord von Schiffen im Hochrisikogebiet; VkBl. 2013 S. 640, 641.

1522 *Salomon/tho Pesch*, DÖV 2013, 760, 767 f.

1523 Genannt werden Kosten von 100.000 US-Dollar für den Schutz eines Schiffes in einem Hochrisikogebiet, wobei sich diese Summe auf den Einsatz von zehn bis zwölf Sicherheitskräften an Bord bezieht; für die Begleitung durch ein Team von drei Wachpersonen werden die Ausgaben mit 25.000 US-Dollar beziffert; *Mudrić*,

(6) Zusammenfassung

Die genauen Voraussetzungen einer Zulassung nach § 31 GewO, welche die SeeBewachV und die SeeBewachDV enthalten, sind detailliert.[1524] Die Vorschriften über die Zuverlässigkeit, § 7 SeeBewachV, und die persönliche Eignung, § 8 SeeBewachV, der eingesetzten Personen an Bord des Schiffes sind denen der Vorschriften §§ 5 und 6 WaffG, welche die Anforderungen hinsichtlich der Zuverlässigkeit und der persönlichen Eignung für eine waffenrechtliche Erlaubnis festlegen, sehr ähnlich.[1525] Es wurde allerdings bewusst mit Rücksicht auf die ausländischen Antragsteller darauf verzichtet, mit einem bloßen Verweis auf das Waffengesetz zu arbeiten und stattdessen die entsprechenden Voraussetzungen direkt in die jeweiligen Normen aufgenommen.[1526] Auch bei der erforderlichen Sachkunde wurden die zu erwartenden ausländischen Antragsteller mitberücksichtigt: In § 10 SeeBewachV wird detailliert festgelegt, welche Kenntnisse das auf Schiffen eingesetzte Wachpersonal haben muss. Wie diese Kenntnisse erworben werden, wird nicht geregelt.[1527]

dd) Vergleich mit Empfehlungen für den Einsatz privater Sicherheitsdienstleister

Die Regeln in § 12 Abs. 4 S. 5 SeeBewachDV für ein gestuftes Vorgehen beim Schusswaffengebrauch finden sich in ähnlicher Form auch in Nr. 7 lit. (f) und (g) *Guidance on Rules for the Use of Force (RUF) by Privately Contracted Armed Security Personnel (PCASP) in Defence of a Merchant Vessel (MV)* der BIMCO[1528] und auch in den Richtlinien der IMO werden Hinweise zur Gewaltanwendung

---

Comp. Mar. L. 50 (2011), 217, 243 Fn. 139; *Jessen*, RdTW 2013, 125, 126; vgl. auch *Spearin*, J. Int'l Crim. Just. 10 (2012), 823, 828.

1524 *Topp* in: Brake (Hrsg.), Maritime Sicherheit - Moderne Piraterie, S. 193, 197; *Schönleiter* in: Landmann/Rohmer, Bd. I, GewO, § 31 Rn. 9.

1525 Vgl. *Topp* in: Brake (Hrsg.), Maritime Sicherheit - Moderne Piraterie, S. 193, 201.

1526 Verordnung des Bundesministeriums für Wirtschaft und Technologie, Verordnung über die Zulassung von Bewachungsunternehmen auf Seeschiffen (SeeBewachV), BT-Drs. 17/13308, S. 20.

1527 Bei der Unterrichtung von Wachpersonen nach § 34a GewO ist dies anders: Hier wird durch § 5 BewachV (§ 2 S. 1 BewachV 2003) festgelegt, dass die Industrie- und Handelskammern für die Unterrichtung zuständig sind. Vgl. zu diesem Unterschied auch: *Topp* in: Brake (Hrsg.), Maritime Sicherheit - Moderne Piraterie, S. 193, 201 f.

1528 In *BIMCO*, Guidance on Rules for the Use of Force, para. 7 lit. (g) (i) werden dabei auch Beispiele gegeben, unter welchen Umständen tödliche Gewalt zulässig sein kann; vgl. dazu auch Kapitel 6 – A. I. 2. c) cc).

gegeben.[1529] Die Empfehlungen der IMO enthalten auch Hilfestellungen zu der Bestimmung der Größe der einzelnen Teams an Bord[1530] und der Auswahl der technischen Ausrüstung und Waffen, die mitgeführt werden,[1531] wobei diese nicht in gleichem Maße konkret sind wie die Angaben in der SeeBewachDV.[1532] Die von § 2 Abs. 1 Nr. 2 SeeBewachDV vorgegebene Mindestanzahl von vier Personen findet sich auch in den *Industry Guidelines for the Use of Private Maritime Security Contractors as Additional Protection in Waters Affected by Somali Piracy* der BIMCO, wenn auch dort diese Anzahl lediglich eine dringende Empfehlung darstellt.[1533] Ebenfalls in diesen Richtlinien werden Hinweise zur Auswahl und Überprüfung des Personals[1534] gegeben, die ähnlich der Vorgaben von §§ 4 und 5 SeeBewachDV sind.[1535]

1529 So wird in IMO, Revised Interim Guidance to Shipowners, Ship Operators and Shipmasters on the Use of Privately Contracted Armed Security Personnel on Board Ships in the High Risk Area, MSC.1/Circ.1405/Rev.2 (25. Mai 2012), Annex, para. 5.14 – ähnlich wie in § 12 Abs. 4 S. 2 SeeBewachDV die deutschen Vorschriften – die maßgebliche Rechtsordnung herangezogen für die Beurteilung der Zulässigkeit der Gewaltanwendung.

1530 IMO, Revised Interim Guidance to Shipowners, Ship Operators and Shipmasters on the Use of Privately Contracted Armed Security Personnel on Board Ships in the High Risk Area, MSC.1/Circ.1405/Rev.2 (25. Mai 2012), Annex, para. 5.6.1.

1531 IMO, Revised Interim Guidance to Shipowners, Ship Operators and Shipmasters on the Use of Privately Contracted Armed Security Personnel on Board Ships in the High Risk Area, MSC.1/Circ.1405/Rev.2 (25. Mai 2012), Annex, para. 5.6.4 und 5.6.5.

1532 In § 2 Abs. 1 Nr. 2 SeeBewachDV wird eine Mindestzahl von vier Personen vorgeschrieben, während in den Empfehlungen der IMO lediglich Kriterien wie Größe, Bauart, Geschwindigkeit und Höhe des Freibords zur Bestimmung der Anzahl genannt werden; IMO, Revised Interim Guidance to Shipowners, Ship Operators and Shipmasters on the Use of Privately Contracted Armed Security Personnel on Board Ships in the High Risk Area, MSC.1/Circ.1405/Rev.2 (25. Mai 2012), Annex, para. 5.6.1.

1533 „It is unlikely that risk analysis will indicate the team should comprise less than 4 personnel"; *BIMCO/et al.*, Industry Guidelines for the Use of Private Maritime Security Contractors, para. 3.3. Siehe zu diesen Richtlinien schon Kapitel 6 – A. I. 2. c) aa).

1534 *BIMCO/et al.*, Industry Guidelines for the Use of Private Maritime Security Contractors, para. 2.4.

1535 So soll unter anderem geprüft werden, ob sich die bewerbende Person in der Vergangenheit strafbar gemacht hat und ob sie in medizinischer, körperlicher und physischer Hinsicht für den Einsatz geeignet ist; *BIMCO/et al.*, Industry Guidelines for the Use of Private Maritime Security Contractors, para. 2.4.

Die Letztentscheidungsbefugnis des Kapitäns, die in § 12 Abs. 2 S. 10 SeeBewachDV und § 5 Abs. 1 S. 1 Nr. 2 SeeBewachV Erwähnung findet, wird in der *Guidance on the selection of private security companies* der Norwegian Shipowners' Mutual War Risks Insurance Association ebenfalls als unabdingbare Voraussetzung genannt und auch eine entsprechende Kommunikationsstrategie zwischen Kapitän und Sicherheitsteam ist zu etablieren.[1536] Regelungen des Personalauswahlprozesses stellen auch die *Interim Guidance to UK Flagged Shipping on the Use of Armed Guards to Defend Against the Threat of Piracy in Exceptional Circumstances* des britischen *Department for Transport* auf. So sind dort Überprüfungen von den eingesetzten Personen vorgeschrieben.[1537] Dies betrifft etwa die Frage nach der kriminellen Vergangenheit[1538] oder eine bestimmte medizinische Tauglichkeit für den Einsatz auf Schiffen[1539] und damit ähnliche Voraussetzungen wie in § 4 SeeBewachDV.[1540]

ee) Besonderheiten der Zulassung nach § 31 GewO im Vergleich zu anderen gewerberechtlichen Genehmigungen

Im Gegensatz zu anderen gewerberechtlichen Genehmigungen weist das Zulassungsverfahren nach § 31 GewO einige Besonderheiten auf.[1541] Zunächst ist hervorzuheben, dass die Zulassung nicht personen-, sondern unternehmensgebunden erteilt wird (unter (1)). Weiterhin ist das Verfahren der Zulassung auch auf ausländische Antragsteller ausgerichtet (unter (2)). Herauszuheben sind

1536 „At all times, the Master retains the ultimate control and responsibility for the safety and security of the ship. There must be an unambiguous relationship between the Master of the ship and the leader of the private security team"; *Norwegian Shipowners' Mutual War Risks Insurance Association*, Guidance on the selection of private security companies, para. 7.1. Vgl. zur Letztentscheidungsbefugnis auch schon Kapitel 6 – A. I. 1. c). Siehe zu diesen Richtlinien auch schon Kapitel 6 – A. I. 2. c) dd).

1537 *Department for Transport (UK)*, Interim Guidance to UK Flagged Shipping on the Use of Armed Guards, para. 3.9. Siehe zu diesen Richtlinien auch schon Kapitel 6 – A. I. 2. c) ee).

1538 *Department for Transport (UK)*, Interim Guidance to UK Flagged Shipping on the Use of Armed Guards, para. 3.9, Punkt 1.

1539 *Department for Transport (UK)*, Interim Guidance to UK Flagged Shipping on the Use of Armed Guards, para. 3.9, Punkt 4.

1540 Siehe etwa § 4 S. 2 Nr. 1 und 4 SeeBewachDV.

1541 Vgl. *Schönleiter* in: Landmann/Rohmer, Bd. I, GewO, § 31 Rn. 5; *Ennuschat*, GewArch 2014, 329, 329.

ferner die Zuständigkeit einer Bundesbehörde (unter (3)) und die umfangreichen Dokumentationspflichten (unter (4)).

(1) Unternehmensbezogenheit der Zulassung

Üblicherweise werden die Personen, die eine genehmigungspflichtige Tätigkeit ausüben möchten, von der zuständigen Behörde überprüft.[1542] Im Gegensatz dazu werden bei der Zulassung von Bewachungsunternehmen auf Seeschiffen nicht die von diesem Unternehmen eingesetzten Personen überprüft, sondern das Unternehmen selbst,[1543] welches wiederum verpflichtet ist, die Überprüfung der eingesetzten Personen vorzunehmen.[1544] Gleichzeitig trifft das Unternehmen umfangreiche Dokumentationspflichten unter anderem hinsichtlich der Auswahl der eingesetzten Personen[1545] und auch der Einsätze.[1546] Folglich werden dem Unternehmen Überwachungsaufgaben übertragen und die Behörde überprüft lediglich, ob das Unternehmen in der Lage ist, die Einhaltung der jeweiligen Vorgaben sicherzustellen.[1547] Dieses Verfahren ist den Besonderheiten des

---

1542 So überprüft beispielsweise die zuständige Behörde im Rahmen der Erlaubnis nach § 34a GewO, ob die antragstellende Person die entsprechenden Voraussetzungen besitzt, § 34a Abs. 1 GewO. Damit ist die Erlaubnis personenbezogen; *Marcks* in: Landmann/Rohmer, Bd. I, GewO, § 34a Rn. 14; *Ennuschat* in: Tettinger/Wank/Ennuschat, GewO, § 34a Rn. 24. Zwar kann die Erlaubnis auch an juristische Personen erteilt werden, dann müssen die Zulassungsvoraussetzungen aber bei dieser vorliegen; vgl. *Ambs* in: Erbs/Kohlhaas, Strafrechtliche Nebengesetze, § 34a GewO Rn. 3a.

1543 § 31 Abs. 2 S. 3 Nr. 1 GewO. Vgl. dazu: *Schönleiter* in: Landmann/Rohmer, Bd. I, GewO, § 31 Rn. 5; *Ennuschat*, GewArch 2014, 329, 329 f.; *Jessen*, RdTW 2013, 125, 130.

1544 § 7 Nr. 1. bis 4 SeeBewachV: Das Unternehmen muss sicherstellen, dass die Person zuverlässig, mindestens 18 Jahre alt und persönlich geeignet ist sowie über die notwenige Sachkunde verfügt. Siehe dazu schon Kapitel 6 – A. III. 2. d) cc) (1).

1545 § 13 Abs. 1 S. 3 Nr. 4 SeeBewachV. Vgl. dazu: *Schönleiter* in: Landmann/Rohmer, Bd. I, GewO, § 31 Rn. 5.

1546 So muss etwa der Einsatz an sich dokumentiert werden, § 13 Abs. 1 S. 3 Nr. 2 SeeBewachV, und sofern Schusswaffen gebraucht wurden, ist dies ebenfalls detailliert festzuhalten, § 13 Abs. 2 SeeBewachV. Siehe zu den Dokumentationspflichten auch schon Kapitel 6 – A. III. 2. d) ee) (4).

1547 Vgl. *Ennuschat*, GewArch 2014, 329, 333. Eine ähnliche Konstellation gibt es auch bei Versicherungsvermittlern, § 34d Abs. 6 GewO, und Finanzanlagenvermittlern, § 34f Abs. 4 S. 1 GewO; vgl. *Ennuschat*, GewArch 2014, 329, 333. Diese Unternehmensbezogenheit war auch schon in den Leitlinien der IMO vorgesehen; *Jessen*, RdTW 2013, 125, 130. Siehe zu den Dokumentationspflichten des Unternehmens hinsichtlich der Anwendung von Gewalt und der Handhabung von Waffen etwa

Einsatzes auf Schiffen auf Hoher See geschuldet. Während es bei den meisten anderen gewerberechtlichen Genehmigungen für die zuständige Behörde an Land kein Problem darstellt, die Einhaltung der Vorschriften sicherzustellen bzw. zu überwachen, besteht diese Möglichkeit auf Hoher See fernab des deutschen Staatsgebietes nicht.[1548] Daher wurde auch die Nachschau, § 29 GewO, nicht als hinreichend effektive Möglichkeit der Kontrolle angesehen, sondern die Gültigkeitsdauer der Zulassung von vornherein auf zwei Jahre beschränkt, § 3 SeeBewachV.[1549]

(2) Berücksichtigung ausländischer Antragsteller

Daneben nimmt das Verfahren Rücksicht auf die Tatsache, dass auch ausländische Unternehmen einen Antrag auf Zulassung stellen können.[1550] Anstelle der ausführlichen Vorschrift des § 8 SeeBewachV, welche die Zuverlässigkeit des Bewachungsunternehmens zum Inhalt hat, wäre auch ein bloßer Verweis auf die im Wesentlichen inhaltsgleichen und bereits existierenden Regelungen des § 5 WaffG möglich gewesen.[1551] Dazu wurde allerdings festgestellt, dass „[e]in schlichter

---

folgende Regelungen: IMO, Interim Guidance to Privately Maritime Security Companies Providing Privately Contracted Armed Security Personnel on Board Ships in the High Risk Area, MSC.1/Circ.1443 (25. Mai 2012), Annex, para. 4.3 und 4.4.

1548 Vgl. den Gesetzesentwurf der Bundesregierung zur Einführung eines Zulassungsverfahrens für Bewachungsunternehmen auf Seeschiffen, BT-Drs. 17/10960, S. 12; *Schönleiter* in: Landmann/Rohmer, Bd. I, GewO, § 31 Rn. 4.

1549 Gesetzesentwurf der Bundesregierung zur Einführung eines Zulassungsverfahrens für Bewachungsunternehmen auf Seeschiffen, BT-Drs. 17/10960, S. 12 f. Vgl. auch *Heller/Soschinka*, NVwZ 2013, 476, 477 f.; *Schönleiter* in: Landmann/Rohmer, Bd. I, GewO, § 31 Rn. 8. Allerdings sind für eine Folgezulassung reduzierte Gebühren vorgesehen; vgl. Kapitel 6 – A. III. 2. d) ff). Gleichwohl ist denkbar, dass zumindest deutsche Unternehmen in ihren Geschäftsräumen überprüft werden nach § 29 Abs. 2 S. 1 GewO; *Topp* in: Brake (Hrsg.), Maritime Sicherheit – Moderne Piraterie, S. 193, 205; *Karschau* in: BeckOK GewO, § 31 Rn. 27.

1550 Im Rahmen des Schaffens der rechtlichen Rahmenbedingungen wurde erwartet, dass zahlreiche ausländische Unternehmen unter den Antragstellern sein werden: Verordnung des Bundesministeriums für Wirtschaft und Technologie, Verordnung über die Zulassung von Bewachungsunternehmen auf Seeschiffen (SeeBewachV), BT-Drs. 17/13308, S. 2. Zu den tatsächlich gestellten Anträgen siehe Kapitel 6 – A. III. 4.

1551 Weite Abschnitte von § 8 SeeBewachV und § 5 WaffG sind inhaltsgleich und teilweise wortidentisch. Die Rücksichtnahme auf ausländische Antragsteller wird beispielsweise in § 8 Abs. 1 Nr. 1 lit. a) SeeBewachV deutlich: Während im inhaltsgleichen § 5 Abs. 1 Nr. 1 lit. a) WaffG die rechtskräftige Verurteilung „wegen eines Verbrechens" erwähnt und damit auf § 12 Abs. 1 StGB verwiesen wird, wurde in § 8 Abs. 1 Nr. 1

Verweis auf § 5 Waffengesetz […] mit Blick auf die zu erwartenden ausländischen Antragsteller untunlich [ist].“[1552] Auch an anderer Stelle wird Rücksicht auf ausländische Antragsteller genommen, indem die Informationen und Checklisten zum Zulassungsverfahren vom *Bundesamt für Wirtschaft und Ausfuhrkontrolle* auch in englischer Sprache bereitgestellt werden,[1553] ohne dass dies verpflichtend vorgesehen wäre.[1554] Daneben kann der Antrag in englischer Sprache gestellt werden, wobei eine beglaubigte deutsche Übersetzung des Führungszeugnisses verpflichtend[1555] ist und die Übersetzung anderer Dokumente angefordert werden kann.[1556]

---

lit. a) SeeBewachV die Mindestfreiheitsstrafe von einem Jahr direkt in die Norm aufgenommen, indem die rechtskräftige Verurteilung „wegen einer rechtswidrigen Tat, die im Mindestmaß mit Freiheitsstrafe von einem Jahr oder darüber bedroht ist“ relevant ist.

1552 Verordnung des Bundesministeriums für Wirtschaft und Technologie, Verordnung über die Zulassung von Bewachungsunternehmen auf Seeschiffen (SeeBewachV), BT-Drs. 17/13308, S. 20.

1553 Siehe die englische Internetseite des *Bundesamtes für Wirtschaft und Ausfuhrkontrolle:* https://www.bafa.de/EN/Foreign_Trade/Maritime_Security/maritime_security_node.html (zuletzt abgerufen am 26. März 2020).

1554 Vgl. *Schönleiter* in: Landmann/Rohmer, Bd. I, GewO, § 31 Rn. 11.

1555 Letzter Eintrag unter Punkt VI. *Checklist of requirements for licensing under Section 31 of the Trade Regulation Code (GewO);* https://www.bafa.de/SharedDocs/Downloads/EN/Foreign_Trade/ssb_self_assessment_checklist.pdf?__blob=publicationFile&v=2 (zuletzt abgerufen am 26. März 2020): „2. As part of the vetting process for reliability, the security operatives are required to submit the following documents: […] a certificate of good conduct under Section 30 or 30b of the Act on the Central Criminal Register and the Juvenile Delinquency Register (Bundeszentralregistergesetz) which must be issued no earlier than 3 months before submission, or a comparable foreign document. The foreign document, if not in German, must be submitted in the form of a certified translation.“

1556 Siehe den Eintrag auf der Internetseite des *Bundesamtes für Wirtschaft und Ausfuhrkontrolle* unter *Appplication Procedure – Application:* „All the other documents may be submitted in English language. However, BAFA may request translations of selected documents“; https://www.bafa.de/EN/Foreign_Trade/Maritime_Security/maritime_security_node.html (zuletzt abgerufen am 26. März 2020). Allerdings ist das Akzeptieren englischer Unterlagen nicht verpflichtend, da nach § 23 Abs. 1 VwVfG die Verfahrenssprache weiterhin Deutsch ist, ohne dass davon eine Ausnahme ersichtlich ist; vgl. *Schönleiter* in: Landmann/Rohmer, Bd. I, GewO, § 31 Rn. 11. Gleichzeitig kann die Behörde aber von dem Verlangen einer deutschen Übersetzung absehen, § 23 Abs. 2 S. 1 VwVfG. Vgl. dazu: *Ramsauer* in: Kopp/Ramsauer, VwVfG, § 23 Rn. 7; *Schwarz* in: NK VerwR, § 23 VwVfG Rn. 20. Die dem eine Zulassung beantragendem Unternehmen entstehenden Übersetzungskosten

Weiterhin werden in § 10 SeeBewachV die Anforderungen an die erforderliche Sachkunde der eingesetzten Wachpersonen statuiert. Während bei der Zulassung nach § 34a GewO beispielsweise eine Unterrichtung nach § 34a Abs. 1a S. 1 Nr. 2 GewO erforderlich ist, die bei den Industrie- und Handelskammern – und damit in Deutschland – erfolgt, § 5 i.V.m. § 4 BewachV,[1557] werden in § 10 SeeBewachV die Kenntnisse definiert ohne festzulegen, wo bzw. wie diese erworben werden müssen.[1558] Bewachungsunternehmen, welche im Ausland bereits eine Zulassung erworben haben, können von der Zulassungspflicht nach § 31 GewO ausgenommen werden. Voraussetzung dafür ist, dass die Anforderungen an die im Ausland erworbene Zulassung im Wesentlichen gleichwertig zu den deutschen Voraussetzungen sind, § 15 Abs. 1 bzw. 2 SeeBewachV. Die Entscheidung darüber trifft das *Bundesamt für Wirtschaft und Ausfuhrkontrolle*, § 15 Abs. 3 S. 1 SeeBewachV.

(3) Zuständigkeit einer Bundesbehörde

Außerdem besteht die Besonderheit, dass die Zulassungen von einer Bundesbehörde vergeben werden.[1559] Dies ist darauf zurückzuführen, dass bei einer Zuständigkeit der Landesbehörden die Gefahr der Wettbewerbsverzerrung im Bundesgebiet durch unterschiedliche Anforderungen gesehen wurde.[1560] Zudem könne auch nur durch eine Bundesbehörde insbesondere im Hinblick auf die ausländischen Unternehmen ein einheitliches Verfahren mit einer zentralen

---

ins Deutsche wurden zudem auch beim Schaffen des rechtlichen Rahmens für ein Zulassungsverfahren gesehen; Gesetzesentwurf der Bundesregierung zur Einführung eines Zulassungsverfahrens für Bewachungsunternehmen auf Seeschiffen, BT-Drs. 17/10960, S. 2.

1557 Verordnung über das Bewachungsgewerbe (Bewachungsverordnung – BewachV) v. 3. Mail 2019, BGBl. 2019 I S. 692, zuletzt geändert durch Art. 2 Verordnung zur Einführung einer Verordnung über das Bewacherregister und zur Änderung der Bewachungsverordnung v. 24. Juni 2019, BGBl. 2019 I S. 882. Vgl. auch die vorherige Verordnung über das Bewachungsgewerbe (Bewachungsverordnung – BewachV 2003) i.d.F. der Bekanntmachung v. 10. Juli 2003, BGBl. 2003 I S. 1378, zuletzt geändert durch Art. 1 Verordnung zur Änderung der Bewachungsverordnung v. 1. Dezember 2016, BGBl. 2016 I S. 2692.

1558 Vgl. *Topp* in: Brake (Hrsg.), Maritime Sicherheit – Moderne Piraterie, S. 193, 201 f.

1559 *Schönleiter* in: Landmann/Rohmer, Bd. I, GewO, § 31 Rn. 5; *Ennuschat*, GewArch 2014, 329, 330.

1560 Gesetzesentwurf der Bundesregierung zur Einführung eines Zulassungsverfahrens für Bewachungsunternehmen auf Seeschiffen, BT-Drs. 17/10960, S. 10.

Anlaufstelle geschaffen werden.[1561] Eine örtlich zuständige Behörde am Firmensitz des Bewachungsunternehmens hätte ohnehin nur sehr begrenzte Kontroll- und Einwirkungsmöglichkeiten, sofern das Unternehmen seinen Sitz überhaupt in Deutschland hat.

(4) Umfangreiche Dokumentationspflichten

Ein dem Seeschiffbewachungsgewerbe immanentes Problem sind die beschränkten Kontrollmöglichkeiten der deutschen Behörde,[1562] weshalb den Unternehmen umfangreiche Dokumentationspflichten auferlegt werden. Eine deutsche Behörde kann weder gegenüber dem an Bord der bewachten Schiffe eingesetzten Personal, noch – zumindest bei ausländischen Unternehmen – an dem sich im Ausland befindlichen Unternehmenssitz effektiv Kontrollbefugnisse ausüben.[1563] Fraglich ist allerdings, ob dadurch das Problem der fehlenden direkten Überwachung ausgeglichen werden kann. Voraussetzung für ein Tätigwerden der Behörde ist, dass sie überhaupt von Vorfällen, die eine Ordnungswidrigkeit nach § 16 SeeBewachV darstellen könnten, Kenntnis erlangt.[1564] Da die Schiffe, auf denen bewaffnetes Sicherheitspersonal eingesetzt wird, weit entfernt vom deutschen Staatsgebiet unterwegs sind, sind die Aufzeichnungen der Unternehmen regelmäßig der einzige Weg, um von etwaigen Geschehnissen zu erfahren. Entschließen sich die an Bord eines Schiffes eingesetzten Wachpersonen allerdings dazu, einen dokumentationspflichtigen Vorfall gar nicht erst zu dokumentieren, hat das Bewachungsunternehmen keine Möglichkeit, seinen Anzeige-, Melde- und Vorlagepflichten nach § 14 SeeBewachV nachzukommen.[1565] Daneben ist

---

1561 Gesetzesentwurf der Bundesregierung zur Einführung eines Zulassungsverfahrens für Bewachungsunternehmen auf Seeschiffen, BT-Drs. 17/10960, S. 10.

1562 Von *Salomon/tho Pesch* als „strukturelles Überwachungsdefizit" bezeichnet; *Salomon/tho Pesch*, DÖV 2013, 760, 766.

1563 Vgl. *Schönleiter* in: Landmann/Rohmer, Bd. I, GewO, § 31 Rn. 5; Antwort der Bundesregierung auf die Kleine Anfrage der Abgeordneten Katja Keul, Agnes Brugger, Tom Koenigs, weiterer Abgeordneter und der Fraktion BÜNDNIS 90/DIE GRÜNEN – Drs. 17/10659 –, Zulassungsverfahren für Bewachungsunternehmen auf Seeschiffen, BT-Drs. 17/10870, S. 3.

1564 Vgl. *Salomon/tho Pesch*, DÖV 2013, 760, 767.

1565 Diesem Problem könnte durch das Einrichten einer neutralen Stelle begegnet werden, welche Hinweise über bestimmte Geschehnisse an Bord anonym entgegennimmt. Diese Hinweise könnten entweder von den eingesetzten Sicherheitskräften kommen oder – wahrscheinlicher – von der an der Schiffsbewachung grundsätzlich unbeteiligten Crew; *Salomon/tho Pesch*, DÖV 2013, 760, 767. Zwar sind mit den §§ 127 f. SeeArbG bereits ein Beschwerdeverfahren vorgesehen. Dieses betrifft

denkbar, dass das Unternehmen Kenntnis von einem Vorfall erlangt, die erlangten Informationen aber nicht an die Behörde weitergibt. Zwar stellt dieses Verhalten eine Ordnungswidrigkeit dar, die ein Bußgeld von bis zu 5.000 Euro nach sich ziehen kann.[1566] Außerdem könnte die Zulassung des Unternehmens widerrufen werden. Wird allerdings berücksichtigt, dass sich Personen des Unternehmens möglicherweise strafbar gemacht haben, ist die Abschreckungswirkung einer Geldbuße in dieser Höhe eher gering.[1567]

Ein zweites Problem ergibt sich aus dem Grundsatz der Selbstbelastungsfreiheit. Im Rahmen der Anzeige-, Melde- und Vorlagepflichten nach § 14 SeeBewachV kann die Auskunft bezüglich solcher Fragen verweigert werden, bei deren Beantwortung sich die Auskunft gebende Person selbst oder Angehörige dieser Person der Gefahr einer strafgerichtlichen Verfolgung oder eines Verfahrens nach dem Gesetz über die Ordnungswidrigkeiten aussetzen würde, § 14 Abs. 3a SeeBewachV.[1568]

---

allerdings lediglich Verstöße gegen das SeeArbG und andere seearbeitsrechtliche Vorschriften, aber nicht Verstöße gegen sonstige Rechtsvorschriften; *Bubenzer/Peetz/Mallach*, SeeArbG, § 127 Rn. 2. Daneben ist zu berücksichtigen, dass von privaten Bewachungsunternehmen eingesetzte Sicherheitskräfte keine Besatzungsmitglieder im Sinne des SeeArbG sind, § 3 Abs. 3 S. 1 Nr. 12 SeeArbG, so dass für sie mit Ausnahme der Regelungen über die Seediensttauglichkeit, § 3 Abs. 4 S. 4 SeeArbG, die Vorschriften des SeeArbG nicht gelten. Dass private Sicherheitskräfte nicht als Crewmitglieder gesehen werden, ergibt sich auch aus den Vorschriften der IMO betreffend den Einsatz von privaten Sicherheitsdienstleistern; siehe Fn. 1384.

1566 Denkbar wäre etwa, dass das Unternehmen, nachdem es von einem Schusswaffeneinsatz Kenntnis erlangt hat, diese Informationen entgegen der in § 14 Abs. 2 SeeBewachV vorgesehenen Pflicht nicht an die entsprechenden Behörden weitergibt. Aus § 144 Abs. 2 Nr. 1 GewO ergibt sich, dass die eine Ordnungswidrigkeit darstellt, die nach § 144 Abs. 4 Var. 2 GewO mit einer Geldbuße mit bis zu 5.000 Euro geahndet werden kann.

1567 *Salomon/tho Pesch*, DÖV 2013, 760, 767.

1568 Vorstellbar ist beispielsweise, dass bei einem Angriff auf ein Schiff einer der Angreifer von einer Wachperson erschossen wurde. Dieser Vorfall muss nach § 13 Abs. 2 SeeBewachV detailliert dokumentiert werden und das Bewachungsunternehmen hat den Vorfall den Behörden zu melden, § 14 Abs. 2 SeeBewachV. Allerdings ist nicht auszuschließen, dass sich die betroffene Wachperson wegen eines Tötungsdeliktes strafbar gemacht hat, so dass sie entsprechend § 14 Abs. 3a SeeBewachV alle Angaben zur Dokumentation dieses Vorfalls verweigern kann. Zu weiteren denkbaren Möglichkeiten, den Behörden zusätzliche Informationen über Vorgänge an Bord von Schiffen zu verschaffen: *Salomon/tho Pesch*, DÖV 2013, 760, 767 f.

ff) Kosten einer Zulassung

Die Kosten des Zulassungsverfahrens betragen bei der Erstzulassung 10.297 bis 19.400 Euro, bei einer Folgezulassung liegen sie bei 2.949 bis 10.632 Euro.[1569] Dazu können weitere Kosten, etwa bei Auflagen, kommen.[1570] Insgesamt schätzte die Bundesregierung die Kosten vor Einführung des Zulassungsverfahrens auf 8.000 bis 16.000 Euro für eine Erstzulassung.[1571] Neben diesen genannten Kosten, die maßgeblich von den zu zahlenden Gebühren für die Zulassung abhängen, muss das Unternehmen weitere, mitunter finanziell erhebliche Aufwendungen tätigen, um die Voraussetzung einer Zulassung nach § 31 GewO zu erhalten. Dies betrifft nicht nur das aufwändige Auswahlverfahren des einzusetzenden Personals, sondern unter anderem auch die Erstellung der Dokumentation für die Planung der Einsätze.[1572] Die jährlichen Schulungen des Personals wurden mit mindestens rund 500 Euro pro Person und Jahr veranschlagt.[1573]

1569 § 31 Abs. 3 S. 2 GewO i.V.m. § 1 Abs. 1 i.V.m. Anlage zu § 1 Abs. 1 SeeBewachGebV.

1570 Vgl. § 31 Abs. 3 S. 2 GewO i.V.m. § 1 Abs. 1 i.V.m. Anlage zu § 1 Abs. 1 SeeBewachGebV. Kritisch zu der Rechtmäßigkeit der SeeBewachGebV: *Karschau* in: BeckOK GewO, § 31 Rn. 23.1.

1571 Beschlussempfehlung und Bericht des Ausschusses für Wirtschaft und Technologie (9. Ausschuss), a) zu dem Gesetzentwurf der Bundesregierung – Drs. 17/10960 –, Entwurf eines Gesetzes zur Einführung eines Zulassungsverfahrens für Bewachungsunternehmen auf Seeschiffen, b) zu dem Antrag der Abgeordneten Uwe Beckmeyer, Rainer Arnold, Dr. Hans-Peter Bartels, weiterer Abgeordneter und der Fraktion der SPD – Drs. 17/9403 –, Einsatz privater Sicherheitsdienste im Kampf gegen Piraterie zertifizieren und kontrollieren, BT-Drs. 17/11887, S. 4.

1572 *Runkel*, GewArch 2014, 242, 244. Für die erstmalige Erstellung eines Prozesshandbuchs schätzt die Bundesregierung die Kosten auf ungefähr 80.000 Euro; Gesetzesentwurf der Bundesregierung zur Einführung eines Zulassungsverfahrens für Bewachungsunternehmen auf Seeschiffen, BT-Drs. 17/10960, S. 11. Daneben wird allerdings angemerkt, dass rund drei Viertel der Unterlagen, die ein Unternehmen für die Zulassung nach § 31 GewO vorlegen muss, bereits für Versicherungen erstellt werden müssen und somit schon existieren. Für die noch zu erstellenden Unterlagen wird der Aufwand mit bis zu ungefähr 900 Euro beziffert; Gesetzesentwurf der Bundesregierung zur Einführung eines Zulassungsverfahrens für Bewachungsunternehmen auf Seeschiffen, BT-Drs. 17/10960, S. 10 f.

1573 Beschlussempfehlung und Bericht des Ausschusses für Wirtschaft und Technologie (9. Ausschuss), a) zu dem Gesetzentwurf der Bundesregierung – Drs. 17/10960 –, Entwurf eines Gesetzes zur Einführung eines Zulassungsverfahrens für Bewachungsunternehmen auf Seeschiffen, b) zu dem Antrag der Abgeordneten Uwe Beckmeyer, Rainer Arnold, Dr. Hans-Peter Bartels, weiterer Abgeordneter und der Fraktion der

Daneben werden auch die zu zahlenden Jahresgehälter schon aufgrund der geforderten Qualifikationen deutlich über dem liegen, was üblicherweise an Bewachungspersonal an Land gezahlt wird.[1574]

3. *Praktische Relevanz*

Die praktische Relevanz der Zulassung gemäß § 31 GewO kann als gering eingeschätzt werden.[1575] Dies liegt vor allem daran, dass ein Großteil der auf den Weltmeeren eingesetzten Handelsschiffe nicht unter deutscher Flagge fährt. Von den etwas über 3.000 Schiffen der deutschen Handelsflotte[1576] führten im Jahr 2015 gerade einmal 351 die deutsche Flagge.[1577] Unter diesen 351 Schiffen wiederum befanden sich bis Juni 2015 lediglich 58 Schiffe, für die der nach § 7 Abs. 1b See-EigensichV erforderliche Zusatz in dem Plan zur Gefahrenabwehr genehmigt wurde.[1578] Über die Anzahl der weltweit tätigen Unternehmen herrscht ebenfalls Unklarheit.[1579] Allerdings nahm der *Ausschuss für Wirtschaft und Technologie* vor der Einführung des neuen Zulassungsverfahrens im Dezember 2012 an, dass

SPD – Drs. 17/9403 –, Einsatz privater Sicherheitsdienste im Kampf gegen Piraterie zertifizieren und kontrollieren, BT-Drs. 17/11887, S. 4.

1574 *Runkel*, GewArch 2014, 242, 244.

1575 *Karschau* in: BeckOK GewO, § 31 Rn. 6; vgl. auch *Kommer*, DÖV 2016, 236, 245.

1576 *Verband Deutscher Reeder*, Führende Handelsflotten nach Nationalität des Eigners, Jahr 2016 [http://www.reederverband.de/fileadmin/vdr/images/Daten_und_Fakten/infopool2017/downloads/xls/07-Fuehrende-Handelsflotten_2016.xlsx {zuletzt abgerufen am 26. März 2020}]).

1577 *Verband Deutscher Reeder/Bundesamt für Seeschifffahrt und Hydrographie*, Anzahl der Schiffe unter deutscher Flagge in der deutschen Handelsflotte im Zeitraum der Jahre 2000 bis 2018 (https://de.statista.com/statistik/daten/studie/28485/umfrage/anzahl-der-schiffe-unter-deutscher-flagge-in-der-handelsflotte/ [zuletzt abgerufen am 26. März 2020]).

1578 Antwort der Bundesregierung auf die Kleine Anfrage der Abgeordneten Dr. Valerie Wilms, Dieter Janecek, Matthias Gastel, weiterer Abgeordneter und der Fraktion BÜNDNIS 90/DIE GRÜNEN – Drs. 18/5486 –, Maritime Koordination der Bundesregierung, BT-Drs. 18/5717, S. 13. Unterstellt, es sind seit Juni im Jahr 2015 noch zwei Genehmigungen hinzugekommen, betrug der Anteil an Schiffen der deutschen Handelsflotte, deren Gefahrenabwehrpläne einen Zusatz nach § 7 Abs. 1b SeeEigensichV enthalten, im Jahr 2015 gerade einmal 17,1 %.

1579 Im Jahr 2012 ging die Bundesregierung von 160 bis 180 Unternehmen aus; Gesetzesentwurf der Bundesregierung zur Einführung eines Zulassungsverfahrens für Bewachungsunternehmen auf Seeschiffen, BT-Drs. 17/10960, S. 13.

jährlich ungefähr 50 bis 75 Anträge auf Zulassung gestellt werden würden.[1580] Die Bundesregierung schätzte die Zahl der deutschen Unternehmen, die einen Antrag stellen, auf ungefähr zehn.[1581] Die Vorstellungen des *Ausschusses für Wirtschaft und Technologie* haben sich bislang nicht bestätigt,[1582] hingegen war die Schätzung der Bundesregierung sehr genau. So haben bis Mitte des Jahres 2015 elf deutsche Unternehmen einen Antrag gestellt.[1583] Im März 2019 enthielt die vom *Bundesamt für Wirtschaft und Ausfuhrkontrolle* veröffentlichte Liste[1584] mit zugelassenen Unternehmen drei Einträge.[1585] Unter diesen drei Unternehmen

---

1580 Beschlussempfehlung und Bericht des Ausschusses für Wirtschaft und Technologie (9. Ausschuss), a) zu dem Gesetzentwurf der Bundesregierung – Drs. 17/10960 –, Entwurf eines Gesetzes zur Einführung eines Zulassungsverfahrens für Bewachungsunternehmen auf Seeschiffen, b) zu dem Antrag der Abgeordneten Uwe Beckmeyer, Rainer Arnold, Dr. Hans-Peter Bartels, weiterer Abgeordneter und der Fraktion der SPD – Drs. 17/9403 –, Einsatz privater Sicherheitsdienste im Kampf gegen Piraterie zertifizieren und kontrollieren, BT-Drs. 17/11887, S. 4.

1581 Gesetzesentwurf der Bundesregierung zur Einführung eines Zulassungsverfahrens für Bewachungsunternehmen auf Seeschiffen, BT-Drs. 17/10960, S. 3.

1582 Aufgrund der Marktdominanz ausländischer Unternehmen wurde erwartet, dass die Gesamtzahl derer, die eine Zulassung nach § 31 GewO erhalten, größer sein würde; Unterrichtung durch die Bundesregierung, Evaluation des Verfahrens zur Zulassung von Bewachungsunternehmen auf Seeschiffen gemäß § 31 der Gewerbeordnung, Erfahrungsbericht des Bundesamtes für Wirtschaft und Ausfuhrkontrolle im Einvernehmen mit dem Bundesamt für Seeschifffahrt und Hydrographie und der Bundespolizei, BT-Drs. 18/5456, S. 13.

1583 Unterrichtung durch die Bundesregierung, Evaluation des Verfahrens zur Zulassung von Bewachungsunternehmen auf Seeschiffen gemäß § 31 der Gewerbeordnung, Erfahrungsbericht des Bundesamtes für Wirtschaft und Ausfuhrkontrolle im Einvernehmen mit dem Bundesamt für Seeschifffahrt und Hydrographie und der Bundespolizei, BT-Drs. 18/5456, S. 13.

1584 Die Liste ist auf der Internetseite des *Bundesamtes für Wirtschaft und Ausfuhrkontrolle* einsehbar: https://www.bafa.de/DE/Aussenwirtschaft/Seeschiffbewachung/seeschiffbewachung_node.html (zuletzt abgerufen am 26. März 2020).

1585 Das *Bundesamt für Wirtschaft und Ausfuhrkontrolle* ist zum Führen und Veröffentlichen einer solchen Liste verpflichtet, muss allerdings vor der Veröffentlichung das Einverständnis der betroffenen Unternehmen einholen, § 31 Abs. 6 GewO. Daher ist es möglich, dass mehr als die dort genannten über eine Zulassung verfügen, einer Nennung aber nicht zugestimmt haben. Bis Oktober 2015 wurden 20 Anträge insgesamt gestellt, wobei die ersten Zulassungen aufgrund der Befristung auf zwei Jahre mittlerweile ausgelaufen sind und nicht verlängert wurden; *Karschau* in: BeckOK GewO, § 31 Rn. 6a. Vgl. auch die Unterrichtung durch die Bundesregierung, Evaluation des Verfahrens zur Zulassung von Bewachungsunternehmen auf Seeschiffen

befinden sich zwei in Deutschland niedergelassene Unternehmen.[1586] Lediglich diese drei Unternehmen trifft eine Notwendigkeit der Zulassung unabhängig davon, ob sie an Bord eines deutschen oder eines ausländischen Handelsschiffes ihre Tätigkeiten ausüben möchten.[1587] Die ausländischen, nicht in Deutschland niedergelassenen Unternehmen benötigen die Zulassung nur, wenn sie an Bord deutscher Schiffe eingesetzt werden.[1588]

4. *Rezeption*

Die begrenzte Anwendbarkeit des neuen Zulassungsverfahrens wird teilweise als Kritikpunkt angeführt.[1589] Allerdings wird auf der anderen Seite deutlich, dass eine einheitliche und umfassende Regelung des Einsatzes von privaten Sicherheitsdienstleistern nur über ein internationales Abkommen möglich ist und nicht mit nationalen Gesetzen der einzelnen Staaten.[1590] Daneben wird auch der bürokratische Aufwand, mit dem das neue Zulassungsverfahren verbunden ist, kritisch gesehen.[1591] So wurde der voraussichtliche Erfüllungsaufwand der Verwaltung mit etwa 842.000 Euro pro Jahr beziffert, allerdings bei den ursprünglich jährlich erwarteten 50 bis 75 Anträgen und zwölf neu zu schaffenden Stellen.[1592]

---

gemäß § 31 der Gewerbeordnung, Erfahrungsbericht des Bundesamtes für Wirtschaft und Ausfuhrkontrolle im Einvernehmen mit dem Bundesamt für Seeschifffahrt und Hydrographie und der Bundespolizei, BT-Drs. 18/5456, S. 13.

1586 https://www.bafa.de/DE/Aussenwirtschaft/Seeschiffbewachung/seeschiffbewachung_node.html (zuletzt abgerufen am 26. März 2020).

1587 Vgl. VGH Kassel GewArch 2015, 400; vgl. auch *Schönleiter* in: Landmann/Rohmer, Bd. I, GewO, § 31 Rn. 2 und 6a.

1588 Vgl. den Gesetzesentwurf der Bundesregierung zur Einführung eines Zulassungsverfahrens für Bewachungsunternehmen auf Seeschiffen, BT-Drs. 17/10960, S. 12; *Salomon/tho Pesch*, DÖV 2013, 760, 763; *Heller/Soschinka*, NVwZ 2013, 476, 476 f.; *Topp* in: Brake (Hrsg.), Maritime Sicherheit – Moderne Piraterie, S. 193, 200.

1589 *Kommer*, DÖV 2016, 236, 245.

1590 Vgl. *Kommer*, DÖV 2016, 236, 245; *Schneider*, IFSH Stellungnahme v. 19. Dezember 2013 (https://ifsh.de/news-detail/private-sicherheitsdienstleister-zur-see-cowboys-gebaendigt-eine-erste-bilanz-ueber-das-mit-spannung-erwartete-zulassungsverfahr [zuletzt abgerufen am 26. März 2020]): „Die Bundesregierung sollte sich deshalb im Rahmen der EU und der IMO für international einheitliche Qualitätsstandards […] einsetzen […].“

1591 Vgl. *Karschau* in: BeckOK GewO, § 31 Rn. 6c.

1592 Vgl. die Beschlussempfehlung und den Bericht des Ausschusses für Wirtschaft und Technologie (9. Ausschuss), a) zu dem Gesetzentwurf der Bundesregierung – Drs. 17/10960 –, Entwurf eines Gesetzes zur Einführung eines Zulassungsverfahrens

Die tatsächlichen Einnahmen dürften aufgrund der wesentlich niedrigeren Zahl der tatsächlich gestellten Anträge deutlich unter den Ausgaben liegen.[1593]

Weiterhin wird als möglicherweise auftretendes Problem die unter Umständen ungeeignete Ausrüstung der eingesetzten Sicherheitskräfte gesehen.[1594] In der SeeBewachDV ist die Ausrüstung für die Sicherheitskräfte detailliert geregelt. Hinsichtlich von Schusswaffen etwa muss die Ausrüstung eine Lang- und eine Kurzwaffe[1595] umfassen, § 14 Abs. 2 Nr. 4 und 5 SeeBewachDV. Die von Piraten eingesetzten Waffen allerdings gehen teilweise weit über die traditionellen Werkzeuge wie Säbel und Messer hinaus und umfassen auch Maschinengewehre und andere schwere Waffen.[1596] Der Einsatz solcher Waffen ist für deutsche Sicherheitskräfte grundsätzlich nicht möglich. Diese Waffen werden als Kriegswaffen eingestuft,[1597] so dass für deren Erwerb eine spezielle Genehmigung erforderlich ist, § 2 Abs. 2 KrWaffG. Zwar ist eine Genehmigung für Privatpersonen durch das Gesetz nicht ausgeschlossen. Allerdings besteht im Rahmen der Genehmigungspraxis der Grundsatz, dass solche Waffen nicht in die Hand von Privatpersonen gehören.[1598] In dieser Hinsicht ist allerdings zweifelhaft, ob

---

für Bewachungsunternehmen auf Seeschiffen, b) zu dem Antrag der Abgeordneten Uwe Beckmeyer, Rainer Arnold, Dr. Hans-Peter Bartels, weiterer Abgeordneter und der Fraktion der SPD – Drs. 17/9403 –, Einsatz privater Sicherheitsdienste im Kampf gegen Piraterie zertifizieren und kontrollieren, BT-Drs. 17/11887, S. 4 ff.

1593 Vgl. dazu: *Karschau* in: BeckOK GewO, § 31 Rn. 6c.

1594 *Ennuschat*, GewArch 2014, 329, 334; vgl. auch *v. Unruh* in: Brake (Hrsg.), Maritime Sicherheit – Moderne Piraterie, S. 187, 190; *Karschau* in: BeckOK GewO, § 31 Rn. 15b.1.

1595 Siehe zum Begriff der Lang- und Kurzwaffe: § 1 Abs. 4 i.V.m. Anlage 1 Nr. 2.5. WaffG.

1596 Siehe zu den eingesetzten Waffen der Piraten Kapitel 3 – E. II.

1597 Siehe zu den Waffen, die dem *Gesetz über die Kontrolle von Kriegswaffen* (KrWaffKontrG) unterfallen: Anlage 1 Teil B KrWaffKontrG.

1598 BVerwGE 61, 24, 31 f.: „Hierbei ist nach dem erkennbaren Zweck des in Art. 26 Abs. 2 Satz 1 GG normierten Verbots mit Genehmigungsvorbehalt davon auszugehen, *daß zur Kriegsführung* – zu bewaffneten Auseinandersetzungen zwischen Staaten – *bestimmte Waffen grundsätzlich nicht in die Hand von Privatpersonen gehören* und eine Genehmigung nach dem Kriegswaffenkontrollgesetz deshalb nur erteilt werden darf, wenn nach den gesamten Umständen des Einzelfalls entweder besondere öffentliche Interessen die Erteilung der Genehmigung fordern oder wenn besondere private Gründe für die Erteilung der Genehmigung sprechen und diese Genehmigung mit den durch das Verbot des Art. 26 Abs. 2 Satz 1 GG geschützten öffentlichen Belangen vereinbar ist" (*Hervorhebungen* durch den Verfasser). Siehe dazu auch m.w.N.: *Pottmeyer*, KrWaffKontrG, § 6 Rn. 17.

von diesen langjährigen Grundsätzen zugunsten einer besseren Ausrüstung privater Sicherheitsdienstleister abgewichen werden sollte. Dies gilt umso mehr, als die Schaffung eines Zulassungsverfahrens unter anderem mit dem Ziel verbunden war, eine Eskalation der Gewalt zu verhindern,[1599] welches sich auch in § 10 Abs. 1 Nr. 2 SeeBewachV widerspiegelt.[1600] Außerdem können für deutsche Bewachungsunternehmen, die ihre Dienste auf ausländischen Schiffen erbringen, Schwierigkeiten entstehen, wenn die Rechtsordnung des Flaggenstaates und die deutsche Gewerbeordnung nicht in Übereinstimmung zu bringende Vorgaben machen.[1601]

Der Einsatz privater Sicherheitsdienstleister an Bord von Handelsschiffen wird teilweise als faktische Privatisierung öffentlicher Aufgaben gesehen; deren Schutz sei eigentlich Aufgabe der Polizei, die allerdings auf Hoher See nicht verfügbar ist.[1602] Aufgrund der Schwierigkeiten, auf Hoher See einen effektiven

---

1599 Gesetzesentwurf der Bundesregierung zur Einführung eines Zulassungsverfahrens für Bewachungsunternehmen auf Seeschiffen, BT-Drs. 17/10960, S. 1: „Es soll sichergestellt werden, dass nur zuverlässige und qualifizierte Sicherheitskräfte zum Einsatz kommen, um das Risiko von Gewalteskalationen zu senken." Siehe auch die Antwort der Bundesregierung auf die Kleine Anfrage der Abgeordneten Katja Keul, Marieluise Beck (Bremen), Volker Beck (Köln), weiterer Abgeordneter und der Fraktion BÜNDNIS 90/DIE GRÜNEN – Drs. 17/6958 –, Regulierung Privater Militär- und Sicherheitsfirmen, (Nachfrage zur Antwort der Bundesregierung auf die Große Anfrage auf BT-Drs. 17/6780), BT-Drs. 17/7166, S. 7. Daneben wird auch allgemein das Risiko einer Gewalteskalation gesehen, wenn Handelsschiffe mit leistungsfähigen Waffen zur Verteidigung ausgestattet werden; vgl. dazu Kapitel 3 – F. IX.

1600 Den Vorschlag einer Änderung der Genehmigungspraxis im Falle nicht ausreichender Verteidigungsmöglichkeiten äußernd: *v. Unruh* in: Brake (Hrsg.), Maritime Sicherheit – Moderne Piraterie, S. 187, 190.

1601 So nennt *Karschau* unter anderem die englischen Vorgaben hinsichtlich der Ausrüstung des Bewachungspersonals als Beispiel: Nach der englischen Rechtsordnung dürfen Kurzwaffen nicht auf unter englischer Flagge fahrenden Schiffen mitgeführt werden, gleichzeitig ist eine solche Kurzwaffe nach der deutschen Gewerbeordnung aber als zwingender Ausrüstungsgegenstand vorgeschrieben. Folglich wird als entweder gegen das englische Waffenrecht oder die deutsche Gewerbeordnung verstoßen; *Karschau* in: BeckOK GewO, § 31 Rn. 15c. Der Verstoß insbesondere gegen waffenrechtliche Vorschriften des Flaggenstaates kann unter Umständen auch den Verlust des Versicherungsschutzes zur Folge haben; *Guilfoyle* in: van Ginkel/van der Putten (Hrsg.), The International Response to Somali Piracy, S. 127, 143; *D. König/Salomon*, PiraT-Arbeitspapiere zur Maritimen Sicherheit Nr. 2 (2011), S. 35 f.

1602 *Kommer*, DÖV 2016, 236, 240. Eine Privatisierung ablehnend: *Ennuschat*, GewArch 2014, 329, 332.

und lückenlosen Schutz zu gewährleisten, und den Bemühungen Deutschlands, in internationalen Missionen der Piraterie in den entsprechenden Seegebieten Einhalt zu gebieten, wird andererseits nicht von einem Rückzug des Staates von seiner Schutzpflicht und einer grundsätzlichen Verletzung dieser Pflicht ausgegangen.[1603]

IV. Ergebnis

Dem Einsatz von privaten Sicherheitsdienstleistern steht zunächst kein völkerrechtliches Verbot entgegen. In den Empfehlungen verschiedener Organisationen und Interessenverbände für den Einsatz solcher Sicherheitsdienstleister finden sich an Gemeinsamkeiten, dass die Letztentscheidungsbefugnis immer beim Kapitän verbleiben sowie dass der Umgang mit Waffen an Bord bestimmten Standards genügen muss. Unterschiede lassen sich in der grundsätzlichen Einstellung zu privaten Sicherheitsdiensten finden.

Grundlage für eine Verteidigung gegen einen Angriff bildet das Recht zur Notwehr, welches auch Anwendung findet, wenn von privaten Sicherheitsteams begleitete Schiffe angegriffen werden. Wird ein anderes Schiff von Seeräubern angegriffen, ist im Rahmen der Verpflichtung zur Nothilfe nach Art. 98 SRÜ zu berücksichtigen, dass durch bewaffnete Sicherheitskräfte an Bord eines helfenden Schiffes diesem bessere Hilfsmöglichkeiten zur Verfügung stehen und höhere Voraussetzungen an die Eigengefährdung zu stellen sind, welche die Pflicht zur Hilfeleistung entfallen ließe. Wird ein Piratenangriff abgewehrt, haben private Sicherheitsdienstleister das Recht zur vorläufigen Festnahme der Seeräuber. Darüberhinausgehende Rechte, wie sie in Art. 110 und 105 SRÜ vorgesehen sind, bestehen für sie allerdings nicht.

Küstenstaaten ist es verwehrt, Regelungen für das Mitführen von Waffen an Bord Schiffen aufzustellen, die sein Küstenmeer durchfahren. Ebenso ist es dem Küstenstaat verwehrt, seine Gerichtsbarkeit an Bord solcher Schiffe auszuüben. Weiterhin darf einem Schiff, welches bewaffnete Sicherheitskräfte an Bord hat, nicht deshalb die Einfahrt in einen Hafen verwehrt werden. Allerdings müssen Sicherheitsmaßnahmen hinsichtlich der an Bord befindlichen Waffen getroffen werden und der Hafenstaat muss die Möglichkeit haben, die Einhaltung bestimmter Sicherheitsstandards im Umgang mit Waffen zu kontrollieren. Strikt von dem Mitführen von Waffen zu trennen ist deren Einsatz. Werden Waffen

1603 *Kommer*, DÖV 2016, 236, 240 f.; WD 3 - 258/11: Schutz vor Piraten durch private Sicherheitsdienste, S. 5 f.

in Küstengewässern oder Häfen eingesetzt, richtet sich die (straf-)rechtliche Bewertung nach den rechtlichen Vorgaben des Küsten- bzw. Hafenstaates.

Für die rechtliche Zulässigkeit des Einsatzes von bewaffneten Sicherheitsdiensten an Bord ist das Recht des Flaggenstaates entscheidend. Für unter deutscher Flagge fahrende Schiffe besteht die Möglichkeit, dass sich privates Bewachungspersonal an Bord befindet. Hierfür hat der Gesetzgeber in § 31 GewO rechtliche Rahmenbedingungen geschaffen, welche durch weitere Verordnungen konkretisiert werden.

B. Private Begleitschiffe

Neben bewaffneten Sicherheitskräften, die an Bord des bewachten Schiffes mitfahren, ist auch der Schutz durch Begleitschiffe denkbar, die ihrerseits bewaffnet sind. Beispielhaft dafür sei das Unternehmen *Academi* genannt.[1604] Dieses kaufte im Jahr 2006 ein altes Forschungsschiff der US-amerikanischen Behörde für Wetter und Ozeanografie, der *National Oceanic and Atmospheric Administration,* und baute es zu einem Begleitschiff mit entsprechender Ausrüstung um. So verfügte die *M/V McArthur* über eine umfangreiche technische Ausstattung in nautischer und militärischer Hinsicht und bot Platz für ungefähr 45 Besatzungsmitglieder, drei Beiboote und zwei kleinere Helikopter.[1605] Vier Jahre später jedoch verkaufte das Unternehmen das Begleitschiff wieder.[1606] Es gab kaum Interesse seitens der Reeder an der Begleitung, zudem wurde das Schiff als nicht wirklich tauglich für die geplante Verwendung angesehen.[1607]

1604 Zuvor firmierte das Unternehmen bis 2007 bzw. 2009 unter den Namen *Blackwater USA* bzw. *Blackwater Worldwide* und anschließend bis 2011 unter dem Namen *Xe Services LLC.* Vgl. zu den Namensänderungen etwa: *Hemicker*, Eine Ansammlung zweifelhafter Charaktere, Frankfurter Allgemeine Zeitung v. 24. Oktober 2014, S. 2; Mysteriöse Söldner, Süddeutsche Zeitung v. 14. Mai 2014, S. 7. Neben diesem Unternehmen gibt bzw. gab es noch einige wenige andere Unternehmen, die in diesem Dienstleistungsfeld unterwegs sind; vgl. dazu: *Berube* in: Berube/Cullen (Hrsg.), Maritime Private Security, S. 74, 80 f.

1605 *Mineau*, J. Int'l Bus. & L. 9 (2010), 63, 66 f.; *van Hespen*, J. Mar. L. & Com. 45 (2014), 361, 376.

1606 *Berube* in: Berube/Cullen (Hrsg.), Maritime Private Security, S. 74, 80.

1607 *Berube* in: Berube/Cullen (Hrsg.), Maritime Private Security, S. 74, 78 ff. Siehe dort auch ingesamt zu dem Versuch bzw. den Schwierigkeiten, die Dienstleistung des privaten Begleitschiffs den Reedereien anzubieten sowie für weitergehende Details wie etwa den Kosten des Umbaus des Schiffes.

I. Praktische Überlegungen aus Sicht der Reeder

Durch das Auslagern des bewaffneten Sicherheitspersonals auf ein Begleitschiff wird das Problem umgangen, dass deren Einsatz möglicherweise mit dem Recht des Flaggenstaates des beschützten Schiffes nicht vereinbar ist. Weiterhin kann das Begleitschiff außerhalb des Küstenmeeres bleiben, um so eventuelle Konflikte mit dem Küstenstaat hinsichtlich der an Bord befindlichen Waffen zu vermeiden.[1608] Auf der anderen Seite sind die Kosten eines Begleitschiffes deutlich höher als jene für Sicherheitskräfte, die an Bord des bewachten Schiffes mitfahren. Denn neben den Kosten, die für das Sicherheitspersonal anfallen, müssen auch noch die Kosten für das begleitende Schiff getragen werden.[1609]

II. Völkerrechtliche Zulässigkeit

Bei dem Einsatz privater Begleitschiffe ist umstritten, ob deren Betätigungen mit dem allgemeinen Völkerrecht vereinbar sind. In der Literatur wird die Antwort als unklar und schwierig bezeichnet.[1610]

1. Private Begleitschiffe als Piraterie

Teilweise wird angemerkt, dass der Einsatz privater Begleitschiffe als Piraterie qualifiziert werden könnte, da diese ohne staatliche Genehmigung auf Hoher See

1608 Vgl. *Brown*, Pirates and Privateers, S. 8.

1609 Hinsichtlich der konkreten Kosten gehen die Angaben weit auseinander. So wurden im Jahr 2012 für eine dreitägige Begleitung durch den Golf von Aden 54.000 US-Dollar genannt, wobei teilweise auch 50.000 US-Dollar pro Tag angegeben werden. Siehe dazu: *Berube* in: Berube/Cullen (Hrsg.), Maritime Private Security, S. 74, 82.

1610 *Symmons*, Mil. L. & L. War Rev. 51 (2012), 21, 34: „The potential use of ‚private armed patrol boats' (mentioned above) to *escort* commercial shipping through high-risk piracy areas adds a further (and converse) dimension of legal difficulty" (*Hervorhebung* im Original). *Brown*, Pirates and Privateers, S. 9 und 11: „The status of private armed patrol boats under international law is unclear; [...]" und „The legal status of armed PMSCs [Private Military Security Companies] and, in particular, private armed patrol boats, is murky." Zwar wird hier der Begriff des „private armed patrol boat" verwendet, allerdings ergibt sich aus dem Kontext, dass diese Schiffe – anders als staatliche Patrouillenboote – nicht ein bestimmtes Seegebiet überwachen, sondern das von ihnen zu überwachende Schiff begleiten; *Brown*, Pirates and Privateers, S. 8: „They operate by establishing exclusion zones around the client ship and challenging suspicious boats that approach them."

Gewalt ausüben.[1611] Als Argument wird dafür Art. 107 SRÜ angeführt, wonach das Aufbringen von Seeräubern nur von bestimmten Akteuren vorgenommen werden darf.[1612] Eine solche Qualifikation ist jedoch abzulehnen. Während bei Überfällen durch Piraten das Erbeuten von Vermögensgegenständen an Bord oder das Festsetzten des Schiffes und anschließende Fordern von Lösegeld im Vordergrund stehen,[1613] ist das Ziel der auf dem Begleitschiff eingesetzten Sicherheitskräfte die Abwehr eines konkreten Angriffs. Aus diesem Grund kann ein solches Verhalten nicht den Tatbestand der Seeräuberei des Art. 101 Abs. 1 lit. a) SRÜ erfüllen. Zu untersuchen ist weiterhin, ob das Handeln privater Begleitschiffe als Aufbringen nach Art. 105 S. 1 SRÜ einzuordnen ist. Bei dem Aufbringen nach Art. 105 S. 1 SRÜ, zu dem nur die in Art. 107 SRÜ genannten Schiffe berechtigt sind, geht es um die präventive Bekämpfung der Piraterie, indem Schiffe, die für seeräuberische Aktivitäten genutzt werden, aufgebracht werden können, ohne dass ein konkreter Angriff stattgefunden hat.[1614] Wird ein durch ein Begleitschiff geschütztes Schiff angegriffen, steht die Abwehr des konkret stattfindenden Angriffs im Vordergrund und nicht das allgemeine Vorgehen gegen Piraterie. Damit handelt es sich bei der Abwehr eines konkreten Angriffs nicht um ein Aufbringen nach Art. 105 S. 1 SRÜ.

2. *Private Begleitschiffe im Hinblick auf Art. 29 SRÜ*

Das SRÜ enthält in Art. 29 SRÜ eine detaillierte Definition für Kriegsschiffe. Allerdings gehört ein privates Begleitschiff nicht zu den Streitkräften eines Staates, so dass schon die erste Voraussetzung der Definition eines Kriegsschiffs in Art. 29 SRÜ nicht erfüllt ist.[1615] Damit können Begleitschiffe nicht als Kriegsschiffe angesehen werden und es gelten auch nicht die im SRÜ festgelegten Besonderheiten für Kriegsschiffe.[1616] Fraglich ist, ob sich daraus etwas für die

---

1611 *Brown*, Pirates and Privateers, S. 9: „[…] they could themselves even be defined as pirates because they use aggressive force on the high seas without government authority." Vgl. auch *Symmons*, Mil. L. & L. War Rev. 51 (2012), 21, 34.

1612 *Brown*, Pirates and Privateers, S. 9 Fn. 58. Zu Art. 107 SRÜ siehe ausführlich Kapitel 4 – E.

1613 Zu den Merkmalen der Piraterie nach der Definition von Art. 101 SRÜ siehe Kapitel 2 – E.

1614 Siehe ausführlich zum Recht zum Aufbringen Kapitel 4 – C.

1615 Siehe zur Definition des Art. 29 SRÜ Kapitel 4 – E. I.

1616 Die Besonderheiten sind vor allem in Art. 29 bis 32 SRÜ festgelegt. Weitere Vorschriften betreffen etwa die Immunität, Art. 95 SRÜ. Vgl. zu den Besonderheiten

Zulässigkeit von bewaffneten Begleitschiffen ableiten lässt. Einerseits ließe sich argumentieren, dass mit den durch Art. 29 SRÜ geschaffenen Regelungen für Kriegsschiffe die dort festgelegten Voraussetzungen abschließend sind im Hinblick auf bewaffnete Schiffe im Allgemeinen. Dies hätte zur Folge, dass Begleitschiffe, die zwar bewaffnet sind, aber nicht die Kriterien der Definition des Art. 29 SRÜ erfüllen, unzulässig wären. Dagegen spricht allerdings, dass die für Kriegsschiffe geltenden Regelungen sich auf sehr wenige Bereiche beschränken und dabei vor allem ihren Ursprung in der grundsätzlichen Immunität solcher Schiffe haben, welche in Art. 32 SRÜ festgeschrieben ist.[1617] Ausnahmen davon regeln die Art. 30 und 31 SRÜ. So kann ein Küstenstaat gegenüber einem fremden Kriegsschiff, das die Regelungen des Küstenstaates über die friedliche Durchfahrt nicht einhält, lediglich von diesem verlangen, dass es das Küstengewässer verlässt, Art. 30 SRÜ. Im Gegensatz dazu ist der Küstenstaat gegenüber anderen Schiffen befugt, erforderliche Maßnahmen zu ergreifen, um eine nichtfriedliche Durchfahrt zu verhindern, Art. 25 Abs. 1 SRÜ.[1618] Weiterhin ist nach Art. 31 SRÜ der Flaggenstaat gegenüber dem Küstenstaat verantwortlich für Schäden, die ein Kriegsschiff verursacht, indem es gegen entsprechende Vorschriften verstößt. Auch diese Regelung beruht auf der grundsätzlichen Immunität der Kriegsschiffe.[1619] Folglich werden durch die Regelungen über Kriegsschiffe keine Aussagen darüber getroffen, ob auch nicht-staatliche Schiffe bewaffnet sein dürfen. Insbesondere steht bei den Vorschriften der Art. 29 bis 32 SRÜ die Immunität von Kriegsschiffen im Vordergrund und nicht die von diesen Schiffen ausgehende Gefahr.[1620]

---

etwa: *Heintschel v. Heinegg*, Warships, in: MPEPIL (Stand: Oktober 2015), Rn. 17 ff.; *v. Arnauld*, Völkerrecht, Rn. 840.

1617 *Wolf*, Territorial Sea, in: MPEPIL (Stand: August 2013), Rn. 37. Zu der Frage, ob Art. 32 SRÜ als eigenständige Regelung aufzufassen ist oder lediglich eine allgemeine Regelung des Völkerrechts wiedergibt: *Barnes* in: Proelß, UNCLOS, Art. 32 Rn. 2; vgl. auch *Heintschel v. Heinegg*, Warships, in: MPEPIL (Stand: Oktober 2015), Rn. 25.

1618 Dabei ist nicht eindeutig, inwieweit der Küstenstaat im Rahmen von Art. 30 SRÜ zur Anwendung von Zwang berechtigt ist; vgl. *Barnes* in: Proelß, UNCLOS, Art. 30 Rn. 7 f.; *Froman*, San Diego L. Rev. 21 (1983-1984), 625, 673 ff.

1619 *Oxman*, Virg. J. Int'l L. 24 (1983-1984), 809, 819.

1620 Dies ergibt sich auch daraus, dass in der Definition in Art. 29 SRÜ keine Bewaffnung vorausgesetzt wird; *Oxman*, Virg. J. Int'l L. 24 (1983-1984), 809, 813; *Barnes* in: Proelß, UNCLOS, Art. 29 Rn. 6. Vgl. dazu auch schon Kapitel 6 – A. II. 1. b).

3. *Private Begleitschiffe im Hinblick auf allgemeine Grundsätze*

a) *Freiheit der Hohen See, Art. 87 SRÜ*

aa) *Kein Erfordernis eines bestimmten Zwecks*

Im Gegensatz zu Handelsschiffen befahren bewaffnete Begleitschiffe ausschließlich zum Zweck der Verteidigung die Hohe See. Jedoch setzt die in Art. 87 Abs. 1 S. 3 lit. a) SRÜ festgehaltene Freiheit der Schifffahrt keinen bestimmten Zweck voraus,[1621] sondern ist sehr weitgehend und findet ihre Grenze nach Art. 87 Abs. 2 SRÜ erst dann, wenn durch die Ausübung dieser Freiheit andere Staaten ihrerseits bei der Ausübung der Schifffahrtsfreiheit beeinträchtigt werden oder ein Verhalten explizit untersagt ist.[1622] Allerdings ist nicht ersichtlich, dass durch den Einsatz privater Begleitschiffe andere Staaten bei der Ausübung ihrer Freiheitsrechte auf Hoher See beeinträchtigt werden können.[1623] Weder stellt deren Verhalten Seeräuberei im Sinne der Definition des SRÜ dar, noch ergeben sich aus den Vorschriften über Kriegsschiffe Einschränkungen.

bb) *Mitführen von Waffen*

Die Hohe See steht allen Staaten offen, Art. 87 Abs. 1 S. 1 SRÜ. Bei der Ausübung der Freiheit der Hohen See sind allerdings die Regeln des SRÜ und des sonstigen Völkerrechts zu beachten, Art. 87 Abs. 1 S. 2 SRÜ, und auch die Interessen der anderen Staaten zu berücksichtigen, Art. 87 Abs. 2 SRÜ. Daneben ist nach Art. 88 SRÜ die Hohe See friedlichen Zwecken vorbehalten. Zwar wird die Ausrüstung bewaffneter Begleitschiffe regelmäßig umfangreicher sein als jene, die an Bord von Handelsschiffen zu finden ist, die durch bewaffnetes Sicherheitspersonal bewacht werden.[1624] In grundlegener Hinsicht ergeben sich jedoch keine Unterschiede, da sowohl die Begleitschiffe als auch die Handelsschiffe Waffen und andere Gegenstände zur – notfalls gewaltsamen – Verteidigung mitführen.

1621 Vgl. etwa *Hoffmann*, Navigation, Freedom of, in: MPEPIL (Stand: April 2011), Rn. 5: „There is no *numerus clausus* of freedoms […]" (*Hervorhebung* im Original).

1622 Vgl. etwa *Guilfoyle* in: Proelß, UNCLOS, Art. 87 Rn. 3; *Hoffmann*, Navigation, Freedom of, in: MPEPIL (Stand: April 2011), Rn. 21.

1623 Die Schifffahrtsfreiheit gibt zunächst nur „das Recht der Bewegungsfreiheit auf Hoher See, das für alle Schiffe unabhängig von ihrer Staatszugehörigkeit […], ihrem Bau, ihrer Funktion oder ihres Antriebs gilt"; *Heintschel v. Heinegg* in: Epping/Heintschel v. Heinegg (Hrsg.), Ipsen, Völkerrecht, § 45 Rn. 6.

1624 Siehe zur Ausrüstung von Handelsschiffen Kapitel 3 – F. Zu den Vorgaben hinsichtlich der Ausrüstung bewaffneten Sicherheitspersonals nach § 31 GewO siehe auch Kapitel 6 – A. III. 2. d) cc) (2), insbes. Fn. 1516.

Das Mitführen solcher Gegenstände ist allerdings mit den Grundsätzen über die Nutzung der Hohen See vereinbar.[1625] Damit kann das Mitführen dieser Gegenstände nicht gegen den Einsatz von bewaffneten Begleitschiffen sprechen. Auch aus Art. 88 SRÜ lässt sich kein umfassendes Verbot der Gewaltanwendung entnehmen, so dass das Befahren der Meere auch mit bewaffneten Begleitschiffen als friedlich eingeordnet werden kann.[1626]

b) Recht der friedlichen Durchfahrt, Art. 17 SRÜ

Handelsschiffe können sich grundsätzlich auf das Recht der friedlichen Durchfahrt berufen, auch wenn bewaffnete Sicherheitskräfte an Bord sind. Zu untersuchen ist, ob sich diese Grundsätze auch auf bewaffnete Begleitschiffe übertragen lassen. Besonders zu berücksichtigen ist dabei zunächst, ob die friedliche Durchfahrt einem bestimmten Zweck dienen muss. Während der Transport von Waren das vornehmliche Ziel von Frachtschiffen darstellt, können Begleitschiffe ihrer eigentlichen Aufgabe – das Beschützen des begleiteten Schiffes – in Küstengewässern nur sehr eingeschränkt nachkommen. Denn im Hinblick auf an Bord befindliche Waffen ist zwar deren Mitführen vom Recht der friedlichen Durchfahrt umfasst, nicht jedoch deren Einsatz.[1627] Im Gegensatz zur Freiheit der Schifffahrt, Art. 87 Abs. 1 S. 3 lit. a) SRÜ, wird die friedliche Durchfahrt im Küstenmeer detaillierter geregelt. In den Art. 18 und 19 SRÜ finden sich nähere Erklärungen zur Bedeutung der Durchfahrt. So wird unter anderem statuiert, dass die Durchfahrt ohne Unterbrechung und zügig zu erfolgen hat, Art. 18 Abs. 2 S. 1, und dass ein Anhalten nur bei navigatorischer Notwendigkeit oder in Notfällen zulässig ist, Art. 18 Abs. 2 S. 2 SRÜ. In Art. 19 SRÜ wird das Merkmal der „Friedlichkeit" näher definiert, wobei in Art. 19 Abs. 2 lit. a) bis l) SRÜ Handlungen aufgezählt werden, die nicht mit einer friedlichen Durchfahrt vereinbar sind.[1628]

Hinsichtlich eines bestimmten Zwecks, der mit der Durchfahrt verbunden sein muss, enthalten die Vorschriften jedoch keine Angaben. Vielmehr wird in den Art. 19, 20, 23 sowie 30 SRÜ negativ festgelegt, unter welchen Umständen das Recht der friedlichen Durchfahrt beschränkt werden darf bzw. welche

---

1625 Vgl. dazu bereits oben Kapitel 6 – A. I. 1. b) aa).

1626 Dies gilt auch, wenn an Bord des Schiffes private Sicherheitskräfte eingesetzt werden; Kapitel 6 – A. II. 1. c).

1627 Dazu bereits Kapitel 6 – A. II. 2. c).

1628 Dazu bereits Kapitel 6 – A. II. 1. a).

Verhaltensweisen keine friedliche Durchfahrt darstellen.[1629] Das bloße Mitführen von Waffen stellt allerdings kein unfriedliches Verhalten dar. Folglich kann auch ein privates Begleitschiff unter Beachtung der Regelungen des Rechts der friedlichen Durchfahrt die Küstengewässer fremder Staaten durchfahren.

c) Jurisdiktionskompetenz des Hafenstaates

Entschließt sich ein Staat, seine Häfen zu öffnen, sind seiner Jurisdiktionskompetenz Grenzen gesetzt. Solange die Waffen an Bord eines Schiffes für die Zeit des Aufenthaltes im Hafen unzugänglich sind, handelt es sich um einen rein bordinternen Sachverhalt, der keine Auswirkungen auf den Hafenstaat hat und somit seiner Jurisdiktion entzogen ist. Gleichzeitig hat der Hafenstaat das Recht, dieses Sicherungskonzept an Bord des Schiffes zu überprüfen.[1630] Diese Grundsätze lassen sich auch auf bewaffnete Begleitschiffe übertragen.[1631]

d) Ergebnis

Die allgemeinen Grundsätze über die Nutzung der Hohen See stehen dem Einsatz bewaffneter Begleitschiffe nicht entgegen. Damit ist auch das Befahren der Hohen See mit dem Ziel, Hilfe bei der Abwehr von Angriffen durch Piraten zu leisten, grundsätzlich zulässig. Beim Durchqueren von Küstenmeeren können – wie bei Handelsschiffen auch – Waffen an Bord mitgeführt werden, ohne dass die Durchfahrt unfriedlich werden würde. Hinsichtlich des Hafenzugangs sind die Grundsätze zu beachten, dass das Schiff der vollen Gerichtsbarkeit des Hafenstaates untersteht und diese nur nicht ausgeübt wird, wenn die Waffen sicher weggeschlossen sind und es sich damit um eine rein bordinterne Angelegenheit ohne Auswirkungen auf den Hafenstaat handelt.

1629 Vgl. *Herdegen*, Völkerrecht, § 31 Rn. 5; *Hasselmann*, Die Freiheit der Handelsschiffahrt, S. 261; *Heintschel v. Heinegg* in: Epping/Heintschel v. Heinegg (Hrsg.), Ipsen, Völkerrecht, § 40 Rn. 22.

1630 Siehe zu den Kontrollbefugnissen des Hafenstaates hinsichtlich des Sicherungskonzepts an Bord weiter oben Kapitel 6 – A. II. 4. a) bb) (2).

1631 Ein praktisches Problem kann sich allerdings ergeben, wenn sich an Deck des Schiffs Waffen befinden, die sich nicht ohne Weiteres abbauen und unter Deck aufbewahren lassen. Dann läge nicht mehr eine rein bordinterne Angelegenheit vor, so dass die hafenstaatlichen Vorschriften durchgesetzt werden können, mithin dem Schiff der Zugang zum Hafen untersagt werden könnte.

4. *Ausübung des Nothilferechts, Art. 98 SRÜ*

Weiterhin müssten sich private Begleitschiffe im Falle eines Angriffs auf das begleitete Schiff das Nothilferecht berufen können. Die Pflicht zur Nothilfe ist in Art. 98 SRÜ normiert und erfasst sämtliche Schiffe, die dazu in der Lage sind.[1632] Damit sind bewaffnete Begleitschiffe gleichermaßen nicht nur berechtigt, sondern auch verpflichtet, bei Überfällen durch Seeräuber Hilfe zu leisten. Dies betrifft nicht nur jene Schiffe, die explizit durch das Begleitschiff eskortiert werden, sondern auch andere Schiffe, die unabhängig davon unterwegs sind. Zudem ist zu berücksichtigen, dass – ähnlich wie bei Schiffen, welche bewaffnete Sicherheitskräfte an Bord haben[1633] – die Ausrüstung des Begleitschiffs für die Frage relevant ist, inwieweit eine Hilfe möglich ist, ohne dabei das Schiff oder die Besatzung ernsthaft zu gefährden, Art. 98 Abs. 1 SRÜ.

C. Bewaffnung der Crew

Eine weitere Möglichkeit der Verteidigung gegen Angriffe besteht darin, die Crew mit Waffen auszustatten, um sich gegen Angriffe durch Piraten besser wehren zu können.[1634] Für diese Option lassen sich hauptsächlich wirtschaftliche Gründe finden, da neben der ohnehin erforderlichen Crew kein weiteres Personal bezahlt werden muss.

I. Rechtliche Grundlagen

Bei der Crew handelt es sich wie bei bewaffneten Sicherheitskräften um private Personen. Daher gelten auch für die Crew grundsätzlich dieselben rechtlichen Grundlagen. Dies bedeutet, dass auf Hoher See und beim Durchfahren von

---

1632 Zur Hilfeleistungspflicht bei Angriffen durch Seeräuber siehe bereits Kapitel 5 – B. II.

1633 Vgl. dazu bereits Kapitel 6 – A. I. 3. b).

1634 Zu dieser zumindest potentiell bestehenden Möglichkeit vgl. etwa *Löwenstein*, Sicherer durch Waffen an Bord?, Frankfurter Allgemeine Zeitung v. 28. April 2009, S. 7, wonach der Einsatz einer bewaffneten Crew von Reedereiverbänden aber abgelehnt wird. Vgl. auch die Mittelung von *A.P. Møller-Mærsk* nach dem Überfall auf die *Maersk Alabama* im April 2009: *A.P. Moller-Maersk Group*, PM v. 30. April 2009 – „A.P. Moller Maersk Group Reviews Internal Piracy Policy“ (https://www.maritime-executive.com/article/2009-04-30-p-moller-maersk-group-reviews-internal-piracy-policy [zuletzt abgerufen am 26. März 2020]) „This is why the Group maintains its policy of not arming crews or allowing armed guards onboard its vessels.“

Küstengewässern unter Inanspruchnahme des Rechts der friedlichen Durchfahrt die Waffen mitgeführt werden dürfen.[1635] Auch in Häfen gilt der Grundsatz, dass sich Waffen an Bord befinden dürfen, solange diese für die Dauer des Aufenthaltes im Hafen unzugänglich aufbewahrt werden.[1636]

II. Empfehlungen hinsichtlich der Bewaffnung von Crews

Während der Einsatz von bewaffneten Sicherheitskräften zwar nach wie vor teilweise kritisch gesehen, mittlerweile aber im Allgemeinen zumindest akzeptiert wird, stellt sich dies bei der Bewaffnung der Besatzung anders dar. Problematisch werden vor allem die mangelnde Sachkenntnis und Erfahrung im Umgang mit Waffen gesehen.[1637] Private Sicherheitskräfte sind gerade zum Schutz des Schiffes an Bord und verfügen über eine entsprechende Ausbildung. Die Besatzung hingegen ist mit der Steuerung des Schiffs und damit im Zusammenhang stehenden Aufgaben betraut. Damit haben die Crewmitglieder – unabhängig von der jeweiligen konkreten Aufgabe – jedenfalls keine tiefergehenden Kenntnisse oder Erfahrungen im Umgang mit Waffen. So empfiehlt die IMO den Flaggenstaaten, von dem Mitführen von Waffen durch die Crew dringend abzuraten.[1638] Auch in den *Industry Guidelines for the Use of Private Maritime Security Contractors as Additional Protection in Waters Affected by Somali Piracy* der BIMCO wird die Bewaffnung der Besatzung sehr kritisch gesehen.[1639] Ebenfalls negativ beurteilt wird dies in den *Interim Guidance to UK Flagged Shipping on the Use of Armed Guards to Defend Against the Threat of Piracy in Exceptional Circumstances* des

1635 Siehe dazu bereits Kapitel 6 – A. II. 2. c).

1636 Siehe dazu bereits Kapitel 6 – A. II. 4. a) cc).

1637 IMO, Piracy and Armed Robbery Against Ships, Recommendations to Governments for preventing and suppressing piracy and armed robbery against ships, MSC.1/Circ.1333/Rev.1 (12. Juni 2015), Annex, para. 5: „Seafarers are civilians and the use of firearms requires special training and aptitudes and the risk of accidents with firearms carried on board ship is great."

1638 IMO, Piracy and Armed Robbery Against Ships, Recommendations to Governments for preventing and suppressing piracy and armed robbery against ships, MSC.1/Circ.1333/Rev.1 (12. Juni 2015), Annex, para. 5: „For legal and safety reasons, flag States should strongly discourage the carrying and use of firearms by seafarers for personal protection or for the protection of a ship."

1639 *BIMCO/et al.*, Industry Guidelines for the Use of Private Maritime Security Contractors, S. 1 (Key Principles): „Industry is strongly opposed to the arming of seafarers."

britischen *Department for Transport,* wonach das Schiffspersonal unter keinen Umständen Waffen tragen sollte.[1640]

D. Relevanz der Rechtsordnung des Flaggenstaates und des Küsten- bzw. Hafenstaates

Aus völkerrechtlicher Sicht ist der Einsatz von Waffen zur Verteidigung gegen Angriffe durch Seeräuber auf Hoher See zulässig. Daneben dürfen die Waffen auch in Küstengewässern und in Häfen an Bord des Schiffes verbleiben, sofern die entsprechenden Grundsätze beachtet werden.

I. Beachtung der Rechtsordnung des Flaggenstaates

Relevant sind neben den völkerrechtlichen Grundsätzen die Vorgaben der Rechtsordnung des Staates, unter dessen Flagge das entsprechende Schiff fährt. Zwar darf der Flaggenstaat keine Regelungen erlassen, die ein effektives Selbstverteidigungsrecht praktisch ausschließen, sofern er nicht selbst seiner Schutzverpflichtung nachkommen kann.[1641] Dies bedeutet jedoch nicht, dass ohne weitere Einschränkung jeglicher Besitz von Waffen erlaubt ist. Vielmehr können bestimmte Vorgaben gemacht werden, welche den Einsatz von Waffen reglementieren.[1642] Im Gegensatz zu den völkerrechtlichen Vorgaben hinsichtlich des Umgangs mit Waffen finden die flaggenstaatlichen Vorschriften ohne Rücksicht darauf Anwendung, ob sich das Schiff auf Hoher See oder in staatlicher Souveränität unterstehenden Staatsräumen befindet.

II. Beachtung der Rechtsordnung des Küsten- und Hafenstaates

Neben das Recht des Flaggenstaates tritt das Recht des jeweiligen Küsten- oder Hafenstaates, in dessen Gewässern sich das Schiff befindet. Begrenzt wird die Durchsetzung dieser grundsätzlich vollumfänglich bestehenden Souveränität

---

1640 *Department for Transport (UK),* Interim Guidance to UK Flagged Shipping on the Use of Armed Guards, para. 6.6: „At no point should the ship's crew be armed."

1641 Siehe dazu Kapitel 5 – A. III. 3.

1642 Im deutschen Recht wird beispielsweise durch § 31 GewO und den damit verbundenen Vorschriften geregelt, welche Voraussetzungen für den Umgang mit Waffen durch privates Bewachungspersonal an Bord deutscher Schiffe gelten. Siehe dazu ausführlich schon Kapitel 6 – A. III. Zum Vergleich verschiedener flaggenstaatlicher Regelungen hinsichtlich des Einsatzes von bewaffneten privaten Sicherheitsdiensten: *van Hespen,* J. Mar. L. & Com. 45 (2014), 361, 379 ff.

des Küstenstaates durch die Regeln des Völkerrechts. Existieren in der küsten- oder hafenstaatlichen Rechtsordnung Vorgaben für das Mitführen von Waffen, wird deren Durchsetzung durch die Regeln des Völkerrechts beeinflusst. Da diese Regelungen jedoch von dem entsprechenden Küsten- bzw. Hafenstaat abhängen, ist ebenfalls möglich, dass es überhaupt keine einschränkenden Regelungen gibt. In diesem Fall legt dann lediglich die Rechtsordnung des Flaggenstaates die Grenzen fest, die hinsichtlich von Waffen bestehen, die sich an Bord des jeweiligen Schiffes befinden.

III. Schaffung einheitlicher Regelungen auf völkerrechtlicher Ebene

Für das Mitführen von Waffen an Bord von Handelsschiffen in Küstengewässern und Häfen sind zwei verschiedene Rechtsordnungen zu berücksichtigen. Zunächst sind die Gesetze des Flaggenstaates zu beachten. Daneben kann der Küsten- oder der Hafenstaat entsprechende Vorgaben machen. Solange es sich um eine rein bordinterne Angelegenheit handelt, ist die Durchsetzung dieser Vorgaben allerdings gegenüber fremden Schiffen aufgrund der Vorgaben des Völkerrechts nicht möglich. Vor allem letzterer Punkt bietet Konfliktpotential hinsichtlich der Frage, unter welchen Voraussetzungen eine Angelegenheit als bordintern anzusehen ist. In Bezug auf das Mitführen von Waffen geht es dabei im Besonderen darum, welche Anforderungen an die Handhabung der Waffen an Bord zu stellen sind, damit diese keine Auswirkungen auf den Frieden und die Sicherheit an Land des Hafenstaates haben. Vor diesem Hintergrund wären einheitliche Vorgaben für den Einsatz privater Sicherheitsdienstleister an Bord von Handelsschiffen ein großer Gewinn für die Rechtssicherheit. Dies hätte zum einen für die Küstenstaaten den Vorteil, dass sie von der Einhaltung bestimmter Mindeststandards, etwa hinsichtlich der Ausbildung des Personals, ausgehen und potentielle Gefahren für den Frieden an Land einschätzen können. Zum anderen bestünde auch hinsichtlich des eingesetzten Bewachungspersonals Gewissheit, dass keine Schwierigkeiten zu befürchten sind, wenn sie in Übereinstimmung mit den Vorgaben das Küstenmeer eines fremden Staates durchfahren.[1643]

1643 Ebenfalls sich für einheitliche Regelungen auf völkerrechtlicher Ebene aussprechend: *Brown*, Pirates and Privateers, S. 11 ff.; vgl. auch *Jessen*, RdTW 2013, 125, 128.

7 Staatlicher Schutz von Handelsschiffen gegen Angriffe von Piraten

Geht der Schutz von Handelsschiffen vom Staat aus, sind allgemein zwei Konstellationen denkbar. Zum einen können auf dem zu schützenden Schiff selbst staatliche Kräfte eingesetzt werden, die im Angriffsfall die Verteidigung des Schiffes übernehmen (unter A.). Zum anderen besteht die Möglichkeit, dass einzelne Schiffe oder Schiffsverbände von einem Marineschiff begleitet werden und auf diese Weise der Schutz sichergestellt wird (unter B.).

A. *Vessel Protection Detachments*

I. Begriff des *Vessel Protection Detachment*

VPDs bestehen aus mehreren Soldaten, die – ähnlich wie private Sicherheitsteams – an Bord von Handelsschiffen eingesetzt werden, um Angriffe durch Seeräuber abzuwehren.[1644] Im Rahmen der Operation *Atalanta* der Europäischen Union[1645] begleiten VPDs Schiffe des WFP[1646] und der *African Union Mission*

1644 *Symmons*, Mil. L. & L. War Rev. 51 (2012), 21, 23; *Neri*, Mil. L. & L. War Rev. 51 (2012), 73, 74; *Petrig*, Int'l & Comp. L. Q. 62 (2013), 667, 669; *Ronzitti* in: Francioni/Ronzitti (Hrsg.), War by Contract, S. 37, 44 f.

1645 Gemeinsame Aktion 2008/851/GASP des Rates v. 10. November 2008 über die Militäroperation der Europäischen Union als Beitrag zur Abschreckung, Verhütung und Bekämpfung von seeräuberischen Handlungen und bewaffneten Raubüberfällen vor der Küste Somalias (ABl. 2008 L 301, 33). Diese Mission wurde zuletzt im Juli 2018 bis zum 31. Dezember 2020 verlängert; Beschluss (GASP) 2018/1083 des Rates v. 30. Juli 2018 zur Änderung der Gemeinsamen Aktion 2008/851/GASP über die Militäroperation der Europäischen Union als Beitrag zur Abschreckung, Verhütung und Bekämpfung von seeräuberischen Handlungen und bewaffneten Raubüberfällen vor der Küste Somalias (ABl. 2018 L 194, 142). Die deutsche Beteiligung an der Mission *Atalanta* wurde zuletzt im Mai 2019 bis zum 31. Mai 2020 beschlossen; Antrag der Bundesregierung auf Fortsetzung der Beteiligung bewaffneter deutscher Streitkräfte an der durch die Europäische Union geführten EU NAVFOR Somalia Operation Atalanta zur Bekämpfung der Piraterie vor der Küste Somalias, BT-Drs. 19/8970, S. 1 i.V.m. dem Abstimmungsergebnis in der 98. Sitzung des Deutschen Bundestages am Donnerstag, den 9. Mai 2019.

1646 Vgl. Art. 2 lit. a) Gemeinsame Aktion 2008/851/GASP. Vgl. dazu auch schon Kapitel 3 – F. IX. 3. Eine aktuelle Übersicht über die Anzahl geschützter Schiffe des WFP

in Somalia (AMISOM).[1647] Einem VPD der deutschen Marine gehören zehn bis zwölf Soldatinnen und Soldaten an, die vorher entsprechend ausgebildet werden.[1648] Diese sind auf einem Schiff der Marine stationiert und werden bei Bedarf auf dem zu schützenden Schiff abgesetzt, wobei das Marineschiff in einer Entfernung von einer Helikopterflugstunde bleibt.[1649] Daneben gibt es noch sog. *Autonomous Vessel Protection Detachments* (AVPD), die für längerfristige Zeiträume von mehreren Monaten auf Handelsschiffen mitfahren und kein Marineschiff in Reichweite haben.[1650] Aufgrund der längeren Zeiträume und der damit einhergehenden vermindert notwendigen Mobilität ergeben sich hinsichtlich der Zusammensetzung und Ausrüstung der AVPDs Unterschiede zu den VPDs.[1651]

---

findet sich unter: https://eunavfor.eu/key-facts-and-figures/ (zuletzt abgerufen am 26. März 2020).

1647 Antrag der Bundesregierung auf Fortsetzung der Beteiligung bewaffneter deutscher Streitkräfte an der durch die Europäische Union geführten EU NAVFOR Somalia Operation Atalanta zur Bekämpfung der Piraterie vor der Küste Somalias, BT-Drs. 19/8970, S. 2.

1648 Antwort der Bundesregierung auf die Kleine Anfrage der Abgeordneten Sevim Dağdelen, Heike Hänsel, Wolfgang Gehrcke, weiterer Abgeordneter und der Fraktion DIE LINKE. – Drs. 17/7865 –, GASP-Missionen zur Pirateriebekämpfung sowie der Einsatz privater Sicherheitsdienste im Golf von Aden und Somalia, BT-Drs. 17/8110, S. 6; Antwort der Bundesregierung auf die Kleine Anfrage der Abgeordneten Katja Keul, Volker Beck (Köln), Agnes Brugger, weiterer Abgeordneter und der Fraktion BÜNDNIS 90/DIE GRÜNEN – Drs. 17/9097 –, Bewaffneter Schutz von Handelsschiffen unter deutscher Flagge, BT-Drs. 17/9278, S. 7. Zum Aufbau von VPDs siehe auch: *Ickert* in: Brake (Hrsg.), Maritime Sicherheit – Moderne Piraterie, S. 123, 123 f.; *Ehrhart/et al.* in: Ehrhart/et al. (Hrsg.), Piraterie als Herausforderung, S. 11, 21 f.

1649 *Ickert* in: Brake (Hrsg.), Maritime Sicherheit – Moderne Piraterie, S. 123, 124.

1650 *Ickert* in: Brake (Hrsg.), Maritime Sicherheit – Moderne Piraterie, S. 123, 125. So war etwa ein deutsches AVPD, welches ein Schiff des WFP begleitete, drei Monate an Bord des Schiffs und legte über 5.400 Seemeilen zurück; *Bundeswehr*, PM v. 8. Januar 2013 – „Caroline Scan nimmt neues Schutzteam an Bord" (https://www.trendkraft.io/17604 [zuletzt abgerufen am 26. März 2020]); *Blechschmidt*, Bis nach Mogadischu, Die Bundeswehr schützt Handelsschiffe künftig auch in somalischen Häfen vor Piraten, Süddeutsche Zeitung v. 28. September 2012, S. 5. Vgl. zu dem Begriff und den Unterschieden zu einem VPD auch: Antwort der Bundesregierung auf die Kleine Anfrage der Abgeordneten Katja Keul, Volker Beck (Köln), Agnes Brugger, weiterer Abgeordneter und der Fraktion BÜNDNIS 90/DIE GRÜNEN – Drs. 17/9097 –, Bewaffneter Schutz von Handelsschiffen unter deutscher Flagge, BT-Drs. 17/9278, S. 1 und 7.

1651 Mangels eines begleitenden Marineschiffs muss beispielsweise die ärztliche Versorgung von dem Team selbst sichergestellt werden. Daneben muss bei der Ausrüstung

Diese terminologische Unterscheidung zwischen AVPDs und VPDs ist allerdings nicht zwingend. Etwa besteht für niederländische Handelsschiffe bei Vorliegen bestimmter Voraussetzungen die Möglichkeit, die zuständigen Behörden um das Begleiten dieser Schiffe durch ein VPD zu ersuchen.[1652] Dieser Schutz erfolgt außerhalb entsprechender militärischer Operationen, so dass nicht zwingend ein niederländisches Marineschiff in der Nähe ist.[1653] Dessen ungeachtet wird die Bezeichnung VPD genutzt,[1654] auch wenn möglicherweise die Merkmale eines AVPD erfüllt sind. Aufgrund dieser Unklarheiten meint im Folgenden der Begriff VPD eine kleinere Gruppe von Streitkräften einer Armee eines Staates, die an Bord eines privaten Handelsschiffes zu dessen Sicherheit eingesetzt wird, unabhängig von der Zusammensetzung des Teams, der Dauer des Einsatzes an Bord und auch davon, ob dieser Einsatz im Rahmen einer militärischen Operation erfolgt.[1655]

---

weniger Rücksicht auf die Mobilität der einzelnen Gegenstände genommen werden, wenn diese – anders als bei den VPDs – nicht ständig transportiert werden müssen; vgl. *Ickert* in: Brake (Hrsg.), Maritime Sicherheit – Moderne Piraterie, S. 123, 125. Einschränkend zu dem Begriff des AVPD ist jedoch zu bemerken, dass dieser Begriff nur selten Verwendung findet.

1652 Ausführlicher zu der Möglichkeit des Einsatzes von VPDs auf niederländischen Handelsschiffen: *Zwanenburg*, Mil. L. & L. War Rev. 51 (2012), 97, 100 ff.; *van Ginkel/van der Putten/Molenaar*, State or Private Protection against Maritime Piracy, S. 13 ff.; *Oceans Beyond Piracy*, Vessel Protection Detachments, Issue Paper (http://oceansbeyondpiracy.org/sites/default/files/attachments/Vessel_Protection_Detachments_IssuePaper.pdf [zuletzt abgerufen am 26. März 2020]), S. 3.

1653 Dies ergibt sich aus der Voraussetzung, dass ein Schutz des Schiffes durch andere militärische Operationen nicht möglich ist; *van Ginkel/van der Putten/Molenaar*, State or Private Protection against Maritime Piracy, S. 18: „The sea transport follows a route with which (collective) protection *from other military operations* is not possible and with which there exists, according to international threat appreciation, a piracy risk." (*Hervorhebung* durch den Verfasser).

1654 Vgl. etwa die folgende Literatur zu niederländischen VPDs, in denen der Begriff VPD und nicht AVPD gebraucht wird: *Zwanenburg*, Mil. L. & L. War Rev. 51 (2012), 97; *van Ginkel/van der Putten/Molenaar*, State or Private Protection against Maritime Piracy.

1655 Neben dem Begriff VPD findet sich vereinzelt auch die Bezeichnung *Military Security Team* (MST) für an Bord von Handelsschiffen stationierte Soldaten; vgl. *Harlow*, So. Cal. Interdisc. L. J. 21 (2011-2012), 561, 565; *Weihai*, Soc. Sci. China 38/1 (2017), 46, 47. Teilweise wird der Begriff VPD auf die im Rahmen europäischer Missionen eingesetzten Soldaten an Bord von Schiffen beschränkt; vgl. *Harlow*, So. Cal. Interdisc. L. J. 21 (2011-2012), 561, 594 f.; *Weihai*, Soc. Sci. China 38/1 (2017), 46, 49. Diese

II. Kommandostruktur

Befindet sich ein VPD an Bord eines Schiffes, muss überlegt werden, wer die Verantwortlichkeit für das Schiff trägt und wem die Letztentscheidungsbefugnis hinsichtlich eines Eingreifens der Sicherheitskräfte zukommt. Während bei privaten Sicherheitskräften die Verantwortlichkeit bei dem Kapitän des Schiffs verbleibt,[1656] ist diese Frage bei VPDs nicht so eindeutig zu beantworten. Einerseits wird davon ausgegangen, dass dem Kapitän die Letztverantwortung zukommt.[1657] Andererseits wird bekundet, dass die Verantwortung aufgeteilt wird und der Kapitän die Verantwortung für die navigatorische Sicherheit trägt, während dem Führer des VPD die Verantwortung hinsichtlich aller mit der Verteidigung des Schiffes im Zusammenhang stehenden Handlungen obliegt.[1658] Einbezogen in diese Überlegungen werden muss, dass es sich bei VPDs um militärisch organisierte Einheiten handelt, welche in entsprechende Befehlsstrukturen eingebunden sind, die sich von denen an Bord eines zivilen Schiffes unterscheiden. Weiterhin sind die Handlungen eines VPD als staatliche Handlungen zu qualifizieren und der Staat, dem das VPD angehört, ist verantwortlich für dessen Handlungen.[1659] Wenn den Staat allerdings eine Verantwortung hinsichtlich der Handlungen von VPDs trifft, muss die Entscheidungsbefugnis auch einer staatlich handelnden Person zukommen. Damit liegt die Entscheidungsbefugnis bei dem Führer des VPD bzw. bei aus den Reihen des VPD kommenden Person.

Unterscheidung ist aber – wie auch jene zwischen VPD und AVPD – nicht zwingend und bietet daher kein eindeutiges Abgrenzungskriterium, so dass dieser begrifflichen Unterscheidung im Folgenden nicht berücksichtigt und daher der Begriff des MST keine Verwendung finden wird.

1656 *Petrig*, Int'l & Comp. L. Q. 62 (2013), 667, 695 ff. Siehe dazu auch die Empfehlungen für den Einsatz privater bewaffneter Sicherheitskräfte und die Regelungen im deutschen Recht Kapitel 6 – A. I. 2. d) sowie Kapitel 6 – A. III. 2. d) cc) (2) und Kapitel 6 – A. III. 2. d) dd).

1657 Vgl. *Wolfrum* in: FS Vukas, S. 360, 362.

1658 *Ickert* in: Brake (Hrsg.), Maritime Sicherheit – Moderne Piraterie, S. 123, 125. Allerdings schließt auch *Wolfrum* eine solche Aufteilung nicht kategorisch aus; *Wolfrum* in: FS Vukas, S. 360, 362. Bei dem Einsatz niederländischer VPD verbleibt die Entscheidung des Anwendens von Gewalt bei dem Leiter des jeweiligen VPD, wobei zumindest eine Absprache zwischen dem VPD und dem Kapitän angestrebt wird; *Zwanenburg*, Mil. L. & L. War Rev. 51 (2012), 97, 112.

1659 Dazu sogleich Kapitel 7 – A. III.

III. Qualifikation der Handlungen von *Vessel Protection Detachments*

Sind Soldaten eines VPD in gewaltsame Auseinandersetzungen mit angreifenden Piraten involviert, ist relevant, ob dieses Handeln als staatliches Handeln zu qualifizieren ist. Konsequenzen hat dies zum einen für die Frage, inwieweit eine Bindung an menschenrechtliche oder weitere völkerrechtliche Gewährleistungen besteht. Zum anderen bestehen Auswirkungen im Hinblick auf eine mögliche Verantwortlichkeit des Staates im Falle von rechtswidrigem Verhalten der Einsatzkräfte. Den Staat trifft eine Schutzverpflichtung hinsichtlich der unter seiner Flagge fahrenden Schiffe. Durch den Einsatz von VPDs an Bord privater Handelsschiffe kommt ein Staat dieser Schutzverpflichtung nach[1660] und übt im Rahmen dieses Schutzes sein staatliches Gewaltmonopol aus.[1661] Damit ist ein solches Handeln als staatliches Handeln zu klassifizieren. Zwar wird beispielsweise von den Niederlanden[1662] die Erhaltung der internationalen rechtlichen Ordnung sowie der Schutz staatlicher Interessen als Ziel für den Einsatz von VPDs auf niederländischen Schiffen angegeben.[1663] Dies ist aber ebenfalls als staatliches Handeln einzuordnen. Unabhängig davon gewährleisten an Bord von Handelsschiffen eingesetzte VPDs auch immer den Schutz des Schiffes, so dass der Staat dieser wesentlichen Aufgabe auch dann nachkommt, wenn daneben weitere Ziele treten. Folglich ist das Handeln eines VPD, welches an Bord eines privaten Handelsschiffes eingesetzt wird, unabhängig von der konkreten Intention, mit welcher der Einsatz erfolgt, als staatliches Handeln einzuordnen. Auswirkungen hat dies auch auf die Verantwortlichkeit jenes Staates, dem die Streitkräfte des VPD angehören. Indem es sich bei VPDs um staatliche Einheiten

---

1660 Zur Schutzverpflichtung eines Staates gegenüber den unter seiner Flagge fahrenden Schiffen siehe bereits Kapitel 5 – A. I.

1661 *Petrig*, Int'l & Comp. L. Q. 62 (2013), 667, 669; *Zwanenburg*, Mil. L. & L. War Rev. 51 (2012), 97, 112.

1662 Die Niederlande bieten bei Vorliegen der entsprechenden Voraussetzungen den Einsatz von VPDs an Bord von unter der niederländischen Flagge fahrenden Schiffe an; siehe dazu Fn. 1652. Dem Einsatz von privaten Sicherheitskräften wird dabei sehr skeptisch gegenübergestanden; vgl. *van Ginkel/van der Putten/Molenaar*, State or Private Protection against Maritime Piracy, S. 13 f.; *Brown*, Pirates and Privateers, S. 9 f.

1663 *Zwanenburg*, Mil. L. & L. War Rev. 51 (2012), 97, 104 f.

handelt, lösen unzulässige Handlungen eine Haftung des jeweiligen Staates aus.[1664]

IV. Rechtliche Einordnung von Schiffen mit *Vessel Protection Detachments* an Bord

1. Keine Kriegsschiffe, Art. 29 SRÜ

Handelsschiffe, die an Bord von VPDs begleitet werden, sind keine Kriegsschiffe gemäß Art. 29 SRÜ. Der Kapitän eines Handelsschiffes bleibt für das Schiff – insbesondere für die navigatorische Sicherheit – verantwortlich, auch wenn er keine Entscheidungsbefugnisse gegenüber den Streitkräften des VPD hat. Damit steht das Schiff nicht unter dem Befehl eines Offiziers. Auch gehört das Schiff nicht zu den Streitkräften eines Staates und trägt dementsprechend auch nicht die äußeren Kennzeichen eines solchen Schiffes seiner Staatszugehörigkeit. Damit sind mehrere Merkmale der Definition eines Kriegsschiffes in Art. 29 SRÜ nicht erfüllt. Mithin werden private Handelsschiffe, welche von VPDs an Bord begleitet werden, nicht zu Kriegsschiffen.[1665]

2. Kein Recht zum Untersuchen und Aufbringen, Art. 110 und 105 SRÜ

Für das Untersuchen verdächtiger Schiffe und das mögliche Aufbringen bestehen in Art. 110 Abs. 1 und 5 sowie in Art. 107 SRÜ eindeutige Vorgaben. Erinnert werden muss dabei, dass diese Berechtigungen hauptsächlich an die Eigenschaft des die Rechte nach Art. 110 und 105 SRÜ ausübenden Schiffes anknüpfen.[1666] Die Befugnis zum Untersuchen und Aufbringen besteht zunächst für Kriegsschiffe. Durch den Einsatz eines VPD an Bord wird ein Handelsschiff allerdings nicht zum Kriegsschiff.[1667] Daneben können aber auch andere, im Staatsdienst

1664 *Guilfoyle* in: Proelß, UNCLOS, Art. 107 Rn. 9; *Neri*, Mil. L. & L. War Rev. 51 (2012), 73, 88.

1665 Vgl. dazu auch: *Zwanenburg*, Mil. L. & L. War Rev. 51 (2012), 97, 104; *Neri*, Mil. L. & L. War Rev. 51 (2012), 73, 79; *Ronzitti* in: Francioni/Ronzitti (Hrsg.), War by Contract, S. 37, 45.

1666 Bei Kriegsschiffen ist die Besatzung allerdings indirekt relevant, indem in Art. 29 SRÜ festgeschrieben wird, dass unter anderem die Besatzung den Regeln der militärischen Disziplin unterliegen muss.

1667 Siehe Kapitel 7 – A. IV. 1.

stehende Schiffe[1668] die Rechte nach Art. 110 und 105 SRÜ ausüben. Auch wenn die Definition eines Staatsschiffs nicht durch eine mit Art. 29 SRÜ vergleichbare Regelung festgeschrieben ist, besteht zumindest Einigkeit, dass ein Staatsschiff im Eigentum des Staates stehen oder zumindest von diesem betrieben werden muss.[1669] Bei den Schiffen, die durch VPDs geschützt werden, handelt es sich allerdings um Handelsschiffe, die von privaten Reedereien eingesetzt werden. Und selbst für den Fall, dass das Handelsschiff von staatlicher Seite betrieben wird, ist dies nicht ausreichend, damit diesem Schiff weitergehende Befugnisse bei der Bekämpfung der Seeräuberei zuteilwerden.[1670] Damit können Handelsschiffe, die durch VPDs an Bord begleitet werden, keine weitergehenden Rechte nach Art. 110 und 105 SRÜ bei der Bekämpfung der Seeräuberei in Anspruch nehmen.[1671]

V. Verteidigungsrechte von *Vessel Protection Detachments*

Wird ein von einem VPD begleitetes Schiff auf Hoher See von Piraten angegriffen, so dass Seeräuberei nach der Definition des Art. 101 lit. a) sublit. i) SRÜ vorliegt,[1672] ist zu untersuchen, welche Rechte den begleitenden Soldaten zur Verteidigung zustehen.

1668 Neben dem Merkmal, dass das Schiff im Staatsdienst steht, muss dies auch deutlich gekennzeichnet und als solches erkennbar sein sowie eine Befugnis bzw. ordnungsgemäße Befugnis hierzu bestehen, Art. 107 und 110 Abs. 5 SRÜ; ausführlich dazu Kapitel 4 – E. V.

1669 Siehe dazu bereits Kapitel 4 – E. II.

1670 Siehe dazu bereits Kapitel 4 – E. II. 1.

1671 *Neri*, Mil. L. & L. War Rev. 51 (2012), 73, 79; *Zwanenburg*, Mil. L. & L. War Rev. 51 (2012), 97, 105; *E. Williams* in: Papastavridis/Trapp (Hrsg.), Crimes at Sea, S. 339, 346.

1672 Neben Angriffen auf Hoher See werden von der Definition des Art. 101 lit. a) sublit. i) SRÜ werden auch Angriffe innerhalb der ausschließlichen Wirtschaftszone erfasst; siehe dazu bereits Kapitel 2 – E. I. 3. e) bb). Ferner ist zu berücksichtigen, dass die ausschließliche Wirtschaftszone keiner umfassenden Souveränität des jeweiligen Küstenstaates untersteht, so dass in dieser Hinsicht mögliche Verteidigungshandlungen des Flaggenstaates des begleiteten Schiffes nicht gegen eine fremde Hoheitsgewalt verstoßen können. Siehe dazu auch schon Kapitel 5 – A. II.

1. *Ausübung des staatlichen Gewaltmonopols durch* Vessel Protection Detachments

a) Grundsätzliche Berechtigung

Der Staat hat eine Schutzpflicht gegenüber seinen Bürgern. Damit er dieser Schutzverpflichtung nachkommen kann, steht dem Staat durch das staatliche Gewaltmonopol[1673] die Legitimation zu, diesen Schutz gegebenenfalls mit Gewalt durchzusetzen.[1674] Indem ein auf einem Handelsschiff eingesetztes VPD Angriffe durch Piraten notfalls gewaltsam abwehrt, kommt der Staat seiner staatlichen Schutzverpflichtung nach.[1675]

b) Ausübung zugunsten fremder Staatsangehöriger

Zu bedenken ist allerdings, dass Schiffsbesatzungen in der Regel aus Staatsangehörigen vieler Nationen bestehen,[1676] mithin also nicht nur die eigenen Staatsangehörigen geschützt werden. Eine ähnliche Situation besteht bei der Ausübung diplomatischen Schutzes für fremde Staatsangehörige an Bord von Schiffen.[1677] Ein direktes Übertragen der Überlegungen zu diesem Problem ist nicht möglich, da die Ausübung diplomatischen Schutzes ein staatliches Fehlverhalten voraussetzt, Piratenangriffe hingegen von privaten Akteuren ausgeführt werden.[1678]

1673 Siehe zum staatlichen Gewaltmonopol in diesem Zusammenhang bereits Kapitel 5 – A. I. Schon aus dem Begriff „Gewaltmonopol des Staates" wird deutlich, dass der Staat grundsätzlich alleiniger Inhaber der Gewalt ist.

1674 Vgl. etwa *Kugelmann*, Polizei- und Ordnungsrecht, 5. Kap., Rn. 11; *Erbguth/Mann/Schubert*, Besonderes Verwaltungsrecht, Rn. 397; *Isensee* in: FS Sendler, S. 39, 47; *Jachtenfuchs* in: Transformation des Staates? (Leibfried/Zürn), S. 69, 69. Siehe allgemein zum Begriff der Staatsgewalt: *Ornstein*, Macht, Moral und Recht, S. 32 ff.; *Becker*, NJW 1995, 2077, 2078.

1675 Durch VPDs an Bord von Schiffen übt der Staat sein Gewaltmonopol aus; *Petrig*, Int'l & Comp. L. Q. 62 (2013), 667, 669. Vgl. auch *Zwanenburg*, Mil. L. & L. War Rev. 51 (2012), 97, 112; *Caffio* in: del Vecchio (Hrsg.), International Law of the Sea, S. 191, 199; *Eboli/Pierini*, Mil. L. & L. War Rev. 51 (2012), 117, 123; *E. Williams* in: Papastavridis/Trapp (Hrsg.), Crimes at Sea, S. 339, 369.

1676 Vgl. dazu bereits Kapitel 5 – A. IV. 2. a).

1677 Siehe zu diesen Überlegungen bereits Kapitel 5 – A. IV. 2. a) bb). Dabei ist unklar, ob ein solches Eingreifen überhaupt als diplomatischer Schutz bezeichnet werden kann; siehe dazu Kapitel 5 – A. IV. 2. a) bb) (1). Im diesem Abschnitt soll allerdings die Bezeichnung „diplomatischer Schutz" auch jene Schutzmaßnahmen erfassen, die möglicherweise nicht als solche bezeichnet werden.

1678 Dazu schon Kapitel 5 – A. IV. 2. b).

Daneben hat das Ausüben diplomatischen Schutzes zum Ziel, den sich völkerrechtswidrig verhaltenden Staat zur Anpassung seines Verhaltens zu bewegen sowie gegebenenfalls entstandene Schäden auszugleichen.[1679] Allerdings könnten die Überlegungen zum Schutz fremder Staatsangehöriger sinngemäß übertragbar sein.

Übt ein Staat diplomatischen Schutz für fremde Staatsangehörige aus, die sich an Bord eines unter seiner Flagge fahrenden Schiffes befinden, stellen die völkerrechtswidrigen Handlungen gegen das Schiff – und nicht die Besatzung – den Anknüpfungspunkt für ein Eingreifen dar, so dass die Besatzung an Bord lediglich indirekt über die das Schiff erfassenden Vorschriften geschützt wird.[1680] VPDs sind ebenfalls in erster Linie zum Schutz des Schiffes und der Ladung an Bord von Handelsschiffen.[1681] Nur mittelbar wird durch die Abwehr eines Piratenangriffs auch die Besatzung des Schiffes geschützt. Das Schiff ist demgemäß Anknüpfungspunkt für den Schutz durch VPDs. Unter diesem Aspekt besteht eine Vergleichbarkeit mit dem diplomatischen Schutz für fremde Seeleute durch den Flaggenstaat des angegriffenen Schiffes. Mithin kann ein VPD auch staatlichen Schutz gegenüber Besatzungsmitgliedern ausüben, die nicht die Staatsangehörigkeit jenes Staates haben, dessen staatliche Gewalt das VPD ausübt. Berücksichtigung finden muss weiterhin, dass es bei der Abwehr eines Angriffs hinsichtlich der Crew um den Schutz des Lebens und der Gesundheit der gesamten Crew in einer konkreten Gefahrensituation geht. Werden staatsfremde Crewmitglieder bei einem Angriff gleichermaßen geschützt, kann deren Heimatstaat, dem ein Eingreifen in der Situation nicht möglich ist, keine Einwände gegen einen solchen Schutz vorbringen, da er vernünftigerweise kein Interesse an der Schädigung seiner eigenen Staatsangehörigen haben kann.

1679 *Schöbener*, Diplomatischer Schutz, in: Schöbener (Hrsg.), Völkerrecht, S. 62; *Dugard*, Diplomatic Protection, in: MPEPIL (Stand: Mai 2009), Rn. 1.

1680 Siehe dazu Kapitel 5 – A. IV. 2. a) bb) (4).

1681 Vgl. etwa die folgenden Beschreibungen von VPDs, die das zu schützende Schiff in Vordergrund stellen: *Symmons*, Mil. L. & L. War Rev. 51 (2012), 21, 23: „[…] embarked on a merchant ship […] in order *to protect it* from potential piracy attacks; […]"; *Petrig*, Int'l & Comp. L. Q. 62 (2013), 667, 669: „[…] embarked on board merchant ships *to protect them* from pirate attacks"; *Neri*, Mil. L. & L. War Rev. 51 (2012), 73, 74: „[…] embarked on a civilian ship in order *to ensure its protection* against potential attacks" (*Hervorhebungen* jeweils durch den Verfasser). Zwar können diese Formulieren auch so verstanden werden, dass das Schiff und dessen Crew eine Einheit bilden; vgl. dazu auch schon Kapitel 5 – A. IV. 2. a) bb) (2). Zumindest aber wird nicht der Schutz der Besatzung als primäres Ziel des Einsatzes von VPDs bezeichnet.

c) *Grundsätze bei der Gewaltanwendung*

Liegt eine Situation vor, in der eine Berechtigung zur Anwendung von Gewalt besteht, sind bei den Verteidigungsmaßnahmen bestimmte Grundsätze der Gewaltanwendung zu berücksichtigen. Bisher war das Handeln von VPDs selten Gegenstand in der internationalen Rechtsprechung. Am 15. Februar 2012 wurden von einem italienischen VPD an Bord der *Enrica Lexie,* einem unter italienscher Flagge fahrenden Tankschiff,[1682] zwei Fischer eines sich in der Nähe befindlichen Fischereibootes im Indischen Ozean getötet.[1683] In dem anschließenden Verfahren vor dem ISGH stellte allerdings die Frage nach der anwendbaren Jurisdiktion einen der wesentlichen Punkte dar.[1684] Inwieweit die Anwendung von tödlicher Gewalt unter den konkreten Umständen zulässig war, wurde hingegen nicht behandelt. In anderen gerichtlichen Verfahren wurden demgegenüber schon Feststellungen bezüglich der Anwendung von Gewalt in maritimem Kontext getroffen.[1685] Wesentliche Aussagen sind, dass die Angemessenheit der Gewaltanwendung ein maßgebliches Erfordernis ist und insbesondere die Anwendung von Gewalt das letzte Mittel darstellt.[1686] Bei dem Einsatz von Schusswaffen ist zu beachten, dass zunächst Warnschüsse abzugeben sind.[1687] Diese Grundsätze der Gewaltanwendung sind auch von VPDs zu

---

1682 Mittlerweile trägt dieses Schiff den Namen *Olympic Sky* und fährt unter der Flagge der Marshallinseln.

1683 Hinsichtlich des zugrundeliegenden Sachverhalts siehe die Wortprotokolle der Verhandlungen des ISGH: ISGH, Wortprotokoll v. 10. August 2015, 15:00 Uhr, *The „Enrica Lexie" Incident* (Italien/Indien), ITLOS/PV.15/C24/2/Rev.1, S. 1, Z. 34 ff.; ISGH, Wortprotokoll v. 11. August 2015, 10:00 Uhr, *The „Enrica Lexie" Incident* (Italien/Indien), ITLOS/PV.15/C24/3/Rev.1, S. 18, Z. 30 ff. Vgl. dazu auch *Neri*, Mil. L. & L. War Rev. 51 (2012), 73, 76; *Rosiers*, ILSA Quart. 22/2 (2013-2014), 18, 20.

1684 Vgl. etwa *Fabris*, Amsterdam L. F. 7/2 (2017), 5, 21; *del Vecchio* in: FS Caminos, S. 397, 399.

1685 Dies sind die Fälle *I'm Alone* aus dem Jahr 1929, *Red Crusader* aus 1961 und *M/V „Saiga" (No. 2)* aus 1997. Siehe zu diesen Fällen Kapitel 4 – B. III. 3. c) aa), Kapitel 4 – B. III. 3. c) bb) und Kapitel 4 – B. III. 3. c) cc). Vgl. auch *Neri*, Mil. L. & L. War Rev. 51 (2012), 73, 86.

1686 Das Erfordernis der Angemessenheit bei der Ausübung von Gewalt findet auch in mehreren Übereinkommen und Urteilen internationaler Gerichte Erwähnung, so dass diese Grundsätze zumindest bei staatlich handelnden Sicherheitsteams zu berücksichtigen seien; *Vijayan*, J. Mar. L. & Com. 45 (2014), 15, 20 ff.

1687 Zu diesen Schiedsverfahren bereits Kapitel 4 – B. III. 3. c). Ebenfalls im Rahmen der Frage nach der Zulässigkeit der Gewaltanwendung von VPDs *The M/V „Saiga" Case (No. 2)* des ISGH zugrunde legend: *Neri*, Mil. L. & L. War Rev. 51 (2012), 73, 91 f.

beachten. Zwar üben VPDs – anders als die staatlichen Einheiten, deren Verhalten in den entsprechenden schiedsgerichtlichen Verfahren gegenständlich war – keine allgemeinen Untersuchungsrechte aus. Allerdings sind diese zumindest in Situationen der Selbstverteidigung zur Gewaltausübung berechtigt, so dass auch die entsprechenden Grundsätze zu der Gewaltanwendung zu beachten sind.[1688]

2. *Rechtliche Grundlagen bei der Gewaltanwendung durch* Vessel Protection Detachments

a) *Keine Anwendbarkeit von Art. 51 UN-Charta*

Wie schon bei privaten Sicherheitsdienstleistern kann auch bei VPDs Art. 51 UN-Charta im Rahmen der Frage nach einem Selbstverteidigungsrecht keine Berücksichtigung finden. Zwar üben VPDs – im Gegensatz zu privaten Sicherheitsdienstleistern – staatliche Gewalt aus, so dass möglicherweise die Verteidigungshandlungen des VPD an Bord des angegriffenen Schiffes eine Verteidigungshandlung des Staates darstellen könnte.[1689] Letztlich aber fehlt es bei Angriffen durch Seeräuber an der Voraussetzung eines bewaffneten Angriffs.[1690] Somit kann eine Verteidigungshandlung eines VPD nicht auf Art. 51 UN-Charta gestützt werden.[1691]

b) *Ausübung des Selbstverteidigungsrechts*

Damit bleibt – mangels Alternativen wie etwa Art. 51 UN-Charta – lediglich das allgemeine Selbstverteidigungsrecht als Grundlage für Verteidigungshandlungen

---

1688 Zu den Situationen der Selbstverteidigung, in welchen notfalls ein stattfindender Angriff gewaltsam abgewendet werden darf, siehe weiter unten Kapitel 7 – A. V. 2. b). Daneben wird auch eine Feststellung aus dem Urteil *M/V „Saiga" (No. 2)* angeführt, aus welcher ersichtlich sei, dass die dort gefundenen Grundsätze auch auf VPDs übertragbar sind; *Neri*, Mil. L. & L. War Rev. 51 (2012), 73, 92. Die entsprechende Feststellung lautet: „But whatever the circumstances, there is no excuse for the fact that the officers fired at the ship itself with live ammunition from a fast-moving patrol boat without issuing any of the signals and warnings required by international law and practice"; ISGH, Urt. v. 1. Juli 1999, *The M/V „Saiga" Case (No. 2)* (Saint Vincent and the Grenadines/Guinea), ITLOS Reports 1999, S. 10, para. 157.

1689 Dazu, dass Art. 51 UN-Charta die Verteidigungshandlung eines Staates und nicht individueller Personen erfasst, siehe schon Kapitel 5 – A. III. 1.

1690 *Neri*, Mil. L. & L. War Rev. 51 (2012), 73, 85 f. Siehe dazu, dass Angriffe von Piraten nicht das Kriterium eines bewaffneten Angriffs in Art. 51 UN-Charta erfüllen, auch Kapitel 5 – A. III.1.

1691 *Neri*, Mil. L. & L. War Rev. 51 (2012), 73, 85 f.

von VPDs.[1692] Daran ändert sich auch nichts dadurch, dass VPDs das staatliche Gewaltmonopol ausüben und damit grundsätzlich zur Anwendung von Gewalt berechtigt sind. Nach Art. 100 SRÜ obliegt die Bekämpfung der Seeräuberei auf Hoher See allen Staaten.[1693] Um dieser Aufgabe nachzukommen, sind in Art. 110 und 105 SRÜ entsprechende Rechte zum Untersuchen verdächtiger Schiffe und zum Aufbringen von Seeräuberschiffen vorgesehen.[1694] Diese Rechte können aber nur von in Art. 110 Abs. 1 und 5 sowie Art. 107 SRÜ näher bestimmten Schiffen ausgeübt werden. Schiffe, die von VPDs an Bord begleitet werden, fallen nicht darunter und können diese Rechte daher nicht ausüben.[1695] Folglich ist das Handeln von VPDs auf Situationen beschränkt, in denen ein konkreter Angriff vorliegt, mithin also die Grundsätze des Selbstverteidigungsrechts einschlägig sind. Dementsprechend finden auch die bereits gefundenen Grundsätze[1696] hinsichtlich der Gegenwärtigkeit eines Angriffs Anwendung, so dass eine Verteidigung nicht erst möglich ist, wenn die eigentliche Angriffshandlung bereits begonnen hat, sondern bei Vorliegen der entsprechenden Voraussetzungen auch schon dann, wenn ein entsprechender Angriff bevorsteht.

c) Kein Ausschluss eines vorläufigen Festnahmerechts

Das vorläufige Festhalten der angreifenden Personen stellt kein Aufbringen nach Art. 105 SRÜ dar. Daher ist auch die Einschränkung von Art. 107 SRÜ nicht einschlägig. Dies gilt zumindest hinsichtlich der Situation, in welcher private Sicherheitskräfte an Bord eines Schiffes einen Seeräuberangriff abwehren.[1697] Dieses Ergebnis müsste auf von VPDs bewachte Schiffe übertragbar sein. Dagegen könnte sprechen, dass die die Bekämpfung der Seeräuberei zum Inhalt habenden Vorschriften im SRÜ sich an staatliche Akteure richten,[1698] mithin das Festhalten von Personen durch staatliche Akteure, die nicht die Voraussetzungen von Art. 107 SRÜ erfüllen, eine Umgehung der entsprechenden Maßgaben darstellen könnte. Demgegenüber ist jedoch einzuwenden, dass ein Staat, der

---

1692 Vgl. *Neri*, Mil. L. & L. War Rev. 51 (2012), 73, 86; *Guilfoyle* in: Proelß, UNCLOS, Art. 107 Rn. 9; *Symmons*, Mil. L. & L. War Rev. 51 (2012), 21, 36; *Zwanenburg*, Mil. L. & L. War Rev. 51 (2012), 97, 105. Siehe zu dem allgemeinen Selbstverteidigungsrecht auch schon Kapitel 5 – A. III.

1693 Dazu bereits Kapitel 4 – F.

1694 Eingehend dazu schon Kapitel 4 – B. und Kapitel 4 – C.

1695 Dazu Kapitel 7 – A. IV. 2.

1696 Dazu bereits Kapitel 6 – A. I. 5. c).

1697 Dazu bereits Kapitel 6 – A. I. 4. c) aa).

1698 Vgl. insgesamt dazu Kapitel 4 – E.

den Einsatz von VPDs auf privaten Handelsschiffen ermöglicht, damit seiner Schutzverpflichtung nachkommt.[1699] Es bedeutete einen Wertungswiderspruch, wenn einem durch ein VPD geschützten Schiff weniger Rechte zuständen als einem durch ein privates Sicherheitsteam verteidigtem Schiff. Gleichzeitig ist im Vergleich zu privaten Sicherheitskräften zu bedenken, dass VPDs keine weitergehenden Rechte zukommen als privaten Sicherheitskräften, VPDs allerdings an entsprechende völkerrechtliche Gewährleistungen gebunden sind[1700] und im Falle von Verstößen eine Haftung des jeweiligen Staates besteht. Somit kommt den festgehaltenen Personen ein höheres Schutzniveau zu als bei privaten Sicherheitsdiensten. Deshalb stehen die Vorschriften des SRÜ einem von VPDs ausgeübten Festhalterecht nicht entgegen.

d) Bindung an völkerrechtliche Gewährleistungen

Ein Unterschied ergibt sich allerdings bei der Bindung an völkerrechtliche Gewährleistungen. Im Gegensatz zu privaten Sicherheitskräften sind die staatlich handelnden VPDs insbesondere an menschenrechtliche und auch alle übrigen völkerrechtlichen Gewährleistungen gebunden.[1701] Dies betrifft etwa die Ausübung von mit der Abwehr in Zusammenhang stehenden Rechten wie das Festhalten und Überstellen an die zuständigen Behörden der an dem Angriff beteiligten Personen. Während für private Sicherheitsdienstleister die Maßgaben des IPbpR sowie der AEMR lediglich mittelbare Wirkungen entfalten können,[1702] sind VPDs als staatliche Einheiten direkt daran gebunden und müssen ihr Handeln dementsprechend anpassen. Beim IPbpR könnte aufgrund des Wortlauts von Art. 2 Abs. 1 IPbpR vermutet werden, dass die Achtung der Rechte, zu der alle Vertragsstaaten verpflichtet sind, auf das eigene Staatsgebiet beschränkt ist.[1703] Jedoch geht die überwiegende Auffassung dahin, dass die

---

1699 Siehe zur Schutzverpflichtung eines Staates der unter seiner Flagge fahrenden Schiffe weiter oben Kapitel 5 – A. I. und Kapitel 5 – A. II.

1700 Dazu sogleich im nächsten Abschnitt Kapitel 7 – A. V. 2. d).

1701 Vgl. *Neri*, Mil. L. & L. War Rev. 51 (2012), 73, 88; *Symmons*, Mil. L. & L. War Rev. 51 (2012), 21, 59.

1702 So können Art. 9 IPbpR und Art. 9 AEMR bei der Frage nach der zulässigen Dauer des Festhaltens von Seeräubern nach einem erfolgten Angriff durch privat Handelnde bis zur Überstellung an die zuständigen Behörden berücksichtigt werden; vgl. Kapitel 6 – A. I. 4. c) dd) (2).

1703 Art. 2 Abs. 1 IPbpR: „[...] und sie allen *in seinem Gebiet befindlichen* und seiner Herrschaftsgewalt unterstehenden Personen [...]" bzw. „[...] to all individuals *within*

beiden Merkmale „in seinem Gebiet befindlichen" und „seiner Herrschaftsgewalt unterstehenden" nicht kumulativ, sondern alternativ zu verstehen sind.[1704] Insbesondere seien auch im Auslandseinsatz befindliche Streitkräfte eines Vertragsstaates an die Gewährleistungen des IPbpR gebunden.[1705] Folglich sind auch VPDs an den IPbpR gebunden.

VI. Verpflichtung zur Nothilfe

Die im SRÜ vorgesehene Pflicht zur Hilfeleistung gilt grundsätzlich auch bei Angriffen durch Seeräuber.[1706] Diese Pflicht wird allerdings dadurch eingeschränkt, dass sie nur dann besteht, wenn sie ohne die Gefährdung des hilfeleistenden Schiffes, der Besatzung oder der Fahrgäste möglich ist. Zu berücksichtigen ist bei VPDs, dass Soldaten für Verteidigungssituationen ausgebildet sind und über eine entsprechende Ausrüstung verfügen. Daher werden an einen Ausschluss der Hilfeleistungspflicht bei von VPDs begleiteten Schiffen regelmäßig höhere Anforderungen zu stellen sein, als dies bei unbewaffneten Schiffen der Fall ist.[1707]

Gemäß Art. 98 Abs. 1 SRÜ haben die Staaten die Kapitäne der unter ihrer Flagge fahrenden Schiffe zu verpflichten, in Notsituationen Hilfe zu leisten. Während der Kapitän gegenüber der Besatzung des Schiffes Anordnungen erteilen darf, ist dies bei den Soldaten des VPD nicht der Fall, da ein Kapitän gegenüber den Mitgliedern eines VPD keine Befehlsgewalt hat.[1708] Dennoch könnte auch für VPDs eine Pflicht zur Hilfeleistung bestehen. Zwar ist nach dem Wortlaut von Art. 98 SRÜ der Kapitän eines Schiffes zur Hilfeleistung zu verpflichten. Dabei ist jedoch zu berücksichtigen, dass dem Kapitän an Bord eines Schiffes die

---

its territory and subject to its jurisdiction […]" (*Hervorhebungen* jeweils durch den Verfasser).

1704 *v. Arnauld*, Völkerrecht, Rn. 753; *Johann*, Menschenrechte im internationalen bewaffneten Konflikt, S. 110 ff.; vgl. auch *Joseph/Castan*, The International Covenant on Civil and Political Rights, Rn. 4.11 ff. und 4.16.

1705 Siehe dazu die Äußerungen des *United Nations Human Rights Committee:* „This means that a State party must respect and ensure the rights laid down in the Covenant to anyone within the power or effective control of that State Party, even if not situated within the territory of the State Party"; UN CCPR/C/21/Rev.1/Add.13 (26. April 2004), Rn. 10.

1706 Siehe dazu schon Kapitel 5 – B. II.

1707 Insoweit bestehen Parallelen zu Schiffen, die private Sicherheitskräfte an Bord haben; siehe dazu bereits Kapitel 6 – A. I. 3. b).

1708 Siehe dazu Kapitel 7 – A. II.

Kommandogewalt über die Crew zukommt.[1709] Daher ist dies nicht so zu verstehen, dass der Kapitän persönlich die konkreten Hilfsmaßnahmen vornehmen muss, sondern diese entsprechend anzuordnen hat.[1710] Dafür spricht auch, dass Art. 98 SRÜ letztlich lediglich eine allgemein anerkannte Pflicht wiedergibt.[1711] Diese gewohnheitsrechtlich anerkannte Pflicht zum Hilfeleisten beruht auf humanitären Erwägungen, ohne dass hierbei ein spezieller Bezug auf den Kapitän genommen wird.[1712] Außerdem muss beachtet werden, dass die Vorschrift inhaltsgleich aus dem HSÜ übernommen wurde.[1713] Damit ist diese Vorschrift zu einer Zeit entstanden, in der überhaupt nicht in Erwägung gezogen wurde, dass möglicherweise Soldaten an Bord eines Handelsschiffes zum Schutz vor Angriffen durch Seeräuber stationiert werden und dem Kapitän nicht in allen Bereichen die volle Verantwortung und Befehlsgewalt zukommt.[1714] Folglich ist bei der Pflicht zur Hilfeleistung entscheidend, dass überhaupt Hilfe geleistet wird und nicht, dass diese unbedingt vom Kapitän ausgehen muss.[1715]

Dabei sind VPDs im Kontext von Art. 98 SRÜ ebenfalls zur Besatzung eines Schiffes zu zählen, auch wenn die Soldaten an Bord keine navigatorischen Aufgaben wahrnehmen. Zwar geht es bei der Sicherheit von Schiffen im Allgemeinen

---

1709 Dies ergibt sich aus den entsprechenden völkerrechtlichen Regelungen. In Kapitel 5 Regel 34-1 SOLAS-Konvention und in Regel 5.2 ISM-Code wird die Letztentscheidungsbefugnis des Kapitäns festgeschrieben. Vgl. *Bubenzer/Peetz/Mallach*, SeeArbG, § 121 Rn. 3.

1710 Vgl. auch *Moen*, Ocean Y.B. 24 (2010), 377, 384 f.: „Since the vessel cannot be an actor obligated by international agreement, the duty actually rests with flag states to ‚require that the master of a ship flying its flag‘ render assistance in distress situations."

1711 Siehe dazu Kapitel 5 – B. I.

1712 Vgl. etwa *Nordquist*, UNCLOS, Bd. III, Rn. 98.1.; *Noyes*, Ships in Distress, in: MPEPIL (Stand: Oktober 2007), Rn. 6.

1713 Art. 12 HSÜ normierte im HSÜ eine entsprechende Aufforderung an die Staaten, die Kapitäne der unter ihrer Flagge fahrenden Schiffe zur Hilfeleistung zu verpflichten. Diese Vorschrift wurde gleichen Inhalts in Art. 98 SRÜ übernommen. Vgl. zu den anderen bei Art. 98 SRÜ berücksichtigten Normen auch: *Guilfoyle* in: Proelß, UNCLOS, Art. 98 Rn. 5 f.

1714 Das HSÜ wurde am 29. April 1958 unterzeichnet. Zu diesem Zeitpunkt waren Überfälle, wie sie im Rahmen der modernen Piraterie stattfinden, nicht denkbar. Etwa wurde angemerkt, dass die Vorschriften Art. 14 bis 22 HSÜ „gemessen an ihrer tatsächlichen Bedeutung einen verhältnismäßig breiten Raum ein[nehmen]"; *Hoog*, Die Genfer Seerechtskonferenzen von 1958 und 1960, S. 35.

1715 Regelmäßig wird es jedoch der Kapitän sein, der die entsprechenden Kommandos gibt, etwa zur Kursänderung, um das in Not geratene Schiff zu erreichen.

um Gefahren, die der Besatzung aufgrund für die Seefahrt typischer Risiken drohen oder um Gefahren, die von einem Schiff ausgehen können. Allerdings können auch von einem Schiff, welches von Seeräubern überfallen und dadurch manövrierunfähig wird, erhebliche Gefahren ausgehen.[1716] Zudem drohen der Besatzung bei Angriffen durch Piraten erhebliche Gefahren.[1717] Diese Sichtweise widerspricht auch nicht dem bei Art. 21 SRÜ gefundenem Ergebnis. Während von Art. 21 SRÜ lediglich der Schifffahrt immanente Gefahren erfasst werden,[1718] geht Art. 98 SRÜ weiter, da die dort statuierte Pflicht zur Hilfeleistung umfassend ist und nicht davon abhängt, ob sich eine der Seeschifffahrt immanente Gefahr verwirklicht oder ob diese durch äußere Umstände wie Angriffe durch Seeräuber entsteht. Damit sind VPDs zur Hilfeleistung verpflichtet, wenn ein anderes Schiff durch Seeräuber angegriffen wird und die Soldaten aufgrund ihrer Ausbildung und Ausrüstung bei der Abwehr dieses Angriffs unterstützend eingreifen können. Einschränkend ist hierbei allerdings festzuhalten, dass Situationen entstehen können, die nicht von Art. 98 SRÜ erfasst werden, da die Vorschrift nicht auf Angriffe durch Piraten ausgerichtet ist.[1719]

VII. Zulässigkeit von *Vessel Protection Detachments* in Territorialgewässern fremder Staaten

Befinden sich Schiffe mit VPDs an Bord in fremden Territorialgewässern, ist zu beachten, dass VPDs aus Soldaten und damit staatlichen Einheiten eines fremden Staates bestehen, so dass eine möglicherweise bestehende Immunität gegen eine küstenstaatliche Jurisdiktion sprechen könnte.

1. *Immunität von* Vessel Protection Detachments

Als Grundlage für die Immunität von Soldaten, die in VPDs eingesetzt werden, kommen zwei Möglichkeiten in Betracht. Zum einen kann sie sich aus den allgemeinen Regelungen über die Immunität von staatlichen Organen ergeben

1716 Beispielhaft für eine solche Gefahr ist die Havarie der *Nagasaki Spirit* im Jahr 1992. Siehe hierzu Kapitel 6 – A. II. 2. a) aa) und auch Fn. 1386.

1717 Gefahren ergeben sich dabei zunächst bei dem eigentlichen Angriff auf das Schiff, wenn die Seeräuber versuchen, das Schiff unter ihre Kontrolle zu bringen. Außerdem ist die Crew erheblichen Risiken ausgesetzt, wenn das Schiff entführt wird und die Besatzung als Geiseln genommen werden. Siehe hierzu Kapitel 3 – E. IV. 3. und Kapitel 3 – E. IV. 4.

1718 Zu Art. 21 SRÜ siehe auch weiter oben schon Kapitel 6 – A. II. 2. a) aa).

1719 Siehe dazu schon Kapitel 5 – B. II. 3.

(unter a)). Zum anderen kommt eine Übertragung der Immunitätsgrundsätze für Kriegsschiffe auf Soldaten eines VPD infrage (unter b)).

a) Anwendung der allgemeinen Regelungen über die Immunität

Grundsätzlich genießen die Organe eines Staates im Ausland Immunität, so dass sie nicht der Gerichtsbarkeit des jeweiligen Staates unterstehen.[1720] Diese Immunität gilt für hoheitliche Akte, die auch als *acta iure imperii* bezeichnet werden.[1721] Nicht-hoheitliche Akte, auch *acta iure gestionis* genannt, werden hingegen nicht von der Immunität umfasst.[1722] Die Handlungen der Soldaten eines VPD sind als hoheitliche Handlungen einzuordnen.[1723] Damit entziehen sich deren Handlungen der Gerichtsbarkeit des Küstenstaates.

b) Übertragung der Immunitätsgrundsätze von Kriegsschiffen

aa) Immunität ausländischer Kriegsschiffe

Kriegsschiffe in fremden Territorialgewässern genießen grundsätzlich Immunität, welche völkergewohnheitsrechtlich anerkannt ist.[1724] Insbesondere dürfen Vertreter der Behörden des Küstenstaates ohne Zustimmung das Schiff nicht betreten und es dürfen auch keine hoheitlichen Maßnahmen gegenüber den sich an Bord befindlichen Personen vorgenommen werden.[1725]

1720 *Schöbener*, Staatenimmunität, in: Schöbener (Hrsg.), Völkerrecht, S. 405; *v. Arnauld*, Völkerrecht, Rn. 328.

1721 *Schöbener*, Staatenimmunität, in: Schöbener (Hrsg.), Völkerrecht, S. 407; *Hobe*, Einführung in das Völkerrecht, S. 296; *Dahm/Delbrück/Wolfrum*, Völkerrecht, Bd. I/1, § 72 II. 2.; *Doehring*, Völkerrecht, Rn. 660 f.; *X. Yang*, State Immunity in International Law, S. 58.

1722 *Schöbener*, Staatenimmunität, in: Schöbener (Hrsg.), Völkerrecht, S. 407; *Dahm/Delbrück/Wolfrum*, Völkerrecht, Bd. I/1, § 72 II. 2.; *Doehring*, Völkerrecht, Rn. 661; *Fox/Webb*, The Law of State Immunity, S. 23; *Herdegen*, Internationales Wirtschaftsrecht, § 7 Rn. 6.

1723 Dazu weiter oben Kapitel 7 – A. III.

1724 *Dahm/Delbrück/Wolfrum*, Völkerrecht, Bd. I/1, § 74 II. 1.; *Delupis*, Am. J. Int'l L. 78 (1984), 53, 55; *Doehring*, Völkerrecht, Rn. 694. Vgl. auch *Stanger*, Criminal Jurisdiction over Visiting Armed Forces, S. 55; *Colombos*, Internationales Seerecht, § 277 ff.; *Barnes* in: Proelß, UNCLOS, Art. 32 Rn. 4 ff.

1725 *Dahm/Delbrück/Wolfrum*, Völkerrecht, Bd. I/1, § 74 II. 1.; *Heintschel v. Heinegg*, Warships, in: MPEPIL (Stand: Oktober 2015), Rn. 23; *Colombos*, Internationales Seerecht, § 279; *Sir Jennings/Sir Watts*, Oppenheim's International Law, Bd. I, Teil 2–4, S. 1168.

bb) Übertragung dieser Immunitätsgrundsätze auf Handelsschiffe mit Vessel Protection Detachments *an Bord*

Wären die Immunitätsgrundsätze von Kriegsschiffen auf Handelsschiffe mit VPDs an Bord anwendbar, hätte dies zur Folge, dass Vertreter der Behörden des Küstenstaates an Bord des Handelsschiffs keine hoheitlichen Befugnisse ausüben dürften.[1726] Sowohl bei Marinekräften auf Kriegsschiffen als auch bei Soldaten eines VPD auf Handelsschiffen handelt es sich um Streitkräfte eines Staates. Gemeinsam ist weiterhin, dass sie sich auf einem Schiff in einem fremden Küstenmeer befinden. Im Hinblick auf die Definition von Kriegsschiffen in Art. 29 SRÜ können nicht alle Merkmale erfüllt werden. Die nicht erfüllbaren Voraussetzungen beziehen sich auf die Eigenschaften des Schiffes, die für das Einordnen als Kriegsschiff erforderlich sind. So gehört ein Handelsschiff nicht zu den Streitkräften eines Staates, es fehlt demnach an entsprechenden äußeren Kennzeichen und die Mannschaft des Handelsschiffes steht auch nicht unter dem Befehl eines Offiziers. Beschränkt man hingegen das Vorliegen der Merkmale der Definition auf das VPD, ist zumindest ein Teil der Erfordernisse erfüllt. So untersteht das VPD dem Befehl eines Offiziers, der sich im Dienst des jeweiligen Staates befindet. Außerdem unterliegen die Soldaten des VPD den Regeln der militärischen Disziplin. Mithin werden jene Merkmale der Definition des Art. 29 SRÜ erfüllt, die sich auf die Mannschaft beziehen. Unerfüllt bleiben hingegen die Voraussetzungen, die sich auf das Schiff beziehen.

Anders als bei Kriegsschiffen kann mithin keine Immunität für das Handelsschiff gelten. Hingegen ist aber zumindest eine partielle Immunität anzunehmen. Diese besteht in personeller Hinsicht für die Soldaten des VPD und in sachlicher Hinsicht für die vom dem VPD in Anspruch genommenen Teile des Schiffes. Darunter fallen insbesondere die von den Soldaten zum Wohnen genutzten Bereiche sowie die Aufbewahrungsorte für die Waffen und sonstige Ausrüstungsgegenstände. Dafür spricht auch die vergleichbare Lage von Soldaten an Bord von Kriegsschiffen und VPDs an Bord von Handelsschiffen. Die Streitkräfte befinden sich in ihrer hoheitlichen Funktion in fremdem Hoheitsgebiet, so dass es keinen Unterschied machen kann, ob diese an Bord eines Kriegsschiffes oder eines Handelsschiffes sind.[1727] Dagegen spricht auch nicht Art. 32 SRÜ.

1726 Eine direkte Anwendung ist nicht möglich, da ein Handelsschiff mit einem VPD an Bord nicht zum Kriegsschiff wird; dazu schon Kapitel 7 – A. IV. 1.

1727 Gleichwohl wurde von einem indischen Gericht im Fall *Enrica Lexie* die Immunität zwei italienischer Soldaten abgelehnt. Vgl. *Guilfoyle* in: Proelß, UNCLOS, Art. 107 Rn. 9: „While a claim of immunity from jurisdiction based on the official character of the conduct should in theory available, the practice of national courts on point is

Nach dieser Vorschrift genießen staatliche Handelsschiffe keine Immunität.[1728] Bei der vorliegend diskutierten Übertragung der Immunitätsgrundsätze wird allerdings die Immunität der VPDs aus den Grundsätzen der Immunität von Kriegsschiffen abgeleitet und nicht aus jenen von staatlichen Handelsschiffen.

cc) Keine Anwendung der allgemeinen Regelungen über fremde Streitkräfte im Ausland

Nicht berücksichtigt werden können die allgemeinen Regelungen, die im Hinblick auf sich im Ausland befindlichen Streitkräften existieren. Gegen deren Anwendung spricht die unterschiedliche Ausgangslage. Die Soldaten eines VPD sind an Bord eines Schiffes, welches sich in Territorialgewässern eines fremden Staates befindet. Im Gegensatz dazu halten sich die Streitkräfte an Land eines fremden Staates auf, so dass ein deutlich stärkerer Konnex zu dem empfangenden Staat besteht als bei Soldaten, die sich an Bord eines fremden Schiffes befinden. Ein weiterer Unterschied besteht in den wahrgenommenen Aufgaben. Während ausländische Streitkräfte an Land des empfangenden Staates regelmäßig bestimmte Aufgaben wahrnehmen, die in einem militärischen Kontext stehen,[1729] haben Soldaten eines VPD gerade keine Berechtigung, in fremden Territorialgewässern Handlungen vorzunehmen.[1730]

Schließlich existieren hinsichtlich fremder Kriegsschiffe in Territorialgewässern mit den über lange Zeit entstandenen Regelungen[1731] sowie den Vorschriften des SRÜ Maßgaben, welche die entsprechenden, mit der Schifffahrt

---

inconsistent. […] The two italien officers involved appeared before an Indian court and their claim of immunity was denied." Vgl. auch *Guilfoyle*, EJIL Talk! v. 2. März 2012: „The easy thing to assume about VPDs is that they will enjoy State immunity for their official actions. While this is true, it falls for other States' courts to respect it in practice […]." Von der Immunität unabhängig ist die Frage nach der staatlichen Verantwortlichkeit des Staates, welcher das VPD an Bord des Handelsschiffes entsendet hat, für Schäden, die durch den Einsatz verursacht werden; vgl. *Guilfoyle*, EJIL Talk! v. 2. März 2012: „[…] the State remains responsible for the official acts of its agents irrespective of the determination regarding immunity."

1728 Vgl. *Dahm/Delbrück/Wolfrum*, Völkerrecht, Bd. I/1, § 74 II. 2.

1729 Genannt werden dabei unter anderem militärische Übungen, das Stationieren von alliierten Truppen oder aber auch militärische Einsätze zum Schutz eigener Staatsangehöriger; *Desch*, Military Forces Abroad, in: MPEPIL (Stand: September 2015), Rn. 1.

1730 Dazu sogleich noch Kapitel 7 – A. VII. 2. b) aa).

1731 *Dahm/Delbrück/Wolfrum*, Völkerrecht, Bd. I/1, § 74 II.

verbundenen Besonderheiten widerspiegeln. Im Gegensatz dazu lassen sich für den Aufenthalt fremder Streitkräfte an Land zwar auch bestimmte Grundsätze erkennen.[1732] Insbesondere die Frage, inwieweit die Streitkräfte der Jurisdiktion des Aufenthaltsstaates unterliegen, wird hingegen in entsprechenden, meist bilateralen Verträgen zwischen den beteiligten Staaten geregelt,[1733] so dass sich dafür keine allgemeinen Grundprinzipien feststellen lassen.[1734] Demnach sind die allgemeinen Regelungen über fremde Streitkräfte im Ausland nicht auf VPDs an Bord von Handelsschiffen anwendbar.

c) Ergebnis

Die Mitglieder eines an Bord eines Handelsschiffes stationierten VPD genießen Immunität und unterstehen nicht der Jurisdiktionsgewalt des Küstenstaates. Ebenfalls sind die Bereiche des Schiffes, die von den Mitgliedern eines VPD genutzt werden, der Hoheitsgewalt des Küstenstaates entzogen.

2. Friedliche Durchfahrt durch Küstengewässer

a) Grundsätzliche Unbeachtlichkeit von Waffen an Bord

Grundsätzlich steht das Vorhandensein von Waffen an Bord eines Schiffes dem Recht auf friedliche Durchfahrt durch ein Küstenmeer nicht entgegen.[1735] Auch wird ein Handelsschiff durch ein VPD an Bord nicht zum Kriegsschiff, so dass für Kriegsschiffe möglicherweise bestehende Einschränkungen nicht gelten.[1736] Darüber hinaus darf ein VPD keine Verteidigungshandlungen in fremden Territorialgewässern vornehmen. Ein Staatsgebiet steht unter der alleinigen Souveränität des jeweiligen Staates, so dass es anderen Staaten grundsätzlich verwehrt

---

1732 Vgl. *Dahm/Delbrück/Wolfrum*, Völkerrecht, Bd. I/1, § 74 V.; *Desch*, Military Forces Abroad, in: MPEPIL (Stand: September 2015), Rn. 30. Vgl. allgemein auch: *Sir Jennings/Sir Watts*, Oppenheim's International Law, Bd. I, Teil 2–4, S. 1156 ff.

1733 Vgl. *Desch*, Military Forces Abroad, in: MPEPIL (Stand: September 2015), Rn. 7.

1734 Vgl. *Desch*, Military Forces Abroad, in: MPEPIL (Stand: September 2015), Rn. 30; vgl. auch *Sir Jennings/Sir Watts*, Oppenheim's International Law, Bd. I, Teil 2–4, S. 1156.

1735 Siehe dazu bereits Kapitel 6 – A. II. 1. c).

1736 *Zwanenburg*, Mil. L. & L. War Rev. 51 (2012), 97, 107. Zu der Frage, ob Kriegsschiffe das Recht der friedlichen Durchfahrt für sich in Anspruch nehmen können: *Barnes* in: Proelß, UNCLOS, Art. 17 Rn. 8; *Tanaka*, International Law of the Sea, S. 108 ff. Zur Diskussion während der Beratungen über das SRÜ: *Froman*, San Diego L. Rev. 21 (1983-1984), 625, 638 ff.; *Dahm/Delbrück/Wolfrum*, Völkerrecht, Bd. I/1, § 68 IV.

ist, auf fremdem Territorium hoheitliche Handlungen vorzunehmen.[1737] Während private Sicherheitsdienstleister sich nach den küstenstaatlichen Regelungen hinsichtlich des Einsatzes von Waffen richten müssen,[1738] ist VPDs die Ausübung von staatlicher Gewalt daher grundsätzlich untersagt.[1739] Im Ergebnis haben daher auch Schiffe mit VPDs an Bord das Recht der friedlichen Durchfahrt durch fremde Küstenmeere.[1740]

b) Konsequenzen bei nicht friedlicher Durchfahrt

aa) Einsatz von Waffen als Verstoß gegen die Grundsätze der friedlichen Durchfahrt

Schwierigkeiten können sich ergeben, wenn VPDs sich nicht an die küstenstaatlichen Regelungen halten. In Art. 19 Abs. 2 SRÜ werden verschiedene Handlungen aufgezählt, die als Beeinträchtigung des Friedens, der Ordnung oder der Sicherheit des Küstenstaates gelten. Nimmt ein fremdes Schiff im Küstenmeer diese Tätigkeiten vor, stellt die Durchfahrt nach Art. 19 Abs. 1 SRÜ keine friedliche Durchfahrt mehr dar. Zu untersuchen ist, ob der Einsatz von Waffen einen Verstoß gegen eine der in Art. 19 Abs. 2 SRÜ aufgezählten Verhalten darstellt. In Betracht kommt ein Verstoß gegen Art. 19 Abs. 2 lit. a) SRÜ, wenn der Einsatz von Waffen durch VPDs eine Anwendung von Gewalt darstellt, die gegen die Souveränität, die territoriale Unversehrtheit oder die politische Unabhängigkeit des Küstenstaates gerichtet ist.

1737 Vgl. *Dahm/Delbrück/Wolfrum*, Völkerrecht, Bd. I/1, § 47 I. 3.; *Epping* in: Epping/Heintschel v. Heinegg (Hrsg.), Ipsen, Völkerrecht, § 7 Rn. 3; *Verdross/Simma*, Universelles Völkerrecht, § 1022.

1738 Siehe hierzu Kapitel 6 – A. II. 2. e).

1739 Sollen in küstenstaatlichen Gewässern fremde Staaten sich etwa an der Bekämpfung von Seeräuberei beteiligen, bedarf es einer Ermächtigung. Siehe hierzu etwa die Resolution 1816 des Sicherheitsrates der Vereinten Nationen, in welcher unter bestimmten Voraussetzungen eine Ermächtigung für fremde Staaten für das Anwenden von Gewalt innerhalb der somalischen Territorialgewässer besteht; UN, Security Council Resolution 1816 (2008) [on Acts of Piracy and Armed Robbery against Vessels in Territorial Waters and the High Seas off the Coast of Somalia], S/RES/1816 (2. Juni 2008), para. 7. Siehe zu dieser Resolution auch schon Kapitel 4 – B. III. 3. d). Weiterhin handelt es sich bei Angriffen in Küstengewässern nicht um Piraterie nach der Definition von Art. 101 lit. a) sublit. i) SRÜ, da der Angriff nicht auf Hoher See stattfindet. Daher lassen sich auch nicht die bereits gefundenen Erkenntnisse hinsichtlich der Abwehr von Angriffen durch VPDs auf Hoher See auf Situationen in Küstengewässern übertragen.

1740 *Zwanenburg*, Mil. L. & L. War Rev. 51 (2012), 97, 108.

Die Vorschrift des Art. 19 Abs. 2 lit. a) SRÜ ist ähnlich Art. 2 Ziff. 4 UN-Charta.[1741] Zudem wird in Art. 19 Abs. 2 lit. a) SRÜ ausdrücklich auf die UN-Charta Bezug genommen, so dass die Gedanken zu der im Wesentlichen inhaltsgleichen Vorschrift des Art. 2 Ziff. 4 UN-Charta auf Art. 19 Abs. 2 lit. a) SRÜ übertragbar sind. Art. 19 Abs. 2 lit. a) SRÜ soll die territoriale Integrität des Küstenstaats sicherstellen. Ein Verstoß dagegen liegt vor, wenn fremde Staaten hoheitliche Akte auf dem für sie fremden Staatsgebiet vornehmen.[1742] Gebrauchen VPDs in fremden Küstengewässern ihre Waffen, üben sie hoheitliche Gewalt auf fremdem Territorium aus. Dies stellt einen Eingriff in die küstenstaatliche Hoheitsgewalt dar. Mithin liegt eine Anwendung von Gewalt vor, die gegen die Souveränität des Küstenstaates gerichtet ist und eine Beeinträchtigung der friedlichen Durchfahrt nach Art. 19 Abs. 2 lit. a) SRÜ darstellt.

bb) Abwehrrechte des Küstenstaates

Zu prüfen ist weiterhin, welche Möglichkeiten dem Küstenstaat offenstehen, um gegen diese Beeinträchtigung der friedlichen Durchfahrt vorzugehen. Nach Art. 25 Abs. 1 SRÜ ist der Küstenstaat berechtigt, erforderliche Maßnahmen zu ergreifen, um eine nichtfriedliche Durchfahrt zu verhindern.[1743] Aus dieser Vorschrift ergeben sich keine Einschränkungen hinsichtlich der Schiffe, so dass die Regelung prinzipiell auch für Kriegsschiffe gilt.[1744] Allerdings setzt die Immunität von Kriegsschiffen der Anwendung von Art. 25 Abs. 1 SRÜ Grenzen.[1745]

1741 Im Unterschied zu Art. 2 Ziff. 4 UN-Charta ist Art. 19 Abs. 2 lit. a) SRÜ insoweit weiter, als zusätzlich noch die Souveränität des Küstenstaates einbezogen wird; *Barnes* in: Proelß, UNCLOS, Art. 19 Rn. 14; vgl. auch *Nordquist*, UNCLOS, Bd. II, Rn. 19.10(c).

1742 Zwar wurde Art. 2 Ziff. 4 UN-Charta ursprünglich im Hinblick auf das Verhindern von Kriegen geschaffen; vgl. *Schöbener/Knauff*, Allgemeine Staatslehre, § 7 Rn. 80; *Herdegen*, Völkerrecht, § 34 Rn. 3; *v. Arnauld*, Völkerrecht, Rn. 1036. Allerdings werden von dem universellen Gewaltverbot jegliche von einem Staat ausgehenden gewaltsame Akte erfasst; vgl. *Bothe* in: Graf Vitzthum/Proelß (Hrsg.), Völkerrecht, 8. Abschn. Rn. 9; *Brownlie*, International Law and the Use of Force by States, S. 361 ff.; *Dörr*, Use of Force, Prohibition of, in: MPEPIL (Stand: September 2015), Rn. 13.

1743 Vgl. allgemein dazu: *Hakapää*, Innocent Passage, in: MPEPIL (Stand: Mai 2013), Rn. 19 ff.; *Barnes* in: Proelß, UNCLOS, Art. 25 Rn. 5 ff.; *H. Yang*, Jurisdiction of the Coastal State over Foreign Merchant Ships, S. 216 ff.

1744 *Barnes* in: Proelß, UNCLOS, Art. 25 Rn. 8; *Hakapää*, Innocent Passage, in: MPEPIL (Stand: Mai 2013), Rn. 29.

1745 *Barnes* in: Proelß, UNCLOS, Art. 25 Rn. 8; vgl. auch *Froman*, San Diego L. Rev. 21 (1983-1984), 625, 664 Fn. 179. Dies ergibt sich auch aus Art. 32 SRÜ: Dort wird

Aufgrund der Immunität der Soldaten eines VPD gelten diese Grenzen auch für die Handelsschiffe, auf denen VPDs eingesetzt werden, sofern im konkreten Fall die unrechtmäßige Handlung von den VPDs ausgeht. Eine genauere Definition der „erforderlichen Maßnahmen", die ergriffen werden können, erfolgt nicht.[1746] Dem Küstenstaat kommt damit ein weites Ermessen hinsichtlich der zu ergreifenden Maßnahmen zu, die unter Umständen auch den Einsatz von Gewalt umfassen können.[1747] Einen Anhaltspunkt für gegenüber Kriegsschiffen - und damit auch gegenüber von VPDs begleiteten Handelsschiffen - zulässige Maßnahmen bieten die Art. 29 bis 32 SRÜ.[1748] In diesen Vorschriften werden für den Bereich der friedlichen Durchfahrt Regeln für Kriegsschiffe aufgestellt.[1749] Dabei legt Art. 30 fest, dass der Küstenstaat von einem Kriegsschiff verlangen kann, das Küstenmeer zu verlassen, wenn es trotz Aufforderung nicht die entsprechenden Gesetze des Küstenstaats über die Durchfahrt einhält.[1750] Mithin sind also die Vorschriften gemeint, die der Küstenstaat selbst in Übereinstimmung mit

---

festgelegt, dass die Immunität von Kriegsschiffen vorbehaltlich der Art. 17 bis 26 SRÜ sowie von Art. 30 und 31 SRÜ unberührt bleibt. Dadurch wird deutlich, dass die Immunität auch bei Anwendung der durch die einschränkenden Normen grundsätzlich Bestand haben soll. Könnte ein Küstenstaat aufgrund von Art. 25 SRÜ sämtliche Maßnahmen ergreifen, wäre die Immunität in einem bedeutenden Bereich - der Durchfahrt von Kriegsschiffen durch fremde Küstenmeere - erheblich eingeschränkt.

1746 *Barnes* in: Proelß, UNCLOS, Art. 25 Rn. 6; *Tanaka*, International Law of the Sea, S. 114; *H. Yang*, Jurisdiction of the Coastal State over Foreign Merchant Ships, S. 217.

1747 *Barnes* in: Proelß, UNCLOS, Art. 25 Rn. 6 f.; vgl. auch *Hakapää*, Innocent Passage, in: MPEPIL (Stand: Mai 2013), Rn. 19. Allerdings hat der Küstenstaat dabei bestimmte Grundprinzipien wie etwa vorherige Warnungen vor dem Anwenden von Gewalt zu beachten; *H. Yang*, Jurisdiction of the Coastal State over Foreign Merchant Ships, S. 217 f.

1748 Neben Kriegsschiffen werden von den Art. 31 und 32 SRÜ auch sonstige Staatsschiffe erfasst, die anderen als Handelszwecken dienen. Da diese allerdings für den vorliegend diskutierten Kontext irrelevant sind, werden solche Schiffe nicht weiter berücksichtigt.

1749 Die Art. 29 bis 32 SRÜ bilden den Unterabschnitt C, in welchem Regeln festgelegt werden, die für Kriegsschiffe und sonstige, anderen als Handelszwecken dienenden Staatsschiffe, gelten. Diese wiederum sind Bestandteil des Abschnitts 3, in welchem sich die Vorschriften über die friedliche Durchfahrt durch das Küstenmeer befinden.

1750 Art. 30 SRÜ: „[…] does not comply with the laws and regulations *of the coastal State* concerning passage through the territorial sea […]" (*Hervorhebung* durch den Verfasser).

Art. 21 SRÜ erlassen hat.[1751] Eine nach den allgemeinen Regelungen des SRÜ nicht friedliche Durchfahrt wird von Art. 30 SRÜ nicht erfasst. Deutlich wird dies, wenn Art. 31 SRÜ als Vergleich herangezogen wird. Diese Vorschrift regelt die völkerrechtliche Verantwortlichkeit des Flaggenstaates für Verluste oder Schäden des Küstenstaates durch Kriegsschiffe. Im Gegensatz zu Art. 30 SRÜ werden in Art. 31 SRÜ auch die Regelungen des SRÜ genannt, die missachtet worden sein müssen, um eine Ersatzpflicht auszulösen.[1752]

Dennoch kann Art. 30 SRÜ als Anhaltspunkt für gegenüber Kriegsschiffen zulässige Maßnahmen dienen. Diese Vorschrift gibt – anders als Art. 25 SRÜ – eine konkrete Handlung vor, die ergriffen werden kann, nämlich die Aufforderung zum Verlassen des Küstenmeeres. Weiterhin bezieht sich Art. 30 SRÜ allein auf Kriegsschiffe und berücksichtigt damit deren Immunität. Unabhängig von Art. 30 SRÜ sind aufgrund der Immunität auch keine anderen Maßnahmen als das Auffordern zum Verlassen des Küstenmeeres vorstellbar.[1753] Mithin kann ein

---

1751 Vgl. *Froman*, San Diego L. Rev. 21 (1983-1984), 625, 664: „More limited is the two-tiered sanction immediately available to meet warship violations of *coastal State regulations.* First, a request for compliance must be made. If the request is disregarded, the coastal State *may require the warship immediately to leave* the territorial sea“ und *Heintschel v. Heinegg*, Warships, in: MPEPIL (Stand: Oktober 2015), Rn. 42: „If a *warship* does not comply with the *coastal State's laws and regulations* concerning passage through the territorial sea, it may be *requested to comply.* In case of disregard of such a request, the coastal State's authorities may require the warship to *immediately leave* the territorial sea (Art. 30 UN Convention on the Law of the Sea)“ (*Hervorhebungen* jeweils durch den Verfasser). Dabei ergibt sich die Möglichkeit des Küstenstaates zum Erlass von Vorschriften über die friedliche Durchfahrt aus Art. 21 SRÜ und das Recht das Kriegsschiff zum Verlassen des Küstenmeeres aufzufordern aus Art. 30 SRÜ.

1752 Art. 31 SRÜ: „[…] non-compliance […] with the laws and regulations of the coastal State conceming passage through the territorial sea or *with the provisions of this Convention* or other rules of international law“ (*Hervorhebung* durch den Verfasser).

1753 Vgl. *Barnes* in: Proelß, UNCLOS, Art. 30 Rn. 6: „[…] the coastal State is entitled to take steps in accordance with Art. 25, although this is essentially limited by Art. 30 to steps to remove the warship from the territorial sea.“ Vgl. auch *Bardin*, Pace Int'l L. Rev. 14 (2002), 27, 64 f.: „Under UNCLOS Articles 25 and 30, the coastal State can ask a foreign warship to comply with its regulations and with the rules of passage through the territorial sea. If the latter fails to do so, the coastal State can request it to immediately leave the territorial sea.“ Vgl. ebenfalls *Agyebeng*, Cornell Int'l L. J. 39 (2006), 371, 387: „A coastal state has no civil or criminal jurisdiction over foreign warships. The coastal state can only demand that such ships leave its territorial sea.“ Fraglich ist lediglich, welche Maßnahmen der Küstenstaat ergreifen darf und inwieweit die Anwendung von Gewalt zulässig ist, sollte sich das Kriegsschiff

Küstenstaat für den Fall, dass ein fremdes Kriegsschiff die Regeln über die friedliche Durchfahrt missachtet, von diesem nach entsprechender Aufforderung verlangen, dass es die Küstengewässer verlässt.

cc) Ergebnis

Der Küstenstaat darf ein Handelsschiff mit VPDs an Bord, welches gegen die Regeln der friedlichen Durchfahrt verstößt, zur Einhaltung der entsprechenden Regeln auffordern und für den Fall, dass weiterhin gegen die Vorschriften verstoßen wird, verlangen, dass dieses das Küstenmeer verlässt.

3. Hafenzugangsrecht

Den Staaten steht es grundsätzlich frei, ob sie ihre Häfen für die Schifffahrt öffnen. Dass sich an Bord private Sicherheitsteams befinden, darf bei dieser Entscheidung kein Kriterium sein, solange entsprechende Sicherungsmaßnahmen hinsichtlich der Waffen beachtet werden.[1754] Handelsschiffe, die von VPDs begleitet werden, werden dadurch nicht zu Kriegsschiffen.[1755] Dennoch besteht zumindest im Hinblick auf an Bord befindliche VPDs eine teilweise Immunität,[1756] so dass unter diesem Aspekt wiederum eine gewisse Vergleichbarkeit mit Kriegsschiffen besteht. Kriegsschiffe haben zu fremden Häfen grundsätzlich kein allgemeines Zugangsrecht, sondern bedürfen dafür einer vorherigen Zustimmung des Hafenstaates.[1757] An Bord von Handelsschiffen stationierte VPDs können für sich Immunität beanspruchen, so dass die Soldaten des VPD als auch die von ihnen an Bord genutzten Bereiche der hafenstaatlichen Jurisdiktion entzogen sind. Insoweit besteht eine mit Kriegsschiffen vergleichbare Situation und ein entsprechendes Schutzbedürfnis des Hafenstaates. Vor allem kann der Hafenstaat – anders als bei privaten Sicherheitsdienstleistern – nicht ohne

---

weigern, dem Verlangen zum Verlassen des Küstenmeeres nachzukommen; *Agyebeng*, Cornell Int'l L. J. 39 (2006), 371, 387. Als mögliche Handlungen werden unter anderem diplomatische Maßnahmen und in gravierenden Fällen auch die Anwendung von Zwang genannt; *Froman*, San Diego L. Rev. 21 (1983-1984), 625, 664 f.

1754 Siehe dazu Kapitel 6 – A. II. 4. c).

1755 Siehe dazu oben Kapitel 7 – A. IV. 1.

1756 Siehe dazu oben Kapitel 7 – A. VII. 1. c).

1757 *Lagoni*, Ports, in: MPEPIL (Stand: April 2011), Rn. 8; *Tanaka*, International Law of the Sea, S. 99; *Baumgartner/Oliver*, Int'l L. Stud. Ser. US Naval War Col. 84 (2008), 33, 50. Vgl. auch *McDougal/Burke*, The Public Order of the Oceans, S. 115 f.; *Hackworth*, Digest of International Law, Bd. II, S. 408 f.

Weiteres die Einhaltung von Sicherheitsstandards hinsichtlich der Waffen an Bord überprüfen.[1758] Damit gelten die Regeln, die für das Hafenzugangsrecht für Kriegsschiffe gelten, auch für Handelsschiffe mit VPDs an Bord. Handelsschiffe, die von einem VPD begleitet werden, müssen vor dem Einlaufen in einen Hafen den Hafenstaat um eine Zulassung hierfür ersuchen. Anders als Handelsschiffe mit privaten Sicherheitsteams an Bord besteht für solche mit VPDs an Bord kein allgemeines Recht auf Hafenzugang.

4. *Jurisdiktionsgewalt des Hafenstaates*

Grundsätzlich stellt das Vorhandensein von Waffen an Bord eines Schiffes einen bordinternen Sachverhalt dar, welcher der Jurisdiktion des Hafenstaates entzogen ist. Allerdings hat der Hafenstaat die Möglichkeit, die Handhabung der Waffen an Bord zu überprüfen, um sich davon zu überzeugen, dass von diesen Waffen keine Gefahr für den Frieden und die Ordnung an Land ausgeht.[1759] Handelsschiffe, die von einem VPD an Bord begleitet werden, genießen hinsichtlich der dem VPD angehörigen Personen und den von diesen genutzten Bereichen des Schiffes Immunität.[1760] Daher ist es dem Hafenstaat verwehrt, ohne Zustimmung die Soldaten und die entsprechenden Räume an Bord des Schiffes zu kontrollieren. Eine Jurisdiktionsbefugnis gegenüber dem VPD an Bord eines fremden Schiffes besteht damit nicht. Gleichzeitig ist allerdings zu bedenken, dass solche Schiffe kein allgemeines Zugangsrecht zu Häfen genießen und der Hafenstaat zuvor seine Zustimmung zum Einlaufen in den Hafen erteilen muss, mithin dieser also dem Schiff die Einfahrt verwehren kann.

5. *Praktische Relevanz*

Die praktische Relevanz der Frage nach der Zulässigkeit von VPDs in fremden Territorialgewässern und insbesondere in den Häfen hängt von deren konkretem Einsatz ab. Erfolgt der Einsatz von VPDs im Rahmen internationaler Missionen wie etwa *Atalanta,* bleiben die Teams nur in den Seegebieten an Bord, in denen ein hohes Angriffsrisiko besteht. Gleichzeitig besteht eine Begleitung durch ein

---

1758 Vgl. dazu auch den nächsten Abschnitt Kapitel 7 – A. VII. 4.

1759 Dies kann bei privaten Sicherheitsdienstleistern dadurch erreicht werden, dass einheitliche Vorgaben für die Handhabung der Waffen an Bord geschaffen werden, so dass etwa in Häfen eine Verschlusspflicht besteht. Siehe dazu weiter oben Kapitel 6 – D. III. Vgl. auch Kapitel 6 – A. II. 4. a) bb) (2).

1760 Siehe dazu weiter oben Kapitel 7 – A. VII. 1.

Schiff der Marine.[1761] Damit ist ein an und von Bord gehen außerhalb von Häfen möglich, so dass die von VPDs begleiteten Handelsschiffe keine fremden Häfen mit Soldaten an Bord ansteuern müssen. Werden VPDs jedoch außerhalb solcher Missionen als genereller Schutz auf Handelsschiffen eingesetzt,[1762] können die Situation und die damit verbundenen Schwierigkeiten entstehen, dass ein Handelsschiff mit einem VPD an Bord einen Hafen ansteuert und dann der Hafenstaat eine Erlaubnis zum Einlaufen in den Hafen erteilen muss.[1763] Somit können insbesondere in letzterer Alternative Situationen entstehen, in denen die Zulässigkeit von VPDs in Territorialgewässern relevant wird.

B. Militärische Begleitschiffe

I. Grundsätzliche Überlegungen

Der Schutz von Handelsschiffen kann auch von Schiffen der Marine ausgehen, indem ein oder mehrere Handelsschiffe von einem Marineschiff begleitet werden, welches die Verteidigung im Falle eines Angriffs durch Piraten übernimmt. Ein solches Vorgehen wurde vor der Küste Somalias bereits angewandt.[1764] Als Vorteile dieses externen Schutzes von Schiffen lässt sich anführen, dass keine Streitkräfte an Bord von Schiffen eingesetzt werden müssen, die nicht für eine militärische Nutzung vorgesehen sind. Weiterhin bleibt die rechtliche Behandlung der Handelsschiffe unverändert, so dass sich keine Schwierigkeiten etwa hinsichtlich des Rechts der friedlichen Durchfahrt ergeben.[1765] Auf der anderen

1761 Siehe dazu oben Kapitel 7 – A. I.

1762 Beispielsweise besteht für niederländische Handelsschiffe bei Vorliegen bestimmter Voraussetzungen die Möglichkeit, dass ein VPD zum Schutz des Schiffes an Bord genommen wird; siehe dazu Kapitel 7 – A. I. und auch Fn. 1652.

1763 Teilweise wird als Vorteil von VPDs gegenüber privaten Sicherheitsdienstleistern gesehen, dass diese über eine bessere Ausbildung verfügen, in Häfen einfacher Waffen mit sich führen können und aufgrund ihres rechtlichen Status' gegen ausländische Strafverfolgung geschützt sind; *Dutton*, Duke J. Comp. & Int'l L. 24 (2013-2014), 107, 123.

1764 Siehe hierzu bereits Kapitel 3 – F. X. 2.

1765 Zwar können auch Schiffe, die von VPDs oder privaten bewaffneten Sicherheitskräften begleitet werden, das Recht der friedlichen Durchfahrt für sich beanspruchen; siehe dazu Kapitel 7 – A. VII. 2. a) und Kapitel 6 – A. II. 1. c). Allerdings wird diese Sichtweise nicht von allen Staaten geteilt, so dass sich Schwierigkeiten ergeben können, wenn beschützte Handelsschiffe fremde Küstengewässer durchfahren. Zu küstenstaatlichen Regelungen hinsichtlich privater Sicherheitsdienstleister an Bord von Handelsschiffen siehe Kapitel 6 – A. II. 2. d). Auch Zugang zu Häfen von

Seite sind die Kosten für ein begleitendes Marineschiff um ein vielfaches höher als jene, die bei einem Einsatz eines VPD anfallen, da in letzterem Fall lediglich die Mitglieder des VPD bezahlt werden müssen, nicht aber die Kosten für ein Marineschiff selbst.[1766]

II. Befugnisse bei der Bekämpfung von Seeräuberei

Übernimmt ein Schiff der Marine den Schutz von Handelsschiffen, ergeben sich die rechtlichen Rahmenbedingungen aus den Grundsätzen, die für Kriegsschiffe gelten. Wird ein von einem Marineschiff begleitetes Handelsschiff angegriffen, so dass der Tatbestand der Seepiraterie gemäß Art. 101 lit. a) sublit. i) SRÜ erfüllt ist, besteht seitens des begleitenden Marineschiffes zunächst eine Pflicht zur Hilfeleistung nach Art. 98 SRÜ.[1767] Haben das Marineschiff und das angegriffene Handelsschiff dieselbe Nationalität, ergibt sich zusätzlich eine Pflicht zum Schutz des Schiffes aus der Schutzverpflichtung des Staates gegenüber den unter seiner Flagge fahrenden Schiffen.[1768] Darüber hinaus können Kriegsschiffe die im SRÜ vorgesehenen Rechte zur Bekämpfung der Seeräuberei ausüben. Damit ist deren Handeln nicht an einen konkreten Angriff gebunden, sondern es können auch verdächtige Schiffe kontrolliert und Seeräuberschiffe aufgebracht werden, so dass möglicherweise bevorstehende Angriffe verhindert werden können.

Handelsschiffen ohne bewaffnete Kräfte – insbesondere VPDs – an Bord ist wesentlich einfacher. Siehe zum Hafenzugangsrecht mit privaten bewaffneten Sicherheitskräften und mit VPDs: Kapitel 7 – A. VII. 3.

1766 Zu den Kosten, die für ein VPD genannt werden Fn. 765.

1767 Siehe zur Pflicht zur Hilfeleistung nach Art. 98 SRÜ bei einem Angriff durch Seeräuber Kapitel 5 – B. II. Diese Verpflichtung trifft auch Kriegsschiffe. Zum einen enthält die Vorschrift keine Einschränkung hinsichtlich der Schiffe, auf welche sie anzuwenden ist. Zum anderen ist die Pflicht zur Hilfeleistung in Notsituationen gewohnheitsrechtlich anerkannt; siehe Kapitel 5 – B. I.

1768 Dabei ist die Staatszugehörigkeit des entsprechenden Schiffes relevant und nicht die Staatsangehörigkeit der Besatzungsmitglieder; siehe dazu bereits Kapitel 5 – A. IV. 2. a) bb).

Ergebnisse und Thesen

Kapitel 1

1. Bei der Seeräuberei handelt es sich keineswegs um ein neues Phänomen. Schon in der Antike trieben Piraten im Mittelmeer ihr Unwesen und beeinträchtigten den Handel.[1769] Deutlich wird auch, dass jene Verhaltensweisen, die sich heute in Gebieten mit einer hohen Zahl von Angriffen zeigen, schon damals zu Tage traten. Als im letzten Jahrhundert v. Chr. Piraten im Mittelmeer eine alltägliche Bedrohung darstellten und *Pompeius* mit der *Lex Gabinia* umfassende Vollmachten bei der Bekämpfung der Seeräuberei erhielt, konnte dieser durch ein umfassendes und strukturiertes militärisches Vorgehen der Seeräuberei innerhalb von weniger als zwei Monaten Einhalt gebieten. Nachdem dadurch den Römern bewusst wurde, dass sichere Seewege wichtig für den wirtschaftlichen Austausch der Städte untereinander sind, wurde etwa durch entsprechende Kontrollen eine umfassende Sicherung des Seehandels vorgenommen.[1770]
2. Die Wikinger werden regelmäßig mit Piraterie assoziiert und damit, dass sie bei ihren Überfällen besonders gewalttätig vorgingen. Zwar überfielen sie Schiffe und Städte und gingen dabei mitunter auch brutal vor. Allerdings war zu dieser Zeit ein solches Vorgehen keineswegs auf Wikinger beschränkt.[1771] Ungeachtet dessen war das Vorgehen der Wikinger von Erfolg gekennzeichnet, da sie es schafften, für einen längeren Zeitraum sich als Volk in England sowie vor allem im Frankenreich zu etablieren.[1772]
3. Auch in Nord- und Ostsee kam es in der Vergangenheit zu seeräuberischen Aktivitäten. Im 14. bis 15. Jahrhundert stellten die Likedeeler und Vitalienbrüder eine ersthafte Bedrohung für den Seehandel dar und überfielen nicht nur Schiffe, sondern auch Hafenstädte. Selbst mächtige Hansestädte sahen sich gezwungen, ihre Schiffe nicht ohne weitergehende Schutzmaßnahmen

---

1769 Kapitel 1 – A.
1770 Kapitel 1 – A. III.
1771 Kapitel 1 – C. I. und Kapitel 1 – C. II. 3.
1772 Kapitel 1 – C. II. 1. und Kapitel 1 – C. II. 2.

auf die Reise zu schicken. Diese wurden durch die Bildung von Konvois sowie bewaffneten Begleitschiffen gewährt.[1773]

4. In Nordafrika ging vom 15. bis zum 19. Jahrhundert eine erhebliche Gefahr von den Barbareskenstaaten aus. Diese Staaten lebten prinzipiell von der Piraterie und entstanden durch die sog. Korsaren. Dies waren Seeräuber, die im Auftrag lokaler Machthaber diesen feindlich gesinnte Schiffe überfielen.[1774] Als Gegenmaßnahmen wurde – wie auch schon von den Hansestädten – mit Konvois und bewaffnetem Begleitschutz reagiert.[1775]
5. Den Höhepunkt der Piraterie in den letzten Jahrhunderten stellt das sog. Goldene Zeitalter der Piraterie dar. Die Zeit von Mitte des 17. bis Anfang des 18. Jahrhunderts war von Überfällen auf nahezu allen Weltmeeren gekennzeichnet. Bedingt durch den globalen Warenaustausch zwischen den Kolonien und ihren jeweiligen Kolonialmächten waren viele mit wertvollen Waren beladene Handelsschiffe unterwegs, die aus Sicht von Piraten ein lohnenswertes Ziel darstellten. Anfangs wurden Piraten von verschiedenen Staaten autorisiert, Handelsschiffe anderer Staaten zu überfallen. Als die Staaten jedoch um ihre Macht fürchteten, entzogen sie diese Genehmigungen wieder, was jedoch nicht dazu führte, dass die Überfälle abnahmen, da viele Seeräuber es vorzogen, auch ohne staatliche Ermächtigung auf Beutezüge zu gehen.[1776]

Kapitel 2

6. Mit dem HSÜ wurde im Jahr 1958 hinsichtlich der Regelungen über die Seeräuberei erstmals eine Kodifikation geschaffen, die allgemein gültige Rahmenbedingungen für das Vorgehen gegen Piraterie festlegt.[1777] Diese Regelungen wurden in das SRÜ von 1982 übernommen.[1778] Die dort kodifizierten Regelungen werden von der Staatengemeinschaft getragen und können so völkergewohnheitsrechtliche Geltung für sich beanspruchen.[1779]

1773 Kapitel 1 – D.
1774 Kapitel 1 – E. I.
1775 Kapitel 1 – E. II.
1776 Kapitel 1 – F. I. und Kapitel 1 – F. III.
1777 Kapitel 2 – D.
1778 Kapitel 2 – E.
1779 Kapitel 2 – E. III.

7. Zentrale Norm der die Seeräuberei betreffenden Vorschriften der Art. 100 ff. SRÜ ist die Definition der Seeräuberei in Art. 101 SRÜ. Die dort aufgezählten Tathandlungen setzen ein gewisses Maß an Gewaltanwendung voraus, so dass geringfügige Delikte nicht erfasst werden.[1780] Dem dort enthaltenen Merkmal der Rechtswidrigkeit kommt - zumindest derzeit - keine eigenständige Bedeutung zu.[1781] Tatort können nur die Hohe See,[1782] ausschließliche Wirtschaftszonen[1783] sowie Anschlusszonen[1784] sein. Piraterie in Küstengewässern[1785] und Archipelgewässern[1786] wird nicht von den völkerrechtlichen Vorschriften des SRÜ erfasst. Ebenfalls keine Anwendung finden die Art. 100 ff. SRÜ in Sicherheitszonen.[1787] Hieraus könnte sich in Zukunft ein Konfliktpotential entwickeln, sofern vermehrt Sicherheitszonen etwa um Windparks eingerichtet werden.[1788] Zumindest in theoretischer Hinsicht kann auch die Antarktis tauglicher Tatort für Seeräuberei nach dem SRÜ sein, wobei dies in praktischer Hinsicht aktuell nicht denkbar ist.[1789]
8. Ausgehen müssen die Angriffe von einem Seeräuberschiff, dessen Definition in Art. 103 SRÜ festgelegt ist.[1790] Dabei bleibt die Eigenschaft eines Schiffes als Seeräuberschiff auch bestehen, wenn die eigentliche Tathandlung beendet ist.[1791] Allerdings besteht die Möglichkeit, dass ein Schiff seine Eigenschaft als Seeräuberschiff wieder verliert.[1792] Als zweite Voraussetzung muss sich die Tat gegen ein *anderes* Schiff richten, so dass bordinterne Gewalttaten nicht der Pirateriedefinition des SRÜ unterfallen.[1793]
9. Weiterhin in Betracht zu ziehen ist die SUA-Konvention von 1988. Zwar wurde diese im Hinblick auf terroristische Akte geschaffen.[1794] Dennoch können

---

1780 Kapitel 2 - E. I. 2. a).
1781 Kapitel 2 - E. I. 2. b).
1782 Kapitel 2 - E. I. 3. g) bb).
1783 Kapitel 2 - E. I. 3. e) bb) und Kapitel 2 - E. I. 3. e) cc) (3).
1784 Kapitel 2 - E. I. 3. d) bb).
1785 Kapitel 2 - E. I. 3. c) bb).
1786 Kapitel 2 - E. I. 3. f) bb).
1787 Kapitel 2 - E. I. 3. i) bb) (4).
1788 Kapitel 2 - E. I. 3. i) cc).
1789 Kapitel 2 - E. I. 3. m) aa).
1790 Kapitel 2 - E. I. 4. a) aa).
1791 Kapitel 2 - E. I. 4. a) bb).
1792 Kapitel 2 - E. I. 4. a) bb).
1793 Kapitel 2 - E. I. 4. b) bb).
1794 Kapitel 2 - F. I und Kapitel 2 - F. III. 1.

auch Akte der Piraterie von dieser Konvention erfasst werden.[1795] Wesentliche Abweichungen gegenüber dem SRÜ ergeben sich dadurch, dass keine der *Two-ship-Rule* entsprechende Regelung existiert[1796] sowie dass auch Handlungen in Territorialgewässern erfasst werden.[1797]

10. Die Abgrenzung zwischen Piraterie und Terrorismus findet ihren Niederschlag in der Formulierung des SRÜ, dass die Tat „zu privaten Zwecken" stattfinden muss.[1798] Ein grundlegender Unterschied besteht in der Zielrichtung der Täter. Seeräuber streben regelmäßig nach materiellen Vorteilen und handeln vorzugsweise im Verborgenen. Terroristen hingegen suchen die Öffentlichkeit und versuchen meistens durch ihre Taten weitere Ziele zu verfolgen, die über die konkrete Tat hinausgehen.[1799] Terroristisches Handeln wird nicht vom SRÜ erfasst.[1800]

Kapitel 3

11. Aufgrund der überragend wichtigen Bedeutung des Seehandels für die Weltwirtschaft kann diese durch Piraterie empfindlich gestört werden. Geographische Schwerpunkte stellen die Seegebiete vor der Küste Somalias,[1801] die Straße von Malakka und die Straße von Singapur,[1802] das Südchinesische Meer[1803] sowie der Golf von Guinea dar.[1804] Diese Bestimmung der geographischen Schwerpunkte beruht auf Statistiken, die von mehreren Organisationen geführt werden. Gemein ist jedoch allen, dass aus vielfältigen Gründen die Meldung eines Überfalls unterbleiben kann, so dass diese hinsichtlich der konkreten Zahlen lediglich Anhaltspunkte bieten können.[1805] Die Ursachen der Piraterie sind regelmäßig in den wirtschaftlichen und politischen Zuständen eines Landes zu finden.[1806]

1795 Kapitel 2 – F. III. 2.
1796 Kapitel 2 – F. II. 3.
1797 Kapitel 2 – F. II. 5.
1798 Kapitel 2 – G. III.
1799 Kapitel 2 – G. IV. 2.
1800 Kapitel 2 – G. V. 3.
1801 Kapitel 3 – C. I.
1802 Kapitel 3 – C. II.
1803 Kapitel 3 – C. III.
1804 Kapitel 3 – C. IV.
1805 Kapitel 3 – C. VI.
1806 Kapitel 3 – D.

12. Bei den Überfällen von Schiffen durch Piraten lassen sich vier grundlegende Vorgehensweisen feststellen: Zunächst kann das Entwenden von Wertgegenständen an Bord des Schiffes Ziel des Überfalls sein.[1807] Daneben liegt das Augenmerk teilweise auch auf der Fracht eines Schiffes.[1808] Weiterhin werden auch Schiffe entführt, um diese mit ihrer Crew gegen Zahlung eines Lösegeldes wieder freizulassen.[1809] Schließlich gibt es auch Überfälle, bei denen Piraten beabsichtigen, das Schiff als solches an sich zu bringen und anschließend mit einer neuen Identität selbst zu nutzen.[1810]
13. Der Schutz von Schiffen gegen Angriffe kann zunächst durch das bloße Meiden von gefährlichen Seegebieten[1811] oder das Fahren mit ausreichender Geschwindigkeit[1812] erfolgen. Daneben gibt es eine Reihe von möglichen Schutzmaßnahmen, die von passiven Maßnahmen wie etwa das Sichern der Zugänge zum Schiffsinneren durch Schlösser bis hin zu aktiven Abwehrmaßnahmen wie dem Mitführen von Waffen reichen.[1813] Im Rahmen der Bewaffnung von Handelsschiffen ist zu unterscheiden zwischen einer Bewaffnung der Crew und dem Einschiffen von Sicherheitsdienstleistern bzw. militärischen Sicherheitsteams.[1814] Eine weitere Möglichkeit besteht in dem Zurückgreifen auf Schutzmaßnahmen, die von außerhalb des geschützten Schiffes ausgehen, wie Begleitschiffe oder das Fahren in Konvois in gefährlichen Gebieten.[1815]
14. Die wirtschaftlichen Auswirkungen der Piraterie bestehen vor allem in den Mehrkosten für Versicherungsprämien, den steigenden Transportkosten sowie den Ausgaben für Sichermaßnahmen.[1816]

1807 Kapitel 3 – E. IV. 1.
1808 Kapitel 3 – E. IV. 2.
1809 Kapitel 3 – E. IV. 3.
1810 Kapitel 3 – E. IV .4.
1811 Kapitel 3 – F. I.
1812 Kapitel 3 – F. III.
1813 Kapitel 3 – F. IV. bis Kapitel 3 – F. IX.
1814 Kapitel 3 – F. IX. 1. bis Kapitel 3 – F. IX. 3.
1815 Kapitel 3 – F. X.
1816 Kapitel 3 – G. I. bis Kapitel 3 – G. III.

Kapitel 4

15. Aufgrund des Grundsatzes der Freiheit der Schifffahrt[1817] unterstehen Schiffe auf Hoher See und in Anschlusszonen zunächst ausschließlich der Jurisdiktion des Flaggenstaates, so dass es anderen Staaten verwehrt ist, ihrerseits Hoheitsgewalt an Bord fremder Schiffe auszuüben.[1818] Davon gibt es jedoch Ausnahmen. Die für die Seeräuberei in dieser Hinsicht relevanten Vorschriften stellen die Art. 105 und 110 SRÜ dar.[1819]
16. Die Untersuchung von der Seeräuberei verdächtigen Schiffen richtet sich nach Art. 110 SRÜ. Voraussetzung für das Untersuchen eines Schiffs ist ein Verdachtsmoment, dass das Schiff in seeräuberische Aktivitäten verwickelt ist. Dies bedeutet, dass einerseits kein sicheres Wissen erforderlich ist, ob das betreffende Schiff tatsächlich in eine den Tatbestand von Art. 101 SRÜ verwirklichende Handlung involviert ist.[1820] Auf der anderen Seite sind verdachtsunabhängige Prüfungen, also ohne jegliche Verdachtsmomente, unzulässig.[1821] Im Rahmen des Feststellens eines Verdachts können neben dem Verhalten des verdächtigen Schiffes auch externe Umstände einbezogen werden.[1822]
17. Besteht ein Verdacht und sind die Untersuchungsrechte nach Art. 110 SRÜ eröffnet, existiert zunächst die Möglichkeit des Überprüfens der Flaggenführungsbefugnis des verdächtigen Schiffes, indem die entsprechenden Dokumente untersucht werden.[1823] Ist der Verdacht auch danach nicht zu entkräften, dürfen Untersuchungen an Bord des Schiffes vorgenommen werden.[1824] Sollte dabei auf Widerstand gestoßen werden, kann dieses Untersuchungsrecht auch mit Zwang durchgesetzt werden, wobei die Entscheidung hinsichtlich des Einsatzes von Gewalt eine Frage der konkreten Umstände des Einzelfalls ist.[1825] Stellt sich nach den Untersuchungen hingegen heraus, dass der Verdacht unbegründet war, besteht eine Entschädigungspflicht.[1826]

1817 Kapitel 4 – A. I. 1.
1818 Kapitel 4 – A. II. 4.
1819 Kapitel 4 – A. II. 4.
1820 Kapitel 4 – B. II. 1.
1821 Kapitel 4 – B. II. 2.
1822 Kapitel 4 – B. II. 3.
1823 Kapitel 4 – B. III. 1.
1824 Kapitel 4 – B. III. 2.
1825 Kapitel 4 – B. III. 3. f)
1826 Kapitel 4 – B. IV.

18. Bestätigt sich der Verdacht, ist die von Art. 105 SRÜ vorgesehene Möglichkeit des Aufbringens des entsprechenden Schiffes eröffnet. Dafür muss es sich bei dem aufzubringenden Schiff um ein Seeräuberschiff handeln.[1827] Das Aufbringen von der Seeräuberei lediglich verdächtigen Schiffen ist hingegen unzulässig.[1828] Die Anwendung von Zwang beim Ausüben des Rechts zum Aufbringen ist zulässig, wobei auch hier – wie bei dem Recht zum Untersuchen – die Umstände des Einzelfalls auschlaggebend sind.[1829]
19. Das in Art. 111 SRÜ vorgesehene Recht der Nacheile aus dem Küstengewässer hinaus ist bei der Bekämpfung der Seeräuberei nach dem SRÜ von keiner Relevanz.[1830] Ein umgekehrtes Recht der Nacheile ist nicht anzuerkennen, so dass Seeräuber nicht von der Hohen See in ein fremdes Küstenmeer hinein verfolgt werden können.[1831]
20. Zur Ausübung des Rechts zum Untersuchen und Aufbringen berechtigt sind zunächst Kriegsschiffe nach Art. 29 SRÜ.[1832] Daneben besteht eine solche Berechtigung auch für Staatsschiffe, die dazu befugt sein müssen. Die Befugnis richtet sich dabei nach dem nationalen Recht des Flaggenstaates.[1833] Dem in Art. 110 Abs. 5 SRÜ gegenüber Art. 107 SRÜ erwähnten zusätzlichen Merkmal der Ordnungsgemäßheit der Befugnis kommt keine eigenständige Bedeutung zu.[1834]
21. Die in Art. 100 SRÜ erwähnte Verpflichtung zur Zusammenarbeit bei der Bekämpfung der Seeräuberei enthält eine über eine bloße Absichtserklärung hinausgehende Bedeutung.[1835] Grundsätzlich sind die Staaten verpflichtet, Seeräuberschiffe aufzubringen, wenn sie dazu in der Lage sind.[1836] Eine Pflicht zur justiziellen Verfolgung besteht hingegen nicht.[1837] Daneben trifft die Staaten allerdings die Pflicht alles zu unterlassen, was die Piraterie fördern kann, sowie mit anderen Staaten Informationen auszutauschen.[1838]

1827 Kapitel 4 – C.
1828 Kapitel 4 – C. II. 3.
1829 Kapitel 4 – C. IV.
1830 Kapitel 4 – D. I. 2.
1831 Kapitel 4 – D. II. 4.
1832 Kapitel 4 – E. I.
1833 Kapitel 4 – E. V. 1. d)
1834 Kapitel 4 – E. V. 2. d)
1835 Kapitel 4 – F. I. 5.
1836 Kapitel 4 – F. II. 1. c) und Kapitel 4 – F. II. 1. d)
1837 Kapitel 4 – F. II. 2. d)
1838 Kapitel 4 – F. III.

Kapitel 5

22. Der Staat ist grundsätzlich zum Schutz seiner Staatsangehörigen verpflichtet.[1839] Problematisch ist allerdings, dass es einem Staat aufgrund der fehlenden Ordnungsstrukturen auf Hoher See bzw. in der ausschließlichen Wirtschaftszone nicht ohne Weiteres möglich ist, dieser Verpflichtung nachzukommen.[1840] Kann ein Staat seiner Schutzverpflichtung nicht nachkommen, steht seinen Bürgern ein Selbstverteidigungsrecht zu.[1841] Dieses ergibt sich allerdings nicht aus Art. 51 UN-Charta, da Angriffe von Piraten auf private Handelsschiffe keinen bewaffneten Angriff nach Art. 51 UN-Charta darstellen.[1842] Daher bleibt es bei den allgemeinen Grundsätzen der Selbstverteidigung.[1843] Die Grundsätze des Selbstverteidigungsrechts haben zur Folge, dass es dem Staat verwehrt ist, entsprechende Regelungen zu erlassen, welche das Selbstverteidigungsrecht so weit einschränken, dass keine adäquate Selbstverteidigung mehr möglich ist.[1844] Die Grundsätze der extraterritorialen Schutzpflichten sowie des diplomatischen Schutzes sind nicht auf eine mögliche staatliche Schutzverpflichtung im Rahmen von Angriffen durch Seeräuber anwendbar.[1845]
23. Die allgemeine Pflicht zur Hilfeleistung nach Art. 98 SRÜ gilt auch bei Piratenangriffen, so dass attackierten Schiffen grundsätzlich zur Hilfe geeilt werden muss. Allerdings werden durch die in Art. 98 SRÜ enthaltenen Begrenzungen dieser Verpflichtung dahingehend, dass weder das Schiff, die Besatzung, noch die Fahrgäste in eine ernste Gefahr gebracht werden dürfen, zumindest Handelsschiffe ohne weitergehenden Schutz durch Sicherheitspersonal bei gewaltsamen Angriffen durch Seeräuber regelmäßig nicht zu einer Hilfeleistung verpflichtet sein.[1846] Zudem wurde Art. 98 SRÜ nicht im Hinblick auf Angriffe von Seeräubern geschaffen, so dass Situationen entstehen können, die nicht von dieser Regelung erfasst werden.[1847]

1839 Kapitel 5 – A. I.
1840 Kapitel 5 – A. II.
1841 Kapitel 5 – A. III.
1842 Kapitel 5 – A. III.1.
1843 Kapitel 5 – A. III. 2.
1844 Kapitel 5 – A. III. 3.
1845 Kapitel 5 – A. IV. 1. und Kapitel 5 – A. IV. 2. b).
1846 Kapitel 5 – B. II. 1. und Kapitel 5 – B. II.2.
1847 Kapitel 5 – B. II. 3.

Kapitel 6

24. Bei der Frage nach der Zulässigkeit des Einsatzes von privaten Sicherheitsdienstleistern ist zunächst die Rechtslage des Flaggenstaates zu berücksichtigen.[1848] Keine Auswirkungen haben Art. 88 und 301 SRÜ in diesem Zusammenhang.[1849] Ebenso wenig wird ein Handelsschiff, welches ein privates Sicherheitsteam an Bord hat, zu einem Kriegsschiff.[1850]
25. In bestimmten Situationen kann zusätzlich die Rechtsordnung des Küsten- oder Hafenstaates relevant werden. Um in diesen Fällen einheitliche Rahmenbedingungen zu entwickeln, gab es in den letzten Jahren Bemühungen seitens internationaler Organisationen, aber auch seitens Unternehmen aus der Wirtschaft. Unter anderem hat die IMO Empfehlungen für Reeder bzw. Kapitäne, für Flaggenstaaten, für Hafen- und Küstenstaaten sowie für Sicherheitsunternehmen ausgearbeitet.[1851] Daneben hat auch der Menschenrechtsrat der Vereinten Nationen Leitlinien aufgestellt.[1852] Seitens privatwirtschaftlicher Unternehmen oder Organisationen gibt es ebenfalls eine Reihe von Vorschlägen hinsichtlich Standards, die für den Einsatz privater Sicherheitsdienstleister gedacht sind.[1853] Bei einem Vergleich dieser Empfehlungen lassen sich bestimmte Gemeinsamkeiten feststellen, etwa hinsichtlich der Letztentscheidungsbefugnis des Kapitäns, der Anwendung von Waffengewalt oder der Handhabung von Waffen an Bord.[1854]
26. Insbesondere die Empfehlungen der IMO haben einen signifikanten Einfluss auf die Empfehlungen anderer Organisationen oder auch die deutschen Regelungen für den Einsatz privater Sicherheitsdienstleister.[1855] So kommt diesen Empfehlungen zumindest eine indirekte Bindungswirkung zu, auch wenn keine direkte Verbindlichkeit gegeben ist.
27. Private Sicherheitsdienstleister können sich – wie auch die Besatzung eines Schiffes – auf das allgemeine Selbstverteidigungsrecht berufen.[1856] Allerdings ist im Rahmen der Verpflichtung zur Hilfeleistung nach Art. 98 SRÜ

1848 Kapitel 6 – A. I. 1. a).
1849 Kapitel 6 – A. I. 1. b) aa).
1850 Kapitel 6 – A. I. 1. b) bb).
1851 Kapitel 6 – A. I. 2. a) aa) bis Kapitel 6 – A. I. 2. a) dd).
1852 Kapitel 6 – A. I. 2. b).
1853 Kapitel 6 – A. I. 2. c) aa) bis Kapitel 6 – A. I. 2. c) ff).
1854 Kapitel 6 – A. I. 2. d).
1855 Kapitel 6 – A. I. 2. e) bb) und Kapitel 6 – A. I. 2. e) aa).
1856 Kapitel 6 – A. I. 3. a).

zu berücksichtigen, dass eine Eigengefährdung regelmäßig seltener anzunehmen ist, wenn das zur Hilfe kommende Schiff durch einen Sicherheitsdienstleister begleitet wird.[1857]

28. Privaten Sicherheitsunternehmen kommen keine weitergehenden Rechte zu, die über die Selbstverteidigung hinausgehen. Die angreifenden Personen dürfen festgehalten werden, um sie an staatliche Stellen zu übergeben. Als zulässige Dauer für dieses Festhalten können rund drei Tage angesehen werden, wobei dies stark von dem konkreten Einzelfall abhängt.[1858]
29. Bei der Anwendung von Gewalt durch private Sicherheitsdienstleister können die im Rahmen von Art. 105 und 110 SRÜ entwickelten Grundsätze keine direkte Anwendung finden.[1859] Relevant ist dies für den Aspekt der Gegenwärtigkeit des Angriffs, da private Sicherheitsdienstleister – anders als staatliche Einheiten zur Bekämpfung der Seeräuberei – nicht schon bei verdächtigen Schiffen unter Umständen Gewalt anwenden dürfen. Allerdings können die im Rahmen von Art. 110 SRÜ gefundenen Grundsätze zumindest als Anhaltspunkte dienen. Daneben sind auch Handlungsempfehlungen, die sich an private Sicherheitsdienstleister richten, miteinzubeziehen. Waffengewalt durch private Sicherheitsdienstleister ist nur dann zulässig, wenn sich ein verdächtiges Schiff durch keine andere Maßnahme abwehren lässt, und auch dann ist ein gestuftes Vorgehen bei dem Einsatz von Waffen anzuwenden, so dass zunächst Warnschüsse abzugeben sind.[1860]
30. Bewaffnete Sicherheitskräfte an Bord eines Handelsschiffes stellen keine Tätigkeit nach Art. 19 Abs. 2 SRÜ dar, so dass das Recht der friedlichen Durchfahrt für Schiffe mit Sicherheitskräften an Bord nicht durch Art. 19 Abs. 2 SRÜ ausgeschlossen wird.[1861] Es besteht auch keine Pflicht zum offenen Zeigen einer Bewaffnung.[1862] Folglich können diese Schiffe das Recht der friedlichen Durchfahrt für sich in Anspruch nehmen.[1863]
31. Küstenstaaten ist es verwehrt, Regelungen zu erlassen, welche das Mitführen von Waffen in ihren Küstengewässern regeln.[1864] Weiterhin ist es

1857 Kapitel 6 – A. I. 3. b).
1858 Kapitel 6 – A. I. 4. c) ee).
1859 Kapitel 6 – A. I. 5. a).
1860 Kapitel 6 – A. I. 5. b) bis Kapitel 6 – A. I. 5. d).
1861 Kapitel 6 – A. II. 1. a).
1862 Kapitel 6 – A. II. 1. b).
1863 Kapitel 6 – A. II. 1. c).
1864 Kapitel 6 – A. II. 2. a) dd).

ihnen auch nicht möglich, ihre Strafgerichtsbarkeit an Bord fremder Schiffe auszuüben, so dass sie für den Fall, dass es einem Mitführen von Waffen entgegenstehende küstenstaatliche Regelungen gibt, diese an Bord fremder Schiffe nicht durchsetzen können.[1865] Im Rahmen der bei Art. 27 Abs. 1 lit. a) bis d) SRÜ erfolgenden Abwägung zwischen der Beeinträchtigung des Rechts der friedlichen Durchfahrt und der Durchsetzung der Strafgerichtsbarkeit an Bord fremder Schiffe überwiegt das Recht der friedlichen Durchfahrt.[1866] Unabhängig davon ist gleichwohl zu überlegen, dass der jeweilige Küstenstaat über mögliche bewaffnete Sicherheitsteams an Bord informiert wird.[1867] Entgegen dieser Grundsätze stellen einige Küstenstaaten dennoch Regelungen für das Mitführen von Waffen an Bord fremder Schiffe auf.[1868] Strikt von der Befugnis zum Mitführen der Waffen ist deren Einsatz zu unterscheiden. Hierfür darf der Küstenstaat Vorgaben erlassen, die zu befolgen sind.[1869]

32. Wird ein Schiff in einem Küstenmeer angegriffen und wehrt sich gegen diesen Angriff mit Waffengewalt, obwohl der Einsatz von Waffen nach der Rechtsordnung des Küstenstaates untersagt ist, richtet sich eine mögliche Rechtfertigung nach der küstenstaatlichen Rechtsordnung und nicht nach dem Völkerrecht.[1870]
33. Rein bordinterne Sachverhalte sind der Jurisdiktionskompetenz des Hafenstaates entzogen.[1871] Bezogen auf Waffen an Bord von in Häfen liegenden Schiffen bedeutet dies, dass ein überzeugendes Schutzkonzept für die Handhabung der Waffen existieren muss, um deren Auswirkungen auf den Hafenstaat zu minimieren. Ist dies der Fall, stellen solche sicher weggeschlossenen Waffen an Bord einen bordinternen Sachverhalt dar, welcher der hafenstaatlichen Jurisdiktionskompetenz entzogen ist.[1872] Allerdings steht dem Hafenstaat eine Kontrollbefugnis zu, ob ein wirkungsvolles Schutzkonzept für die Waffen an Bord etabliert ist. Für diese Kontrollbefugnis sind mehrere Varianten denkbar, etwa dass Beamte der Polizei des Hafenstaates Kontrollen durchführen oder dass einheitliche Dokumente

1865 Kapitel 6 – A. II. 2. b) cc).
1866 Kapitel 6 – A. II. 2. c).
1867 Kapitel 6 – A. II. 2. c).
1868 Kapitel 6 – A. II. 2. d).
1869 Kapitel 6 – A. II. 2. e).
1870 Kapitel 6 – A. II. 3.
1871 Kapitel 6 – A. II. 4. a) aa).
1872 Kapitel 6 – A. II. 4. a) bb) (1).

bzw. Zertifikate entwickelt werden, die einen ordnungsgemäßen Umgang nachweisen.[1873]

34. Schiffen mit Waffen an Bord darf nicht der Zugang zu Häfen verwehrt werden. Zwar gibt es keinen allgemeinen Grundsatz, dass Häfen für die Schifffahrt zugänglich sein müssen.[1874] Jedoch besteht ein Diskriminierungsverbot, wenn ein Staat sich entschließt, seine Häfen für die Schifffahrt zu öffnen.[1875] Indem es unter bestimmten Umständen möglich ist, Waffen an Bord von Schiffen in fremden Häfen zu lagern, dürfen im Einklang mit diesen Voraussetzungen gelagerte Waffen nicht als Ausschlussgrund für einen Hafenzugang dienen.[1876]
35. Mit § 31 GewO wurde im deutschen Recht eine Regelung für die Zulassung von privaten Sicherheitsdienstleistern an Bord von Handelsschiffen geschaffen.[1877] Mit dieser Norm soll den Besonderheiten auf Hoher See Rechnung getragen werden.[1878] Neben der Vorschrift des § 31 GewO finden sich die an Bewachungsunternehmen zu stellenden Anforderungen in der SeeBewachV sowie der SeeBewachDV.[1879]
36. Voraussetzung für eine Genehmigung ist zunächst die gewerbsmäßige Betätigung bei der Bewachung des Lebens oder Eigentums fremder Personen, die auf einem Seeschiff seewärts der Begrenzung der deutschen ausschließlichen Wirtschaftszone stattfindet und die Abwehr von äußeren – und damit von außerhalb des Schiffes drohenden – Gefahren dient.[1880] Gegenüber der Genehmigung nach § 34a GewO stellt eine Zulassung nach § 31 GewO regelmäßig höhere Anforderungen.[1881]
37. Die Anforderungen, die an die Zulassung eines Bewachungsunternehmens zu stellen sind, ergeben sich aus § 31 GewO, der SeeBewachV und der SeeBewachDV. Dies betrifft unter anderem die fachliche und persönliche Eignung, aber auch Anforderung an die betriebliche Organisation.[1882] In der SeeBewachV wird der Einsatz des Bewachungspersonals an Bord

1873 Kapitel 6 – A. II. 4. a) bb) (2).
1874 Kapitel 6 – A. II. 4. b) cc).
1875 Kapitel 6 – A. II. 4. c).
1876 Kapitel 6 – A. II. 4. d).
1877 Kapitel 6 – A. III. 2.
1878 Kapitel 6 – A. III. 2. a).
1879 Kapitel 6 – A. III. 2. b).
1880 Kapitel 6 – A. III. 2. c) aa).
1881 Kapitel 6 – A. III. 2. c) bb).
1882 Kapitel 6 – A. III. 2. d) aa) und Kapitel 6 – A. III. 2. d) bb).

des Schiffes spezifiziert. Dies betrifft vor allem das Etablieren bestimmter Verfahrensabläufe, die Zusammensetzung und Ausrüstung eines Sicherheitsteams sowie die persönliche und fachliche Eignung der einzelnen Teammitglieder.[1883] Die SeeBewachDV konkretisiert die in der SeeBewachV aufgestellten Voraussetzungen hinsichtlich der betrieblichen Organisation, die Planung und Durchführung von Einsätzen sowie die Ausrüstung von Sicherheitsteams weiter.[1884] Neben den Regelungen in der GewO bzw. der SeeBewachV und der SeeBewachDV enthält § 28a WaffG Vorgaben für die waffenrechtliche Erlaubnis[1885] und § 7 SeeEigensichV die Anforderung, bewaffnete Sicherheitsteams in den Gefahrenabwehrplan des Schiffes aufzunehmen.[1886] Für den Fall, dass ein Reeder an Bord eines unter deutscher Flagge fahrenden Schiffes Sicherheitspersonal einsetzt, welches nicht über eine Zulassung nach § 31 GewO verfügt, sind in der GewO und in der See-EigensichV Sanktionsmöglichkeiten in Form einer Geldbuße in Höhe von bis zu 50.000 Euro vorgesehen.[1887]

38. Die vom deutschen Gesetzgeber aufgestellten Anforderungen orientieren sich an bzw. sind teilweise inhaltsgleich mit jenen Empfehlungen, die von Organisationen wie dem BIMCO oder der IMO entwickelt wurden.[1888] Zumindest auf die Empfehlungen der IMO wurde während des Gesetzgebungsprozesses ausdrücklich Bezug genommen.[1889]
39. Im Gegensatz zu den im deutschen Gewerberecht üblichen Genehmigungsverfahren weist die Zulassung nach § 31 GewO einige Besonderheiten auf. Dies betrifft zunächst die Unternehmensbezogenheit, so dass nicht – wie üblich – eine Genehmigung personengebunden ist.[1890] Auch auf ausländische Antragsteller wird Rücksicht genommen, indem etwa bestimmte Anforderungen direkt in die entsprechenden Normtexte aufgenommen wurden und nicht auf schon existierende Vorschriften im deutschen Recht verwiesen wird oder indem die Möglichkeit besteht, durch eine im Ausland erworbene Zulassung als Bewachungsdienstleister keine Zulassung

1883 Kapitel 6 – A. III. 2. d) cc) (1).
1884 Kapitel 6 – A. III. 2. d) cc) (2).
1885 Kapitel 6 – A. III. 2. d) cc) (3).
1886 Kapitel 6 – A. III. 2. d) cc) (4).
1887 Kapitel 6 – A. III. 2. d) cc) (5).
1888 Kapitel 6 – A. III. 2. d) dd).
1889 Kapitel 6 – A. III. 2. a).
1890 Kapitel 6 – A. III. 2. d) ee) (1).

im deutschen Gewerberecht mehr beantragen zu müssen.[1891] Weiterhin ist eine Bundesbehörde – und nicht die Behörden auf Landesebene – für die Zulassung zuständig.[1892] Schließlich wird versucht, durch umfangreiche Dokumentationspflichten dem Überwachungsdefizit zu begegnen, da es deutschen Behörden aus tatsächlichen Gründen nicht möglich ist, die Tätigkeit der Bewachungsunternehmer auf Schiffen, die auf Hoher See fernab Deutschlands unterwegs sind, effektiv zu kontrollieren.[1893]

40. Die praktische Relevanz einer Zulassung nach § 31 GewO ist gering. Dies liegt hauptsächlich darin begründet, dass ein Großteil der Handelsschiffe, die auf den Weltmeeren unterwegs sind, nicht unter deutscher Flagge fährt. Ein möglicherweise auf diesen Schiffen eingesetztes Bewachungsunternehmen muss lediglich dann über eine Zulassung nach § 31 GewO verfügen, wenn es in Deutschland niedergelassen ist. Gleichzeitig gibt es nur wenige ausländische Unternehmen, die eine Zulassung nach § 31 GewO beantragt haben, um ihre Dienstleistung auf deutschen Schiffen anbieten zu können.[1894]
41. Kritisch an dem Zulassungsverfahren nach § 31 GewO wird die – allerdings nicht durch den deutschen Gesetzgeber zu ändernde – begrenzte Anwendbarkeit auf Unternehmen gesehen, die ihre Tätigkeiten an Bord von unter deutscher Flagge fahrenden Schiffen anbieten bzw. die in Deutschland niedergelassen sind. Daneben ließe die Ausrüstung der Sicherheitsunternehmen keine ausreichende Verteidigung gegen Angriffe durch mit entsprechenden Waffen ausgestattete Seeräuber zu. Weiterhin wird teilweise angemerkt, dass der Einsatz von privaten Sicherheitsdienstleistern eine faktische Privatisierung öffentlicher Aufgaben sei.[1895]
42. Als Alternative zu an Bord eines Schiffes eingesetzten Sicherheitskräften ist denkbar, dass ein Schiff auch durch ein weiteres Schiff mit entsprechender Besatzung begleitet werden kann, welches im Falle eines Angriffs dem begleiteten Schiff Hilfe leistet. Als Vorteil ist aus Sicht des zu schützenden Handelsschiffes zu sehen, dass mögliche flaggenstaatliche Beschränkungen hinsichtlich bewaffneter Sicherheitskräfte nicht gelten würden und zudem Begleitschiffe nicht in die Küstengewässer fremder Staaten einfahren

1891 Kapitel 6 – A. III. 2. d) ee) (2).
1892 Kapitel 6 – A. III. 2. d) ee) (3).
1893 Kapitel 6 – A. III. 2. d) ee) (4).
1894 Kapitel 6 – A. III. 3.
1895 Kapitel 6 – A. III. 4.

müssen, so dass potenziellen Konflikten mit dem Küstenstaat aus dem Weg gegangen werden könnte. Auf der anderen Seite sind die Kosten für ein zusätzliches Begleitschiff höher als jene, die für Bewachungspersonal an Bord anfallen.[1896]

43. Die Verteidigungshandlungen eines privaten Begleitschiffs zum Schutz des begleiteten Schiffes erfüllen nicht den Tatbestand der Piraterie nach Art. 101 Abs. 1 lit. a) SRÜ. Auch stellen diese kein Aufbringen nach Art. 105 S. 1 SRÜ dar, so dass die Einschränkung von Art. 107 SRÜ nicht gilt.[1897] Weiterhin wird durch die Regelungen über Kriegsschiffe im SRÜ keine Aussage über die Zulässigkeit von privaten Begleitschiffen getroffen.[1898]
44. Das Befahren der Hohen See setzt keinen bestimmten Zweck voraus, so dass grundsätzlich auch private bewaffnete Begleitschiffe die Freiheitsrechte auf Hoher See für sich beanspruchen dürfen.[1899] Auch das Mitführen von Waffen ist mit diesen Grundsätzen vereinbar.[1900] Das Durchfahren von fremden Küstengewässern ist für solche Begleitschiffe ebenfalls möglich, da die Grundsätze der friedlichen Durchfahrt nicht entgegenstehen.[1901] Schließlich können bewaffnete Begleitschiffe auch fremde Häfen ansteuern, sofern der Hafenstaat diese für die allgemeine Schifffahrt geöffnet hat. Allerdings muss hierfür an Bord ein Sicherheitskonzept hinsichtlich der Aufbewahrung der Waffen und deren Unzugänglichkeit während des Aufenthaltes im Hafen existieren, welches vom Hafenstaat überprüft werden darf.[1902]
45. Wird das begleitete Schiff – auf Hoher See – angegriffen, sind begleitende Schiffe nicht nur zur Hilfeleistung berechtigt, sondern auch verpflichtet. Diese Verpflichtung zur Hilfeleistung betrifft nicht nur das begleitete Schiff, sondern auch alle anderen Schiffe, die sich in der Nähe befinden und bei denen dem Begleitschiff eine Hilfeleistung möglich ist.[1903]
46. Das Ausstatten der Crew mit Waffen ist in rechtlicher Hinsicht wie das Einschiffen von privatem Sicherheitspersonal zu bewerten.[1904] Allerdings wird

1896 Kapitel 6 – B. I.
1897 Kapitel 6 – B. II. 1.
1898 Kapitel 6 – B. II. 2.
1899 Kapitel 6 – B. II. 3. a) aa).
1900 Kapitel 6 – B. II. 3. a) bb).
1901 Kapitel 6 – B. II. 3. b).
1902 Kapitel 6 – B. II. 3. c).
1903 Kapitel 6 – B. II. 4.
1904 Kapitel 6 – C. I.

dies vor allem aus praktischen Gründen mehrheitlich kritisch gesehen, da Crewmitglieder vornehmlich mit nautischen Aufgaben betraut sind und darüber hinaus keine speziellen Kenntnisse etwa im Umgang mit Waffen mitbringen.[1905]

47. Neben den völkerrechtlichen Bedingungen für das Mitführen und den Einsatz von Waffen an Bord von Handelsschiffen sind auch die flaggenstaatlichen Regelungen relevant. Eventuelle Einschränkungen dürfen allerdings nicht so weit gehen, dass ein effektives Selbstverteidigungsrecht dadurch ausgeschlossen wird, wenn der Staat gleichzeitig nicht seiner Schutzverpflichtung nachkommen kann. Diese flaggenstaatlichen Regelungen gelten unabhängig davon, wo sich das Schiff befindet.[1906] Sollten keine küstenstaatlichen Regelungen für das Mitführen von Waffen existieren, sind einzig die Regelungen des Flaggenstaates zu beachten.[1907]
48. Einheitliche Vorgaben bzw. rechtliche Rahmenbedingungen für den Einsatz von bewaffnetem Sicherheitspersonal an Bord von Schiffen auf internationaler Ebene wären ein großer Gewinn für die Rechtssicherheit.[1908]

Kapitel 7

49. Bei einem VPD handelt es sich um eine Einheit von mehreren Soldaten, die an Bord eines Handelsschiffes zu dessen Schutz gegen Angriffe durch Seeräuber eingesetzt werden. Dabei befindet sich ein Schiff der Marine in Reichweite von einer Helikopterflugstunde. Daneben gibt es auch Einheiten, die für längere Zeit an Bord eines Handelsschiffes stationiert werden. Dabei ergeben sich vor allem Unterschiede in der Zusammensetzung und der Ausrüstung. Letztgenannte Einheiten werden teilweise als AVPDs bezeichnet. Allerdings ist die terminologische Unterscheidung zwischen VPDs und AVPDs nicht einheitlich, so dass vorliegend nur der Begriff VPD Anwendung findet.[1909]
50. Die Letztentscheidungsbefugnis hinsichtlich von Verteidigungshandlungen eines VPD liegt bei einer Person, die dem VPD angehört und nicht dem Kapitän des Schiffes.[1910] Weiterhin ist das Handeln eines VPD als staatliches

1905 Kapitel 6 – C. II.
1906 Kapitel 6 – D. I.
1907 Kapitel 6 – D. II.
1908 Kapitel 6 – D. III.
1909 Kapitel 7 – A. I.
1910 Kapitel 7 – A. II.

Handeln zu qualifizieren.[1911] Handelsschiffe, die von VPDs begleitet werden, werden dadurch nicht zu Kriegsschiffen nach Art. 29 SRÜ.[1912] Außerdem stehen ihnen auch keine Untersuchungs- und Aufbringungsrechte nach Art. 110 und 105 SRÜ zu.[1913]

51. Durch den Einsatz von VPDs kommt ein Staat seiner Schutzverpflichtung gegenüber seinen Bürgern nach.[1914] Die Besatzungen von Handelsschiffen bestehen allerdings selten ausschließlich aus Staatsangehörigen des Flaggenstaates. Allerdings können VPDs auch zugunsten fremder Staatsangehöriger ihre staatliche Schutzpflicht ausüben.[1915] Die Anwendung von Gewalt stellt das letzte Mittel dar, zudem sind dabei die Grundsätze der Angemessenheit maßgebliches Kriterium.[1916]
52. Wird ein Schiff mit einem VPD an Bord angegriffen, handelt es sich nicht um einen Angriff im Sinne von Art. 51 UN-Charta, so dass auch nicht das dort normierte Selbstverteidigungsrecht einschlägig ist.[1917] Damit bleiben die Grundsätze des allgemeinen Selbstverteidigungsrechts für Verteidigungshandlungen des VPD.[1918] Weiterhin stehen VPDs auch die allgemeinen vorläufigen Festnahmerechte zu.[1919] Bei ihrem Handeln sind VPDs – im Unterschied zu privaten Sicherheitsteams – unmittelbar an die völkerrechtlichen Gewährleistungen der AEMR sowie des IPbpR gebunden.[1920]
53. Eine Verpflichtung zur Hilfeleistung, wie sie in Art. 98 SRÜ festgelegt ist, trifft auch VPDs bzw. die entscheidungsverantwortliche Person des Teams. Dabei ist die Vorschrift Art. 98 SRÜ – obwohl dem Wortlaut nach nur Kapitäne erfassend – auch auf VPDs anwendbar.[1921]
54. Das Handeln von VPDs ist als hoheitliches Handeln einzuordnen, so dass aufgrund der damit verbundenen Immunität dieses Handeln der Gerichtsbarkeit des Küstenstaates entzogen ist.[1922] Hinsichtlich des Handelsschiffes

1911 Kapitel 7 – A. III.
1912 Kapitel 7 – A. IV. 1.
1913 Kapitel 7 – A. IV. 2.
1914 Kapitel 7 – A. V. 1. a).
1915 Kapitel 7 – A. V. 1. b).
1916 Kapitel 7 – A. V. 1. c).
1917 Kapitel 7 – A. V. 2. a).
1918 Kapitel 7 – A. V. 2. b).
1919 Kapitel 7 – A. V. 2. c).
1920 Kapitel 7 – A. V. 2. d).
1921 Kapitel 7 – A. VI.
1922 Kapitel 7 – A. VII. 1. a).

gelten die Grundsätze der Immunität für Kriegsschiffe aus Art. 29 SRÜ lediglich für die räumlichen Bereiche des Schiffes, die von dem VPD genutzt werden.[1923] Die allgemeinen Regelungen über fremde Streitkräfte im Ausland finden keine Anwendung auf VPDs.[1924]

55. Handelsschiffe mit VPDs an Bord können sich auf das Recht der friedlichen Durchfahrt berufen und fremde Küstenmeere durchfahren.[1925] Setzen VPDs in fremden Küstengewässern Waffen ein, stellt dies einen Eingriff in die küstenstaatliche Hoheitsgewalt dar.[1926] In diesem Fall hat der Küstenstaat das Recht, das Handelsschiff zum Verlassen des Küstengewässers aufzufordern.[1927]
56. Es besteht kein allgemeines Hafenzugangsrecht für Schiffe mit VPDs an Bord. Dadurch, dass die von den Soldaten eines VPD genutzten Bereiche an Bord des Schiffes Immunität genießen und dadurch der küsten- bzw. hafenstaatlichen Jurisdiktion entzogen sind, besteht für den Hafenstaat keine Möglichkeit zu überprüfen, dass von den mitgeführten Waffen keine Gefahr für die Ordnung und die Sicherheit an Land ausgeht.[1928] Daneben hat der Hafenstaat – sofern er den Hafenzugang gewährt – keine Jurisdiktionskompetenz gegenüber dem VPD.[1929]
57. Die praktische Relevanz von VPDs in fremden Küstengewässern und Häfen ist stark von dem Einsatz abhängig, in dem sie eingesetzt werden. Bleiben VPDs nur in den Seegebieten an Bord, in welchen eine hohes Angriffsrisiko besteht und verlassen die begleiteten Schiffe vor dem Anlaufen von Häfen wieder, besteht kein Konfliktpotential mit dem Hafenstaat. Werden VPDs jedoch außerhalb von Missionen als genereller Schutz auf Handelsschiffen eingesetzt, gewinnt die Frage nach der Zulässigkeit von VPDs in fremden Küstengewässern und Häfen an Relevanz.[1930]
58. Werden militärische Begleitschiffe zum Schutz von Handelsschiffen eingesetzt, hat dies den Vorteil, dass an Bord der Handelsschiffe keine Soldaten eingesetzt werden. Dadurch werden Konfliktsituationen beim Durchfahren von Küstenmeeren und dem Anlaufen von Häfen vermieden.[1931] Gleichzeitig

---

1923 Kapitel 7 – A. VII. 1. b) bb).
1924 Kapitel 7 – A. VII. 1. b) cc).
1925 Kapitel 7 – A. VII. 2. a).
1926 Kapitel 7 – A. VII. 2. b) aa).
1927 Kapitel 7 – A. VII. 2. b) bb).
1928 Kapitel 7 – A. VII. 3.
1929 Kapitel 7 – A. VII. 4.
1930 Kapitel 7 – A. VII. 5.
1931 Kapitel 7 – B. I.

stehen militärischen Begleitschiffen alle im SRÜ vorgesehenen Maßnahmen zur Bekämpfung der Seeräuberei zur Verfügung, so dass diese nicht auf Abwehrmaßnahmen bei konkreten Angriffen beschränkt sind, sondern bei Vorliegen der entsprechenden Voraussetzungen auch präventiv tätig werden können.[1932]

1932 Kapitel 7 – B. II.

Literaturverzeichnis

Affeld, Jens, Der aktuelle Fall: Seeraub und die seepolizeiliche Rolle der Deutschen Marine, in: Humanitäres Völkerrecht – Informationsschriften, Bd. 13 (2000), S. 95–108 (zitiert: *Affeld*, HuV-I 13 (2000), 95)

Agyebeng, William K., Theory in Search of Practice: The Right of Innocent Passage in the Territorial Sea, in: Cornell International Law Journal, Bd. 39 (2006), S. 371–400 (zitiert: *Agyebeng*, Cornell Int'l L. J. 39 (2006), 371)

Ahmad, Aisha, The Security Bazaar, Business Interest and Islamist Power in Civil War Somalia, in: International Security, Bd. 39 Heft 3 (2014-2015), S. 89–117 (zitiert: *Ahmad*, Int'l Security 39/3 (2014-2015), 89)

Ahrweiler, Hélène, Byzance et la mer, La marine de guerre, La politique et les institutions maritimes de Byzance aux VIIe-XVe siècles, Paris 1966 (zitiert: *Ahrweiler*, Byzance et la mer)

Alexander, Dean C., Maritime Terrorism and Legal Responses, in: Denver Journal of International Law and Policy, Bd. 19 (1990-1991), S. 529–567 (zitiert: *Alexander*, Denv. J. Int'l L. & Pol'y 19 (1990-1991), 529)

Allen, Craig H., Doctrine of Hot Pursuit: A Functional Interpretation Adaptable to Emerging Maritime Law Enforcement Technologies and Practices, in: Ocean Development and International Law, Bd. 20 (1989), S. 309–341 (zitiert: *C. H. Allen*, Ocean Dev. & Int'l L. 20 (1989), 309)

Allen, Craig H., Limits on the Use of Force in Maritime Operations in Support of WMD Counter Proliferation Initiatives, in: International Law Studies Series. US Naval War College, Bd. 81 (2006), S. 77–139 (zitiert: *C. H. Allen*, Int'l L. Stud. Ser. US Naval War Col. 81 (2006), 77)

Allen, Craig H., The International Supply Chain Security Regime and the Role of Competent International Organizations, in: *Nordquist, Myron H./Wolfrum, Rüdiger/Moore, John Norton/Long, Ronán* (Hrsg.), Legal Challenges in Maritime Security, Leiden 2008, S. 165–254 (zitiert: *C. H. Allen* in: Nordquist/et al. (Hrsg.), Legal Challenges in Maritime Security, S. 165)

Allen, Fidelis, Oil and Security in the Gulf of Guinea: Reflections on the External and Domestic Linkages, in: Journal of Sustainable Development, Bd. 5 Heft 4 (2012), S. 132–140 (zitiert: *F. Allen*, J. Sust. Dev. 5/4 (2012), 132)

Allmendinger, Michael/Kees, Alexander, „Störtebeckers Erben", Die Seeräuberei und der deutsche Beitrag zu ihrer Bekämpfung, in: Neue Zeitschrift für Wehrrecht, 2008, S. 60–69 (zitiert: *Allmendinger/Kees*, NZWehrr 2008, 60)

Ambos, Kai, Internationales Strafrecht, Strafanwendungsrecht – Völkerstrafrecht – Europäisches Strafrecht – Rechtshilfe, 5. Auflage, München 2018 (zitiert: *Ambos*, Internationales Strafrecht)

Amerasinghe, Chittharanjan F., Diplomatic Protection, Oxford 2008 (zitiert: *Amerasinghe*, Diplomatic Protection)

Anderson, David, Modern Law of the Sea, Selected Essays, Leiden 2008 (zitiert: *Anderson*, Modern Law of the Sea)

Arnauld, Andreas von, Die moderne Piraterie und das Völkerrecht, in: Archiv des Völkerrechts, Bd. 47 (2009), S. 454–480 (zitiert: *v. Arnauld*, AVR 47 (2009), 454)

Arnauld, Andreas von, Völkerrecht, 4. Auflage, Heidelberg 2019 (zitiert: *v. Arnauld*, Völkerrecht)

Aston, Jurij Daniel, Sekundärgesetzgebung internationaler Organisationen zwischen mitgliedstaatlicher Souveränität und Gemeinschaftsdisziplin, Berlin 2005 (zitiert: *Aston*, Sekundärgesetzgebung internationaler Organisationen)

Attard, David Joseph/Fitzmaurice, Malgosia/Martínez Gutiérrez, Norman A. (Hrsg.), The IMLI Manual on International Maritime Law, Volume I: The Law of the Sea, Oxford 2014 (zitiert: *Bearbeiter* in: Attard/et al. (Hrsg.), The IMLI Manual on International Maritime Law, Bd. I)

Auburn, F. M., Antarctic Law and Politics, London 1982 (zitiert: *Auburn*, Antarctic Law and Politics)

Aust, Anthony, Handbook of International Law, 2. Auflage, Cambridge 2010 (11. Druck 2017) (zitiert: *Aust*, Handbook of International Law)

Baasch, Ernst, Hamburgs Convoyschiffahrt und Convoywesen, Ein Beitrag zur Geschichte der Schiffahrt und Schiffahrtseinrichtungen im 17. und 18. Jahrhundert, Hamburg 1896 (zitiert: *Baasch*, Hamburgs Convoyschiffahrt und Convoywesen)

Bahar, Michael, Attaining Optimal Deterrence at Sea: A Legal and Strategic Theory for Naval Anti-Piracy Operations, in: Vanderbilt Journal of Transnational Law, Bd. 40 (2007), S. 1–85 (zitiert: *Bahar*, Vand. J. Transnat'l L. 40 (2007), 1)

Bair, Johann, The International Convenant on Civil and Political Rights and its (First) Optional Protocol, A Short Commentary Based on Views, General Comments and Concluding Observations by the Human Rights Committee, Frankfurt am Main 2005 (*Bair*, The International Covenant on Civil and Political Rights, A Short Commentary)

Baker, Brian, Flags of Convenience and the Gulf Oil Spill: Problems and Proposed Solutions, in: Houston Journal of International Law, Bd. 34 (2011), S. 687–718 (zitiert: *Baker*, Houston J. Int'l L. 34 (2011), 687)

Bakonyi, Jutta, Land ohne Staat, Wirtschaft und Gesellschaft im Krieg am Beispiel Somalias, Frankfurt am Main 2011 (zitiert: *Bakonyi*, Land ohne Staat)

Balkin, Rosalie, The International Maritime Organization and Maritime Security, in: Tulane Maritime Law Journal, Bd. 30 (2006), S. 1–34 (zitiert: *Balkin*, Tul. Mar. L. J. 30 (2006), 1)

Baltic and International Maritime Council, Guidance on Rules for the Use of Force (RUF) by Privately Contracted Armed Security Personnel (PCASP) in Defence of a Merchant Vessel (MV), März 2012 (zitiert: *BIMCO*, Guidance on Rules for the Use of Force)

Baltic and International Maritime Council/International Chamber of Shipping/International Group of P&I Clubs/International Association of Independent Tanker Owners/Oil Companies International Marine Forum, BMP5, Best Management Practices to Deter Piracy and Enhance Maritime Security in the Red Sea, Gulf of Aden, Indian Ocean and Arabian Sea, Version 5 - Juni 2018 (https://eunavfor.eu/wp-content/uploads/2018/06/BMP5-PP.pdf [zuletzt abgerufen am 26. März 2020]) (zitiert: *BIMCO/et al.*, Best Management Practices, Version 5)

Baltic and International Maritime Council/International Chamber of Shipping/International Association of Dry Cargo Shipowners/International Association of Independent Tanker Owners/Oil Companies International Marine Forum/International Group of Protection and Indemnity Clubs, Industry Guidelines for the Use of Private Maritime Security Contractors as Additional Protection in Waters Affected by Somali Piracy (http://psm.du.edu/media/documents/industry_initiatives/industry_guidelines_for_use_of_private_maritime_security_contractors_somali_piracy.pdf [zuletzt abgerufen am 26. März 2020]) (zitiert: *BIMCO/et al.*, Industry Guidelines for the Use of Private Maritime Security Contractors)

Bar, Christian von, Gemeineuropäisches Deliktsrecht, Zweiter Band, Schaden und Schadenersatz, Haftung für und ohne eigenes Fehlverhalten, Kausalität und Verteidigungsgründe, München 1999 (zitiert: *v. Bar*, Gemeineuropäisches Deliktsrecht, Bd. II)

Bardin, Anne, Costal State's Jurisdiction over Foreign Vessels, in: Pace International Law Review, Bd. 14 (2002), S. 27–76 (zitiert: *Bardin*, Pace Int'l L. Rev. 14 (2002), 27)

Barendse, R. J., The Arabian Seas, The Indian Ocean World of the Seventeenth Century, Armonk (New York) 2002 (zitiert: *Barendse*, The Arabian Seas)

Barker, Simon, International Maritime Piracy: And Old Profession that is Capable of New Tricks, but Change is Possible, in: Case Western Reserve Journal of International Law, Bd. 46 (2013), S. 387–396 (zitiert: *Barker*, Case West. Res. J. Int'l L. 46 (2013), 387)

Barnett, Stephen, Monsters of Their Own Making: Understanding the Context of the Rise of the „Golden Age of Piracy", in: LOGOS: A Journal of Undergraduate Research, Bd. 5 (2012), S. 19–28 (zitiert: *Barnett*, LOGOS J. Undergraduate Research 5 (2012), 19)

Barrett, James H., What caused the Viking Age?, in: Antiquity, Bd. 82 (2008), S. 671–685 (zitiert: *Barrett*, Antiquity 82 (2008), 671)

Barry, Ian Patrick, The Right of Visit, Search and Seizure of Foreign Flagged Vessels on the High Seas Pursuant to Customary International Law: A Defense of the Proliferation Security Initiative, in: Hofstra Law Review, Bd. 33 (2004-2005), S. 299–330 (zitiert: *Barry*, Hofstra L. Rev. 33 (2004-2005), 299)

Bateman, Sam, Confronting maritime crime in Southeast Asian waters: Reexamining „Piracy" in the twenty-first century, in: *Elleman, Bruce A./Forbes, Andrew/Rosenberg, David* (Hrsg.), Piracy and Maritime Crime, Historical and Modern Case Studies, Newport (Rhode Island) 2010, S. 137–153 (zitiert: *Bateman* in: Elleman/Forbes/Rosenberg (Hrsg.), Piracy and Maritime Crime, S. 137)

Baumgartner, William D./Oliver, John T., Conditions on Entry of Foreign-Flag Vessels into US Ports to Promote Maritime Security, in: International Law Studies Series. US Naval War College, Bd. 84 (2008), S. 33–83 (zitiert: *Baumgartner/Oliver*, Int'l L. Stud. Ser. US Naval War Col. 84 (2008), 33)

Beck'scher Online-Kommentar Gewerberecht, hrsg. v. *Pielow, Johann-Christian*, 48. Edition (1. Dezember 2019), München 2019 (zitiert: *Bearbeiter* in: BeckOK GewO)

Becker, Hans-Jürgen, Das Gewaltmonopol des Staates und die Sicherheit des Bürgers, Der Ewige Landfriede - vor 500 Jahren, in: Neue Juristische Wochenschrift, 1995, S. 2077–2081 (zitiert: *Becker*, NJW 1995, 2077)

Beckert, Erwin/Breuer, Gerhard, Öffentliches Seerecht, Berlin 1991 (zitiert: *Beckert/Breuer*, Öffentliches Seerecht)

Beckman, Robert C., Combatting Piracy and Armed Robbery Against Ships in Southeast Asia: The Way Forward, in: Ocean Development and International Law, Bd. 33 (2002), S. 317–341 (zitiert: *Beckman*, Ocean Dev. & Int'l L. 33 (2002), 317)

Beckman, Robert C., Issues of Public International Law Relating to Piracy and Armed Robbery Against Ships in the Malacca and Singapore Straits, in: Singapore Journal of International and Comparative Law, Bd. 3 (1999), S. 512–523 (zitiert: *Beckman*, Sing. J. Int'l & Comp. L. 3 (1999), 512)

Bennett, John C. W., Maritime Security, in: *Bragdon, Clifford R.* (Hrsg.), Transportation Security, Oxford 2008, S. 149–181 (zitiert: *Bennett* in: Bragdon (Hrsg.), Transportation Security, S. 149)

Bento, Lucas, Towards an International Law of Piracy *Sui Generis*: How the Dual Nature of Maritime Piracy Law Enables Piracy to Flourish, in: Berkeley Journal of International Law, Bd. 29 (2011), S. 399–455 (zitiert: *Bento*, Berkeley J. Int'l L. 29 (2011), 399)

Bentzien, Joachim F., Der unerlaubte Einflug von Luftfahrzeugen in fremdes Staatsgebiet in Friedenszeiten und seine Rechtsfolgen, Berlin 1982 (zitiert: *Bentzien*, Der unerlaubte Einflug von Luftfahrzeugen)

Berber, Friedrich, Von der Piraterie in der Antike, in: Recht über See, Festschrift für Rolf Stödter zum 70. Geburtstag, Hamburg 1979, S. 147–153 (zitiert: *Berber* in: FS Stödter, S. 147)

Berg, Dieter/Artmann, Thomas/Kratz, Tillmann/Lührmann, Katja/Mast, Edwin/Milberg, Anja, in: *Münchener Rückversicherungs-Gesellschaft* (Hrsg.), Piraterie – Bedrohung auf See, Eine Risikoanalyse, München 2006 (zitiert: *Berg/et al.* in: Münchener Rückversicherungs-Gesellschaft (Hrsg.), Piraterie – Bedrohung auf See)

Bernaerts, Arnd, Seegerichtshof – Tiefseebergbau, in: Recht der Internationalen Wirtschaft, 1991, S. 209–218 (zitiert: *Bernaerts*, RIW 1991, 209)

Berndt, Guido M., Konflikt und Anpassung, Studien zu Migration und Ethnogenese der Vandalen, Husum 2007 (zitiert: *Berndt*, Konflikt und Anpassung)

Bernhardt, Rudolf (Hrsg.), Encyclopedia of Public International Law, Volume One, Aalands Islands to Dumbarton Oaks Conference (1944), Amsterdam 1992 (zitiert: *Bearbeiter*, Begriff, in: Bernhardt (Hrsg.), EPIL, Bd. I)

Bernhardt, Rudolf (Hrsg.), Encyclopedia of Public International Law, Volume Three, Jan Mayen to Pueblo Incident, Amsterdam 1997 (zitiert: *Bearbeiter*, Begriff, in: Bernhardt (Hrsg.), EPIL, Bd. III)

Bernstorff, Jochen von, Extraterritoriale menschenrechtliche Staatenpflichten und Corporate Social Responsibility, Wie weit geht die menschenrechtliche Verantwortung des Staates für das Verhalten eigener Unternehmen im Ausland?, in: Archiv des Völkerrechts, Bd. 49 (2011), S. 34–63 (zitiert: *v. Bernstorff*, AVR 49 (2011), 34)

Berube, Claude G., Anti-piracy escorts in the Gulf of Aden, Problems and prospects, in: *Berube, Claude/Cullen, Patrick* (Hrsg.), Maritime Private Security, Market responses to piracy, terrorism and waterborne security risks in the 21st century, Oxon 2012, S. 74–85 (zitiert: *Berube* in: Berube/Cullen (Hrsg.), Maritime Private Security, S. 74)

Bialuschewski, Arne, Between Newfoundland and the Malacca Strait: A Survey of the Golden Age of Piracy, 1695–1725, in: The Mariner's Mirror, Bd. 90 (2004), S. 167–186 (zitiert: *Bialuschewski*, Mariner's Mirror 90 (2004), 167)

Bialuschewski, Arne, Piratenleben, Die abenteuerlichen Fahrten des Seeräubers Richard Sievers, Frankfurt am Main 1997 (*Bialuschewski*, Piratenleben)

Birnie, Patricia W., Piracy, Past, present and future, in: Marine Policy, Bd. 11 (1987), S. 163–183 (zitiert: *Birnie*, Marine Pol'y 11 (1987), 163)

Birnie, Patricia/Boyle, Alan/Redgwell, Catherine, International Law and the Environment, 3. Auflage, Oxford 2009 (zitiert: *Birnie/Boyle/Redgwell*, International Law and the Environment)

Blecker, Thorsten/Will, Thomas/Jepsen, Niclas/Kretschmann, Lutz/Resch, Andrea, Analyse von schiffsbezogenen Sicherheitstechnologien zur Verzögerung von Angriffen im Kontext von Piraterie und maritimem Terrorismus, in: PiraT-Arbeitspapiere zur Maritimen Sicherheit, Nr. 10 (2011) (https://d-nb.info/1014951666/34 [zuletzt abgerufen am 26. März 2020]) (zitiert: *Blecker/et al.*, PiraT-Arbeitspapiere zur Maritimen Sicherheit Nr. 10 (2011))

Blumenau, Bernhard, The United Nations and Terrorism, Germany, Multilateralism, and Antiterrorism Efforts in the 1970s, Basingstoke 2014 (zitiert: *Blumenau*, The United Nations and Terrorism)

Boas, Frank, Landlocked Countries and the Law of the Sea, in: Section of International and Comparative Law Bulletin, Bd. 4 (1959-1960), S. 22–27 (zitiert: *Boas*, Sec. Int'l & Comp. L. Bull. 4 (1959-1960), 22)

Bohn, Mortimer, Die Ausübung diplomatischen Schutzes zugunsten staatsfremder Personen, Staatliche Befugnisse und individuelle Ansprüche, Hamburg 2010 (zitiert: *M. Bohn*, Die Ausübung diplomatischen Schutzes)

Bohn, Robert, Die Barbaresken und die deutsche Seefahrt im 17. und 18. Jahrhundert, in: *Grieb, Volker/Todt, Sabine* (Hrsg.), Piraterie von der Antike bis zur Gegenwart, Stuttgart 2012, S. 139–153 (zitiert: *R. Bohn* in: Grieb/Todt (Hrsg.), Piraterie von der Antike bis zur Gegenwart, S. 139)

Bohn, Robert, Die Piraten, 3. Auflage, München 2007 (zitiert: *R. Bohn*, Die Piraten)

Bolte, Harald, Rechte des Uferstaates in Seehäfen über ausländische Handelsschiffe, Dissertation Universität Bonn 1969 (zitiert: *Bolte*, Rechte des Uferstaates in Seehäfen)

Bona, Félix de, Histoire de Duguay-Trouin, Lille 1890 (zitiert: *de Bona*, Histoire de Duguay-Trouin)

Borchard, Edwin M., The Diplomatic Protection of Citizens Abroad or The Law of International Claims, New York 1928 (zitiert: *Borchard*, The Diplomatic Protection of Citizens Abroad)

Boschan, Richard, Der Streit um die Freiheit der Meere im Zeitalter des Hugo Grotius, Leipzig 1919 (zitiert: *Boschan*, Der Streit um die Freiheit der Meere)

Bracher, Christian-Dietrich, Gefahrenabwehr durch Private, Eine verfassungsrechtliche Untersuchung zu den Grenzen der Übertragung von Aufgaben der Gefahrenabwehr auf Private und der staatlichen Zulassung privater Gefahrenabwehr, Berlin 1987 (zitiert: *Bracher*, Gefahrenabwehr durch Private)

Braun, Kerstin/Plate, Tobias, Rechtsfragen der Bekämpfung der Piraterie im Golf von Aden durch die Bundesmarine: Wahrnehmung originär polizeilicher Aufgaben durch das Militär?, in: Die Öffentliche Verwaltung, 2010, S. 203–209 (zitiert: *K. Braun/Plate*, DÖV 2010, 203)

Brink, Stefan, Who were the Vikings?, in: *Brink, Stefan* (Hrsg.), The Viking World, Oxon 2008, S. 4–7 (zitiert: *Brink* in: Brink (Hrsg.), The Viking World, S. 4)

Brockhaus, Friedrich Arnold, Enzyklopädie in 30 Bänden, 21. Auflage, Leipzig 2006 (zitiert: Begriff, Brockhaus)

Brombacher, Daniel/Maihold, Günther, Maritime Sicherheit in Lateinamerika, in: *Mair, Stefan* (Hrsg.), Piraterie und maritime Sicherheit: Fallstudien zu Afrika, Südostasien und Lateinamerika sowie Beiträge zu politischen, militärischen, rechtlichen und ökonomischen Aspekten, Berlin 2010, S. 54–61 (https://nbn-resolving.org/urn:nbn:de:0168-ssoar-262928 [zuletzt abgerufen am 26. März 2020]) (zitiert: *Brombacher/Maihold* in: Mair (Hrsg.), Piraterie und maritime Sicherheit, S. 54)

Broms, Bengt, The Legal Status of the Suez Canal, Vammala 1961 (zitiert: *Broms*, The Legal Status of the Suez Canal)

Brown, James, Pirates and Privateers: Managing the Indian Ocean's Private Security Boom, Lowy Institute for International Policy, September 2012 (https://archive.lowyinstitute.org/sites/default/files/brown_pirates_and_privateers_web_0.pdf [zuletzt abgerufen am 26. März 2020]) (zitiert: *Brown*, Pirates and Privateers)

Brownlie, Ian, International Law and the Use of Force by States, Oxford 1963 (Nachdruck 1981) (zitiert: *Brownlie*, International Law and the Use of Force by States)

Brownlie, Ian, The Use of Force in Self-Defence, in: British Yearbook of International Law, Bd. 37 (1961), S. 183–268 (zitiert: *Brownlie*, Brit. Y.B. Int'l L. 37 (1961), 183)

Brugger, Winfried, Gewährleistung von Freiheit und Sicherheit im Lichte unterschiedlicher Staats- und Verfassungsverhältnisse, in: Veröffentlichungen der Vereinigung der Deutschen Staatsrechtslehrer, Bd. 63 (2004), S. 101–150 (zitiert: *Brugger*, VVDStRL 63 (2004), 101)

Bryce, Trevor R., The Lukka Problem – And a Possible Solution, in: Journal of Near Eastern Studies, Bd. 33 (1974), S. 395–404 (zitiert: *Bryce*, J. Near East. Stud. 33 (1974), 395)

Bryden, Matt, Somalia Redux?, Assessing the New Somali Federal Government, Washington, D.C. 2013 (zitiert: *Bryden*, Somalia Redux?)

Bubenzer, Christian/Peetz, Robert/Mallach, Esther, Seearbeitsgesetz, 1. Online-Auflage, Beck-Online 2016 (zitiert: *Bubenzer/Peetz/Mallach*, SeeArbG)

Buhler, Phillip A., New Struggle with an Old Menace: Towards a Revised Definition of Maritime Piracy, in: Currents: International Trade Law Journal, Bd. 2 Heft 2 (1999), S. 61–71 (zitiert: *Buhler*, Currents Int'l Trade L. J. 2/2 (1999), 61)

Bundesministerium für Wirtschaft und Energie, Maritime Forschungsstrategie 2025, Berlin 2018 (zitiert: *Bundesministerium für Wirtschaft und Energie*, Maritime Forschungsstrategie 2025)

Bundesministerium für Wirtschaft und Technologie, Das Forschungsprogramm für Schiffbau, Schifffahrt und Meerestechnik 2011 - 2015, Berlin 2011 (zitiert: *Bundesministerium für Wirtschaft und Technologie*, Maritime Technologien der nächsten Generation, Das Forschungsprogramm für Schiffbau, Schifffahrt und Meerestechnik 2011 - 2015)

Bundespolizei See, Piraterieberich der Bundespolizei See, 4. Quartal und Jahrebericht 2018 (zitiert: *Bundespolizei See*, Piraterieberich 4. Quartal und Jahresbericht 2018)

Bünte, Marco, Piraterie in Südostasien – Neuere Entwicklungen und Perspektiven, in: Journal of Current Southeast Asian Affairs, Bd. 28 Heft 2 (2009), S. 87–99 (zitiert: *Bünte*, J. Curr. Southeast Asian Aff. 28/2 (2009), 87)

Burandt, Wolfgang/Rojahn, Dieter (Hrsg.), Erbrecht, 3. Auflage, München 2019 (zitiert: *Bearbeiter* in: Burandt/Rojahn, Erbrecht)

Burgess, Douglas R., Hostis Humani Generi: Piracy, Terrorism and a new International Law, in: University of Miami International and Comparative Law Review, Bd. 13 (2005-2006), S. 293–341 (zitiert: *Burgess*, U. Miami Int'l & Co mp. L. Rev. 13 (2005-2006), 293)

Burnett, John S., Terror auf See, Moderne Piraten rüsten auf, Bielefeld 2002 (zitiert: *Burnett*, Terror auf See)

Business Monitor International, Singapore Defence & Security Report Q1 2015, London 2014 (zitiert: *Business Monitor International*, Singapore Defence & Security Report Q1 2015)

Byers, Michael, Abuse of Rights: An Old Principle, A New Age, in: McGill Law Journal, Bd. 47 (2001-2002), S. 389–431 (zitiert: *Byers*, McGill L. J. 47 (2001-2002), 389)

C. Suetonius Tranquillus, De Vita Caesarum – De Viris Illustribus (zitiert aus: *Martinet, Hans* (Hrsg.), *C. Suetonius Tranquillus*, Die Kaiserviten, De Vita Caesarum – Berühmte Männer, De Viris Illustribus, 4. Auflage, Berlin 2014) (zitiert: *Sueton*, De Vita Caesarum)

Caffio, Fabio, Protecting Merchant Ships by Means of Vessel Protection Detachment (VPD) and Privately Contracted Armed Security Personnel (PCASP): The Italien Experience, in: *del Vecchio, Angela* (Hrsg.), International Law of the Sea, Current Trends and Controversial Issues, Den Haag 2014, S. 191–201 (zitiert: *Caffio* in: del Vecchio (Hrsg.), International Law of the Sea, S. 191)

Canadian Coast Guard, Ice Navigation in Canadian Waters, Ottawa 2012 (zitiert: *Canadian Coast Guard*, Ice Navigation)

Cancik, Hubert/Schneider, Helmuth (Hrsg.), Der neue Pauly, Enzyklopädie der Antike, Altertum, Band 11 Sam–Tal, Stuttgart 2001 (zitiert: *Bearbeiter*, Begriff, in: Cancik/Schneider (Hrsg.), Der neue Pauly, Bd. XI)

Cassese, Antonio, The International Community's „Legal" Response to Terrorism, in: International and Comparative Law Quarterly, Bd. 38 (1989), S. 589–608 (zitiert: *Cassese*, Int'l & Comp. L. Q. 38 (1989), 589)

Castritius, Helmut, Die Vandalen, Etappen einer Spurensuche, Stuttgart 2007 (zitiert: *Castritius*, Die Vandalen)

Cerone, John, Is There a Human Right of Self-Defense?, in: Journal of Law, Economics and Policy, Bd. 2 (2006-2007), S. 319–329 (zitiert: *Cerone*, J. L. Econ. & Pol'y 2 (2006-2007), 319)

Ceska, Edward A./Ashkenazi, Michael, Piraterie vor den afrikanischen Küsten und ihre Ursachen, in: Aus Politik und Zeitgeschichte, Nr. 34/35 (2009), S. 33–38 (zitiert: *Ceska/Ashkenazi*, APuZ 34/35 (2009), 33)

Chadwick, Elizabeth, Merchant Ship Conversion in Warfare, the Falklands (Malvinas) Conflict and the Requisition of the QE2, in: Journal of the History of International Law, Bd. 12 (2010), S. 71–99 (zitiert: *Chadwick*, J. Hist. Int'l L. 12 (2010), 71)

Chalk, Peter, The Maritime Dimension of International Piracy, Terrorism, Piracy, and Challenges for the United States, Santa Monica 2008 (zitiert: *Chalk*, The Maritime Dimension of International Piracy)

Chen, Jeffrey, The Emerging Nexus between Piracy and Maritime Terrorism in Southeast Asia Waters: A Case Study on the Gerakan Aceh Merdeka (GAM), in: *Lehr, Peter* (Hrsg.), Violence at Sea, Piracy in the Age of Global Terrorism, New York 2007, S. 139–154 (zitiert: *Chen* in: Lehr (Hrsg.), Violence at Sea, S. 139)

Churchill, Robin, The Piracy Provisions of the UN Convention on the Law of the Sea—Fit for Purpose?, in: *Koutrakos, Panos/Skordas, Achilles* (Hrsg.), The Law and Practice of Piracy at Sea, European and International Perspectives, Oxford 2014, S. 9–32 (zitiert: *Churchill* in: Koutrakos/Skordas (Hrsg.), The Law and Practice of Piracy at Sea, S. 9)

Churchill, Robin/Lowe, Alan, The law of the sea, 3. Auflage, Manchester 1999 (zitiert: *Churchill/Lowe*, The law of the sea)

Cicero, Marcus Tullius, De Officiis (zitiert aus: *Nickel, Rainer* (Hrsg.), *Cicero, Marcus Tullius*, De Officiis, Vom pflichtgemäßen Handeln, Düsseldorf 2008) (zitiert: *Cicero*, De Officiis)

Clare, Alexandra, The Quest to Combat the Illegal Fishing of ‚White Gold' in the Southern Ocean, in: Australian Journal of Maritime and Ocean Affairs, Bd. 2 (2010), S. 69–81 (zitiert: *Clare*, Austl. J. Mar. & Ocean Aff. 2 (2010), 69)

Cleasby, Richard/Guðbrandur Vigfússon, An Icelandic-English Dictionary, Oxford 1874 (zitiert: *Cleasby/Guðbrandur Vigfússon*, An Icelandic-English Dictionary, Begriff)

Cogliati-Bantz, Vincent P., Disentangling the „Genuine Link": Enquiries in Sea, Air and Space Law, in: Nordic Journal of International Law, Bd. 79 (2010), S. 383–432 (zitiert: *Cogliati-Bantz*, Nordic J. Int'l L. 79 (2010), 383)

Cogliati-Bantz, Vincent P., Means of Transportation and Registration of Nationality, Transportation Registered by International Organizations, Oxon 2015 (zitiert: *Cogliati-Bantz*, Means of Transportation and Registration of Nationality)

Collins, Rosemary/Hassan, Daud, Applications and Shortcomings of the Law of the Sea in Combating Piracy: A South East Asian Perspective, in: Journal of Maritime Law and Commerce, Bd. 40 (2009), S. 89–113 (zitiert: *Collins/Hassan*, J. Mar. L. & Com. 40 (2009), 89)

Colombos, John C., Internationales Seerecht, München 1963 (zitiert: *Colombos*, Internationales Seerecht)

Cooperstein, Theodore M., Letters of Marque and Reprisal: The Constitutional Law and Practice of Privateering, in: Journal of Maritime Law and Commerce, Bd. 40 (2009), S. 221–259 (zitiert: *Cooperstein*, J. Mar. L. & Com. 40 (2009), 221)

Coupland, Simon, The Carolingian Army and the Struggle Against the Vikings, in: Viator, Medieval and Renaissance Studies, Bd. 35 (2004), S. 49–70 (zitiert: *Coupland*, Viator 35 (2004), 49)

Coupland, Simon, The fortified bridges of Charles the Bald, in: Journal of Medieval History, Bd. 17 (1991), S. 1–12 (zitiert: *Coupland*, J. Mediev. Hist. 17 (1991), 1)

Courtois, Christian, Les Vandals et l'Afrique, Paris 1955 (zitiert: *Courtois*, Les Vandals et l'Afrique)

Crawford, James, Brownlie's Principles of Public International Law, 9. Auflage, Oxford 2019 (zitiert: *Crawford*, Brownlie's Principles of Public International Law)

Crockett, Clyde H., Toward A Revision of the International Law of Piracy, in: DePaul Law Review, Bd. 26 (1976-1977), S. 78–99 (zitiert: *Crockett*, DePaul L. Rev. 26 (1976-1977), 78)

Dahm, Georg/Delbrück, Jost/Wolfrum, Rüdiger, Völkerrecht, Band I/1, Die Grundlagen., Die Völkerrechtssubjekte, 2. Auflage, Berlin 1989 (zitiert: *Dahm/Delbrück/Wolfrum*, Völkerrecht, Bd. I/1)

Dahm, Georg/Delbrück, Jost/Wolfrum, Rüdiger, Völkerrecht, Band I/2, Der Staat und andere Völkerrechtssubjekte; Räume unter internationaler Verwaltung, 2. Auflage, Berlin 2002 (zitiert: *Dahm/Delbrück/Wolfrum*, Völkerrecht, Bd. I/2)

Dahm, Georg/Delbrück, Jost/Wolfrum, Rüdiger, Völkerrecht, Band I/3, Der Staat und andere Völkerrechtssubjekte; Räume unter internationaler Verwaltung, 2. Auflage, Berlin 2002 (zitiert: *Dahm/Delbrück/Wolfrum*, Völkerrecht, Bd. I/3)

Daillier, Patrick/Forteau, Mathias/Pellet, Alain, Droit international public, 8. Auflage, Paris 2009 (zitiert: *Daillier/Forteau/Pellet*, Droit international public)

Davidson, Ellis H. R., The Secret Weapon of Byzantium, in: Byzantinische Zeitschrift, Bd. 66 (1973), S. 61–74 (zitiert: *Davidson*, Byzantinische Zs. 66 (1973), 61)

Deans, Alistair, Suing Organized Piracy: An Application of Maritime Torts to Pirate Attacks, and Subsequent Civil Actions Against the Supporters of Organized Piracy, in: Roger Williams University Law Review, Bd. 16 (2011), S. 655–686 (zitiert: *Deans*, Roger Wms. U. L. Rev. 16 (2011), 655)

Dehéz, Dustin, Somalia vor der Rückkehr der Übergangsregierung - Eine Anleitung zum Scheitern äußerer Intervention, Düsseldorf 2005 (zitiert: *Dehéz*, Somalia vor der Rückkehr der Übergangsregierung)

Deininger, Jürgen, Ein maritimes Vorspiel der *pax Romana:* Pompeius und die Beendigung der Seeräuberplage im antiken Mittelmeerraum (67 v.Chr.), in: *Klüver, Hartmut* (Hrsg.), Piraterie - einst und jetzt, Vorträge des 2. Hamburger Symposiums zur Schiffahrts- und Marinegeschichte vom 25. – 26. Mai 2000, Düsseldorf 2001, S. 8–27 (zitiert: *Deininger* in: Klüver (Hrsg.), Piraterie - einst und jetzt, S. 8)

Delson, Robert/Bial, Louis C., Trading with Insurgents: The Problems of the Foreign Merchant, in: American Bar Association Journal, Bd. 36 (1950), S. 459–462 (zitiert: *Delson/Bial*, Am. Bar Ass. J. 36 (1950), 459)

Delupis, Ingrid, Foreign Warships and Immunity for Espionage, in: American Journal of International Law, Bd. 78 (1984), S. 53–75 (zitiert: *Delupis*, Am. J. Int'l L. 78 (1984), 53)

Department for Transport (United Kingdom), Interim Guidance to UK Flagged Shipping on the Use of Armed Guards to Defend Against the Threat of Piracy in Exceptional Circumstances, Version 1.3 (Dezember 2015) (https://assets.publishing.service.gov.uk/government/uploads/system/uploads/attachment_data/file/480863/use-of-armed-guards-to-defend-against-piracy.pdf [zuletzt abgerufen am 26. März 2020]) (zitiert: *Department for Transport (UK)*, Interim Guidance to UK Flagged Shipping on the Use of Armed Guards)

Deschamps, Hubert, Les Pirates à Madagascar aux XVIIe et XVIIIe siècles, Paris 1949 (zitiert: *Deschamps*, Les Pirates à Madagascar)

Descovich, Christopher M., Decreasing variance in response time to singular incidents of piracy in the horn of Africa area of operation, Masterarbeit Naval Postgraduate School 2010 (http://hdl.handle.net/10945/5258 [zuletzt abgerufen am 26. März 2020]) (zitiert: *Descovich*, Decreasing variance in response time to singular incidents of piracy)

Diaz, Leticia M./Dubner, Barry Hart, An Examination of the Evolution of Crimes at Sea and the Emergence of the Many Legal Regimes in Their Wake, in: North Carolina Journal of International Law and Commercial Regulation, Bd. 34 (2008-2009), S. 521–568 (zitiert: *Diaz/Dubner*, N.C. J. Int'l L. & Com. Reg. 34 (2008-2009), 521)

Dickinson, Laura A., Regulating the Privatized Security Industry: The Promise of Public/Private Governance, in: Emory Law Journal, Bd. 63 (2013), S. 417–454 (zitiert: *Dickinson*, Emory L. J. 63 (2013), 417)

Diesner, Hans-Joachim, Das Vandalenreich, Aufstieg und Untergang, Stuttgart 1966 (zitiert: *Diesner*, Das Vandalenreich)

Dietlein, Johannes/Hellermann, Johannes, Öffentliches Recht in Nordrhein-Westfalen, Verfassungsrecht, Kommunalrecht, Polizei- und Ordnungsrecht, Öffentliches Baurecht, Verwaltungsprozessuale Grundlagen, 7. Auflage, München 2019 (zitiert: *Dietlein/Hellermann*, Öffentliches Recht in Nordrhein-Westfalen)

Dixon, Martin, Textbook on International Law, 7. Auflage, Oxford 2013 (zitiert: *Dixon*, Textbook on International Law)

Doehring, Karl, Völkerrecht, Ein Lehrbuch, 2. Auflage, Heidelberg 2004 (zitiert: *Doehring*, Völkerrecht)

Dollinger, Philippe, Die Hanse, 5. Auflage, Stuttgart 1998 (zitiert: *Dollinger*, Die Hanse)

Dörr, Dieter, Die deutsche Handelsflotte und das Grundgesetz, München 1988 (zitiert: *Dörr*, Die deutsche Handelsflotte)

Downham, Clare, Vikings in England, in: *Brink, Stefan* (Hrsg.), The Viking World, Oxon 2008, S. 341–349 (zitiert: *Downham* in: Brink (Hrsg.), The Viking World, S. 341)

Drenan, Matthew T., Gone Overboard: Why the *Arctic Sunrise* Case Signals an over-Expansion of the Ship-as-a-Unit Concept in the Diplomatic Protection Context, in: California Western International Law Journal, Bd. 45 (2014-2015), S. 109–167 (zitiert: *Drenan*, Cal. W. Int'l L. J. 45 (2014-2015), 109)

Dubner, Barry Hart, On the Definition of the Crime of Sea Piracy Revisited: Customary vs. Treaty Law and the Jurisdictional Implications Thereof, in: Journal of Maritime Law and Commerce, Bd. 42 (2011), S. 71–100 (zitiert: *Dubner*, J. Mar. L. & Com. 42 (2011), 71)

Dubner, Barry Hart, The Law of International Sea Piracy, Den Haag 1980 (zitiert: *Dubner*, The Law of International Sea Piracy)

Duden, Konrad, Deutsches Universalwörterbuch, 8. Auflage, Berlin 2015 (zitiert aus: Munzinger Online/Duden [https://www.munzinger.de {zuletzt abgerufen am 26. März 2020}]) (zitiert: Begriff, Duden, Deutsches Universalwörterbuch)

Dupuy, René-Jean/Vignes, Daniel (Hrsg.), A Handbook on the New Law of the Sea Volume 2, Dordrecht 1991 (zitiert: *Bearbeiter* in: Dupuy/Vignes (Hrsg.), A Handbook on the New Law of the Sea, Bd. II)

Dutton, Yvonne M., Gunslingers on the High Seas: A Call for Regulation, in: Duke Journal of Comparative and International Law, Bd. 24 (2013-2014), S. 107–160 (zitiert: *Dutton*, Duke J. Comp. & Int'l L. 24 (2013-2014), 107)

Dutton, Yvonne M., Maritime Piracy and the Impunity Gap: Insufficient National Laws or a Lack of Political Will?, in: Tulane Law Review, Bd. 86 (2011-2012), S. 1111–1162 (zitiert: *Dutton*, Tul. L. Rev. 86 (2011-2012), 1111)

Dutton, Yvonne M./Bellish, Jon, Refusing to Negotiate: Analyzing the Legality and Practicality of a Piracy Ransom Ban, in: Cornell International Law Journal, Bd. 47 (2014), S. 299–330 (zitiert: *Dutton/Bellish*, Cornell Int'l L. J. 47 (2014), 299)

Dyke, Jon M. van, The disappearing right to navigational freedom in the exclusive economic zone, in: Marine Policy, Bd. 29 (2005), S. 107–121 (zitiert: *van Dyke*, Marine Pol'y 29 (2005), 107)

Eagleton, Clyde, The I'm Alone, in: New York University Law Quarterly Review, Bd. 7 (1929-1930), S. 159–165 (zitiert: *Eagleton*, N.Y. U. L. Q. Rev. 7 (1929-1930), 159)

Eboli, Valeria/Pierini, Jean Paul, Coastal State Jurisdiction over Vessel Protection Detachments and Immunity Issues: The *Enrica Lexie* Case, in: Military Law and the Law of War Review, Bd. 51 (2012), S. 117–148 (zitiert: *Eboli/Pierini*, Mil. L. & L. War Rev. 51 (2012), 117)

Ehrhart, Hans-Georg/Jopp, Heinz Dieter/Kaestner, Roland/Petretto, Kerstin, Deutschland und die Herausforderung „Vernetzter Sicherheit“ bei der Pirateriebekämpfung: Governancestrukturen und Governanceakteure, in: *Ehrhart, Hans-Georg/Jopp, Heinz Dieter/Kaestner, Roland/Petretto, Kerstin* (Hrsg.), Piraterie als Herausforderung, Europäische Antworten, globale Perspektiven, Baden-Baden 2013, S. 11–67 (zitiert: *Ehrhart/et al.* in: Ehrhart/et al. (Hrsg.), Piraterie als Herausforderung, S. 11)

Eickhoff, Ekkehard, Maritime Defence of the Carolingian Empire, in: *Simek, Rudolf* (Hrsg.), Vikings on the Rhine, Recent Research on Early Medieval Relations between the Rhinelands and Scandinavia, Wien 2004, S. 51–64 (zitiert: *Eickhoff* in: Simek (Hrsg.), Vikings on the Rhine, S. 51)

Eickhoff, Ekkehard, Seekrieg und Seepolitik zwischen Islam und Abendland: Das Mittelmeer unter byzantinischer und arabischer Hegemonie (650-1040), Berlin 1966 (zitiert: *Eickhoff*, Seekrieg und Seepolitik)

Eklöf, Stefan, Pirates in Paradise, A Modern History of Southeast Asia's Maritime Marauders, Kopenhagen 2006 (zitiert: *Eklöf*, Pirates in Paradise)

Elleman, Bruce A./Forbes, Andrew/Rosenberg, David, Introduction, in: Ell*eman, Bruce A./Forbes, Andrew/Rosenberg, David* (Hrsg.), Piracy and Maritime Crime, Historical and Modern Case Studies, Newport (Rhode Island) 2010, S. 1–18 (zitiert: *Elleman/Forbes/Rosenberg* in: Elleman/Forbes/Rosenberg (Hrsg.), Piracy and Maritime Crime, S. 1)

Ellmers, Detlef, Die Wikinger und ihre Schiffe, in: *Grieb, Volker/Todt, Sabine* (Hrsg.), Piraterie von der Antike bis zur Gegenwart, Stuttgart 2012, S. 94–114 (zitiert: *Ellmers* in: Grieb/Todt (Hrsg.), Piraterie von der Antike bis zur Gegenwart, S. 94)

Emathe, Francis Edukon, Somalia: IGAD's attempt to restore Somalia's transitional federal government, Masterarbeit Naval Postgraduate School 2006 (http://hdl.handle.net/10945/2503 [zuletzt abgerufen am 26. März 2020]) (zitiert: *Emathe*, Somalia: IGAD's Attempt to Restore Somalia's Transitional Federal Government)

Endler, Johannes/Engerer, Hella/Gössler, Max/Pfeiffer, Philipp, Ökonomische Aspekte von Piraterie und maritimem Terrorismus, Literatursurvey, in: PiraT-Arbeitspapiere zur Maritimen Sicherheit, Nr. 16 (2012) (https://d-nb.info/1026316995/34 [zuletzt abgerufen am 26. März 2020]) (zitiert: *Endler/et al.*, PiraT-Arbeitspapiere zur Maritimen Sicherheit Nr. 16 (2012))

Engerer, Hella, Piraterie und maritimer Terrorismus, Entwicklung und Bedeutung des Seehandels, in: PiraT-Arbeitspapiere zur Maritimen Sicherheit, Nr. 3 (2011) (https://d-nb.info/1011808889/34 [zuletzt abgerufen am 26. März 2020]) (zitiert: *Engerer*, PiraT-Arbeitspapiere zur Maritimen Sicherheit Nr. 3 (2011))

Ennuschat, Jörg, Der neue § 31 GewO – ein Schritt zur Privatisierung der öffentlichen Sicherheit, in: Gewerbearchiv, 2014, S. 329–334 (zitiert: *Ennuschat*, GewArch 2014, 329)

Epping, Volker/Heintschel von Heinegg, Wolff (Hrsg.), Ipsen, Völkerrecht, Ein Studienbuch, 7. Auflage, München 2018 (zitiert: *Bearbeiter* in: Epping/Heintschel v. Heinegg (Hrsg.), Ipsen, Völkerrecht)

Erbguth, Wilfried/Mann, Thomas/Schubert, Mathias, Besonderes Verwaltungsrecht, Kommunalrecht, Polizei- und Ordnungsrecht, Baurecht, 13 Auflage, Heidelberg 2020 (zitiert: *Erbguth/Mann/Schubert*, Besonderes Verwaltungsrecht)

Erbs, Georg/Kohlhaas, Max, Strafrechtliche Nebengesetze, Band 1, hrsg. v. *Häberle, Peter*, 227. Ergänzungslieferung (Oktober 2019), München 2019 (zitiert: *Bearbeiter* in: Erbs/Kohlhaas, Strafrechtliche Nebengesetze)

Erd, Rainer/Rebstock, Michael, Produkt- und Markenpiraterie in China, Aachen 2010 (zitiert: *Erd/Rebstock*, Produkt- und Markenpiraterie in China)

Evans, Malcolm D. (Hrsg.), International Law, 5. Auflage, Oxford 2018 (zitiert: *Bearbeiter* in: Evans (Hrsg.), International Law)

Exquemelin, Alexandre Olivier, Das Piratenbuch von 1678, Stuttgart 1983 (zitiert: *Exquemelin*, Das Piratenbuch von 1678)

Fabris, Daniele, Crimes Committed at Sea and Criminal Jurisdiction: Current Issues of International Law of the Sea Awaiting the ‚*Enrica Lexie*' Decision, in: Amsterdam Law Forum, Bd. 7 Heft 2 (2017), S. 5–25 (zitiert: *Fabris*, Amsterdam L. F. 7/2 (2017), 5)

Farrell, Michael, Manufacturing Territorial Integrity with the International Court of Justice: The Somaliland-Puntland Dispute and *uti possidetis*, in: Washington University Global Studies Law Review, Bd. 11 (2012), S. 817–844 (zitiert: *Farrell*, Wash. U. Global Stud. L. Rev. 11 (2012), 817)

Fayette, Louise de la, Access to Ports in International Law, in: International Journal of Marine and Coastal Law, Bd. 11 (1996), S. 1–22 (zitiert: *de la Fayette*, Int'l J. Marine & Coastal L. 11 (1996), 1)

Fayette, Louise de la, International Tribunal for the Law of the Sea: The M/V „Saiga" (No.2) Case (St. Vincent and the Grenadines v. Guinea), Judgment, in: International and Comparative Law Quarterly, Bd. 49 (2000), S. 467–476 (zitiert: *de la Fayette*, Int'l & Comp. L. Q. 49 (2000), 467)

Fink, M. D., The Right of Visit for Warships: Some Challenges in Applying the Law of Maritime Interdiction on the High Seas, in: Military Law and the Law of War Review, Bd. 49 (2010), S. 7–46 (zitiert: *Fink*, Mil. L. & L. War Rev. 49 (2010), 7)

Fischer, Martin R., Recht ohne Staat, Die Emergenz transnationaler Regelungsstrukturen am Beispiel privater bewaffneter Sicherheitsdienste auf Handelsschiffen, Berlin 2018 (zitiert: *M. R. Fischer*, Recht ohne Staat)

Fischer, Thomas, Strafgesetzbuch mit Nebengesetzen, 67. Auflage, München 2020 (zitiert: *Th. Fischer*, StGB)

Fitzmaurice, G. G., The Case of the *I'm Alone*, in: British Yearbook of International Law, Bd. 17 (1936), S. 82–111 (zitiert: *G. G. Fitzmaurice*, Brit. Y.B. Int'l L. 17 (1936), 82)

Fleck, Dieter (Hrsg.), The Handbook of International Humanitarian Law, 3. Auflage, Oxford 2013 (zitiert: *Bearbeiter* in: Fleck (Hrsg.), Handbook of International Humanitarian Law)

Fleischer, Carl August, The Right to a 200-Mile Exclusive Economic Zone or Special Fishery Zone, in: San Diego Law Review, Bd. 14 (1976-1977), S. 548–583 (zitiert: *Fleischer*, San Diego L. Rev. 14 (1976-1977), 548)

Florquin, Nicolas, Escalation at Sea: Somali Piracy and Private Security Companies, in: *McDonald, Glenn/LeBrun, Emile/Berman, Eric G./Krause, Keith* (Hrsg.), Small Arms Survey 2012, Moving Targets, Cambridge 2012, S. 191–217 (zitiert: *Florquin* in: McDonald/et al. (Hrsg.), Small Arms Survey 2012, S. 191)

Foders, Federico, Chancen und Risiken des Tiefseebergbaus, in: Naturwissenschaften, Bd. 73 (1986), S. 8–11 (zitiert: *Foders*, Naturwissenschaften 73 (1986), 8)

Fort, Brian, Transnational Threats and the Maritime Domain, in: *Ong-Webb, Graham Gerard* (Hrsg.), Piracy, Maritime Terrorism and Securing the Malacca Straits, Singapur 2006, S. 23–36 (zitiert: *Fort* in: Ong-Webb (Hrsg.), Piracy, Maritime Terrorism and Securing the Malacca Straits, S. 23)

Fournier, Johanna, Der Einsatz der Streitkräfte gegen Piraterie auf See, Baden-Baden 2014 (zitiert: *Fournier*, Der Einsatz der Streitkräfte gegen Piraterie auf See)

Fox, Hazel/Webb, Philippa, The Law of State Immunity, 3. Auflage, Oxford 2013 (zitiert: *Fox/Webb*, The Law of State Immunity)

Freestone, David, The 1988 Convention for the Suppression of Unlawful Acts against the Safety of Maritime Navigation, in: International Journal of Estuarine and Coastal Law, Bd. 3 (1988), S. 305–317 (zitiert: *Freestone*, Int'l J. Estuarine & Coastal L. 3 (1988), 305)

Froman, David F., Uncharted Waters: Non-innocent Passage of Warships in the Territorial Sea, in: San Diego Law Review, Bd. 21 (1983-1984), S. 625–689 (zitiert: *Froman*, San Diego L. Rev. 21 (1983-1984), 625)

Fuker, Michael, Konflikte und maritime Sicherheitspolitik: Das Südchinesische Meer und die Transitrouten Südostasiens, in: Sicherheit und Frieden, Bd. 29 (2011), S. 19–23 (zitiert: *Fuker*, S+F 29 (2011), 19)

Gaaz, Berthold/Bornhofen, Heinrich/Lammers, Thomas, Personenstandsgesetz, Handkommentar, 5. Auflage, Frankfurt am Main 2020 (zitiert: *Gaaz/Bornhofen/Lammers*, PStG)

Gabel, Jr., George D., Smoother Seas Ahead: The Draft Guidelines as an International Solution to Modern-Day Piracy, in: Tulane Law Review, Bd. 81 (2006-2007), S. 1433–1465 (zitiert: *Gabel, Jr.*, Tul. L. Rev. 81 (2006-2007), 1433)

Gagain, Michael, Neglected Waters: Territorial Maritime Piracy and Developing States: Somalia, Nigeria, and Indonesia, in: New England Journal of International and Comparative Law, Bd. 16 (2010), S. 169–196 (zitiert: *Gagain*, New Eng. J. Int'l & Comp. L. 16 (2010), 169)

Gaswaga, Duncan, Does the International Criminal Court Have Jurisdiction over the Recruitment and Use of Child Pirates and the Interference with the Delivery of Humanitarian Aid by Somali Pirates, in: ILSA Journal of International and Comparative Law, Bd. 19 (2013), S. 277–304 (zitiert: *Gaswaga*, ILSA J. Int'l & Comp. L. 19 (2013), 277)

Gauci, Gotthard, Piracy – legal and theoretical problems, in: *Mukherjee, Proshanto K./Mejia, Jr., Maximo Q./Gauci, Gothard M.* (Hrsg.), Maritime violence and other security issues at sea, The proceedings of the Symposium on Maritime Violence and other Security Issues at Sea, 26-30 August 2002, World Maritime University, Malmö, Sweden, Malmö 2002, S. 39–53 (zitiert: *Gauci* in: Mukherjee/Mejia, Jr./Gauci (Hrsg.), Maritime violence and other security issues at sea, S. 39)

Geiß, Robin/Petrig, Anna, Piracy and Armed Robbery at Sea, The Legal Framework for Counter-Piracy Operations in Somalia and the Gulf of Aden, Oxford 2011 (zitiert: *Geiß/Petrig*, Piracy and Armed Robbery at Sea)

Gelzer, Matthias, Caesar, Der Politiker und Staatsmann, 6. Auflage, Wiesbaden 1960 (zitiert: *Gelzer*, Caesar)

Ghosh, Probal K., Transnational Maritime Threats and Challenges, in: *Malik, Mohan* (Hrsg.), Maritime security in the Indo-Pacific: Perspectives from China, India, and the United States, Lanham 2014, S. 155–170 (zitiert: *Ghosh* in: Malik (Hrsg.), Maritime security in the Indo-Pacific, S. 155)

Ginkel, Bibi van/Putten, Frans-Paul van der/Molenaar, Willem, State or Private Protection against Maritime Piracy? A Dutch Perspective, 2013 (https://www.clingendael.org/sites/default/files/pdfs/20130200_state_or_private_protection_web.pdf [zuletzt abgerufen am 26. März 2020]) (zitiert: *van Ginkel/van der Putten/Molenaar*, State or Private Protection against Maritime Piracy)

Goethe, Johann Wolfgang von, Faust, Der Tragödie zweiter Teil (zitiert aus: Reclam, Johann Wolfgang Goethe, Der Tragödie Zweiter Teil, Ditzingen 2001) (zitiert: *v. Goethe*, Faust, Der Tragödie zweiter Teil)

Gogarty, Brendan/Hagger, Meredith, The Laws of Man over Vehicles Unmanned: The Legal Response to Robotic Revolution on Sea, Land and Air, in: Journal of Law, Information and Science, Bd. 19 (2008), S. 73–145 (zitiert: *Gogarty/Hagger*, J. L. Inf. & Sci. 19 (2008), 73)

Goldie, L. F. E., Terrorism, Piracy and the Nyon Agreements, in: International Law at a Time of Perplexity, Essays in Honour of Shabtai Rosenne, Dordrecht 1989, S. 225–248 (zitiert: *Goldie* in: FS Rosenne, S. 225)

Gollwitzer, Walter, Menschenrechte im Strafverfahren, MRK und IPBPR, Kommentar, Berlin 2005 (zitiert: *Gollwitzer*, Menschenrechte im Strafverfahren)

Gómez del Prado, José L., A United Nations Instrument to Regulate and Monitor Private Military and Security Contractors, in: Notre Dame Journal of International, Comparative and Human Rights Law, Bd. 1 (2011), S. 1–79 (zitiert: *Gómez del Prado*, Notre Dame J. Int'l Comp. & Hum. Rts. L. 1 (2011), 1)

Göpfert, Ingrid/Braun, David, Weltumspannende Güterflüsse und Logistikleistungen sowie Rahmenbedingungen einer globalen Logistik, in: *Göpfert, Ingrid/Braun, David* (Hrsg.), Internationale Logistik in und zwischen unterschiedlichen Weltregionen, 2. Auflage, Wiesbaden 2013, S. 1–21 (zitiert: *Göpfert/D. Braun* in: Göpfert/D. Braun (Hrsg.), Internationale Logistik, S. 1)

Göres, Ulrich L., Entführung deutscher Staatsangehöriger im Ausland: Wer trägt die Kosten der Befreiung?, in: Die Öffentliche Verwaltung, 2008, S. 622–630 (zitiert: *Göres*, DÖV 2008, 622)

Gosalbo-Bono, Ricardo/Boelaert, Sonja, The European Union's Comprehensive Approach to Combating Piracy at Sea: Legal Aspects, in: *Koutrakos, Panos/Skordas, Achilles* (Hrsg.), The Law and Practice of Piracy at Sea, European and International Perspectives, Oxford 2014, S. 81–166 (zitiert: *Gosalbo-Bono/Boelaert* in: Koutrakos/Skordas (Hrsg.), The Law and Practice of Piracy at Sea, S. 81)

Gössler, Max, Wirtschaftliche Dimensionen des maritimen Raums, in: *Bruns, Sebastian/Petretto, Kerstin/Petrovic, David* (Hrsg.), Maritime Sicherheit, Wiesbaden 2013, S. 69–82 (zitiert: *Gössler* in: S. Bruns/Petretto/Petrovic (Hrsg.), Maritime Sicherheit, S. 69)

Gottlieb, Yaron, Combating Maritime Piracy: Inter-Disciplinary Cooperation and Information Sharing, in: Case Western Reserve Journal of International Law, Bd. 46 (2013), S. 303–333 (zitiert: *Gottlieb*, Case West. Res. J. Int'l L. 46 (2013), 303)

Gottlieb, Yaron, The Security Council's Maritime Piracy Resolutions: A Critical Assessment, in: Minnesota Journal of International Law, Bd. 24 (2015), S. 1–72 (zitiert: *Gottlieb*, Minn. J. Int'l L. 24 (2015), 1)

Götz, Volkmar, Innere Sicherheit, in: *Isensee, Josef/Kirchhof, Paul* (Hrsg.), Handbuch des Staatsrechts der Bundesrepublik Deutschland, Band IV, Aufgaben des Staates, 3. Auflage, Heidelberg 2006, S. 671–699 (zitiert: *Götz* in: Isensee/Kirchhof (Hrsg.), Handbuch des Staatsrechts, Bd. IV, § 85)

Graf, Andreas, Countering Piracy and Maritime Terrorism in South East Asia and off the Horn of Africa, - Applying the lessons learned from the Countermeasures against Maritime Violence in the Straits of Malacca to the Gulf of Aden –, in: PiraT-Arbeitspapiere zur Maritimen Sicherheit, Nr. 4 (2011) (https://d-nb.info/1011808986/34 [zuletzt abgerufen am 26. März 2020]) (zitiert: *Graf*, PiraT-Arbeitspapiere zur Maritimen Sicherheit Nr. 4 (2011))

Green, L. C., Terrorism and the Law of the Sea, in: International Law at a Time of Perplexity, Essays in Honour of Shabtai Rosenne, Dordrecht 1989, S. 249–271 (zitiert: *Green* in: FS Rosenne, S. 249)

Grieb, Volker, Vom *mare nostrum* zum *mare barbaricum*., Piraterie und Herrschaftsetablierung in der mediterranen Welt zwischen Antike und Mittelalter, in: *Grieb, Volker/Todt, Sabine* (Hrsg.), Piraterie von der Antike bis zur Gegenwart, Stuttgart 2012, S. 75–92 (zitiert: *Grieb* in: Grieb/Todt (Hrsg.), Piraterie von der Antike bis zur Gegenwart, S. 75)

Grünhagen, Rouven, Die Auswirkungen von Piraterie und Terrorismus auf die internationale Seeschifffahrt und die Versicherung der Risiken durch die maritime Assekuranz, Diplomarbeit Hochschule Bremen 2008 (https://docplayer.org/18325064-Die-auswirkungen-von-piraterie-und-terrorismus-auf-die-internationale-seeschifffahrt-und-die-versicherung-der-risiken-durch-die-maritime-assekuranz.html [zuletzt abgerufen am 26. März 2020]) (zitiert: *Grünhagen*, Die Auswirkungen von Piraterie und Terrorismus)

Grzeszick, Bernd, Hoheitskonzept – Wettbewerbskonzept, in: *Isensee, Josef/Kirchhof, Paul* (Hrsg.), Handbuch des Staatsrechts der Bundesrepublik Deutschland, Band IV, Aufgaben des Staates, 3. Auflage, Heidelberg 2006, S. 367–393 (zitiert: *Grzeszick* in: Isensee/Kirchhof (Hrsg.), Handbuch des Staatsrechts, Bd. IV, § 78)

Guilfoyle, Douglas, Piracy and Terrorism, in: *Koutrakos, Panos/Skordas, Achilles* (Hrsg.), The Law and Practice of Piracy at Sea, European and International Perspectives, Oxford 2014, S. 33–52 (zitiert: *Guilfoyle* in: Koutrakos/Skordas (Hrsg.), The Law and Practice of Piracy at Sea, S. 33)

Guilfoyle, Douglas, Shipping Interdiction and the Law of the Sea, Cambridge 2009 (zitiert: *Guilfoyle*, Shipping Interdiction)

Guilfoyle, Douglas, Shooting fishermen mistaken for pirates: jurisdiction, immunity and State responsibility, in: EJIL *Talk!*, Blog of the European Journal of International Law, 2. März 2012, (https://www.ejiltalk.org/shooting-fishermen-mistaken-for-pirates-jurisdiction-immunity-and-state-responsibility/ [zuletzt abgerufen am 26. März 2020]) (zitiert: *Guilfoyle*, EJIL Talk! v. 2. März 2012)

Guilfoyle, Douglas, The Legal Challenges in Fighting Piracy, in: *van Ginkel, Bibi/van der Putten, Frans-Paul* (Hrsg.), The International Response to Somali Piracy, Challenges and Opportunities, Leiden 2010, S. 127–152 (zitiert: *Guilfoyle* in: van Ginkel/van der Putten (Hrsg.), The International Response to Somali Piracy, S. 127)

Guilyfoyle, Douglas, Counter-Piracy Law Enforcement and Human Rights, in: International and Comparative Law Quarterly, Bd. 59 (2010), S. 141–169 (zitiert: *Guilfoyle*, Int'l & Comp. L. Q. 59 (2010), 141)

Guilyfoyle, Douglas, Piracy off Somalia: UN Security Council Resolution 1816 and IMO Regional Counter-Piracy Efforts, in: International and Comparative Law Quarterly, Bd. 57 (2008), S. 690–699 (zitiert: *Guilfoyle*, Int'l & Comp. L. Q. 57 (2008), 690)

Gündling, Lothar, Die 200 Seemeilen-Wirtschaftszone, Berlin 1983 (zitiert: *Gündling*, Die 200 Seemeilen-Wirtschaftszone)

Hackworth, Green Haywood, Digest of International Law, Volume II, Chapters VI–VIII, Washington, D.C. 1941 (zitiert: *Hackworth*, Digest of International Law, Bd. II)

Hackworth, Green Haywood, Digest of International Law, Volume III, Chapters IX–XI, Washington, D.C. 1942 (zitiert: *Hackworth*, Digest of International Law, Bd. III)

Hackworth, Green Haywood, Digest of International Law, Volume IV, Chapters XII–XV, Washington, D.C. 1942 (zitiert: *Hackworth*, Digest of International Law, Bd. IV)

Hackworth, Green Haywood, Digest of International Law, Volume VII, Chapters XXII–XXIV, Washington, D.C. 1943 (zitiert: *Hackworth*, Digest of International Law, Bd. VII)

Hailbronner, Kay/Maaßen, Hans-Georg/Hecker, Jan/Kau, Marcel, Staatsangehörigkeitsrecht, 6. Auflage, München 2017 (zitiert: *Bearbeiter* in: Hailbronner/Maaßen/Hecker/Kau, Staatsangehörigkeitsrecht)

Halberstam, Malvina, Terrorism on the High Seas: The Achille Lauro, Piracy and the IMO Convention on Maritime Safety, in: American Journal of International Law, Bd. 82 (1988), S. 269–310 (zitiert: *Halberstam*, Am. J. Int'l L. 82 (1988), 269)

Haldon, J./Byrne, M., A Possible Solution to the Problem of Greek Fire, in: Byzantinische Zeitschrift, Bd. 70 (1977), S. 91–99 (zitiert: *Haldon/Byrne*, Byzantinische Zs. 70 (1977), 91)

Halsall, Guy, Warfare and Society in the Barbarian West 450-900, London 2003 (zitiert: *Halsall*, Warfare and Society)

Harel, Assaf, Preventing Terrorist Attacks on Offshore Platforms: Do States Have Sufficient Legal Tools?, in: Harvard National Security Journal, Bd. 4 (2012-2013), S. 131–184 (zitiert: *Harel*, Harv. Nat'l Sec. J. 4 (2012-2013), 131)

Harlow, James W., Soldiers at Sea: The Legal and Policy Implications of Using Military Security Teams to Combat Piracy, in: Southern California Interdisciplinary Law Journal, Bd. 21 (2011-2012), S. 561–602 (zitiert: *Harlow*, So. Cal. Interdisc. L. J. 21 (2011-2012), 561)

Hasselmann, Cord-Georg, Die Freiheit der Handelsschiffahrt: Eine Analyse der UN-Seerechtskonvention, Kehl am Rhein 1987 (zitiert: *Hasselmann*, Die Freiheit der Handelsschiffahrt)

Haucke, Michael, Piratensender auf See, Eine völkerrechtliche Studie über periphere Rundfunksender an Bord von Schiffen oder auf künstlichen Inseln im offenen Meer, Dissertation Universität zu Köln 1968 (zitiert: *Haucke*, Piratensender auf See)

Hayashi, Moritaka, Jurisdiction over Foreign Commercial Ships in Ports: A Gap in the Law of the Sea Codification, in: Ocean Yearbook, Bd. 18 (2004), S. 488–511 (zitiert: *Hayashi*, Ocean Yb. 18 (2004), 488)

Hechtl, Manfred, Die offensive Defensive: Das Recht der präventiven Selbstverteidigung?, Lösungsansätze für (scheinbare) Bedrohungen durch einzelne Staaten und internationale Terrornetzwerke, Frankfurt am Main 2011 (zitiert: *Hechtl*, Die offensive Defensive: Das Recht der präventiven Selbstverteidigung?)

Hecker, Bernd, Luft- und Seepiraterie (§ 316c StGB), in: Juristische Arbeitsblätter, 2009, S. 673–678 (zitiert: *B. Hecker*, JA 2009, 673)

Heintschel von Heinegg, Wolff, The United Nations Convention on the Law of the Sea and Maritime Security Operations, in: German Yearbook of International Law, Bd. 48 (2005), S. 151–185 (zitiert: *Heintschel v. Heinegg*, German Y.B. Int'l L. 48 (2005), 151)

Heiser, Anthony, Border Protection; UNCLOS and the M. V. Tampa Incident 2001, in: Australian and New Zealand Maritime Law Journal, Bd. 16 (2002), S. 84–121 (zitiert: *Heiser*, Austl. & N.Z. Mar. L. J. 16 (2002), 84)

Heller, Robert E./Soschinka, Holger, Seepiraterie-Bekämpfung durch private Bewachungsunternehmen, Das Gesetz zur Einführung eines Zulassungsverfahrens für Bewachungsunternehmen auf Seeschiffen, in: Neue

Zeitschrift für Verwaltungsrecht, 2013, S. 476–479 (zitiert: *Heller/Soschinka*, NVwZ 2013, 476)

Helmrich, Jan, Die Berufung gewerblicher Sicherheitskräfte auf Notwehr und Nothilfe, Zugleich ein Beitrag zu den Grundlagen des Notwehr- und Nothilferechts, Frankfurt am Main 2008 (zitiert: *Helmrich*, Die Berufung gewerblicher Sicherheitskräfte auf Notwehr und Nothilfe)

Herber, Rolf, Das Seerechtsübereinkommen der Vereinten Nationen: Ansatz zu einer Neuen Weltwirtschaftsordnung?, in: Recht der Internationalen Wirtschaft, Bd. 30 (1984), S. 337–346 (zitiert: *Herber*, RIW 1984, 337)

Herbert-Burns, Rupert, Compound Piracy at Sea in the Early Twenty-First Century: A Tactical to Operational-Level Perspective on Contemporary, Multiphase Piratical Methodology, in: *Lehr, Peter* (Hrsg.), Violence at Sea, Piracy in the Age of Global Terrorism, New York 2007, S. 95–120 (zitiert: *Herbert-Burns* in: Lehr (Hrsg.), Violence at Sea, S. 95)

Herdegen, Matthias, Internationales Wirtschaftsrecht, 11. Auflage, München 2017 (zitiert: *Herdegen*, Internationales Wirtschaftsrecht)

Herdegen, Matthias, Völkerrecht, 18. Auflage, München 2019 (zitiert: *Herdegen*, Völkerrecht)

Herrmann, Joachim, Wikinger und Slawen, Zur Frühgeschichte der Ostseevölker, Neumünster 1982 (zitiert: *Herrmann*, Wikinger und Slawen)

Hespen, Ilja van, Protecting Merchant Ships from Maritime Piracy by Privately Contracted Armed Security Personnel: A Comparative Analysis of Flag State Legislation and Port and Coastal State Requirements, in: Journal of Maritime Law and Commerce, Bd. 45 (2014), S. 361–400 (zitiert: *van Hespen*, J. Mar. L. & Com. 45 (2014), 361)

Hesse, Brian J., Introduction: The myth of ‚Somalia', in: Journal of Contemporary African Studies, Bd. 28 (2010), S. 247–259 (zitiert: *B. J. Hesse*, J. Contemp. Afr. Stud. 28 (2010), 247)

Hesse, Hartmut G., Maritime Security in a Multilateral Context: IMO Activities to Enhance Maritime Security, in: International Journal of Marine and Coastal Law, Bd. 18 (2003), S. 327–340 (zitiert: *H. G. Hesse*, Int'l J. Marine & Coastal L. 18 (2003), 327)

Hinz, Christoph, 50 Jahre Vereinte Nationen, Tätigkeit und Wirken der Internationalen Seeschiffahrts-Organisation (IMO), in: *Ehlers, Peter/Erbguth, Wilfried* (Hrsg.), 50 Jahre Vereinte Nationen, Tätigkeit und Wirken der Internationalen Seeschiffahrts-Organisation (IMO), 3. Rostocker Gespräche zum Seerecht, Baden-Baden 1997, S. 15–21 (zitiert: *Hinz* in: Ehlers/Erbguth (Hrsg.), Tätigkeit und Wirken der Internationalen Seeschiffahrts-Organisation, S. 15)

Hjardar, Kim/Vike, Vegard, Vikings at War, Oxford 2016 (zitiert: *Hjardar/Vike*, Vikings at War)

Hobe, Stephan, Einführung in das Völkerrecht, 10. Auflage, Tübingen 2014 (zitiert: *Hobe*, Einführung in das Völkerrecht)

Hodgkinson, Sandra L., Current Trends in Global Piracy: Can Somalia's Success Help Combat Piracy in the Gulf of Aden and Elsewhere?, in: Case Western Reserve Journal of International Law, Bd. 46 (2013), S. 145–160 (zitiert: *Hodgkinson*, Case West. Res. J. Int'l L. 46 (2013), 145)

Hødnebø, Finn, Who Were the First Vikings?, in: *Knirk, James E.* (Hrsg.), Proceedings of the Tenth Viking Congress, Larkollen, Norway, 1985, Oslo 1987, S. 43–54 (zitiert: *Hødnebø* in: Knirk (Hrsg.), Proceedings of the 10th Viking Congress, S. 43)

Hoffmann, Bernd von/Thorn, Karsten, Internationales Privatrecht einschließlich der Grundzüge des Internationalen Zivilverfahrensrechts, 9. Auflage, München 2007 (zitiert: *v. Hoffmann/Thorn*, Internationales Privatrecht)

Hollick, Ann L., The Origins of 200-Mile Offshore Zones, in: American Journal of International Law, Bd. 71 (1977), S. 494-500 (zitiert: *Hollick*, Am. J. Int'l L. 71 (1977), 494)

Hollick, Ann L., U.S. Foreign Policy and the Law of the Sea, Princeton 1981 (zitiert: *Hollick*, U.S. Foreign Policy and the Law of the Sea)

Honniball, Arron N., Private Political Activists and the International Law Definition of Piracy: Acting for Private Ends, in: Adelaide Law Review, Bd. 36 (2015), S. 279–328 (zitiert: *Honniball*, Adel. L. Rev. 36, 279)

Hoog, Günter, Die Genfer Seerechtskonferenzen von 1958 und 1960, Vorgeschichte - Verhandlungen - Dokumente, Frankfurt am Main 1961 (zitiert: *Hoog*, Die Genfer Seerechtskonferenzen von 1958 und 1960)

Hoops, Johannes (Begr.)/*Beck, Heinrich/Jankuhn, Herbert/Ranke, Kurt/Wenskus, Reinhard* (Hrsg.), Reallexikon der Germanischen Altertumskunde, Fünfter Band, Chronos – dona, 2. Auflage, Berlin 1984 (zitiert: *Bearbeiter*, Begriff, in: Hoops (Begr.)/Beck/et al. (Hrsg.), Reallexikon der Germanischen Altertumskunde, Bd. V)

Hutchins, Todd Emerson, Structuring a Sustainable Letters of Marque Regime: How Commissioning Privateers Can Defeat the Somali Pirates, in: California Law Review, Bd. 99 (2011), S. 819–884 (zitiert: *Hutchins*, Cal. L. Rev. 99 (2011), 819)

Ickert, Christian, Einsatz eines Vessel Protection Detachment, in: *Brake, Moritz* (Hrsg.), Maritime Sicherheit – Moderne Piraterie, Hintergründe, Gefahren und mögliche Gegenmaßnahmen, Frankfurt am Main 2015, S. 123–128 (zitiert: *Ickert* in: Brake (Hrsg.), Maritime Sicherheit - Moderne Piraterie, S. 123)

Ilg, Christoph, Die Rechtsetzungstätigkeit der International Maritime Organization, Zur Bedeutung der IMO bei der Weiterentwicklung des Meeresumweltrechts, Dissertation Universität Tübingen 2001 (zitiert: *Ilg*, Die Rechtsetzungstätigkeit der International Maritime Organization)

International Association of Maritime Security Professionals, Maritime Security Professionals Voluntary Professional Code of Practice, August 2011 (http://iamsponline.org/wp-content/uploads/2011/08/Code_of_Practice.pdf [zuletzt abgerufen am 26. März 2020]) (zitiert: *IAMSP*, Maritime Security Professionals Voluntary Professional Code of Practice)

International Association of Maritime Security Professionals, Use of Force Standards, 22. November 2011 (http://iamsponline.org/wp-content/uploads/2011/11/UOF_released.pdf [zuletzt abgerufen am 26. März 2020]) (zitiert: *IAMSP*, Use of Force Standards)

International Chamber of Shipping/International Association of Independent Tanker Owners/Society of International Gas Tanker and Terminal Operators, BMP4, Best Management Practices for Protection against Somalia Based Piracy, Version 4 - August 2011 (https://eunavfor.eu/wp-content/uploads/2013/01/bmp4-low-res_sept_5_20111.pdf [zuletzt abgerufen am 26. März 2020]) (zitiert: *ICS/INTERTANKO/SIGTTO*, Best Management Practices, Version 4)

Isanga, Joseph M., Countering Persistent Contemporary Sea Piracy: Expanding Jurisdictional Regimes, in: American University Law Review, Bd. 59 (2009-2010), S. 1267–1320 (zitiert: *Isanga*, Am. U. L. Rev. 59 (2009-2010), 1267)

Isensee, Josef, Das staatliche Gewaltmonopol als Grundlage und Grenze der Grundrechte, Der Vorbehalt der Friedlichkeit als Kriterium des Grundrechtstatbestands und der Schutzpflicht, in: Bürger - Richter - Staat, Festschrift für Horst Sendler zum Abschied aus seinem Amt, München 1991, S. 39–63 (zitiert: *Isensee* in: FS Sendler, S. 39)

Islam, Rami H., Piracy and its impact on the economy, Masterarbeit Naval Postgraduate School 2010 (http://hdl.handle.net/10945/5063 [zuletzt abgerufen am 26. März 2020]) (zitiert: *Islam*, Piracy and its impact on the economy)

Jachtenfuchs, Markus, Das Gewaltmonopol: Denationalisierung oder Fortbestand?, in: *Leibfried, Stephan/Zürn, Michael* (Hrsg.), Transformation des Staates?, Frankfurt am Main 2006, S. 69–91 (zitiert: *Jachtenfuchs* in: Leibfried/Zürn (Hrsg.), Transformation des Staates?, S. 69)

Jeffrey, Robert S., An Efficient Solution in a Time of Economic Hardship: The Right to Keep and Bear Arms in Self-Defense against Pirates, in: Journal of Maritime Law and Commerce, Bd. 41 (2010), S. 507–540 (zitiert: *Jeffrey*, J. Mar. L. & Com. 41 (2010), 507)

Jenisch, Uwe, Piratenbekämpfung vor Somalia auf dem Prüfstand – Mandate, Marinen, Mängel, in: Zeitschrift für öffentliches Recht in Norddeutschland, 2009, S. 385–392 (zitiert: *Jenisch*, NordÖR 2009, 385)

Jennings, Robert Sir/Watts, Arthur Sir, Oppenheim's International Law, Volume I, Peace, Parts 2 to 4, 9. Auflage, Harlow 1992 (zitiert: *Sir Jennings/Sir Watts*, Oppenheim's International Law, Bd. I, Teil 2–4)

Jessen, Henning, Der Einsatz privater bewaffneter Sicherheitsunternehmen auf Handelsschiffen unter deutscher Flagge – Internationale Hintergründe der neuen gesetzlichen Regelungen, in: Recht der Transportwirtschaft, 2013, S. 125–133 (zitiert: *Jessen*, RdTW 2013, 125)

Jesus, H. E. José Luis, Protection of Foreign Ships against Piracy and Terrorism at Sea: Legal Aspects, in: International Journal of Marine and Coastal Law, Bd. 18 (2003), S. 363–400 (zitiert: *Jesus*, Int'l J. Marine & Coastal L. 18 (2003), 363)

Jochim, Katharina, Die Straße von Malakka als Erfolgsmodell der Pirateriebekämpfung – Security Governance als Lösung für die maritime (Un-)Sicherheit?, Masterarbeit Rheinisch-Westfälische Technische Hochschule Aachen 2014 (http://www.ipw.rwth-aachen.de/pub/select/select_44.pdf [zuletzt abgerufen am 26. März 2020]) (zitiert: *Jochim*, Die Straße von Malakka als Erfolgsmodell der Pirateriebekämpfung)

Johann, Christian, Menschenrechte im internationalen bewaffneten Konflikt, Zur Anwendbarkeit der Europäischen Menschenrechtskonvention und des Internationalen Paktes über bürgerliche und politische Rechte auf Kriegshandlungen, Berlin 2012 (zitiert: *Johann*, Menschenrechte im internationalen bewaffneten Konflikt)

Jopp, Heinz Dieter/Kaestner, Roland, Politisch und ökonomisch motivierte Gewalt: eine globale Analyse bis 2030, in: *Ehrhart, Hans-Georg/Jopp, Heinz Dieter/Kaestner, Roland/Petretto, Kerstin* (Hrsg.), Piraterie als Herausforderung, Europäische Antworten, globale Perspektiven, Baden-Baden 2013, S. 139–206 (zitiert: *Jopp/Kaestner* in: Ehrhart/et al. (Hrsg.), Piraterie als Herausforderung, S. 139)

Joseph, Sarah/Castan, Melissa, The International Covenant on Civil and Political Rights, Cases, Materials, and Commentary, 3. Auflage, Oxford 2013 (zitiert: *Joseph/Castan*, The International Covenant on Civil and Political Rights)

Jürgens, Thomas, Diplomatischer Schutz und Staatenlose, Berlin 1986 (zitiert: *Jürgens*, Diplomatischer Schutz und Staatenlose)

Kamal-Deen, Ali, The Anatomy of Gulf of Guinea Piracy, in: Naval War College Review, Bd. 68 Heft 1 (2015), S. 93–118 (zitiert: *Kamal-Deen*, Naval War Col. Rev. 68/1 (2015), 93)

Kammerer-Grothaus, Helke, Von Argonauten und Piraten in der Antike, in: *Roder, Hartmut* (Hrsg.), Piraten, Die Herren der Sieben Meere, Bremen 2000, S. 22–25 (zitiert: *Kammerer-Grothaus* in: Roder (Hrsg.), Piraten, S. 22)

Kanalan, Ibrahim, Extraterritoriale Staatenpflichten jenseits der Hoheitsgewalt: Ein neues Konzept für umfassende extraterritoriale Staatenpflichten, in: Archiv des Völkerrechts, Bd. 52 (2014), S. 495–521 (zitiert: *Kanalan*, AVR 52 (2014), 495)

Kanehara, Atsuko, The Law of the Sea: Enduring Principles and Contemporary Challenges, Challenging the Fundamental Principle of the Freedom of the High Seas and the Flag State Principle Expressed by Recent Non-Flag State Measures on the High Seas, in: Japanese Yearbook of International Law, Bd. 51 (2008), S. 21–56 (zitiert: *Kanehara*, Japanese Y.B. Int'l L. 51 (2008), 21)

Karim, Saiful, The Rise and Fall of the International Law of Maritime Terrorism: The Ghost of Piracy is still hunting!, in: New Zealand Universities Law Review, Bd. 26 (2014), S. 82–103 (zitiert: *Karim*, N.Z. U. L. Rev. 26 (2014), 82)

Kashubsky, Mikhail/Morrison, Anthony, Security of offshore oil and gas facilities: exclusion zones and ships' routeing, in: Australian Journal of Maritime and Ocean Affairs, Bd. 5 (2013), S. 1–10 (zitiert: *Kashubsky/Morrison*, Austl. J. Mar. & Ocean Aff. 5 (2013), 1)

Kateka, James L., Protection and Preservation of the Marine Environment in the Area under UNCLOS, in: Coexistence, Cooperation and Solidarity, Liber Amicorum Rüdiger Wolfrum, Volume I, Leiden 2012, S. 919–931 (zitiert: *Kateka* in: FS Wolfrum, Bd. I, S. 919)

Kathert, Beatrice, Piraterie auf See: Risikomanagement und Versicherung, Hamburg 2010 (zitiert: *Kathert*, Piraterie auf See)

Kavanagh, John, The Law of Contemporary Sea Piracy, in: Australian International Law Journal, 1999, S. 127–157 (zitiert: *Kavanagh*, Austl. Int'l L. J. 1999, 127)

Kax, Sofia, Regional cooperation as part of the solution to piracy – the importance of ReCAAP in Southeast Asia, A Minor Field Study in Vietnam February 2012 - March 2012, Masterarbeit Universität Lund 2012 (http://lup.lub.lu.se/luur/download?func=downloadFile&recordOId=2695891&fileOId=2695892 [zuletzt abgerufen am 26. März 2020]) (zitiert: *Kax*, Regional cooperation as a part of the solution to piracy)

Kelly, Ryan P., UNCLOS, but No Cigar: Overcoming Obstacles to the Prosecution of Maritime Piracy, in: Minnesota Law Review, Bd. 95 (2011), S. 2285–2317 (zitiert: *Kelly*, Minn. L. Rev. 95 (2011), 2285)

Kempe, Michael, Die Piratenrunde, Globalisierte Seeräuberei und transnationale Politik um 1700, in: *Grieb, Volker/Todt, Sabine* (Hrsg.), Piraterie von der

Antike bis zur Gegenwart, Stuttgart 2012, S. 155–180 (zitiert: *Kempe* in: Grieb/Todt (Hrsg.), Piraterie von der Antike bis zur Gegenwart, S. 155)

Kempe, Michael, Fluch der Weltmeere, Piraterie, Völkerrecht und internationale Beziehungen 1500-1900, Frankfurt am Main 2010 (zitiert: *Kempe*, Fluch der Weltmeere)

Kennedy, Terry, Ice data management system improves Arctic operations, in: Offshore Magazine, Bd. 75 Heft 2 (2015), S. 62–63 (zitiert: *Kennedy*, Offshore Mag. 75/2 (2015), 62)

Kessinger, Christopher M., Hitting the Cyber Marque: Issuing a Cyber Letter of Marque to Combat Digital Threats, in: Army Lawyer, 2013 Heft 8, S. 4–23 (zitiert: *Kessinger*, Army Law. 2013/8, 4)

Khan, Khafi, Capture of a Royal Ship, The English at Bombay, *Das Gupta, J. N.* (Hrsg.), India in the Seventeenth Century, As depicted by European Travelers, Calcutta 1916, S. 233–238 (zitiert: *Khan* in: Das Gupta (Hrsg.), India in the 17th Century, S. 233)

Kindhäuser, Urs/Neumann, Ulfrid/Paeffgen, Hans-Ullrich (Hrsg.), Strafgesetzbuch, Band 3, 5. Auflage, Baden-Baden 2017 (zitiert: *Bearbeiter* in: NK StGB)

Kingreen, Thorsten/Poscher, Ralf, Polizei- und Ordnungsrecht mit Versammlungsrecht, 10. Auflage, München 2018 (zitiert: *Kingreen/Poscher*, Polizei- und Ordnungsrecht)

Kirchner, Stefan, Protecting Sea Lanes and Maritime Installations in the Western Indian Ocean against Terrorism and Piracy: Beyond Atalanta, in: Willamette Journal of International Law and Dispute Resolution, Bd. 22 (2014), S. 31–48 (zitiert: *Kirchner*, Willamette J. Int'l L. & Dis. Res. 22 (2014), 31)

Klein, Natalie, Legal Implications of Australia's Maritime Identification System, in: International and Comparative Law Quarterly, Bd. 55 (2006), S. 337–368 (zitiert: *Klein*, Int'l & Comp. L. Q. 55 (2006), 337)

Klein, Natalie, Maritime Security and the Law of the Sea, Oxford 2011 (zitiert: *Klein*, Maritime Security and the Law of the Sea)

Klein, Natalie, The Right of Visit and the 2005 Protocol on the Suppression of Unlawful Acts against the Safety of Maritime Navigation, in: Denver Journal of International Law and Policy, Bd. 35 (2006-2007), S. 287–332 (zitiert: *Klein*, Denv. J. Int'l L. & Pol'y 35 (2006-2007), 287)

Kleinlein, Thomas/Rabenschlag, David, Auslandsschutz und Staatsangehörigkeit, in: Zeitschrift für ausländisches öffentliches Recht und Völkerrecht, 2007, S. 1277–1337 (zitiert: *Kleinlein/Rabenschlag*, ZaöRV 2007, 1277)

Klüver, Hartmut, Staatspiraterie - Die Barbareskenstaaten in Nordafrika, in: *Klüver, Hartmut* (Hrsg.), Piraterie - einst und jetzt, Vorträge des 2. Hamburger Symposiums zur Schiffahrts- und Marinegeschichte vom 25. – 26. Mai 2000,

Düsseldorf 2001, S. 40–76 (zitiert: *Klüver* in: Klüver (Hrsg.), Piraterie - einst und jetzt, S. 40)

Kokew, Christian Peter, Der Auslandsschutz deutscher Staatsangehöriger bei Entführungen, Frankfurt am Main 2012 (zitiert: *Kokew*, Der Auslandsschutz deutscher Staatsangehöriger bei Entführungen)

Kolb, Andreas S./Neumann, Thilo/Salomon, Tim René, Die Entführung deutscher Seeschiffe: Flaggenrecht, Strafanwendungsrecht und diplomatischer Schutz, in: Zeitschrift für ausländisches öffentliches Recht und Völkerrecht, 2011, S. 191–246 (zitiert: *Kolb/T. Neumann/Salomon*, ZaöRV 2011, 191)

Kolb, Andreas S./Salomon, Tim René/Udich, Julian, Paying Danegeld to Pirates – Humanitarian Necessity or Financing Jihadists, in: Max Planck Yearbook of United Nations Law, Bd. 15 (2011), S. 105–164 (zitiert: *Kolb/Salomon/Udich*, MPYUNL 15 (2011), 105)

Kommer, Steffen, Private Gefahrenabwehr auf Hoher See – Die Zulassung maritimer Bewachungsunternehmen im Spiegel völkerrechtlicher und grundgesetzlicher Privatisierungsschranken –, in: Die Öffentliche Verwaltung, 2016, S. 236–245 (zitiert: *Kommer*, DÖV 2016, 236)

König, Achim-Volker/Papsthart, Christian, Waffengesetz, 2. Auflage, Baden-Baden 2012 (zitiert: *A.-V. König/Papsthart*, NK WaffG)

König, Doris, Der Einsatz von Seestreitkräften zur Verhinderung von Massenvernichtungswaffen sowie zur Bekämpfung der Piraterie: Mandat und Eingriffsmöglichkeiten, in: Berichte der Deutschen Gesellschaft für Völkerrecht, Bd. 44 (2010), S. 203–242 (zitiert: *D. König*, Ber. Dt. Gesell. VR 44 (2010), 203)

König, Doris, Durchsetzung internationaler Bestands- und Umweltschutzvorschriften auf Hoher See im Interesse der Staatengemeinschaft, Berlin 1990 (zitiert: *D. König*, Durchsetzung internationaler Bestands- und Umweltschutzvorschriften auf Hoher See)

König, Doris/Salomon, Tim René, Private Sicherheitsdienste auf Handelsschiffen – Rechtliche Implikationen, in: PiraT-Arbeitspapiere zur Maritimen Sicherheit, Nr. 2 (2011) (https://d-nb.info/1011808803/34 [zuletzt abgerufen am 26. März 2020]) (zitiert: *D. König/Salomon*, PiraT-Arbeitspapiere zur Maritimen Sicherheit Nr. 2 (2011))

König, Doris/Salomon, Tim René/Neumann, Thilo/Kolb, Andreas S., Piraterie und maritimer Terrorismus als Herausforderung für die Seesicherheit: Objektive Rechtsunsicherheit im Völker-, Europa- und deutschen Recht, in: PiraT-Arbeitspapiere zur Maritimen Sicherheit, Nr. 7 (2011) (https://d-nb.info/1013880013/34 [zuletzt abgerufen am 26. März 2020]) (zitiert: *D. König/et al.*, PiraT-Arbeitspapiere zur Maritimen Sicherheit Nr. 7 (2011))

Konne, Barisere Rachel, Inadequate Monitoring and Enforcement in the Nigerian Oil Industry: The Case of Shell and Ogoniland, in: Cornell International Law Journal, Bd. 47 (2014), S. 181–204 (zitiert: *Konne*, Cornell Int'l L. J. 47 (2014), 181)

Konstam, Angus, Piraten - Seeräuber - Freibeuter, Atlas der Beutezüge zur See, Augsburg 1999 (zitiert: *Konstam*, Atlas der Beutezüge zur See)

Kontorovich, Eugene, „A Guantánamo on the Sea": The Difficulty of Prosecuting Pirates and Terrorists, in: California Law Review, Bd. 98 (2010), S. 243–275 (zitiert: *Kontorovich*, Cal. L. Rev. 98 (2010), 243)

Kontorovich, Eugene, Universal jurisdiction—piracy—international criminal law—UN Convention on the Law of the Sea—Convention for the Suppression of Unlawful Acts Against the Safety of Maritime Navigation, in: American Journal of International Law, Bd. 103 (2009), S. 734–740 (zitiert: *Kontorovich*, Am. J. Int'l L. 103 (2009), 734)

Kopel, David B./Gallant, Paul/Eisen, Joanne D., The Human Right of Self-Defense, in: BYU Journal of Public Law, Bd. 22 (2007-2008), S. 43–178 (zitiert: *Kopel/Gallant/Eisen*, BYU J. Pub. L. 22 (2007-2008), 43)

Kopp, Ferdinand O./Ramsauer, Ulrich, Verwaltungsverfahrensgesetz, Kommentar, hrsg. v. *Ramsauer, Ulrich*, 20. Auflage, München 2019 (zitiert: *Bearbeiter* in: Kopp/Ramsauer, VwVfG)

Kraska, James, Contemporary Maritime Piracy, International Law, Strategy, and Diplomacy at Sea, Santa Barbara 2011 (zitiert: *Kraska*, Contemporary Maritime Piracy)

Krech, Hans, Der Bürgerkrieg in Somalia (1988-1996), Ein Handbuch, Berlin 1996 (zitiert: *Krech*, Der Bürgerkrieg in Somalia (1988-1996))

Kreß, Claus, Die moderne Piraterie, das Strafrecht und die Menschenrechte, Gedanken aus Anlass der deutschen Mitwirkung an der Seeoperation ATALANTA, in: *Weingärtner, Dieter* (Hrsg.), Die Bundeswehr als Armee im Einsatz, Baden-Baden 2010, S. 95–123 (zitiert: *Kreß* in: Weingärtner (Hrsg.), Die Bundeswehr als Armee im Einsatz, S. 95)

Kreuzer, Peter, Konfliktherd Südchinesisches Meer, Frankfurt am Main 2014 (zitiert: *Kreuzer*, Konfliktherd Südchinesisches Meer)

Krüger, Jana, „Wikinger" im Mittelalter, Die Rezeption von *víkingr* m. und *víking* f. in der altnordischen Literatur, Berlin 2008 (zitiert: *Krüger*, „Wikinger" im Mittelalter)

Kruse, Jan, Diplomatischer und konsularischer Schutz für Unionsbürger, Von der *nationality rule* hin zur Unionsbürgerschaft als völkerrechtlich anerkanntem Anknüpfungspunkt im Rahmen des Auslandsschutzes?, Göttingen 2009 (zitiert: *Kruse*, Diplomatischer und konsularischer Schutz für Unionsbürger)

Kugelmann, Dieter, Polizei- und Ordnungsrecht, 2. Auflage, Heidelberg 2012 (zitiert: *Kugelmann*, Polizei- und Ordnungsrecht)

Kühl, Kristian, Strafrecht, Allgemeiner Teil, 8. Auflage, München 2017 (zitiert: *Kühl*, Strafrecht Allgemeiner Teil)

Kuhn, Gabriel, Life under the Jolly Roger: Reflections on Golden Age of Piracy, Oakland 2010 (zitiert: *Kuhn*, Life under the Jolly Roger)

Kühne, Winrich, Das Völkerrecht und die militärische Nutzung des Meeresbodens, Leiden 1975 (zitiert: *Kühne*, Das Völkerrecht und die militärische Nutzung des Meeresbodens)

Kupferschmidt, Frank, Multinationales militärisches Engagement, in: *Mair, Stefan* (Hrsg.), Piraterie und maritime Sicherheit: Fallstudien zu Afrika, Südostasien und Lateinamerika sowie Beiträge zu politischen, militärischen, rechtlichen und ökonomischen Aspekten, Berlin 2010, S. 70–78 (https://nbn-resolving.org/urn:nbn:de:0168-ssoar-262928 [zuletzt abgerufen am 26. März 2020]) (zitiert: *Kupferschmidt* in: Mair (Hrsg.), Piraterie und maritime Sicherheit, S. 70)

Kürschner, Jörg, Piratengefahr nimmt zu, in: Verkehrsrundschau, Heft 33-34 (2011), S. 11 (zitiert: *Kürschner*, Verkehrsrundschau 33-34 (2011), 11)

Kwast, Patricia Jimenez, Reflections on the Categorisation of Forcible Action at Sea in the Light of the *Guyana/Suriname* Award, in: Journal of Conflict and Security Law, Bd. 13 (2008), S. 49–91 (zitiert: *Kwast*, J. Confl. & Sec. L. 13 (2008), 49)

Kwiatkowska, Barbara, 200-Mile Exclusive Economic Zone/Fishery Zone and the Continental Shelf–An Inventory of Recent State Practice: Part 1, in: International Journal of Marine and Coastal Law, Bd. 9 (1994), S. 199–234 (zitiert: *Kwiatkowska*, Int'l J. Marine & Coastal L. 9 (1994), 199)

Kwiatkowska, Barbara, 200-Mile Exclusive Economic Zone/Fishery Zone and the Continental Shelf–An Inventory of Recent State Practice (Part 2), in: International Journal of Marine and Coastal Law, Bd. 9 (1994), S. 337–388 (zitiert: *Kwiatkowska*, Int'l J. Marine & Coastal L. 9 (1994), 337)

Lackner, Karl/Kühl, Kristian, Strafgesetzbuch, Kommentar, bearb. v. *Kühl, Kristian/Heger, Martin*, 29. Auflage, München 2018 (zitiert: *Bearbeiter* in: Lackner/Kühl, StGB)

Lagoni, Rainer, Der Hamburger Hafen, die internationale Handelsschiffahrt und das Völkerrecht, in: Archiv des Völkerrechts, Bd. 26 (1988), S. 261–365 (zitiert: *Lagoni*, AVR 26 (1988), 261)

Lagoni, Rainer, Die Bekämpfung der Seepiraterie im Spiegel des Völkerrechts, des Europarechts und in der deutschen Rechtsordnung, in: Recht – Staat – Gemeinwohl, Festschrift für Dietrich Rauschning, Köln 2001, S. 501–534 (zitiert: *Lagoni* in: FS Rauschning, S. 501)

Lagoni, Rainer, Die Internationale Seeschiffahrts-Organisation (IMO) als Rechtsetzungsorgan, in: *Ehlers, Peter/Erbguth, Wilfried* (Hrsg.), 50 Jahre Vereinten Nationen, Tätigkeit und Wirken der Internationalen Seeschiffahrts-Organisation (IMO), 3. Rostocker Gespräche zum Seerecht, Baden-Baden 1997, S. 45–56 (zitiert: *Lagoni* in: Ehlers/Erbguth (Hrsg.), Tätigkeit und Wirken der Internationalen Seeschiffahrts-Organisation, S. 45)

Lagoni, Rainer, Legal Aspects of Submarine High Voltage Direct Current (HVDC) Cables, Hamburg 1998 (zitiert: *Lagoni*, Legal Aspects of Submarine HVDC Cables)

Lagoni, Rainer, Sicherheitszonen um künstliche Inseln, Anlagen und Bauwerke im Meer, in: Aus Kiel in die Welt: Kiel's Contribution to International Law, Festschrift zum 100-jährigen Bestehen des Walther-Schücking-Instituts für Internationales Recht, Berlin 2014, S. 491–519 (zitiert: *Lagoni* in: FS Walther-Schücking-Institut für Internationales Recht, S. 491)

Lambert, Joseph J., Terrorism and Hostages in International Law – A Commentary on the Hostages Convention 1979, Cambridge 1990 (zitiert: *Lambert*, Terrorism and Hostages in International Law)

Landmann, Robert von/Rohmer, Gustav, Gewerbeordnung und ergänzende Vorschriften, Band I, Gewerbeordnung, Kommentar, hrsg. v. *Marcks, Peter/Neumann, Dirk/Bleutge, Peter/et al.*, 82. Ergänzungslieferung (Oktober 2019), München 2019 (zitiert: *Bearbeiter* in: Landmann/Rohmer, Bd. I, GewO)

Lapradelle, Albert/Politis, Nicolas, Recueil des Arbitrages Internationaux, Tome Premier, 1798–1855, 2. Auflage, Paris 1957 (zitiert: *Lapradelle/Politis*, Recueil des Arbitrages Internationaux, Bd. I)

Lapradelle, Albert/Politis, Nicolas, Recueil des Arbitrages Internationaux, Tome Deuxième, 1856–1872, 2. Auflage, Paris 1957 (zitiert: *Lapradelle/Politis*, Recueil des Arbitrages Internationaux, Bd. II)

Lee, Chung-Yee/Lee, Hau L./Zhang, Jiheng, The impact of slow ocean steaming on delivery reliability and fuel consumption, in: Transportation Research Part E: Logistics and Transportation Review, Bd. 76 (2015), S. 176–190 (zitiert: *C.-Y. Lee/H. L. Lee/J. Zhang*, Transp. Research Pt. E: Logist. & Transp. Rev. 76 (2015), 176)

Leipold, Dieter, Erbrecht, Ein Lehrbuch mit Fällen und Kontrollfragen, 21. Auflage, Tübingen 2016 (zitiert: *Leipold*, Erbrecht)

Lewins, Kate/Gaskell, Nick, Jurisdiction over criminal acts on cruise ships: Perhaps, perhaps, perhaps?, in: Criminal Law Journal, Bd. 37 (2013), S. 221–245 (zitiert: *Lewins/Gaskell*, Crim. L. J. (Syndey) 37 (2013), 221)

Liivoja, Rain, Service Jurisdiction unter International Law, in: Melbourne Journal of International Law, Bd. 11 (2009-2010), S. 309–337 (zitiert: *Liivoja*, Melb. J. Int'l L. 11 (2009-2010), 309)

Lin, Fu-Shun, Self-Defence - A Permissible Use of Force under the U.N. Charter, in: DePaul Law Review, Bd. 13 (1963-1964), S. 43–72 (zitiert: *Lin*, DePaul L. Rev. 13 (1963-1964), 43)

Lischka, Eva Marie, Völkerrechtliches und nationales Schifffahrtsrecht, Frankfurt am Main 2013 (zitiert: *Lischka*, Völkerrechtliches und nationales Schifffahrtsrecht)

Liss, Carolin, Oceans of Crime, Maritime Piracy and Transnational Security in Southeast Asia and Bangladesh, Singapur 2011 (zitiert: *Liss*, Oceans of Crime)

Liss, Carolin, Privatising the Fight against Somali Pirates, in: Asia Research Centre, Working Paper, Nr. 152 (2008) (http://nisat.prio.org/misc/download.ashx?file=2018&usg=AOvVaw10h8_HSdwYTYb0jDAF1Xu_ [zuletzt abgerufen am 26. März 2020]) (zitiert: *Liss*, Asia Research Centre Working Paper Nr. 152 (2008))

Liszt, Franz von, Das Völkerrecht, 12. Auflage, Berlin 1925 (zitiert: *v. Liszt*, Das Völkerrecht)

Loewen, Howard/Bodenmüller, Anja, Straße von Malakka, in: *Mair, Stefan* (Hrsg.), Piraterie und maritime Sicherheit: Fallstudien zu Afrika, Südostasien und Lateinamerika sowie Beiträge zu politischen, militärischen, rechtlichen und ökonomischen Aspekten, Berlin 2010, S. 46–53 (https://nbn-resolving.org/urn:nbn:de:0168-ssoar-262928 [zuletzt abgerufen am 26. März 2020]) (zitiert: *Loewen/Bodenmüller* in: Mair (Hrsg.), Piraterie und maritime Sicherheit, S. 46)

Lombois, Claude, Droit pénal international, 2. Auflage, Paris 1979 (zitiert: *Lombois*, Droit pénal international)

Louth, Andrew, Byzantium Transforming (600–700), in: *Shepard, Jonathan* (Hrsg.), The Cambridge History of the Byzantine Empire, c. 500–1492, Cambridge 2008, S. 221–248 (zitiert: *Louth* in: Shepard (Hrsg.), The Byzantine Empire, S. 221)

Lowe, A. V., The Right of Entry into Maritime Ports in International Law, in: San Diego Law Review, Bd. 14 (1976-1977), S. 597–622 (zitiert: *Lowe*, San Diego L. Rev. 14 (1976-1977), 597)

Löwe, E./Rosenberg, Werner, Die Strafprozessordnung und das Gerichtsverfassungsgesetz, Großkommentar, Elfter Band, EMRK, IPBPR, hrsg. v. *Erb, Volker/Esser, Robert/Franke, Ulrich/et al.*, 26. Auflage, Berlin 2012 (zitiert: *Bearbeiter* in: Löwe/Rosenberg, StPO, Bd. XI)

Lun, Yuen Ha (Venus)/Cheng, T. C. E./Lai, Kee Hung, Shipping Logistics Management, London 2010 (zitiert: *Lun/T. C. E. Cheng/Lai*, Shipping Logistics Management)

MacDonald Eggers, Peter, Insurance protection against piracy, in: *Guilfoyle, Douglas* (Hrsg.), Modern Piracy, Legal Challenges and Responses, Cheltenham 2013, S. 268–295 (zitiert: *MacDonald Eggers* in: Guilfoyle (Hrsg.), Modern Piracy, S. 268)

MacDonald, Scott D., The SUA 2005 Protocol: A Critical Reflection, in: International Journal of Marine and Coastal Law, Bd. 28 (2013), S. 485–516 (zitiert: *MacDonald*, Int'l J. Marine & Coastal L. 28 (2013), 485)

MacLaren, Selina, Entrepreneurship, Hardship, Gamesmanship: Modern Piracy as a Dry Endeavor, in: Chicago Journal of International Law, Bd. 14 (2013), S. 347–376 (zitiert: *MacLaren*, Chi. J. Int'l L. 14 (2013), 347)

Mahard, Sean Patrick, Blackwater's New Battlefield: Toward a Regulatory Regime in the United States for Privately Armed Contractors Operating at Sea, in: Vanderbilt Journal of Transnational Law, Bd. 47 (2014), S. 331–369 (zitiert: *Mahard*, Vand. J. Transnat'l L. 47 (2014), 331)

Maiangwa, Benjamin/Agbiboa, Daniel E., Oil Multinational Corporations, Environmental Irresponsibility and Turbulent Peace in the Niger Delta, in: Africa Spectrum, Bd. 48 Heft 2 (2013), S. 71–83 (zitiert: *Maiangwa/Agbiboa*, Afr. Spectrum 48/2 (2013), 71)

Maihold, Günther/Petretto, Kerstin, Gefahrenabwehr auf See, Piraterie an der Küste Somalias – nationale und internationale Antworten, in: Stiftung für Wissenschaft und Politik Aktuell, Nr. 56 (2008) (https://www.swp-berlin.org/fileadmin/contents/products/aktuell/2008A56_ilm_ptt_ks.pdf [zuletzt abgerufen am 26. März 2020]) (zitiert: *Maihold/Petretto*, SWP-Aktuell 56 (2008))

Makarov, A. N./Schmitz, Ernst, Handbuch der diplomatischen Korrespondenz der europäischen Staaten, 1856–1871, Teil I, Teilband 1, in: *Bruns, Viktor* (Hrsg.), Fontes Juris Gentium, Series B, Sectio I, Tomus I, Pars 1, Berlin 1932 (zitiert: *Makarov/Schmitz*, Handbuch der diplomatischen Korrespondenz der europäischen Staaten, Teil I/1)

Manchuk, Guy, The Law of the Flag and Maritime Criminal Jurisdiction: A New Rule To Replace an Outdated, Inconvenient Doctrine, in: Tulane Maritime Law Journal, Bd. 32 (2007-2008), S. 221–248 (zitiert: *Manchuk*, Tul. Mar. L. J. 32 (2007-2008), 221)

Mankabady, Samir, IMO – Structure, Relationship with other Organisations and Future Development, in: *Mankabady, Samir* (Hrsg.), The International Maritime Organisation, London 1984, S. 2–21 (zitiert: *Mankabady* in: Mankabady (Hrsg.), The International Maritime Organisation, S. 2)

Marinekommando, Fakten und Zahlen zur maritimen Abhängigkeit der Bundesrepublik Deutschland, Jahresbericht 2019, 32. Auflage, Rostock 2019 (zitiert: *Marinekommando*, Fakten und Zahlen zur maritimen Abhängigkeit der Bundesrepublik Deutschland, Jahresbericht 2019)

Martens, Hans-Ludwig, Das Recht der Nacheile zur See, Dissertation Universität Kiel 1937 (zitiert: *Martens*, Das Recht der Nacheile zur See)

Martin, Francisco Forrest/Schnably, Stephen J./Wilson, Richard J./Simon, Jonathan S./Tushnet, Mark V., International Human Rights and Humanitarian Law, Treaties, Cases and Analysis, Cambridge 2006 (zitiert: *Martin/et al.*, International Human Rights and Humanitarian Law)

Matlin, David F., Re-evaluating the Status of Flags of Convenience Under International Law, in: Vanderbilt Journal of Transnational Law, Bd. 23 (1990-1991), S. 1017–1056 (zitiert: *Matlin*, Vand. J. Transnat'l L. 23 (1990-1991), 1017)

Maxwell, Mark David, Individual Self-Defense and the Rules of Engagement: Are the two Mutually Exclusive?, in: Military Law and the Law of War Review, Bd. 41 Heft 1 und 2 (2002), S. 39–53 (zitiert: *Maxwell*, Mil. L. & L. War Rev. 41/1 & 2 (2002), 39)

Mbiah, Kofi, The revision of the Convention for the Suppression of Unlawful Acts Against the Safety of Maritime Navigation, 1988, and its Protocol of 1988 Relating to Fixed Platforms Located on the Continental Shelf (SUA Convention and Protocol), in: *Mukherjee, Proshanto K./Mejia, Jr., Maximo Q./Gauci, Gothard M.* (Hrsg.), Maritime violence and other security issues at sea, The proceedings of the Symposium on Maritime Violence and other Security Issues at Sea, 26-30 August 2002, World Maritime University, Malmö, Sweden, Malmö 2002, S. 193–219 (zitiert: *Mbiah* in: Mukherjee/Mejia, Jr./Gauci (Hrsg.), Maritime violence and other security issues at sea, S. 193)

McConnell, Moira L., „Business as usual": An Evaluation of the 1986 United Nations Convention on Conditions for Registration of Ships., in: Journal of Maritime Law and Commerce, Bd. 18 (1987), S. 435–449 (zitiert: *McConnell*, J. Mar. L. & Com. 18 (1987), 435)

McDougal, Myres S./Burke, William T., The Public Order of the Oceans, A Contemporary International Law of the Sea, New Haven 1987 (zitiert: *McDougal/Burke*, The Public Order of the Oceans)

McGinley, Gerald P., The Achille Lauro Affair – Implications for Internatonal Law, in: Tennessee Law Review, Bd. 52 (1985), S. 691–738 (zitiert: *McGinley*, Tenn. L. Rev. 52 (1985), 691)

McKinnon, Alexander, Maritime Piracy: A Hong Kong Perspective, in: Hong Kong Law Journal, Bd. 41 (2011-2012), S. 635–658 (zitiert: *McKinnon*, Hong Kong L. J. 41 (2011-2012), 635)

McLaughlin, Richard J., Settling Trade-Related Disputes Over the Protection of Marine Living Resources: UNCLOS or the WTO?, in: Georgetown International Environmental Law Review, Bd. 10 (1997-1998), S. 29–96 (zitiert: *McLaughlin*, Geo. Int'l Envtl. L. Rev. 10 (1997-1998), 29)

Meissner, Burkhard, Kidnapping und Plündern, Piraterie und *failing states* im antiken Griechenland, in: *Grieb, Volker/Todt, Sabine* (Hrsg.), Piraterie von der Antike bis zur Gegenwart, Stuttgart 2012, S. 21–46 (zitiert: *Meissner* in: Grieb/Todt (Hrsg.), Piraterie von der Antike bis zur Gegenwart, S. 21)

Mejia, Jr., Maximo Q./Cariou, Pierre/Wolff, François-Charles, Piracy in shipping, 2010 (https://hal.archives-ouvertes.fr/hal-00470616 [zuletzt abgerufen am 26. März 2020]) (zitiert: *Mejia, Jr./Cariou/Wolff*, Piracy in shipping)

Mejia, Jr., Maximo Quibranza, Defining maritime violence and maritime security, in: *Mukherjee, Proshanto K./Mejia, Jr., Maximo Q./Gauci, Gothard M.* (Hrsg.), Maritime violence and other security issues at sea, The proceedings of the Symposium on Maritime Violence and other Security Issues at Sea, 26-30 August 2002, World Maritime University, Malmö, Sweden, Malmö 2002, S. 27–38 (zitiert: *Mejia, Jr.* in: Mukherjee/Mejia, Jr./Gauci (Hrsg.), Maritime violence and other security issues at sea, S. 27)

Mendelsohn, Allan I., Flags of Convenience: Maritime and Aviation, in: Journal of Air Law and Commerce, Bd. 79 (2014), S. 151–159 (zitiert: *Mendelsohn*, J. Air L. & Com. 79 (2014), 151)

Menefee, Samuel Pyeatt, Foreign Naval Intervention in Cases of Piracy: Problems and Strategies, in: International Journal of Marine and Coastal Law, Bd. 14 (1999), S. 353–370 (zitiert: *Menefee*, Int'l J. Marine & Coastal L. 14 (1999), 353)

Menefee, Samuel Pyeatt, The new „Jamaica Discipline": Problems with Piracy, Maritime Terrorism and the 1982 Convention on the Law of the Sea, in: Connecticut Journal of International Law, Bd. 6 (1990-1991), S. 127–150 (zitiert: *Menefee*, Conn. J. Int'l L. 6 (1990-1991), 127)

Mensah, Thomas A., Suppression of Terrorism at Sea: Developments in the Wake of the Events of 11 September, 2001, in: Verhandeln für den Frieden, Negotiating for Peace, Liber amicorum Tono Eitel, Berlin 2003, S. 627–647 (zitiert: *Mensah* in: FS Eitel, S. 627)

Menzel, Eberhard/Ipsen, Knut (Hrsg.), Völkerrecht, 2. Auflage, München 1979 (zitiert: *Bearbeiter* in: Menzel/Ipsen (Hrsg.), Völkerrecht, 2. Aufl. 1979)

Merriam, John J., Natural Law and Self-Defense, in: Military Law Review, Bd. 206 (2010), S. 43–87 (zitiert: *Merriam*, Mil. L. Rev. 206 (2010), 43)

Merrills, Andy/Miles, Richard, The Vandals, Chichester 2014 (zitiert: *Merrills/Miles*, The Vandals)

Merten, Detlef, Konstruktionsprinzipien staatlicher Gewalt im Verfassungsstaat der Bundesrepublik, in: *Randelzhofer, Albrecht/Süß, Werner* (Hrsg.), Konsens und Konflikt, 35 Jahre Grundgesetz, Vorträge und Diskussionen einer Veranstaltung der Freien Universität Berlin vom 6. bis 8. Dezember, Berlin 1986, S. 324–335 (zitiert: *Merten* in: Randelzhofer/Süß (Hrsg.), Konsens und Konflikt, S. 324)

Merten, Detlef, Rechtsstaat und Gewaltmonopol, Tübingen 1975 (zitiert: *Merten*, Rechtsstaat und Gewaltmonopol)

Meyer, Alex, Internationale Luftfahrtabkommen, Band VI, Luftpiraterie – Begriff, Tatbestände, Bekämpfung, Köln 1972 (zitiert: *Meyer*, Internationale Luftfahrtabkommen, Bd. VI)

Mildner, Stormy-Annika/Groß, Franziska, Piraterie und Welthandel: Die wirtschaftlichen Kosten, in: *Mair, Stefan* (Hrsg.), Piraterie und maritime Sicherheit: Fallstudien zu Afrika, Südostasien und Lateinamerika sowie Beiträge zu politischen, militärischen, rechtlichen und ökonomischen Aspekten, Berlin 2010, S. 20–28 (https://nbn-resolving.org/urn:nbn:de:0168-ssoar-262928 [zuletzt abgerufen am 26. März 2020]) (zitiert: *Mildner/Groß* in: Mair (Hrsg.), Piraterie und maritime Sicherheit, S. 20)

Mineau, Michael L., Pirates, Blackwater and Maritime Security: The Rise of Private Navies in Response to Modern Piracy, in: Journal of International Business and Law, Bd. 9 (2010), S. 63–78 (zitiert: *Mineau*, J. Int'l Bus. & L. 9 (2010), 63)

Mischuk, Georg, Piraterie in der Straße von Malakka, in: Geographische Rundschau, Bd. 57 Heft 4 (2005), S. 34–40 (zitiert: *Mischuk*, Geographische Rdsch. 57/4 (2005), 34)

Mischuk, Georg, Piraterie in Südostasien, Eine Analyse der beteiligten politischen Akteure sowie der Bedrohung für die kommerzielle Schifffahrt, Dissertation Universität zu Köln 2008 (zitiert: *Mischuk*, Piraterie in Südostasien)

Mo, John, Options to Combat Maritime Piracy in Southeast Asia, in: Ocean Development and International Law, Bd. 33 (2002), S. 343–358 (zitiert: *Mo*, Ocean Dev. & Int'l L. 33 (2002), 343)

Moen, Amy E., For Those in Peril on the Sea: Search and Rescue under the Law of the Sea Convention, in: Ocean Yearbook, Bd. 24 (2010), S. 377–410 (zitiert: *Moen*, Ocean Yb. 24 (2010), 377)

Möller, Sarah, Logistik in Südostasien, in: *Göpfert, Ingrid/Braun, David* (Hrsg.), Internationale Logistik in und zwischen unterschiedlichen Weltregionen, 2. Auflage, Wiesbaden 2013, S. 231–253 (zitiert: *Möller* in: Göpfert/D. Braun (Hrsg.), Internationale Logistik, S. 231)

Moore, John Bassett, History and Digest of the International Arbitrations to which the United Sates has been a Party, Together With Appendices Containing the Treaties relating to such Arbitrations, and historical and legal Notes on other International Arbitrations Ancient and Modern, and on the Domestic Commissions of the United States for the Adjustment of International Claims, Volume III., Washington, D.C. 1898 (zitiert: *J. B. Moore*, History and Digest of the International Arbitrations, Bd. III)

Mössner, Jörg Manfred, Die Völkerrechtspersönlichkeit und die Völkerrechtspraxis der Barbareskenstaaten (Algier, Tripolis, Tunis 1518–1830), Berlin 1968 (zitiert: *Mössner*, Völkerrechtspersönlichkeit und Völkerrechtspraxis der Barbareskenstaaten)

Mudrić, Mišo, Armed Guards on Vessels: Insurance and Liability, in: Comparative Maritime Law, Bd. 50 (2011), S. 217–268 (zitiert: *Mudrić*, Comp. Mar. L. 50 (2011), 217)

Mukundan, P., The Scourge of Piracy in Southeast Africa: Can Any Improvements be Expected in Near Future?, in: *Johnson, Derek/Valencia, Mark* (Hrsg.), Piracy in Southeast Asia, Status, Issues, and Responses, Singapur 2005, S. 34–44 (zitiert: *Mukundan* in: Johnson/Valencia (Hrsg.), Piracy in Southeast Asia, S. 34)

Mukundan, Pottengal, Piracy and armed attacks against vessels today, in: Journal of International Maritime Law, Bd. 10 (2004), S. 308–315 (zitiert: *Mukundan*, J. Int'l Mar. L. 10 (2004), 308)

Müller, Alexander, Die Piraterie im Völkerrecht unter besonderer Berücksichtigung des Entwurfs der Völkerbundskommission und der Regierungsäußerungen, Dissertation Universität Frankfurt am Main 1929 (zitiert: *Müller*, Die Piraterie im Völkerrecht)

Münch, Ingo von, Der diplomatische Schutz für Schiffe, in: Recht über See, Festschrift für Rolf Stödter zum 70. Geburtstag, Hamburg 1979, S. 231–250 (zitiert: *v. Münch* in: FS Stödter, S. 231)

Münchau, Mathias, Terrorismus auf See aus völkerrechtlicher Sicht, Frankfurt am Main 1994 (zitiert: *Münchau*, Terrorismus auf See)

Münchener Kommentar zum Bürgerlichen Gesetzbuch, Band 11, Erbrecht, §§ 1922–2385, §§ 27–35 BeurkG, hrsg. v. *Säcker, Franz Jürgen/Rixecker, Roland/Oetker, Hartmut/Limperg, Bettina*, 8. Auflage, München 2020 (zitiert: *Bearbeiter* in: MüKo BGB, Bd. XI)

Münchener Kommentar zum Strafgesetzbuch, Band 5, §§ 263–358 StGB, hrsg. v. *Joecks, Wolfgang/Miebach, Klaus*, 3. Auflage, München 2019 (zitiert: *Bearbeiter* in: MüKo StGB, Bd. V)

Murphy, Martin N., Chapter One: Contemporary Piracy, in: Adelphi Papers, Bd. 47 Heft 388 (2007), S. 11–44 (zitiert: *Murphy*, Adelphi Pap. 47/388 (2007), 11)

Murphy, Martin N., Petro-Piracy: Oil and Troubled Waters, in: Orbis, Bd. 57 (2013), S. 424–437 (zitiert: *Murphy*, Orbis 57 (2013), 424)

Murphy, Martin N., Petro-piracy: predation and counter-predation in Nigerian waters, in: *Guilfoyle, Douglas* (Hrsg.), Modern Piracy, Legal Challenges and Responses, Cheltenham 2013, S. 61–90 (zitiert: *Murphy* in: Guilfoyle (Hrsg.), Modern Piracy, S. 61)

Murphy, Martin N., Small Boats, Weak States, Dirty Money, Piracy & Maritime Terrorism in the Modern World, London 2010 (zitiert: *Murphy*, Small Boats, Weak States, Dirty Money)

Murphy, Martin, Piracy and UNCLOS: Does International Law Help Regional States Combat Piracy?, in: *Lehr, Peter* (Hrsg.), Violence at Sea, Piracy in the Age of Global Terrorism, New York 2007, S. 155–182 (zitiert: *Murphy* in: Lehr (Hrsg.), Violence at Sea, S. 155)

Murray, Christopher F., Any Port in a Storm? The Right of Entry for Reasons of *Force Majeure* or Distress in the Wake of the *Erika* and the *Castor*, in: Ohio State Law Journal, Bd. 63 (2002), S. 1465–1506 (zitiert: *Murray*, Ohio St. L. J. 63 (2002), 1465)

Neri, Kiara, The Use of Force by Military Vessel Protection Detachments, in: Military Law and the Law of War Review, Bd. 51 (2012), S. 73–95 (zitiert: *Neri*, Mil. L. & L. War Rev. 51 (2012), 73)

Nettesheim, Martin, Die Allgemeine Erklärung der Menschenrechte und ihre Rechtsnatur, in: *Merten, Detlef/Papier, Hans-Jürgen* (Hrsg.), Handbuch der Grundrechte in Deutschland und Europa, Band VI/2, Europäische Grundrechte II, Universelle Menschenrechte, Heidelberg 2009, S. 191–236 (zitiert: *Nettesheim* in: Merten/Papier (Hrsg.), Handbuch der Grundrechte, Bd. VI/2, § 173)

Neuhold, Hanspeter, The Return of Piracy: Problems, Parallels, Paradoxes, in: Coexistence, Cooperation and Solidarity, Liber Amicorum Rüdiger Wolfrum, Volume II, Leiden 2012, S. 1239–1258 (zitiert: *Neuhold* in: FS Wolfrum, Bd. II, S. 1239)

Neumann, Thilo/Salomon, Tim René, Kein Krieg vor Somalia, in: Humanitäres Völkerrecht – Informationsschriften, Bd. 24 (2011), S. 165–172 (zitiert: *T. Neumann/Salomon*, HuV-I 24 (2011), 165)

Ngantcha, Francis, The Right of Innocent Passage and the Evolution of the International Law of the Sea, London 1990 (zitiert: *Ngantcha*, The Right of Innocent Passage)

Nöll, Hans-Heinrich, Maßnahmen der Schifffahrt gegen Terrorismus und Piraterie, in: *Deutsche Akademie für Verkehrswirtschaft e.V.* (Hrsg.), 43. Deutscher Verkehrsgerichtstag 2005, Hamburg 2005, S. 298–305 (zitiert: *Nöll* in: 43. VGT 2005, S. 298)

Nomoskommentar Verwaltungsrecht, VwVfG, VwGO, Nebengesetze, Handkommentar, hrsg. v. *Fehling, Michael/Kastner, Berthold/Störmer, Rainer*, 4. Auflage, Baden-Baden 2016 (zitiert: *Bearbeiter* in: NK VerwR)

Nordquist, Myron H., United Nations Convention on the Law of the Sea 1982, A Commentary, Volume II, Articles 1 to 85, Annexes I and II, Final Act, Annex II, Dordrecht 2003 (zitiert: *Nordquist*, UNCLOS, Bd. II)

Nordquist, Myron H., United Nations Convention on the Law of the Sea 1982, A Commentary, Volume III, Articles 86 to 132 and Documentary Annexes, Dordrecht 1995 (zitiert: *Nordquist*, UNCLOS, Bd. III)

Norwegian Shipowners' Mutual War Risks Insurance Association, Guidance on the selection of private security companies (PSC), 29. März 2011 (https://docplayer.net/65302912-Den-norske-krigsforsikring-for-skib-gjensidig-forening-the-norwegian-shipowners-mutual-war-risks-insurance-association.html [zuletzt abgerufen am 26. März 2020]) (zitiert: *Norwegian Shipowners' Mutual War Risks Insurance Association*, Guidance on the selection of private security companies)

Nutting, P. Bradley, The Madagascar Connection: Parliament and Piracy, 1690-1701, in: American Journal of Legal History, Bd. 22 (1978), S. 202–215 (zitiert: *Nutting*, Am. J. Legal Hist. 22 (1978), 202)

Ó Corráin, Donnchadh, The Vikings and Ireland, in: *Brink, Stefan* (Hrsg.), The Viking World, Oxon 2008, S. 428–433 (zitiert: *Ó Corráin* in: Brink (Hrsg.), The Viking World, S. 428)

o. N., The Procedure for the Trial of a Pirate, in: American Journal of Legal History, Bd. 1 (1957), S. 251–256 (zitiert: *o. N.*, Am. J. Legal Hist. 1 (1957), 251)

O'Connell, Daniel Patrick, The International Law of the Sea, Volume I, Oxford 1982 (zitiert: *O'Connell*, The International Law of the Sea, Bd. I)

O'Connell, Daniel Patrick, The International Law of the Sea, Volume II, Oxford 1984 (zitiert: *O'Connell*, The International Law of the Sea, Bd. II)

Oda, Shigeru, The Concept of the Contiguous Zone, in: International and Comparative Law Quarterly, Bd. 11 (1962), S. 131–153 (zitiert: *Oda*, Int'l & Comp. L. Q. 11 (1962), 131)

Oehler, Dietrich, Internationales Strafrecht, Geltungsbereich des Strafrechts, Internationales Rechtshilferecht, Recht der Gemeinschaften, Völkerstrafrecht, 2. Auflage, Köln 1983 (zitiert: *Oehler*, Internationales Strafrecht)

Okonta, Ike, Behind the mask, Militia gains support in the oil-rich Niger Delta, in: Earth Island Journal, Bd. 22 Heft 1 (2007), S. 24–31 (zitiert: *Okonta*, Earth Island J. 22/1 (2007), 24)

Omodanisi, E. O./Eludoyin, A. O./Salami, A. T., A multi-perspective view of the effects of a pipeline explosion in Nigeria, in: International Journal of Disaster Risk Reduction, Bd. 7 (2014), S. 68–77 (zitiert: *Omodanisi/Eludoyin/Salami*, Int'l J. Disaster Risk Reduction 7 (2014), 68)

Ornstein, Hans, Macht, Moral und Recht, Studien zur Grundproblematik menschlichen Zusammenlebens, Bern 1946 (zitiert: *Ornstein*, Macht, Moral und Recht)

Otto, Lisa, Westward Ho! The evolution of maritime piracy in Nigeria, in: Portuguese Journal of Social Science, Bd. 13 (2014), S. 313–329 (zitiert: *Otto*, Portuguese J. Soc. Sci. 13 (2014), 313)

Oxman, Bernard H., Human Rights and the United Nations Convention on the Law of the Sea, in: Columbia Journal of Transnational Law, Bd. 36 (1998), S. 399–429 (zitiert: *Oxman*, Colum. J. Transnat'l L. 36 (1998), 399)

Oxman, Bernard H., The Regime of Warships Under the United Nations Convention on the Law of the Sea, in: Virginia Journal of International Law, Bd. 24 (1983-1984), S. 809–863 (zitiert: *Oxman*, Virg. J. Int'l L. 24 (1983-1984), 809)

Paige, Tamsin, Piracy and Universal Jurisdiction, in: Macquarie Law Journal, Bd. 12 (2013), S. 131–154 (zitiert: *Paige*, Mq. L. J. 12 (2013), 131)

Papadakis, Nikos, The International Legal Regime of Artificial Islands, Leiden 1977 (zitiert: *Papadakis*, The International Legal Regime of Artificial Islands)

Papp, Andreas, Extraterritoriale Schutzpflichten, Völkerrechtlicher Menschenrechtsschutz und die deutsche Außenwirtschaftsförderung, Berlin 2013 (zitiert: *Papp*, Extraterritoriale Schutzpflichten)

Pardo, Avid, Who will control the Seabed?, in: Foreign Affairs, Bd. 47 (1968-1969), S. 123–137 (zitiert: *Pardo*, Foreign Aff. 47 (1968-1969), 123)

Peppetti, Jon D., Building the Global Maritime Security Network: A Multinational Legal Structure to Combat Transnational Threats, in: Naval Law Review, Bd. 55 (2008), S. 73–156 (zitiert: *Peppetti*, Naval L. Rev. 55 (2008), 73)

Pestke, Silvia, Offshore-Windfarmen in der Ausschließlichen Wirtschaftszone, Baden-Baden 2008 (zitiert: *Pestke*, Offshore-Windfarmen)

Petras, Christopher M., The Law of Air Mobility – The International Legal Principles behind the U.S. Mobility Air Forces' Mission, in: Air Force Law Review, Bd. 66 (2010), S. 1–77 (zitiert: *Petras*, A. F. L. Rev. 66 (2010), 1)

Petretto, Kerstin, Diebstahl, Raub und erpresserische Geiselnahme im maritimen Raum – Eine Analyse zeitgenössischer Piraterie –, in: PiraT-Arbeitspapiere zur Maritimen Sicherheit, Nr. 8 (2011) (https://d-nb.info/1013880250/34

[zuletzt abgerufen am 26. März 2020]) (zitiert: *Petretto*, PiraT-Arbeitspapiere zur Maritimen Sicherheit Nr. 8 (2011))

Petretto, Kerstin, Piraterie als Problem der internationalen Politik, in: *Mair, Stefan* (Hrsg.), Piraterie und maritime Sicherheit: Fallstudien zu Afrika, Südostasien und Lateinamerika sowie Beiträge zu politischen, militärischen, rechtlichen und ökonomischen Aspekten, Berlin 2010, S. 10–19 (https://nbn-resolving.org/urn:nbn:de:0168-ssoar-262928 [zuletzt abgerufen am 26. März 2020]) (zitiert: *Petretto* in: Mair (Hrsg.), Piraterie und maritime Sicherheit, S. 10)

Petrig, Anna, The Use of Force and Firearms by Private Maritime Security Companies against Suspected Pirates, in: International and Comparative Law Quarterly, Bd. 62 (2013), S. 667–701 (zitiert: *Petrig*, Int'l & Comp. L. Q. 62 (2013), 667)

Petrovic, David, Moderne Piraterie: Hintergründe, Dynamiken und aktuelle Entwicklungen, in: *Bruns, Sebastian/Petretto, Kerstin/Petrovic, David* (Hrsg.), Maritime Sicherheit, Wiesbaden 2013, S. 99–113 (zitiert: *Petrovic* in: S. Bruns/Petretto/Petrovic (Hrsg.), Maritime Sicherheit, S. 99)

Pfeiffer, Michael, Die Bedeutung des IMO ISPS-Code für die Gefahrenabwehr in Seehäfen unter Einbeziehung anderer weltweiter Gefahrenabwehrinitiativen, Diplomarbeit Hochschule Bremen 2003 (https://docplayer.org/7693742-Die-bedeutung-des-imo-isps-code-fuer-die-gefahrenabwehr-in-seehaefen-unter-einbeziehung-anderer-weltweiter-gefahrenabwehrinitiativen.html [zuletzt abgerufen am 26. März 2020]) (zitiert: *M. Pfeiffer*, Die Bedeutung des IMO ISPS-Code für die Gefahrenabwehr in Seehäfen)

Pham, Peter J., Putting Somali piracy in context, in: Journal of Contemporary African Studies, Bd. 28 (2010), S. 325–341 (zitiert: *Pham*, J. Contemp. Afr. Stud. 28 (2010), 325)

Pizor, Brittany E., Lending an Invisible Hand to the Navy: Armed Guards as a Free Market Assistance to Defeating Piracy, in: Case Western Reserve Journal of International Law, Bd. 45 (2012-2013), S. 545–578 (zitiert: *Pizor*, Case West. Res. J. Int'l L. 45 (2012-2013), 545)

Plant, Glen, Offshore Renewable Energy: Smooth Permitting, Environmental Assessement and Fair Use Allocation, in: Journal of Water Law, Bd. 14 (2003), S. 73–95 (zitiert: *Plant*, J. Water L. 14 (2003), 73)

Plassmann, Alheydis, Die Wirkmächtigkeit von Feindbildern – Die Wikinger in den fränkischen und westfränkischen Quellen, in: *Hofmann, Kerstin P./Kamp, Hermann/Wemhoff, Matthias* (Hrsg.), Die Wikinger und das Fränkische Reich, Identitäten zwischen Konfrontation und Annäherung, Paderborn 2014, S. 61–83 (zitiert: *Plassmann* in: Hofmann/Kamp/Wemhoff (Hrsg.), Die Wikinger und das Fränkische Reich, S. 61)

Pottmeyer, Klaus, Kriegswaffenkontrollgesetz (KWKG), Kommentar, 2. Auflage, Köln 1994 (zitiert: *Pottmeyer*, KrWaffKontrG)

Poulantzas, Nicholas M., The Right of Hot Pursuit in International Law, Leiden 1969 (zitiert: *Poulantzas*, The Right of Hot Pursuit in International Law)

Presse- und Informationsamt der Bundesregierung, Dokumentation zu den Ereignissen und Entscheidungen im Zusammenhang mit der Entführung von Hanns Martin Schleyer und der Lufthansa-Maschine „Landshut", 2. Auflage, Bonn 1977 (zitiert: *Presse- und Informationsamt der Bundesregierung*, Dokumentation zu den Ereignissen und Entscheidungen im Zusammenhang mit der Entführung von Hanns Martin Schleyer und der Lufthansa-Maschine „Landshut")

PricewaterhouseCoopers, Deutsche Reeder suchen Weg aus der Krise, Die Ergebnisse einer Befragung von 101 Entscheidern in deutschen Hochseereedereien, Hamburg 2012 (https://www.pwc.de/de/transport-und-logistik/assets/studie-schifffahrt-2012.pdf [zuletzt abgerufen am 26. März 2020]) (zitiert: *PricewaterhouseCoopers*, Deutsche Reeder suchen Weg aus der Krise)

Priddy, Alice/Casey-Maslen, Stuart, Counter-piracy Operations by Private Maritime Security Contractors, in: Journal of International Criminal Justice, Bd. 10 (2012), S. 839–856 (zitiert: *Priddy/Casey-Maslen*, J. Int'l Crim. Just. 10 (2012), 839)

Proelß, Alexander (Hrsg.), United Nations Convention on the Law of the Sea, A Commentary, München 2017 (zitiert: *Bearbeiter* in: Proelß, UNCLOS)

Proelß, Alexander, Piracy and the Use of Force, in: *Koutrakos, Panos/Skordas, Achilles* (Hrsg.), The Law and Practice of Piracy at Sea, European and International Perspectives, Oxford 2014, S. 53–66 (zitiert: *Proelß* in: Koutrakos/Skordas (Hrsg.), The Law and Practice of Piracy at Sea, S. 53)

Pryor, John H./Jeffreys, Elizabeth M., The Age of Dromōn, The Byzantine Navy ca 500-1204, Leiden 2006 (zitiert: *Pryor/Jeffreys*, The Age of Dromōn)

Puhle, Matthias, Die Vitalienbrüder, Klaus Störtebeker und die Seeräuber der Hansezeit, Frankfurt am Main 1992 (zitiert: *Puhle*, Die Vitalienbrüder)

Qu, Xiaobo/Meng, Qiang, The economic importance of the Straits of Malacca and Singapore: An extreme-scenario analysis, in: Transportation Research Part E: Logistics and Transportation Review, Bd. 48 (2012), S. 258–265 (zitiert: *Qu/Meng*, Transp. Research Pt. E: Logist. & Transp. Rev. 48 (2012), 258)

Rajan, H. P., The Legal Regime of Archipelagos, in: German Yearbook of International Law, Bd. 29 (1986), S. 137–153 (zitiert: *Rajan*, German Y.B. Int'l L. 29 (1986), 137)

Ralby, Ian M., Maritime Security and the ICoC, The provision of private maritime security unter the International Code of Conduct, in: Journal of

International Peace Operations, Bd. 7 Nr. 3 (2011), S. 14–16 (zitiert: *Ralby*, J. Int'l Peace Operations 7/3 (2011), 14)

Ralston, Jackson H., The Law and Procedure of International Tribunals, Being a Résumé of the Views of Arbitrators upon Questions Arising unter the Law of Nations and of the Procedure and Practice of International Courts, überarbeitete Auflage, Stanford 1926 (zitiert: *Ralston*, The Law and Procedure of International Tribunals)

Rayfuse, Rosemary Gail, Non-Flag State Enforcement in High Seas Fisheries, Leiden 2004 (zitiert: *Rayfuse*, Non-Flag State Enforcement in High Seas Fisheries)

Rayfuse, Rosemary, Regulation and Enforcement in the Law of the Sea: Emerging Assertions of a Right to Non-flag State Enforcement in the High Seas Fisheries and Disarmament Contexts, in: Australian Yearbook of International Law, Bd. 24 (2005), S. 181–200 (zitiert: *Rayfuse*, Austl. Y.B. Int'l L. 24 (2005), 181)

Renaud, Jean, Les Vikings et la Normandie, Rennes 1989 (zitiert: *Renaud*, Les Vikings et la Normandie)

Reuland, Robert C. F., Interference with Non-National Ships on the High Seas: Peacetime Exceptions to the Exclusivity Rule of Flag-State Jurisdiction, in: Vanderbilt Journal of Transnational Law, Bd. 22 (1989), S. 1161–1229 (zitiert: *Reuland*, Vand. J. Transnat'l L. 22 (1989), 1161)

Reuland, Robert C., The Customary Right of Hot Pursuit Onto the High Seas: Annotations to Article 111 of the Law of the Sea Convention, in: Virginia Journal of International Law, Bd. 33 (1992-1993), S. 557–589 (zitiert: *Reuland*, Virg. J. Int'l L. 33 (1992-1993), 557)

Rhein, Kay-Uwe, Personenstandsgesetz, Beck-Online 2012 (zitiert: *Rhein*, NK PStG)

Richard, Theodore T., Reconsidering the Letter of Marque: Utilizing Private Security Providers against Piracy, in: Public Contract Law Journal, Bd. 39 (2009-2010), S. 411–464 (zitiert: *Richard*, Pub. Cont. L. J. 39 (2009-2010), 411)

Richards, Julian D., Die Wikinger, Stuttgart 2011 (zitiert: *Richards*, Die Wikinger)

Ringbom, Henrik, The EU Maritime Safety Policy and International Law, Leiden 2008 (zitiert: *Ringbom*, The EU Maritime Safety Policy and International Law)

Ritucci-Chinni, Alexandra, The Solution to International Cruise Ship Pollution: How Harmonizing the International Legal Regime can Help Save the Seas, in: Dartmouth Law Journal, Bd. 7 (2009), S. 27–60 (zitiert: *Ritucci-Chinni*, Dartmouth L. J. 7 (2009), 27)

Rohmann, Gregor, Der Kaperfahrer Johann Stortebeker aus Danzig, Beobachtungen zur Geschichte der „Vitalienbrüder", in: Hansische Geschichtsblätter, 125. Jg. (2007), S. 77–119 (zitiert: *Rohmann*, HGbll. 125 (2007), 77)

Ronzitti, Natalino, The Use of Private Contractors in the Fight against Piracy: Policy Options, in: *Francioni, Francesco/Ronzitti, Natalino* (Hrsg.), War by Contract, Human Rights, Humanitarian Law, and Private Contractors, Oxford 2011, S. 37–51 (zitiert: *Ronzitti* in: Francioni/Ronzitti (Hrsg.), War by Contract, S. 37)

Rosiers, Guy Des, The *Enrica Lexie* Case: Criminal Jurisdiction at Sea, in: ILSA Quarterly, Bd. 22 Heft 2 (2013-2014), S. 18–23 (zitiert: *Rosiers*, ILSA Quart. 22/2 (2013-2014), 18)

Rubin, Alfred P., Is Piracy Illegal?, in: American Journal of International Law, Bd. 70 (1976), S. 92–95 (zitiert: *Rubin*, Am. J. Int'l L. 70 (1976), 92)

Rubin, Alfred P., The Law of Piracy, Newport (Rhode Island) 1988 (zitiert: *Rubin*, The Law of Piracy)

Rudloff, Bettina/Weber, Annette, Somalia und der Golf von Aden, in: *Mair, Stefan* (Hrsg.), Piraterie und maritime Sicherheit: Fallstudien zu Afrika, Südostasien und Lateinamerika sowie Beiträge zu politischen, militärischen, rechtlichen und ökonomischen Aspekten, Berlin 2010, S. 36–45 (https://nbn-resolving.org/urn:nbn:de:0168-ssoar-262928 [zuletzt abgerufen am 26. März 2020]) (zitiert: *Rudloff/Weber* in: Mair (Hrsg.), Piraterie und maritime Sicherheit, S. 36)

Rugullis, Sven, Die Barbaren in den spätrömischen Gesetzen, Eine Untersuchung des Terminus *barbarus*, Frankfurt am Main 1992 (zitiert: *Rugullis*, Die Barbaren in den spätrömischen Gesetzen)

Runkel, Hartmut, Bewachungsaufgaben auf Hoher See, in: Gewerbearchiv, 2014, S. 242–245 (zitiert: *Runkel*, GewArch 2014, 242)

Rusli, Mohd Hazmi Bin Mohd, Balancing shipping and the protection of the marine environment of straits used for international navigation: a study of the straits of Malacca and Singapore, Dissertation Universität Wollongong 2012 (https://ro.uow.edu.au/theses/3511/ [zuletzt abgerufen am 26. März 2020]) (zitiert: *Rusli*, Balancing shipping and the protection of the marine environment of straits)

Rutkowski, Lawrence/Paulsen, Bruce G./Stoian, Jonathan D., Mugged Twice?: Payment of Ransom on the High Seas, in: American University Law Review, Bd. 59 (2009-2010), S. 1425–1448 (zitiert: *Rutkowski/Paulsen/Stoian*, Am. U. L. Rev. 59 (2009-2010), 1425)

Ruys, Tom, The ‚Protection of Nationals' Doctrine Revisited, in: Journal of Conflict and Security Law, Bd. 13 (2008), S. 233–271 (zitiert: *Ruys*, J. Confl. & Sec. L. 13 (2008), 233)

Salomon, Tim René, Rechtliche Dimensionen des maritimen Raumes, in: *Bruns, Sebastian/Petretto, Kerstin/Petrovic, David* (Hrsg.), Maritime Sicherheit,

Wiesbaden 2013, S. 53–68 (zitiert: *Salomon* in: S. Bruns/Petretto/Petrovic (Hrsg.), Maritime Sicherheit, S. 53)

Salomon, Tim René/tho Pesch, Sebastian, Das Zulassungsregime für bewaffnete Sicherheitsdienste auf Handelsschiffen, in: Die Öffentliche Verwaltung, 2013, S. 760–769 (zitiert: *Salomon/tho Pesch*, DÖV 2013, 760)

Salomon, Tim René/tho Pesch, Sebastian, Zertifizierung bewaffneter Sicherheitskräfte auf deutschen Handelsschiffen und Staatshaftung, in: Zeitschrift für öffentliches Recht in Norddeutschland, 2012, S. 65–71 (zitiert: *Salomon/tho Pesch*, NordÖR 2012, 65)

Samatar, Abdi Ismail, Ethiopian Invasion of Somalia, US Warlordism & AU Shame, in: Review of African Political Economy, Bd. 34 (2007), S. 155–165 (zitiert: *Samatar*, Rev. Afr. Pol. Econ. 34 (2007), 155)

Sarpong, G. A., The Marine Pollution Problem : Some Lessons from UNCLOS, in: Environmental Policy and Law, Bd. 23 (1993), S. 87–101 (zitiert: *Sarpong*, Envtl. Pol'y & L. 23 (1993), 87)

Sattler, Christoph, Die Piraterie im modernen Seerecht und die Bestrebungen der Ausweitung des Pirateriebegriffes im neueren Völkerrecht, Dissertation Universität Bonn 1971 (zitiert: *Sattler*, Die Piraterie im modernen Seerecht)

Sawyer, Birgit/Sawyer, Peter, Die Welt der Wikinger, Berlin 2002 (zitiert: *B. Sawyer/P. Sawyer*, Welt der Wikinger)

Sawyer, Peter, The Last Scandinavian Kings of York, in: Northern History, Bd. 31 (1995), S. 39–44 (zitiert: *P. Sawyer*, Northern History 31 (1995), 39)

Schaller, Christian, Die strafrechtliche Verfolgung von Piraten, in: *Mair, Stefan* (Hrsg.), Piraterie und maritime Sicherheit: Fallstudien zu Afrika, Südostasien und Lateinamerika sowie Beiträge zu politischen, militärischen, rechtlichen und ökonomischen Aspekten, Berlin 2010, S. 91–100 (https://nbn-resolving.org/urn:nbn:de:0168-ssoar-262928 [zuletzt abgerufen am 26. März 2020]) (zitiert: *Schaller* in: Mair (Hrsg.), Piraterie und maritime Sicherheit, S. 91)

Schiedermair, Hartmut, Das Verbot des Rechtsmißbrauchs und die Regelung des Transitverkehrs nach Berlin, in: Zeitschrift für ausländisches öffentliches Recht und Völkerrecht, 1978, S. 160–181 (zitiert: *H. Schiedermair*, ZaöRV 1978, 160)

Schiedermair, Stephanie, Piratenjagd im Golf von Aden, in: Archiv des öffentlichen Rechts, Bd. 135 (2010), S. 185–220 (zitiert: *S. Schiedermair*, AöR 135 (2010), 185)

Schladebach, Marcus, Luftrecht, 2. Auflage, Tübingen 2018 (zitiert: *Schladebach*, Luftrecht)

Schlagheck, Donna M., International Terrorism, An Introduction to the Concepts and Actors, Lexington (Massachusetts) 1988 (zitiert: *Schlagheck*, International Terrorism)

Schlikker, Gerhard, Die völkerrechtliche Lehre von der Piraterie und den ihr gleichgestellten Verbrechen, Leipzig 1907 (zitiert: *Schlikker*, Die völkerrechtliche Lehre von der Piraterie)

Schmahl, Stefanie, Die Bekämpfung der Seepiraterie, in: Archiv des öffentlichen Rechts, Bd. 136 (2011), S. 44–94 (zitiert: *Schmahl*, AöR 136 (2011), 44)

Schmidl, Matthias, The Changing Nature of Self-Defence in International Law, Wien 2009 (zitiert: *Schmidl*, The Changing Nature of Self-Defence in International Law)

Schmidt, Ludwig, Geschichte der Wandalen, 2. Auflage, München 1942 (Nachdruck 1970) (zitiert: *Schmidt*, Geschichte der Wandalen)

Schmitt, Heinrich, Die Vorgeschichte der in der Pariser Seerechtsdeklaration niedergelegten Grundsätze, München 1934 (zitiert: *Schmitt*, Die Vorgeschichte der in der Pariser Seerechtsdeklaration niedergelegten Grundsätze)

Schnall, Uwe, Navigation der Wikinger, Nautische Probleme der Wikingerzeit im Spiegel der schriftlichen Quellen, Oldenburg 1975 (zitiert: *Schnall*, Navigation der Wikinger)

Schöbener, Burkhard (Hrsg.), Völkerrecht, Lexikon zentraler Begriffe und Themen, Heidelberg 2014 (zitiert: *Bearbeiter*, Begriff, in: Schöbener (Hrsg.), Völkerrecht)

Schöbener, Burkhard/Knauff, Matthias, Allgemeine Staatslehre, 4. Auflage, München 2019 (zitiert: *Schöbener/Knauff*, Allgemeine Staatslehre)

Schoch, Friedrich (Hrsg.), Besonderes Verwaltungsrecht, München 2018 (zitiert: *Bearbeiter* in: Schoch (Hrsg.), Besonderes Verwaltungsrecht)

Scholz, Doreen, Piraterie als Regelungsgegenstand des Völkerrechts, in: *Weingärtner, Dieter/Krieger, Heike* (Hrsg.), Streitkräfte und nicht-staatliche Akteure, Baden-Baden 2013, S. 101–135 (zitiert: *Scholz* in: Weingärtner/Krieger (Hrsg.), Streitkräfte und nicht-staatliche Akteure, S. 101)

Schönke, Adolf/Schröder, Horst, Strafgesetzbuch, Kommentar, bearb. v. *Eser, Albin/Perron, Walter/Sternberg-Lieben, Detlev/et al.*, 30. Auflage, München 2019 (zitiert: *Bearbeiter* in: Schönke/Schröder, StGB)

Schrantz, Joe, The Long Range Acoustic Device: Don't Call It a Weapon – Them's Fightin' Words, in: Army Lawyer, Bd. 2010 Heft 8, S. 53–59 (zitiert: *Schrantz*, Army Law. 2010/8 (2010), 53)

Schupp, Jason M., The Clay Bill: Testing the Limits of Port State Sovereignty, in: Maryland Journal of International Law and Trade, Bd. 18 (1994), S. 199–226 (zitiert: *Schupp*, Maryland J. Int'l L. & Trade 18 (1994), 199)

Schwarzenberger, Georg, International Law, Volume I, International Law as Applied by International Courts and Tribunals: I, 3. Auflage, London 1957 (zitiert: *Schwarzenberger*, International Law, Bd. I)

Seebode, Manfred, Gesetzliche Notwehr und staatliches Gewaltmonopol, in: Recht und Kriminalität, Festschrift für Friedrich-Wilhelm Krause zum 70. Geburtstag, Köln 1990, S. 375–391 (zitiert: *Seebode* in: FS Krause, S. 375)

Seiberth, Corinna, Private Military and Security Companies in International Law, A Challenge for Non-binding Norms: the Montreux Document and the International Code of Conduct for Private Security Service Providers, Cambridge 2014 (zitiert: *Seiberth*, Private Military and Security Companies in International Law)

Seidl-Hohenveldern, Ignaz (Hrsg.), Lexikon des Rechts, Völkerrecht, Neuwied 2001 (zitiert: *Bearbeiter*, Begriff, in: Seidl-Hohenveldern (Hrsg.), Lexikon des Rechts, Völkerrecht)

Seiler, Christian, Der souveräne Verfassungsstaat zwischen demokratischer Rückbildung und überstaatlicher Einbindung, Tübingen 2005 (zitiert: *Seiler*, Der souveräne Verfassungsstaat)

Sellström, Tor, Africa in the Indian Ocean, Islands in Ebb and Flow, Leiden 2015 (zitiert: *Sellström*, Africa in the Indian Ocean)

Selzer, Stephan, Seeräuber in Heringstonnen?, Gewaltausübung und Gewalterfahrung auf hanseatischen Schiffsbauten des Spätmittelalters, in: *Grieb, Volker/Todt, Sabine* (Hrsg.), Piraterie von der Antike bis zur Gegenwart, Stuttgart 2012, S. 115–138 (zitiert: *Selzer* in: Grieb/Todt (Hrsg.), Piraterie von der Antike bis zur Gegenwart, S. 115)

Sengbusch, René, Die Subsidiarität der Notwehr, Zum Verhältnis von eigenhändiger Verteidigung und der Abwehr eines Angriffs durch staatliche oder private Helfer, Berlin 2008 (zitiert: *Sengbusch*, Die Subsidiarität der Notwehr)

Severance, Arthur Alan, The Duty to Render Assistance in the Satellite Age, in: California Western International Law Journal, Bd. 35 (2005-2006), S. 377–400 (zitiert: *Severance*, Cal. W. Int'l L. J. 35 (2005-2006), 377)

Shah, Reema, Beating Blackwater: Using Domestic Legislation to Enforce the International Code of Conduct for Private Military Companies, in: Yale Law Journal, Bd. 123 (2014), S. 2559–2573 (zitiert: *Shah*, Yale L. J. 123 (2014), 2559)

Shaw, Malcolm N., International Law, 8. Auflage, Cambridge 2017 (zitiert: *Shaw*, International Law)

Shearer, I. A., Problems of Jurisdiction and Law Enforcement against Delinquent Vessels, in: International and Comparative Law Quarterly, Bd. 35 (1986), S. 320–343 (zitiert: *Shearer*, Int'l & Comp. L. Q. 35 (1986), 320)

Shnider, Samuel, Universal Jurisdiction Over „Operation of a Pirate Ship“: The Legality of the Evolving Piracy Definition in Regional Prosecutions, in: North Carolina Journal of International Law and Commercial Regulation, Bd. 38 (2012-2013), S. 473–569 (zitiert: *Shnider*, N.C. J. Int'l L. & Com. Reg. 38 (2012-2013), 473)

Shortland, Anja/Vothknecht, Marc, Combating „maritime terrorism“ off the coast of Somalia, in: European Journal of Political Economy, Bd. 27 (2011), S. 133–151 (zitiert: *Shortland/Vothknecht*, Europ. J. Pol. Econ. 27 (2011), 133)

Sibert, Marcel, Traité de Droit International Public, Le Droit de la Paix, Tome Premier, Paris 1951 (zitiert: *Sibert*, Traité de Droit International Public, Bd. I)

Simek, Rudolf, Die Wikinger, 6. Auflage, München 2016 (zitiert: *Simek*, Die Wikinger)

Simek, Rudolf, The Emergence of the Viking Age: Reasons and Triggers, in: *Simek, Rudolf* (Hrsg.), Vikings on the Rhine, Recent Research on Early Medieval Relations between the Rhinelands and Scandinavia, Wien 2004, S. 9–22 (zitiert: *Simek* in: Simek (Hrsg.), Vikings on the Rhine, S. 9)

Simma, Bruno/Khan, Daniel-Erasmus/Nolte, Georg/Paulus, Andreas (Hrsg.), The Charter of the United Nations, A Commentary, Volume II, 3. Auflage, Oxford 2012 (zitiert: *Bearbeiter* in: Simma/Khan/Nolte/Paulus, Bd. II)

Simonnet, Maurice-René, La Convention sur la haute mer, Adoptée à Genève le 29 avril 1958 par la Conférence des Nations Unies sur le droit de la mer, Paris 1966 (zitiert: *Simonnet*, La Convention sur la haute mer)

Simpson, John Andrew/Weiner, Edmund S. C. (Hrsg.), The Oxford English Dictionary, 2. Auflage, Oxford 1989 (zitiert: Begriff, Simpson/Weiner (Hrsg.), The Oxford English Dictionary)

Sittnick, Tammy M., State Responsibility and Maritime Terrorism in the Strait of Malacca: Persuading Indonesia and Malaysia to take additional Steps to secure the Strait, in: Pacific Rim Law and Policy Journal, Bd. 14 (2005), S. 743–769 (zitiert: *Sittnick*, Pac. Rim L. & Pol'y J. 14 (2005), 743)

Skourtos, Nikolaos St., Die Billig-Flaggen-Praxis und die staatliche Flaggenverleihungsfreiheit, Köln 1990 (zitiert: *Skourtos*, Die Billig-Flaggen-Praxis)

Smith, Wilbur Holmes II, The Duty to Render Assistance at Sea: Is It Effective or Adrift?, in: California Western International Law Journal, Bd. 2 (1971), S. 146–163 (zitiert: *Smith*, Cal. W. Int'l L. J. 2 (1971), 146)

Souza, Philip de, Piracy in the Graeco-Roman World, Cambridge 1999 (zitiert: *de Souza*, Piracy in the Graeco-Roman World)

Souza, Philip de, Pirates and Politics in the Roman World, in: *Grieb, Volker/Todt, Sabine* (Hrsg.), Piraterie von der Antike bis zur Gegenwart, Stuttgart 2012,

S. 47–74 (zitiert: *de Souza* in: Grieb/Todt (Hrsg.), Piraterie von der Antike bis zur Gegenwart, S. 47)

Spearin, Christopher, Private Military and Security Companies v. International Naval Endeavours v. Somali Pirates, in: Journal of International Criminal Justice, Bd. 10 (2012), S. 823–837 (zitiert: *Spearin*, J. Int'l Crim. Just. 10 (2012), 823)

Stanger, Roland J., Criminal Jurisdiction over Visiting Armed Forces, in: International Law Studies Series. US Naval War College, Bd. 52 (1957-1958) (zitiert: *Stanger*, Criminal Jurisdiction over Visiting Armed Forces)

Stehr, Michael, Chaos am Horn von Afrika, Bürgerkrieg und organisierte Kriminalität sind die Ursachen der Piraterie, in: Internationale Politik, Bd. 64 Heft 6 (2009), S. 63–67 (zitiert: *Stehr*, IP 64/6 (2009), 63)

Stehr, Michael, Maritime Bedrohungen und deutsche Sicherheitspolitik, in: Zeitschrift für Außen- und Sicherheitspolitik, Bd. 2 Heft 1 (2009), S. 55–65 (zitiert: *Stehr*, ZFAS 2/1 (2009), 55)

Stehr, Michael, Piraterie und Terror auf See, Nicht-Staatliche Gewalt auf den Weltmeeren 1990 bis 2004, Berlin 2004 (zitiert: *Stehr*, Piraterie und Terror auf See)

Stehr, Michael, Seestreitkräfte gegen Piraten, Lagebild gegen Ende 2008, in: Marine Forum, Heft 1/2 (2009), S. 5–9 (zitiert: *Stehr*, Marine Forum 1/2 (2009), 5)

Stein, Torsten, Völkerrechtliche und verfassungsrechtliche Fragen des Schutzes der deutschen Handelsflotte durch die Bundesmarine, in: Recht - Staat - Gemeinwohl, Festschrift für Dietrich Rauschning, Köln 2001, S. 487–500 (zitiert: *Stein* in: FS Rauschning, S. 487)

Stein, Torsten/von Buttlar, Christian/Kotzur, Markus, Völkerrecht, 14. Auflage, München 2017 (zitiert: *Stein/v. Buttlar/Kotzur*, Völkerrecht)

Stephens, Tim/Rothwell, Donald R., The LOSC Framework for Maritime Jurisdiction and Enforcement 30 Years On, in: International Journal of Marine and Coastal Law, Bd. 27 (2012), S. 701–709 (zitiert: *Stephens/Rothwell*, Int'l J. Marine & Coastal L. 27 (2012), 701)

Sterio, Milena, Fighting Piracy in Somalia (and Elsewhere): Why More is Needed, in: Fordham International Law Journal, Bd. 33 (2009-2010), S. 372–408 (zitiert: *Sterio*, Fordham Int'l L. J. 33 (2009-2010), 372)

Sterio, Milena, International Law in Crisis: Piracy off the Coast of Somalia, in: Case Western Reserve Journal of International Law, Bd. 44 (2011), S. 291–302 (zitiert: *Sterio*, Case West. Res. J. Int'l L. 44 (2011), 291)

Stiles, Ethan C., Reforming Current International Law to Combat Modern Sea Piracy, in: Suffolk Transnational Law Review, Bd. 27 (2003-2004), S. 299–326 (zitiert: *Stiles*, Suffolk Transnat'l L. Rev. 27 (2003-2004), 299)

Stober, Rolf, Staatliches Gewaltmonopol und privates Sicherheitsgewerbe, Plädoyer für eine Police-Private-Partnership, in: Neue Juristische Wochenschrift, 1997, S. 889–896 (zitiert: *Stober*, NJW 1997, 889)

Strobel, August, Der spätbronzezeitliche Seevölkersturm, Ein Forschungsüberblick mit Folgerungen zur Biblischen Exodusthematik, Berlin 1976 (zitiert: *Strobel*, Der spätbronzezeitliche Seevölkersturm)

Strupp, Karl (Hrsg.), Wörterbuch des Völkerrechts und der Diplomatie, Zweiter Band, Berlin 1925 (zitiert: *Bearbeiter*, Begriff, in: Strupp (Hrsg.), Wörterbuch des Völkerrechts und der Diplomatie, Bd. II)

Stumvoll, Konstantin, Die Drohne - Das unbemannte Luftfahrzeug im Völkerrecht, Hamburg 2015 (zitiert: *Stumvoll*, Die Drohne)

Surbun, Vishal, The developing jurisprudence to combat modern maritime piracy: a crime of the high seas?, in: Comparative and International Law Journal of Southern Africa, Bd. 43 (2010), S. 1–22 (zitiert: *Surbun*, Comp. & Int'l L. J. So. Afr. 43 (2010), 1)

Svanberg, Fredrik, Vikingatiden i Skåne, Lund 2000 (zitiert: *Svanberg*, Vikingatiden i Skåne)

Symmons, Clive R., Embarking Vessel Protection Detachments and Private Armed Guards on Board Commercial Vessels: International Legal Consequences and Problems under the Law of the Sea, in: Military Law and the Law of War Review, Bd. 51 (2012), S. 21–72 (zitiert: *Symmons*, Mil. L. & L. War Rev. 51 (2012), 21)

Tamm, Peter, Einführung in die Thematik „Piraterie“, in: *Klüver, Hartmut* (Hrsg.), Piraterie - einst und jetzt, Vorträge des 2. Hamburger Symposiums zur Schiffahrts- und Marinegeschichte vom 25. – 26. Mai 2000, Düsseldorf 2001, S. 3–7 (zitiert: *Tamm* in: Klüver (Hrsg.), Piraterie - einst und jetzt, S. 3)

Tanaka, Yoshifumi, The International Law of the Sea, 3. Auflage, Cambridge 2019 (zitiert: *Tanaka*, International Law of the Sea)

Tauman, Jessica E., Rescued at Sea, but Nowhere to Go: The Cloudy Legal Waters of the *Tampa* Crises, in: Pacific Rim Law and Policy Journal, Bd. 11 (2002), S. 461–496 (zitiert: *Tauman*, Pac. Rim L. & Pol'y J. 11 (2002), 461)

Tempest, Mark, Legal consideration for private naval company armed anti-piracy escorts, in: *Berube, Claude/Cullen, Patrick* (Hrsg.), Maritime Private Security, Market responses to piracy, terrorism and waterborne security risks in the 21st century, Oxon 2012, S. 86–97 (zitiert: *Tempest* in: Berube/Cullen (Hrsg.), Maritime Private Security, S. 86)

Tettinger, Peter J./Wank, Rolf/Ennuschat, Jörg, Gewerbeordnung, Kommentar, 8. Auflage, München 2011 (zitiert: *Bearbeiter* in: Tettinger/Wank/Ennuschat, GewO)

Thao, Nguyen Hong/Amer, Ramses, A New Legal Arrangement for the South China Sea?, in: Ocean Development and International Law, Bd. 40 (2009), S. 333–349 (zitiert: *Thao/Amer*, Ocean Dev. & Int'l L. 40 (2009), 333)

Thedwall, Craig, Choosing the Right Yardarm: Establishing an International Court for Piracy, in: Georgetown Journal of International Law, Bd. 41 (2010), S. 501–523 (zitiert: *Thedwall*, Geo. J. Int'l L. 41 (2010), 501)

Thiel, Markus, Polizei- und Ordnungsrecht, 4. Auflage, Baden-Baden 2020 (zitiert: *Thiel*, Polizei- und Ordnungsrecht)

Thomas, A. R./Duncan, James C., Annotated Supplement to The Commander's Handbook on the Law of Naval Operations, in: International Law Studies Series. US Naval War College, Bd. 73 (1999) (zitiert: *Thomas/Duncan*, Annotated Supplement to The Commander's Handbook on the Law of Naval Operations)

Thuong, Le T., From Flags of Convenience to Captive Ship Registries, in: Transportation Journal, Bd. 27 Heft 2 (1987), S. 22–34 (zitiert: *Thuong*, Transp. J. 27/2 (1987), 22)

Tiribelli, Carlo, Time to Update the 1988 Rome Convention for the Suppression of Unlawful Acts against the Safety of Maritime Navigation, in: Oregon Review of International Law, Bd. 8 (2006), S. 133–155 (zitiert: *Tiribelli*, Or. Rev. Int'l L. 8 (2006), 133)

Tondini, Matteo, Some Legal and Non-Legal Reflections on the Use of Armed Protection Teams on Board Merchant Vessels: An Introduction to the Topic, in: Military Law and the Law of War Review, Bd. 51 (2012), S. 7–19 (zitiert: *Tondini*, Mil. L. & L. War Rev. 51 (2012), 7)

Toomse, Rene, Piracy in Gulf of Aden: Considering the Effects of Private Protection Teams, in: Baltic Security and Defense Review, Bd. 11 Heft 2 (2009), S. 169–185 (zitiert: *Toomse*, Baltic Sec. & Def. Rev. 11/2 (2009), 169)

Topp, Claudia, Einführung des Zulassungsverfahrens für Bewachungsunternehmen auf Seeschiffen gemäß § 31 GewO, in: *Brake, Moritz* (Hrsg.), Maritime Sicherheit – Moderne Piraterie, Hintergründe, Gefahren und mögliche Gegenmaßnahmen, Frankfurt am Main 2015, S. 193–210 (zitiert: *Topp* in: Brake (Hrsg.), Maritime Sicherheit – Moderne Piraterie, S. 193)

Trésoret, Michael, Seepiraterie, Völkerrechtliche, europarechtliche und verfassungsrechtliche Rahmenbedingungen der Auslandsentsendung deutscher Streitkräfte zur Bekämpfung der Seeräuberei, Baden-Baden 2011 (zitiert: *Trésoret*, Seepiraterie)

Treves, Tullio, Piracy, Law of the Sea, and Use of Force: Developments off the Coast of Somalia, in: European Journal of International Law, Bd. 20 (2009), S. 399–414 (zitiert: *Treves*, Europ. J. Int'l L. 20 (2009), 399)

Treves, Tullio, The Convention for the Suppression of Unlawful Acts against the Safety of Maritime Navigation, in: Singapore Journal of International and Comparative Law, Bd. 2 (1998), S. 541–554 (zitiert: *Treves*, Sing. J. Int'l & Comp. L. 2 (1998), 541)

Treves, Tullio, The Rome Convention for the Suppression of Unlawful Acts Against the Safety of Maritime Navigation, in: *Ronzitti, Natalino* (Hrsg.), Maritime Terrorism and International Law, Dordrecht 1990, S. 69–90 (zitiert: *Treves* in: Ronzitti (Hrsg.), Maritime Terrorism and International Law, S. 69)

Tsilis, Thomas, Counter-Piracy Escort Operations in the Gulf of Aden, Masterarbeit Naval Postgraduate School 2011 (http://hdl.handle.net/10945/5633 [zuletzt abgerufen am 26. März 2020]) (zitiert: *Tsilis*, Counter-Piracy Escort Operations in the Gulf of Aden)

Tuerk, Helmut, Combating Terrorism at Sea – The Suppression of Unlawful Acts Against the Safety of Maritime Navigation, in: University of Miami International and Comparative Law Review, Bd. 15 (2007-2008), S. 337–367 (zitiert: *Tuerk*, U. Miami Int'l & Comp. L. Rev. 15 (2007-2008), 337)

Tuerk, Helmut, The Landlocked States and the Law of the Sea, in: Revue Belge de Droit International, Bd. 40 (2007), S. 91–112 (zitiert: *Tuerk*, Rev. Belge Dr. Int. 40 (2007), 91)

Ugoh, Samuel C., Oil Politics and the Crises of Development in the Niger Delta, in: Journal of Sustainable Development in Africa, Bd. 10 Nr. 2 (2008), S. 91–115 (zitiert: *Ugoh*, J. Sust. Dev. Afr. 10/2 (2008), 91)

Umejesi, Ikechukwu/Akpan, Wilson, Oil Exploration and Local Opposition in Colonial Nigeria: Unterstanding the Roots of Contemporary State-Community Conflict in the Niger Delta, in: South African Review of Sociology, Bd. 44 (2013), S. 111–130 (zitiert: *Umejesi/Akpan*, So. Afr. Rev. Soc. 44 (2013), 111)

Uniacke, Suzanne, Self-Defense and Natural Law, in: American Journal of Jurisprudence, Bd. 36 (1991), S. 73–101 (zitiert: *Uniacke*, Am. J. Juris. 36 (1991), 73)

Unruh, Werner von, Erlaubt die Rechtsordnung den Einsatz privater Sicherheitsdienste zum Schutz vor Piratenangriffen?, in: *Brake, Moritz* (Hrsg.), Maritime Sicherheit – Moderne Piraterie, Hintergründe, Gefahren und mögliche Gegenmaßnahmen, Frankfurt am Main 2015, S. 187–192 (zitiert: *v. Unruh* in: Brake (Hrsg.), Maritime Sicherheit – Moderne Piraterie, S. 187)

Uprety, Kishor, Landlocked States and Access to the Sea: An Evolutionary Study of a Contested Right, in: Dickinson Journal of International Law, Bd. 12 (1993-1994), S. 401–496 (zitiert: *Uprety*, Dick. J. Int'l L. 12 (1993-1994), 401)

Ushie, Vanessa/Adeniyi, Oluwatosin/Akongwale, Sabastine, Oil revenue, institutions and macroeconomic indicators in Nigeria, in: OPEC Energy Review,

Bd. 37 (2013), S. 30–52 (zitiert: *Ushie/Adeniyi/Akongwale*, OPEC En. Rev. 37 (2013), 30)

Vecchio, Angela del, The Fight Against Piracy and the *Enrica Lexie* Case, in: Law of the Sea, From Grotius to the International Tribunal for the Law of the Sea, Liber Amicorum Judge Hugo Caminos, Leiden 2015, S. 397–422 (zitiert: *del Vecchio* in: FS Caminos, S. 397)

Velleius Paterculus, Historia Romana (zitiert aus: *Shipley, Frederick W.*, *Velleius Paterculus*, Compendium of Roman History, Res Gestae Divi Augusti, Cambridge 2002) (zitiert: *Velleius Paterculus*, Historia Romana)

Verdross, Alfred/Simma, Bruno, Universelles Völkerrecht, Theorie und Praxis, 3. Auflage, Berlin 1984 (Nachdruck 2010) (zitiert: *Verdross/Simma*, Universelles Völkerrecht)

Verhoeven, Harry, The self-fulfilling prophecy of failed states: Somalia, state collapse and the Global War on Terror, in: Journal of Eastern African Studies, Bd. 3 (2009), S. 405–425 (zitiert: *Verhoeven*, J. East. Afr. Stud. 3 (2009), 405)

Vespe, Michele/Greidanus, Harm/Alvarez Alvarez, Marlene, The declining impact of piracy on maritime transport in the Indian Ocean: Statistical analysis of 5-year vessel tracking data, in: Marine Policy, Bd. 59 (2015), S. 9–15 (zitiert: *Vespe/Greidanus/Alvarez Alvarez*, Marine Pol'y 59 (2015), 9)

Vitzthum, Wolfgang Graf (Hrsg.), Handbuch des Seerechts, München 2006 (zitiert: *Bearbeiter* in: Graf Vitzthum (Hrsg.), Handbuch des Seerechts)

Vitzthum, Wolfgang Graf/Proelß, Alexander (Hrsg.), Völkerrecht, 7. Auflage, Berlin 2016 (zitiert: *Bearbeiter* in: Graf Vitzthum/Proelß (Hrsg.), Völkerrecht)

Vogel, Walther, Die Normannen und das fränkische Reich bis zur Gründung der Normandie (799–911), Heidelberg 1906 (zitiert: *Vogel*, Die Normannen und das fränkische Reich)

Volz, Markus, Extraterritoriale Terrorismusbekämpfung, Berlin 2007 (zitiert: *Volz*, Extraterritoriale Terrorismusbekämpfung)

Wagner, Norbert, Pirata hostis generi humani, Zu den rechtlichen Grundlagen der Bekämpfung von Piraterie durch Seestreitkräfte, in: Humboldt Forum Recht, Nr. 3/2010 (https://www.rewi.hu-berlin.de/de/lf/oe/hfr/deutsch/2010-03.pdf [zuletzt abgerufen am 26. März 2020]) (zitiert: *Wagner*, HumFoR 3/2010)

Walje, Matthew R./Vestergaard Madsen, Jens/Seyle, Conor/Brandt, Kellie/Kerins, Peter/Matthews, Megan/Maybee, Tyler, in: Oceans Beyond Piracy (Hrsg.), The State of Maritime Piracy 2014, Assessing the Economic and Human Cost, Report, Denver 2014 (http://oceansbeyondpiracy.org/sites/default/files/attachments/StateofMaritimePiracy2014.pdf [zuletzt abgerufen am 26. März 2020]) (zitiert: *Walje/et al.* in: Oceans Beyond Piracy (Hrsg.), The State of Maritime Piracy 2014)

Walker, George K./Noyes, John E., Definitions for the 1982 Law of the Sea – Part II, in: California Western International Law Journal, Bd. 33 (2002-2003), S. 191–324 (zitiert: *Walker/Noyes*, Cal. W. Int'l L. J. 33 (2002-2003), 191)

Wallace, David A., International Code of Conduct for Private Security Service Providers, in: International Legal Materials, Bd. 50 (2011), S. 89–104 (zitiert: *D. A. Wallace*, Int'l Legal Mat. 50 (2011), 89)

Wallace, Dustin E., An Analysis of Chinese Maritime Claims in the South China Sea, in: Naval Law Review, Bd. 63 (2014), S. 128–159 (zitiert: *D. E. Wallace*, Naval L. Rev. 63 (2014), 128)

Wambua, Paul Musili, The jurisdictional challenges to the prosecution of piracy cases in Kenya: mixed fortunes for a perfect model in the global war against piracy, in: World Maritime University Journal of Maritime Affairs, Bd. 11 (2012), S. 95–113 (zitiert: *Wambua*, WMU J. Mar. Aff. 11 (2012), 95)

Wang, Jiasheng/Li, Manchun/Liu, Yongxue Liu/Zhang, Hexia/Zou, Wie/Cheng, Liang, Safety assessment of shipping routes in the South China Sea based on the fuzzy analytic hierarchy process, in: Safety Science, Bd. 62 (2014), S. 46–57 (zitiert: *Wang/et al.*, Safety Sci. 62 (2014), 46)

Wani, Ibrahim J., An Evaluation of the Convention on the Law of the Sea from the Perspective of the Landlocked States, in: Virginia Journal of International Law, Bd. 22 (1981-1982), S. 627–665 (zitiert: *Wani*, Virg. J. Int'l L. 22 (1981-1982), 627)

Watts, A. D., The Protection of Alien Seamen, in: International and Comparative Law Quarterly, Bd. 7 (1958), S. 691–711 (zitiert: *Watts*, Int'l & Comp. L. Q. 7 (1958), 691)

Watts, Arthur Sir, The International Law Commission 1949-1998, Volume I: The Treaties, Part I, Oxford 1999 (zitiert: *Sir Watts*, The International Law Commission 1949-1998, Bd. I)

Weihai, Li, A Security Model and Legal Guarantee for Chinese Maritime Shipping: As Exemplified in the Response to Piracy along the 21st Century Maritime Silk Road, in: Social Sciences in China, Bd. 38 Heft 1 (2017), S. 46–65 (zitiert: *Weihai*, Soc. Sci. China 38/1 (2017), 46)

Weis, Paul, Nationality and Statelessness in International Law, 2. Auflage, Alphen aan den Rijn 1979 (zitiert: *Weis*, Nationality and Statelessness in International Law)

Wessels, Johannes/Beulke, Werner/Satzger, Helmut, Strafrecht Allgemeiner Teil, Die Straftat und ihr Aufbau, 49. Auflage, Heidelberg 2019 (zitiert: *Wessels/Beulke/Satzger*, Strafrecht Allgemeiner Teil)

White, George, Landlubbers as Pirates: The Lack of High Seas Requirement for the Incitement and International Facilitation of Piracy, in: Emory International Law Review, Bd. 27 (2013), S. 705–717 (zitiert: *White*, Emory Int'l L. Rev. 27 (2013), 705)

Wiefelspütz, Dieter, Die Beteiligung der Bundeswehr am Kampf gegen Piraterie, Völkerrecht und Verfassungsrecht, in: Neue Zeitschrift für Wehrrecht, 2009, S. 133–150 (zitiert: *Wiefelspütz*, NZWehrr 2009, 133)

Wiens, John A., Introduction and background, in: *Wiens, John A.* (Hrsg.), Oil in the Environment, Legacies and Lessons of the *Exxon Valdez* Oil Spill, Cambridge 2013, S. 3–36 (zitiert: *Wiens* in: Wiens (Hrsg.), Oil in the Environment, S. 3)

Williams, Eniola, Private Armed Guards in the Fight against Piracy, in: *Papastavridis, Efthymios D./Trapp, Kimberley N.* (Hrsg.), Crimes at Sea / La criminalité en mer, Dordrecht 2014, S. 339–377 (zitiert: *E. Williams* in: Papastavridis/Trapp (Hrsg.), Crimes at Sea, S. 339)

Williams, Gareth, Raiding and warfare, in: *Brink, Stefan* (Hrsg.), The Viking World, Oxon 2008, S. 193–203 (zitiert: *G. Williams* in: Brink (Hrsg.), The Viking World, S. 193)

Williams, Paul R./Pressly, Lowry, Maritime Piracy: A Sustainable Global Solution, in: Case Western Reserve Journal of International Law, Bd. 46 (2013), S. 177–215 (zitiert: *P. R. Williams/Pressly*, Case West. Res. J. Int'l L. 46 (2013), 177)

Wilson, David Garfield, Interdiction on the High Seas: The Role and Authority of a Master in the Boarding and Searching of his Ship by foreign Warships, in: Naval Law Review, Bd. 55 (2008), S. 157–211 (zitiert: *D. G. Wilson*, Naval L. Rev. 55 (2008), 157)

Winn, John I./Govern, Kevin H., Maritime Pirates, Sea Robbers, and Terrorists: New Approaches to Emerging Threats, in: Homeland Security Review, Bd. 2 (2008), S. 131–156 (zitiert: *Winn/Govern*, Homeland Sec. Rev. 2 (2008), 131)

Witt, Jan Markus, Kaperei und Piraterie zur Hansezeit, in: *Klüver, Hartmut* (Hrsg.), Piraterie - einst und jetzt, Vorträge des 2. Hamburger Symposiums zur Schiffahrts- und Marinegeschichte vom 25. – 26. Mai 2000, Düsseldorf 2001, S. 28–39 (zitiert: *Witt* in: Klüver (Hrsg.), Piraterie - einst und jetzt, S. 28)

Wittemann, Frank, Grundlinien und Grenzen der Notwehr in Europa, Frankfurt am Main 1997 (zitiert: *Wittemann*, Grundlinien und Grenzen der Notwehr in Europa)

Wlaź, Aureliusz, Preclusion of Wrongfulness of the Use of Force, in: International Community Law Review, Bd. 13 (2011), S. 125–146 (zitiert: *Wlaź*, Int'l Comm. L. Rev. 13 (2011), 125)

Wolfrum, Rüdiger (Hrsg.), Handbuch Vereinte Nationen, 2. Auflage, München 1991 (zitiert: *Bearbeiter*, Begriff, in: Wolfrum (Hrsg.), Handbuch Vereinte Nationen)

Wolfrum, Rüdiger (Hrsg.), Max Planck Encyclopedia of Public International Law (https://opil.ouplaw.com/home/MPIL [zuletzt abgerufen am 26. März 2020]) (zitiert: *Bearbeiter*, Begriff, in: MPEPIL)

Wolfrum, Rüdiger, Der Internationale Seegerichtshof – eine erste Bilanz, in: Vereinte Nationen: Zeitschrift für die Vereinten Nationen und ihre Sonderorganisationen, 2000, S. 127–132 (zitiert: *Wolfrum*, Vereinte Nationen Zs. 2000, 127)

Wolfrum, Rüdiger, Der Umweltschutz auf Hoher See – Internationale wie nationale Maßnahmen und Bestrebungen, in: Verfassung und Recht in Übersee, Bd. 8 (1975), S. 201–219 (zitiert: *Wolfrum*, Verf. u. R. Übersee 8 (1975), 201)

Wolfrum, Rüdiger, Die Internationalisierung staatsfreier Räume, Die Entwicklung einer internationalen Verwaltung für Antarktis, Weltraum, Hohe See und Meeresboden, Berlin 1984 (zitiert: *Wolfrum*, Die Internationalisierung staatsfreier Räume)

Wolfrum, Rüdiger, Fighting Terrorism at Sea: Options and Limitations under International Law, in: *Nordquist, Myron H./Wolfrum, Rüdiger/Moore, John Norton/Long, Ronán* (Hrsg.), Legal Challenges in Maritime Security, Leiden 2008, S. 3–40 (zitiert: *Wolfrum* in: Nordquist/et al. (Hrsg.), Legal Challenges in Maritime Security, S. 3)

Wolfrum, Rüdiger, Fighting Terrorism at Sea: Options and Limitations under International Law, in: Verhandeln für den Frieden, Negotiating for Peace, Liber amicorum Tono Eitel, Berlin 2003, S. 649–668 (zitiert: *Wolfrum* in: FS Eitel, S. 649)

Wolfrum, Rüdiger, Military Vessel Protection Detachments under National and International Law, in: Contemporary Developments in International Law, Essays in Honour of Budislav Vukas, Leiden 2016, S. 360–368 (zitiert: *Wolfrum* in: FS Vukas, S. 360)

Wombwell, James A., The Long War Against Piracy: Historical Trends, Fort Leavenworth 2010, (https://www.hsdl.org/?view&did=23760 [zuletzt abgerufen am 26. März 2020]) (zitiert: *Wombwell*, The Long War Against Piracy)

World Bank, The, Pirate Trails, Tracking the Illicit Financial Flows from Pirate Activities off the Horn of Africa, Washington, D.C. 2013 (https://openknowledge.worldbank.org/bitstream/handle/10986/16196/81232.pdf [zuletzt abgerufen am 26. März 2020]) (zitiert: *The World Bank*, Pirate Trails)

World Bank, The, The Pirates of Somalia: Ending the Threat, Rebuilding a Nation, Washington, D.C. 2013 (http://documents.worldbank.org/curated/en/182671468307148284/pdf/76713-REPLACEMENT-pirates-of-somaliapub-11-2-15.pdf [zuletzt abgerufen am 26. März 2020]) (zitiert: *The World Bank*, The Pirates of Somalia)

Yang, Haijiang, Jurisdiction of the Coastal State over Foreign Merchant Ships in Internal Waters and the Territorial Sea, Heidelberg 2006 (zitiert: *H. Yang*, Jurisdiction of the Coastal State over Foreign Merchant Ships)

Yang, Xiaodong, State Immunity in International Law, Cambridge 2012 (zitiert: *X. Yang*, State Immunity in International Law)

Yihdego, Zeray W., Ethiopia's Military Action against the Union of Islamic Courts and Others in Somalia: Some Legal Implications, in: International and Comparative Law Quarterly, Bd. 56 (2007), S. 666–676 (zitiert: *Yihdego*, Int'l & Comp. L. Q. 56 (2007), 666)

Young, William, A Check on Faint-Hearted Presidents: Letters of Marque and Reprisal, in: Washington and Lee Law Review, Bd. 66 (2009), S. 895–940 (zitiert: *Young*, Wash. & Lee L. Rev. 66 (2009), 895)

Ziebarth, Erich, Beiträge zur Geschichte des Seeraubs und Seehandels im alten Griechenland, Hamburg 1929 (zitiert: *Ziebarth*, Seeraub und Seehandel im alten Griechenland)

Ziegler, Konrat/Sontheimer, Walther/Gärtner, Hans, Der kleine Pauly, Lexikon der Antike, Fünfter Band, München 1975 (zitiert: *Bearbeiter*, Begriff, in: Ziegler/Sontheimer/Gärtner (Hrsg.), Der kleine Pauly, Bd. V)

Zwanenburg, Marten, Military Vessel Protection Detachments: the Experience of the Netherlands, in: Military Law and the Law of War Review, Bd. 51 (2012), S. 97–116 (zitiert: *Zwanenburg*, Mil. L. & L. War Rev. 51 (2012), 97)

Zylich, Kyrstn/Harper, Sarah/Licandeo, Roberto/Vega, Rodrigo/Zeller, Dirk/Pauly, Daniel, Fishing in Easter Island, a recent history (1950-2010), in: Latin American Journal of Aquatic Research, Bd. 42 (2014), S. 845–856 (zitiert: *Zylich/et al.*, Lat. Am. J. Aquat. Res. 42 (2014), 845)

www.ingramcontent.com/pod-product-compliance
Ingram Content Group UK Ltd.
Pitfield, Milton Keynes, MK11 3LW, UK
UKHW021827290926
8980IPUK00004B/293

9 783631 818275